PLATÃO

RICHARD KRAUT

PLATÃO

Diretor Editorial:
Marcelo C. Araújo

Conselho Editorial:
Avelino Grassi
Edvaldo Araújo
Márcio Fabri

Tradução:
Saulo Krieger

Copidesque:
Ana Aline Guedes da Fonseca de Brito Batista
Camila Pereira Ferrete

Revisão:
Ana Aline Guedes a Fonseca de Brito Batista
Camila Pereira Ferrete

Diagramação:
Érico Leon Amorina

Capa:
Vinício Frezza / Informart

Coleção Companions & Companions

Título original: *The Cambridge Companion to Plato*
© Cambridge University Press, 1992
40 West 20th Street, New York, NY 10011-4211, USA
ISBN: 978-0-521-43018-0

Todos os direitos em língua portuguesa, para o Brasil,
reservados à Editora Ideias & Letras, 2021.
4ª Reimpressão

Rua Barão de Itapetininga, 274
República - São Paulo/SP
Cep: 01042-000 – (11) 3862-4831
Televendas: 0800 777 6004
vendas@ideiaseletras.com.br
www.ideiaseletras.com.br

Dados Internacionais de Catalogação na Publicação (CIP)
(Câmara Brasileira do Livro, SP, Brasil)

Platão / Richard Kraut - São Paulo-SP:
Ideias & Letras, 2013. - (Companions & Companions)

Título original: *The Cambridge Companion to Plato.*
Bibliografia.
ISBN 978-85-65893-13-8
1. Filosofia aniga 2. Platão I. Kraut. Richard. II. Série.

12-14379   CDD-184

Índice para catálogo sistemático:
1. Platão: Filosofia 184

Para Gregory Vlastos
(1907-1991)

Sumário

Colaboradores - 9

Cronologia - 12

Abreviações - 13

1. Introdução ao estudo de Platão - 15
   Richard Kraut

2. Platão: O pano de fundo intelectual - 69
   T. H. Irwin

3. Estilometria e cronologia - 113
   Leonard Brandwood

4. Sócrates e os primeiros diálogos - 147
   Terry Penner

5. Método matemático e verdade filosófica - 201
   Ian Mueller

6. Investigação no *Mênon* - 237
   Gail Fine

7. Platão e religião grega - 269
   Michael L. Morgan

8. Amor platônico - 293
   G. R. F. Ferrari

9. Epistemologia metafísica de Platão - 327
   NICHOLAS P. WHITE

10. A defesa da justiça na *República* de Platão - 367
    RICHARD KRAUT

11. Platão sobre a criatividade poética - 399
    ELIZABETH ASMIS

12. Adeus ao Terceiro Homem - 431
    CONSTANCE C. MEINWALD

13. O Sofista de Platão sobre falsos enunciados - 469
    MICHAEL FREDE

14. Desintegração e restauração: Prazer e dor no *Filebo* de Platão - 501
    DOROTHEA FREDE

15. O pensamento político tardio de Platão - 545
    TREVOR J. SAUNDERS

Bibliografia - 579
Índice Remissivo - 629

Colaboradores

ELIZABETH ASMIS é professora associada de Letras e Filosofia do Período Clássico na Universidade de Chicago, sendo autora de Epicurus' Scientific Method (Cornell University Press, 1984) e de numerosos artigos sobre filosofia helenista. Atualmente, pesquisa visões gregas de poesia, de Platão aos neoplatônicos.

LEONARD BRANDWOOD é conferencista do Departamento de Grego e Latim da Universidade de Manchester. É autor de A Word Index to Plato (W. S. Maney Son, 1976) e The Chronology of Plato's Dialogues (Cambridge University Press, 1990).

G. R. F. FERRARI é professor associado de Filosofia Antiga na Universidade da Califórnia, em Berkeley. É autor de Listening to the Cicadas: A Study of Plato's Phaedrus (Cambridge University Press, 1987) e de artigos sobre Platão, sobre os pré-socráticos e sobre a cultura arcaica grega.

GAIL FINE é professora de Filosofia na Cornell University. Autora de numerosos artigos sobre a metafísica e a epistemologia de Platão e de Aristóteles, seu livro On Ideas: Aristotle's Criticism of Plato's Theory of Forms está em via de ser publicado pela Oxford University Press.

DOROTHEA FREDE é professora de Filosofia na Universidade de Hamburgo. Autora de Aristoteles und die Seeschlacht (Vandenhoeck & Ruprecht, 1970), escreveu numerosos artigos sobre Platão, Aristóteles e sobre a filosofia grega mais tardia, e também sobre a filosofia de Martin Heidegger. Sua tradução do Filebo de Platão sairá em breve (Hackett Publishing Company).

T. H. Irwin é professor de Filosofia na Cornell University. Autor de Plato's Moral Theory (Clarendon Press, 1977), Aristotle's First Principles (Clarendon Press, 1977), Aristotle's First Principles (Clarendon Press, 1988), Classical Thought (Oxford University Press, 1989), além de traduções e comentários sobre o Górgias de Platão (Clarendon Press, 1979) e sobre a Ética nicomaqueia, de Aristóteles (Hackett Publishing Company, 1985), bem como de numerosos artigos sobre filosofia grega.

Richard Kraut é professor de Filosofia na Universidade de Illinois em Chicago. Autor de Socrates and the State (Princeton University Press, 1984) e de Aristotle on the Human Good (Princeton University Press, 1989), atualmente desenvolve o projeto de uma tradução comentada sobre a Política: Livos VII e VIII de Aristóteles.

Constance C. Meinwald é professora assistente de Filosofia da Universidade de Illinois, em Chicago. Autora de Plato's Parmenides (Oxford University Press, 1991), seu atual objeto de pesquisa é a metafísica tardia de Platão.

Michael Frede é professor de História da Filosofia na Universidade de Oxford e ocupa também o cargo de Fellow of Keble College. Além disso, é autor de Prädikation und Existenzaussage (Vandenhoek & Ruprecht, 1967), Die stoische Logik (Vandenhoeck & Ruprecht, 1974) e (juntamente com Günther Patzig) de uma tradução comentada da Metafísica Z de Aristóteles (C. H. Beck, 1988). Alguns de seus muitos artigos sobre Platão, Aristóteles, estoicismo, ceticismo, medicina antiga e teorias gramaticais antigas encontram-se reunidos em Essays in Ancient Philosophy (University of Minnesota Press and Oxford University Press, 1987).

Michael L. Morgan é professor de Filosofia na Universidade de Indiana, em Bloomington. Autor de Platonic Piety: Philosophy and Ritual in Fourth-Century Athens (Yale University Press, 1990), também escreveu numerosos artigos sobre Platão, bem como sobre o pensamento judeu.

IAN MUELLER é professor de Filosofia da Universidade de Chicago, autor de Philosophy of Mathematics and Deductive Structure in Euclid's Elements (MIT Press, 1981), e de inúmeros artigos sobre filosofia grega antiga, ciência e matemática. Atualmente, está preparando uma tradução sobre o comentário de Alexandre de Afrodísias aos Analíticos Anteriores de Aristóteles.

TERRY PENNER é professor de Filosofia na Universidade de Wisconsin, Madison. Autor do The Ascent from Nominalism: Some Evidence Arguments in Plato's Middle Dialogues (D. Reidel Publishing Company, 1987), atualmente trabalha em uma sequência de Plato and the Philosophers of Language. Além de preparar um estudo sobre a filosofia de Sócrates.

TREVOR J. SAUNDERS é professor de Grego na Universidade de Newcastle upon Tyne, é autora de três volumes da série Penguin Classics: uma tradução das Leis de Platão (1970), uma revisão de T. A. Sinclair sobre a Política de Aristóteles (1981) e (como editor colaborador) de Plato, Early Socratic Dialogues (1987). Escreveu numerosos artigos sobre a filosofia política de Platão e Aristóteles, e seu livro mais recente é Plato's Penal Code (Clarendon Press, 1991).

NICHOLAS P. WHITE é professor de Filosofia na Universidade de Michigan. É autor de Plato on Knowledge and Reality (Hackett Publishing Company, 1979), e de uma série artigos sobre Platão, Aristóteles e estoicismo. É também tradutor do Handbook [Manual] de Epiteto (Hackett Publishing Company, 1983), e sua tradução do Sofista de Platão (Hackett Publishing Company) é esperada para breve.

Cronologia

Vida de Platão *	*Escritos de Platão* †	*Outros acontecimentos*
427: nascimento.		431-404: Guerra do Peloponeso.
	c. 399-c. 387: escreve os primeiros diálogos: *Apologia de Sócrates, Cármides, Crítias, Eutífron, Hípias Menor, Íon, Laques, Protágoras, Eutidemo, Górgias, Hípias Maior, Lísias, Menexeno* e *República I*.	399: morte de Sócrates.
387: primeira visita à Sicília; faz contato com filósofos pitagorianos; funda a Academia em seu retorno a Atenas.	c. 387-367: escreve os diálogos do período intermediários: *Mênon, Crátilo, Fédon, Banquete, República II-X, Fedro, Parmênides, Teeteto*.	384: nascimento de Aristóteles.
367-365: segunda visita à Sicília, por ocasião da morte de Dioniso I de Siracusa; envolvimento na política de Siracusa descrita na *Sétima Carta*.	c. 365-347: escreve os últimos diálogos: *Timeu, Crítias, Sofista, Político, Filebo, Leis*.	367: *Aristóteles se une à Academia*.
361: *terceira visita à Sicília, descrita na Sétima Carta.*		
347: morte.		

* Para mais informações, veja Capítulo I, notas 1, 3, 24 e 25.
† Para mais informações, veja Capítulo I, notas 16-18, 20, 21, 25, 39, 57 e 61.

Abreviações

I.   AUTORES ANTIGOS

    Aristóteles
    Ath. Pol.   *Constituição Ateniense*

    Olimpiodoro
    Prol.   *Prolegômenos Anônimos à Filosofia de Platão*

    Sexto Empírico
    A.M.   *Adversus Mathematicus*

II.   TEXTOS MODERNOS

    D.K.H.   *Diels e W. Kranz, Die Fragmente der Vorsokratiker,* Sétima Edição, 1954

    O.C.T.   Oxford Classical Texts

1 Introdução ao estudo de Platão

RICHARD KRAUT

Platão (427-347 a.C.)[1] encontra-se em posição primaz e soberana em nossa tradição filosófica, sendo o primeiro pensador ocidental a produzir um corpo de escritos que toca em uma ampla série de tópicos ainda hoje debatidos pelos filósofos, sob tópicos como metafísica, epistemologia, ética, teoria política, linguagem, arte, amor, matemática, ciência e religião. Nesse sentido, pode-se dizer que ele inventou a filosofia como um assunto distinto, pois é claro que, muito embora todos esses tópicos fossem debatidos por intelectuais seus predecessores e contemporâneos, ele foi o primeiro a reuni-los, dando-lhes um tratamento unitário. Ele concebe a filosofia como uma disciplina munida de um método intelectual distintivo e faz reivindicações radicais para a sua posição na vida humana e na comunidade política. Uma vez que a filosofia submete a escrutínio suposições que outras áreas de estudo meramente tomam por pressupostos, só ela pode nos proporcionar uma genuína compreensão; porque ela descobre um reino de objetos inacessível aos sentidos e produz um sistema organizado de verdades

---

[1] Abordagens modernas da vida e do pensamento de Platão aventam datas diferentes para o seu nascimento, o que reflete uma discrepância entre as fontes antigas. Alinho-me a W. K. C. Guthrie, *A History of Greek Philosophy*, vol. 4 (Cambridge: Cambridge University Press, 1975), 10. R. Robinson e J. D. Denniston, em seu verbete sobre Platão que está em N. G. L. Hammond e H. H. Scullard, *The Oxford Classical Dictionary*, 2ª ed. (Oxford: Clarendon Press, 1951), 10. pp. 429-427. Para referências a outros debates, ver Guthrie, *History of Greek Philosophy*, 4: 10 n. 2. Para métodos usados no mundo antigo visando a rastrear o ano de nascimento de Platão, ver Alan E. Samuel, "Calendars and Time-Telling", em *Civilization of the Ancient Mediterranean*, vol. 1, ed. Michael Grant e Rachel Kitzinger (New York: Scribner, 1988), pp. 389-395.

que vai muito além do senso-comum e em alguns casos o solapa, ela deve conduzir a uma transformação no modo como vivemos nossas vidas e planejamos nossas atividades políticas. Ela é um tema autônomo, e não o instrumento de qualquer outra disciplina, poder ou credo, e pelo contrário: uma vez que só ela pode apreender o que há de mais importante na vida humana, todas as outras realizações humanas devem lhe ser subordinadas.[2]

Essa concepção da filosofia e as teorias filosóficas substanciais que vêm em seu apoio foram controversas desde o início; muito embora tenha havido longos períodos durante os quais alguma forma de platonismo

---

[2] O nome que Platão dá à disciplina descrita neste parágrafo é *dialektikē* (dialética), e ele concebe o filósofo como alguém que estuda um tema ou tem maestria sobre ele. Os textos principais que uso em minha abordagem da dialética são a *República* 509-511d e 531d-534e. A palavra grega *dialektikē* é derivada de um verbo, *dialegesthai*, que significa "estabelecer uma conversa" (cf. diálogo); de acordo com isso, um dialético é, entre outras coisas, uma pessoa versada em perguntar questões e responder a elas; desse modo, exerce sua maestria em defender uma posição contra as críticas (534b-d). Outras caracterizações da dialética, que acrescentam elementos consideráveis à que se tem na *República*, são encontradas no *Fedro* 265d-266b e no *Filebo* 16-17a, 57c-59c. O equacionamento entre filosofia e dialética não é aceito por Aristóteles (ver, por exemplo, sua *Metafísica* 1004b25-6), embora não esteja claro se isso meramente reflete uma diferença de cunho verbal em relação a Platão ou se Aristóteles, ao posicionar a filosofia como superior à dialética, pretende encontrar equívoco na dialética tal como Platão a concebe. Para a primeira interpretação, ver T. H. Irwin, *Aristotle's First Principles* (Oxford: Clarendon Press, 1988), pp.137-138.

As referências feitas nesta nota, e em todo o curso deste volume seguem ao sistema "Stephanus pages" ou "Stephanus pagination" de referência e organização usado em edições modernas de obras de Platão. Com o intuito de defender um sistema de referência uniforme, as margens externas de edições modernas e de traduções das obras de Platão fornecem a paginação da edição de Platão publicada em 1578 por Henri Estienne (c. 1528/1531-1598). Tem-se aí a referência do sistema "Stephanus pages" pela forma latinizada de "Estienne". Uma breve abordagem de suas contribuições à erudição pode ser encontrada em John Edwin Sandys, A History of Classical Scholarship, vol. 2 (New York: Hafner, 1958), pp. 175-177. Sua edição de Platão foi adotada como padrão por mais de dois séculos. A não ser em caso de indicação em contrário, deve-se assumir que o texto grego de Platão usado neste volume é o de John Burnet, Platonis Opera, 5 vols. (Oxford: Clarendon Press, 1900-1907) (geralmente referido como o Oxford Classical Text O.C.T.). De modo semelhante, todas as edições e traduções modernas das obras de Aristóteles trazem a paginação da edição do texto grego produzido em 1831 por Immanuel Bekker.

floresceu,³ ao mesmo tempo sempre tem havido várias formas de oposição ao atordoantemente ambicioso conceito de sujeito de Platão.⁴ Por essa razão,

---

³ A escola que Platão fundou (em cerca de 387 a.C.), chamada Academia em razão de um parque localizado nas cercanias de Atenas e dedicado ao herói Academus, teve existência ininterrupta durante muitos séculos, mas aqueles que, por sua vez, sucederam a Platão na liderança da Academia - Espeusipo, Xenócrates, Polmon e Crates - divergiam de sua filosofia em aspectos importantes. Quando Crates faleceu, em c. 276 a.C., seu sucessor, Arcesilau, profundamente influenciado por alguns diálogos platônicos que pareciam demonstrar que a filosofia não pode chegar a resultados positivos, fez da Academia um centro de ceticismo, mas uma versão atenuada e estoica de platonismo foi revivida quando Antíoco de Ascalão abandonou o ceticismo e fundou a Velha Academia (cerca de 87 a. C.). Na época, e a continuar por dois séculos depois, teve início um movimento platonista em Atenas e Alexandria, o qual foi chamado por alguns estudiosos de "platonismo médio" ou "médio platonismo", para distingui-lo tanto do próprio Platão como da escola neoplatonista que mais tarde veio a ser fundada por Plotino; o representante do platonismo médio mais conhecido em nossos dias é Plutarco (c. A.D. 45-125). Para um tratamento adequado desse movimento, ver John Dillon, *The Middle Platonists* (Ithaca, N.Y.: Cornell University Press, 1977). Plotino (c. A.D. 205-70) fundou sua própria escola em Roma em 244, e embora ele seja fortemente influenciado pelo platonismo médio bem como por outras correntes filosóficas, o peso maior é atribuído por ele próprio aos diálogos de Platão. No desenvolvimento de formas posteriores de platonismo, seus escritos exerceram tanta influência quanto os de Platão. Uma forma revivificada e sincrética de platonismo foi a tendência filosófica ascendente no mundo pagão desde o tempo de Plotino até o fechamento das escolas pagãs por Justiniano em 529. Outros pensadores neoplatônicos desse mesmo período, que exerceram influência decisiva sobre o pensamento medieval, foram o aluno de Plotino, Porfírio (232- c. 305), Iâmblico (c. 250- c. 325) e Proclo (410/421?- 485). Sobre a influência do platonismo, ver *Middle Ages* (London: Warburg Institute, 1939); Ernst Cassirer, *The Platonic Renaissance in England* (Edinburgh: Nelson, 1953). A influência de Platão no pensamento da Renascença é discutida em muitas de suas contribuições por Charles B. Schmitt, ed. *The Cambridge History of Renaissance Philosophy* (Cambridge: Cambridge University Press, 1988). Uma breve visão geral do platonismo, da Antiguidade ao século XX, é apresentada por D. A. Rees, "Platonism and the Platonic Tradition", em *The Encylopedia of Philosophy*, ed. Paul Edwards (New York: Macmillan and Free Press, 1967), 6: pp. 33-341. Sobre a influência de Platão na Grã-Bretanha vitoriana, ver Frank. M. Turner, *The Greek Heritage in Victorian Britain* (New Haven: Yale Univesity Press, 1980), cap. 8. Outros trabalhos sobre o platonismo tardio são arrolados na bibliografia deste volume com o título "platonismo depois de Platão".

⁴ Esse aspecto da relação de Platão com a tradição filosófica é distorcido pelo tributo, amplamente conhecido, que lhe é pago por Alfred North Whitehead: "A caracterização que é seguramente a mais geral da tradição filosófica europeia é a que consiste em uma

ele pode ser considerado não apenas aquele que deu origem à filosofia, mas também a figura mais controversa em seu desenvolvimento histórico. Não se pode argumentar que a filosofia tenha de limitar suas ambições sem compreender as esperanças quase ilimitadas que deram origem ao tema, explicando por que essas — todas essas ou algumas delas — são equivocadas ou inatingíveis. Se somos forçados a renunciar a seu ideal de um entendimento abrangente e unitário que transforma nossas vidas e nossa sociedade, temos de decidir qual objetivo intelectual alternativo inserir em seu lugar. Por essa razão, Platão nos proporciona um estudo de caso incomparável e um padrão de comparação: nossa concepção do que a filosofia deve ser (e se deveria existir tal coisa) tem de ser desenvolvida de acordo com as alternativas proporcionadas pela história desse tema, a filosofia — ou então, desenvolvida em oposição a ela —, e assim, inevitavelmente, devemos perguntar se as ambições do inventor do objeto de estudo filosófico têm valor e se mostram passíveis de ser satisfeitas.

Muito embora Platão tenha inventado a filosofia como disciplina unificada e abrangente, obviamente ele não a poderia ter criado do nada, e com isso, para compreender como ele chegou às suas concepções, devemos levar em conta as correntes de pensamento vigentes em seu tempo. Suas atitudes em relação aos desdobramentos políticos de Atenas e Esparta e o modo como reagia às questões intelectuais suscitadas pela ciência, pela especulação e pela poesia do quinto e quarto séculos foram decisivos para a forma assumida pelo seu desenvolvimento filosófico. O movimento

---

série de notas de rodapé a Platão". Ver *Process and Reality: An Essay in Cosmology*, ed. corrigida, ed. D. R. Griffin e D. W. Sherburne (New York: Free Press, 1978), 39. Uma vez que as notas de rodapé são mero suplemento e não pretendem contradizer o corpo do texto, o enunciado de Whitehead sugere de maneira inequívoca não só que os filósofos que sucederam Platão foram menos significativos do que ele, mas também que a obra de Platão seria o ponto de partida universalmente aceito para toda a filosofia que se seguiu. Na verdade, o contexto da observação de Whitehead mostra que ele não quis dizer que o pensamento de Platão era desprovido de controvérsias; em vez disso, ele fazia alusão ao "valor das ideias gerais dispersas pelos escritos de Platão como um todo" (*ibid.*). Tem-se aí certamente um aspecto notável do *corpus* platônico, mas também uma caracterização justa de outras figuras importantes na história da filosofia.

sofístico, o trabalho matemático dos pitagóricos, a teoria do fluxo advogada por Heráclito e Crátilo, o ser imutável e unitário postulado por Parmênides – tudo isso desempenhou um papel importante em seu pensamento.[5] Mas a influência decisiva foi Sócrates, homem que nada escreveu, mas cuja personalidade e ideias eram tão poderosas que ninguém que com elas travasse contato poderia reagir a ele com indiferença. Para Sócrates, filosofar era entabular uma conversa entre antagonistas acerca de como a vida deve ser vivida; pelo fato de as ideias que ele expressou e de as questões que ele suscitou terem sido percebidas como ameaçadoras, ele foi julgado e condenado pelo crime de se recusar a reconhecer os deuses da cidade, introduzindo outras novas divindades, e corrompendo os jovens.[6] Enquanto Sócrates esteve vivo, Platão foi um dos muitos jovens a ficar siderado pelo seu discurso, e tão grande foi a sua influência que Platão fez dele a figura central em muitos de seus trabalhos, a maior parte deles tendo sido escrita após a morte de Sócrates, em 399 a.C.[7] Os escritos de Platão são quase que, sem exceção,

---

[5] O ensaio de T. H. Irwin neste volume (Capítulo 2) discute essas influências históricas, bem como o ambiente político e moral da época de Platão, e tenta mostrar como esses materiais são transformados pelo filósofo à medida que ele desenvolve suas posições principais em metafísica, epistemologia e filosofia política. Irwin também esboça a questão segundo a qual os escritos de Platão assumem a forma de diálogos - questão que considerarei de maneira breve no último ensaio. A relação de Platão com as correntes religiosas dos quinto e quarto séculos, brevemente tratada por Irwin, é discutida com mais detalhes por Michael L. Morgan em sua contribuição a este volume (Capítulo 7). Ele mantém seu foco na influência das religiões de mistério sobre o pensamento de Platão, com ênfase na experiência extática pela qual se obtém uma espécie de união com o que é divino.
[6] Para duas excelentes abordagens do julgamento de Sócrates, ver Thomas C. Brickhouse e Nicholas D. Smith, Socrates on Trial (Princeton: Princeton University Press, 1989); e C. D. C. Reeve, *Socrates in the Apology* (Indianapolis: Hackett, 1989). Uma abordagem mais controversa, e das mais hostis a Sócrates, pode ser encontrada em I. F. Stone, *The Trial of Socrates* (Boston: Little Brown, 1988). Para uma crítica detalhada da interpretação de Stone, ver I. H. Irwin, "Socrates and Athenian Democracy", *Philosophy and Public Affairs* 18 (1989): pp. 184-185.
[7] A obra *Vidas de filósofos eminentes*, de Diógenes Laércio, relata que Sócrates teria ouvido Platão ter ministrado seminário sobre o *Lísis*, e estudiosos alemães do século XIX, confiando nesse testemunho, pressupuseram que alguns dos escritos de Platão teriam sido escritos antes da morte de Sócrates. Essa suposição foi atacada por George Grote em

em forma de diálogo,[8] e, frequentemente, a figura que assume o papel principal nessas conversas é Sócrates.[9] Nesses diálogos, Platão não escreveu um papel para si; em vez disso, quando neles se promove posições filosóficas, não raro é o personagem "Sócrates" que as expõe.[10] Por isso, é natural que novatos, ao entrar em contato com essas obras, levantem a questão sobre a distinção que pode ser feita entre a filosofia de Sócrates e a de Platão. Como podemos distingui-los, uma vez que em muitos diálogos eles têm as mesmas linhas, o primeiro dando vazão a toda a fala, e o último a toda a escrita? Não poderíamos dizer com igual justiça que teria sido Sócrates (e não apenas Platão) que inventou a filosofia?

Não, não poderíamos, pois as próprias obras de Platão nos proporcionam suficiente evidência de que Sócrates concentrou o foco de suas habilidades investigativas em uma questão somente — "como devemos viver a vida?" —,

---

Plato and the Other Companions of Socrates, e estudiosos que vieram depois o mais das vezes aceitaram seus argumentos. Para uma breve abordagem desse debate e um exame das posições defendidas pelos estudiosos, ver Guthrie, *History of Greek Philosophy*, 4: pp. 54-56. Alguns dos que acreditam que Platão não começou a escrever até a morte de Sócrates também conjecturam que a Apologia teria sido seu primeiro livro, uma vez que ele teria desejado preservar a memória de seu mestre enquanto o julgamento ainda estava fresco em sua memória. Ver *ibid.*, 4: pp. 71-72.

[8] As exceções são a *Apologia* e as *Cartas*, mas existe um considerável desacordo entre estudiosos sobre se as *Cartas* teriam sido de fato escritas por Platão. (Concepções conflitantes acerca da autenticidade da *Sétima Carta* são encontradas neste volume: comparar os ensaios de T. H. Irwin e o de Terry Penner). A *Apologia* consiste quase que inteiramente de um discurso em um tribunal, e não é feliz a sua classificação como diálogo, muito embora exista um intercâmbio quando Sócrates examina um de seus acusadores. Inversamente, em alguns de seus trabalhos que começam com uma inter-relação de personagens, e que são, por esse motivo, caracterizados como diálogos, existe pouca ou nenhuma alteração de indivíduos falantes após a seção introdutória. São esses o *Menexeno*, o *Timeu* e o *Crítias*.

[9] Mais tarde, voltaremos à questão acerca do significado que deve ser atribuído ao fato de que Sócrates desempenha um papel muito menor em alguns diálogos do que em outros, estando completamente ausente em alguns deles.

[10] Alguns estudiosos questionam a suposição que faço nesse enunciado, de que Platão estaria a endossar as concepções expostas pelo seu principal interlocutor (que em geral é Sócrates). Em vez disso, eles diriam que Platão recusa inserir a si próprio no diálogo e se dirige ao leitor diretamente, precisamente por não endossar as concepções de qualquer outro interlocutor - nem mesmo as de Sócrates - e por querer deixar a verdade implícita.

e ele não se mostrava, a exemplo de Platão, preocupado com o espectro mais amplo de questões que absorveram seu autor. Na *Apologia* de Platão, temos uma abordagem do discurso que Sócrates fez em sua defesa, e ele diz ali que embora toda a sua vida tenha sido dedicada ao debate sobre a virtude, ele não foi capaz de adquirir nenhuma sabedoria a respeito — exceção feita à sabedoria que consiste em saber que ele não sabe. O conhecimento de tais questões, pensa Sócrates, é possuído somente pelos deuses; o melhor que nós humanos podemos fazer é imitar o exemplo do próprio Sócrates e reconhecer as severas limitações de nosso entendimento moral. Essa profissão de ignorância é um aspecto de diversos outros diálogos platônicos: no *Laques*, no *Cármides*, no *Hípias Maior* e no *Eutífron*, por exemplo, Sócrates busca uma compreensão da virtude e da moralidade, mas cada um deles termina com uma confissão de que tal entendimento ainda lhe escapa. Em compensação, quando retornamos à *República*, encontramos o interlocutor chamado "Sócrates" dando definições de justiça, coragem, temperança e sabedoria; além disso, ele esboça um ambicioso programa de estudo, abrangendo aritmética, geometria, harmonia e astronomia, o qual nos levará do mundo irreal dos objetos sensíveis e terminará por culminar no entendimento da Forma do Bem e na unificação de todas as esferas do conhecimento.

Como pode Sócrates ser assim oposto a si mesmo: aquele que busca professando ignorância acerca do objeto que o absorve — o bem humano — e ainda assim (na *República* como alhures) um teórico de manifesta confiança que especula detidamente não só sobre a moralidade, mas também sobre conhecimento, realidade, política e sobre a alma humana? A resposta mais plausível, hoje amplamente aceita por muitos estudiosos, é a seguinte: na *Apologia* e em uma série de outros trabalhos que buscam definições éticas sem demonstrar interesse profundo em matemática e sem empreender investigação em metafísica, temos um retrato do Sócrates histórico;[11] mas

---

[11] Isso não significa que durante parte de sua vida Platão estivesse meramente tentando escrever uma abordagem histórica precisa do que Sócrates disse, como não significa ter decidido ele próprio adiar o projeto de expressar suas próprias ideias filosóficas. Mais plausível é pressupor que, durante algum tempo, Platão tenha aceito a filosofia

então, conforme Platão continuou a desenvolver em seu pensamento, ele manteve Sócrates como o principal interlocutor de seus diálogos, muito embora as doutrinas de seu "Sócrates" mais ambicioso fossem muito além das que o filósofo pudesse aspirar.[12] E essa interpretação do desenvolvimento de Platão está de acordo com a distinção que Aristóteles fez entre o Sócrates real e o Sócrates porta-voz de Platão: o primeiro, diz ele, professou ignorância e investigou sobre questões éticas, mas não sobre "o todo da natureza";[13] ao último ele já não atribui tais limitações, e em vez disso o vê como pensador que especulou sobre um amplo escopo de questões e incorreu em completa confusão ao postular um reino de Formas existentes separadamente e fez a Forma do Bem algo central à teoria ética.[14] Evidentemente, Aristóteles lê a *República* como uma apresentação da filosofia de Platão e não de Sócrates.[15]

---

de Sócrates sem fazer distinção entre o aspecto histórico e o filosófico de suas obras. Escrever uma abordagem historicamente fiel de uma conversa entre Sócrates e outros interlocutores seria escrever uma obra filosófica que expressasse a verdade tal como vista por ele, Platão.

[12] Para uma apresentação mais completa dessa linha geral de interpretação, ver o ensaio de Terry Penner neste volume (Capítulo 4), bem como o de Gregory Vlastos, *Socrates: Ironist and Moral Philosopher* (Cambridge: Cambridge University Press, 1991), caps. 2-4. A tese segundo a qual podemos e devemos distinguir as filosofias de Sócrates e de Platão é amplamente aceita, mas as reivindicações adicionais de Vlastos, de que elas são "diversas em conteúdo e método a ponto de contrastar tanto entre si como com qualquer terceira filosofia que valha ser mencionada" (p. 46) já é mais controversa. Vlastos sustenta que as crenças ontológicas de Sócrates não avançam para além do senso comum (pp. 53-66) e que suas investigações éticas não produzem um "transbordamento para a epistemologia" (p. 67) A isso pode se objetar que Sócrates efetivamente deu um passo além do senso comum ao explicitamente assumir que um único fator une tudo o que é virtuoso, requerendo-se uma pessoa sábia para conhecer esse único fator.

[13] Ver *De Sophisticis Elenchis* 183b7-9: "Sócrates fez perguntas, mas não as respondeu, pois ele concordou que não sabia"; *Metafísica* I.6 987b1-4: "Sócrates estava envolvido em questões éticas e não com o todo da natureza, e nas questões éticas ele buscou o pensamento universal e fixo pela primeira vez fazendo uso de definições."

[14] Sobre a concepção de Aristóteles segundo a qual Platão teria chegado à teoria das Formas "separando" o universal, que Sócrates não havia separado, ver *Metafísica* I.6 987b1-10, XIII.9 1086b2-5. Suas queixas acerca da Forma do Bem são apresentadas na *Ética Nicomaqueia* I.6.

[15] Disso temos uma indicação adicional no enunciado presente em *Magna Moralia* l. 11182a15-28 (escrita ou por Aristóteles ou por um de seus seguidores) segundo a qual

Podemos assumir então que, por algum tempo, Platão continuou a usar "Sócrates" como o nome para esse interlocutor principal por querer enfatizar a continuidade entre ele próprio e seu mestre. Sócrates proporcionou a Platão a ideia fundamental de que é vital para o nosso bem-estar descobrir o único fator unificador em nosso uso diverso de termos morais; Platão, portanto, herdou de Sócrates o método de buscar a verdade expondo nossas crenças ao exame cruzado sistemático de interlocutores. Quando Platão usou esse método para fazer as descobertas que também Sócrates tinha buscado fazer, ele pagou tributo a seu mestre deixando-o continuar em seu papel como interlocutor principal.

Esse modo de distinguir entre as filosofias de Sócrates e de Platão tem recebido apoio adicional pelos estudos voltados ao estilo de composição de Platão realizados desde o século XIX.[16] E eis que em nossos dias tem emergido um amplo consenso segundo o qual podemos dizer, pelo menos em muitos casos, quais obras de Platão foram escritas durante quais períodos de sua vida; ora é amplamente aceito que ele escreveu as *Leis* em seus últimos

---

Sócrates negligencia a parte irracional da alma, vindo Platão a corrigir esse erro. Aqui, a *República* é tomada como apresentando o pensamento de Platão mais do que o de Sócrates. Para uma apresentação mais completa do modo pelo qual Aristóteles opera a distinção entre o Sócrates histórico e o personagem que apresenta a doutrina platônica, ver W. D. Ross, *Aristotle's Metaphysics* vol. I (Oxford: Clarendon Press, 1924), XXXIII-XLV.

[16] Para uma revisão crítica e histórica das medidas amplamente variáveis usadas para estudar o desenvolvimento estilístico de Platão, ver o ensaio de Leonard Brandwood neste volume (Capítulo 3). Para um levantamento histórico mais detalhado de estudos estilométricos, ver pelo mesmo autor, *The Chronology of Plato's Dialogues* (Cambridge University Press, 1990). Uma introdução breve e acessível à estilometria pode ser encontrada em Ian Mueller, "Joan Kung's Reading of Plato's *Timaeus*", in *Nature, Knowledge and Virtue*: *Essays in Memory of Joan Kung*, ed. Terry Penner e Richard Kraut (Edmonton, Alberta Academic Printing and Publishing, 1989), pp. 1-27. Antes dos estudos estilísticos iniciados no século XIX, os diálogos eram arranjados em grupos de acordo com o seu conteúdo. Por exemplo, Diógenes Laércio, *Lives of Eminent Philosophers*, 3. 57-61, registra o arranjo em tetralogias feitas por Trasilo (falecido em A.D. 36). Para uma listagem abrangente de estudos cronológicos e seus resultados, no período que vai de 1792 a 1981, ver Holger Thesleff, "Studies in Platonic Chronology", in *Commentationes Humanarum Litterarum* (Helsinki: Scientiarum Fennica) 70 9982): pp. 8-17.

anos,[17] e podemos determinar quais diálogos se encontram estilisticamente mais próximos e quais estão mais distantes dessa obra tardia. E assim, em parte em decorrência desses estudos estilísticos, e em parte em decorrência da distinção por Aristóteles entre Sócrates em Platão, tem se tornado comum dividir os escritos de Platão em três períodos: o primeiro período, o período intermediário e o tardio.[18]

---

[17] Evidências em favor de ser as *Leis* uma obra tardia: em sua *Política (1264b26)*, Aristóteles diz que a obra foi escrita posteriormente à *República*; Plutarco (*De Iside et Osiride* 370ss.) diz que Platão a escreveu já homem idoso; uma batalha referida no 638b das *Leis* geralmente é identificada como tendo se realizada em 356 a.C. (nove anos após a morte de Platão). A obra *Vidas de filósofos eminentes*, de Diógenes Laércio, traz a implicação segundo a qual o trabalho nas *Leis* não estava completamente encerrado por ocasião da morte de Platão, mas no mesmo parágrafo traz um relato segundo o qual o *Fedro* teria sido o primeiro diálogo de Platão, de modo que a sua informação cronológica não inspira confiança. Para mais referências, ver Guthrie, *History of Greek Philosophy*, 5: p. 322.

[18] Além das obras amplamente aceitas como sendo de Platão, há diversas outras que lhe foram atribuídas na Antiguidade por Diógenes Laércio ou então incluídas entre seus trabalhos em manuscritos medievais, mas cuja autoria platônica vem a ser hoje ou tema de controvérsia ou simplesmente rejeitada. Algumas das *Cartas* (existem 13) são amplamente consideradas espúrias, com alguns estudiosos tomando-as todas por inautênticas; mas na maioria dos casos não há um consenso sobre se Platão teria sido o seu autor. Se autênticas, foram escritas em seu período tardio. Referências a pesquisas acadêmicas sobre a sua autenticidade podem ser encontradas em Guthrie, *History of Greek Philosophy*, 5: pp. 399-401. Outros trabalhos que foram atribuídos a Platão na Antiguidade, mas cuja autenticidade passou a ser contestada, incluem: *Alcibíades I*, *Alcibíades II*, *Cleitofon*, *Epinomis*, *Hiparco*, *Minos*, *Rivais* (por vezes conhecida pela sua denominação alternativa, *Rivais e amantes*), e *Teages*. O *Epinomis* é obra tardia, pensado por alguns como trabalho de um aluno de Platão, Felipe de Opus; essa atribuição é também relatada por Diógenes Laércio, *Vidas de filósofos eminentes*, 3.37. Os outros diálogos acima arrolados revelam afinidades com as primeiras obras de Platão. Além disso, uma breve lista de *Definições* de caráter bastante sucinto é incluída nos manuscritos medievais das obras de Platão, sendo, porém, irrestritamente considerada espúria. Duas das obras de autenticidade duvidosa ou espúrias - as *Cartas* e *Epínomis* - encontram-se amplamente disponíveis em inglês, mas traduções de todas as mencionadas acima, exceção feita às *Definições*, podem ser encontradas na Loeb Classical Library. Ver IA e IB da bibliografia deste volume para mais informações sobre textos e traduções. Para dúvidas acerta da autenticidade do *Hípias Maior* - hoje amplamente aceita como obra autêntica - ver Charles Kahn, "The Beautiful and the Genuine", *Oxford Studies in Ancient Philosophy* 3 (1985): pp. 261-287. Esse título é uma análise de obra que defende a autenticidade do diálogo: Paul Woodruff, *Plato: Hípias Maior*, trad. com comentário e ensaio (Indianápolis: Hackett, 982).

Os primeiros diálogos são aqueles em que em maior medida se encontram sob a influência de Sócrates (por isso são frequentemente chamados "diálogos socráticos"), e entre eles estão os trabalhos que, sem êxito, buscam definições de propriedades morais. Durante esse período, Platão escreveu a *Apologia*, o *Cármides*, o *Críton, Eutífron, Górgias, Hípias Menor, íon, Laques* e *Protágoras*.[19] Esses foram aqui arrolados em ordem alfabética, pois embora possa haver uma boa razão para dizer de alguns deles que foram escritos mais tarde do que outros desse grupo, os especialistas estão muito longe de um consenso quanto a essas questões. Seria seguro dizer, contudo, que o *Górgias* é um dos mais tardios desse grupo — é provavelmente *o* último — pois ele contém numerosos aspectos que o relacionam a diálogos que não pertencem a esse período inicial.[20] Outros trabalhos, além desses já mencionados, são amplamente aceitos como obras de juventude, mas, uma vez que apresentam maior semelhança estilística com os diálogos do período médio do que os listados acima, existem motivos para pensar que, tal como o *Górgias*, eles foram compostos após os primeiros dentre os primeiros diálogos, mas antes dos diálogos do

---

[19] O ensaio de Terry Penner neste volume (Capítulo 4) debate alguns dos elementos principais da filosofia moral contida nesses diálogos, enfatizando a sua mútua dependência e coerência, e ressaltando o egoísmo de Sócrates, o modo como ele rejeita o relativismo, sua profissão da ignorância e seu método de educação. Penner não compartilha da concepção que acabo de expressar no texto, a de que nessas primeiras obras Sócrates não é bem-sucedido e assume o seu insucesso na busca por definições. Defendo essa interpretação em *Socrates and the State* (Princeton: Princeton University Press, 1984), cap. VIII.

[20] Ver E. R. Dodds, *Plato: Gorgias, A Revised Text with Introduction and Commentary* (Oxford: Clarendon Press, 1959), pp. 18-24; Terence Irwin, *Plato: Gorgias*, traduzido com notas (Oxford: Clarendon Press, 1979), pp. 5-8. Para uma proposta alternativa sobre o lugar do Górgias entre os primeiros diálogos, ver Charles H. Kahn, "Did Plato Write Socratic Dialogues?" *Classical Quarterly* 31 (1981): pp. 305-320, esp. 308-311. Ele argumenta que os primeiros diálogos em que Sócrates busca definições (isto é, *Laques, Cármides, Eutífron*) destinam-se a orientar o leitor para as doutrinas do período intermediário, e por essa razão ele os situa depois do *Górgias*. Kahn sustenta (pp. 307-308) que, embora a *Apologia* possa nos ter proporcionado um retrato histórico fiel de Sócrates, todas as demais obras iniciais de Platão envolvem partidas de Sócrates. Por essa razão, ele duvida (p. 130 n. 13) do valor do testemunho de Aristóteles com relação às diferenças entre Sócrates e Platão.

período intermediário. Estes foram (em ordem alfabética) o *Eutidemo*, o *Hípias Maior*, o *Lísis*, o *Menexemo* e o Livro I da *República*.[21]

Embora muitos desses trabalhos retratem Sócrates como alguém que levanta questões que nem ele nem seus interlocutores são capazes de responder, seria um sério equívoco considerá-lo pensador puramente negativo, desprovido de suas próprias convicções. Pelo contrário: de modo apaixonado, ele defende uma série de teses que estão radicalmente em conflito com o senso comum de seu tempo (e também do nosso). Por exemplo, ele sustenta que o bem-estar humano não consiste em saúde, poder ou fama, mas em virtude; que enquanto se mantém como pessoa boa, está-se imune ao infortúnio; que possuir virtudes é ter maestria intelectual sobre objetos de estudo distintos; que essa maestria só pode ser adquirida mediante uma investigação bem-sucedida do que são as virtudes; e que se deixe de examinar essas questões, sua vida não vale a pena ser vivida.[22] Muito embora Platão, sem dúvida, tenha aceitado essas doutrinas quando esteve sob a fala de

---

[21] Existem razões outras, além das que estão relacionadas ao estilo, para assumir que o *Eutidemo*, o *Lísias* e o *Hípias Maior* foram escritos ao final do primeiro período de Platão. Ver Vlastos, "The Socratic Elenchus", *Oxford Studies in Ancient Philosophy I* (1983): pp. 57-58; e Vlastos, *Socrates*, cap. 4. Também é o caso de se observar que, se não se atentar ao conteúdo filosófico, levando-se em conta unicamente as semelhanças de estilo, o *Crátilo*, o *Mênon*, o *Fédon* e o *Banquete* estariam entre os diálogos posteriores do primeiro período. Ver Leonard Brandwood, *A Word Index to Plato* (Leeds: Maney & Son, 1976), XVII. Mas existem boas razões, baseadas no conteúdo filosófico, para posicionar três desses diálogos - o *Crátilo*, o *Fédon* e o *Banquete* - no período intermediário, e essa é uma posição amplamente sustentada (não obstante o "lugar" do *Crátilo* ser alvo de disputas; ver n. 39). De modo semelhante, em razão de seu conteúdo filosófico, o *Mênon* não raras vezes é tido como diálogo "de transição", não podendo ser classificado como pertencendo ao período inicial ou médio.

[22] As duas primeiras reivindicações são feitas no *Górgias* 470e e na *Apologia* 30c-d, respectivamente; a última delas na *Apologia* 38a. Contudo, nem sempre fica clara a questão sobre se Sócrates pretende identificar virtude e felicidade, ou se ele pensa haver entre elas uma relação mais tênue. Para um debate a respeito, ver Vlastos, *Socrates*, cap. 8. A *Apologia* deixa claro que, de acordo com Sócrates, uma pessoa virtuosa deve ser capaz de vencer testes intelectuais, e muitos dos diálogos do período inicial têm por pressuposto que, uma vez que ser virtuoso é questão de ser um especialista em determinado assunto, aquele que desenvolveu sua maestria é capaz de explicar o assunto a outros.

Sócrates e quando escreveu seus primeiros diálogos, acabou por modificá-las de maneiras importantes. Por exemplo, um de seus pontos de partida mais significativos é a sua crença em que Sócrates teria ignorado um aspecto não racional da motivação humana; tal como ele argumenta na *República*, um treinamento na virtude envolve tanto um apelo à razão como uma educação das emoções e dos apetites, não sendo questão puramente intelectual, como Sócrates havia pensado.

Mas embora Platão viesse por fim a discordar de algumas das concepções de seu mestre, o contraste maior entre eles, como venho enfatizando, reside no escopo diferente de seus interesses intelectuais: Sócrates não conduz investigações em temas que sejam alheios à ética; já Platão explora em detalhes uma gama bem maior de questões. Podemos ver essa ampliação de interesses intelectuais ao nos voltarmos para o *Mênon*, pois ali, pela primeira vez, o interlocutor chamado "Sócrates" dedica atenção considerável a uma questão que é externa ao reino da filosofia moral; muito embora ele principie com uma questão tipicamente socrática — o que é a virtude? — sem encontrar resposta, logo ele depara com um tema inédito sobre a legitimação de seu método de investigação, motivo este que desafia nossa capacidade de passar de um estado de ignorância à aquisição de conhecimento. "Sócrates" responde a esse desafio propondo uma teoria radical do conhecimento de acordo com a qual a alma humana nasce com a capacidade de relembrar o que um dia ela aprendeu em uma existência anterior, e ele defende essa teoria conduzindo um experimento em que se demonstra que um escravo pode fazer progressos significativos na compreensão da geometria se a ele se fizer o tipo certo de perguntas[23]. Existe a crença disseminada de que quando essa doutrina da reminiscência é introduzida, o interlocutor Sócrates estaria adentrando um terreno que não havia sido investigado pelo Sócrates histórico,

---

[23] Sobre essa maneira pelo qual o experimento geométrico proporciona uma resposta ao desafio metodológico do diálogo, ver o ensaio de Gail Fine neste volume (Capítulo 6). Ela argumenta que é a distinção entre conhecimento e crença verdadeira, e não a teoria da memória, a que desempenha o papel crucial na tentativa de Platão de mostrar que carecer de conhecimento não é impedimento para adquiri-lo.

terreno este que foi explorado por Platão pela primeira vez em seu período intermediário. Essa viragem é assinalada pelo fato de que um experimento sobre o aprendizado do teorema geométrico é escolhido para sustentar a doutrina da reminiscência, já que a profundidade do interesse de Platão pelas matemáticas se evidencia em todos os diálogos dos períodos intermediário e tardio, mas ainda não se faz presente em seus primeiros trabalhos.[24] Por isso, o *Mênon* é comumente visto como um diálogo "de transição", situado entre os períodos primeiro e intermediário, trazendo elementos de ambos. Aqui, podemos, mais claramente, ver a transformação de "Sócrates" em Platão. Supõe-se que tenha sido escrito em algum momento entre 386 e 382, quando Platão tinha pouco mais de quarenta anos e Sócrates morrera havia pelo menos treze anos.[25]

---

[24] Sobre esse contraste, ver Vlastos, *Socrates*, cap. 4. O crescente interesse de Platão pela matemática também pode ser encontrado no *Górgias*, diálogo que geralmente se considera como, em certa medida, anterior ao *Mênon*. Ver Vlastos, *Socrates*, pp. 128-129; Irwin, *Plato: Gorgias*, pp. 7-8. A associação de Platão com matemáticos que exerciam liderança em seu tempo, como Arquitas e Timeu, é citada na *Sétima Carta* (350a-b) e na *Academica* I.10.16 de Cícero. Sobre o elevado grau de envolvimento de Platão nas pesquisas matemáticas da época, ver o ensaio de Ian Mueller neste volume (Capítulo 5). Ele debate a ideia fundamental de Platão, perseguida no *Mênon*, no *Fédon* e nos livros VI e VII da *República*, segundo a qual progressos podem ser feitos em filosofia se adotar-se o "método da hipótese", que com tanta discrição estava sendo trabalhado pela matemática. Esse aspecto da metodologia de Platão é central a sua filosofia, já que ele considera a existência de Formas como uma "hipótese" (ver *Fédon* 99d-105b).

[25] Ver R. S. Bluck, *Plato's Meno* (Cambridge: Cambridge University Press, 1961), pp. 108-120, para um debate sobre a data do diálogo; ele o situa por volta de 386/5. Os estudiosos de Platão teriam tarefa bem mais fácil se cada diálogo fizesse referência a algum acontecimento histórico a que pudéssemos com segurança atribuir uma data precisa. Infelizmente, na melhor das hipóteses serão escassas as evidências a respeito, de modo que a atribuição de datas a diálogos é questão altamente conjectural. Em razão de sua referência a acontecimentos históricos, sabemos que o *Menexeno* — obra que provavelmente foi escrita mais ou menos ao mesmo tempo em que o *Górgias* — tem data posterior a 386; ver Dodds, *Plato: Gorgias*, 24. O *Teeteto* (142a-b) faz referência aos ferimentos fatais de seu interlocutor epônimo após a batalha de Corinto, à qual geralmente se atribui o ano de 369. O Livro I das *Leis* (638b) faz menção à derrota dos locrianos pelos siracusanos, esta sendo tomada como referência para os acontecimentos do ano 356. Outro método de busca de datas aproximadas para os diálogos envolve o uso de fontes históricas outras que não as dos diálogos, visando a especificar datas para

A separação entre corpo e alma é tema investigado com mais detalhes no *Fédon*, e apesar de esse diálogo retratar a última conversa de Sócrates e sua morte — motivo pelo qual ele vem constituir uma unidade dramática com o *Eutífron* (Sócrates a caminho do julgamento), com a *Apologia* (Sócrates sendo julgado) e o *Críton* (Sócrates se recusando a escapar da prisão) —, o que se tem é um amplo consenso segundo o qual, ao contrário desses outros trabalhos, pertence o *Fédon* ao período intermediário de Platão. Ele se refere (72e-73a) à conversa entabulada no *Mênon*, razão pela qual se pode supor com segurança ter ele sido escrito em período posterior; e no *Fédon,* vemos quanto continua a crescer o interesse de Platão em terrenos que Sócrates deixara ou inexplorados ou pouco desenvolvidos. Aqui, pela primeira vez nos escritos de Platão, encontramos declaração e argumento decisivos[26]

---

certos acontecimentos na vida de Platão. (Essas fontes incluem as *Cartas*, que podem nos dar informações precisas sobre a vida do filósofo, ainda que não tenham sido escritas por ele próprio.) Na *Sétima Carta* se lê que Platão tinha 40 anos quando fez a sua primeira visita à Sicília (324a, 326b); autores posteriores afirmam que o motivo da viagem teria sido entabular discussões com pitagóricos que ali viviam. Influências pitagóricas podem ser constatadas no *Górgias* e no *Mênon*, de modo que atribuir a essas obras data não distante do ano 387 é algo bastante plausível. Platão retornou no ano seguinte e, ao que se afirma, fundou a Academia, que era um centro de estudos filosóficos, logo na sequência. Fez uma segunda visita a Siracusa após a morte de seu tirano, Dioniso I, em 367, e retornou a Atenas em 365; uma terceira e última visita se deu em 361. A finalidade dessas duas visitas posteriores, de acordo com a *Sétima Carta*, era política. Ante a insistência de seu amigo Dion, Platão ficou tentado a moldar a política de Siracusa, ministrando uma educação filosófica a seu novo tirano, Dioniso II. É claro que essas datas tardias sugerem-nos um período anterior para a autoria da *Sétima Carta*, quer tenha sido ela pelo punho de Platão, quer não. E geralmente essas mesmas datas são usadas como estrutura geral para uma especulação sobre as datas de composição dos diálogos.

[26] Contudo, há um desacordo entre estudiosos sobre se Platão argumenta em favor da existência de Formas ou se ele meramente assume a sua existência como pressuposta. Essa última concepção pode ser encontrada no *Plato's Phaedo* de R. Hackforth (Indianapolis: Bobbs-Merrill, 1955), 50; David Gallop, *Plato's Phaedo* (Oxford: Clarendon Press, 1975), 95; William J. Prior, *Unity and Development of Plato's Metaphysics* (London: Crom Helm, 1985), 10. Mas essa interpretação talvez esteja baseada em uma concepção por demais estreita do que constitui "prova de" ou "argumento em favor de" sua existência. Se postular a existência das Formas fornece soluções a problemas que de outro modo não poderiam ser resolvidos, ou se explica fenômenos que de outro modo não seriam explicáveis, isso constituiria argumento em seu favor. Essa última abordagem da

de que existe um reino de objetos completamente diferentes daqueles que nos são familiares: esses objetos são imutáveis (78d),[27] e nos são revelados pelo pensamento em vez de pela sensação (79d), sendo diferentes a um só

---

teoria das Formas é defendida por H. F. Cherniss, "The Philosophical Economy of the Theory of Ideas", in *Studies in Plato's Metaphysics,* ed. R. E. Allen (London: Routledge & Kegan Paul, 1965), I-12. Aristóteles (ver nota 14, acima) toma os platonistas como detentores de argumentos (ruins, é claro) em favor da existência das Formas. Para uma abordagem recente do que são esses argumentos, com especial atenção ao argumento do *Fédon* 74b-e, segundo o qual a Igualdade não é idêntica a quaisquer objetos iguais observáveis, ver Terry Penner, *The Ascent from Nominalism: Some Experiences in Plato's Middle Dialogues (Dordrecht: D. Reidel, 1987).*

[27] É um refrão bastante frequente do pensamento de Platão o de dizer que, em contraste com as Formas, os objetos que podemos sentir estão sempre "se tornando", razão pela qual não podem ser o mesmo. Ver *Fédon* 78e; *Crátilo* 439b-d; *Banquete* 211a-b; *República* 479a-e; *Timeu* 27e-28a, 37e, 38b, 49d-50d, 52a. Mas a interpretação adequada desse pensamento é uma questão difícil. Para um debate a respeito, ver a contribuição de Nicholas White neste volume (Capítulo 9). Ele argumenta que para Platão o fluxo de objetos sensíveis é parte de seu predicamento geral, qual seja o de que eles não têm suas propriedades de modo independente de suas circunstâncias ou dos pontos de vista a partir dos quais são percebidos. Aristóteles nos diz que, tendo estado Platão sob a influência de Heráclito e Crátilo, ele tomou todos os objetos sensíveis como estando em fluxo constante, sendo, por essa razão, inadequados como objetos do conhecimento. Ver *Metafísica* 1.6 987a32-b7, XIII.4 1078b12-17, XIII.9 1086a32-b13. É questão controversa considerar efetivamente que o fluxo atribuído a todas as coisas por Heráclito e a todos os objetos sensíveis por Platão é questão de mudança, que é o modo como normalmente compreendemos essa noção; em vez disso, pode-se ter uma noção mais ampla de fluxo, a incluir não apenas a alteração de qualidade no curso do tempo, como, ao mesmo tempo, a presença de qualidades opostas. Para um debate a respeito, ver Charles H. Kahn, *The Art and Thought of Heraclitus* (Cambridge: Cambridge University Press, 1979); Jonathan Barnes, *The Presocratic Philosophers,* vol. I (London: Routledge & Kegan Paul, 1979), cap. 4; G. S. Kirk, J. E. Raven e M. Schofield, *The Presocratic Philosophers,* 2. ed. (Cambridge University Press, 1983), cap. 6.

tempo de corpo e alma (79b-c), e duram para sempre (79d).²⁸ A igualdade²⁹ é um dos principais exemplos de Platão para tais objetos, e sua atenção a essa propriedade matemática, como o debate em torno do aprendizado da geometria no *Mênon*, reflete o fato de ele estar se movendo para além das explorações exclusivamente éticas de Sócrates. Ele argumenta (74b-d) que a Igualdade em si mesma não pode ser idêntica aos bastões iguais ou a quaisquer outros objetos observáveis; pois é possível cometer um equívoco envolvendo dois objetos iguais e acreditá-los desiguais, mas ninguém pode cometer erro comparável quanto à Igualdade em si mesma, e tomá-la por desigual.

---

²⁸ Alguns estudiosos acreditam que no *Timeu* Platão distingue entre o que é mera condição duradoura e o que é eternidade, atribuindo essa última propriedade às Formas. O que é duradouro (o termo "sempiterno" eventualmente é usado) dura tanto quanto o próprio tempo. O que é eterno não é tempo de espécie alguma, e assim não está submetido à passagem do tempo. Corpo e alma do universo criado são eternos e indestrutíveis, tendo vindo à existência com a criação do tempo, enquanto as Formas não estão no tempo. O enunciado crucial em que essa distinção pode ser encontrada é aquele em que Platão chama o tempo de uma imagem movente de eternidade (*Timeu* 37d). Ver também *Parmênides* 140e-142a para a asseveração segundo a qual o Um não está no tempo e não tem participação no tempo. Para debate e referências a bibliografia especializada, ver Richard Sorbji, *Time, Creation and the Continuum* (Ithaca, N. Y.: Cornell University Press, 1983), pp. 108-112; e Richard Patterson, "The Eternality of Platonic Forms", *Archiv für Geschichte der Philosophie* 67 (1985): pp. 27-46. Em todo caso, independentemente de Platão fazer essa distinção, ela está presente em Plotino em (entre outras passagens) *Enéadas* 3.7.2. Ver Sorabji, *Time, Creation and the Continuum*, pp. 112-114.

²⁹ Tem se tornado prática disseminada o uso de iniciais maiúsculas (como em Forma, Ideia, Igualdade, o Bem, o Grande) para designar os objetos eternos imutáveis por Platão, mas é importante perceber que se trata aqui de uma convenção nossa, não de Platão. Os antigos gregos grafavam-nas exclusivamente com letras maiúsculas; as minúsculas foram introduzidas já bem depois, como recurso da escrita cursiva. Ver Rachel Kitzinger, "Alphabets and Writing", *in* Grant e Kitzinger, *Civilization of the Ancient Mediterranean*, vol. I, esp. 412; Herbert Weir Smyth, *Greek Grammar* (Cambridge, Mass.: Harvard University Press, 1963), 8. Muito embora as iniciais maiúsculas em palavras que façam referência a Formas seja uma convenção útil e amplamente utilizada, infelizmente ela força o uso de iniciais minúsculas para dois tipos diferentes de ocorrência, quais sejam: aquelas em que se tem certeza de que Platão não está fazendo referência a uma Forma, e aquelas em que se quer deixar como questão aberta se ele está ou não fazendo referência a uma Forma.

Os bastões iguais são de algum modo, inferiores em igualdade, mas quando Platão faz essa asserção (74d-e) ele não diz explicitamente o que eles têm de defeituoso, nem se refere ao motivo pelo qual a Igualdade não compartilha dessa deficiência.[30] Os bastões defeituosamente iguais "participam na" igualdade e assim são chamados "em virtude daquela" Forma, mas não são a Igualdade em si mesma[31].

Os termos gregos singulares que Platão frequentemente usa para designar o novo tipo de objeto por ele descoberto — *eidos* e *ideia* — são convencionalmente traduzidos "Forma" e "Ideia", muito embora o último termo deva ser usado com cautela, pois claramente ele pensa que essas entidades não são pensamentos ou quaisquer outras criações da mente;[32] elas

---

[30] Uma conjectura razoável é aquela segundo a qual a Igualdade não pode deixar de ser Igualdade, enquanto os bastões que são de fato iguais podem deixar de ser bastões iguais. A deficiência dos bastões iguais está em que eles derivam sua igualdade de irem ao encontro da Igualdade em si mesma; já essa última não deriva a sua natureza de nenhuma outra coisa: ela *é* Igualdade. É essa diferença ontológica que subjaz ao fato de podermos cometer erros acerca de bastões iguais (ao não percebê-los como desiguais), sem poder cometer erros acerca da Igualdade (julgando ser falso mensurá-la com a Igualdade em si mesma). Essa passagem no *Fédon* (74d-e) tem sido tomada por alguns estudiosos como dependente do postulado segundo o qual não há dois objetos físicos *exatamente* iguais, mas essa interpretação não é amplamente aceita. Um ataque influente a ela foi perpetrado por Alexander Nehamas no artigo "Plato on the Imperfection of the Sensible World", *American Philosophical Quarterly* 12 (1975): pp. 105-117. Para um debate mais aprofundado ver Richard Patterson, *Image and Reality in Plato's Metaphysics* (Indianapolis: Hackett, 1985), cap. 5. A contribuição de Nicholas White a este volume (Capítulo 9) também debate essa passagem.

[31] Ver *Fédon* 100c, 101c, 102b, *Banquete* 211b; *República* 476d; *Parmênides* 130b, 130e-131a.

[32] O que não se deveria assumir é que a mera presença dessas palavras em Platão possa indicar que ele faz referência a objetos abstratos postulados por sua teoria das Formas. *Eidos* e *idea* em seu uso comum podem designar qualquer classe ou tipo de objetos, sem comprometer o falante com a eternidade da classe ou de quaisquer das outras características especiais que Platão atribui às Formas. Platão frequentemente usa esses termos por essa via mais comum. Ver, por exemplo, *Timeu* 35a4 e *Sofista* 219c2. Ocorrências de *eidos* e *idea* em *Eutífron* 5d4, 6d11 e 6e3 são tema de debate; R. E. Allen delas se apropria para indicar que uma teoria das Formas é apresentada até mesmo nos primeiros diálogos. Ver *Plato's "Euthiphro" and the Earlier Theory of Forms* (London: Routledge & Kegan Paul, 1970), pp. 28-29. Contra isso, ver Vlastos, *Socrates*, pp. 56-66.

são por natureza incriadas, com sua existência não dependendo de serem conhecidas nem pensadas. Aí se tem algo que ele toma como objetos que ele está tentando compreender ao demandar os tipos de questões que Sócrates perguntou, e é desse modo que vê sua própria filosofia em continuidade com a de Sócrates. Embora Sócrates tenha feito perguntas como "o que é virtude" — e, de acordo com Aristóteles, ele foi o primeiro a se envolver nesse tipo de investigação[33] — ele não mostrou nenhum interesse em uma série de adicional de questões de segunda ordem que possa ser feita sobre objetos da questão que se está perguntando: aquilo que estamos buscando é algo que existe independentemente de seres humanos? É algo que possa ser detectado por meio dos sentidos? Pode mudar ou perecer? Como é possível aprendermos com isso? E quanto às relações com pessoas e atos que são corretamente considerados virtuosas, mas não são idênticas ao que a virtude é? Como esses objetos de pensamento se relacionam entre si?

A tentativa por Platão de responder a essas questões postulando um reino separado de objetos abstratos[34] chamados "Formas" e explorando

---

[33] Ver *Metafísica* 1.6 987b2-4, XIII.4 1078b17-19, XIII.9 1086b2-5.

[34] Esses termos - "separado", "reino", "abstrato" - suscitam o seguinte comentário: (A) Em *Parmênides* 130b concorda-se que as Formas existem separadamente, e muito embora essa existência separada não seja tratada como um de seus aspectos problemáticos, tampouco ela é explicada. Aristóteles diz que Platão, diferentemente de Sócrates, teria separado universais e, por isso mesmo, acabou por se extraviar (*Metafísica* XIII.4 1078b30, XIII.9 1086b4-7), mas também ele não explica o que está envolvido na separação. Uma conjectura provável é a de que a separação das Formas a partir dos sensíveis consista em sua independência ontológica: eles existem independentemente de contarem com a participação de objetos sensíveis. Para um debate a respeito, ver Gail Fine, "Separation", *Oxford Studies in Ancient Philosophy* 2 (1984): pp. 3-87; Vlastos, *Socrates*, 256-65. (B) Pelo termo "reino" pretendo passar a ideia de que, de acordo com Platão, as Formas são unidas em um arranjo sistemático. Ver, por exemplo, *República* 500c; comentarei brevemente esse aspecto das Formas mais adiante neste ensaio. (C) Chamar as Formas "objetos abstratos" é usar uma expressão filosófica contemporânea que não encontra qualquer termo equivalente no grego de Platão. Um objeto abstrato não é meramente um objeto que não possa ser detectado mediante os sentidos - ou então a alma, tal como Platão a concebe, contaria como objeto abstrato, o mesmo se passando com os átomos, tal como os concebemos. Além de não serem observáveis, os objetos abstratos carecem de localização especial e são incapazes de mudança.

suas propriedades especiais é não raro chamada de sua teoria das Formas, mas essa frase não deve ser desvirtuada na pressuposição de que após a escrita dos primeiros diálogos ele tenha rapidamente desenvolvido um sistema dogmático que proporcionou respostas decisivas e isentas de ambiguidade a todas as questões importantes que se possa fazer acerca das Formas. Muito pelo contrário, é mais razoável considerar que ele esteja desenvolvendo e talvez mesmo revisando a teoria à medida que ele continua a explorar a natureza desses objetos.[35] Por exemplo, no *Fédon,* Platão não faz nenhuma tentativa de dizer que as Formas existem; claramente ele acredita que existem as Formas da Igualdade, da Beleza, da Bondade, da Justiça e da Piedade; mas não se nos diz como decidir sobre o que mais haverá na lista.[36] Na época em que ele escreve a *República* (diálogo do período intermediário) ele dá uma resposta geral, porém imprecisa: sempre que um nome é aplicado a muitas coisas diferentes, existe uma Forma correspondente ao nome (596a).[37] E ele postula a existência de Formas correspondendo a artefatos comuns

---

[35] Hoje em dia essa é uma concepção comum, mas tem seus detratores. Para uma interpretação que se opõe a ela, ver Paul Shorey, *The Unity of Plato's Thought* (Chicago: University of Chicago Press, 1960). Ele diz (p. 88), "Platão, de um modo geral, pertence ao tipo de pensadores *[sic]* cuja filosofia se encontra fixada numa maturidade precoce (Schopenhauer, Herbert Spencer), em vez de pertencer à classe dos que recebem uma nova revelação a cada década (Schelling)." Mas os dois extremos que Shorey menciona aqui não são as únicas possibilidades.

[36] Ver *Fédon* 75c-d, onde Platão conecta a existência de Formas à questão "O que é...?", esta que, como é bem característico, costuma vir à tona em colóquios socráticos. No *Parmênides* (130b-e), Sócrates é retratado como alguém que ainda não está suficientemente versado na teoria das Formas, e muito embora ele esteja confiante de que existem Formas de Justiça, Beleza e do Bem, ele se mostra menos confiante acerca de Humano, Fogo e Água; então, quando é perguntado sobre as alegadas Formas de Cabelo, Lama e Sujeira, ele está seguro de sua não existência, mas é imediatamente criticado por Parmênides ao recuar ante a postulação de tais objetos. Isso sugere que no desenvolvimento de Platão existe, ao menos de início, alguma incerteza acerca de que Formas postular.

[37] Há muitos anos foi proposta uma leitura alternativa, e segundo ela Platão estaria meramente dizendo que se existe uma Forma de *X*, então é uma Forma. Ver J. A. Smith, "General Relative Clauses in Greek", *Classical Review* 31 [1917]: pp. 69-71. Discussões recentes sobre essa alternativa podem ser encontradas em Gail Fine, "The One Over Many", *Philosophical Review* 89 (1980): p. 213 n. 25, e Patterson, *Image and Reality in Plato's Metaphysics*, p. 203 n. 8.

(camas, por exemplo), não menos do que Formas para propriedades morais e matemáticas. Acaso isso significará que quando inventamos uma palavra e a aplicamos a uma pluralidade de objetos devemos postular uma Forma correspondente, mesmo quando não tivermos justificação alguma para introduzir a nova palavra, e os objetos a que ela se aplica não devem ser classificados conjuntamente? No *Político* (diálogo pertencente ao último período), Platão deixa claro que para ele não existem Formas correspondendo a nomes que não estejam amparados por uma classificação justificada de realidade em grupos. Por exemplo, ele diz, é arbitrário dividir os povos do mundo em dois grupos — gregos e não gregos — por não haver nada que unifique o último grupo em um todo genuíno (262c-e). Do mesmo modo, não há Forma correspondente ao "bárbaro", muito embora o termo grego — que simplesmente designa alguém outro que não um grego — fosse um nome de prolongada vigência e familiaridade. Dessa forma, podemos ver alguma progressão ou desenvolvimento na articulação por Platão da teoria das Formas: em primeiro lugar ele não tenta delimitar seu alcance; então ele confere a seu alcance uma forma geral; por fim, ele refina ou modifica o seu critério.[38]

---

[38] É difícil defender se no *Político* Platão teria *modificado* essa posição assumida na *República*, ou se ele aí estaria explicitando um aspecto que fora atestado anteriormente. Se no diálogo anterior ele admite que qualquer palavra comumente aplicada a uma pluralidade é [de fato] um nome genuíno, ele teria, neste caso, mudado a sua maneira de pensar à época em que escreveu o *Político*. Mas se estiver supondo, na *República*, a existência de austeras restrições quando ao que tem valor como nome verdadeiro, então não haveria necessidade de mudar seu modo de pensar a questão. O *Crátilo*, frequentes vezes pensado como cronologicamente mais próximo da *República* do que do *Político* (a esse respeito, ver, no entanto, a nota 39), discute a ideia segundo a qual dar nome seria uma habilidade, com os nomes em uso estando aquém dos nomes ideais. Ver, por exemplo, 389d-390e. Mas isso permite que um nome ruim ainda assim seja um nome - assim como uma cama de pobre artesania ainda assim é uma cama. Se "bárbaro" é um mau nome, mas ainda assim um nome, então o critério referido na *República* demanda uma modificação, como Platão veio a reconhecer em um período posterior. Por outro lado, se "bárbaro" não é um nome verdadeiro - isto é, se na verdade ele não é nome algum -, então Platão apenas se tornou mais explícito em seu trabalho mais tardio. Para um debate mais aprofundado a respeito, ver Patterson, *Image and Reality in Platos Metaphysics*. 123-8; e Fine, "The One Over Many", pp. 197-240.

II

No *Mênon* e no *Fédon*, o pensamento de Platão ainda não havia amadurecido em uma filosofia abrangente, e se ele tivesse morrido no estágio inicial de seu desenvolvimento, ele teria sido reconhecido como o pensador que até certo ponto havia rompido com Sócrates, sendo, porém, estrela menor no firmamento filosófico. O seu direito à grandeza reside principalmente em trabalhos posteriores, do período intermediário — o *Banquete, a República, Parmênides, Teeteto, Fedro* (para citá-los em uma ordem cronológica plausível);[39] e nos últimos diálogos — o *Timeu* (do qual o *Crítias* é não mais do que breve continuidade), o *Sofista*, o *Político*, o *Filebo* e as *Leis*.[40] Muito embora o *Fédon* seja uma continuação de trabalhos posteriores do período intermediário de Platão em seu posicionamento decisivo de um reino de Formas, também é defensável que o trabalho posterior do período intermédio derive dessas formulações iniciais no *Fédon*. Nesse diálogo, todos os impedimentos que possam bloquear o progresso filosófico estão situados nas demandas incessantes do corpo; e uma vez que o corpo bloqueia quaisquer tentativas que fazemos de alcançar uma pura compreensão das Formas, o mais forte desejo do verdadeiro filósofo é morrer e se pôr liberto

---

[39] Arrolei esses trabalhos na ordem apresentada por Brandwood, *Word Index*, XVII. Contudo, é tentador pensar que o *Fedro* deveria ser posicionado após a *República* e antes do *Parmênides* e do *Teeteto*, em razão das semelhanças filosóficas entre o *Banquete*, a *República* e o *Fedro*. Por outro lado, o método da divisão e da reunião advogado pelo *Fedro* (265d-266b) conecta-o a uma grande quantidade de material no último período. Para ver a diversidade de opiniões relacionadas ao posicionamento exato do *Fedro* na obra de Platão, ver Ross, *Plato's Theory of Ideias*, 2. Testes estilométricos sugerem ser ele anterior à *República*, mas alguns estudiosos argumentam que seu conteúdo filosófico aponta para uma data posterior. Para uma breve abordagem da disputa que se trava a respeito, ver Guthrie, *History of Greek Philosophy*, 5: pp. 1-2. Vlastos propõe o seguinte ordenamento para os diálogos do período intermediário: *Crátilo, Fédon, Banquete, República* II-X, *Fedro, Parmênides, Teeteto*. Ver Vlastos, *Sócrates*, 47. Sobre a posição do *Banquete*, ver K. J. Dover, "The Date of Plato's *Symposium*", *Phronesis* 10 (1965): pp. 2-20.

[40] Mais uma vez sigo a ordem apresentada em Brandwood, *Word Index*, XVII. Contudo, a posição do *Timeu* é controversa; alguns o posicionam entre os diálogos intermediários, e não como um dos últimos diálogos. Retomarei essa questão mais adiante.

do aprisionamento corporal (65e-67b). Diferentemente disso, na *República* Platão argumenta que a alma é dividida em três componentes, e isso lhe permite localizar os impedimentos ao progresso filosófico na alma em si mesma, em vez de no corpo. E o mais importante, o anseio pela morte e o pessimismo quanto a nossos prospectos pela compreensão que permeiam o *Fédon* fomentam, na *República*, a confiança de que, se perseguir os estudos pode-se, ainda enquanto estiverem vivos, atingir pleno entendimento do reino das Formas, incluindo o Bem, que é a Forma que Platão declara ser a de maior importância.[41] Aqueles que apreendem essa Forma não atingirão a suprema felicidade por si próprios, mas seu contato com um reino extramundo, longe de fazê-los inadequados para a vida política, deverá capacitá-los a ser de imenso valor para outros membros da comunidade.[42] Talvez a diferença realmente crucial entre o *Fédon* e a *República* esteja em que, embora no diálogo posterior Platão ainda uma vez argumente (no livro X) em favor da imortalidade da alma, ele é dedicado, sobretudo, ao projeto de demonstrar a grande vantagem de conduzir uma vida filosófica e plenamente virtuosa de maneira completamente apartada das recompensas póstumas que a condução de tal vida fará receber em outro mundo. Muito embora a alma

---

[41] Existe uma óbvia semelhança entre a ascensão do amante à Forma da beleza, tal como descrita no *Banquete* (210a-212b), e a ascensão do filósofo à Forma do Bem na *República*. Essas duas Formas não precisam ser idênticas, mas é plausível pensar que, de acordo com Platão, não se pode ter o conhecimento de uma sem a outra. (No *Filebo* 64d-65a, Platão afirma que o Bem consiste, pelo menos parcialmente, na beleza; e é defensável que isso seja pensado como abordagem da Forma do Bem.) Tal como o dito no *Banquete*, não se deve confinar a afecção de alguém a um indivíduo, mas é preciso amar o que todos os objetos da beleza têm em comum (210b-d), de modo que na *República* a família é abolida entre os guardiães, para que não haja um indivíduo sequer a ser favorecido às expensas do bem-estar de todos (457d-466b). O ensaio de G. R. Ferrari neste volume (Capítulo 8) debate o modo pelo qual Platão, no *Banquete*, passa do tópico familiar que é o "apaixonar-se por outras pessoas" ao "amor ao bem", que motiva toda ação humana. Ele também explora as conexões entre as diversas falas do *Banquete* e a relação entre o tratamento, por Platão, do amor nesse diálogo e também no *Fedro*.

[42] Essa ideia paradoxal é antecipada no *Górgias*: Muito embora Sócrates possa parecer a antítese de um político em razão de sua indiferença aos bens mundanos (485a-486d), na verdade são os políticos convencionais que têm o poder menor (466a-e), sendo somente Sócrates que pratica a verdadeira arte da política (521d).

seja imortal, podemos prescindir dessa tese e ainda assim mostrar que, para efeito de nossa própria felicidade, existe uma razão irresistível para conduzir uma vida virtuosa e filosófica.

Na *República*, vemos como Platão pretende resolver os problemas que preocuparam Sócrates. No Livro I, temos um Sócrates que, da maneira que lhe é característica, procura definir uma propriedade moral central — a justiça —, e também ali essa tentativa termina em fracasso. Ainda que Sócrates argumente que justiça e autointeresse coincidam, seus interlocutores solicitam que faça um nova tentativa para defender essa tese no Livro II, e isso reflete o fato de que Platão está para usar novos materiais com o intuito de defender uma de suas principais crenças éticas para seu mestre. O que segue é uma teoria metafísica, epistemológica, ética, política e psicológica unificada que vai além das doutrinas dos primeiros diálogos.[43] A *República* é, em certo sentido, a peça central da filosofia de Platão, pois em nenhum outro de seus trabalhos individuais esses tópicos são tão plenamente elaborados; mas ao mesmo tempo ele nos dá apenas um pequeno relance de seu pensamento maduro, já que quase todos os componentes de seu diálogo são desenvolvidos em trabalhos que ele viria a escrever na sequência. A metafísica é mais plenamente explorada no *Parmênides* e no *Sofista*;[44] questões epistemológicas são tratadas com maior profundidade e exaustão no *Teeteto*; nossos prospectos para a compreensão do mundo sensível por meio das Formas são mais plenamente explorados no *Timeu*; a questão sobre

---

[43] Em minha contribuição a este volume, "A defesa da Justiça na *República* de Platão" (Capítulo 10), tento mostrar como a metafísica de Platão desempenha um papel central em sua tentativa de defender a tese socrática de que a justiça coincide com o autointeresse.

[44] No *Sofista*, Platão finalmente chega a um acordo no que se refere a um problema que ele tentara resolver durante toda a sua carreira. Um enunciado verdadeiro diz o que é e um enunciado falso diz o que não é; mas uma vez que todos os enunciados devem dizer alguma coisa, e que alguma coisa deve ser, não está claro o modo como são possíveis os enunciados falsos. Ver *Eutidemo* 283e-286d e *Teeteto*, 187c-200c. Para resolver a dificuldade no *Sofista*, Platão conduz um complexo debate sobre a natureza do ser e do não ser. A contribuição de Michael Frede a este volume (Capítulo 13) proporciona uma interpretação da solução de Platão.

como melhor se conduzir na vida torna a ser aberta no *Filebo*;[45] instituições factíveis para uma boa comunidade política são descritas em maior detalhe nas *Leis*; e seus pensamentos sobre a psicologia humana continuam a ser desenvolvidos no *Fedro*, no *Filebo* e nas *Leis*. Com isso, a *República* nos dá apenas um quadro parcial, ainda que indispensável, da filosofia de Platão.

É no Livro VII da *República* que encontramos a conhecida e poderosa imagem que Platão faz da condição humana: seres humanos comuns, intocados pela educação filosófica, encontram-se agrilhoados como prisioneiros em uma caverna e forçados a vislumbrar através das sombras criadas pela luz artificial e lançadas por artefatos reunidos em sequência por manipuladores que não são vistos (514a-519a). Sua concepção do que existe e do que tem valor é tão severamente limitada e tão sistemático é o engano pelo qual são vitimados, que eles não podem nem mesmo reconhecer que estão confinados, razão pela qual não veriam de imediato uma interrupção em seus modos rotineiros de pensar como libertação. Obviamente Platão está aqui pensando na resistência psicológica que Sócrates encontrou a esse questionamento (517a), mas ele faz também reivindicação bem mais audaciosa, pretendendo de algum modo depreciar a realidade do mundo ordinário dos objetos sensíveis. As sombras lançadas na parede da caverna são menos reais do que os objetos de que são imagens (515a-e); da mesma forma, à medida que os prisioneiros fazem progressos, deixando a caverna e aprendendo a entender as Formas, eles reconhecem a existência de um reino de objetos que são mais reais do que qualquer coisa que tenham visto na caverna (518c). De modo semelhante, no Livro X da *República*, Platão distingue três tipos de coisas às quais pode se dar a palavra "cama" — a pintura de uma cama, uma cama criada por um carpinteiro e a Forma —, e defende

---

[45] Este diálogo contém a mais completa discussão de Platão sobre o prazer e seu papel na vida voltada para o bem - tópico que ele anteriormente explorara no *Górgias* e no livro IX da *República*. Assim como na *República,* ele usa a metafísica para resolver o problema de como podemos conduzir nossas vidas, e opera diferentes distinções acerca dos tipos diferentes de prazer que ali existem. Para uma visão geral da complexa estrutura do diálogo e sua relação com tratamentos anteriores dados por Platão à questão do prazer, ver a contribuição de Dorothea Frede a este volume (Capítulo 14).

que elas constituem uma série de realidade incriada. O pintor não pode fazer uma cama real, e o produto do carpinteiro tampouco é de todo real. Somente a forma é verdadeiramente real (596e-597a).[46]

Seria um erro pensar que nessas passagens Platão esteja tentando lançar dúvida sobre a existência do mundo sensível. Na verdade ao dizer que a imagem do pintor de uma cama não é uma cama verdadeira, ele não está expressando dúvidas acerca da existência da pintura; em vez disso, ele tenta expressar o ponto segundo o qual a imagem do pintor é de algum modo, derivativa de um objeto dependente do objeto funcional que ele está representando. É a mesma relação de dependência que ele pensa existir entre a cama visível do carpinteiro e a Forma. Quando apontamos para uma imagem em uma pintura e a chamamos "cama", o que ele diz é de certa forma correto, contanto que nossa afirmação seja tomada corretamente. O que faz dele algo que é adequadamente chamado "cama" é o fato de ela ter a relação correta com a cama funcional, ainda que detenham propriedades radicalmente diferentes da última. Da mesma forma, Platão está sugerindo que exista uma dependência de objetos sensíveis comuns como camas em relação a Formas segundo as quais são nomeados. Quando apontamos para a criação do carpinteiro e a chamamos "cama", nossa asserção é aceitável somente se construída de maneira certa. Aquele objeto físico não é precisamente o que deve ser uma cama — e é isso que queremos dizer quando o chamamos "cama", caso em que estamos confundidos a respeito, e não simplesmente equivocados. Em vez disso, o que chamamos "cama" é aceitável somente se o objeto sensível tiver a relação correta com a Forma, ainda que a Forma tenha propriedades radicalmente diferentes das camas físicas. Nesse caso, é claro, a relação não é de semelhança visual, uma vez que nada pode ser uma

---

[46] Como se tem no livro X da *República*, a insistência de Platão na condição do artista em relação à verdade, marcada pelo distanciamento, é o elemento central de sua crítica radical ao papel do poeta na comunidade política. Ocorre que a atitude de Platão para com a poesia é ainda mais complexa do que comumente se percebe, como revelam outros diálogos que não a *República*. Ver o ensaio de Elizabeth Asmis neste volume (Capítulo 11) para uma visão geral abrangente da querela de Platão com a poesia, que se estendeu durante toda a sua vida.

imagem de uma Forma dessa maneira. Em vez disso, a questão de um objeto observável poder ser propriamente chamado "cama" depende do que é para alguma coisa ser chamada "cama"; depende, em outras palavras, da Forma, uma vez que a Forma é o objeto a que se chega a compreender quando se tem uma concepção adequada do que uma cama é. Assim, quando Platão diz que as Formas são completamente reais, ele quer dizer que elas estão no topo da escala que categoriza objetos de acordo com seu grau de dependência lógica: assim como imagens de objetos sensíveis recebem seus nomes em razão de sua relação com alguma coisa com propriedades radicalmente diferentes, desse modo também os objetos sensíveis recebem seus nomes em razão do tipo de relação que eles têm com as Formas; mas as Formas, por sua vez, não são dependentes de seus nomes em nenhuma outra coisa.[47]

A analogia da caverna também suscita um aspecto onipresente da filosofia política de Platão: aqueles que são limitados em sua concepção do que existe e do que vale a pena não são os melhores juízes de seus próprios interesses, e deles se pode esperar que resistam aos esforços iniciais de aperfeiçoar suas vidas. O que faz de um sistema político um bom sistema não é o consentimento do governado, pois se falsos valores forem dominantes, as pessoas poderão de bom grado aceitar somente aqueles sistemas políticos que perpetuem seu confinamento. Uma boa comunidade política, Platão assume, deve ser uma comunidade política que promova o bem-estar de todos os cidadãos, e se os cidadãos falham em compreender onde reside seu próprio bem, a tarefa adequada dos líderes políticos é educá-los. Ainda que, por esse motivo, Platão seja favorável a conceder poderes extraordinários a legisladores que tenham um entendimento filosófico do bem humano, ele não está preocupado com a possibilidade de que tal poder venha a ser mal utilizado ou suscite ressentimento. É em parte, por essa razão, que a riqueza privada e a família são abolidas na classe dirigente: essas fontes poderosas de corrupção política e favoritismo devem ser eliminadas com o intuito de dar aos governados garantias razoáveis de que não serão explorados pelos mais

---

[47] Para um debate mais aprofundado acerca dos graus de realidade em Platão, ver Gregory Vlastos, *Platonic Studies* (Princeton: Princeton University Press, 1981), ensaios 2 e 3.

poderosos. Uma das forças condutoras que se encontra por trás da ilustração, por Platão, de uma sociedade ideal é a de que em tal sociedade deve haver um sentimento profundo de comunidade entre todos os cidadãos, não obstante o fato de não poderem compartilhar igual entendimento do bem humano. Nenhum grupo ou indivíduo deve ser favorecido às expensas de outro, qualquer que seja. A cidade ideal não é aquela que se destina à máxima felicidade dos filósofos ou de qualquer outro grupo; em vez disso, instituições devem ser projetadas de modo que haja um padrão justo de benefícios para todos (419a-421a). Se na filosofia política da *República* há grande quantidade do que prontamente rejeitamos,[48] por outro lado, ela contém elementos que para muitos são instigantes. Platão concebe uma comunidade bastante atraente: uma comunidade em que ninguém seja favorecido pelos privilégios tradicionais de riqueza, nascimento ou gênero;[49] uma comunidade em que o

---

[48] As objeções mais óbvias são direcionadas ao modo como Platão exclui quase todos os cidadãos da participação política, bem como à sua avidez em suprimir ideias não ortodoxas. Na frase de K. R. Popper, Platão é um inimigo da "sociedade aberta". Ver *The Open Society and its Enemies*, vol. 1, 4. Ed. (New York: Harper & Row, 1963). Popper atribui a Platão a concepção segundo a qual "o critério da moralidade é o interesse do Estado" (p. 107), mas é mais plausível tomar a *República* como obra contendo uma teoria do que é bom para qualquer indivíduo e pressupor que o Estado ideal é aquele que promove o bem de seus cidadãos individuais. Para uma réplica completa a Popper, ver R. B. Levinson, *In Defense of Plato* (Cambridge, Mass.: *Plato, Popper, and Politics* (Cambridge: Cambridge University Press, 1967). Para uma revisão recente da teoria política de Platão, ver George Klosko, *The Development of Plato's Political Theory* (New York: Methuen, 1986). Duas abordagens desse tópico — antigas, mas que ainda vale a pena considerar —, são as de E. Barker, *Greek Political Theory: Plato and His Predecessors* (London: Methuen, 1918); e o capítulo sobre Platão em George Sabine, *A History of Political Theory*, 4. Ed. (Hinsdale, 1ll.: Dryden Press, 1973). A proposta de Platão para o controle da poesia é debatida por Iris Murdoch, *The Fire and the Sun: Why Plato Banished the Artists* (Oxford: Clarendon Press, 1977).

[49] Um aspecto da filosofia política da Platão que recebeu considerável atenção foi a tese que defendeu que se deveria confiar altos cargos políticos às mulheres da cidade. A contribuição de Trevor Saunder a este volume (Capítulo 15) enfatiza a avidez de Platão - mesmo em obra de caráter não utópico, como é o caso das *Leis* - em ampliar o papel político desempenhado pelas mulheres. Para um debate recente, ver Julia Annas, "Plato's *Republic* and Feminism", *Philosophy* 51 (1976): pp. 307-321; Susan Moller Okin, "Philosopher Queens and Private Wives: Plato on Women and the Family", *Philosopher and Public*

bem-estar de ninguém é ignorado e a ninguém se permite ser indiferente aos demais; uma comunidade em que cada membro conduza uma vida que em certo grau objetivamente valha a pena.[50]

Outro aspecto notável da *República* é o de que Platão supõe haver ali um parentesco entre o tipo de comunidade que os seres humanos são capazes de formar e a comunidade, mais rarefeita, que ele pensa existir entre as Formas. As Formas não são um mero agregado de objetos abstratos, mas de algum modo são conectados entre si: elas formam um *kosmo* (500c) ordenado, e por isso cada qual tem de ser estudado não isoladamente dos demais, mas como membro de um todo unificado. Aquilo a que devemos aspirar em nossas almas e como membros de uma ordem política é algo que as Formas já possuem por sua própria natureza. Mas na *República* Platão dedica bem pouca atenção à articulação da estrutura possuída pelas Formas; ele insiste, isto sim, na existência de uma Forma que seja central ao ser e à cognoscibilidade de todos os outros: a Forma do Bem (505a-409c). O projeto de estudar as relações que existem entre as Formas é levado a cabo por alguns diálogos escritos após a *República*. No *Fedro*, ele atribui ao dialético as tarefas de encontrar unidade em uma diversidade de Formas e diversidade em uma unidade, e usa essa concepção de amor como uma espécie de divina loucura a ilustrar tal estrutura. No *Parmênides*, existe um tratamento complexo da relação entre Unidade e outras Formas como a Similaridade e a Diferença, o Movimento e o Repouso, o Limitado e o Ilimitado. E a exploração dessas relações é um aspecto recorrente da maior parte da obra tardia de Platão, desempenhando um papel especialmente importante no *Político*, no *Sofista*

Affairs 6 [1977]: pp. 345-369; Nicholas D. Smith, "Plato and Aristotle on the Nature of Women", *Journal of the History of Philosophy* 21 (1983): pp. 467-479; Gregory Vlastos, "Was Plato a Feminist?" *Times Literary Suplement*, March pp. 17-23, 1989, pp. 276, 288-289; Dorothea Wender, "Plato: Mysoginist, Paedophile and Feminist", *Arethusa* 6 (1973) pp. 75-80.

[50] Contudo, mesmo se Platão está certo em pensar que o Estado deve favorecer uma concepção definitiva do bem (e na tradição liberal muitos filósofos disputariam essa reivindicação), ainda assim ele pode ser criticado por propor uma concepção por demais estreita como aquela que deve ser oficialmente endossada.

e no *Filebo*. Se Platão equaciona Bondade e Unidade — e existem algumas razões para acreditar que ele o faz[51] —, então o tratamento elaborado da Unidade encontrado no *Parmênides* pode ser lido como uma continuação da preocupação de Platão com o Bem. E no *Timeu*, o mundo sensível como um todo é visto como expressão da bondade de um artesão divino que enxerga no padrão das Formas e moldes o material recalcitrante e desordenado à sua disposição para a realização de um bem (29a-30b), muito embora esteja longe da série perfeita (46d-e) de estruturas. Assim, algumas das ideias metafísicas muito brevemente sugeridas na *República* — a de que as Formas constituem um todo estruturado, a de que o Bem é a principal entre elas, a de que a bondade de um grupo completo de objetos consiste em sua unificação — continuam a guiar o desenvolvimento de Platão em suas últimas obras.

---

[51] O mais perto que ele chega de tal identificação é no *Filebo* 65a, onde Sócrates diz que, ainda que o bem não possa ser apreendido por meio de uma característica, ele pode ser compreendido em termos de beleza, medida e verdade. Os primeiros dois membros dessa tríade são atrelados por Platão a certa noção de unidade. Beleza e medida resultam quando um limite é posto no que é ilimitado e excessivo (*Filebo* 24a-26b), e assim a bondade (à medida que envolve beleza e medida) encontra-se conceitualmente conectada à unidade (à medida que o que é limitado é, desse modo, unificado). Note-se que na *República* 462a-b a unificação da cidade é chamada "o seu mais elevado bem". Para um debate adicional a respeito, ver meu ensaio sobre a *República* neste volume (cap. 10). Aristóteles estava consciente da concepção de que o um em si mesmo é o bem em si mesmo. Ver *Metafísica* XIV.4 1091b13-15), e comparar com a *Ética eudemiana* 1.8 1218a15-28. Mas nessas passagens ele não atribui essa concepção a Platão. Aristoxeno, aluno de Aristóteles, relatou em sua obra *Elementa Harmonica* II. pp. 30-31, que Platão ministrara conferência pública sobre o bem, e é possível interpretar esse relato como a significar que essa conferência defendia que Bem é Unidade - muito embora o enunciado possa, em vez disso, significar que existe um Bem. Isso opera um contraste com a Revised Oxford Translation [Tradução de Oxford Revisada] em Jonathan Barnes, ed., *The Complete Works of Aristotle* (Princeton: Princeton University Press, 1984), p. 2397, e com a de Hans Joachim Kramer, *Plato and the Foundations of Metaphysics* (Albany State University of New York Press, 990), p. 203.

III

Até aqui, temos visto como o pensamento de Platão passou por uma transição no *Mênon*, e, iniciando com o *Fédon*, desenvolveu-se em uma filosofia abrangente baseada na teoria das Formas. E eu tenho discutido alguns temas que conectam a *República* e os diálogos que lhe são posteriores. Mas não se deve pensar que o curso do desenvolvimento de Platão após a *República* seja uma questão acerca da qual haja consenso entre os estudiosos. Pelo contrário, mesmo entre especialistas que acreditam que Platão continuou a fazer avançar seu pensamento durante toda a sua vida existem divisões profundas no que diz respeito à forma geral das mudanças que ele teria feito. Em um extremo, alguns sustentam que ele teria abandonado inteiramente a teoria das Formas, já que não seria necessário postular tais objetos.[52] Proposta menos radical é a de que a mudança de concepção seria em Platão um acontecimento natural à medida que ele se tornou gradativamente consciente das deficiências na teoria das Formas, mas isso não teria alterado a teoria, porque ele não foi capaz de localizar a origem de suas dificuldades.[53] Outros acreditam que, mesmo mantendo sua crença na existência desses objetos abstratos, ele teria reconhecido que a concepção desses objetos durante seu período intermediário se manteve à deriva, razão pela qual veio a desenvolver uma nova compreensão de sua natureza.[54]

---

[52] Essa é a concepção advogada por Gilbert Ryle em diversas publicações. Ver "Plato's Parmenides", em *Studies in Plato's Metaphysics*, ed. R. E. Allen (London: Routledge & Kegan Paul, 1965), pp. 97-147; *Plato's Progress* (Cambridge: Cambridge University Press, 1966); "Plato", in *The Encyclopedia of Philosophy*, Ed. Paul Edwards, 6: pp. 314-333, especialmente 324-5. A visão de Ryle granjeou poucos adeptos, já que mesmo a teoria das Formas é severamente criticada nas primeiras páginas do *Parmênides*. Parmênides defende que se se recusa a postular a existência desses objetos, destrói-se o poder do discurso (135b-c). Para um debate sobre essa interpretação, ver G. E. L. Owen, "Notes on Ryle's Plato", in *Ryle*, ed. O. P. Wood e G. Pitcher (Garden City, N. Y.: Doubleday, 1970), pp. 341-371.

[53] Essa concepção, vigorosamente apresentada por Gregory Vlastos em "The Third Man Argument in the *Parmenides*", in Allen, *Studies in Plato's Metaphysics*, pp. 231-263, tem estado no centro das controvérsias acadêmicas desde a sua primeira publicação, em 1954.

[54] Para uma interpretação altamente influente desse tipo ver G. E. L. Owen, "The Place

E ainda, outra concepção que se mantém é a de que Platão teria alterado a teoria das Formas não tanto a ponto de rejeitar certos componentes dela, mas sim acrescentando novos elementos que tornam sua concepção das Formas mais sutil e menos vulnerável a equívocos e objeções.[55] Como complemento a essas controvérsias sobre se Platão teria mudado, e de que modo o teria feito, há controvérsias acerca da sequência cronológica de seus trabalhos.

Para compreender essas controvérsias, o melhor a fazer é contemplar mais atentamente a divisão dos trabalhos de Platão em três fases — a primeira fase, a fase intermediária e a última, e buscar maior especificidade acerca de quais obras são em geral pensadas como pertencendo aos últimos dois grupos. Conforme eu disse acima, estudos voltados ao estilo de Platão iniciados no século XIX, aos quais se deu prosseguimento até o momento presente, principiaram com o ponto em torno do qual existe um consenso universal: o de que as *Leis* são obra do período tardio. Boa quantidade de evidência cumulativa tem apontado para a conclusão segundo a qual existem cinco outras obras que estão intimamente relacionadas às *Leis* à medida que são mensuradas por toda uma variedade de aspectos estilísticos. Tem-se aqui (arrolando-os em ordem alfabética) o *Crítias*, o *Filebo*, o *Sofista*, o *Político*

---

of the Timaeus in Plato's Dialogues", in Allen, *Studies in Plato's Metaphysics*, pp .293-338. Owen sustenta que Platão renuncia à ideia de que as Formas sejam paradigmas com os quais os objetos sensíveis teriam uma semelhança, bem como à ideia de que ser e tornar-se são categorias mutuamente excludentes. É bastante possível aceitar a tese geral de Owen - tese de que Platão teria mudado a sua concepção da natureza das Formas -, e, ao mesmo tempo, discordar quanto à natureza dessa mudança. Para uma interpretação recente desse gênero, ver Kenneth M. Sayre, *Plato's Late Ontoloty: A Riddle Resolved* (Princeton: Princeton University Press, 1983). Ele sustenta que Platão teria renunciado à concepção de que a existência das Formas na verdade independe da existência dos objetos sensíveis.

[55] Essa é a abordagem defendida por Prior, *Unity and Development in Plato's Metaphysics*: "Sem alterar... a Teoria das Formas... ele amplia e torna mais clara a sua metafísica" (p. 2). De modo semelhante, Constance C. Meinwald, em seu *Plato's Parmenides* (New York: Oxford University Press, 1991), p. 171 defende o seguinte: "Em vez de ver os diálogos intermediários como um edifício perfeito que obras posteriores fizeram ruir, podemos pensar nas obras-primas do período médio como trabalhos que mostram a necessidade de elaboração que os difíceis diálogos finais de fato tomaram a seu encargo".

e o *Timeu*. Dentro desse grupo, sem medo de errar podemos dizer que o *Político* foi escrito depois do *Sofista*, já que por diversas vezes ele faz remissão a ese último,[56] e também podemos dizer que o *Timeu* precede o *Crítias*, pois a última descrição da ilha de Atlantis é obviamente consequência da abordagem desse assunto iniciada no trabalho anterior. Qualquer tentativa de ordenar essa composição tem um caráter mais conjectural; por exemplo, muito embora Diógenes Laércio diga que as *Leis* sejam o último trabalho de Platão, o *Crítias* encontra-se obviamente incompleto, por esse motivo sendo forte candidato a essa posição. Mas estudos estilísticos sugerem que foram escritos na seguinte ordem: *Timeu, Crítias, Sofista, Político, Filebo* e *Leis*.[57]

A maior de todas as fontes de contenção dizendo respeito aos últimos diálogos é o *Timeu*, por não haver concordância universal de que ele, sim, pertence a esse último período. Há cerca de 40 anos argumentou-se que os estudos de estilo que situaram esse diálogo no último período estavam equivocados; além disso, defendeu Owen, o conteúdo filosófico do diálogo e qualquer abordagem coerente do desenvolvimento de Platão requer que situemos o *Timeu* no período intermediário, após a composição da *República* e antes da viragem maior do pensamento platônico, a qual Owen pretendeu situar no *Parmênides* e no *Teeteto*.[58] Pode-se pensar que a tese de Owen é

---

[56] *Político* 257a, 258b, 266d, 284b, 286b.
[57] O leitor pode tomar como valiosa a posse de uma lista integrada das várias cronologias sugeridas em vários pontos deste ensaio: (A) primeiros diálogos: (1) primeiro grupo (em ordem alfabética): *Apologia, Cármides, Críton, Eutífron, Hípias Menor, Íon, Laques, Protágoras*; (2) segundo grupo (em ordem alfabética): *Eutidemo, Górgias, Hípias Maior, Lísis, Menexeno, República* I; (B) diálogos intermediários (em ordem cronológica): *Mênon, Crátilo, Fedro, Banquete, República* II-X, *Fedro, Parmênides, Teeteto*. (C) últimos diálogos (em ordem cronológica): *Timeu, Críticas, Sofista, Político, Leis*. Essa ordem diferente daquela encontrada em Vlastos, *Sócrates* pp. 46-47, em apenas três aspectos de menor importância: ele insere o *Górgias* e a *República I* em A1 e o *Mênon* em A2.
[58] Ver "The Place of the Timaeus in Plato's Dialogues", in Allen, *Studies in Plato's Metaphysics*, pp. 313-338. Este volume contém uma influente réplica a Owen por Cherniss, "The Relation of the *Timaeus* to Plato's Later Dialogues", pp. 339-378. Para um debate mais aprofundado, ver Prior, *Unity and Development in Plato's Metaphysics*, pp. 68-69. Sayre, Plato's Late Ontology, pp. 256-267; Mueller, "Joan Kung's Reading of Plato's *Timaeus*". Mueller diz (p. 20): Os argumentos estilísticos aventados por Owen demonstram que o *Timeu* pode ser o

confirmada pela página de abertura do *Timeu*, que faz referência a uma conversa entabulada no dia anterior, na qual Sócrates se punha a descrever as instituições da melhor cidade, e eis que tais instituições eram precisamente as mesmas que encontramos na *República*. A partir daí, pode-se inferir que o *Timeu* deve ter sido o diálogo escrito imediatamente após a conclusão da *República*, mas tal inferência seria imperfeita, uma vez que Platão pode ter tido razões literárias ou dramáticas para estabelecer uma estreita conexão entre esses dois diálogos. Sua proximidade dramática não é uma diretriz confiável para a proximidade de suas datas de composição.

Antes de considerar mais detidamente o lugar do *Timeu*, seria útil chamar a atenção para um aspecto frequente e desconcertante de cinco dos seis diálogos que não raro são classificados como tardios — o *Timeu*, o *Crítias*, o *Sofista*, o *Político*, o *Filebo* e as *Leis*: à exceção do *Filebo*, Sócrates ou desempenha um papel menos relevante (no *Timeu*, no *Crítias*, no *Sofista* e no *Político*) ou se mostra completamente ausente (nas *Leis*). Ora, é de se pensar que esse aspecto pode não ter qualquer significância, precisamente porque a Sócrates torna a ser atribuído um papel importante no *Filebo*. Mas existe uma explicação para o desvio de Platão nesse caso único com base em uma regra geral que ele tinha decidido adotar: o *Filebo* é dedicado a um exame de lugar do prazer na melhor das vidas humanas, e por isso é compreensível que Platão venha a colocar seu mestre como principal interlocutor do diálogo. É improvável que a decisão de Platão sobre deixar Sócrates ser o principal interlocutor venha a ser arbitrária e desprovida de qualquer motivo; ele tem uma razão especial para dar a ele o papel de protagonista no *Filebo*. Desse modo, é plausível assumir que ele também tem uma boa razão para dar a Sócrates pequeno ou nenhum papel nesses outros diálogos. Mas qual será a razão? Uma hipótese que vem à mente é a de que Platão esteja conscientemente rejeitando pelo menos alguns dos principais postulados de seu período intermédio, e de que ele, por essa razão, sinalize a divergência ao

---

primeiro dentre os últimos diálogos. Não existem fundamentos estilísticos para que se possa considerar o *Timeu* como parte de um projeto intelectual abandonado por Platão.

conceder a Sócrates um papel menor.⁵⁹ Mas é claro que essa explicação não passa de uma hipótese meramente inicial, que deve ser substanciada por um exame atento do conteúdo desses trabalhos posteriores.

É importante estar consciente do fato de que há dois outros diálogos fora desse grupo de seis que por si só conferem a Sócrates um papel atípico: o *Parmênides* e o *Teeteto*. Existe um amplo consenso segundo o qual esses diálogos pertencem ao período intermediário, mas é extremamente provável que eles tenham sido escritos após a *República*, porque cada qual submete a escrutínio crítico uma doutrina que é vista na *República* como não problemática: Na primeira parte do *Parmênides* (126a-135a), a teoria das Formas é exposta à crítica, e no *Teeteto* encontramos uma busca mal sucedida para uma definição adequada do conhecimento e uma discussão crítica da concepção do conhecimento pressuposta na *República* e em trabalhos anteriores.⁶⁰ No *Parmênides*, as dificuldades na teoria das Formas são trazidas à baila por Parmênides, com Sócrates sendo jovem demais para ter desenvolvido respostas bem sucedidas (135d); no *Teeteto*, Sócrates assume papel de protagonista fazendo perguntas e suscitando dificuldades, mas, tal como uma parteira infértil que só pode fazer ajudar os outros a dar à luz, ele diz que não pode ele próprio produzir concepções positivas (148e-151d). Ambos esses papéis — o objeto da crítica não respondida, a parteira intelectual — são agora pontos de partida na estrutura dramática dos diálogos do período intermediário.⁶¹

---

⁵⁹ Esta não se pretende uma hipótese que Owen pudesse vir a abraçar, uma vez que ele toma o *Timeu* como expressão da teoria das Formas do período intermediário, não obstante Sócrates desempenhar ali papel tão reduzido. É defensável a rejeição, pelo *Timeu*, de algumas das doutrinas do período intermediário; se foi o caso, isso escapou ao olhar de Owen.

⁶⁰ Para a concepção segundo a qual possuir conhecimento de alguma coisa envolve ter a capacidade de raciocinar a respeito ou de lhe proporcionar uma abordagem, enquanto meramente deter uma crença é incompatível com a carência dessa habilidade, ver *Górgias* 465a, 500e-501a; *Mênon* 98a; *Fédon* 76b; *República* 531e, 534b (cf. 475c, 493c, 497c, 510c, 533c); *Timeu* 51d-e. Para os enigmas de Platão sobre o que viria a ser uma abordagem (*logos*), ver *Teeteto* 201c-210a. Um alentado debate sobre esses enigmas pode ser encontrado em Myles Burnyeat, *The Theaetetus of Plato* (Indianapolis: Hackett, 1990), pp. 128-241.

⁶¹ Um aspecto estilístico do *Parmênides* e do *Teeteto* também indica serem esses posteriores a alguns dos outros diálogos do período médio: em *Teeteto* 143c, anuncia-se que os

Agora, o fato desses dois trabalhos críticos darem um papel incomum a Sócrates pode ser facilmente explicado: Se, pela primeira vez desde que ele começou a elaborar a metafísica e a epistemologia associadas à teoria das Formas, Platão está submetendo essa teoria a um duro questionamento, naturalmente ele atribuiria um papel mais passivo ao principal expositor dessa teoria. E se aceitamos essa hipótese, também podemos propor uma explicação conservadora do motivo pelo qual Sócrates continua a desempenhar papel tão exíguo na totalidade das demais obras de Platão, exceção feita ao *Filebo*: tendo se acostumado, no *Parmênides*, a escrever grande parte para outro que não Sócrates, e tendo continuado, no *Teeteto*, a usar Sócrates em papel outro que não o de porta-voz da doutrina positiva, talvez Platão não veja motivo em retomar seu hábito anterior de fazer de seu mestre o principal expositor da doutrina, exceto quando o assunto em questão demandar tal mudança. Em outras palavras, podem se dever menos à prática frequente de Platão, de minimizar o papel de Sócrates nos últimos diálogos, do que a um certo tipo de conservadorismo. Tendo uma boa razão para alterar o papel de Sócrates no *Parmênides* e no *Teeteto*, Platão simplesmente não viu razão (exceto no *Filebo*) para fazer alguma outra mudança.

Se acharmos que os diálogos tardios não contêm nada que rejeite as posições adotadas nas obras do período intermediário, e que Platão deve ter sobrevivido às autocríticas do *Parmênides* e do *Teeteto* sem alterar aquilo

---

interlocutores falarão diretamente um ao outro, e com isso o uso de "ele disse" e assemelhados é evitado. Esse procedimento racionalizado também será adotado no *Parmênides* (começando em 137c). Isso sugere que esses trabalhos foram escritos posteriormente a diálogos como a *República*, que faz uso frequente de frases que reportam ao diálogo. Ver Brandwood, *Chronology of Plato's Dialogue*, I, p. 251. Outro sinal cronológico é digno de menção: no *Teeteto* 183e, Sócrates diz ter encontrado Parmênides quando este era jovem. Não temos evidências sobre as datas de nascimento ou morte de Parmênides que tornariam impossível esse encontro, mas uma vez que estamos tomando a teoria das Formas como produto da meia idade de Platão, a conversa ilustrada no *Parmênides* entre seu porta-voz epônimo e Sócrates vem a ser, é claro, uma ficção no tempo com intenção dramática. A referência feita no *Teeteto* 183e a um encontro entre Parmênides e Sócrates é, por esse motivo, plausivelmente tratada como indicação de que esse diálogo foi composto após o *Parmênides*.

em que ele antes acreditava, podemos então justificar dessa forma o papel menor de Sócrates. Mas também está aberta para nós a via para se combinar diversos meios de justificação dessa mudança nos papéis dialogais dos trabalhos posteriores. Se acharmos que Platão alterou essas concepções de modos que são mais moderados do que radicais após a escrita do *Parmênides* e do *Teeteto*, então, muito embora essas mudanças moderadas possam não ter configurado por elas próprias razão suficiente para denotar Sócrates como falante, elas podem ter sido suficientemente amplas para desincentivá-lo em sua atitude de retornar ao padrão anterior da liderança socrática nas conversas mantidas nos diálogos. Desse modo, se tomada em si mesma a mudança que Platão opera no papel atribuído a Sócrates, ela nada nos diz a respeito do padrão de seu próprio desenvolvimento intelectual. Para ver se as últimas obras de Platão estão em continuidade com esses diálogos intermediários ou se há rupturas suaves ou bruscas, a verdade é que não há substituto para o olhar atento ao conteúdo real desses últimos diálogos; nossa interpretação do conteúdo nos dirá o que fazer quanto ao papel menor atribuído a Sócrates — e não o contrário.

E quando atentamos para o conteúdo dos últimos diálogos (*Timeu*, *Crítias*, *Sofista*, *Político*, *Filebo* e *Leis*) e para os dois diálogos do período intermediário que atribuem a Sócrates um papel atípico (*Parmênides* e *Teeteto*), o que encontramos? Uma ruptura radical, uma suave continuidade ou algo entre os dois? Na verdade, temos uma série de questões aqui, pois é possível que em alguns temas Platão não tenha visto necessidade de modificações, enquanto em outros ele tenha feito revisões significativas. Em tais questões, os estudiosos têm se mostrado profundamente divididos. Um dos temas cruciais desse debate diz respeito a uma série de objeções apresentadas nas páginas de abertura do *Parmênides* contra a teoria das Formas. Essas objeções não recebem resposta explícita nesse ou em outro diálogo. Aristóteles pensava que uma delas fosse crucial para alguns modos de argumentar em favor da existência das Formas, e procurou evitar problema semelhante para sua concepção de universais.[62]

---

[62] Ver *De Sophistics Elenchis* 179a3, *Metafísica* I.9 990b17, VII.103a39a2. Para um debate a respeito, ver Joan Kung, "Aristotle on Thises, Suches, and the Third Argument", *Phronesis*

Conforme expresso no *Parmênides*, essa objeção sustenta que se existe uma razão para postular uma única Forma de Grandeza, então, da mesma forma, existe uma razão para postular um número ilimitado de Formas desse mesmo tipo. A razão para postular a "primeira" Forma de Grandeza é a de que, sempre que um número de coisas for grande, haverá uma Forma única em virtude da qual essas coisas são grandes; mas agora, quando consideramos essa Forma de Grandeza juntamente com aquelas coisas grandes, deve haver outra Forma de Grandeza, em virtude da qual as coisas grandes e a Grandeza em Si mesma são grandes; o processo pelo qual reconhecemos "novas" Formas de Grandeza pode ser repetido indefinidamente, e desse modo não há uma Forma de Grande, o que contradiz a nossa hipótese inicial. Para muitos estudiosos pareceu que, de maneira crucial, esse argumento deve depender da pressuposição, altamente questionável, de que uma Forma da Grandeza é em si mesma uma coisa grande. Mas a teoria das Formas de Platão, tal como elaborada nos diálogos do período intermediário como o *Fédon*, o *Banquete*, a *República* e o *Fedro*, efetivamente o compromete com tal pressuposição? Será esse o pressuposto que ele tenta isolar para um exame detalhado no *Parmênides*? Ele de fato modificou a sua teoria das Formas ou talvez tenha inteiramente abandonado sua crença na existência desses objetos, à luz das objeções registradas no *Parmênides*? Essas estão entre as questões principais levantadas por estudiosos em seus debates sobre o desenvolvimento posterior de Platão.[63]

A evidência dos estudos estilométricos desempenha um papel especialmente importante nesse debate, pois se seus resultados são aceitos, eles posicionam o *Timeu* entre os diálogos tardios e, por essa razão, atribuem a ele uma posição após a escrita do *Parmênides*. É de maneira bastante clara que no *Timeu* Platão continua a sustentar algumas das concepções sobre

---

26 (1981): pp. 207-247.
[63] Uma questão crucial no debate versa sobre se o próprio *Parmênides* estaria proporcionando um meio de responder às objeções levantadas contra a teoria das Formas - muito embora o diálogo não explicite essa resposta. Em sua contribuição para este volume (Capítulo 12), Constance Meinwald argumenta que no restante do diálogo Platão faz e explora uma distinção entre dois tipos diferentes de predicação, e que essa distinção o prové de soluções aos problemas apresentados na primeira parte do diálogo.

as Formas que desempenham proeminente papel nos diálogos do período intermediário. Ele sustenta que esses objetos em si são imutáveis, e opera um contraste entre a sua invulnerabilidade e a alteração com a flutuação constante que caracteriza objetos no mundo da sensação; em virtude dessas diferenças radicais, as Formas são capazes de ser conhecidas, enquanto os objetos da sensação não o são.[64] Ademais, as Formas são descritas no *Timeu* como paradigmas[65] — objetos para os quais o artesão divino olha ao criar o mundo sensível, e para os quais ele deve olhar com o intuito de adquirir conhecimento — e também aí se tem uma doutrina que é central em relação à filosofia de Platão nos diálogos do período intermediário.[66] Com isso, se levarmos em conta com seriedade os estudos de estilo, e se aceitarmos as descobertas de muitos deles, segundo as quais o *Timeu* está entre os últimos trabalhos de Platão, devemos concluir então que nada no *Parmênides* ou no *Teeteto* o teria levado a abandonar algumas das doutrinas centrais de seu período intermediário. É claro, isso não significa que não existam novos desenvolvimentos nos últimos diálogos; obviamente existem. E também pode ser o caso de que Platão tenha modificado sua concepção de objetos abstratos de modos significativos. Mas se o *Timeu* é obra tardia, pode-se concluir que há também uma boa dose de continuidade no pensamento de Platão.

Qualquer consideração do desenvolvimento de Platão para além desse período médio deverá prestar minuciosa atenção também ao trabalho mais detalhado que ele realizou em teoria política e moral após escrever a *República*. O que se tem de notável é que após proporcionar, na *República*, um instantâneo bastante elaborado do que seria uma sociedade ideal, ele assumiu projeto similar já perto do fim da vida e dedicou sua obra mais extensa — as *Leis* — ao desenvolvimento de um sistema político complexo e a um código legal. Algumas das principais doutrinas da *República* encontram-se ali intactas: a educação moral é a principal ocupação da comunidade política, e não há tolerância para os que promovam doutrinas passíveis de solapar a

---

[64] Ver *Timeu* 27e-28a, 37e-38b, 49b-50d, 51e-52b.
[65] Ver *Timeu* 29b, 48e-49a, 50d, 52a, 53c.
[66] Ver, por exemplo, *República* 500e, 540a; *Parmênides* 132d.

virtude dos cidadãos. Mas há também notáveis diferenças entre a comunidade ideal da *República* e a nova utopia ilustrada nas *Leis*. Nenhum treinamento especializado em matemática ou dialética é prescrito para um grupo da elite dos cidadãos, e em vez disso se atribui total responsabilidade e poder a um pequeno grupo de tomadores de decisão. Platão opera ampla distribuição de funções de governo e estabelece um elaborado sistema de salvaguardas contra o abuso de poder. Muito embora se tenha uma divisão de poderes desigual, cidadão algum é completamente privado de papel legislativo ou judiciário. Ora isso significa que em seu último período Platão vem a se opor menos às ideias democráticas do que ele havia sido? Talvez. Mas também pode ser o caso que nas *Leis* ele aceite aspectos democráticos limitados e tenha em vista um papel menor para os filósofos porque nessa obra ele está meramente descrevendo uma comunidade política não tão boa, que seria uma "segunda melhor" comunidade política (739a-740a); se essa é a explicação adequada, então ele pode ter continuado a acreditar que idealmente os filósofos devem ter um controle absoluto sobre questões políticas.[67]

IV

Até agora, viemos centrando nossa atenção exclusivamente no que podemos aprender sobre Platão valendo-se de seus próprios escritos, mas algo deve ser acrescentado quanto à possibilidade de haver outras fontes importantes para compreender sua filosofia. É claro que podemos nos considerar felizes por ter tanto de Platão à mão; na verdade, detemos todas as obras filosóficas escritas por ele em forma de cópias feitas durante o período medieval, e estas se originam, em última instância, das próprias folhas de papiro originais em que Platão escreveu.[68] (A título de comparação, a maior

---

[67] Para um debate abrangente sobre as principais instituições das *Leis* e sua relação com a filosofia política da *República*, ver a contribuição de Trevor Saunders a este volume (Capítulo 15).
[68] Sobre o processo pelo qual os textos gregos foram produzidos e preservados desde a

parte das tragédias e comédias gregas e boa quantidade da primeira filosofia grega e helenística estão perdidas para nós). Ocorre que além da abundância de material que temos do próprio Platão, possuíamos também relatos de Aristóteles e de filósofos da Antiguidade posteriores acerca do ensino de Platão na Academia. O valor desses relatos para a nossa compreensão de Platão, contudo, é uma questão de considerável debate entre os especialistas.

Antes de nos atermos a esses relatos, devemos tomar nota do reconhecimento por Platão, no *Fedro* (274b-278b), das limitações da palavra escrita e de sua insistência na superioridade da fala como instrumento de ensino e aprendizado. Alguns estudiosos acreditam que, tendo em vista a opinião desfavorável de Platão sobre a escrita, urge tentarmos interpretar os relatos de que dispomos sobre seu ensinamento oral.[69] Ele observa nesse diálogo que quando se debate filosofia com outra pessoa, tem-se a oportunidade de responder a questões e defender suas asserções. Além disso, o que se diz a uma pessoa pode ser diferente do que se diz a outra; e para algumas não se deve dizer nada — presumivelmente porque alguns ouvintes serão menos simpáticos ou estarão menos preparados do que outros, razão pela qual representam diferentes desafios ou obstáculos. A filosofia escrita carece dessa flexibilidade; ela diz a mesma coisa a todos, e deixa sem resposta

---

Antiguidade, passando pela Renascença, ver L. D. Reynolds e N. G. Wilson, Scribes and Scholars: A Guide to the Transmission of Greek and Latin Literature, 3. Ed. (Oxford: Clarendon Press, 1991). Para uma breve abordagem dos métodos de preservação de trabalhos escritos no mundo clássico, e também para uma bibliografia completa, ver Susan A. Stephens, "Book Production", in Grant e Kitzinger, *Civilization of the Ancient Mediterranenan, I:* pp. 421-436.

[69] Para uma introdução ao problema e para um guia à parte da produção bibliográfica relacionada, ver Guthrie, *History of Greek Philosophy*, 5, cap. 8. Para uma defesa integral da abordagem da filosofia de Platão via testemunho que versa sobre suas doutrinas não escritas, ver Hans Joachin Krämer, *Plato and the Foundations of Metaphysics*, ed. e trad. por John R. Caton (Albany: State University of New York Press, 1990). Esse é um método interpretativo usado por Giovanni Reale em *A History of Ancient Philosophy*, vol. 2, ed. e trad. John R. Caton (Albany: State University of New York Press, 1990). Para críticas a essa abordagem, ver Harold Cherniss, *The Riddle of the Early Academy* (Berkeley: University of California Press, 1945); Gregory Vlastos, "On Plato's Oral Doctrine", in Vlastos, *Platonic Studies*, pp. 379-403.

as questões de seu público (275c-276a). Além disso, a existência de livros filosóficos pode conduzir à deterioração da memória, se forem usados como substitutos para a compreensão; e eles ilusoriamente levam o estudante a pensar que a leitura por si mesma cria a sabedoria (275a-b). Livros não são substitutos para o toma-lá-dá-cá do diálogo, pois só este, e não o mero fazer jorrar da doutrina pode levar à compreensão e à sabedoria.

É claro que essas asserções da supremacia da fala e essas reservas quanto ao valor da escrita filosófica não conduziram Platão a uma completa rejeição da palavra escrita. Como vimos, ele dedicou amplos esforços à palavra escrita depois do *Fedro*, e desse modo não podemos tomar esse diálogo como uma despedida da palavra escrita ou como um repúdio ao valor da escrita filosófica. Na verdade, no *Fedro* Platão realmente diz que a escrita, quando usada adequadamente, pode vir em auxílio da memória, que enfraquece com a idade, e também pode ser útil aos estudantes com quem se discute filosofia (276d). A questão é que as obras escritas podem servir como proposta, mas só enquanto acompanhadas do diálogo filosófico. Sendo assim, não há nenhum mistério envolvendo o fato de Platão ter escrito copiosamente, e continuado a fazê-lo mesmo após expressar suas reservas quanto à palavra escrita. Desse modo, o *Fedro* não nos dá boa razão para pensar que Platão tenha decidido não pôr na palavra escrita suas sinceras concepções sobre questões filosóficas; tampouco ele nos dá evidência de que tenha deliberadamente refreado o impulso de dar a algumas dessas convicções a forma escrita. Eis aí um ponto significativo e controverso, já que alguns estudiosos acreditam, sim, que Platão se recusou a escrever os aspectos mais importantes de sua filosofia, cabendo a nós recuperar essas ideias somente por meio de relatos de seu ensinamento oral.

Sérios equívocos envolvendo a escrita da filosofia são também brevemente expressos na segunda (314b-c) e, de maneira mais completa, na sétima (341b-345a) das *Cartas* de Platão — muito embora a autenticidade desses trabalhos, deve-se lembrar, seja alvo de polêmicas. Na *Sétima Carta*, o autor escreve que ele, Platão, encontrava-se profundamente aborrecido por ter ouvido que Dionísio, o tirano de Siracusa, havia pouco teria escrito uma obra com base em debates filosóficos que eles tinham tido. E Platão encontra-se ávido por se dissociar de qualquer coisa que Dionísio possa ter escrito, e para fazê-lo ele anuncia suas objeções quanto a submeter as questões mais sérias ao texto escrito. As questões que ele debateu com Dionísio são aquelas sobre as quais ele jamais, no passado ou no futuro, se comprometeria a escrever (341b). Por que não? Razão para isso encontra-se no fato de esse trabalho escrito não ser de valia para os muitos, e será usado por alguns como substituto da sabedoria; por outro lado, os poucos que são capazes de compreender suas concepções poderão descobrir a verdade sem se fiar em uma exposição escrita (341d-e). Alguns desses equívocos relacionados à escrita correspondem àqueles expressos no *Fedro*, mas o repúdio de Platão quanto a expressar certas questões na forma escrita parece ir além de qualquer coisa que tenha sido dita no *Fedro*. A *Sétima Carta* nos diz haver certos pensamentos que Platão se recusa a pôr na forma escrita, enquanto o *Fedro* já não expressa tal limitação autoimposta. Na verdade, certas passagens da *Sétima Carta* parecem dizer que alguns pensamentos não devem ser expressos nem oralmente nem de forma escrita, porque as palavras são em si questões de convenção e isso faz delas instrumentos inapropriados para apreender o verdadeiro ser (341c, 342e-343c). Se Platão está dizendo que certas verdades não podem ou não devem ser captadas pela linguagem, de novo ele está indo além das reservas expressas no *Fedro* acerca da escrita. E ele está dizendo que não devemos olhar para seus ensinamentos orais ou escritos com o intuito de obter uma expressão das mais profundas verdades.

Contudo, se tomarmos a *Sétima Carta* como estando a dizer que Platão divulgará oralmente seus pensamentos mais importantes para seus alunos, sem o submeter à forma escrita, e se tomarmos esse trabalho como autêntico, é o caso de ver se podemos descobrir o que ele teria dito e se recusado a escrever. Mas certeza se pode ter de que Platão deve ter expressado algumas concepções filosóficas que tenha se recusado a submeter à forma escrita. Valemo-nos não apenas da suposição natural que se pode fazer sobre qualquer filósofo, especialmente aquele que visualiza tanto valor no diálogo, mas, fora isso, temos uma passagem da *Física* de Aristóteles na qual ele opera uma distinção entre o que Platão diz sobre a questão do lugar ou espaço geográfio no *Timeu* e o que ele diz nas "assim chamadas opiniões não escritas"

(IV.2 109b14-15). De maneira significativa, porém, Aristóteles não confere nenhum peso especial a tais opiniões, isto é, ele não sugere que devamos minimizar as concepções de Platão no *Timeu* pelo fato de se ter aí não mais que uma composição escrita ou de ser o caso de se conceder prioridade à opinião não escrita de Platão precisamente pelo fato de ela ser não escrita. Na verdade, Aristóteles frequentemente olha os diálogos de Platão com o intuito de buscar informações sobre o pensamento de Platão; ele jamais sugere que, em virtude das concepções de Platão sobre os defeitos da escrita, o filósofo possa ter comunicado seus pensamentos filosóficos mais profundos somente na fala, e é por isso que às "assim chamadas opiniões não escritas" devemos nos voltar sempre que pudermos. Assim, o modo aristotélico de tratar as obras escritas e as concepções não escritas pronuncia-se seriamente contra a sugestão de que podemos inferir da *Sétima Carta* que para compreender Platão devemos dar peso maior ao que ele disse, mas não escreveu.

Em outras obras, Aristóteles atribui a Platão certas concepções sem as imputar a nenhum diálogo em particular, mas também sem revelar explicitamente o caráter não escrito dessas opiniões. Por exemplo, na *Metafísica* ele diz que, de acordo com Platão, existem, de algum modo entre objetos sensíveis e Formas, objetos matemáticos que diferem de objetos sensíveis por serem eternos e imutáveis, e das Formas por serem muitos e similares (I.6 987b14-18). Além disso, ele atribui a Platão a doutrina de que os elementos das Formas são o grande e o pequeno — que constituem o elemento material — e a unidade — que é substância (987b18-21). Essa última passagem é especialmente significativa, por indicar que, para Platão, as Formas não são as entidades mentais mais básicas, mas são de algum modo derivadas de ainda outra coisa. Temos aqui uma concepção que pode ser tida como o pensamento mais profundo de Platão acerca da realidade, uma vez que ele postula algo mais básico até mesmo do que as Formas.

Mas com base em que Aristóteles atribui essa concepção a Platão? E em que ponto na carreira de Platão essa concepção foi adotada? Ele não responde a nenhuma dessas questões. Desse modo, uma série de diferentes opiniões se abre para nós:

1. Podemos pensar que Aristóteles atribui essa concepção a Platão (de maneira justificável ou não) com base no que ele lê em algum diálogo ou grupo de diálogos. Nesse caso, Aristóteles não está nos fornecendo informação sobre a filosofia de Platão que ainda não esteja disponível nos diálogos.[70]

2. Podemos pensar que Platão não expressou essa concepção por escrito, e que tal concepção era uma ideia nova que só veio a lhe ocorrer bastante tarde em sua carreira filosófica. Nesse caso, poderia ser errôneo tomar coisa alguma nos diálogos como constituída por suposições não ditas e que nos foram reveladas somente por relatos posteriores de seu ensinamento oral. Caso se pense de um modo diferente, ainda que as opiniões não escritas de Platão tenham lhe ocorrido ao mesmo tempo que algumas de seu último trabalho, é possível que ele não tenha elaborado esses pareceres acerca da geração das Formas em um diálogo por ter pensado que essas novas ideias fossem por demais incertas e pouco elaboradas para merecer sua preservação para gerações futuras.[71] Nesse caso, quaisquer relatos que venhamos a ter de concepções que não encontrem expressão nos diálogos devem receber menos ênfase em nossa tentativa de compreendê-los do que a evidência dos diálogos em si mesmos.

3. Podemos pensar que Platão sustentou essa concepção sobre a geração das Formas em um momento anterior de sua carreira filosófica, tendo se recusado a escrevê-la por razões dadas na *Sétima Carta*. É claro que essa terceira opção estará aberta para nós somente se o trabalho posterior tiver sido escrito por Platão, e somente se aceitar-se que ele revela suas convicções mais profundas em conversas com alguns poucos alunos, recusando-se a divulgá-las na forma escrita.

Qual dessas opções é a mais crível e vem a ser objeto de continuado debate entre estudiosos? A questão central na discussão versa sobre se os

---

[70] Essa é a concepção de Cherniss, *The Riddle of the Early Academy*. Para ele, Aristóteles dá interpretações questionáveis do que lê nos diálogos, quando poderia fazer relatos precisos do que ouviu. Em compensação, Sayre, em *Plato's Late Ontology*, argumenta que as doutrinas que Aristóteles atribui a Platão são relatos precisos de doutrinas que Platão sugere no *Filebo*, muito embora os relatos de Aristóteles usem terminologia diferente.

[71] Essa é a sugestão de Vlastos, "On Plato's Oral Doctrine", pp. 397-398.

relatos dos ensinamentos de Platão nos proporcionam melhor compreensão do que a encontrada nos diálogos. Se seus trabalhos podem ser entendidos suficientemente bem sem que se recorra a esses relatos posteriores sobre sua filosofia, então o material posterior pode suplementar o conhecimento que temos de Platão, mas sem desempenhar um papel de controle em nossa interpretação dos diálogos. E, fazendo outro percurso, se acharmos que o único meio pelo qual podemos entender Platão é deixando os relatos posteriores guiar nossa leitura dos diálogos, então está claro que esses relatos terão se mostrado de grande valia. No momento presente, é justo dizer que somente um número reduzido de estudiosos acredita que os trabalhos escritos de Platão são um mistério que pode ser resolvido somente mediante a recuperação de doutrinas orais que ele recusou a converter à escrita em razão de sua grande importância. Mas não deve se concluir daí que os relatos das opiniões não escritas do filósofo não sejam merecedores de nenhuma atenção. Eles podem nos servir como chaves valiosas a revelar a tendência de pensamentos posteriores de Platão, e talvez possam nos ajudar também a resolver algumas dificuldades de interpretação de seus últimos diálogos.

V

Existe outro tipo de desacordo entre estudiosos acerca de como os diálogos de Platão devem ser lidos, afora a questão da relação entre o que deixou escrito e suas opiniões orais. Essa segunda controvérsia deriva do fato de que grande parte de sua obra escrita (quase toda, se excluirmos as *Cartas*) assume a forma de um diálogo entre diversos interlocutores, no qual Platão em nenhum momento concede papel de falante a si mesmo. Por isso, é o caso de se levantar uma questão sobre como se pode discriminar, com base no que dizem os interlocutores dos diálogos, aquilo em que o próprio Platão acredita. Na verdade, quando lemos uma peça de Sófocles ou de Eurípedes, todos nós reconhecemos que tudo o que os personagens dizem não precisa representar as crenças do autor. Assim sendo, é razoável perguntar por que deveríamos fazer suposição diferente quando lemos um diálogo platônico.

Por qual razão supomos que determinada personagem nessa ou naquela obra apresenta as convicções do próprio Platão? Alguns estudiosos, usando essa analogia entre um trabalho dramático e o diálogo platônico, sustentam que as crenças dos dramaturgos se encontram tão escassamente reveladas pelas palavras de quaisquer de seus personagens quanto o pensamento de Platão está contido nas palavras de quaisquer de seus interlocutores.[72]

Porém, comparação entre os diálogos de Platão e as obras dramáticas é desvirtuadora de muitas maneiras, em que pese o fato de que em cada gênero existe um diálogo entre dois ou mais personagens. Para começar com o que há de mais óbvio: os trabalhos de Platão não foram escritos para entrar numa competição e apresentados em festivais cívico-religiosos, como eram as peças dos trágicos e comediantes gregos. Platão não está atribuindo linhas a seus porta-vozes com o intuito de vencer uma competição ou compor uma obra que será considerada bela ou emocionalmente satisfatória pelo júri oficial ou por um imenso público. O dramaturgo, este sim, tem esse objetivo, e se ele se adequa à sua finalidade de ter seus principais personagens expressando concepções que diferem da sua, assim o fará. Mas se o objetivo de Platão ao escrever é criar um instrumento que possa, se adequadamente usado, guiar os outros à verdade e ao aperfeiçoamento de sua alma, isso pode servir à sua

---

[72] "Em nenhum de seus diálogos Platão diz coisa alguma. Portanto, por eles não podemos saber o que Platão pensava. Se alguém cita uma passagem dos diálogos com o intuito de provar que Platão de fato sustentou essa ou aquela concepção, age de maneira tão razoável como aquele que enunciasse que, de acordo com Shakespeare, a vida é um conto narrado por um idiota, cheio de som e fúria, não significando nada." Assim, Leo Strauss, *The City and Man* (Chicago: University of Chicago Press, 1964), p. 50. Citando a atitude de Platão para com a escrita no *Fedro* e a abordagem por Xenófanes de Sócrates no *Memorabilia*, Strauss segue a (pp. 53-55) sugerir que um diálogo platônico é condicionado a conduzir o leitor comum a "opiniões salutares", ao revelar a verdade a "homens de posse das melhores naturezas". As próprias convicções de Platão, portanto, podem ser bem diferentes daquelas pelas quais Sócrates argumenta. Por exemplo, Strauss toma Platão como estando a dizer, na *República*, que a cidade justa é contra a natureza porque a igualdade dos sexos e o comunismo absoluto são contra a natureza (p. 127). Ver também Rudolf H. Weingartner, *The Unity of the Platonic Dialogue* (Indianapolis: Bobbs-Merrill, 1973), pp. 1-7, para a convicção segundo a qual a proposta de Platão ao compor esses diálogos não é a de endossar a fala de nenhum de seus dialogantes.

finalidade de criar um porta-voz e protagonista que represente as convicções sinceras do próprio Platão. A questão é que, se o objetivo de Platão difere daquele de um dramaturgo, ele terá uma razão que falta ao dramaturgo para usar seus porta-vozes principais como alcaides de suas próprias convicções.

Além do mais, muitos dos diálogos de Platão em seus períodos intermediário e tardio apresentam elevado grau de colaboração entre os interlocutores. Embora envolvam questões e respostas entre diversos falantes, esses personagens cooperam no desenvolvimento e refutação de teorias filosóficas. No *Fédon*, Sócrates ouve a tentativas, da parte de seus interlocutores, de solapar sua concepção de alma, mas ele argumenta contra eles e não encontra muitos problemas em garantir que se mostrem concordes. De maneira similar, na *República* Sócrates aceita questões e desafios de Glauco e Adimanto, mas logo os persuade a aceitar as respostas que ele mesmo dá. No *Teeteto*, Sócrates e o interlocutor epônimo do diálogo atuam de maneira colaborativa para solapar as diversas concepções de conhecimento que ali são discutidas. No *Filebo,* Sócrates impõe derrota acachapante a um Plutarco de início recalcitrante, e este se torna um dócil "homem do sim", cujo papel, fundamentalmente, é a busca de clarificação. Assim, não pode ter sido o intento dos diálogos de Platão meramente dramatizar o conflito entre personagens em oposição e dar expressão a ideias filosoficamente conflitantes. Tampouco podem se destinar a meramente proporcionar exercício mental ao leitor, pois para tal finalidade se estaria mais bem servido com o puro e simples registrar de tantos argumentos quanto fossem possíveis, de lados opostos de uma questão.

Quando os diálogos são lidos em sua íntegra, eles assumem a forma que esperaríamos de obras que registram o desenvolvimento intelectual de um indivíduo, único, que está em luta para expressar a verdade e em favor dela argumentar na medida de seu melhor entendimento. Existe desenvolvimento e talvez existam até mesmo inversões, mas ao mesmo tipo existe um tipo de continuidade a indicar que Platão está usando seu principal porta-voz para expressar as convicções que são as dele próprio. E assim, muito embora a forma diálogo possa ser usada por um filósofo com o intuito de revelar as deficiências das concepções expressas por todos os interlocutores, temos fortes razões para pensar que não é esse o intento de Platão. A forma dialogal de seus trabalhos não deve nos impedir de dizer que eles são veículos para a articulação e defesa de certas teses e derrota de outras. Muito embora não sejam tratados filosóficos, muitos deles compartilham dessas finalidades com tratados políticos.

Mas então por que motivo ele simplesmente não escreveu tratados filosóficos em vez de diálogos?[73] Fiando-nos em alguns tópicos arrolados acima, podemos responder como segue:[74] Platão inicia sua carreira como escritor com o intuito de dar expressão à filosofia e ao modo de vida de Sócrates. Sua proposta ao fazê-lo não é puramente histórica; em vez disso, ele tem em Sócrates um modelo de sabedoria e compreensão profunda, e dispõe seu retrato de Sócrates de modo que ele e outros possam ter uma lembrança duradoura de homem tão notável. Uma vez que Sócrates é, acima de tudo, aquele que entabula diálogos com outros interlocutores, e não o proponente de uma doutrina sistemática, a forma diálogo é o meio perfeito para a expressão de sua vida e pensamento. Mas Platão é ele próprio um filósofo e não meramente um seguidor de Sócrates, e quando desenvolve concepções que vão além das de seu mestre, ele continua a usar a forma dialogal para sua expressão.

---

[73] Para um tratamento dessa questão que difere daquele que eu trouxe aqui, ver os ensaios reunidos por Charles L. Griswold, Jr., em *Platonic Writings, Platonic Readings* (New York: Routledge, 1988). Muitos dos artigos são guiados pela premissa de que (nas palavras de Griswold), "deficiências, paradoxos, tensões e mesmo falácias em um diálogo platônico devem ser tomadas não como sinalizando a incapacidade de Platão em raciocinar bem, mas como convites intencionalmente feitos ao leitor para ele próprio selecionar o tópico que lhe esteja à mão". (p. 5) Uma investigação de diferentes metodologias para a leitura de Platão, com especial ênfase nos séculos XIX e XX, pode ser encontrada em E. N. Tigerstedt, *Interpreting Plato* (Uppsala: Alquimist & Wiksell International, 1977). No meu entender, sua visão geral é prejudicada pela suposição de que, em razão dos conflitos internos em cada diálogo, não podemos ter Sócrates como um porta-voz das concepções de Platão. Ver em especial pp. 98-99. Nenhuma dúvida de que existem dificuldades de interpretação em cada diálogo e em quase todas as páginas de Platão, mas as nossas próprias dificuldades de compreender o texto não devem nos levar a acreditar que ele esteja recheado de contradições.

[74] Para tratamentos dessa questão que estejam em consonância com meu próprio tratamento, ver o ensaio de Terence Irwin neste volume (Capítulo 2) em Vlastos, *Socrates*, pp. 51-53.

Sua decisão de fazê-lo não precisa ser vista como mistério. A forma dialógica proporciona um meio de aventar desafios que se poderia esperar do leitor às teorias que estejam em debate; atribuir uma objeção a um falante é um modo vivo de esclarecer e defender as concepções que estão sendo apresentadas. Além do mais, os equívocos expressos no *Fedro* quanto à escrita podem ser acrescentados às razões para a atitude restritiva de Platão à forma diálogo. O intercâmbio oral é a ferramenta essencial da filosofia, ainda que a leitura de livros possa instigar o indivíduo a pensar que esse encontro com a palavra escrita seja em si mesmo suficiente para a sabedoria. Por essa razão, é de todo apropriado pôr na forma escrita algo que faça lembrar ao leitor que a compreensão advém da discussão com outrem, e não da mera leitura. Qual não seria o melhor meio de dar livre expressão a isso, advertindo contra o mau uso dos livros, do que fazer dos trabalhos de um e outro um diálogo? Mesmo quando o diálogo não transmite nenhum drama e nenhuma oposição real de pontos de vista — como em obras anteriores, por exemplo, o *Protágoras* e o *Górgias* —, ele continua a servir a essa proposta adicional.

Ocorre que minha resposta à questão "por que Platão escreveu diálogos?" não seria aceita por todos os estudiosos. Alguns estudiosos de Platão o tomam por não tão comunicativo e direto na expressão de suas perspectivas filosóficas, e defendem que a forma dialógica seria um recurso pelo qual ele estaria evitando nos dizer tudo em que acredita. De acordo com essa interpretação, um dos objetivos de Platão na escrita dos diálogos seria fazer com que seus leitores pensem por si mesmos; e para atingir esse objetivo, em suas obras, ele deliberadamente insere falácias, ambiguidades e outras deficiências. É claro que ele tem suas próprias convicções, mas tem, sim, razões para fazer com que seus leitores tenham um trabalho considerável para desvelar suas verdadeiras concepções. E, assim, para visualizar aquele que seria o anseio de Platão, temos de ir além do que qualquer um de seus diálogos efetivamente diz, usando as falas dos interlocutores como sinais de uma mensagem oculta. Esse modo de abordar Platão não precisa levar em conta suas concepções não escritas como verdades que ele estaria tentando assinalar nos diálogos. Em vez disso, a ideia é que cada diálogo contenha em si mesmo todos os materiais de que necessitamos para o seu entendimento, com esses materiais sendo como anagramas que devem ser desemaranhados antes que seu sentido possa ser revelado. Os enunciados explícitos dos interlocutores são os materiais com base nos quais temos de construir a mensagem oculta de Platão.[75] Mas essa seria uma maneira ousada de abordar Platão.

Em primeiro lugar, mesmo que se localize o que se possa tomar como deficiência no raciocínio de um interlocutor, uma questão adicional será dizer que o próprio Platão a viu como deficiência, tendo em mente que fosse reconhecida como tal pelo leitor. Para mostrar que Platão está envolvido nesse tipo de projeto, deve-se descobrir um flagrante padrão de erro nos diálogos, pois somente nesse caso poderíamos legitimamente inferir que essas deficiências são pensadas como transmitindo alguma coisa a nós. E é difícil estabelecer que tal padrão exista.

Em segundo lugar, para defender essa abordagem, teríamos de sugerir um motivo para as práticas enganosas de Platão como escritor e, a não ser que desejemos recorrer à *Sétima Carta*, não é fácil encontrar tal motivo. Poderia Platão ter temido tal perseguição política, se ele tivesse dito aquilo em que realmente acreditava? As objeções de Platão à democracia ateniense são declaradas abertamente na *República* (555b-565e); é óbvio que ele não está escrevendo para tentar cair nas boas graças das massas.[76] Quereria ele passar

---

[75] Esse modo de ler Platão é sugerido por Leo Strauss em *Persecution and the Art of Writing* (Glencoe, Ill.: Free Press, 1952), pp. 22-37. Para críticas à metodologia de Strauss, ver Myles Burnyeat, "Sphynx Without a Secret", *New York Review of Books* 32 (30 de maio de 1985), pp. 30-36; há questões posteriores contendo respostas.

[76] Em apoio à ideia de que Platão, a exemplo de muitos outros pensadores, teria ocultado suas concepções por medo de perseguição, Strauss diz: "Um olhar às biografias de Anaxágoras, Protágoras, Sócrates, Platão, Xenófones, Aristóteles... (segue uma longa lista de filósofos dos períodos medieval e moderno) é suficiente para mostrar que eles testemunharam ou sofreram, durante a maior parte de suas vidas, algum tipo de perseguição que teria se mostrado mais tangível do que o ostracismo." Ver *Persecution and thte Art of Writing*, 33. Strauss oportunamente lembra que Platão testemunhou perseguição na forma do julgamento de Sócrates. Mas isso não mostra que ele próprio, Platão, teria ocultado suas concepções verdadeiras com o intuito de evitar o mesmo destino. Pelo mesmo método de argumentação, seria o caso de demonstrar que todos os autores contemporâneos que testemunharam ou vivenciaram perseguição só podem ter escrito de maneira esotérica.

essa mensagem por ter pensado que seus leitores seriam forçados a acreditar por si próprios em vez de tomá-lo como autoridade? É improvável, uma vez que, com base nos relatos de Aristóteles e de outros autores antigos sobre os platonistas, constatamos estarem eles internamente divididos, e Aristóteles em pessoa estaria proporcionando a evidência de que na Academia havia muitos oponentes à teoria das Formas.[77] Em meio a toda essa controvérsia, dificilmente Platão poderia ter acreditado que seus escritos seriam tratados por tantos como pronunciamentos com autoridade a ser aceitos sem que se os questionasse.

Em terceiro lugar, se pensarmos que o sentido manifesto do diálogo tenha de ser posto de parte, e sua mensagem oculta, revelada, pouco ou nada nos restará a servir como evidência. Por exemplo, supondo que estejamos pensando que Platão tenha deliberadamente oferecido maus argumentos na *República* em favor da tese de que a justiça é mais vantajosa do que a injustiça. Mesmo se estivermos convencidos de que a deficiência do argumento só pode ter sido deliberada, e mesmo se, de maneira plausível, possamos chegar ao motivo de Platão para esse erro, ficamos ainda com o problema da mensagem oculta que podemos extrair desse diálogo. Estaria Platão tentando mostrar que, de fato, a justiça é *menos* vantajosa do que a injustiça? Que, muito embora a justiça seja *mais* vantajosa, não devemos estabelecer essa tese por meio do argumento usado na *República*, e sim buscar nossos próprios argumentos? Ou que quando tentamos apresentar argumentos sobre o que é vantajoso, inevitavelmente incidimos em erro, e por esse motivo seria essa uma área da vida humana inacessível à razão humana? E, é claro, existem muitas outras possibilidades. Nenhuma delas pode ser descartada aventando-se não poder ser encontrada em nenhum texto de Platão, já que a questão mesma envolvida nessa abordagem da leitura de Platão é que não podemos esperar

---

[77] A *Metafísica* de Aristóteles, Livros XIII e XIV, é repleta de abordagens de diferentes concepções sobre objetos matemáticos na Academia de Platão. Espeusipo e Xenócrates, primeiro e segundo sucessores de Platão na direção da Academia, partiram das concepções de Platão de modos significativos. Para uma abordagem de suas concepções, ver Guthrie, *History of Greek Philosophy*, 5: pp. 457-483.

encontrar aquilo em que *ele* acredita (em oposição ao que seus interlocutores dizem) no texto. Mas, tendo abandonado o texto pelo fato de ele não conter as crenças de Platão, não temos como apoiar uma sugestão como oposta à outra no que diz respeito ao que ele acredita.

Nossa melhor oportunidade de entender Platão, por isso, é começar com a suposição de que em cada diálogo ele usa seu interlocutor principal para vir em apoio ou em oposição a certas conclusões por meio de certos argumentos porque ele, Platão, apoia essas conclusões por essas razões ou se opõe a elas. Ao lê-lo dessa maneira, precisamos fazer suposições ousadas sobre o motivo pelo qual ele escreveu e por que teria escrito na forma de diálogo. E, é claro, estamos sempre livres para questionar nossa hipótese adequada quando certas passagens, ou mesmo os diálogos como um todo, resistem a essa abordagem, e motivos plausíveis para o equívoco são sugeridos pelo texto em si mesmo. É justo dizer que essa é a abordagem adotada por toda uma corrente de grandes estudiosos, e que ela tem incrementado consideravelmente a nossa compreensão dos diálogos. Esse princípio metodológico não é uma suposição *a priori* sobre o modo como lemos Platão; é, isto sim, uma hipótese adequada e bem sucedida, sugerida por uma leitura inteligente do texto e confirmada por sua fecundidade.

Dessa forma, a leitura de Platão permite que usemos qualquer material de que dispomos nos diálogos com o intuito de contribuir para a compreensão que temos deles. Se o posicionamento em cena que ocorre em vários pontos do diálogo nos ajuda a compreender o argumento, ou se a caracterização dos interlocutores nos dá pistas — por exemplo, por que o argumento assume essa ou aquela forma —, tanto melhor para a nossa interpretação.[78] A ideia

---

[78] Que esses aspectos dos diálogos possam nos ajudar a compreender seu conteúdo, foi algo já devidamente defendido por muitos estudiosos. Para referências, ver Charles L. Griswold, Jr., *Self Knowledge in Plato's Phaedrus* (New Haven: Yale University Press, 1986), pp. 244-246 nn. pp. 7-8. Ver também Michael C. Stokes, *Plato's Socratic Conversations: Drama and Dialectic in Three Dialogues* (Baltimore: John Hopkins University Press, 1986), pp. 1-36. Prestar atenção ao posicionamento de cena e à caracterização de modo algum é incompatível com sustentar que Sócrates ou um de seus interlocutores possa ser porta-voz da filosofia de Platão; mas se se negar essa última hipótese,

fundamental é a de que, a não ser que tenhamos uma forte evidência do contrário, devemos pensar Platão como aquele que faz uso do conteúdo das falas de seus interlocutores, das circunstâncias de seus encontros e de qualquer outro material que tenha à sua disposição para enunciar conclusões em que ele acredita para razões que ele aceita.

---

os aspectos dramáticos dos diálogos assumirão tanto mais importância, já que podem proporcionar chaves de interpretação para a mensagem oculta do diálogo. Não é preciso dizer, assim como é possível desconstruir o conteúdo de uma fala de um interlocutor ou sua conexão com outras falas, da mesma forma como é possível se equivocar a respeito da importância dos aspectos dramáticos de um diálogo; e um tipo de equívoco pode conduzir a outro.

2 Platão: O pano de fundo intelectual

T. H. Irwin

I. Influências sobre Platão

Carecemos de material para uma biografia adequada de Platão.[1] Dificilmente ele faz alguma referência a si próprio nos diálogos.[2] O "ao vivo" dos antigos é infectado por mexericos, lendas e ficção;[3] a ostensivamente autobiográfica *Sétima Carta* é provavelmente espúria.[4] Felizmente, contudo,

---

[1] Um livro útil sobre o tópico geral deste capítulo é *Plato and his Contemporaries* de G. C. Field (London, 1930). Ver a resenha por Harold Cherniss in *Selected Papers* (Leiden, 1977), cap. II, do *American Journal of Philology* 54 (1933): 79-83. É de minha autoria uma breve abordagem ao pensamento grego em *Classical Thought* (Oxford, 1989), caps. 2-4.

[2] As únicas referências de Platão a si mesmo estão na *Apologia de Sócrates* 38b6 e no *Fédon* 59b10.

[3] O melhor das vidas antigas em Diógenes Laércio, III 1-47. Não podemos confiar em Diógenes mesmo quando ele cita uma fonte bastante antiga e confiável; ele cita o próprio sobrinho de Platão, Espeusipo, que sucedeu Platão à frente da Academia, como fonte para a história (e isso, pelo que se diz, Espeusipo não pode endossar) segundo a qual Platão teria sido filho de Apolo (III 2). Para abordagens sobre a vida de Platão ver I. M. Crombie, *An Examination of Plato's Douctrines*, vol. I (London, 1962), cap. I; W. K. C. Guthrie, *A History o Greek Philosophy*, vol. 4 (Cambridge, 1975), cap. 2.

[4] A longa controvérsia acerca da autenticidade das *Cartas* platônicas ainda não está apaziguada. Eu me encontro inclinado a concordar com os que rejeitam todas elas. Ver Ludwig Edelstein, *Plato's Seventh Letter* (Leiden. 1966); Norman Gulley, "The Autenticity of Plato's Epistles", e *Pseudepigrapha* I (Geneva, 1972), cap. 5. Para uma defesa da autenticidade de algumas das *Cartas*, incluindo a sétima, ver, por exemplo, G. R. Morrow, *Plato's Epistles*, 2ª ed. (Indianapolis, 1962); K. von Fritz, "The Philosophical Pasage in the Seventh Platonic Letter", in *Essays on Ancient Greek Philosophy*, ed. J.P. Anton e G. O.

Aristóteles nos proporciona evidência importante acerca do desenvolvimento intelectual de Platão. Ele diz que Platão foi primeiramente influenciado por Crátilo, o heraclitiano, e depois por Sócrates (*Met.* 987a32-b10). É improvável que Aristóteles tenha inferido a sua afirmação sobre Crátilo da leitura dos diálogos de Platão;[5] é provável que ele tenha tido alguma fonte independente. E uma vez que muito possivelmente ele estivesse bem informado a respeito de Sócrates e Platão, seu enunciado merece ser levado a sério.

Para Aristóteles, Platão teria sido influenciado tanto pela tradição "pré-socrática",[6] já mais velha, dos "naturalistas" (*phusiologoi*, cf. Aristóteles, *De Caelo* 289b25-9) e por aplicações mais recentes da filosofia à moral e a questões políticas. Sendo assim, o que Platão teria encontrado ao constatar esses dois movimentos na filosofia grega?

Kustas (Albany, 1971), pp. 408-447. A incongruência de diversas afirmações da *Sétima Carta* (afirmações sobre filosofia, política e história) com o conteúdo dos diálogos constitui forte (embora não conclusiva) evidência para se rejeitar a carta. Mas ainda que a carta não seja autêntica é provável que ela tenha sido escrita por alguém que conhecesse bem Platão e quisesse que a falsificação passasse despercebida; portanto, muitas das afirmações mais diretas e das afirmações históricas facilmente verificáveis (para contemporâneos) devem ser precisas. Mas não devemos pressupor que o autor esteja contando a verdade sobre os motivos, atitudes ou objetivos de Platão nas questões políticas ou filosóficas.

[5] Ver W. D. Ross, "The Problem of Socrates", *Proceedings of the Classical Association* 30 (1933): pp. 7-24, esp. 16-19 (reimpresso em *Der historische Sokrates*, ed. A. Patzer [Darmstadt, 1987]. Crátilo é o interlocutor epônimo em um diálogo platônico, mas o tratamento pouco lisonjeiro que Platão lhe dá dificilmente poderia levar Aristóteles a acreditar que ele possa ter exercido alguma influência nos primórdios de Platão. Como observa Crombie: "Tendo em vista o fato de que Aristóteles nos conta ter sido Crátilo quem persuadiu Platão a inclinar-se para o heraclitianismo; é interessante que nesse diálogo ele seja tratado como um mentor". (*An Examination of Plato's Doctrine*, vol. 2 [London, 1963], p. 476).

[6] Ao recorrer a esse rótulo tradicional, não se deve esquecer que os últimos "pré-socráticos" eram na verdade contemporâneos de Sócrates e Platão. De Demócrito alega-se ter vivido até os 109 anos (faleceu em torno do ano 350, apenas poucos anos antes de Platão); Diógenes Laércio, IX 43.

II. Filosofia natural e religião

Os diálogos revelam o interesse de Platão por uma série de aspectos do pensar naturalista grego. Ele faz menção à especulação matemática pitagórica,[7] a Heráclito,[8] a Anaxágoras,[9] a Zenão e Parmênides[10] e Empédocles.[11] Embora ele jamais mencione Demócrito pelo próprio nome, é provável que vez por outra faça referência a ele.[12] Além disso, ele remete às teorias médicas que não raras vezes estão relacionadas às especulações pré-socráticas.[13] O que ele aceita ou rejeita dos naturalistas?

Naturalistas apresentam argumentos *(logoi)* que contrastam com as tradicionais histórias *(muthoi)* contadas sobre deuses pelos poetas (Aristóteles, *Metafísica* 1000a9-20). Em vez de simplesmente apelar à autoridade e à tradição, eles intentam explicar os processos naturais por algum princípio

---

[7] Sobre a matemática e sobre a metafísica de Pitágoras, ver D. J Furley, *The Greek Cosmologists*, vol I. (Cambridge, 1987), pp. 57-60; C. H. Kahn, "Pythagorean Philosophy Before Plato" in *The Presocratics*, ed. Alexander P. D. Mourelatos (Garden City, N.Y. 974), cap. 6. Sobre a importância da matemática, ver *Górgias* 507e6-50818, *República* 522c-525c. Sobre astronomia e cosmologia ver, esp. G. Vlastos, *Plato's Universe* (Seattle, 1975).

[8] Ver *Hípias Maior* 289a; *Crátilo* 402d, 440c; *Fédon* 78d-e; *Banquete* 187a-b, 207d; *República* 485b; *Teeteto* 152e, 179d-e; *Banquete* 242e.

[9] Ver *Apologia de Sócrates* 26d6-e4; *Crátilo* 400a9, 409a7; *Fedro* 72c, 97b-98c.

[10] Ver *Banquete* 178b-c; *Parmênides* 127a-128e; *Teeteto* 183e; Banquete 217c.

[11] Ver *Mênon* 76c; *Teeteto* 152e; *Banquete* 242d-e; *Timeu* 73d7, 77c6, 78e. Sobre o *Timeu*, ver F.M. Cornford, *Plato's Cosmology* (London, 1937), p. 334; A.E. Taylor, *A Commentary on Plato's Timaeus* (Oxford, 1928), pp. 650-654.

[12] Demócrito chamou seus átomos de *ideai* (formas), usando o termo de Platão para suas "Formas" ou "Ideias"; ver D.K. 68 A 57, B 141. Diferentes perspectivas da relevância de Demócrito para o *Timeu* e as *Leis* são examinadas por Taylor, *Commentary on Timaues*, pp. 83-85, p. 335; Cornford, *Cosmology*, p. 210, *Plato's Universe*, p. 67. O fato de Platão não fazer referência a Demócrito não chega a surpreender, uma vez que Demócrito ainda vivia ao tempo em que seus diálogos foram escritos (ver nota 6). É característica de Platão não discutir as concepções de seus contemporâneos citando-os por nome. Normalmente ele se utiliza de descrições; ver, por exemplo, *Banquete*, 251b6; *Filebo* 44b-c.

[13] Ver *Cármides*, 156d-e; *Banquete* 186b-e, *Fedro* 270c-e; *Leis* 719e-720e. Sobre o *Timeu*, ver nota 11 sobre Empédocles.

ou argumento que seja racionalmente convincente. Na visão de Aristóteles, eles apelam a uma causa material, argumentando que se esses elementos materiais forem combinados de maneira correta, seguir-se-á necessariamente um dado resultado. O apelo à necessidade e à lei natural não deixa espaço para a tradicional visão homérica segundo a qual processos naturais são basicamente irregulares e não passíveis de predicação, e que deuses podem interferir neles ou manipulá-los a seu bel-prazer.[14]

Sobre essa questão básica, tanto Sócrates como Platão concordam com os pré-socráticos; ao fazê-lo, eles desafiam postulados religiosos tão disseminados quanto profundamente enraizados de seus contemporâneos. Pois ao rejeitar a imagem homérica do universo irregular, os naturalistas também rejeitam a visão segundo a qual, por vezes, incorremos em punição divina por falhar no sacrifício do número correto de bois ou por realizar lutas em um dia não auspicioso e pela qual se pode acalmar os deuses oferecendo os sacrifícios certos. A religião tradicional e a cívica — que vai dos sacrifícios de um agricultor às ninfas e heróis locais ao desfile cívico panatenaico em que se traz um novo vestido à Atena do Partenon[15] — foi compreendida como meio de garantir o favor de um deus com oferendas; e as pessoas regularmente assumiam que um desastre natural ou uma derrota em guerra só tinha de ser o resultado de alguma ofensa em ritual.[16]

Naturalismo não implica ateísmo. Anaximandro e Heráclito (entre outros) veem a ordem mundial como manifestação da justiça divina; veem na ordem uma ação divina, e não (como sugere a visão homérica) uma interferência caprichosa dos deuses. Mas alguns sistemas pré-socráticos, especialmente o atomismo de Leucipo e Demócrito, tendem claramente a suprimir qualquer papel a uma inteligência operadora de desígnios e de

---

[14] Sobre a lei natural, ver Irwin, *Classical Thought*, cap. 3; Vlastos, *Plato's Universe*, cap. 1.
[15] Esse é o tema de Elgin Marbles, as esculturas levadas do Parthenon para o British Museu. O festival panatenaico é mencionado como evidência de crenças tradicionais em *Eutífron* 6b7-c4.
[16] Sobre religião popular, ver E. R. Dodds, "The Religion of the Ordinary Man in Classical Greece" in *The Ancient Concept of Progress*, Ed. E. R. Dodds (Oxford, 1973), cap. 9, esp. p. 148.

controle; dados os movimentos dos átomos no vazio em um passado que transcorreria infinitamente, e dadas as leis de sua combinação, nada mais se faz necessário (na concepção atomista) para explicar a existência, a manutenção e a eventual dissolução da ordem do mundo.[17]

De acordo com Platão, Sócrates mostrou interesse pelo naturalismo bem cedo em sua carreira, mas se desapontou, porque os naturalistas não procuravam explicar como a ordem natural se encontrava disposta por um criador inteligente (*Fédon* 96a-99d).[18] Platão aceita a crença em um criador intelectual, ele critica os pré-socráticos por considerarem a ordem natural mero produto do "acaso" e da "necessidade", sem qualquer desígnio ou proposta (*Leis* 889a-890a; cf. *Filebo* 28c-30e). Quando ele apresenta a sua própria cosmologia no *Timeu*, ele reconhece duas causas — o planejamento inteligente objetivando a necessidade melhor e não teleológica da causa "extraviante" (47e-48e).[19] A causa extraviante marca o conflito de Platão com o naturalismo não teísta, já que ele permite que algumas tendências da matéria não passem de fatos brutos, com explicação alguma a mostrar por que motivo seria melhor para eles ser o que são. Mas, ao reconhecer a inteligência como causa parcialmente controladora da matéria, Platão defende uma visão teísta.

Na concepção de Platão, os deuses são inteiramente justos e bons, sem nenhuma raiva, ciúme, ressentimento ou prazer (*Timeu* 29e). Eles carecem de desejos, objetivos e caprichos que podem bem parecer essenciais aos deuses que são objetos tradicionais de culto e sacrifício propiciatórios.[20] Platão reconhece aí

---

[17] Com relação à concepção de Demócrito sobre os deuses, ver Guthrie, *History of Greek Philosophy,* 2: pp. 478-483.
[18] Essa passagem pode descrever de maneira precisa tanto as concepções de Sócrates como as de Platão; elas podem se manifestar concordes quanto às limitações da especulação naturalista. Ver R. Hackforth, *Plato's Phaedo* (Indianapolis, 1955), pp. 127-131.
[19] Sobre a importância o contraste entre razão teológica e necessidade não teológica em Platão, ver Gregory Vlastos, "Slaver in Plato's Thought", in *Platonic Studies*, 2ª. ed. (Princeton, 981), cap. 7; G. R. Morrow, "The Demiurge in Politics", *Proceedings of the American Philosophical Association* 2 (1954): pp. 5-23, in pp. 7-9.
[20] Na *Apologia* (26a4-5) Sócrates menciona a acusação contra ele, acusação de não acreditar nos deuses da cidade, mas em "outros seres sobrenaturais 'de última hora' " *(hetera de*

um conflito com a tradição; em seu estado ideal ele defende a censura integral dos poemas homéricos e outras fontes das visões tradicionais (*República* 377b-392a).

A atitude de Platão não é completamente estranha à tradição grega. De Homero em diante tem-se Zeus conduzindo uma vida dupla. Por vezes, ele é um deus com paixões e caprichos comuns que apenas eventualmente parecem mais poderosos do que os dos outros; mas às vezes ele é o controlador do universo, e seus desígnios estão acima do nível antropomórfico normal dos deuses homéricos.[21] Os gregos estavam familiarizados com a visão de que deuses demandam justiça e punem a injustiça (em gerações posteriores ou no pós-morte); mas eles não tiveram êxito em reconciliar essa concepção com os pressupostos do sacrifício propiciatório, que buscava aplacar as suscetibilidades dos deuses com transações materiais, independentemente do caráter moral daquele que dá em sacrifício.[22]

Algumas das tensões entre elementos diferentes das visões tradicionais podem ser vistas em Eutífron, um especialista em piedade que segue o seu próprio estilo. Ao perseguir seu pai por provocar a morte de um escravo, ele viola um laço tradicional de lealdade filial (cuja influência é bastante forte, por exemplo, no Orestes de Ésquilo).[23] Por outro lado, pode-se tomar o fracasso no atuar como demonstrando a indiferença ante a contaminação resultante de um

---

daimonia kaina). Não temos como dizer se os acusadores de Sócrates realmente sabiam algo sobre suas concepções religiosas ou (como Sócrates sugeriu em 19c) se eles estavam simplesmente tentando explorar os ataques religiosos feitos nas *Nuvens* de Aristófanes.

[21] Para um protesto contra a visão de que deuses podem ser responsabilizados por provocar o mau aos seres humanos, ver as observações de Zeus em *Odisseia* I pp. 32-43. Cf. Ésquilo, *Agamêmnon* pp. 1481-1488. Protestos contra histórias da imortalidade entre os deuses aparecem em Xenófanes (D.K. 21 B II) e Eurípedes (*Hercules Furens* pp. 1340-1346). A respeito da influência de Xenófanes em Eurípedes, ver G. W. Bond, ed. *Euripides: Heracles* (Oxford, 1981) *ad loc.*

[22] Contrastar o *Agamêmnon* pp. 67-71 de Ésquilo com a atitude do senso-comum expressa por Céfalo na *República* 330d-e. Platão comenta sobre a atitude de Céfalo nas *Leis* 905d-907b.

[23] Ver Ésquilo, *Coefori* pp. 924-925. Sobre questões religiosas e legais suscitadas pela ação de Eutífron, ver *Miasma* de R. Parker (Oxford, 1983), pp. 366-368. Para questões relacionadas sobre poluição, ver cap. 4 e pp. 196-198. Ver também W. A. Heidel, ed. *Plato's Euthyphro* (New York, 1902), sobre 4b; I. G. Kidd, "The Case of Homicide in Plato's *Euthyphro*", in *Owls to Athens*, ed. E. M. Craik (Oxford, 1990), cap. 25.

homicídio impune. E o próprio Eutífron argumenta que, se uma injustiça foi cometida, os deuses demandam punição para ela. (*Eutífron* 4b7-c3, 5d8-6a5, 7b7-9). Ele tenta reconciliar a sua visão das demandas dos deuses com suas outras convicções morais; ocorre que não elaborou uma conexão satisfatória entre suas concepções religiosas e morais. Em primeiro lugar, ele argumenta que é a aprovação dos deuses que, em si mesma, determina o que é pio (9eI-3). E demonstra que essa reivindicação é o que propriamente compõe o perfil moral dos deuses, e por essa razão concorda que os deuses demandem piedade e justiça em razão da natureza mesma dessas virtudes, e não pelo simples fato de aprovarem a piedade e a justiça (10d-11b). Eutífron de modo algum vem a ser representante pouco consciencioso ou pouco ilustrado das visões tradicionais; e a interrogação dele por Sócrates mostra que quando o componente moral das concepções tradicionais recebe a sua própria ênfase e articulação, ela acaba solapando outros elementos das visões tradicionais.[24]

As pessoas estavam erradas, mas não completamente erradas, em supor que Sócrates e Platão estariam abandonando a crença nos deuses de Atenas e nos deuses dos gregos, destruindo, assim, a concepção, pelo povo, do que significaria ser ateniense e grego.[25] Em suas *Nuvens*, Aristófanes apresenta Sócrates como um crente nas forças cósmicas não pessoais, mais do que nos deuses que amparam a moralidade;[26] sua responsabilidade é falsa e provavelmente maliciosa, mas não inteiramente desprovida de fundamento.

---

[24] Platão concorda com algo do espírito da observação de Heráclito, segundo a qual "a única coisa sábia deve voluntária e involuntariamente ser chamada pelo nome de Zeus" (D.K., 22 B 32). Na visão de Platão, o deus em que Eutífron acredita é o Zeus da religião tradicional (e desse modo ele "é voluntariamente chamado Zeus"), purificado dos elementos de culto e mito tradicionais (e assim ele "é involuntariamente" chamado Zeus) o que entra em conflito com o seu papel como projetista cósmico e mantenedor da moralidade.

[25] O sentido de identidade dos gregos como povo a depender parcialmente de seus cultos e santuários compartilhados dos deuses gregos, e de acordo com Heródoto, VIII, 144. Sobre o papel da religião e da adoração (elas próprias intimamente relacionadas) na consciência "nacional" grega, ver F. W. Walbank, "The problem of Greek nationality" in *Selected Papers* (Cambridge, 1985), cap. I (de *Phoenix 5* [1951]: pp. 41-60), esp. pp. 10-13.

[26] Ver *Nuvens* pp. 367-381, 423-4. Uma explicação naturalista de sinais tradicionalmente reconhecidos como divinos em pp. 368-341.

III. Naturalismo, Metafísica e Epistemologia

O naturalismo jamais poderia ter sido levado a sério se naturalistas tivessem afirmado confiar exclusivamente na evidência da observação e da aparência ingênuas; tomando-se esse ponto de vista, não parece que os processos naturais sejam tão regulares quanto os naturalistas afirmam que são. O naturalista deve reivindicar a descrição de alguma realidade que sirva de fundamento às aparências e as explique, e com isso também reivindicar algum acesso cognitivo a essa realidade, para além do que é imediatamente acessível aos sentidos; esse acesso cognitivo deve resultar do cruzamento entre razão, argumento e teoria.

Ao confiar na razão contra os sentidos, descobrimos os fatos que dão sustentação ao aparente, e ao fazê-lo descobrimos (de acordo com os naturalistas) "natureza" *(phusis)* em oposição à mera convenção *(nomos)*.[27] "Convenção" são as crenças que residem em meras aparências e que não têm base na "natureza", que é a realidade descoberta pela razão. Demócrito expõe o contraste com nitidez. Ele argumenta que todas as propriedades reconhecidas pelos sentidos são meras questões de convenção, sem base na realidade: "Por convenção existe doce, amargo, quente, frio, cor; quando, na realidade, existem átomos e vazio" (Sexto Empírico, *A. M.* VII 135).

Se por um lado naturalistas concordam em esboçar esse contraste entre natureza e convenção, por outro eles não concordam quanto ao caráter da realidade que a razão descobre. Platão explora algumas das questões suscitadas pelas duas abordagens da realidade: Heráclito defende haver bem mais mudança e instabilidade do que os sentidos revelam a nós, enquanto para Parmênides não há mudança alguma.

Aristóteles atesta o interesse que Platão inicialmente chegou a mostrar pela doutrina do fluxo de Heráclito. De acordo com o próprio Platão: "em algum lugar, Heráclito diz que tudo passa e nada permanece, e, ao comparar seres ao fluxo de um rio, ele diz não ser possível entrar em um mesmo rio duas

---

[27] Sobre a tradução de *nomos* ("convenção", "costume", "lei", "regra", "norma", são apropriadas em diferentes ocasiões), ver Irwin, *Plato: Gorgias* (Oxford, 1979), 171s.

vezes" (*Crátilo* 402a).²⁸ Em toda a parte, ele atribui a Heráclito a concepção de que tudo "está sempre sendo reunido ao ser separado" (*Sofista* 242e2-3). Por isso, Platão dá a entender que a doutrina do fluxo inclui duas afirmações.²⁹

A primeira afirmação é sobre a sucessão de propriedades no mesmo sujeito com o passar do tempo. Heráclito defende que no correr do tempo existe mais mudança do que se supõe existir. O rio é substituído por um rio diferente quando entramos "nele" por uma segunda vez; pois, uma vez que ele tem águas diferentes, ele viola a nossa suposição³⁰ de que X é o mesmo para o tempo t_1, para o tempo t_2 se e somente se X tiver os mesmos componentes em t_2 que x teve em t_1. A mesma suposição implica que árvores, pedras e outras coisas aparentemente estáveis abandonem a existência durante o tempo em que supomos que são estáveis (uma vez que tudo está sempre tendo algo de sua matéria substituído).

A segunda afirmação acerca de fluxo diz respeito à copresença de propriedades opostas no mesmo objeto e ao mesmo tempo. Supomos que as coisas tenham propriedades estáveis, fixas e não qualificadas; supomos que algumas coisas são lisas, e outras, encurvadas, algumas boas e outras ruins, algumas justas e outras injustas. Na verdade, porém, as coisas carecem desse tipo de estabilidade; elas são ambas ao mesmo tempo "reunidas" e "separadas" (não só em tempos diferentes, como no primeiro tipo de fluxo), e em geral nelas os opostos estão copresentes. Uma e a mesma letra ao mesmo tempo é reta (se ela tem um traço reto) e curva (se tem um traço curvo), a água do

---

²⁸ A precisão do relato de Platão é negada, por motivos insuficientes, por Kirk, Raven e Schofield, *The Presocratic Philosophers*, 2ª. Ed. (Cambridge, 1983), pp. 194-197. Ela é defendida por G. Vlastos, "On Heracleitus", *American Journal of Philology* 76 (1955): pp. 337-368, in pp. 338-344.Ver também Guthrie, *History of Greek Philosophy*, 1: pp. 488-492.

²⁹ A afirmação de que a doutrina heraclitiana do fluxo cobre ambos os tipos de instabilidade é amparada por Plutarco, *De Exilio* 392b-c (= D.K., 22 B 91); Plutarco introduz a copresença em sua explicação do fragmento do rio. Essa abordagem da interpretação por Platão de Heráclito e Aristóteles é defendida em Irwin, *Plato's Moral Theory* (Oxford, 1977), pp. 148-53.

³⁰ Heráclito toma-o como algo assumido pelo senso-comum; não está claro (como indicam Platão e Aristóteles) que ele esteja certo ou no tocante ao senso comum ou quanto à verdade da suposição.

mar é boa (para os peixes) e má (para seres humanos), e disparar um tiro é justo (se o disparo for feito por um oficial exercendo um ato de punição) e injusto (se feito por um indivíduo em uma vendeta).

Por essas razões, Heráclito acredita em fluxo e instabilidade universais. Suas afirmações provocam uma reação extrema em Parmênides, que rejeita completamente a possibilidade de mudança (D.K., 28 B 5.7-9). Parmênides afirma que não podemos falar do que não é, nem pensar nem conhecer o que não é; mas qualquer cosmologia verdadeira requer a existência de mudança e requer de nós que sejamos capazes de falar e pensar o que não é (uma vez que a mudança requer que algo se torne o que previamente não era); portanto, nenhuma cosmologia é verdadeira.[31]

Parmênides extrai essas surpreendentes conclusões de premissas que parecem autoevidentes, até mesmo triviais. Ele argumenta:

1. Não podemos pensar (isto é, saber) e pensar em nada (uma vez que pensar em nada não é pensar).
2. Mas o que não é (ou "não ser") não é nada.
3. Portanto, não podemos pensar (isto é, saber) o que não é.

Parmênides assume que pensar, dizer e saber são análogos a outras atividades referidas por verbos transitivos; pois chutar ou agarrar não é chutar ou agarrar coisa alguma que seja, e desse modo de forma alguma é chutar e apreender; de modo semelhante, parece óbvio que pensar ou dizer o que é não é pensar ou dizer nada; e saber o que é não seria conhecer algo falso e, desse modo, não saber coisa alguma que seja. Para os sucessores naturalistas de Parmênides, seu argumento pareceu amplamente convincente; e várias formas eles tentaram mostrar que seus princípios

---

[31] Parmênides enuncia a sua principal tese em D.K., 28 B 2.7-8; 3-1; 6.1-2, e desenvolve suas consequências para o tempo e a mudança em B 8. Sobre a interpretação de sua tese principal, ver G. E. L. Owen, "Eleatic Questions", in *Logic, Science and Dialectic* (Ithaca, N. Y., 1986), cap. I; M. Furth, "Elements of Eleatic Ontology" in *The Presocratics*, ed. A. P. D. Mourelatos (Garden City, N. Y., 1974), cap. II.

cosmológicos não requeriam o tipo de referência "ao que não é" que Parmênides havia desafiado.³²

Heráclito e Parmênides chegam a suas conclusões porque rejeitam os sentidos em favor da razão. Parmênides vai mais longe que Heráclito; ele rejeita completamente a evidência dos sentidos, uma vez que elas parecem apresentar um mundo que inclui a mudança. A crença na mudança é simplesmente resultado de convenção humana (D.K., 28 B 8.38-9). Mas Parmênides não tenta abolir a cosmologia; em vez disso, ele a confina à "crença" ou "aparência" *(doxa)*; ele busca dar a melhor abordagem possível de como as coisas aparecem, enquanto nega que essa aparência corresponda a qualquer realidade. Parmênides, como Heráclito, evidentemente não pretende que esse ceticismo acerca dos sentidos se estenda também à razão.

Demócrito segue Heráclito e Parmênides ao confiar na razão contra os sentidos, mas ele desenvolve um argumento cético, valendo-se de aparências sensórias conflituosas e equipolentes. Se a mesma água parece fria para você e quente para mim, não há razão (assevera Demócrito) para preferir ou a aparência que vem a você ou a que vem a mim (as duas aparições são equipolentes); mas elas não podem ser ambas verdadeiras (uma vez que são contraditórias), e assim devem ser ambas falsas (Aristóteles, *Metafísica* 1009a38-b12; cf. Platão *Teeteto* 152b-c). A mesma forma de argumento se aplica a todas as cores, sons, cheiros, gostos, temperaturas; e assim as coisas não podem realmente ter quaisquer dessas propriedades.

Em contraste com as coisas ordinárias sensíveis comuns, os átomos que constituem a realidade possuem, na visão de Demócrito, unicamente peso, forma, tamanho e movimento. Mas essa restrição em suas propriedades não parece protegê-los contra o argumento cético. Ora Demócrito afirma que as características dos átomos explicam as aparências das coisas sensíveis porque, por exemplo, átomos produzem gostos amargos; mas se de modo algum se pode confiar na evidência sensorial, a evidência e as analogias sensórias

---

[32] Réplicas a Parmênides são discutidas brevemente por David. J. Furley, *The Greek Cosmologists* (Cambridge, 1987); pp. 42-48, e mais detidamente por J. Barnes, *The Presocratic Philosophers* (London, 979), vol. 2, cap. 6.

que amparam a afirmação sobre os átomos são aparentemente desprovidas de valor. E assim o argumento cético de Demócrito parece minar a sua própria teoria. Aliás, ele faz os sentidos dizerem em uma conversa com a razão: "Mente desprezível, vem tirar suas provas de nós e então nos derriba? Nosso derribar é a sua derrocada" (D.K., 68 B125; cf. Aristóteles, *Metafísica* 1009b11-12).

O sofista Protágoras reage ao argumento cético não por supor (como faz Demócrito) que existe um mundo objetivo e independente da mente do qual não podemos reivindicar conhecimento, mas ele reage, sim, por rejeitar o contraste naturalista básico entre realidade e aparência. Ele afirma que "um homem é a medida de todas as coisas, daquelas que são, de como são e das que não são ou de como não são", e que "tal como as coisas aparecem a cada um de nós, assim elas são" (Platão, *Teeteto* 152a). De acordo com Protágoras, não devemos argumentar que se o vento parece quente a você e frio a mim, pelo menos um de nós deve estar errado; em vez disso devemos concluir que o vento é a um só tempo quente e frio, e que não existe mundo objetivo, independente da mente. Ele rejeita uma pressuposição do argumento naturalista de Demócrito — a existência de alguma "natureza" objetiva que possa ser contrastada com "convenção".

Ao considerar Protágoras, transpomo-nos para além da sucessão de naturalistas. Pois Protágoras levanta as questões sobre ceticismo não por estar interessado em alguma especulação cosmológica, mas por estar envolvido com questões epistemológicas que afetam suas concepções de moralidade e educação moral. Para compreender essas concepções e o efeito que podem ter provocado em Platão, devemos nos voltar para a influência de Sócrates.

IV. Desenvolvimento político e questões morais

Na visão de Aristóteles, Sócrates desviou a filosofia do estudo da natureza como um todo para o estudo de questões morais e políticas (*Partes de Animais* 642a25-31). A filosofia grega se iniciou com a aplicação do pensar racional, crítico, argumentativo, não mítico à cosmologia e à natureza como um todo.

No tempo em que viveu Sócrates, a reflexão sobre a moralidade e sobre a sociedade humana deixaram de ser monopólio de Homero e dos poetas. Ela se tornou outra área para o pensamento crítico.[33] Pensadores críticos começaram a reconhecer um conflito potencial que havia muito se mostrava presente no pensamento grego tradicional sobre ética. Para visualizar as fontes do conflito, temos de passar em revista abordagens anteriores.

O perfil moral dos poemas homéricos influenciou permanentemente o pensamento grego.[34] Homero expressa a mais elevada admiração por um herói como Aquiles — bem-nascido, rico, poderoso, extremamente cioso de sua própria honra, preocupado em mostrar seu poder e sua posição e, para compensar essas qualidades, indiferente aos interesses de outros membros de sua comunidade.[35] Ele aparece nos diálogos de Platão nas figuras de Cálicles e Alcibíades;[36] mais tarde, em proporções mais elevadas, ele torna a aparecer em Alexandre o Grande, que se espelhou em Aquiles.

---

[33] Hume comenta sobre seu intervalo entre o desenvolvimento da filosofia natural e o desenvolvimento da filosofia moral (em termos favoráveis a si próprio), na Introdução ao *Tratado*.

[34] Irwin, Classical Thought, cap. 2, é uma breve introdução ao panorama homérico. O debate se dá também por A.W.H. Adkins, *Merit and Responsibility* (Oxford, 1960); Adkins, "Homeric Values and Homeric Society", *Journal of Hellenic Studies* 91 (1971): -14; A.A. Long, "Morals and Values in Homer", *Journal of Hellenic Studies* 90 (1970): pp. 121-139; H. Lloyd-Jones, *The Justice of Zeus*, 2a. Ed. (Berkeley, 1983). Algumas questões relevantes sobre o quinto século são debatidas por J. L. Creed, "Moral Values in the Age of Thucydides", *Classical Quarterly* 23 (1973): pp. 213-231. Adkins responde em "Merit, Responsibility, and Thucydides", *Classical Quarterly* 25 (1975): pp. 209-220. Um livro geral útil é o de K. J. Dover, *Greek Popular Morality in the Time of Plato and Aristotle* (Oxford, 1974), bem debatido e criticado por Adkins, "Problems in Greek Popular Morality" *Classical Philology* 73 (1978): pp. 143-158; e C. C. W. Taylor, "Popular Morality and Unpopular Philosophy", in Craik, *Owls to Athens*, pp. 233-243.

[35] A indiferença do herói em relação a outras pessoas é apenas comparativa; espera-se dele que ele cumpra certas obrigações para com os outros e seja criticado por falhar em sua realização, assim como Aquiles é criticado. Ainda assim, quando existe um conflito acerbo entre essas obrigações para com os outros e os próprios poder e posição do herói, espera-se dele que escolha por si próprio e contra os outros, como fizeram Aquiles e Heitor.

[36] Um bom resumo das atitudes para com alguém como Alcibíades é dada nas falas de Eurípedes e Ésquilo nos *Sapos* (1422-1432) de Aristófanes. De modo significativo, é o antiquado Ésquilo que se revela mais simpático a Alcibíades.

A admiração por esse tipo de personagem homérico em nada combina com atitudes que favoreçam a democracia grega — na verdade, com atitudes que favoreçam qualquer sistema constitucional preocupado com os interesses e direitos dos governados. Os primeiros movimentos de Atenas em direção à democracia envolveram igual tratamento a ricos e pobres sob as leis escritas; a constituição de Sólon distanciou política e lei dos caprichos das famílias aristocráticas. O fortalecimento das instituições democráticas privou os aristocratas de um campo tradicional para a expressão de seus impulsos competitivos. Ademais, o crescimento de atitudes favoráveis à democracia ilustra a observação do historiador Heródoto, de que diferentes sociedades incentivam diferentes perfis e diferentes padrões de educação e criação (por exemplo, Heródoto, II 35.2, VII 102).[37] Quanto a isso Heródoto pensa especialmente em Atenas, pois ele observa como a introdução da democracia em Atenas aumentou o entusiasmo dos atenienses por sua cidade (V 78). Se ele chegou a exercer esse efeito, deve, paralelamente ter manifestado uma tendência a criar conflitos com alguns aspectos daquele que seria o perfil homérico.

Por outro lado, a democracia não exigia sacrifício não recompensado das classes mais altas. Entre o fim das Guerras Persas em 478 e a irrupção da Guerra do Peloponeso em 431, Atenas alcançou o pico de seu poder e prosperidade no mundo grego. Ela manteve uma constituição democrática (sem interrupção de 506 a 411) e firmou um império entre Estados gregos (nas ilhas do Egeu e na Ásia Menor) que tinham sido seus aliados na luta contra os persas. A estabilidade da democracia e a extensão do Império

---

[37] Para referências possíveis em Platão e Heródoto, ver *República* 566c; *Timeu*, 25c; *Leis* 609a-d, 692e (cf. Heródoto, VII 139), 805a (cf. IV 116-7), 947a6 (cf. II 37). (cf. II 37). Tudo, à exceção da primeira passagem, é objeto de discussão por G. R. Morrow, em seu *Plato's Cretan City* (Princeton, 1960), pp. 91, 330, 417. P. Shorey, *What Plato Said* (Chicago, 1933) afirma confidencialmente que Platão "certamente teria lido" Heródoto e Tucídides 9 p. 8) e que "a influência de Heródoto poderia ser tema de dissertação, mas é por demais óbvia para necessitar ilustração aqui" (p. 447); e assim ele não vê problemas em mencionar quaisquer das evidências que subjazem às suas convicções. Tampouco eu me sinto capaz de encontrar qualquer evidência convincente de alusões claras em qualquer outro lugar. Para uma breve introdução a Heródoto e Tucídides, ver Irwin, *Classical Thought*, caps. 4-5.

Ateniense provavelmente não estavam desprovidos de conexão. Atenas era governada por uma assembleia na qual todos os cidadãos (adultos, homens, homens livres) tinham o direito de comparecer, falar e votar; e as famílias mais ricas e nobres ainda assim tendiam a assumir posições de liderança como porta-vozes, como generais (oficiais eleitos para cargos ao mesmo tempo militares e políticos) e como governantes dos Estados dependentes do Império. Contribuições dos Estados dependentes eram usadas não só para construir templos em Atenas e para pagar a atenienses, mas também compor corpos de jurados (supremas cortes, escolhidas por grupos de cidadãos). Desse modo, o Império tanto pagava por alguns aspectos da democracia ateniense como proporcionava às classes mais altas uma maneira construtiva de mostrar suas ambições e espírito competitivo, tais como retratados por Homero. Aristocratas como Cimon, Aristides e Péricles poderiam competir pela liderança em uma grande cidade com suas responsabilidades militares e políticas de amplo alcance no além-mar; e membros já não tão preeminentes das classes mais altas poderiam esperar governar alguma cidade subjugada no Império.

Em 431, a Guerra do Peloponeso irrompeu entre Atenas e Esparta. Durou 27 anos (com interrupções), incluindo os primeiros 24 anos da vida de Platão.[38] Atenas acabou sendo derrotada, em parte como resultado de traição por uma quinta coluna oligárquica. Após o longo período de guerra, os recursos atenienses, quanto às finanças e braços humanos, estavam severamente comprometidos. Facções incentivaram oponentes da democracia a conspirar, com ajuda espartana, para estabelecer um regime oligárquico e abolir a assembleia democrática e as cortes de júri. O primeiro resultado dessas conspirações foi o breve regime dos Quatrocentos, em 411-10; o segundo resultado foi o regime dos Trinta, que chegou ao poder (com ajuda espartana) após o fim da guerra em 404, tendo sido derrotado pelos que apoiavam a democracia (com ajuda espartana, após mudança de reis em Esparta) em 403. Essa foi a junta oligárquica que incluiu

---

[38] A principal fonte para a história da Guerra do Peloponeso é a história de Tucídides. Uma boa abordagem introdutória moderna é V. Ehrenberg, *From Solon to Socrates*, 2ª. Ed. (London, 1973). Um trabalho introdutório bastante útil sobre Atenas é J. W. Roberts, *City of Sokrates* (London, 1984).

dois parentes de Platão, Críticas e Cármides (que aparecem no *Cármides*).³⁹ Esses dois também estiveram associados a Sócrates; e as conexões de Sócrates com tão dúbios personagens provavelmente ajuda a explicar o porquê de ele ter sido julgado e condenado, já sob a democracia restaurada, por não reconhecer os deuses da cidade e por corromper os jovens.⁴⁰

A história de Tucídides sugere o quanto a Guerra do Peloponeso pode ter afetado os posicionamentos morais e políticos. Tucídides interpreta a guerra como manifestação dos conflitos resultantes de antagonismos entre os interesses de diferentes grupos e classes em um Estado. Ele sugere que um Estado relativamente estável seja o produto do mesmo poder suficientemente forte para manter a paz e garantir alguma proteção aos diferentes grupos; mas quando um ou outro grupo visualiza uma chance de assumir o lugar dominante, ele não deixa passar a oportunidade (III 82.2; V 89, 105.2). Uma vez que a guerra envolve um poder externo disposto a apoiar uma revolução, ele tende a aumentar a instabilidade política dentro de um Estado. Tucídides descreve o conflito civil em Corcira (sobretudo em III 82-5), que resultou do apoio ateniense aos democratas e do apoio espartano aos oligarcas. Para ele, isso indicaria o padrão seguido pelas guerras civis por todo o mundo grego — e eventualmente na própria Atenas. Nessas circunstâncias, de acordo com Tucídides, as tendências básicas da natureza humana — o desejo de segurança para si e de dominação para os outros — inevitavelmente vem à tona.

A Guerra do Peloponeso criou certo grau de tensão em Atenas, que pareceria vir de encontro à análise de Tucídides. Obrigações para com a

---

³⁹ Tanto Sócrates como Platão, contudo, também tinham amigos e conexões no lado democrático (Querofone, discípulo de Sócrates; Pirilampo, tio-avô e padrasto de Platão). Não se deve pressupor que as raízes aristocráticas de Platão possam tê-lo feito se voltar contra a democracia. Muitos atenienses das classes mais altas teriam apoiado a democracia.
⁴⁰ Eu comentei algumas questões acerca do julgamento de Sócrates e do pano de fundo deste em "Socrates and Athenian democracy", *Philosophy and Public Affairs* 18 (1989): pp. 184-205. A *Sétima Carta* se propõe a descrever a atitude de Platão para com a democracia, o Trinta e o julgamento de Sócrates (324c-325). Mas se a carta não é de autoria de Platão, os objetivos políticos do autor podem bem ter colorido as concepções que ele atribui a Platão, e não é inteligente tratá-las como (como faz a maior parte das abordagens da vida de Platão) como históricas.

comunidade requereram um sacrifício maior e apresentaram um conflito mais claro com a busca "homérica" e egoísta, de sua própria posição social, de seu poder e de seu prazer. Em termos políticos, as pessoas tinham de decidir se deveriam ou não conspirar contra a democracia para levar a cabo um golpe oligárquico. Em termos morais, tinham de decidir se ignoravam ou não as demandas da comunidade, que se faziam representar nas reivindicações de "justiça" em favor de sua própria honra, posição social, poder e, de um modo geral, o que percebiam como seus interesses. Platão estava familiarizado com pessoas que davam preferência a seus próprios interesses em detrimento das obrigações para com os outros; seus próprios pais, Crítias e Cármides, fizeram escolhas do gênero quando foram se juntar aos Trinta Tiranos.

Argumentos de filosofia natural não chegavam a ser um impedimento a pessoas como Crítias e Cármides. Demócrito não convence ao argumentar que das exigências de justiça e das inclinações da natureza, tais como compreendidas pelo atomismo, pode-se esperar que coincidam.[41] Protágoras rejeita a concepção de que as crenças morais são verdadeiras e bem fundadas somente se corresponderem a alguma realidade independente daqueles que nelas acreditam; elas são confessadamente matéria de convenção — como o são também todas as outras crenças sobre o mundo. Essa linha de argumentação remove todo e qualquer fundamento para se preferir a natureza e não a convenção, mas ao mesmo tempo parece remover qualquer fundamento racional para se preferir uma convenção à outra. Os objetos de convenção são produto de acordos humanos e não podem ser tomados como residindo em qualquer base independente desses acordos. Agora parece óbvio

---

[41] Sobre a ética de Demócrito, ver G. Vlastos, "Ethics and Physics in Democritus", in *Studies in Presocratic Philosophy*, vol. 2, ed. E. J. Furley e R. E. Allen (London, 1975), pp. 381-408; C. C. W. Taylor, "Pleasure, Knowledge, and Sensation in Democritus", *Phronesis* 12 (1967): pp. 6-27. O autor, conhecido como Anônimo Iamblichi, (em D.K. 89 #6) apresenta uma defesa da moralidade convencional. Sobre esse autor e Demócrito, ver E. L. Hussey, "Thucydidean History and Democritean Theory", in *Crux* (*Essays Presented to G. E. M. de Ste Croix*), e P. Cartledge e F. D. Harvey (London, 1985), pp. 118-138. Um aspecto intrigante a respeito da familiaridade de Demócrito com alguns aspectos da vida política em sua Abdera nativa é abordado por D. Lewis, "The Political Background of Democritus", in Craik, Owls to Atens, cap. 18.

que algumas cláusulas de lei e outras normas morais e sociais sejam questões de convenção, pois são estabelecidas por decretação humana, e o decretar humano difere de uma sociedade para outra, podendo ser alterado por uma nova legislação. É fácil inferir que as cláusulas e normas não têm permanência em nenhuma realidade independente, e, se as exigências de moralidade com relação a outros entrarem em conflito com as exigências do interesse egoísta, não haverá razão alguma para levar em conta a moralidade que diga respeito a outrem. O interesse egoísta pode parecer não convencional, determinado pela natureza humana, e por esse motivo a ele se permite sobrepujar as exigências puramente convencionais da moralidade.

Esse desafio à moralidade e justiça que dizem respeito a outros pode ser mais facilmente encontrado em algumas passagens de Tucídides, em Antífono, o Sofista e em Cálicles (no *Górgias*) e Trasímaco (na *República* Livro I), que são personagens de Platão; também está presente em versão cômica e forma exagerada no "Argumento Injusto", nas *Nuvens*, de Aristófanes (1075-82).[42] É de maneira razoável que Platão pode concluir que nenhum dos esboços filosóficos de seus contemporâneos e predecessores naturalistas prometeu qualquer defesa convincente da moralidade para com os outros.

V. Questões políticas

A segunda metade do século V proporciona o cenário dramático para os diálogos, sendo o pano de fundo para que se possa compreender muitas das reflexões morais e políticas de Platão. Ocorre que ele escreveu os diálogos sob circunstâncias já bem diferentes, no quarto século. O regime democrático restaurado no ano 405 perdurou por todo o tempo de vida de Platão, até sua

---

[42] Os argumentos Injustos e Justos são personagens na escola (refletório) de Sócrates, que não assume a responsabilidade sobre nada do que ali dizem. A estupidez do Argumento Justo, representando ostensivamente a moralidade convencional, sugere que a concepção da moralidade por Aristófanes pode não ter sido de todo isenta de crítica; ver K. J. Dover, ed., *Aristophanes' Clouds* (Oxford, 1968), lVII-lXVI.

morte, em 347, e mesmo para além da conquista da Grécia por Alexandre (que morreu em 323). Ele não sabia, como nós conhecemos, estar vivendo nos últimos anos do poder e da independência. Pelo contrário, provavelmente estava bem impressionado — e com toda a razão — com a estabilidade da democracia em Atenas. No século IV as instituições essenciais da democracia se mantiveram, mesmo sem haver um império para sustentá-las, e o fardo de pagar por elas deve ter incidido mais pesadamente sobre os cidadãos mais ricos; nem por isso houve tentativas de se fazer uma revolução oligárquica.[43]

Esses aspectos do quarto século em Atenas talvez ajudem a explicar a atitude de Platão diante dos sistemas políticos existentes. Ele não apresenta propostas para a reforma da democracia;[44] tampouco advoga uma violenta revolução antidemocrática do tipo que seus parentes haviam tentado ao final da Guerra do Peloponeso. Contudo, por mais que ele faça objeções à democracia, ele assume que, falando em termos práticos, a democracia ateniense é estável, e que dificilmente haveria alternativa factível a lhe ser superior.

Ao dispensar alternativas práticas à democracia, Platão se recusa a advogar em favor da oligarquia do modelo espartano; e quanto a isso, ele se põe à parte dos oligarcas do século V. O principal rival da Atenas democrática, com sua atmosfera relativamente livre, isenta de regulações, tolerante, social e culturalmente arejada,[45] foi a sociedade rigidamente controlada, militarista e oligárquica que se desenvolveu em Esparta.[46] Platão certamente admira alguns aspectos de Esparta — em particular a sua política sistemática e rigorosa de criação e educação supervisionadas pelo Estado, e da doutrinação, que regulava cada aspecto da vida da classe dominante; mas essa admiração não o leva a admirar o perfil moral e político que subjazia ao modo de vida espartano, ou a supor que seria melhor substituir a democracia

---

[43] Sobre história do quarto século, ver C. Mossé, *Athens in Decline* (London, 1973), caps. 1-2; ver Hornblower, *The Greek World* pp. 322-479 BC London, 1983), cap. 13-15.
[44] Essa afirmação precisa ser qualificada, ainda que não abandonada, à luz das Leis.
[45] Ver Tucídides, VII 69.2; Platão, *Górgias* 461e1-3, *República* 557b-c. Sobre a democracia ateniense, ver A. H. M. Jones, *Athenian Democracy* (Oxford, 1957), cap. 3,5;
[46] É por demais simplificador, ainda que não chegue a desvirtuar, descrever a constituição espartana como oligárquica, em comparação com a ateniense.

ateniense por uma constituição que tivesse Esparta como modelo. Enquanto ele argumenta que o tipo "timocrático" de constituição encontrado em Esparta (*República* 547b-548) é, como tal, superior à democracia como tal, isso não o leva a defender uma tentativa de imitar Esparta. Sua admiração por Esparta é excessiva e equivocada, mas ainda assim é altamente seletiva e crítica.[47] Os experimentos desastrosos de dois regimes pró-espartanos — primeiro o dos Quatrocentos e depois o dos Trinta — demonstraram que a oligarquia não conquistou apoio suficientemente amplo em Atenas para ser mantida sem força, intimidação e ajuda militar externa. De maneira bem razoável Platão pode concluir que os críticos da democracia precisavam rejeitar as táticas rudes, brutais, que acabaram rendendo má fama à oligarquia de Atenas.[48]

As dúvidas de Platão sobre os prospectos de reforma gradual ou sobre uma revolução puramente política residem parcialmente em suas concepções relacionadas às forças do conflito político. Para as cidades existentes ele concorda em parte com a análise de Tucídides. Na visão de Platão, toda cidade contém as fontes da instabilidade que eventualmente irrompe em luta aberta; pois cada uma delas na verdade não é apenas uma cidade, mas duas — a cidade do rico e a cidade do pobre (*República* 421d-422a, 422e-423b). Aqui Platão reconhece o conflito dos interesses percebidos que resultam em conflito de classes e, havendo as circunstâncias propícias, em guerra civil e revolução. Ele chega a concordar com a visão de Tucídides, segundo a qual os interesses percebidos das pessoas fatalmente entrarão em conflito enquanto a classe dominante consistir seja de ricos, seja de pobres. Contudo, ele argumenta que o conflito de classes não é inevitável; para evitá-lo, deve-se afastar a classe dirigente dos conflitos resultantes da propriedade privada, sendo o caso de educar os outros cidadãos para uma verdadeira concepção de

---

[47] Sobre Esparta, ver, p.e., *Crito* 525e; *Banquete* 209d; *República* 544c, 545, 547d-e; *Leis* 631a; Morrow, *Plato"s Cretan City*, cap. 2.

[48] Se a *Sétima Carta* é autêntica, ela proporciona importante evidência da atitude de Platão em relação à política prática. Na verdade, é provável que o que se tenha nada mais é do que uma evidência de como o autor queria que Platão fosse visto.

seu interesse.⁴⁹ Muito embora as propostas de Platão para resolver o conflito de classes certamente se encontrem abertas a objeção, seu diagnóstico das condições que precisam ser removidas é defensável à luz da experiência histórica grega, em especial a ateniense.

Esses problemas políticos conduzem Platão de volta aos problemas éticos. O conflito entre justiça e autointeresse para o indivíduo, e os conflitos entre os interesses de diferentes grupos e classes dentro de um Estado, ambos resultam de uma concepção particular dos interesses de indivíduos e grupos. Platão busca mostrar que um entendimento correto dos interesses e do bem-estar humano mostrará por que não será o caso de irromper conflito algum.

VI. Os Sofistas

Sócrates e Platão não podia confiar que temas morais e políticos fossem tratados de maneira apropriada pelos filósofos — por aqueles que reconheceram alguma lealdade às formas de investigação iniciadas pelos naturalistas. Eles tinham de definir o assunto a lhes servir de questão e os métodos de filosofia em contraste com as asseverações das outras perspectivas e abordagens. As duas principais abordagens rivais entre as quais Platão opera um confronto são a do sofista e a do retórico. Temos de ver por que ele as tem como rivais sérios cujas reivindicações necessitam ser objeto de disputa.

Com a democracia firmemente estabelecida em Atenas, a assembleia popular passou a exercitar o seu poder para tomar as decisões vitais e submeter a escrutínio a conduta dos líderes políticos. Um político bem-sucedido tinha de ser um bom falante que pudesse apresentar um caso convincente para um público dotado de senso crítico.⁵⁰ Uma vez que os atenienses não tinham

---

⁴⁹ É a solução que se tem na *República*. Nas *Leis* Platão não defende a abolição da propriedade privada como proposta prática; porém ele defende outras medidas para distribuição e restrição de propriedade com o mesmo objetivo de evitar os gêneros de desigualdades entre governantes e governados que podem provocar uma guerra civil.
⁵⁰ Sobre a sofisticação das plateias atenienses, ver Tucídides, III 38.7. Cleon denuncia o uso e técnicas sofisticadas em debate; a denúncia dessas técnicas é ela própria um

jornais, rádio ou televisão, eles confiavam nos discursos em política tanto para obter informação como para serem aconselhados acerca do que fazer. O indivíduo que ao discursar se revelasse mal informado ou incapaz de usar sua informação para raciocinar de maneira clara e persuasiva, poderia esperar ser batido por alguém que, por sua vez, mostrasse ser um conselheiro mais bem informado e confiável. Pouco a pouco, o papel do "político" *(politeuomenos)* se tornou mais profissional, e os mais treinados e bem-informados na arte do discursar tendiam a dominar o debate na assembleia.[51] A instrução sistemática que se mostrasse valiosa nessas áreas seria útil ao aspirante a líder político. Essa instrução foi proporcionada pelos sofistas.

"Sofista" ("sophistēs" derivado de *sophos*, "sábio") aparece na Grécia do século quinto como termo não pejorativo aplicado a especialistas em diferentes áreas.[52] Na segunda metade do século, o termo passou a ser aplicado a professores que proporcionavam educação superior mediante honorários. A educação variava em conteúdo de sofista para sofista, mas seu principal objetivo era preparar o indivíduo para assumir participação ativa na vida pública (*Protágoras* 318d-319a). Os sofistas viajavam de cidade para cidade e obtinham reputação internacional como "estrelas" da vida cultural grega. O *Protágoras* (309a-314e) descreve a excitação provocada em círculos atenienses de classe abastada a visita do eminente sofista Protágoras, e ansiosa expectativa entre seus potenciais alunos.

---

estratagema retórico padrão.
[51] Sobre *hoi politeuomenoi*, ver Demóstenes, 3.30-1, cf. Platão, *Górgias* 473e6. Sobre oradores políticos, ver J. Ober, *Mass and Elite in Democratic Athens* (Princeton, 1989) (Princeton, 989), cap. 3.
[52] Ver G. B. Kerferd, *The Sophistic Movement* (Cambridge, 1981), 24. Um exemplo notável do quarto século é Isócrates, *Antidosis* 235 (este que, no entanto, pode envolver alguma cisão [STRAINING], com o intuito de satisfazer ao argumento de Isócrates). Em 268 Isócrates se refere aos naturalistas pré-socráticos como "os velhos sofistas". O sentido e a força do termo no *Prometheus Vinctus* 62, 944 de Ésquilo (?) suscita problemas especiais. A passagem possivelmente indica que o termo poderia ser usado em um sentido desfavorável, ou que ele quase sempre era usado em sentido favorável, porém nesta acepção o seu sentido é irônico. A questão é complicada por questões envolvendo a data e autoria da peça. Na linha 62, ver M. Griffith, ed., *Aeschylus: Promethes Bound* (Cambridge, 1983).

A própria sofística despertou suspeitas, especialmente entre pessoas que pensavam que o berço, a família, e uma educação distinta lhe davam o direito de ser ouvido. Ora desse ponto de vista conservador, o treinamento sofístico podia parecer fazer as pessoas consideravelmente mais inteligentes, e os sofistas podiam ser acusados de ensinar a pessoas inescrupulosas as habilidades de que elas necessitavam para obter um sucesso que não mereciam. Essa foi a atitude de Ânito, no *Mênon* (91a-92e); isso ajuda a explicar por que em seu julgamento Sócrates sugeriu que seus acusadores estariam querendo disseminar preconceito contra ele, acusando-o de ser um sofista (*Apologia de Sócrates* 19d-3).

Muitos leitores modernos supuseram que Platão teria acusado os sofistas como grupo, por defender uma posição teórica específica, que ele toma como responsável por certa decadência em padrões morais que ele se dispunha a corrigir.[53] Em particular, eventualmente se supõe que a rejeição da moralidade convencional por oradores como Cálicles no *Górgias* e Trasímaco na *República* Livro I seja resultado característico do ensinamento sofístico.[54]

Contudo, não há fundamentação para essa visão dos sofistas, ou para essa visão das objeções que Platão lhes dirigia. Certamente alguns sofistas sustentavam a posição de Cálicles e Trasímaco; Antífono parecia defender essa posição.[55] Outros sofistas, contudo, mantiveram posição diferente. Protágoras foi firme defensor da justiça e moralidade convencionais; Platão

---

[53] Algumas das principais contribuições à discussão sobre os sofistas e a atitude de Platão para com eles: G. Grote, *A History of Greece*, 6ª. Ed., 10 vols. (London, 1888), cap. 67; E. M. Cope, "The Sophists", *Journal of Philology* 1 (1854): pp. 145-188; H. Sidgwick, "The Sophists", in *Lectures on the Philosophy of Kant and Other Philosophical Lectures and Essays* (London, 1905); Guthrie, *History of Greek Philosophy*, vol. 3, caps. 1, 3; Kerferd, *Sophistic Movement*, cap. 2. O debate de Sidgwick continua a ser o melhor.

[54] O ataque ao ateísmo e à imoralidade em *Leis* X é dirigido mais aos naturalistas do que aos sofistas.

[55] A principal evidência apontando para *Antífono* é encontrada em D.K. 87B 44. A interpretação do fragmento é alvo de disputas. Não vejo razão suficiente para negar a identidade desse Antífono com o mencionado político oligárquico em Tucídides, VIII 68.1. Ver também J. S. Morrison, "Antiphon" em seu *The Older Sophists*, ed. R. K. Sprague (Columbia, S. C., 1972).

jamais negou ser essa a visão de Protágoras, como jamais sugeriu que o ensinamento de Protágoras tendia a fazer as pessoas se voltarem contra a moralidade convencional. No *Mênon*, Sócrates deliberadamente se dissocia da hostilidade indiscriminada de Ânito aos sofistas. No *Protágoras*, a maneira como Platão retrata alguns eminentes sofistas por vezes chega a ser bem humorada (*Protágoras*, 315c-d; cf. *Hípias Maior* 281a-283b), mas jamais hostil. Tanto no *Protágoras* como no *Teeteto*, Protágoras é levado a sério; na verdade Platão defende suas concepções contra o rechaço prematuro e assevera que Protágoras pode ser defendido contra as objeções socráticas, capazes de nos satisfazer tão facilmente (*Protágoras* 350c-351b, *Teeteto* 165e-168c).

A crítica de Platão aos sofistas não tem o foco principal em suas conclusões, mas nos argumentos sobre os quais se baseiam. Ele nega que os sofistas sejam a principal influência em educação moral e política; o que se tem, isto sim, como ele argumenta, é que os preconceitos das massas determinam o escopo de visões aceitáveis, e os sofistas simplesmente repetem esses preconceitos (*República* 493a). O objeto mais óbvio dessa descrição é Protágoras, cuja inteira posição epistemológica se destina a mostrar que as concepções que parecem verdadeiras a muitos são efetivamente verdadeiras (cf. *Teeteto* 167c). Mas Platão defende que ela descreveria também os sofistas de um modo geral; os sofistas não tentam fundar suas concepções em qualquer base racional que vá além das crenças e preconceitos da maioria, os quais não são submetidos a qualquer exame. Esse é o motivo pelo qual ele relaciona sofística com "aparências" e "imagens" (*República* 515a5-6; *Sofista* 232a-236d).

Ao criticar os sofistas, Platão estabelece padrões para as suas próprias investigações filosóficas. À primeira vista, não é fácil distinguir Sócrates e Platão dos sofistas. O método de investigação característico de Sócrates é um sistemático exame cruzado de um interlocutor, exame que busca expor conflitos em suas concepções e reconstruir suas crenças como resultado de reflexão sobre os conflitos e de as resoluções possíveis desses conflitos. Esse tipo de investigação claramente se inicia com as crenças do senso comum e parece confiar nelas a cada estágio; pois Sócrates frequentemente insiste em que o interlocutor deve enunciar sua própria visão (em vez de sustentar algo para o bem do argumento, com o intuito de evitar refutação; *Protágoras*

331c). Ora, por que não seria esse o apelo acrítico às visões populares que Platão critica nos sofistas?

O uso do exame cruzado e da refutação não distingue Sócrates e Platão dos sofistas. Muito embora Protágoras seja representado como pouco familiarizado com a conversa socrática (Protágoras 334c-335c), ele se mostrou familiarizado com as técnicas de argumento destrutivo.[56] O *Eutidemo* é uma exibição das técnicas do argumento erístico (*eristikos*, "contencioso"), técnica praticada por alguns sofistas.[57] As técnicas do exame cruzado e da refutação são obviamente úteis no debate e no argumento; e os jovens que aprenderam-no de Sócrates apreciaram praticá-lo com outros.[58] Mas eles não distinguem Sócrates de um erístico. Nos diálogos, seus interlocutores eventualmente o acusam de usar técnicas erísticas;[59] além disso, os oponentes de Platão descrevem-no como um erístico.[60] Se Platão tentar ir além da erística tendo em vista argumentos construtivos, ele precisa mostrar como tem mais a oferecer do que as crenças convencionais que são estoque e moeda de troca do sofista. Ao tentar distinguir o método socrático e platônico do sofístico, trouxemos à baila algumas questões de amplo alcance acerca da epistemologia de Platão.

---

[56] Sobre Protágoras, ver D.K., 80 A 1 (= Diógenes Laertius IX 55), B I (onde "Destructive Arguments" vem a ser um título alternativo para a sua obra "Sobre a verdade"), 6.

[57] As regras do jogo erístico exigem que o interlocutor responda "sim" ou "não"; a ele não se permite qualificar sua resposta ou indicar o que ele não pretende com o sentido em questão (p. e., *Eutidemo* 287c-d, 295b-c, 96a-b). Ver também *Mênon* 75c-d; E. S. Thompson, *The Meno of Plato* (London, 1901), pp. 272-285; A. E. Taylor, *Varia Socratica* (Oxford, 1911), pp. 91-98, Kerferd, *Sophistic Movement*, pp. 62-66. Ali eu discuto a tentativa de Platão de evidenciar um traço distintivo em relação à erística em "Coercion and Objectivity in Plato's Dialectic", *Revue Internationale de Philosophie* 40 (1986), pp. 49-74.

[58] Ver *Apologia* 23c-d, *República* 537-539a. Um exemplo divertido desse tipo de procedimento encontra-se em Xenófones, *Memorabilia* I 2.39-46.

[59] Ver *Górgias* 482d, 489b-c; *República* 338d. Em cada um dos casos Platão chega a se dedicar em certa medida a demonstrar que essa acusação contra o método de Sócrates é falsa.

[60] Ver Isócrates, *Panatenaico* p. 26, *Antidosis* pp. 265-266 (cf. Platão, *Górgias* 484c).

VII. Retórica

A sofística estava intimamente relacionada a outro avanço em educação superior: o crescimento da teoria retórica e do ensino.[61] Muitos sofistas provavelmente incluíam algum treinamento retórico em seus cursos; mas ainda assim parece ter havido uma distinção entre um retórico e um sofista. Retóricos se preocupavam, antes de mais nada, com técnicas de persuasão, e não com a moral de um modo geral e com a educação política prometida pelos sofistas.[62] Isso não significa que estivessem de todo preocupados com a "forma" retórica em vez de com o "conteúdo"; eles aconselhavam seus alunos no sentido de que "essa" opinião e não "aquela" provavelmente seria mais bem recebida. Porém, não se envolviam profissionalmente no que dizia respeito ao sofista e ao filósofo.

Um dos retóricos mais influentes entre os contemporâneos de Platão foi Isócrates, cujos discursos contêm uma série de ataques, implícitos e explícitos, a Platão. Isócrates considera o treinamento em retórica como "filosofia" no mais verdadeiro sentido (*Antidosis* 50, 270, 285). Contudo, a retórica se diferencia dos estudos praticados por naturalistas, matemáticos e erísticos, por ser relevante e aplicável na prática. Isócrates acusa Platão de formular paradoxos absurdos sobre moralidade (*Contra Helena* I). Em geral, a crença plausível relacionada a coisas úteis é bem superior ao conhecimento exato relacionado a coisas inúteis" (*Contra Helena* 5). Na perspectiva de Isócrates, não faz sentido examinar os fundamentos da teoria moral e política; é o caso de se ater às virtudes reconhecidas (*Antidosis* 84-5) e apresentar visões convencionais sobre essas de um modo que seja persuasivo e atraente.

---

[61] Péricles supostamente teria falado em público valendo-se de um texto escrito, em vez de improvisar ("Péricles", no léxico medieval Suda. Ver R. C. Jebb, *The Attic Orators from Antiphon to Isaeos*, 2 vols. [London, 1893], I: CXXVIII); e o líder popular Cléon supostamente teria iniciado o uso de técnicas de entonação e gestos (Aristóteles, *Constituição dos atenienses* 283).

[62] Essa distinção, sugerida por Górgias 464b-465c, parece-me (embora assim não pareça a todos) amplamente apoiada pela outra evidência.

As observações de Platão sobre Isócrates não são de todo hostis. Ele o vê como algo entre filósofo e político, intelectualmente promissor, porém incapaz de distinguir a autêntica dialética da erística (*Eutidemo* 305b-306c).[63] Ele sugere que Isócrates tem alguma habilidade filosófica (*Fedro* 279a), mas a abordagem de Isócrates nessa versão de "filosofia" expõe claramente os aspectos em que Isócrates se equivoca.

O papel político da retórica desperta suspeitas e críticas de Platão. Ele pergunta por que a democracia ateniense deveria considerar a habilidade retórica como qualificação suficiente para o aconselhamento político, e apresenta duas objeções à retórica: (1) Se, como Sócrates admite, o orador não deve procurar chegar sozinho a convicções racionais independentes sobre suas próprias questões morais e políticas, ele simplesmente repetirá preconceitos populares. Se ele simplesmente seguir os pressupostos morais e políticos ignorantes e preconceituosos da maioria, seu conselho não promoverá o bem comum. (2) Se o orador persuadir as pessoas, não por convencê-las de que o curso de ação que ele aconselha irá realmente beneficiá-las, mas por incitar seus sentimentos e preconceitos, até mesmo contra um juízo melhor, o que ele estará persuadindo as pessoas a fazer não será nem mesmo o que elas querem fazer.

Em seu primeiro ataque à retórica, Platão argumenta que o método de governo democrático solapa aquele que foi enunciado como seu objetivo — governar segundo o interesse de todos os cidadãos. Em seu segundo ataque ele argumenta que, por persuasão retórica, o governo não chega a realizar a vontade da maioria. O retórico seria suficientemente mau se, de modo puro e simples, expressasse as perspectivas que as pessoas, após alguma reflexão, efetivamente sustentam; mas ele é ainda pior se na verdade não simplesmente

---

[63] É ampla e razoavelmente pressuposto que Platão alude a Isócrates sem referi-lo por nome. Para uma defesa dessa concepção, ver *The Phaedrus of Plato*, ed. W. H. Thompson, ed. W. H. Thompson (London, 1868), pp. 170-183; *The Euthydemus of Plato*, ed. E.H. Gifford (Oxford, 1905), pp. 17-20. Sobre Isócrates e Górgias, ver Guthrie, *History of Greek Philosophy*, 4 : pp. 308-311; T. Irwin, *Plato: Gorgias* (Oxford, 1979), index *S. V.* Isócrates. Sobre o *Fedro* ver R. L. Howland, "The attack on Isocrates in the Phaedrus", *Classical Quarterly* 31 (1937): pp. 151-119 (especulativo, porém interessante).

expressa a opinião pública, mas molda-a e manipula-a tendo em vista suas próprias intenções.

Ao atacar a retórica, Platão também ataca uma instituição ateniense muito mais antiga, o drama trágico (*Górgias* 502b, *República* 602c-606d).[64] Suas objeções podem ser compreendidas mais facilmente se lembrarmos que os festivais dramáticos atenienses assumiam o lugar de alguns dos meios de comunicação de massa que hoje nos são familiares. Platão reconhece a influência cultural da tragédia, e assume que as pessoas são influenciadas pelas concepções morais expressas nas peças e por meio delas. Ele critica a tragédia como forma de retórica; ele faz com que concepções morais particulares pareçam atraentes aos ignorantes e ao público irracional, sendo escritas por autores que não compreendem as questões morais melhor do que o faz o público. Eurípedes faz despertar a nossa simpatia por Medeia não por ser capaz de racionalmente nos convencer a ver, mediante reflexão, que Medeia é merecedora de nossa simpatia, mas por apresentar alguns aspectos de sua situação de um modo que fala a nossos preconceitos. Os trágicos não sabem que tipo de pessoa, e em que tipo de situação, deve despertar admiração, simpatia ou repulsa.[65]

As críticas de Platão não mostram a impossibilidade de haver uso legítimo para a retórica; tampouco demonstram que todos os seus praticantes estejam moralmente equivocados.[66] Mas elas levantam algumas questões legítimas acerca do papel particularmente social, educacional e político da retórica na Atenas contemporânea. Alguns dos oponentes de Platão, e

---

[64] Para uma discussão mais aprofundada, ver Irwin, *Górgias*, pp. 211-213.

[65] Na verdade, as tragédias erroneamente nos induzem a supor que as fortunas e a situação exteriores das pessoas são os elementos mais importantes de seu bem-estar; não veem que, como Sócrates argumenta, seu caráter moral já é bem mais importante. Quando Sócrates afirma que nada pode fazer mal a uma pessoa boa (*Apologia* 41c-d), ele derriba a escala de valores que faz com que seu público seja comovido do modo como o é pelas tragédias. Por isso Sócrates rejeita os lamentos que normalmente viriam de pessoa em sua situação. Para mais debates em torno dessa questão, ver Irwin "Socrates and the Tragic Hero", in *Language and the Tragic Hero*, E. P. Pucci (Atlanta, 1988).

[66] O próprio Platão assume uma visão diferente da retórica no *Fedro*, em relação a que ele tem no *Górgias* (em parte em razão dos avanços em sua psicologia moral).

mais notavelmente Isócrates, apresentaram a retórica como educação moral suficiente a que deve aspirar um bom cidadão em um papel de liderança na vida pública. Platão mostra que o estudante de retórica aprende as suposições morais e políticas que serão plausíveis e atraentes, mas aprende a desdenhar de qualquer pensamento sistemático sobre serem ou não essas suposições as corretas. A Atenas antiga não é a única sociedade a ter permitido que habilidades na manipulação não racional exercessem influência dominante no debate democrático; por essa razão a força das críticas de Platão não está limitada a sua própria situação histórica.

VIII. Investigação Socrática

Os primeiros diálogos de Platão apresentam as tentativas de Sócrates em responder a questionamentos morais que surgem de visões conflitantes de seus contemporâneos. Sócrates confia no argumento filosófico, e em particular no tipo de questionamento e refutação sistemáticos que tinham sido iniciados por Zenão.[67] Mas em contraste com Zenão e a erística, o seu objetivo não é puramente negativo. Ele argumenta de maneira construtiva, em apoio à sua própria defesa das virtudes morais, que, paradoxalmente, não é comprometedora. O seu argumento é filosófico, mas ele próprio se diferencia nitidamente dos naturalistas. Ele não confia em premissas derivadas da filosofia natural, que (como o exemplo de Demócrito pode facilmente sugerir) podem parecer a um só tempo dúbias em si mesmas e também provavelmente incapazes de responder as questões mais importantes sobre moralidade.

Sócrates argumenta que podemos ser racionalmente convencidos de que na verdade não há conflito entre justiça e autointeresse; a concepção

---

[67] As observações de Aristóteles sobre a história do raciocínio dialético parece sugerir algum papel para Zenão, mas insiste em que Sócrates representa aí um novo desenvolvimento; cf. *Metafísica* 1078b23-30 com Sofista fr. I (ver W. D. Ross, *Aristoteles Fragmenta Selecta* [Oxford, 1955], 15).

"homérica" de autointeresse, tomada como um todo — portanto a suposição de que o autointeresse deve entrar em conflito com a moralidade — pode ser mostrada (na concepção de Homero) como residindo em suposições que, ao refletir, pensamos rejeitar.

Para Platão, Sócrates parece prometer um método e uma linha de argumentação que podem explicar e justificar a moralidade. Mas Platão constata que as promessas de Sócrates não são completamente realizadas. Sócrates quer distinguir o método socrático dos métodos da sofística, da erística e da retórica; e em alguns diálogos de transição, Platão examina essas afirmações e tenta desenvolver uma teoria do argumento socrático que justificará a obtenção de verdade objetiva por seus enunciados.

De modo mais geral, a associação inicial de Platão com Crátilo sugere-lhe que ele deva ir além de Sócrates e assumir questões filosóficas mais amplas, que Sócrates havia posto de lado para se concentrar na ética. Os esforços de Sócrates em definir as virtudes supõem que respostas objetivamente corretas possam ser encontradas, e devem, além disso, corresponder a algumas realidades objetivas independentes de nossas crenças e investigações. Mas que espécies de realidades objetivas poderiam corresponder a nossas crenças morais? E mesmo se pudermos conceber como podem ser as realidades relevantes, como poderemos razoavelmente supor que conhecemos alguma coisa a respeito delas?

Por essas razões, Platão se vê retornando a algumas das preocupações metafísicas e epistemológicas dos pré-socráticos; mas enquanto os pré-socráticos são forçosamente levados a elas por questões surgidas no estudo da natureza, ele, por sua vez, é coagido para elas por questões concernentes à moralidade.

IX. Para além de Sócrates

Uma abordagem plena do tratamento que Platão dá de questões metafísicas e epistemológicas que ele deriva do naturalismo equivaleria a uma abordagem plena da maior parte de seus diálogos dos períodos intermediário e tardio. Devo me ater aqui a umas poucas observações sobre seu tratamento das questões presentes em Heráclito, Parmênides e Protágoras por mim discutidas acima. Em cada um dos casos, o tratamento de Platão mostra a evolução de seu reconhecimento do interesse e profundidade das questões levantadas por seus predecessores.

As reflexões sobre a busca de Sócrates por definições fizeram-no consciente do segundo tipo de fluxo heraclitiano, envolvendo a copresença de opostos (a escrita que é reta e curva, a água que é boa e má e assim por diante). Platão aponta que exemplos observáveis comuns de ações ou pessoas justas ou boas revelam-se resultado da copresença de opostos; a cor viva, por exemplo, tanto é bela (em alguns contextos) como feia (em outros), e devolver algo que você havia tomado emprestado pode tanto ser justo (em circunstâncias normais) como injusto (se uma pessoa suicida pede-lhe que dê lhe de volta a sua espada).[68]

Contudo, Platão rejeita a conclusão heraclitiana segundo a qual a justiça em si sofre do mesmo gênero de fluxo e instabilidade. Os exemplos que acabam de ser dados são do tipo que induzem Heráclito a inferir que justiça é a um só tempo pagar suas contas e não pagá-las. Platão, por outro lado, infere ser necessário um tipo diferente de abordagem da justiça. Muito embora tipos observáveis de ações justas se encontrem em um fluxo do justo ao injusto, não segue daí, contudo, ele argumenta, que a justiça em si mesma seja um fluxo. Uma reflexão sobre os problemas e exemplos de Heráclito leva Platão à conclusão nitidamente não heraclitiana de que a justiça em si mesma deve estar isenta da copresença de opostos. Uma definição adequada das Formas (de Justiça, de Bravura etc.) que Sócrates estava tentando definir deve, pela perspectiva de Platão, demonstrar que as Formas apresentam mais a estabilidade parmenidiana do que o fluxo heraclitiano.

Em um diálogo posterior, o *Teeteto*, Platão examina o primeiro tipo de fluxo heraclitiano, envolvendo a mudança com o passar do tempo em (o que ingenuamente tomamos como) um e o mesmo objeto. Ele argumenta

---

[68] Ver *Hípias Maior*, 293a-b; *Fédon* 74a-c, 78c-e; *Banquete* 221a-b; *República* 331c-332a, 479a-c, 485b, 495a-b.

que se a doutrina do fluxo total é aceita sem qualificação, de modo que negamos completamente a existência de objetos persistentes, tem-se aí uma autorrefutação; não podemos dizer o que está em fluxo, e, uma vez que não podemos falar de fluxo sem dizer que algo está em fluxo, a doutrina extrema do fluxo não pode ser verdadeira a não ser que seja falsa.[69] Ainda uma vez Platão vê a doutrina heraclitiana do fluxo como um ponto de partida estimulante em direção a uma conclusão fortemente não heraclitiana.

No Livro V da *República*, Platão apresenta a sua primeira reação a Parmênides. Ele concorda (em certo sentido) com a afirmação de que não podemos conhecer o que não é, mas discorda (em certo sentido) de sua afirmação de que não podemos falar do que não é ou pensar o que não é. Seu desacordo com Parmênides reside na implícita distinção entre diferentes modos pelos quais Parmênides fala "do que não é". É plausível afirmar:

1. Não podemos bater ou chutar o que não é (= o não existente).
2. Não podemos pensar ou dizer o que não é (= algo que não tem conteúdo); todo dizer ou pensar deve ser dizer ou pensar de alguma coisa.
3. Não podemos conhecer o que não é (= o que não é verdadeiro).

Agora, o argumento de Parmênides exclui a mudança se "o que não é" é tomado no sentido existencial, como em (1); mas uma vez que as premissas cruciais (2) e (3) parecem envolver somente o sentido predicativo, como em (2), ou o sentido verídico,[70] como em (3), o seu argumento parece

---

[69] Platão introduz o heraclitianismo (o abraçar de ambos os tipos de fluxo, 152d2-3) para explicar as consequências que ele assume seguir valendo-se da aceitação de uma posição protagoriana. Não há base para supor que ele próprio concorde com Heráclito quanto à extensão do fluxo (do primeiro tipo) no mundo sensível. Ver T. Irwin, *Plato's Moral Theory* (Oxford, 1977), 318 n. 27; G. Fine, "Plato on Perception", *Oxford Studies in Ancient Philosophy*, vol. supl. (1988): pp. 1-28; M F. Burnyeat, ed., *The Theatetus of Plato* (Indianapolis, 1990), pp. 7-10.

[70] No grego, "o que é" e "o que não é" são idiomaticamente usados de maneira intercambiável com "verdadeiro" e "falso".

inválido. No Livro V da *República* Platão afirma que enquanto não podemos saber o que não é (no sentido [3]; o conhecimento de que *p* implica que *p* é verdadeiro), podemos acreditar no que é ou no que não é (uma vez que as crenças incluem crenças verdadeiras e falsas); e acreditar no que não é não constitui o não acreditar em nada (não ter nenhuma crença).[71] Mas embora Platão implicitamente rejeite a abordagem parmenidiana do ser, e portanto suas concepções sobre os objetos do conhecimento e a possibilidade da mudança, a *República* não explica onde Platão teria incorrido em erro.

Contudo, alguma explicação se faz necessária, pois Parmênides não é refutado por um simples apelo a diferentes sentidos do verbo "ser". Ele pode remover toda e qualquer aparência deletéria de equívoco nos sentidos do verbo "ser" se puder argumentar em favor de uma abordagem particular do que está envolvido no pensar ou falar ou saber. Se ele pode mostrar que eles são suficientemente similares para se apreender e chutar e outras interações com objetos externos, então ele pode argumentar que falar ou pensar o que não existe é realmente falar ou pensar de coisa alguma, e por isso na verdade não se configura nem falar nem pensar. E alguns argumentos em favor de tal conclusão parecem bastante plausíveis. Podemos supor que se o pensar nos confere um conhecimento autêntico da realidade externa, ele deve fazer algum contato real com essa realidade externa, no modo mesmo como os sentidos fazem contato com ele; e para os sentidos algo como a conclusão de Parmênides é verdadeira, uma vez que não podemos ver ou ouvir ou tocar o não existente. Podemos usar palavras como podemos usar gestos para indicar e identificar alguma coisa; e assim como eu posso apontar alguma coisa que não é verdadeira, aparentemente não posso nomear o que não está ali. Assim, se olharmos para certos aspectos do pensar, do dizer e do conhecer, parece natural concordar com a suposição de Parmênides, de que eles consistem em interação causal direta com objeto externo, e por isso requerem um objeto externo.

---

[71] Sobre o argumento da *República* 475-9, ver G. Fine, "Knowledge and belief in *Republic* V-VII", *in Companions to Ancient Thought: Epistemology*, ed. S. Everson (Cambridge, 1990), cap. 5.

Se uma concepção particular de pensar, de dizer e de conhecer nos deixa tentados a aceitar as premissas que implicam as surpreendentes conclusões de Parmênides, então uma resposta adequada a Parmênides deveria apresentar uma concepção de pensar, de dizer e conhecer que possa suprimir qualquer tentação de fazer as fatais concessões a Parmênides. Tão logo tenhamos a concepção certa, devemos ser capazes de ver que "não se pode pensar (dizer, saber) o que não é" é verdadeira somente em um sentido que não leve às conclusões de Parmênides.

As afirmações de Platão sobre conhecimento e crença no livro V da *República* mostram-no propenso a acreditar que a alternativa apropriada à posição de Parmênides pode ser elaborada. Mas não é o que ele faz na *República*. No *Teeteto* ele reexamina a concepção parmenidiana segundo a qual, sendo a crença como o ver ou o apreender, não podemos ter crenças sobre o que não existente (*Teeteto* 188a-189b). Aqui, ele explica o motivo pelo qual a falsa crença será impossível se aceitarmos uma concepção parmenidiana da crença; e assim ele insiste em que temos de ser capazes, em certo sentido, de falar o que não é. No *Sofista*, o "estrangeiro eleata" contempla a questão sobre como as coisas podem aparecer, mas não ser, e de como se pode falar de algo, embora o falar falsamente "tem sempre sido algo completamente enigmático, dos primeiros tempos até o momento presente"; e então ele introduz a rejeição do não ser por Parmênides (*Sofista* 236e-237a). O restante do diálogo busca explicar como, e em que sentido, é possível falar e pensar o que não é. O orador principal é um visitante de Eleia, que é a cidade de Parmênides e Zenão; sua presença indica a importância que Platão atribui às concepções de Parmênides. Por outro lado, o visitante enfatiza de maneira contundente seu desacordo fundamental com Parmênides, que deve resultar de uma investigação completa sobre a questão do não ser.

O desafio do ceticismo é importante para Platão, uma vez que, seguindo Sócrates, ele acredita na possibilidade de conhecimento, esta que o cético nega. É igualmente importante para ele rejeitar a solução de Protágoras para a questão levantada pelo ceticismo. Ora Platão acredita na existência de uma realidade independente da mente e passível de ser conhecida, enquanto Protágoras acredita que podemos refutar o ceticismo somente se concordarmos com o cético em que não existe realidade independente da mente e passível de ser conhecida. Ao elaborar a sua teoria das Formas, Platão deixa claro que ele rejeita tanto o ceticismo quanto a solução de Protágoras; mas nos diálogos das fases inicial e intermediária, Platão simplesmente assume a falsidade da posição de Protágoras e a debate apenas brevemente.[72]

No *Teeteto*, contudo, Platão discute tanto Protágoras como Heráclito com certo vagar. Ele argumenta que a epistemologia protagoriana reside em uma metafísica indefensável, pois ela conduz à doutrina heraclitiana que, versando sobre a mudança, é extrema e auto refutadora. Nessa medida, a sua atitude em relação a Protágoras é semelhante à que tem para com Heráclito e Parmênides; Platão percebe razoavelmente tarde em sua carreira que as questões suscitadas por seus predecessores demandam um exame direto e radical.

Os diálogos provam estar correta a definição de Aristóteles, segundo a qual a investigação socrática sobre a ética faz Platão remontar ao estudo de questões derivadas dos naturalistas; durante toda a sua carreira, Platão mantém sua posição de crítico cauteloso e reverente de seus predecessores. Mas, se por um lado depara com algumas das mesmas questões, por outro ele pensa poder evitar as conclusões céticas que parecem ameaçar as fundações do naturalismo pré-socrático. Pois para ele temos convicções suficientemente firmes e confiáveis sobre questões morais passíveis de nos justificar ao passarmos, pela via da argumentação, dessas convicções a quaisquer condições requeridas para a sua verdade.

---

[72] *Protágoras* 356d4 pode ser uma alusão à doutrina característica de Protágoras, que, todavia, não é o foco de discussão desse diálogo. *Crátilo* 384c-391c contém um debate sobre a posição de Protágoras, e 439b-440 contém uma discussão sobre o fluxo heraclitiano. Desse modo, o *Crátilo* (para mim, um diálogo intermediário, anterior ao *Fédon*) antecipa o *Teeteto* e mostra que o *Teeteto* indica o retorno de Platão a questões com que ele já se ocupara anteriormente (assim como o *Sofista* retoma algumas questões suscitadas no *Eutidemo*, que tenho por um diálogo dos primórdios).

X. O diálogo Platônico

Nas reflexões sobre predecessores e contemporâneos, Platão não apenas teve de decidir o que dizer em defesa e explicação de Sócrates; também teve de decidir como dizê-lo. Ao distinguir-se dos naturalistas, dos sofistas e dos retóricos, optou também por uma forma literária que coloca a sua obra à parte da produção desses outros.

O leitor moderno, habituado à sobrevivência do *corpus* aristotélico[73] e à forma literária dos últimos trabalhos filosóficos, naturalmente pode se perguntar por que Platão teria optado por escrever diálogos em vez de tratados. A essa questão deve subjazer o falso pressuposto de que lhe seria mais natural optar por escrever tratados contínuos. Uma vez que Platão foi um pioneiro na escrita de filosofia moral (em oposição à inclusão de algumas observações sobre moralidade em um tratado sobre filosofia moral), não havia forma literária estabelecida para a temática sobre a qual ele estava procurando escrever.[74] Mesmo a filosofia natural não tinha uma forma literária definida.[75] Entre os primeiros pré-socráticos, Parmênides e Empédocles escreveram em versos épicos, enquanto Heráclito aparentemente expressou suas concepções (pelo menos às vezes) em aforismos, máximas, enigmas e paradoxos. Os pré-socráticos proporcionaram um amplo leque de escolhas de formas

---

[73] De fato, Aristóteles também escreveu diálogos, muito embora eles sobrevivam apenas em fragmentos.

[74] Existem algumas referências aos "discursos socráticos"; ver Aristóteles, *Poética*, 1447a28-b20, *De Poetis* fr. 4 (em Ross, *Aristotelis Fragmenta Selecta*); Field, *Plato and His Contemporaries*, cap. 11). Mas não sabemos qual a sua relação histórica exata com os diálogos de Platão.

[75] O caráter fragmentário de nossa evidência - que temos e que persiste - sobre o Anaxágoras e Demócrito, por exemplo, tem a exata forma literária de seus trabalhos obscuros, muito embora alguns de seus trabalhos devem, pelo que se pode presumir, ter sido tratados contínuos. Kirk, Raven e Schofield, *Presocratic Philosophers*, 356, sugere que, de fato, Anaxágoras escreveu apenas um livro. Demócrito escreveu grande número de obras, talvez incluindo um corpo de breves aforismos sobre ética (embora muitos dos aforismos éticos existentes são pós-democritianos). É interessante, muito embora não possamos dizer quão significante seja, que um fragmento de Demócrito apresenta uma conversa entre o intelecto e os sentidos (D. K., 68 B 125, citado na seção 3).

literárias; e em todo caso Platão não tinha razão especial para acreditar que quaisquer das formas literárias usadas para a filosofia natural fosse o modo certo de desenvolver argumentos em filosofia moral.

Heródoto e Tucídides (e sem dúvida outros historiadores cujos trabalhos não sobreviveram) podem ter sugerido a Platão alguns aspectos da forma literária dos diálogos. Ambos historiadores inserem discursos emitidos ostensivamente ao sabor de ocasiões particulares para defender determinada decisão tomada por um rei, por generais ou por uma assembleia, ou com o intuito de encorajar tropas antes de uma batalha. Também usam discursos e debates fictícios para explorar as questões morais e políticas envolvidas em certos incidentes ou situações. Heródoto inseriu um debate sobre diferentes sistemas políticos gregos durante um episódio da história persa (Heródoto, III 80-82); e Tucídides introduziu um diálogo que teria sido mantido entre atenienses e melianos sobre se os atenienses deveriam massacrar todos os melianos em razão do apoio dado por estes a Esparta (Tucídides, V 84-113). O historiador, provavelmente, não pretende nos contar o que foi dito naquela ocasião por aquele orador em particular. Ele deseja atrair nossa atenção para as questões morais e políticas levantadas por situações desse tipo.

O mesmo uso de debates para apresentar os diferentes lados de questões morais e políticas é um aspecto óbvio da tragédia ateniense.[76] Os personagens trágicos geralmente enfrentam decisões difíceis e debatem seus erros e acertos; especialmente nas peças de Eurípides e nas últimas peças de Sófocles,[77] os debates são bastante elaborados, são teóricos e eventualmente retóricos. O público de Platão estava habituado ao diálogo como meio para explorar questões morais.

---

[76] A anedota segundo a qual Platão teria escrito tragédias, mas queimou as composições depois de ouvir o parecer de Sócrates (Diógenes Laércio, III 5) é tão desprovida de valor quando a maior parte das histórias sobre a vida de Platão; pode bem ser a invenção de alguém impressionado pelas qualidades dramáticas dos diálogos e suas críticas à tragédia.

[77] Esses aspectos são especialmente claros, por exemplo, na *Hécuba* e nas *Trôades* de Eurípedes, e no *Filocteto* e no *Édipo em Colona* de Sófocles. Ver também F. Solmsen, *Intellectual Experiments of the Greek Enlightenment* (Princeton, 975), cap. 2.

A comédia ateniense é igualmente relevante. Os interlocutores nos diálogos de Platão não são as figuras heroicas do passado distante e lendário que aparecem nas tragédias. São contemporâneos da classe elevada de Sócrates, em conversas com o mestre, ele próprio em muitos aspectos uma pessoa comum (e mesmo exageradamente comum), de linguagem direta. É razoável supor que, para a apresentação dramática desses personagens, Platão tenha optado pela comédia.

Um herói cômico em Aristófanes — e o Dikaiopolis nos *Acarnianos* vem a ser aqui um bom exemplo — é o mais das vezes representado como o anti-herói, estando fora do círculo de atenienses que se distinguiam pela riqueza, pela criação e por suas carreiras militar e política. Muito embora ele pareça um camponês ignorante e vulgar, Dikaipolis na verdade (isso de acordo com a peça) compreende o porquê da irrupção da Guerra do Peloponeso, ao contrário de seus "melhores"; e Dikaipolis se põe sozinho contra eles ao assinar o seu próprio tratado de paz com o inimigo peloponésio. As figuras do "establishment" mencionadas na peça — incluindo o Péricles "olímpico", que iniciou uma guerra por umas poucas prostitutas e pelo general Lamaco, este um gabola de cabeça-oca — revelaram-se pretensiosas e bobas. Dikaipolis passou a perna em seus "melhores" pela sagacidade de sua verve e por seu entendimento da situação.

Depois de promover sua paz particular com os peloponésios, Dikaipolis deu início à sua própria existência idílica em tempos de paz, satisfazendo os sonhos dos atenienses que haviam sofrido os rigores da guerra. Esse elemento fantástico é desenvolvido em pormenor na utópica Cloud-Cucko-Land de os *Pássaros*. Esse uso da utopia e da fantasia para ilustrar uma reflexão moral e politicamente séria pode bem ter ajudado a sugerir a Platão que a descrição de uma utopia (não sem alguns elementos humorísticos; cf; *República* 372c-d) seria um modo eficaz de apresentar algumas de suas concepções morais e políticas.[78]

---

[78] Algumas vezes foi sugerido que existe alguma conexão entre as concepções de casamento e propriedade na *República* e as concepções parodiadas no *Ecclesiazusae* de Aristófanes; mas não há razões suficientes para acreditar que as semelhanças entre os dois

Enquanto detalhes não podem ser deixados de lado, esses aspectos dos heróis cômicos sugerem que os atenienses que haviam rido da insensatez dos generais atenienses de Aristófanes e ovacionado Dicaiópolis ou Lisístrata seriam capazes de apreciar os aspectos cômicos de Sócrates e de outros personagens dos diálogos. Muitos dos interlocutores são fortemente caracterizados pelo que os torna tão suscetível a um processo de esvaziamento de sua autoridade. Geralmente são socialmente superiores a Sócrates — os aristocratas no *Laques* e no *Cármides*, os intelectuais e estudiosos importantes no *Protágoras*, no *Górgias*, no *Íon*, no *Hípias Maior* e no *Hípias Menor*. Com muita frequência eles começam com uma atitude que tende para a complacência, tendendo até mesmo a uma condescendência para com Sócrates; por fim se revela que ele entende mais do que esses tais "superiores". Sócrates diz que se por um lado ele não pode afirmar saber que suas concepções são verdadeiras, por ouro lado quem quer que as rejeita revela-se "ridículo" (*Górgias* 509a; cf. *Protágoras* 355a6); Platão ressalta o lado cômico de seus diálogos, o herói improvável deflacionando as pretensões das pessoas cuja reputação excede seu entendimento. Aristófanes melhor nos capacita a compreender os aspectos cômicos dos diálogos, não meramente em razão de os diálogos serem por vezes engraçados, mas porque um tipo particular de situação cômica que ocorre em Aristófanes proporciona um dos elementos mais importantes — a um só tempo cômico e sério — dos diálogos.[79]

---

trabalhos indiquem qualquer conhecimento por parte de um ou do outro. As questões espinhosas que surgem aqui são debatidas por J. Adam, *The Republic of Plato*, 2 vols. (Cambridge, 1902), 1: pp. 345-355.

[79] A fala de Aristófanes é uma sugestão cômica de alguns aspectos da fala de Diotima; ver *Banquete* 191c-d, 205d-206a. Sobre Sócrates ver também 215a-217a. Sobre o *Banquete* ver D. Clay, "The Tragic and Comic Poet of the Symposium", in *Essays in Ancient Greek Philosophy*, vol. 2, ed. J. P. Anton e A. Preus (Albany, 983), pp. 186-202, in 98; K. J. Dover, ed., Plato's Symposium (Cambridge, 1980), 104, 113 (que se equivoca quando à relação do discurso de Aristófanes com o de Diotima). Para Platão e para a comédia em geral, algum material útil é reunido por R. Brock, "Plato and Comedy", in Craik, *Owls to Athens*, cap. 5. W. C. Greene, "The Spirit of Comedy in Plato", *Harvard Studies in Classical Philology* 31 (1920), pp. 63-123, é sugestivo, embora difuso.

Esses precedentes de obras históricas e dramáticas podem ajudar a explicar por que Platão teria decidido que debates e conversas fictícias seriam o melhor meio de explorar as questões morais e políticas que lhe diziam respeito. Mas eles não explicam o caráter distintivo dos diálogos platônicos. Como vimos, Platão considera a apresentação dramática, em si, como nada melhor do que uma forma de retórica, tendendo a comover e persuadir os ouvintes ou leitores, independentemente dos méritos do caso. Meras interrogações em meio a conversas podem parecer demonstrações de intimidação erística. O tipo de argumento que Sócrates pensava ter descoberto demandava um veículo diferente.

Platão escolheu o diálogo por ter pensado que este seria a forma que mais intimamente se coadunaria com os aspectos essenciais do argumento socrático. Sócrates afirma que a forma de interrogação sistemática tal como por ele praticada, governada por regras, permite-lhe garantir a concordância de seus interlocutores com posições morais que eles teriam rejeitado de maneira firme, muitas vezes até indignada, antes de se defrontarem com as questões de Sócrates. A interrogação não é simplesmente o modo pelo qual Sócrates acaba chegando a sua conclusão nessa ocasião; o fato de que a tal conclusão se chega por meio desse tipo de interrogação por esse tipo de interlocutor é parte da razão que Sócrates nos oferece para que acreditemos em sua conclusão. Ele afirma que os argumentos não são simplesmente aqueles que lhe ocorrem, mas são, isto sim, argumentos que efetivamente convencem um interlocutor normal que aborda as questões de maneira certa.[80] O interlocutor (segundo Sócrates) não se encontra deslumbrado pela retórica ou intimidado pela erística, tampouco prostrado por digressões elaboradas em filosofia natural; ele está racionalmente convencido. Um diálogo platônico é pensado com o intuito de mostrar como tal convicção é possível.

---

[80] A importância do interlocutor e o contraste com a erística e com a retórica são bem enfatizados por L. Coventry, "The Role of the Interlocutor em Plato's Dialogues", in *Characterization and Individuality in Greek Literature*, ed. C. B. R. Pelling (Oxford, 1990), cap. 8, em pp. 174-184.

Agora, se Sócrates faz essas afirmações sobre o papel epistemológico do diálogo, e se Platão concorda com Sócrates a esse respeito, é razoável que ele possa encontrar dificuldade em apresentar os elementos essenciais da filosofia socrática em qualquer outra forma que não a que ele escolheu. Ele pode ter sido capaz de explicar em sua própria voz o que Sócrates estava tentando fazer e o motivo pelo qual Sócrates pensava que pudesse fazê-lo; e tal explicação teria sido útil para nós. Mas dificilmente teria sido um método eficaz ou econômico no que diz respeito a chamar a nossa atenção e forçar-nos a levar Sócrates a sério. Uma vez que Platão leva a sério a filosofia de Sócrates, ele escreve diálogos socráticos. Não precisamos supor que os diálogos são, ou foram tomados como transcrições de conversas reais; mas eles pretendem comunicar um elemento central na defesa por Sócrates de sua posição moral.

As afirmações epistemológicas implicadas no uso do diálogo por Sócrates são elas próprias controversas, e, uma vez que Platão reflete sobre essas afirmações, ele decide que elas precisam ser modificadas. Modificações nas afirmações epistemológicas também requerem uma modificação no tipo de diálogo que Platão considera como o melhor meio para expressar suas visões filosóficas; por isso ele escreve diferentes tipos de diálogos, seguindo diferentes regras, para atingir diferentes fins. Em alguns dos últimos diálogos, a forma de conversa entre dois adversários, que é a de alguns diálogos socráticos, modifica-se drasticamente; o *Timeu* e as *Leis*, por exemplo, contêm longas extensões de exposição contínua. Ocorre que Platão não simplesmente abandona o diálogo socrático característico de seu primeiro período. O *Teeteto* e o *Filebo* são diálogos tardios que compartilham muitas características importantes dos primeiros diálogos, que são de tom mais dramático e dialogal. A escolha, por Platão, da forma diálogo, e de uma variedade particular do diálogo é determinada por seus objetivos filosóficos.

É legítimo indicar que Platão nunca fala em sua própria pessoa nos diálogos, como também é legítimo se perguntar se teria um recurso para se dissociar ou se apartar dos argumentos ou conclusões atribuídos ao orador principal (que geralmente é Sócrates).⁸¹ A evidência antiga, contudo, não proporciona base segura para se duvidar que Platão esteja apresentando aquela que é a sua própria perspectiva filosófica.⁸²

---

⁸¹ Neste ensaio não estou discutindo o problema de Sócrates. Acredito que os primeiros diálogos de Platão de fato proporcionam uma abordagem precisa das visões do Sócrates histórico, e acredito que o testemunho de Sócrates venha em apoio a essa visão. Ver Irwin, *Plato's Moral Theory* 291f (um breve enunciado), e para uma discussão mais abrangente ver G. Vlastos, "Socrates", *Proceedings of the British Academy* 74 (1988), pp. 89-111.

⁸² Comentarei muito brevemente sobre algumas das alegadas evidências que levaram alguns leitores a descartar os diálogos como fontes das concepções filosóficas de Platão. (1) O comentário sobre tratados filosóficos escritos no *Fedro* 274b-278b insiste em que simplesmente ler um tratado não é nem mesma coisa nem um substituto para um raciocínio filosófico real. Ele não diz que o conteúdo de tratado como esse não deva ser levado a sério. (E obviamente deve-se notar que os diálogos platônicos, em razão de sua disposição em forma de conversa, chegam mais perto de sobrepujar as limitações dos trabalhos escritos.) (2) A *Sétima Carta* (341b-342a) afirma que as verdades filosóficas são inexpressáveis (não só incapazes de receber uma versão escrita). Essa afirmação vai muito além do *Fedro*, e deveríamos observar que (I) a afirmação exagerada satisfaz a proposta apologética e polêmica, de cunho imediato, do leitor (já que ele deseja lançar dúvida sobre a precisão de todas as abordagens escritas da filosofia de Platão); e (II) a carta provavelmente não é de autoria de Platão. (3) A *Segunda Carta* (314c) afirma que não existe tratado da autoria de Platão e que aos chamados escritos de Platão realmente pertencem "Sócrates se tornou belo e jovem" (ou "Sócrates se tornou belo e bem vestido"). O mesmo exagero é detectável aqui como na *Sétima Carta*, e o mesmo motivo autoapologético se torna evidente. (4) Alguns autores modernos têm argumentado que as perspectivas reais de Platão estariam contidas em seus ensinamentos orais (as "doutrinas não escritas" referidas por Aristóteles na *Física* 209b11-17). Para uma introdução aos muitos e quase sempre estéreis debates sobre essa questão ver Guthrie, *History of Greek Philosophy*, vol. 5, cap. 8. Algumas das questões são dispostas claramente, e com efeito devastador, por G. Vlastos em seu "On Plato's Oral Doctrine", in *Platonic Studies*, 2. Ed. (Princeton, 981), pp. 379-403. Deve-se notar: (I) Não existe evidência que possa sugerir que teria havido um grande corpo de doutrinas orais a constituir um sistema completo que estaria a subjazer, explicar e solapar os diálogos. (II) Não há evidência a sugerir que os ensinamentos orais de Platão fossem esotéricos; das mais firmes peças de evidência se refere ao Bem que foi pronunciado a um público geral (Aristóteles, *Sobre o Bem*, fr. I [em Ross, *Aristotelis Fragmenta Selecta*]). (III) Não há evidência a sugerir que Platão ou alguém mais levasse seus ensinos orais um tanto mais seriamente do que ele o fez nos diálogos. Há quem aponte que eles possam ter sido "não escritos" simplesmente porque Platão os considerava como meras tentativas.

Em resumo, não há nenhuma evidência interna ou externa a poder nos proporcionar qualquer boa razão para negar que os diálogos expressem as próprias concepções filosóficas de Platão.

Ao decidir como tomar e considerar os diálogos, nossa mais importante testemunha externa é Aristóteles. Ele tem fontes de informação sobre a vida e sobre a filosofia de Platão que são independentes dos diálogos. Ele menciona a associação, que havia no princípio, entre Platão e Crátilo, e faz referência aos ensinamentos não escritos de Platão. No entanto, ele não mostra hesitação em atribuir as concepções do Sócrates platônico[83] a Platão; seu procedimento seria totalmente injusto se Platão fosse conhecido por sugerir essas concepções sem endossá-las, e, tivesse sido essa a intenção clara de Platão, muitos na Academia teriam ciência desse fato e denunciariam a injustiça de Aristóteles. Mas se por um lado há muitos platonistas antigos que defendem Platão contra Aristóteles, por outro nenhum deles argumenta que Platão não aceita as concepções que ele atribui a Sócrates. Uma vez que Aristóteles esteve em condições de saber muito mais do que podemos nós saber sobre a vida de Platão, devemos aceitar o modo como ele avalia as intenções de Platão, a não ser que nos próprios diálogos encontremos fortes razões para acreditar que Aristóteles possa estar errado. Até encontrarmos tais razões, devemos seguir Aristóteles em sua crença de que os argumentos e conclusões do Sócrates platônico (e de outros oradores importantes) de um modo geral representam as concepções de Platão.[84]

Teríamos boas razões para discordar de Aristóteles e dissociar Platão das concepções expressas pelos principais oradores nos diálogos, se achássemos que as visões apresentadas não configurassem suficientes unidades, consistência e coerência com as concepções do filósofo. Exceção pode ser feita à ideia de que existem inconsistências entre diferentes diálogos, com Platão provavelmente tendo reconhecido as inconsistências; mas ainda assim seremos bem razoáveis em enunciar a possibilidade de reivindicar que

---

[83] O tratamento da *República* e das *Leis* na *Política II* proporciona um notável exemplo. Depois de falar do Sócrates na *República*, Aristóteles segue a falar das *Leis* como outro "discurso socrático" (1265a10-13), muito embora (na versão das *Leis* que chegou até nós), "Sócrates" não seja um orador nas *Leis*. Então ele toma as *Leis* e a *República* como evidência para as concepções de Platão (*Política* 1266b5, 1271b1, 1274b9).

[84] Daí não se segue que esses oradores principais representem a integralidade da posição filosófica de Platão no tempo em que ele escreveu esse ou aquele diálogo

ele endossa perspectivas inconsistentes contanto que possamos atrelá-las a diferentes estágios de seu desenvolvimento intelectual. E de novo Aristóteles vem aqui em nosso auxílio, já que ele nos dá razão para acreditar que alguns dos diálogos mantêm as concepções do Sócrates histórico, enquanto outros sustentam perspectivas não socráticas.[85] Quando tentamos avaliar diferentes tentativas para nelas visualizar uma linha plausível de desenvolvimento nos diálogos platônicos, passamos de questões sobre o pano de fundo intelectual de Platão para questões relacionadas à interpretação dos diálogos em si mesmos e aos temas filosóficos que eles suscitam.

---

[85] Sobre os recursos de Aristóteles para fazer referência ao Sócrates histórico e ao platônico, ver W. D. Ross, *Aristotle's Metaphysics*, vol. I (Oxford, 1924), XXXIII-XLI.

3 Estilometria e cronologia

Leonard Brandwood

Para um correto entendimento de Platão, a abordagem deve dar conta de que a sua atividade filosófica se prolongou por cerca de 50 anos, durante os quais algumas doutrinas passaram por mudanças consideráveis. Com o propósito de rastrear esse desenvolvimento, e assim ser capaz de identificar a expressão final de seu pensamento, é essencial saber em que ordem os diálogos foram escritos, mas há que se levar em conta que essa busca não se faz bem amparada nem pelas fontes externas nem pelos próprios diálogos.[1] Com relação ao primeiro, a única informação que provavelmente há de ser confiável é o enunciado de Aristóteles de que as *Leis* teriam sido escritas depois da *República*.[2] Ele é repetido por Diógenes Laércio (III 37) e por Olimpiodoro (*Prol.* VI 24), que acrescentou que as *Leis* estavam ainda no estado não revisado de tabletes de certa quando Platão morreu, tendo sido publicadas postumamente por um de seus alunos, Felipe de Opus. A título de evidência interna, referências cruzadas no *Sofista* (217a) e no *Político* (257a, 258b) indicam ter sido o primeiro escrito antes, enquanto o *Timeu* (27a) menciona o *Crítias* como sua sequência. Já menos definida é a aparente referência no *Timeu* (17b-19b) à *República*, no *Sofista* ao *Parmênides* (217c)[3] e ao *Teeteto* (216a), e no *Teeteto* ao Parmênides (183e). Existe ainda outra evidência importante: Na introdução do *Teeteto* (143c), Platão renuncia à

---

[1] Para uma discussão completa da evidência, ver H. Thesleff, *Studies in Platonic Chronology* (Helsinki, 1982), pp. 7-66.
[2] *Político* II 6, 1264b24-27.
[3] Cf. *Parmênides* 127b2, c4-5.

reportada forma diálogo com uma clara indicação de que o uso de *formulae* introdutórias, como o *kaì egō eîpon* (eu mesmo disse), e das réplicas dos interlocutores, foi assumindo ares de amolação. Por isso, parece improvável que quaisquer dessas obras, escritas nessa forma, sejam posteriores ao *Teeteto*.

No século XVIII e na primeira metade do século XIX, tentativas de estabelecer a sequência cronológica basearam-se em uma avaliação de cada argumento do diálogo, seguida pela formulação de uma linha de desenvolvimento para as ideias do filósofo. Não surpreende que a natureza subjetiva dessa abordagem tenha conduzido a uma discrepância considerável entre as conclusões de vários estudiosos,[4] de modo que, por volta de 1860, a esperança começava a se esvanecer, e G. Grote, por exemplo, podia ser encontrado declarando que o problema não podia ser solucionado.[5]

Dois anos depois, contudo, uma esperança foi revivida com a introdução do método estilístico por L. Campbell.[6] Observando um incremento no uso de terminologia técnica naqueles que foram então tomados como últimos trabalhos de Platão, o *Timeu*, o *Crítias* e as *Leis*, ele calculou, valendo-se do *Lexicon* de Ast, o número de palavras que cada um dos 24 diálogos[7] tinha em comum exclusivamente com esses três. Então, dividindo esse número pelo número de páginas em cada diálogo, ele chegou à média de ocorrências por página e arranjou os diálogos em uma série, usando como critério o seu relativo grau de afinidade em comparação com os últimos trabalhos tomando-se o quesito vocabulário. A série foi encabeçada por *Político*, *Fedro* e *Sofista*, cada qual mostrando uma ocorrência média de mais uma palavra por página. Ciente da influência do assunto sobre a escolha das palavras, Campbell não seguiu esse números de maneira cega ao extrair conclusões

---

[4] Ver as tabelas em C. Ritter, *Platon* (Munich, 1910), pp. 230-231, e Thesleff, *Studies in Platonic Chronology*, 8ss.
[5] G. Grote, *Plato and the Other Companions of Socrates*, 2ª. ed., 3 vols. (London, 1867), 1: pp. 185-186, 278-279.
[6] L. Campbell, *The Sophistes and Politicus of Plato* (Oxford, 1967), introdução.
[7] No último século, muitos diálogos hoje aceitos como autênticos foram considerados inautênticos. Como as concepções dos estudiosos nesse sentido variavam, da mesma forma variava o número de obras que constituíam o tema de qualquer investigação.

a respeito de ordem cronológica, mas observou que, em combinação com algumas observações adicionais sobre ritmo e ordem de palavras[8], ao menos eles vieram em apoio à sua concepção de estreita afinidade temporal do *Sofista* e do *Político* em relação ao *Timeu*, ao *Crítias* e às *Leis*.

A utilidade desse método para determinar a ordem cronológica das obras foi descoberta de maneira independente por W. Dittenberger,[9] que investigou dois aspectos do vocabulário de Platão, o primeiro sendo o uso de *mén* (de fato) com algumas outras partículas. A distribuição de três desses (ver Tabela 1) capacitou-o a dividir os diálogos em dois grupos, de acordo com sua ocorrência ou não ocorrência,[10] o último grupo sendo indicado pela presença nele das *Leis*. O fato de todas as três expressões terem sido encontradas juntas em cada uma das obras, exceção feita ao *Banquete* e a *Lísis*, levou-o a concluir que essas obras fossem as primeiras do segundo grupo. Uma vez que a data da composição do *Banquete* foi fixada após 385 a.C. pelo que é claramente uma alusão tópica ali presente à diáspora de Mantineia, que acontecera naquele ano,[11] ele acreditou que *tí mén* fosse um idioma usado em conversas pelos dórios da Sicília, que Platão visitara anos antes. Em apoio a essa perspectiva ele observou que a expressão não podia ser encontrada nem na prosa ática nem em Aristófanes, por mais significativo que fosse o modo assumido pelo equivalente dórico *sà mán* neste último.[12]

---

[8] Ver L. Brandwood, *The Chronology of Plato's Dialogues* (Cambridge, 1990) pp, 5-7 (doravante referida como *CPD*).
[9] W. Dittenberger, "Sprachliche Kriterin für die Chronologie der platonischen Dialoge", *Hermes* 16 (1991): pp. 321-345.
[10] *tí mén* ("o que mais?") e *allà... mén* ("Mas o que mais?"), a palavra intermediada normalmente sendo *tí*, são respostas fortemente afirmativas, enquanto *ge mén* ("mas é mesmo") é em geral adversativa. A ausência das primeiras duas de *Timeu* e *Crítias* resulta de sua inexistência no diálogo.
[11] K. K. Dover, "The Date of Plato's Symposium", *Phronesis* 10 (1965): pp. 2-20.
[12] *Acarnianos* pp. 757, 784.

Tabela 1. *Frequência de ocorrência de certas expressões nos diálogos, usada por Dittenberger como meio de ordená-los cronologicamente.*

I	Páginas (Didot)	tí mḗn;	allà...mḗn;	ge mḗn	hṓsper	katháper	héōs(per)	mékhriper	tákha isōs
Apologia de Sócrates	19,7				31		3		(1)
Crítias	9,5				8				
Eutífron	11,7				7				
Protágoras	39,5				68		6		
Cármides	18,1				9		3		
Laques	17,8				12	1	2		
Hípias Maior	10,1				8				
Eutidemo	27,9				30	1	2		
Mênon	23,3				21	1	4		
Górgias	61,6				69	1	3		
Crátilo	42,3				80	2	8		
Fédon	49,2				80		16		
IIa									
Banquete	39,3		2	1	55	2	8		
Lísis	14,9	1	4		17		(2)		
Fedro	39,0	11	1	1	27	4	5		
República	194,0	34	11	2	212	5	23		
Teeteto	53,0	13		1	1	47	2	10	
IIb									
Parmênides	31,2	6	2	5	9		(5)		
Filebo	43,2	26	2	7	9	27	3	1	3
Sofista	39,6	12	2	5	9	14	3	1	2
Político	43,2	20	3	8	16	34	5	3	3
Timeu	53,0			6	10	18	3	4	1
Crítias	11,2			1	2	5	1	1	
Leis	236,8	48	2	24	24	148	16	16	11

Notas: Textos diferentes podem produzir diferentes ocorrências de uma dada palavra. Os números nas tabelas são os fornecidos pelos estudiosos implicados, exceção feita a erros graves, quando o número original é substituído por um número entre parênteses; este remete sempre ao Oxford Classical Text. Mais detalhes são fornecidos nas tabelas de L. Brandwood, *The Chronology of Plato's Dialogues*.

Os números *héōs(per)* para os grupos I e IIa, à parte os que estão entre parênteses, eram fornecidos mais tarde por Ritter.

O *isōs tákh án* P. 93 em *Apologia* 31a3 foi ignorado por Dittenberger, muito embora ele incluísse a forma invertida de maneira semelhante à que se tem no *Timeu* 38e2.

Observando a diferença de frequência de *ge mḗn* da *República* com quatro exemplos e das *Leis* com 25, e lembrando o testemunho de Aristóteles sobre suas datas relativas, Dittenberger concluiu que os trabalhos do grupo IIa na tabela, onde a ocorrência dessa expressão é esparsa, foi anterior à que se teve em IIb.

Como objeto dessa segunda investigação ele tomou dois pares de sinônimos, *hósper-katháper* (como) e *héos(per)-mékhriper* (até), juntamente com a pleonástica combinação *tákha ísos* ("talvez quem sabe"). Muito embora esses critérios não tenham distinguido obras do primeiro grupo daquelas do segundo, eles não reforçam a evidência de *ge mén* para uma divisão do segundo grupo, uma vez que todos os diálogos IIB, à exceção do *Parmênides*, revelam uma preferência por *katháper* sobre *hósper*, além do uso exclusivo (à parte uma instância solitária na *Apologia*) de *mékhriper* e *tákha ísos*. Como no caso do *Parmênides*, ele estava confuso com suas inconsistências a ponto de duvidar de sua autenticidade.

Dittenberger, tal como Campbell, tinha como seu principal feito a demonstração do aspecto tardio do *Sofista* e do *Político*, obras que até então se pensava serem bem anteriores. Ele também tinha proporcionado evidência de uma datação anterior do *Filebo*, do *Fedro* e do *Teeteto*, com o *Filebo* sendo posterior à *República*, os outros dois próximos a ela, e a posição do *Fedro* sendo especialmente significativa à medida que no passado fora frequentes vezes considerada como das primeiras composições de Platão.

A próxima contribuição digna de nota veio de M. Schanz,[13] cuja pesquisa reuniu a segunda investigação de Dittenberger, na qual ele comparou pares de sinônimos, nesse caso três em número, todas denotando "na realidade" ou "na verdade" (Tabela 2). Com base nesses números ele também dividiu os diálogos em três grupos cronológicos. O último deles, que compreende o *Filebo*, o *Político* o *Timeu* e as *Leis* caracterizou-se também pela completa ausência de dois dos sinônimos, *tô ónti* e *hos alethôs*, e pela ocorrência, tão somente aí, de um terceiro, *aletheía*,[14] enquanto o grupo intermediário, consistindo no *Crátilo*, no *Eutidemo*, no *Fedro*, *Teeteto*, na *República* e no *Sofista*, desde o início se fez distinguir pela presença nele do *óntos*.

---

[13] M. Schanz, "Zur Entwicklung der platonischen Stils", Hermes 21 (1886): pp. 439-459.
[14] Os três exemplos em *Protágoras* ocorrem na análise de um poema por Simonides e, sendo citações, devem ser descontadas.

Tabela 2. *Frequência da ocorrência de três partes de sinônimos no diálogo, usada por Schanz como meio de ordená-los cronologicamente*

	Páginas (Didot)	tô ónti	óntos	hos alethôs	alethôs	tê aletheia	aletheia
Apologia de Sócrates	19,7	5		2	1	3	
Eutífron	11,7	1		1	1	6	
Górgias	61,6	9		7			
Laques	17,8	2		7			
Lísis	14,9	6		2			
Protágoras	39,5	2		2	1	1	3ª
Banquete	39,3	5		3			
Fédon	49,2	14		11	2	2	
Crátilo	42,3	1	1	3		4	
Eutidemo	27,9	4	1	2	1	2	
Teeteto	53,0	6	1	8	1	2	
Fedro	39,0	8	6	7	1	2	
República I-IV	80,5	13		19	2	3	
V-VIII	60,5	18	5	6	3	3	
VIII-X	53,0	10	4	3	3	9	
Sofista	39,6	1	21	3	6		
Filebo	43,2		15		7		1
Político	43,2		11		4	1	
Timeu	53,0		8		3	1	1
Leis	236,8		50		6	3	3
Cármide	18,1			5			
Crítias	9,5			2		2	
Hípias Maior	19,0	5				3	
Menexeno	11,6	6				1	
Mênon	23,3				1		
Parmênides	31,2			1	2	1	
Epínonis	14,1	1	16		1		1

Nota: As últimas sete obras não foram incluídas nesta tabela por Schanz, algumas delas porque, como é o caso do *Hípias Maior* e do *Crítias*, não continham exemplos nem de *tô ónti* nem de *óntos*; outras porque foram consideradas inautênticas. Os números para estas encontram-se no O.C.T.

ª Ver nota 14.

A comparação de seus resultados com os de Dittenberger revela apenas pequenas diferenças; na verdade, a sua atribuição do *Sofista* ao período intermediário, com base em uma única ocorrência de *tô ónti* e três de *hos alethôs* dificilmente se justificará, considerando que sua frequência em relação com o sinônimo respectivo se configure na inversão daquela encontrada nos outros trabalhos desse grupo. Tal como se tem no *Crátilo* e no *Eutidemo*, o argumento para posicioná-los no grupo intermediário é fraco, consistindo de uma instância solitária de *óntos*; além do mais, em cada um dos casos é essa a leitura de manuscritos inferiores. Nessa conexão vale notar que *óntos* não aparece nos primeiros quatro livros da *República*, lançando dúvidas adicionais sobre leitura com esse viés no texto do *Crátilo* e do *Eutidemo*. Diferentemente de Dittenberger, ele não encontrou evidência a sugerir que o *Banquete* e o *Lísis* pertencessem ao grupo intermédio em vez de ao grupo da primeira fase.

Próximo aspecto do estilo de Platão a ser reconhecido[15] como útil para propostas cronológicas, seu uso variável de fórmulas de réplica tinha o intuito de constituir-se tema de diversas investigações durante as três décadas seguintes.[16] Convencido pelos trabalhos de Dittenberger e Schanz, segundo os quais o *Sofista*, o *Político*, o *Filebo*, o *Timeu*, *Crítias* e as *Leis* formavam um grupo cronológico por si só, ele compilou uma lista de 43 aspectos linguísticos, que vinham em apoio à visão de que esses seis diálogos marcavam o ponto culminante da atividade literária de Platão. Na Tabela 3 se tem uma amostra. Ao contar quantas estiveram presentes em cada diálogo, ele foi capaz de determinar seu grau de semelhança linguística em relação a *Leis*, que ele tinha como último a ser escrito. O resultado foi o seguinte: *Leis* 40, *Filebo* 37, *Sofista* 35, *Político* 37, *Banquete* 35, *República* 28, *Teeteto* 25, *Fedro* 21, *Parmênides* 17, *Epinonis* 12, *Crátilo* 8, *Lísis* 8, *Fedro* 7, *Laques* 5, *Eutidemo* 5, *Protágoras* 4, *Menexeno* 4, *Banquete* 3, *Cármides* 3, *Górgias* 3, *Hípias Maior* 3, *Ion* 3, *Apologia de Sócrates* 2, *Mênon* 2, *Críton* 2, *Eutífron* 1. Isso pareceu confirmar a visão de seus predecessores, segundo a qual entre os últimos trabalhos e o grupo primeiros diálogos havia um grupo intermediário, composto de *República*, *Teeteto* e *Fedro*.[17]

---

[15] Simultânea e independentemente, parece-se, por H. Siebeck, a *Untersuchungen zur Philosophie der Griechen* (Halle, 1888) 253ss, e C. Ritter, *Untersuchungen über Platon* (Stuttgart, 1888).
[16] *CPD*, caps. 10, 11, 13 e 19.
[17] Nessa época, Ritter sustentou que o *Parmênides* seria inautêntico. Não fosse por isso, sua estatística o teria posto nesse grupo.

Para determinar se o *Timeu* e o *Crítias* pertenciam ao último grupo ou ao grupo intermediário, foi necessário desconsiderar a listagem dos 43 aspectos linguísticos — como *formulae* de réplicas, por exemplo —, que estavam em conexão com o diálogo, esses dois trabalhos sendo quase completamente narrativos em sua forma. Dos 19 aspectos remanescentes, as obras dos períodos intermediário e final tinham a seguinte participação: *Leis* 18, *Timeu* 17, *Filebo* 16, *Político* 16, *Banquete* 14, *Crítias* 11, *República* 9, *Fedro* 8, *Teeteto* 6, *Parmênides* 1 — indicando a posição do *Timeu* e, por implicação, o que lhe vem na sequência, que é o *Crítias*, mais no último agrupamento do que no intermediário.

Em seguida, passando à questão da ordem da composição no interior de cada um desses grupos, Ritter antes de mais nada tinha de considerar a possibilidade de que uma obra extensa como a *República* não apareceria de uma só vez, mas que outros diálogos foram escritos ao mesmo tempo ou entre as partes dela. Quando, para esse fim, ele produziu estatísticas de seus 43 critérios para cada um de seus dez livros, ficou aparente para ele que, enquanto os Livros II-IX apresentavam um estilo razoavelmente uniforme, o Livro I exibia toda uma série de aspectos característicos mais do grupo inicial do que do grupo cronológico intermediário.[18] Isso pareceu justificar suposição segundo a qual o Livro I teria sido escrito separadamente algum tempo antes dos demais, e nesse livro a ocorrência esporádica de expressões características do grupo intermediário[19] poderia ser explicada pela suposição de que ele teria passado por alguma revisão antes de ser incorporado a um trabalho maior.

---

[18] Por exemplo, (1) a ausência completa de *kaì màla* (é bem assim), *tí mén;* e *orthôs* (corretamente) juntamente com seu superlativo, muito embora estejam presentes em todos os outros livros; (2) seis dos 11 últimos exemplos na *República* de *dêta* (de fato) com uma resposta neste livro, como se tem em oito de 20 exemplos de *phaínetai* (aparentemente); (3) a preponderância de *pánu ge* sobre *pánu mén oûn* (16 : 5) é a inversão disso no outro livro (total 24 : 59).

[19] Por exemplo, cada um dos *arista eírekas* (disse bem!), *kaì pôs án;* (Como pode ser que?), dativo iônico (a forma ática com um jota sufixo), *ge mén, pantápasi mén oûn* (com toda certeza), juntamente com uma preponderância de *álethê* sobre *álethê légeis* (5 : 2).

Dos diálogos do grupo final, Ritter considerou o *Sofista* como cronologicamente o primeiro, uma vez que certas expressões características do estilo de juventude de Platão ainda podiam ser encontradas nele antes de desaparecer completamente — por exemplo, *tô ónti* e *hos alethôs* (cf. Tabela 2). Sobre a evidência de outros aspectos que tomou por particularmente significativos, ele antedatou o *Político* em relação às *Leis* como um todo, que seria a última dentre todas as obras, e atribuiu ao *Filebo* uma posição contemporânea à primeira metade das *Leis*, e ao *Timeu* e ao *Crítias*, posição contemporânea à da segunda metade.[20]

Com relação ao grupo intermediário, ele se recusou a extrair qualquer conclusão do fato de que das 43 expressões usadas como critério para o caráter tardio da composição, a *República* continha 28, o *Teeteto*, 25 e o *Fedro*, 21, já que a diferença no tamanho dos números corresponde aos trabalhos. Uma comparação direta do *Teeteto* com o *Fedro* revelou que sete das expressões favoreceram uma data posterior para o *Fedro*, e apenas quatro a ordem inversa. Em que aspecto precisamente a *República* se punha em relação com os outros dois diálogos, ele não podia dizer; ao abordar o tempo que a composição de tão extenso trabalho deve ter tomado, ele estava inclinado a acreditar que o *Teeteto,* talvez mesmo o *Fedro*, poderiam ter sido escritos ao mesmo tempo que a *República*.[21]

No tocante à relação cronológica dos demais trabalhos, os quais ele atribuiu ao grupo dos primeiros, ele não estava preparado para aventar qualquer conjectura, uma vez que seu estilo de um modo geral era uniforme, e tais diferenças, ainda que aparentes, eram insignificantes.

---

[20] O seu argumento para essas disposições, contudo, não é convincente (*CPD*, 74-6).
[21] Uma reavaliação dos dados de Ritter (*CPD*, 77, 82) mostra que há outros motivos razoáveis para concluir que o *Fedro* tenha sido escrito após *Teeteto* e *República*.

Tabela 3. Frequência de ocorrência de traços linguísticos

	Laques	Cármides	Protágoras	Eutidemo	Crátilo	Apologia de Sócrates	Crítias	Eutífron	Górgias	Fédon	Mênon	Banquete	Teeteto	Fedro	República	Sofista	Político	Filebo	Timeu	Crítias	Leis	Íon	Hípias Maior	Hípias Menor	Menexeno	Lísias	Parmênides	Epineno
Total de fórmulas de réplica	77	110	50	107	203	10	22	64	336	176	182	36	285	69	1260	315	251	314	13		568	43	95	71	5	120	486	9
1. alēthē légeis	5	2	6	3	9		2	4	5	6	4	5	2		9	3	1	2			7	3	5	1		3	4	
2. alēthē	1	3	1							1			9	1	29	7	5	2			4		(1)			6	18	
3. alēthē (légeis)	6	6	6	3	10		2	5	5	8	5	5	14		48	10	8	6			22	(3)	(5)	(1)			24	
4. arthōs légeis, Orthótata légeis	1				1					4		1	8	2	40	8	15	22			36						7	
5. pánu ge	10	16	3	20	38	3	1	12	48	23	27	6	5	3	40	10	7	9	2		4	4	12	3	1	18	28	
6. pánu mèn oûn	5		3	3	13			3	7	17	5		16	1	64	14	18	21	1		49		6			1	15	
7. pantápasi mèn oûn	1												9	2	38	10	4	4			13						7	
8. kaì mála			1	1				1					4	3	47	4	2	7	1		6					1	2	
9. pôs				1	1					1			4	2	32	20	17	18	1		14	1					10	
10. pé															4	7	6	3			3						3	
11. (tò) poî on (dé)	1				2					1			13	4	48	32	36	33			47						3	

Paginas (ed. Didot)	18	18	40	28	42	20	10	12	62	49	23	39	43	39	194	40	43	43	53	11	237	9	19	10	12	15	31	14
12. dêlon hóti	7	2	15	11	17	7	3	5	15	6	12	6	1	8	47	10	10	8	1		16	5	7	3	1	5	(3)	1
13. dêlon hos														3	2	8	2	5	4	1	14							
14. skhedón ti	7	3	3	2	2		2	1	2	6	1	3	1		12				1		2	2	5			1	1	
15. skhedón		1				2	1		3	2				4	7	26	13	14	9	4	122	1						20
16. héneka	8	6	14	5	9	5	2	4	31	13	2	16	12	9	69	6	22	19	13	2	111		4	(1)	1	25	(1)	3
17. khárin			1		(1)				3			1	4	8	12	1	3	3	7	2	33				1			4
18. tó/ tà nûn			1						1				1		1	5	5	9	7	3	79	1	(1)					
19. khreón (esti)																1			3	2	57							4
20. Ionic dative form						2								3	6		4		2		85							2
21. péri (%)[a]	13	0	2	10	3	11	0	8	10	4	10	8	12	23	23	22	26	34	16	10	31	3	0	4	20	6	7	19

Nota: 1. "Você tem razão". 2. "Verdade". 3. "(Você) tem razão/está certo". 4. Superlativos de n. 3, 5 e 6. "Certamente". 6. "Com toda a certeza". 8. "É bem assim". 9. "Como?". 10 "Desse modo (é mesmo)?" 11. "De que modo?" 12 e 13. "É óbvio que". 14 e 15. "É mais ou menos isso". 16 e 17. "Isso considerando". 18. "No presente". 19. "É necessário". 20. Forma ática com sufixo jota. 21. "Mais ou menos".

Os diálogos na coluna da direita (Íon etc.) não foram incluídos por Ritter em sua principal investigação sobre os fundamentos da inautenticidade.

Números nessa linha indicam o uso anastrófico de *péri*, expresso como percentagem da ocorrência total da preposição.

Por volta do final do século passado, os fios de pesquisa separados foram reunidos por W. Lutoslawski.[22] Seu método assemelhava-se ao de Ritter, como uma enumeração dos aspectos linguísticos "tardios" de cada trabalho, mas enquanto Ritter usava apenas cerca de 40 critérios, ele chegou a usar 500. Isso se mostrou possível pelo fato de que para ele uma característica do estilo tardio de Platão não necessariamente significava uma expressão presente nas *Leis*, como o era para Ritter, quando ainda tentava provar serem o *Sofista*, o *Político*, o *Filebo*, o *Timeu* e o *Crítias* obras tardias, mas expressão que estivesse presente em quaisquer desses seis diálogos. Para produzir esse total ampliado, ele selecionou o que considerava haver de mais importante entre as estatísticas do estilo de Platão publicadas por investigadores anteriores, tanto cronologistas como filólogos, e, no caso desses últimos, eles próprios determinariam quais aspectos seriam significativos. Para cada qual ele atribuía um valor de um, dois, três ou quatro unidades, de acordo com o grau de importância que lhe pareciam ter, e então, após ter contado quantos dos 500 traços característicos tinham ocorrido em cada um dos diálogos, avaliavam em termos de unidades de afinidade a sua aproximação com o grupo final ou, no caso dos trabalhos desse grupo, das *Leis*. Assim como Ritter, ele concluiu que o último grupo cronológico fora precedido pelo grupo que consistia de *República* II-X, *Fedro*, *Teeteto* e também do *Parmênides*. Seus resultados, contudo, estavam viciados por diversas falhas em seu método; a mais séria foi a natureza arbitrária de sua avaliação da importância dos vários aspectos e do uso de alguns que se mostravam inadequados, como aqueles que, em vez de ser característicos fundamentalmente do último grupo, eram característicos de outro, ou de nenhum deles.[23]

Concomitantemente ao trabalho de Lutoslawski, C. Baron publicou os resultados da pesquisa no uso por Platão da anástrofe de *péri* (sobre), que é sua ocorrência depois em vez de antes do substantivo.[24] Ele descobriu que sua incidência foi notadamente mais elevada em obras em geral tidas

---

[22] W. Lutoslawski, *The Origin and Growth of Plato's Logic* (London, 1897), cap. 3, "The Style of Plato".
[23] Para crítica mais detalhada, ver *CPD* pp. 130-135.
[24] C. Baron, "Contributions à la chronologie des dialogues de Platon", *Revue des Etude grecques* 10 (1897), pp. 264-278.

como tardias (cf. Tabela 3, onde foi expressa como percentagem da ocorrência total da preposição),[25] muito embora o comportamento do *Parmênides* fosse conspicuamente desviante dessa tendência, como o tinha sido na investigação de Ritter.[26] Aparentemente não se teria razão para o aumento no uso da anástrofe por Platão, mas pelo menos em trabalhos agrupados no último período pode-se plausivelmente conjecturar que teriam evitado o uso do hiato.[27]

Então, na virada do século, a pesquisa voltada ao estilo de Platão procedera a uma separação dos diálogos em três grupos cronológicos, porém fracassara em determinar a sequência no interior de quaisquer desses grupos, à parte, alguma evidência para sugerir que o *Sofista* fosse a primeira obra do último grupo. Pouco tempo depois, se abriu uma nova frente, quando G. Janell[28], seguindo comentários feitos muito antes por F. Blass,[29] investigou a frequência do hiato.[30] Ele começou por distinguir dois tipos passíveis de ser permitidos e submetidos à objeção. No primeiro, ele incluiu duas classes mais amplas de hiato: aquelas que Platão poderia ter evitado, se assim o quisesse, por meios simples como elisão, crase ou pela escolha de uma forma alternativa; a outra classe era composta de palavras de ocorrência comum, como o artigo definido e *kaì* (e), onde a atitude esquiva a respeito, não lhe pareceria lá muito praticável.[31] A incidência do restante, que ele classificava como passível de objeção, é mostrada na Tabela 4.

---

[25] Exemplos de *péri* nas várias formas da frase *perí polloû poieîsthai* ("para superavaliar"), que jamais parece admitir a anastrofe, foram excluídas do cálculo. Os números são do autor e relacionam-se ao O.C.T. de Baron, referente a outro texto - eventualmente podem diferir, mas em pequena medida.

[26] O elevado percentual para o *Menexeno* e para o *Laches* pode ser explicado pela baixa incidência da preposição no primeiro, e por fatores especiais como repetição, no último (cf. *CPD*, 119).

[27] Ver abaixo e *CPD* 120.

[28] G. Janell, "Quaestiones Platonicae", *Jarhbücher für classische Philologie*, Supp. 26 (1901): pp. 263-336.

[29] F. Blass, *Die attische Beredsamkeit* (Leipzig 1874), 2: p. 426.

[30] Isto é, uma palavra iniciando com uma vogal, e que segue uma terminação em vogal. No quarto século, com o avanço da técnica retórica, tal encontro de vogal veio a ser visto como detrator da eufonia da prosa.

[31] Uma reinvestigação mostrou que em suas últimas obras Platão tentou, sim, evitar hiatos também nesse caso (*CPD*, 162).

Tabela 4. *Frequência de hiatos "objecionáveis" nos diálogos, conforme cálculo de Janell*

	Instâncias de hiato	Páginas (Didot)	Média por página		Instâncias de hiato	Páginas (Didot)	Média por página
Lísis	685	14.9	46.0	República II	607	18.8	32.3
Eutidemo	1258	27.9	45.1	República III	706	22.0	32.1
Parmênides	1376	31.2	44.1	República V	695	22.2	31.3
Cármides	797	18.1	44.0	Crátilo	1319	42.3	31.3
República I	901	20.5	44.0	Menexeno	327	11.6	28.2
Hípias Maior	779	19.0	41.0	Fedro	932	39.0	23.9
Fédon	2017	49.2	41.0	Leis V	126	12.9	6.7(7.9)
Protágoras	1591	39.5	40.3	Leis III	121	19.4	6.2
República IX	601	15.1	39.8	Leis XII	152	21.1	5.7 (7.2)
República IV	757	19.1	39.6	Leis X	108	19.5	5.6
Apologia de Sócrates	764	19.7	38.8	Leis II	89	16.3	5.5
Mênon	892	23.3	38.3	Leis XI	172	19.4	5.4 (8.9)
Hípias Menor	378	10.1	37.4	Leis I	95	18.6	5.1
Crítias	342	9.5	36.0	Leis IX	189	22.2	5.1 (8.5)
Banquete	1414	39.3	36.0	Leis IV	1389	236.8	4.7 (5.9)
Górgias	2182	61.6	35.4	Leis I-XII	1389	236.8	4.7 (5.9)
Eutífron	413	11.7	35.3	Filocteto	160	43.2	3.7
República I-X	6833	193.7	35.3	Leis VIII	94	16.9	3.7 (5.6)
República VII	661	18.8	35.2	Epineno	40	14.1	2.8
República X	664	19.3	34.4	Leis VII	71	27.6	2.5
Íon	312	9.1	34.3	Leis VI	95	25.2	2.4 (3.8)
Laques	598	17.8	33.6	Timeu	62	53.0	1.2
República VIII	615	18.6	33.1	Crítias	9	11.2	0.8
Teeteto	1733	53.0	32.7	Banquete	24	39.6	0.6
República VI	626	19.3	32.4	Político	19	43.2	0.4

Notas: Para os números entre parêntese, ver *CPD*, 155, n. 3.
Os números para *Hípias Maior, Íon* e *Epinone*, que Janell omitiu dessa investigação, são do autor.

A conclusão que Jannell extraiu desses números foi a de que o tratamento por Platão do hiato diferiu consideravelmente em dois períodos separados. No primeiro, compreendendo todos os trabalhos até o *Fedro*, Platão não foi embaraçado por hiato de nenhum tipo, mas no segundo, ele cuidadosamente evitou os tipos de hiato identificados como passíveis de objeção. Ele não fez tentativa de deduzir coisa alguma acerca de cronologia dos números para os diálogos do primeiro período, e está claro que não haveria razão para fazê-lo, uma vez que, se o evitar por Platão do hiato foi um desenvolvimento abrupto e não gradual em seu estilo, como as estatísticas pareceriam indicar, então qualquer variação em sua frequência seria provavelmente acidental. Com o último grupo dos diálogos, contudo, pode-se bem esperar encontrar algum desenvolvimento, seja num evitar crescente ou decrescente, ou uma terceira possibilidade, que seria um evitar incrementado até certo ponto, a partir do qual ele decresce. O próprio Janell, contudo, não estava muito preocupado com cronologia, a sua única contribuição com respeito à ordem do último grupo de obra expressando-se na fala: "Obviamente, a morte impediu que Platão desse os últimos retoques no *Filebo* e nas *Leis*. Isso parece ser a explicação da diferença na frequência de hiatos entre esses dois e *Sofista*, *Político*, *Timeu* e *Crítias*".

Em última instância, sobre a frequência do hiato no *Fedro* ele observou que era um tanto inferior à que se tinha nos demais diálogos da fase inicial. Para explicá-lo, ele aceitou a visão de Blass, que mais tarde foi revisada por Platão, e em apoio a essa tese citou diversas passagens onde o hiato parece ser evitado mais cautelosamente do que seria o usual, tal como (1) 250c *taûta mèn oûn* -251a *toîs paidikoîs*, (2) 259b *ou mén dè*-259e *méllę*, (3) 265a *ómęn* se-265d *ákari* - e (4) 265e *tò pálin*-267d *títhentai ónoma*, com dois, dois, um e então dez exemplos de hiatos objecionáveis respectivamente.[32] Poder-se-ia argumentar que passagens similares podem ocorrer em outro diálogos fora do último grupo. Sem examinar em detalhes o todo do *corpus* platônico, é impossível refutar essa hipótese absolutamente, mas pode-se ao menos lançar alguma dúvida sobre ela. Com base nos números da Tabela 4, *Mexeno* e *Crátilo* são as obras em que se poderia esperar encontrar passagens com escassez de hiatos semelhante à que se tem no *Fedro*; ainda assim, ao lê-las, não podemos estar plenamente conscientes, como no caso do *Fedro*, de que algumas partes do texto contenham menos exemplos de hiato do que as demais.

---

[32] Janell usou o texto de Schanz. Mesmo no de Burnet existem poucos exemplos: apenas um na segunda passagem e nenhum na terceira.

Essa impressão subjetiva pode receber uma impressão numérica; se, por exemplo, com a primeira passagem acima se contar o número de palavras entre o hiato imediatamente precedente *taûta mèn oûn* e o que imediatamente sucede *toîs paidikoîs*, o resultado é 210 (O.C.T.). A título de comparação, portanto, ela pode ser descrita como dois exemplos de hiato em 210 palavras. De maneira similar, a segunda passagem será 2 em 211 palavras, a terceira 1 em 196 palavras, e a quarta 10 em 600 palavras. Em compensação, no *Crátilo* (obra de extensão aproximadamente idêntica) existem apenas duas passagens digas de nota: 400c7-401b7 com 5 em 217 palavras, e 404e7-405c5 com 3 em 183 palavras. No *Menexeno* existem três passagens: 234c5-235b8 com 2 em 124 palavras, 242d8-243b4 com 3 em 151 palavras e 240e3-242a7 com 10 em 285 palavras. Uma vez que nada pode ser dito para igualar o *Fedro*, existe alguma evidência vindo em apoio à concepção de Janell, de uma aparente tendência, por parte de Platão, em sua tentativa de evitar hiatos mais cuidadosamente em algumas partes do *Fedro* do que em outras.

A investigação de Janell confirmou a unidade do grupo cronológico final, estabelecida por uma pesquisa anterior. Com relação a um possível desenvolvimento da atitude esquiva em relação ao hiato no interior desse grupo, se assume que tal não foi casual e que as *Leis*, pelos menos em parte, foram provavelmente a última obra a ser escrita, a impressão que se tem é a de que, mais para o final da vida, Platão revelou-se menos estrito em sua abordagem. Isso seria psicologicamente plausível uma vez que, tendo demonstrado sua capacidade de igualar seu rival Isócrates nesse aspecto do estilo de prosa, ele poderia se dar ao luxo de adotar uma atitude mais relaxada. Uma vez que a incidência do hiato no *Filebo* é semelhante à que se tem nas *Leis*, pode-se argumentar que dentre as outras cinco ela é a mais próxima ou, ainda, que ela representa a primeira tentativa séria de pôr em prática os princípios de Isócrates — isso antes de alcançar maior êxito no *Timeu*, no *Crítias*, no *Sofista* e no *Político*.

Ainda outro aspecto do estilo de Platão foi revelado por W. Kaluscha, que examinou o ritmo de sua prosa.[33] Uma vez que antes do advento dos computadores era impraticável analisar o texto como um todo quanto a esse aspecto, ele limitou sua investigação à parte da sentença que na Antiguidade se considerava ritmicamente a mais importante, que era a cláusula por ele interpretada como o fim de um período ou vírgula. Isso, pela mesma razão de economia, foi considerado como consistindo de apenas cinco sílabas, metricamente longas (-) ou curtas (˘), produzindo 32 diferentes combinações.

Primeiramente, ele lançou um olhar às cláusulas das *Leis* com o intuito ou de corroborar ou de contradizer a crença de Blass segundo a qual, na última parte de sua vida, Platão, sob a influência de Isócrates, passou a preferir alguns ritmos a outros. Ele, então, passou a compará-los com as cláusulas do *Sofista*, do *Político*, do *Filebo*, do *Timeu* e do *Críticas*, supostamente obras tardias, por um lado, e com as do *Protágoras*, do *Crítias* e da *Apologia*, por outro, supostamente obras de juventude, para ver quais revelariam maior semelhança. Uma vez que sua pesquisa inicial das *Leis* indicou que as quatro combinações mais frequentes em cada livro eram tipos que terminavam em uma vogal longa e apenas em poucos livros o quinto mais frequente terminava em uma vogal curta, ele decidiu que era possível considerar a quantidade ambígua da sílaba final[34] como longa em cada um dos casos, reduzindo suas estatísticas de acordo, visando a cobrir 16 combinações (Tabela 5).[35] Ele observou uma preferência por cinco cláusulas nas *Leis*: II 4,

---

[33] W. Kaluscha, "Zur Chronologie der platonischen Dialoge", *Weiner Studien* 26 (1904): pp. 190-204.
[34] No sentido de que mesmo uma sílaba breve seria prolongada pela pausa na fala entre o final de uma sentença e o início da próxima.
[35] A verdadeira situação é um pouco mais complexa. Cláusulas em obras do período intermediário mostram uma preponderância de longas sílabas finais; por exemplo, na *República* VIII-X, 478 terminam em uma sílaba longa, 251 em sílaba breve, as longas excedendo as breves em 90%. Muito embora no *Timeu* a posição seja invertida, com 2% de excesso das breves sobre as longas, a preponderância das sílabas longas reaparece no *Crítias*, com 20% de excesso (muito embora nesse caso o número baixo da cláusula torne o cálculo menos confiável), e gradualmente aumente no curso do *Banquete* (7%), do *Político* (20%) e do *Filebo* (34%) para as *Leis* (66%).

III 9, e IV 4, cada uma das quais representando um dos cinco mais elevados números em todos os 12 livros; II 10, de modo semelhante, exceção feita aos Livros III e VIII, V, que tinham um dos cinco números mais elevados em metade dos livros. Esses cinco formavam o seguinte percentual do número total de cláusulas em cada número:

I. 46,9	IV. 54,4	VIII. 54,4	X. 60,1
I. 55,3	V. 53,1	VIII. 51,2	XI. 52,4
I. 51,7	VI. 55,9	IX. 56,8	XII. 54,6

Isso equivale a dizer — e vale para todos os livros, exceção feita ao Livro I —, que eles foram mais frequentes do que os outros 11 tomados em conjunto. Inversamente, parecia haver uma aversão particular à quarta cláusula: II 7, III 3, III 6 e III 8.

Ao comparar o *Protágoras*, o *Críton* e a *Apologia* com as *Leis*, Kaluscha observou as seguintes diferenças: em primeiro lugar, apenas duas das cláusulas favorecidas no trabalho posterior (III 9 e IV 4) tinham ocorrido frequentemente, e, quando ocorriam, elas assim o faziam em cada um dos períodos de atividade literária de Platão;[36] em segundo lugar, as cláusulas às quais havia uma versão nas *Leis* não tinham sido evitadas — pelo contrário: eram comuns, assim vindo em apoio à concepção de que a posterior atitude de evitá-las era deliberada.

---

[36] Cf. *CPD*, tabela 18.4.

Tabela 5 *Ritmo de prosa nos diálogos: frequência relativa por percentual de diferentes tipos de cláusula, conforme cálculo de Kaluscha.*

		Protágonas	Críton	Apologia de Sócrates	Leis I	II	III	IV	V	VI	VII	VIII	IX	X	XI	XII	Filebo	Político	Banquete	Crítias	Timeu
I	5	4.2	2.6	3.4	5.6	6.4	8.5	6.4	9.1	7.9	6.7	5.6	5.1	3.6	5.2	4.9	7.3	4.5	5.3	7.3	5.9
	4	3.8	1.9	3.6	8.8	9.0	16.6	11.7	12.3	14.2	12.4	12.3	14.4	14.8	10.1	13.2	9.3	6.5	5.9	8.0	7.2
	7	5.2	3.1	6.1	4.1	3.0	4.1	2.1	3.7	1.4	2.2	1.6	2.7	3.9	2.6	4.3	2.8	4.2	6.4	4.0	8.6
	9	4.0	3.8	4.2	4.4	3.8	6.0	6.8	7.8	5.2	4.7	6.3	5.4	6.4	5.2	6.6	4.5	5.6	5.7	4.7	4.1
	10	4.2	6.3	6.6	10.0	11.3	6.6	10.3	9.9	12.0	8.2	7.9	7.5	8.4	6.0	6.6	9.4	7.5	7.5	13.3	7.3
II	3	6.3	5.1	6.1	5.6	2.6	2.2	4.6	4.1	5.2	2.7	2.4	2.7	3.1	6.0	3.6	4.7	3.9	5.5	6.0	6.7
	5	8.0	7.6	7.5	3.8	4.5	2.8	5.3	5.8	2.5	5.6	3.6	4.8	4.2	3.4	3.6	4.3	4.2	6.1	3.3	6.4
III	6	7.3	7.0	8.6	1.8	1.1	1.6	1.8	0.8	0.8	1.3	0.8	1.2	1.4	0.4	1.0	1.5	1.2	5.1	6.0	4.5
	7	6.9	6.3	6.4	6.2	3.0	4.7	2.8	2.5	6.3	6.0	5.6	3.0	3.4	3.7	4.6	5.7	7.7	6.4	4.0	6.0
	8	6.3	9.5	6.6	2.3	1.5	1.9	2.8	0.8	1.1	2.9	2.0	2.7	1.4	2.2	3.3	1.9	1.9	2.9	5.3	5.5
	9	6.9	9.5	5.5	11.1	10.2	11.0	10.3	9.5	12.0	12.9	9.5	15.3	10.9	11.2	13.5	12.0	9.7	7.8	8.0	6.4
IV	1	7.1	7.0	7.7	5.9	7.5	6.6	4.6	3.3	5.4	5.8	9.1	7.2	3.4	9.7	5.3	6.7	6.2	5.4	8.0	4.6
	2	8.1	7.0	8.5	7.6	5.3	6.9	5.7	5.3	6.3	4.2	6.7	5.4	5.0	6.7	6.9	4.5	8.3	7.2	4.7	6.3
	3	7.6	6.3	7.4	5.9	6.0	3.1	2.5	3.7	2.2	3.6	4.8	3.0	4.2	2.2	1.3	3.1	4.8	6.7	8.0	9.7
	4	7.7	10.1	5.6	11.7	13.9	11.6	11.4	11.5	9.3	11.8	15.5	10.8	18.2	17.6	13.5	14.5	13.6	9.9	4.7	6.8
V		6.3	6.9	6.6	5.3	10.9	6.0	10.7	9.9	8.4	9.1	6.3	8.7	7.8	7.5	7.9	7.8	10.1	6.0	7.3	4.0

Nota: Os números dos cinco tipos mais frequentes em cada obra estão em *bold*.

Em compensação, ele descobriu que o ritmo em prosa do *Sofista*, do *Político*, do *Filebo*, *Timeu* e *Crítias* eram semelhantes ao das *Leis*. No caso do *Filebo*, era praticamente idêntico, uma vez que suas cinco cláusulas mais frequentes eram as mesmas, e uma vez que em igual medida ele evitou as quatro cláusulas impopulares. Tanto no *Sofista* como no *Político*, três das cláusulas mais comuns das *Leis* também mostraram as frequências mais elevadas, e as impopulares foram evitadas, muito embora II 7 e III 6 não tão cuidadosamente no *Sofista* como no *Político* e no *Filebo*. Também no *Timeu*, três das cinco frequências mais elevadas coincidiam com a das *Leis*, mas com uma diferença: uma vez que no *Sofista*, no *Político* e no *Filebo* as três posições de frequência mais elevada foram ocupadas por membros desse grupo favorecido, aqui as duas posições culminantes foram reivindicadas por outra cláusula, deixando apenas terceiro, quarto e quinto lugares para as formas das *Leis*. Além disso, as impopulares cláusulas das *Leis* foram evitadas menos escrupulosamente do que nos outros três trabalhos.[37]

Kaluscha concluiu que essas obras pertenceriam cronologicamente ao mesmo grupo e que, de acordo com o grau de semelhança do ritmo de sua prosa com o das *Leis*, a ordem provável de composição seria *Timeu*, *Crítias*, *Sofista*, *Político*, *Filebo* e *Leis*. Em apoio a essa sequência ele fez referência ao seguinte: o *Político*, o *Filebo* e as *Leis* estariam conectados por sua atitude mais estrita quanto a evitar as quatro cláusulas previamente mencionadas (II 7, III 3, III 6 e III 8), no que se tinha sua ocorrência combinada como um percentual do número total de cláusulas sendo *Timeu* 25,3; *Crítias* 21,3; *Banquete* 19,9; *Político* 11,2; *Filebo* 10,9; *Leis* 10,0. Por outro lado, o *Timeu*, o *Crítias* e o *Sofista* estariam atrelados graças à pequena variação de frequência de suas diversas cláusulas, não havendo nem forte preferência "em favor de" nem preconceito contra formas particulares de ser observável. Isso pode ser mostrado numericamente por um cálculo baseado na Tabela 5; tomando 6,3 como frequência de percentual médio para as 16 cláusulas e observando a diferença disso em relação ao percentual real de cada, o

---

[37] Acerca do *Crítias*, ele não extraiu quaisquer conclusões em razão das limitações de seu tamanho e das estatísticas resultantes, mas preocupou-se em aproximá-lo do *Timeu*.

desvio médio é *Timeu* 1,3; *Crítias* 1,8; *Banquete* 1,0; *Político* 2,5; *Filebo* 2,9 e *Leis* 3,1.

Voltando-se para os diálogos remanescentes, Kaluscha descobriu que eles se assemelhavam ao *Protágoras*, ao *Críton* e à *Apologia* à medida mesma que careciam de qualquer tendência consistente a preferir certas cláusulas e, por essa razão, concluíram que, juntos eles pertenciam a um período anterior, no qual Platão mostrou pouco ou nenhum interesse consciente pelo ritmo em prosa.

Esse mesmo assunto foi ainda uma vez investigado anos mais tarde por L. Billig,[38] que condenou o tratamento de Kaluscha como "insatisfatório em muitos sentidos". Muito embora ele não tivesse dito no que consistiam tais aspectos falhos, estes podem ter incluído o fato de não se fazer menção à edição usada, isso para especificar a extensão mínima da sentença e definir certos princípios de escansão, todos eles tendo dificultado a verificação da precisão da estatística de Kaluscha. Billig tentou evitar críticas semelhantes à sua própria investigação, proporcionando informações sobre seu procedimento com relação a esses aspectos.

Contudo, sua razão fundamental para uma reinvestigação veio de observar nas *Leis* a ocorrência frequente do quarto péon (⌣⌣⌣‒) como uma cláusula, o ritmo recomendado por Aristóteles (*Retórica* III 8) para essa posição. Diferentemente de Kaluscha, ele não restringiu a cláusula às últimas cinco sílabas da sentença, mas permitiu tal variação entre quatro e seis sílabas como pareceu apropriado, com o básico quarto péon, por exemplo, sendo passível de ser estendido por uma ou duas sílabas extras (Tabela 6).

Nas *Leis*, Billig percebeu a elevada incidência não só do quarto péon e suas variantes, mas também das duas outras cláusulas (‒‒⌣‒ e ‒‒‒⌣). Se havia uma distribuição desigual das 15 cláusulas, essas seis formas constituiriam 40%. Ao perceber que suas ocorrências reais no *Timeu* pouco excediam esse patamar, sendo quase o dobro nas *Leis*, e assumindo uma crescente maestria por parte de Platão no que diz respeito a alcançar essas formas preferidas, ele chegou à conclusão de que a sequência cronológica correspondia *grosso modo*

---

[38] L. Billig, "Clausulase and Platonic Chronology", *Journal of Philology* 35 (1920): pp. 225-256.

à sua crescente ocorrência: *Timeu* 45,6%, *Crítias* 52,2%, *Sofista* 55,8%, *Político* 70,0%, *Filebo* 78,2%, *Leis* 77,9%.

Mais recentemente, o uso de técnicas estatísticas para avaliar a significância primeiramente dos números de Kaluscha e então dos dados com base em um novo exame das cláusulas confirmou os resultados obtidos pelas duas investigações anteriores.[39]

O tema relacionado a fórmulas de réplica que até agora se mostra como lugar-comum teve revivescência tardia por meio de um segundo artigo de autoria de H. Von Arnim. As dimensões do arquivo o alçaram quase que à condição de livro.[40] O objetivo que ele se impôs era o de tornar conclusivos os resultados de sua nova investigação. Investigações anteriores falharam em obtê-lo porque mostraram que certos diálogos pertenciam ao mesmo grupo em razão da posse comum de aspectos estilísticos particulares — elas não demonstraram a impossibilidade de que um arranjo alternativo, proposto por outros estudiosos, fosse impossível. Muito embora tivesse sido descoberto, por exemplo, que um grande número de tais aspectos a relacionar *Sofista* e *Político* ao *Filebo*, ao *Timeu* e às *Leis*, ninguém até então havia pensado em descobrir quantos relacionavam esses mesmos dois diálogos, digamos, o *Banquete* e o *Fédon*, ao *Crítias*. Ainda assim, era teoricamente possível que tal investigação viesse a revelar número maior do que no primeiro caso, necessitando uma revisão completa da cronologia "estabelecida".

---

[39] Cf. *CPD*, 198ss.
[40] H. Von Arnim, "Sprachliche Forschungen zur Chronologie der platonischen Dialogue", *Sitzungsberichte der Kaiserlichen Akademie der Wissenschaften in Wien*: *Philos. Hist. Klasse* 169.1 (1912): pp. 1-210.

Tabela 6. *Ritmo de prosa nos diálogos: frequência relativa por percentual de diferentes tipos de cláusulas (amplamente definidas), conforme calculado por Billig*

	Timeu	Banquete	Crítias	Político	Filebo	I	II	III	IV	V	VI	VII	VIII	IX	X	XI	XII
(I) ‿‿‿ —	12.0	11.5	16.2	14.2	17.1	16.2	14.0	22.8	18.8	23.5	21.8	19.7	17.4	22.4	17.5	15.5	18.6
‿‿ — ‿	6.4	7.3	14.4	8.7	11.0	9.3	11.5	8.8	9.1	10.8	12.4	8.4	10.7	9.6	10.4	6.3	7.7
‿ — ‿ ‿	2.9	3.9	1.8	3.7	4.4	3.8	2.0	8.0	6.6	8.3	4.9	5.5	6.2	6.9	6.3	6.3	7.7
— ‿ ‿ ‿	3.1	4.8	-	6.6	6.2	4.1	3.0	4.4	4.6	0.6	5.3	5.5	5.0	4.1	4.9	1.2	5.0
Total de (I)	24.4	27.5	32.4	33.2	38.7	33.4	30.5	44.0	39.1	43.2	44.4	39.1	39.3	43.0	39.1	29.3	39.0
(II) — — —	12.6	17.8	13.5	21.2	23.5	21.3	20.1	21.7	27.4	22.3	22.3	23.4	23.6	25.0	30.5	37.4	24.9
(III) — — —	8.6	10.5	6.3	16.3	16.0	14.2	23.2	11.6	12.2	10.8	13.6	13.9	18.6	16.8	11.1	11.5	13.6
Total de (I), (II) e (III)	45.6	55.8	52.2	70.7	78.2	68.9	73.8	77.3	78.7	76.3	80.3	76.4	81.5	84.8	80.7	78.2	77.5
— ‿ —	5.5	7.0	5.4	8.1	4.4	7.9	8.5	5.2	5.6	5.1	5.3	6.5	5.6	5.0	3.7	7.5	6.8
‿ — —	10.1	7.3	9.9	4.1	2.9	5.2	4.5	2.8	2.0	0.6	1.5	2.5	4.5	2.7	3.0	2.9	2.7
‿ ‿ —	16.1	11.5	9.9	6.8	5.9	7.9	6.5	6.4	5.6	5.1	4.5	4.4	3.4	2.3	4.9	5.2	5.9
— ‿ ‿	3.1	2.3	2.7	2.4	1.0	1.1	2.0	2.0	2.0	0.6	*1.5	1.9	-	0.9	0.8	1.7	1.4
— — ‿	1.8	3.2	2.7	1.3	1.4	1.9	1.0	1.6	-	1.3	1.5	1.5	1.1	0.5	0.8	1.2	0.9
‿ — ‿ } ‿ ‿ ‿ —	12.4	8.4	11.7	5.8	5.3	6.0	2.0	3.2	5.6	8.3	4.1	6.1	2.8	3.2	4.2	3.5	5.0
‿ ‿ ‿ ‿ —	5.2	4.7	5.4	1.1	0.8	1.1	1.5	1.2	0.5	2.6	1.1	0.9	1.1	0.9	2.2	-	-
Total remanescente	54.2	44.4	47.7	29.6	21.7	31.1	26.0	22.4	21.3	23.6	19.5	23.8	18.5	15.5	19.6	22.0	22.7

Notas: Os números para o *Crítias* que Billig não incluiu em sua investigação foram calculados pelo autor de acordo com seus princípios; de modo semelhante aos que se tem para o *Banquete*, já que uma verificação falhou em substanciar os próprios números de Billig.

O total das ocorrências para cada obra nem sempre perfaz exatamente 100% em razão do arredondamento para mais ou para menos das casas decimais.

Com o intuito de eliminar qualquer dúvida a respeito, toda e qualquer obra demandava uma comparação com cada outra, o que seria uma tarefa para várias vidas se o material incluísse em si todos os traços possíveis de estilo. Uma alternativa estaria disponível em material mais reduzido, e ainda assim autocontido, de fórmulas de réplica alternativas, que Arnim reexaminou com o intuito de adquirir dados tão precisos quando possível, muito embora o terreno tivesse sido particularmente coberto antes por Ritter e por ele mesmo. Então, ele comparou cada par de obras com respeito a ambos os tipos de *formulae* de réplica empregadas e sua frequência relativa.[41] Desse modo ele identificou os seguintes grupos, arranjados em sequencia cronológica:

1. *Íon, Protágoras.*
2. *Laques, República I, Lísias, Cármides, Eutífron.*
3. *Eutidemo, Górgias, Mênon, Hípias Menor, Crátilo.*
4. *Crítias, Hípias Maior, Banquete, Fédon.*
5. *República II-X, Teeteto, Parmênides, Fedro.*
6. *Sofista, Político, Filebo, Leis.*

Em que pese a extensão do material de Armin, que compreende número bem maior de fórmulas de réplica do que quaisquer investigações anteriores, a confiabilidade de seus resultados foi diminuída pelas falhas metodológicas.[42] Não obstante, pode-se notar que a sequência cronológica a que ele chegou em ampla medida corresponde àquela obtida por seus predecessores.

Em seus anos posteriores, C. Ritter retomou o objeto de pesquisa que tem como foco o estilo de Platão, o qual ele tanto havia feito para promover, tendo

---

[41] Contando-se os livros da *República* e *Leis* separadamente, existem 42 obras a ser comparadas, com *Apologia de Sócrates, Menexeno, TImeu, Crítias* e *Leis* V e XI sendo excluídos em razão de sua carência no aspecto dialogal.
[42] Cf. *CPD*, 215ss.

em vista a finalidade específica de determinar a ordem de composição dos primeiros diálogos.⁴³ Contemplando neles a ocorrência de cinco aspectos,⁴⁴ ele foi capaz de subdividir esse grupo em conjunto anterior e posterior, o primeiro compreendendo o *Hípias Menor*, o *Cármides*, o *Láques*, o *Protágoras*, o *Eutífron*, a *Apologia de Sócrates*, *Críton*, tendo-se ao final o *Górgias* e o *Mênon*; o outro sendo composto pelo *Hípias Maior*, pelo *Eutidemo*, *Menexeno*, *Crátilo*, *Lísis*, *Banquete*, *Fédon* e *República I*. Deve-se dizer, contudo, que essa conclusão, baseada, como o foi, em números de baixa frequência em cada caso, deve ser vista como não mais do que uma probabilidade.

Quase um século depois de sua instauração por Campbell, o método estilístico com um exame do vocabulário de Platão por A. Díaz Tejera.⁴⁵ Sua abordagem, contudo, foi diferente; uma vez que o padrão de referência de Campbell era interno, ele mensurou o grau de afinidade dos outros diálogos em relação às *Leis*. O padrão de Díazejera era interno. Pressupondo que o desenvolvimento dos vários dialetos gregos no *Koine* deveriam ser rastreáveis, ele reuniu o que chamou de "vocabulário não ático",⁴⁶ o que é bem documentado no *Koine*", e então examinou sua ocorrência nas obras de Platão.

Deixando de lado as *Leis*, que ele tinha como obra final, ele descobriu a mais elevada incidência no *Timeu* e no *Crítias*, seguidos pelo *Político*, e então pelo *Sofista* e finalmente pelo *Filebo*. Em um "grupo intermediário posterior que demonstrou uma incidência consideravelmente inferior, ele posicionou o *Teeteto*, o *Fedro* e o *Parmênides*,⁴⁷ precedido, por sua vez, por um "grupo

---

⁴³ C. Ritter, "Unterabteilungen innerhalb der zeitlich ersten Gruppe platonischer Schriften", *Hermes* 70 (1935): pp. 1-30.

⁴⁴ Por exemplo, (a) a particular *mén* (de fato), (b) *hos* um adjetivo superlativo ou advérbio no sentido de "tão (por exemplo, grande) quanto possível", (c) a mudança no uso de *héteros* (outros de dois) para *állos* (outro), (d) o intercâmbio em função de *hósper* (como) e *hoîon* (como por exemplo).

⁴⁵ A. Días Tejera, "Ensayo de un metodo linguístico para cronologia de Platón", *Emerita* 29 (1961): pp. 241-286.

⁴⁶ Com isso ele quer se referir a neologismos, ionicismos e poeticismos.

⁴⁷ A incidência no *Parmênides* foi menos do que a metade do que se tinha nos outros dois, mas isso foi algo que ele atribuiu à natureza monótona de seu objeto, em especial na seção ontológica.

intermediário anterior" que consistia de *República II-X, Fédon, Banquete* e *Crátilo*. Observando que a incidência nos últimos três foi de certo modo comparável à dos primeiros livros da *República* (como em VI 502e), ele inferiu que a primeira parte da *República* teria sido escrita entre 388/7 a.C. (retorno de Platão da Sicília) e 384 a.C. (*terminus pos quem* do *Banquete*)[48] e foi seguida pelo *Crátilo*, pelo *Banquete* e pelo *Fédon* antes de a *República* ser retomada.

As principais diferenças entre a ordem cronológica de Díaz Tejera e aquela a que chegaram seus predecessores foi a separação da *República* por outras obras e a inversão das posições no grupo final composto por *Timeu Crítias* e *Filebo*. Se a investigação que havia produzido esses resultados tivesse sido perfeita, eles teriam demandado sérias considerações, mas ocorre que ela foi seriamente falha, tanto em conceito como em procedimento. A começar pelas divisões cronológicas estabelecidas pela primeira pesquisa, e aceitando como evidência de composição tardia palavras comuns ao *Koine* e ao grupo final dos diálogos, seu argumento tendeu a ser circular, e esse equívoco básico foi agravado por vários erros relativos a procedimento, como a classificação incorreta ou inconsistente de palavras e cálculos equivocados.[49]

O ritmo da prosa de Platão foi, ainda, uma vez examinado, por finalidades cronológicas, por D. Wishart e S. V. Leach,[50] que a esse respeito analisaram não meramente a cláusula, como Kaluscha e Billig o tinham feito, mas a sentença como um todo. Em razão da natureza exaustiva da investigação, foram observadas amostras, e não trabalhos inteiros, e tanto a categorização inicial do texto em sílabas longas ou breves, como a subsequente avaliação das estatísticas foram realizadas por computador.

Como sua unidade de medida, os autores tomaram um grupo de cinco sílabas, produzindo 32 permutações. Cada sentença foi analisada nos respectivos grupos sequencialmente, isto é, as primeira sílabas 1-5, então 2-6, depois 3-7 e assim por diante, depois do que a ocorrência de cada um dos 32

---

[48] Ver nota 11.
[49] Cf. *CPD*, em especial pp. 233-234.
[50] D. Wishart e S. V. Leach, "A Multivariate Analysis of Platonic Prose Rhythm", *Computer Studies in the Humanities and Verbal Behavior* 3 (1970): pp. 90-99.

tipos foi expressa como uma percentagem do número total de grupos de sílabas na amostra. As obras que eles consideraram foram as seguintes: *Banquete* (4), *Fedro* (5), *República* (3), *Sofista* (1), *Político* (1), *Filebo* (1), *Episteno* VII (I), *Timeu* (9), *Crítias* (3), *Leis* (5) Os números entre parêntese indicam o número de amostras tomadas do trabalho em questão, cada amostra compreendendo dois e três milhares de grupos de quatro ou cinco sílabas.

Para determinar as inter-relações das várias amostras e trabalhos, foram usadas cinco técnicas estatísticas diferentes: três de análise de grupo, uma da análise dos componentes principais, e uma do escalonamento multidimensional. A proposta de análise de grupo foi identificar grupos de obras ou amostragens exibindo uso uniforme de ritmo de prosa. Se isso resultou no agrupamento de amostras separadas da mesma obra, tal confirmaria que a obra em questão apresentou ritmos consistentes e assim poderia ser vista como homogênea; se, por outro lado, uma amostragem qualquer não poderia ser agrupada com o restante, isso sugeriria ou uma diferença de gênero ou uma separação cronológica ou inautenticidade. O mesmo valeria para as obras tomadas como um todo.[51]

Revelou-se que as 33 amostragens foram agrupadas juntas de acordo com sua origem, exceção feita às da *República* e do *Fedro*. No caso da *República*, a amostragem do Livro II pareceu ser amplamente separada da do Livro X, esta que os autores ficam sem saber como explicar, muito embora tenham sugerido como causas possíveis a concisão da amostragem do Livro II e o fato de ela advir de um discurso, enquanto os outros dois adviram de uma narrativa. Outra razão pode ser a de a amostragem do Livro II conter em si diversas citações em verso que, claramente, não teriam sido incluídas em uma análise do ritmo de prosa (cf. *CPD*, 240). No *Fedro*, enquanto as quatro amostragens das duas falas de Sócrates estavam agrupadas juntas, a da fala de Lísias era já bem diferente. Eles consideraram que, tendo em vista a uniformidade de ritmo nas quatro amostragens do *Banquete*, não obstante serem paródias, a imitação do estilo de Lísias não seria explicação para seu

---

[51] Para uma explicação dessas técnicas e de seus respectivos resultados, ver *CPD*, pp. 238-246.

desvio, do que se concluiria que, provavelmente, haveria de ser composição do próprio Lísias.[52]

Com relação às dez obras, os autores decidiram que a sequência cronológica seria *Fedro* (*Banquete* e *República*), *Timeu, Sofista, Crítias* (*Epistone* VII e *Político*), *Filebo, Leis*,[53] confirmando assim a ordem a que se chegou por investigadores anteriores do ritmo da prosa de Platão — pelo menos do *Timeu* em diante.[54]

A tentativa mais recente de resolver o problema cronológico[55] baseou-se em uma análise por computador da ocorrência em palavras de certas letras, sendo critério para ocorrência da classificação (a) estar a letra em algum lugar na palavra; (b) no final,[56] ou (c) na penúltima posição. A incidência das letras ou variáveis significantes, das quais se descobriu serem 37 em número,[57] foi determinada por amostras sequenciais, de mil palavras tanto de Platão como de outros contemporâneos autores de prosa. Os perfis estatísticos das amostras formadas por essas 37 variáveis eram então comparados entre si por várias sequências, tais como análise de agrupamento e análise discriminante, na expectativa de se encontrar diferenças insignificantes indicativas de homogeneidade entre amostras do mesmo autor, mas significantes entre aquelas de autores diferentes. Enquanto essa expectativa foi em sua maior parte satisfeita, houve um número perturbador de exemplos nos quais a análise estatística não possibilitou distinguir obras de dois autores.[58] Não obstante, Ledger

---

[52] O absurdo de sua conclusão adicional, segundo a qual ele seria mais tardio do que outras amostragens do *Fedro*, parece não os ter abalado (cf. *CPD*, 247).
[53] A ordem relativa de obras entre parêntese não poderia ser determinada.
[54] No que diz respeito à posição atribuída ao *Fedro*, sérias dúvidas advêm da escolha de exemplos; todos foram tomados de falas em vez da seção de diálogo, e as duas falas de Sócrates, que forneceu quatro exemplos, são especificamente denotadas pelo próprio Platão como de caráter poético (241e1 e 257a4), fato confirmado por observação (cf. *CPD*, 57-58).
[55] G. R. Ledger, *Re-counting Plato* (Oxford, 1989).
[56] O jota subscrito foi ignorado, o que talvez lance alguma dúvida a essas estatísticas.
[57] Consta em lista em *ibidem* 9.
[58] Cf. ibidem, 66-68 e 93ss. Análise discriminante, por exemplo, atribuiu três das oito amostragens da *República* I a Xenófones (p. 103), enquanto em uma comparação do

concluiu que os resultados de comparações com trabalhos autênticos sugeriram a autenticidade de *Alcibíades* I, do *Teages*, de *Epístolas* VII, *Hípias Maior*, *Epinome* e possivelmente de *Alcibíades* II e *Hípias Menor*.

Uma comparação de obras platônicas que façam uso de correção canônica para estabelecer a ordem cronológica indicou a existência de um grupo final nitidamente definido consistindo de *Filebo, Cleitofon, Epístola III, VII e VIII, Sofista, Político, Leis, Epinone, Timeu* e *Crítias*, escritos nessa ordem entre 355 a.C. e 347 a.C.[59] Antes desses vieram o *Fedro* e o *Menexeno*. Se por um lado aceitou essa posição razoavelmente tardia para o *Fedro* vindo ao encontro das estatísticas, Ledger rejeitou-a para o *Menexeno* em deferência à concepção tradicional de um encontro anterior, baseado, em parte, em uma referência supostamente pontual (245e) à Paz de Antalcidas, de 386 a.C. Imediatamente antes desses havia um "grupo intermediário" de obras escritas provavelmente entre 380 a.C. e 366 a. C. — pela ordem *Eutidemo, Banquete, Crátilo, República, Parmênides, Teeteto, Epístola XIII*,[60] precedidos, por sua vez, de um "grupo intermediário anterior" consistindo de *Górgias, Menexeno, Mênon, Cármides, Apologia de Sócrates, Fédon, Laques, Protágoras*, escritos nessa ordem provavelmente entre 387 a.C. e 180 a.C. Finalmente, o que seria o primeiro grupo compreenderia o *Lísias*, o *Eutífron*, o *Minos*, o *Hípias Menor, Íon, Hípias Maior, Alcibíades* I, *Teages*, e *Crítias*, com o *Lísias*

Oeconomicus and Memorabilia de Xenófones com diversos diálogos, o *Fedro* provou estar mais próximo, no quesito estilo, do *Memorabilia* que o *Oeconomicus*, e o *Protágoras* mais perto que o *Memorabilia* do *Oeconomicus* (p. 160).

[59] Nesse esquema, a condição de inacabado do *Crítias* foi atribuída à morte de Platão. Contudo, pode-se também conjecturar que o *Teeteto*, com sua aparente referência à guerra istimiana de 369/8 a.C., tenha sido o último trabalho a ser escrito antes da partida de Platão a Siracusa em 367; que a exuberante expressão de deleite ante os atrativos dos arredores de Atenas - e ela tem induzido alguns a considerar o *Fedro* como obra de juventude - pode, em vez disso, ser atribuída ao alívio de Platão ao voltar para casa após um ano de um período de virtual aprisionamento; e que a razão para tal interrupção da composição do *Crítias* tenha sido a sua súbita partida para Siracusa, ainda uma vez, no ano de 361 a.C.

[60] A exemplo de diversos investigadores anteriores, Ledger achou o *Parmênides* fora de lugar, diferindo tanto, quanto ao estilo, dos outros diálogos que "a maior parte dos testes de autoria nos levariam a concluir que ele não foi escrito por Platão" (*Re-counting Plato*, 213).

sendo datado de 400 a.C., antes da morte de Sócrates, com base na anedota de Diógenes Laércio.

O estudo do estilo literário de Platão revelou dois amplos desenvolvimentos: um primeiro, lento e gradual, outro posterior, iniciado com o filósofo por volta dos 60 anos, abrupto e rápido. Com relação ao primeiro, onde as mudanças diziam respeito a seu vocabulário e eram em sua maior parte inconscientes, esperar-se-ia a tendência para a irregularidade e, por vezes, para uma aparência de casualidade;[61] no último, que dizia respeito à eufonia de sua prosa e envolvia uma escolha deliberada com respeito a se evitar o hiato e ao ritmo, uma evolução mais racional e sistemática pôde ser antecipada, com quaisquer aberrações ali presentes sendo explicáveis por fatores conhecidos ou dedutíveis.

A pesquisa inicial sobre o vocabulário de Platão por Campbell, Dittenberger e Schanz, culminando no livro de Ritter sobre o assunto, identificada no *Sofista*, no *Político*, no *Filebo*, *Timeu*, *Crítias* e *Leis* um grupo de diálogos que se distinguiam dos demais por uma ocorrência exclusiva ou aumentada de certas palavras e frases. Investigações subsequentes sobre esse aspecto de estilo chegaram à mesma conclusão, e a dicotomia foi confirmada por dois critérios adicionais com a descoberta de que somente nesses trabalhos, juntamente com o *Epinomis* e a *Epístola VII*, Platão fez uma tentativa consistente de evitar certos tipos de hiato e chegou a um tipo diferente de rimo de prosa.

Argumentou-se que Platão teria evitado o hiato alternadamente, em vez de fazê-lo consistentemente após certa data.[62] Isso equivale atribuir a um filósofo mais velho uma atitude instável, dificilmente compatível com o caráter daquele que em suas obras enfatiza a importância do comportamento racional consistente. É claro que Platão poderia mudar seu estilo em um único diálogo, como no *Banquete* e no *Fedro*, mas essas mudanças foram

---

[61] Não obstante, no caso dos traços linguísticos habituais, é necessário antes de tudo assumir que a tendência é, se não irregular, pelo menos não linear. A comparação com uma série de tais critérios proporciona a correção necessária.
[62] Por exemplo, G. Ryle, *Plato's Progress* (Cambridge, 1966), p. 297; R. A. H. Waterfield, "The Place of the *Philebus* in Plato's Dialogues", *Phronesis* 25 (1980): pp. 274-276.

feitas por uma finalidade específica que é imediatamente aparente. Até agora, não foi aduzida nenhuma razão pela qual ele devesse ter empregado o princípio de se evitar o hiato de maneira intermitente, e na ausência de tal reação é insatisfatório recorrer ao uso da analogia, especialmente se as falas forenses, onde o evitar do hiato em maior ou menor proporção é algo que pode ser explicado por motivos variados, dos quais não se deve menosprezar o temporal e comercial, que dificilmente se aplicariam a Platão.

Com relação à questão da sequência no seio do grupo cronológico final, ao comparar os vários tipos de evidência, um peso particular talvez devesse ser atrelado ao ritmo de prosa e ao evitar de hiato, uma vez que, diferentemente do que se tem no vocabulário, eles parecem independentes tanto da forma de uma obra como de seu conteúdo. Muito embora o testemunho dos dados para se evitar o hiato foram ambíguos, três investigações independentes sobre ritmo de cláusula e uma investigação sobre ritmo de sentença se mostraram concordes ao concluir que a ordem sequencial de composição seria *Timeu, Crítias, Sofista, Político, Filebo e Leis*. À luz dessa ambiguidade de evidência do hiato, um indício quanto à posição do *Filebo* pode ser resolvida em favor de sua proximidade em relação às *Leis*, posição amparada por aspectos particulares do hiato[63] e por outros aspectos, como o retorno a formas mais longas de fórmulas de réplica após uma predominância de versões abreviadas nos trabalhos precedentes,[64] a culminância de uma tendência para o uso

---

[63] Por exemplo, a frequência, nessas obras, de tratamentos como *ô hetaîre* (meu amigo), e *ô áriste* (meu bom homem), seis vezes no *Filebo* e 17 vezes nas *Leis*, enquanto em outras obras desse grupo eles não são encontrados. Se o *Filebo* representou a primeira tentativa séria por Platão de reduzir a ocorrência do hiato, dificilmente ele teria falhado em eliminar tais instâncias passíveis de ser evitadas. Ademais, no *Timeu* e no *Crítias* existe um aumento temporário de hiatos "permissíveis" a um nível que excede até mesmo aquele que se tem em obras onde o hiato não é evitado (cf. *CPD*, 162-163), o que é indicativo, talvez, da séria tentativa de Platão de evitar o tipo "objecionável", que nesse estágio de transição rendeu bons resultados somente às expensas de uma ascensão no primeiro.

[64] Por exemplo, *alēthê légeis* e *alēthéstata/orthótata légeis* em vez de *alēthê* e *alēthéstata/orthótata* (cf. *CPD*, 88 e 99).

mais frequente de expressões superlativas,⁶⁵ a elevada proporção de *Péri*⁶⁶ e a preferência — ampliada, se considerar o *Timeu*, *Críticas* e o *Sofista* — por uma longa sílaba final em cláusulas (*CPD*, 188-90).

A posição final atribuída por Ledger ao *Timeu* e ao *Crítias* indicaria um nível flutuante de atitude de evitar o hiato no grupo final: menos estrita no *Filebo*, estrita no *Sofista* e no *Político*, menos estrita nas *Leis*, estrita no *Timeu* e no *Crítias*. O mesmo se aplica ao ritmo de cláusula: as formas preferidas por Platão nas *Leis* apareceriam com frequência similarmente elevada bem no início do *Filebo*, com frequência muito menor no *Sofista*, aumentando no *Político*, até se chegar à que se tem *Leis*, tornando a cair, no *Timeu* e no *Crítias*, para o nível encontrado no *Sofista*. Como ambos esses aspectos linguísticos foram conscientemente adotados por Platão, essa marca de indecisão viria a ser notável. Uma vez que o *Timeu* e o *Crítias* são, em sua maior parte, narrativas contínuas em comparação com a forma diálogo do *Sofista*, do *Político* e do *Filebo*, a diferença na estatística de Ledger pode ser atribuída à mesma causa que ele aduziu⁶⁷ tendo em vista os resultados diferentes obtidos para *Apologia de Sócrates* e *Menexeno*, obras de caráter retórico, no que se tem, portanto, uma diferença de gênero.

Em comparação com as diferenças que distinguem o grupo final, aquelas que separam os diálogos do período médio de Platão de todos os precedentes não é uma diferença nítida, relacionada, como estão, com o desenvolvimento anterior e gradual de seu estilo. Ritter, incorporando os resultados da pesquisa de seus predecessores aos seus próprios, descobriu que muitos de seus critérios, usados para identificar o grupo final, também serviam para separar o *Parmênides*, o *Fedro* e o *Teeteto* dos diálogos remanescentes,⁶⁸ e a mesma divisão foi feita por pesquisadores que vieram depois.⁶⁹ Sobre a

---

⁶⁵ Somente no *Filebo* e nas *Leis* as fórmulas de resposta superlativas se igualam ou sobrepujam as formas positivas (cf. *CPD* 87-9).
⁶⁶ Ver Tabela 3. Observe também que a sua ocorrência no *Timeu* e no *Crítias* é muito inferior do que a que se tem em outros trabalhos do grupo de obras tardias.
⁶⁷ Por exemplo, *Re-counting Plato*, pp. 127, 145, 63.
⁶⁸ *CPD*, pp. 57-66.
⁶⁹ Por exemplo, Arnim (*CPD*, 97ss.) e Baron (*CPD*, 116ss.).

questão da unidade da *República*, Siebeck,[70] Ritter e Arnim, por caminhos diferentes, chegaram à conclusão de que o Livro I, que contém diversas características dos primeiros diálogos, foi originalmente uma obra separada, escrita algum tempo antes das demais, mas possivelmente revisada ao tempo de sua incorporação.

Não obstante o fato de que não pode haver a mesma certeza quanto à sequência no interior desse grupo como em relação à que se tem no último grupo, o exame dos critérios de Ritter (cf. *CPD* 79ss) sugere que a sequência de composição tenha sido *República*, *Teeteto* e *Fedro*, o que demonstra concordância com a sua própria conclusão (cf. *CPD*, 77).[71] Enquanto o *Parmênides* inquestionavelmente pertence ao mesmo grupo (cf. *CPD*, 66), o caráter peculiar torna difícil determinar sua relação com os três trabalhos acima (cf. *CPD*, 84). Por outro lado, se levar em conta a aparente referência no *Teeteto* ao *Parmênides* e o fato de que no *Teeteto* Platão renuncia ao uso da forma "diálogo reportado"— que meramente se parece a uma declaração explícita de prática já adotada de maneira implícita no *Parmênides* (137c), presumivelmente induzida pela reminiscência da cansativa repetição de *éphē* (ele disse) e que tais, e considerando o prospecto de sua ocorrência ainda maior em um diálogo com mudanças de orador tão frequente —, o local correto para o *Parmênides* pareceria estar entre a *República* e o *Teeteto*.

Sobre a sequência de diálogos no grupo inicial, pouco se pode dizer. A divisão em subgrupos também parece fora de questão. A dificuldade é que a estatística produzida pela pesquisa passada geralmente se relaciona com traços linguísticos que são fundamentalmente característicos de obras que

---

[70] *Untersuchungen zur Philosophie der Griechen*.

[71] A posição tardia do *Fedro* é sustentada também por sua proporção mais elevada de *óntos to tô ónti* (cf. *CPD*, 81), um percentual de questões retóricas como fórmulas de resposta equalizando aquele encontrado em obras do último grupo (cfr. *CPD*, 103), a frequência de *péri* (cf. *CPD*, 121) e passagens em que parece haver um esforço consciente para se evitar o hiato (cf. *CPD*, 155), conduzindo à sua mais baixa incidência fora dos trabalhos do grupo do último período (cf. *CPD*, 156). Além disso, a evidência de um interesse em ritmo de prosa (cf. *CPD*, 158), juntamente com a menção de Isócrates (cf. *CPD*, 160), talvez seja presságio do desenvolvimento desse interesse em trabalhos subsequentes.

pertençam aos períodos intermediário e tardio; consequentemente, a sua ocorrência no período inicial tende a ser leve e esparsa.

O problema se compõe de dois outros fatores: primeiro, muitos investigadores diziam respeito ao uso de fórmulas de réplica, o que foi prejudicial a obras de conteúdo dialogal escasso (por exemplo, *Menexeno, Apologia de Sócrates, Crítias*); em segundo lugar a maioria dos estudiosos do último século omitiu de sua investigação algumas obras, em especial aquelas sobre as quais pesavam suspeitas, na época, de serem inautênticas, tornando impraticável uma comparação de caráter geral. Não obstante, se a frequência com que traços característicos das obras dos período médio e tardio ocorrem nos últimos diálogos é aceita como indicação de sua proximidade cronológica, então o *Fédon, o Crátilo, o Banquete, República I, Lísias, Menexeno, Eutidemo* e *Hípias Maior* certamente teriam de ser considerados como estando entre os últimos diálogos desse grupo. Contudo, sua ordem relativa não pode ser determinada com base na evidência estilística que até agora tem vindo à luz.

4 Sócrates e os primeiros diálogos

TERRY PENNER

Gostaria de agradecer a Antonio Chu, Paula Gottlieb e Ruth Saunders pela leitura de um primeiro esboço deste, fazendo com que eu evitasse muitos erros, precisões e infelicidades. Mas, a maior dívida que tenho, neste artigo, como em diversos outros de meus recentes artigos sobre Sócrates, é para com Richard Kraut, que me proporcionou um conjunto de soberbos e decisivos comentários, além de objeções a meu penúltimo esboço. Persuadi-lo sobre essas questões equivale a conseguir alguma coisa, tratando-se de estudos socráticos. E eu receio estar ainda a alguma distância de meu objetivo.

Podem as concepções filosóficas do Sócrates histórico ser distinguidas das de seu pupilo Platão? Em caso afirmativo, como as visões do mestre podem ser diferenciadas das de seu pupilo? E acaso essas perspectivas socráticas podem constituir uma posição filosófica coerente?

Na Seção I deste capítulo, explico a base sobre a qual, seguindo os intérpretes mais modernos, me vejo capaz de dividir os diálogos de Platão em um grupo de diálogos "socráticos" (os primeiros), nos quais o personagem Sócrates mais ou menos fala pelo Sócrates histórico; e um grupo de diálogos (intermediários e tardios), nos quais o personagem principal (agora nem sempre Sócrates) fala mais pelo próprio Platão. Defendo que o Platão dos diálogos médios e tardios — muito embora algumas de suas concepções permaneçam as mesmas, muito embora ele ataque alguns dos principais inimigos e por algumas das mesmas razões —, não obstante, em alguns sentidos vai muito além de seu mestre. Em alguns aspectos, eu sugiro, ele chega a contradizê-lo. Na Seção II, opero um contraste entre esses diálogos socráticos com os outros diálogos —

primeiro, quanto à sua forma, método, tom e objeto; em segundo lugar, quanto à sua atitude para com as ciências (artes, artesanatos, habilidades), educação, retórica e matemática; em terceiro, quanto a suas teorias sobre virtude, desejo e "fraqueza da vontade". Na Seção III, volto-me à questão sobre com que direito atribuo quaisquer concepções a um filósofo que dizia não saber coisa alguma — isso, em especial, quando virtualmente todos os diálogos socráticos terminam negativamente. Então, faço a sugestão quanto ao tipo de coisa que penso que Sócrates estaria fazendo nesses diálogos, com exemplo extraído do *Hípias Menor*. E desse exemplo extraio uma moral: *Jamais considere quaisquer expressões das concepções de Sócrates isoladamente de outras expressões de concepções de Sócrates*. Na Seção IV, exploro a preocupação socrática central de cuidado com a alma, mostrando sua conexão com (o que devo chamar por conveniência) o egoísmo ético de Sócrates. Na Seção V, I, considero a resposta de Sócrates aos que ele tem por principais adversários em seu impulso a fazer com que as pessoas cuidem de sua alma: os sofistas e os retóricos, bem como os políticos e os poetas. E concluo, na Seção VI, tratando de diversas questões acerca do método socrático e da ignorância socrática. As Seções III-IV, tomadas em conjunto, são, pois, concebidas para exemplificar, ainda que de maneira abreviada (dado o escopo do ensaio), modos pelos quais podemos visualizar a coerência geral das doutrinas de Sócrates.

A exposição de meu retrato de Sócrates no texto principal, procuro mantê-la despojada de objeções e respostas, de modo que possa lê-la atentando somente ao seu próprio conteúdo, sem as notas de rodapé. Ao mesmo tempo, devo alertar o leitor para o fato de que muitas de minhas interpretações de passagens socráticas nas Seções II-IV serão controversas. Por essa razão, procurei proporcionar algumas objeções e respostas nas notas de rodapé, juntamente com algumas indicações sobre onde alguns pontos de vista que de algum modo se lhe oponham podem ser encontrados.[1]

---

[1] As interpretações alternativas mais consideráveis de Sócrates com que travei conhecimento, e as que mais admiro, são as de Terence Irwin, *Plato's Moral Theory* (Oxford, 1977); Richard Kraut, *Socrates and the State* (Princeton, 1984). G. X. Santas, *Socrates:*

I. Nos diálogos platônicos, como podemos fazer uma distinção entre aqueles em que o personagem Sócrates expressa concepções e preocupações do Sócrates histórico e os outros em que, em vez disso, ele expressa concepções distintas, que são do próprio Platão?

I. Na filosofia recente e nos trabalhos acadêmicos existe uma tradição que diria "sim, nós podemos operar tal distinção". A referida tradição tem duas fontes principais: o testemunho de Aristóteles, que contrasta Sócrates e Platão, e a evidência estilométrica sobre a datação dos diálogos de Platão.

Aristóteles nos diz que (I) Sócrates tão somente perguntava, e não respondia; pois ele confessava não saber nada. Por Aristóteles também temos que (II) Sócrates se ocupava exclusivamente com questões éticas, em momento algum o fazendo com a natureza como um todo; temos que (III) ele foi o primeiro a argumentar "indutivamente"; que (IV) ele foi o primeiro a (sistematicamente) buscar o universal, e fazê-lo por definições — ou seja, por questões do tipo "o que é?": perguntas do tipo "o que é justiça?", o que é coragem?, o que é piedade?, e assim por diante; por outro lado, porém, (V) ele não "separou" esses universais, como Platão veio a fazer: Platão supunha que, uma vez que os perceptíveis estão constantemente mudando, não

---

Philosophy in Plato's Early Dialogues, (London, 1979); e a de Gregory Vlastos, *Platonic Studies*, 2. ed. (Princeton, 1981), além de uma pletora de artigos anteriores de Vlastos. Muito embora as concepções de Irwin sejam próximas às minhas em uma série de aspectos (em, por exemplo, meu "The Unity of Virtue" [A unidade da virtude], "Philosophical Review" 82 [1973]: pp. 35-68, ao mesmo tempo ele está mais para um Sócrates camisa-de-força para fins de se ter uma oposição nitidamente exegética em relação a Platão. (Ver, a título de indicação, a nota 14, abaixo). Em Kraut eu encontro tanto mais para se concordar (notas 72, 14, 16 abaixo) quanto mais para se discordar (notas 12, 16, 40, 51, 54, 60, 63) do que em quaisquer dos demais. Vlastos foi, é claro, o maior dentre os estudiosos de Sócrates do século, e seu *Sócrates: Ironist and Moral Philosopher* (Cambridge, 1991) é um dos estudos socráticos mais importantes que ele já publicou. Em exemplo da maioria das pessoas nessa área, minhas visões sobre Sócrates constituíram-se em grande parte por uma reflexão acerca do que Vlastos diz sobre Sócrates. Minhas próprias diferenças em relação a Vlastos, que são muitas, derivam sobretudo, posso crer, das diferenças filosóficas entre nós.

poderia haver um conhecimento dos perceptíveis, mas apenas de algumas outras coisas, as Ideias (ou Formas).²

Ainda falta muito para saber com clareza o que vem a ser "separação" *(chōrismos)*.³ Mas do testemunho acima pelo menos *está* claro que onde nos diálogos platônicos vemos o personagem Sócrates caracterizando entidades como a *justiça em si mesma* e o *bem em si mesmo* como imutáveis, além de contrastá-los com perceptíveis em eterna mutação, devemos supor que ele está caracterizando a fala de Sócrates não pelo Sócrates histórico, mas por Platão. Isso se torna ainda mais claro quando percebemos o testemunho de Aristóteles segundo o qual Platão, enquanto jovem, estudou com Crátilo, "familiarizando-se antes de mais nada com as visões de Crátilo e Heráclito" (para o efeito de que todos os perceptíveis estão sempre em fluxo, e de que não existe conhecimento deles); e, também segundo Aristóteles, Platão manteve essas concepções heraclitianas mesmo mais tarde. O heraclitianismo de Platão, claramente, é uma segunda fonte para as concepções de Platão — uma fonte relativamente independente das concepções de Sócrates.⁴

---

²Para (I), ver Sofista *Soph. El.* 183b6-8; para (II)-(V), ver esp. *Metafísica* I.6.987a29-b14 (com 6.987b22-24, 27, e 5.987a20-25) e XIII.4.1078b12-34, assim como o debate em W. D. Ross, *Aristotle's Metaphysics* (Oxford 1924), I: XXXIII-XLV, XLVII, pp. 158-161, 2:420-423. Tem sido plausivelmente sugerido que o termo "indução" (*epagōgē*) se refere ao amplo uso da analogia nos primeiros diálogos de Platão, especialmente a Analogia das Artes: se, em medicina, o médico olha pela saúde de seus pacientes; se, na navegação, o piloto olha pela segurança dos passageiros, então certamente ao governar aquele que governa olhará pelos interesses daqueles que ele governa. Assim como o treinador de cavalos está para o cavalo, da mesma forma aquele que ensina a virtude estará para os homens. E assim por diante. Ver Vlastos, editor, *Plato: Protagoras* (Indianapolis, 1956), xxix n. 18, com n. 49; Richard Robinson, Plato's Earlier Dialectic (Oxford, 1953), 41ss.
³ A questão se tornou controversa nos últimos anos. Muito embora eu discorde tenazmente das abordagens recentes, o tratamento adequado da noção está além do escopo do presente artigo.
⁴ Existem razões para acreditar que o testemunho de Aristóteles se baseia em algo mais do que nos diálogos de Platão. Por exemplo, Aristóteles poderia não ter vindo a saber pelos diálogos que Crátilo fora professor de Platão. (Vlastos, "Socrates", *Proceedings of the British Academy* 74 [1988]: pp. 104-105, citando uma observação de Ross, datada de 1934 e citada em Andreas Patzer, editor, *Der Historische Sokrates* [Darmstadt, 1987]).

Existe uma terceira fonte possível, e relativamente independente das concepções de Platão, sobre a qual Aristóteles nos fala: as concepções dos pitagóricos, a quem Platão "segue em muitas coisas" (*Met.* I. 6.987a30). Aristóteles nos diz que os pitagóricos, percebendo que fenômenos, como as proporções matemáticas envolvidas em intervalos musicais, faziam pensar os elementos de todas as coisas como elementos de números. Ele também nos diz que, pelo menos em alguns poucos casos — por exemplo, justiça, alma e razão, oportunidade e casamento —, eles tentaram, de maneira deveras rudimentar, dar respostas à questão socrática "o que é?" em termos de números.[5] A sugestão parece ser a de que, tal como os pitagóricos pensavam que os perceptíveis tinham de ser compreendidos por referência a estruturas abstratas (números), também Platão pensava que os perceptíveis tinham de ser compreendidos por referência a outras entidades abstratas — as Formas. Os pitagóricos dizem que os perceptíveis "imitam" os números, Platão diz que os perceptíveis "participam das" Formas; apenas o nome é diferente, diz Aristóteles.[6]

Assim, o testemunho de Aristóteles nos é providencial para distinguir diálogos onde o personagem Sócrates fala pelo Sócrates histórico e diálogos onde o personagem Sócrates fala mais por Platão. Onde quer que se esteja a falar de fluxo, ou de perceptíveis partilhando Formas ou participando delas, e onde quer que haja um argumento substantivo sobre questões cosmológicas (como a teleologia na natureza ou a imortalidade da alma), estamos ouvindo mais a Platão do que ao Sócrates histórico.

Tem sido possível garantir uma distinção entre os diálogos socráticos e outros diálogos platônicos, mais característicos, graças às investigações estilométricas do último século e às que remontam há um pouco mais.[7]

---

[5] Por exemplo, o que é da justiça é o quadrado, ou o número 4: Como os fatores de 4 (2 X 2) se comportam um com o outro exatamente da mesma maneira, é assim com os cidadãos de um Estado justo. Ver o comentário de Ross em *Aristotle's Metaphysics*, em 985b29, 987a22, 30, 1078b23; ver também *Górgias* 507e6ss. esp. 508a6.

[6] A questão inerente à observação de Aristóteles é, presumivelmente, a de que ambas as noções são problemáticas no mesmo sentido. (Aristóteles parece satisfeito em deixar a relação entre particulares e seus próprios universais não explicada e primitiva).

[7] Para uma explicação de estilometria e sua coordenação com nosso escasso conhe-

Esses estudos têm feito com que os especialistas alcancem um grau considerável de consenso acerca do posicionamento dos diálogos de Platão em três grupos cronológicos bastante amplos: o inicial, o intermediário e o final. Isso considerando que especialistas fazem notar que um quadro histórico satisfatório das relações entre Sócrates e Platão pode ser construído se (I) identificarmos (a maior parte dos) diálogos estilometricamente iniciais como "socráticos" — isto é, como diálogos em que o personagem principal, Sócrates, pode ser tomado como expressando concepções do Sócrates histórico; e (II) se tratamos os diálogos remanescentes como aqueles em que o personagem principal (em geral Sócrates, mas nem sempre) fala em favor das concepções de Platão — concepções que são por vezes, bem longe de sê-lo sempre distintas das concepções de Sócrates, estando até mesmo em conflito com elas. Essa divisão — com alguns poucos diálogos considerados "de transição" — preserva bastante bem, pode-se argumentar, a distinção entre Sócrates e Platão, que o testemunho de Aristóteles faz reivindicar.

Seguindo esses critérios, então, tomo os diálogos a seguir como socráticos: *Hípias Menor, Cármides, Laques, Protágoras, Eutífron, Apologia de Sócrates, Críton, Íon; Górgias, Mênon; Lísias, Eutidemo, Menexeno, Hípias Maior, República* Livro I, com uma escassa probabilidade, por motivos estilísticos, de que existam rupturas nos "ponto e vírgulas",[8] mas sem haver

---

cimento da cronologia dos diálogos de Platão, juntamente com um esboço da história da erudição estilométrica, ver o autorizado ensaio de Leonard Brandwood, que é o capítulo 3 deste volume, e seu *The Chronology of Plato's Dialogues* (Cambridge, 1990). Esse último volume descreve com algum detalhe, e pela primeira vez em versão impressa, os resultados da importante dissertação doutoral de Brandwood (1958). Todos os estudiosos de Platão irão aplaudir essa sua aparição por tanto tempo acalentada. Infelizmente, o referido volume apareceu tarde demais para ser considerado por meu artigo. Todavia, graças à gentileza de Brandwood, fui capaz de ver um esboço de sua contribuição a este volume enquanto preparava a minha própria.

[8] Ver as prudentes observações de Brandwood no Capítulo 3 (não mais do que uma probabilidade) sobre o exame dos primeiros diálogos por Ritter em 1935, bem como suas observações ao final deste ensaio. No *A Word Index to Plato* (Leeds, 1976), XVII, o *Górgias* e o *Mênon* não se distinguem dos diálogos do terceiro subgrupo. Não vejo dificuldade na possibilidade de o *Lísis*, o *Menexeno* e o *Eutidemo* serem posteriores ao *Górgias* e ao *Mênon*. A *República I* pode ser uma segunda edição, estilisticamente revi-

ordenamentos adicionais dentro desses subgrupos. Essa lista inclui todos os diálogos do grupo estilometricamente inicial, exceção feita ao *Crátilo*, *Banquete* e *Fédon*, uma vez que, pelos critérios aristotélicos acima citados, eles são claramente mais platônicos do que socráticos.⁹ Seguindo Dodds, destaco o *Górgias* e o *Mênon*, com seus elementos pitagóricos, como sendo de transição na doutrina platônica. Na verdade, partes daqueles diálogos podem ser tomadas como platônicas em vez de socráticas, mostrando — e pode se defender que o fazem — os efeitos dos encontros de Platão com o pitagorismo durante a sua primeira visita a Sicília, em 387 a.C. (Penso aqui sobretudo no mito do *Górgias* e em algumas poucas referências oblíquas daquele diálogo à Sicília e ao pitagorismo; penso também na teoria da rememoração, e talvez também na introdução do método da hipótese no *Mênon*. Como já vimos, Aristóteles parece acreditar em uma conexão entre a teoria platônica [não socrática] das Formas e as atitudes pitagorianas para com a matemática).¹⁰

---

sada para inclusão na *República* como um todo. Como Brandwood assevera, os grandes triunfos da estilometria residem no tratamento dos diálogos posteriores. Um agrupamento geral dos primeiros diálogos separados daqueles dos grupos intermediário e tardio é líquido e certo, mas nada é muito garantido quanto ao ordenamento no seio dos primeiros diálogos.
⁹ Isso é verdade do *Fedro* mais ou menos integralmente, do caminho ascendente do *Banquete* (pp. 210-212), e da discussão sobre o fluxo e as Formas no *Crátilo*, em especial no final do diálogo. O posicionamento desses três diálogos mais proximamente dos diálogos intermediários como a *República* (Livros II-X), o *Parmênides*, o *Teeteto* e o *Fedro* está em coerência com o cauteloso juízo estilométrico de Brandwood. Cf. também o seu *Word Index*, XVIII.
¹⁰ Ver E. R. Dodds, *Plato: Gorgias* (Oxford, 1959), pp. 18-30; também W. K. C. Guthrie, *A History of Greek Philosopohy* (Cambridge, 1969, 1975), 3: pp. 29-39; 4: pp. 39-56. Muito pouco pode ser dito sobre datas exatas. Ver, por exemplo, K. J. Dover, "The Date of Plato's Symposium", *Phronesis* 10 (1965): pp. 2-20.

II. Alguns contrastes entre os diálogos Socráticos e os outros

Sobre a abordagem acima, podemos agora antecipar as seguintes generalizações, algumas delas ásperas se tomadas em si mesmas, mas cumulativamente dignas de se levar em conta. Em primeiro lugar, sobre forma, método, entonação e objeto:

1. Os diálogos socráticos tendem a ser breves (notáveis exceções: *Górgias* e *Protágoras*); os diálogos não socráticos tendem a ser bem mais longos.

2. Os diálogos socráticos tendem a ser aporéticos e desprovidos de resultados positivos, condizentes com um investigador principal que confessa a própria ignorância; os outros diálogos costumam ter resultados positivos, o personagem principal geralmente apresentando uma doutrina bastante positiva (exceções notáveis: *Teeteto* e o *Parmênides*).

3. Os diálogos socráticos são divertidos, interativos, extrovertidos, otimistas, jocosos; os demais diálogos são de entonação mais inspirada ou científica, mas são também mais introvertidos, pessimistas e meditativos.[11]

4. Os diálogos socráticos são quase que exclusivamente éticos em seu conteúdo, preocupados com a ética individual e com a educação individual — o "cuidar da alma", valendo tanto para si mesmo como para o jovem; outros diálogos estão interessados em muitos outros tópicos além da ética.[12]

---

[11] Sobre otimismo versus pessimismo, tenho em mente o seguinte: Sócrates pensava que pudesse fazer a diferença (mesmo que uma diferença pequena) ao melhorar-se a si mesmo e aos que estavam à sua volta - especialmente os jovens - envolvendo-se naquilo de que ele mais gostava: o debate racional sobre questões relacionadas em como viver. As atitudes para com as massas e para com os militares na teoria política totalitária de Platão refletem o desespero de Platão quanto a chegar a tão poucos pela via do debate racional - e mesmo isso somente após longo treinamento.

[12] Para o pequeno interesse mesmo em teoria polícia nos diálogos socráticos - em nítido contraste com os últimos diálogos - ver Vlastos, "Socrates", pp. 97-98. Para um debate notável e instrutivo sobre o *Críton*, que por vezes (em especial no capítulo 8) difere nitidamente de minhas próprias concepções, ver Kraut, *Socrates*.

5. Sobre a questão da imortalidade da alma, existe pouco interesse nos diálogos socráticos. A *Apologia de Sócrates* parece quase agnóstica a respeito (40-41), muito embora essa tese tenha sido asseverada no mito ao final do *Górgias* (este que, conforme tenho sugerido, é pitagoriano) e (na abertura das *Leis*) ao final do *Críton* (53b-c). Mas por certo não há argumentos para tal. Ademais, a começar pelo *Fédon*, a imortalidade da alma é tema abraçado apaixonadamente, e é de maneira intensa que se argumenta em favor dela.[13]

Agora, para algumas considerações relacionadas à atitude de Sócrates para com as ciências:

6. Os diálogos socráticos tratam da virtude como uma habilidade (ciência, arte, técnica *[craft]*) como outra habilidade *[expertise]* (a exemplo da medicina, da navegação, sapataria, encaixotagem, treinamento de cavalos, aritmética, geometria).[14] Essa habilidade é evidentemente pensada por

---

[13] Ver Vlastos, "Socrates", pp. 94-95.

[14] Sócrates usa *techn*ē ("arte" ou "técnica") e *epistēmē* ("conhecimento" ou "ciência") de maneira intercambiável. "Habilidade" *[expertise]* parece-me a melhor palavra para a concepção única que Sócrates tem em mente aqui, e "ciência" a segunda melhor (para a continuidade que ela mantém com a *epistēmē* de Platão).
É preciso ser cuidadoso com "técnica" *[craft]* se a palavra for tomada sugerindo-se uma descontinuidade com "ciência" - e tanto mais se for tomada como sugerindo que Sócrates tenha da ética uma concepção de "conhecimento-técnica" (Irwin, *Plato's Moral Theory*, pp. 71-101, e daí para a estruturação dos debates nos caps. 4 e 5). Nessa suposta concepção de "conhecimento-técnica", a ética é uma ciência que estuda somente meios *instrumentais* repreensivelmente estreitos para algum outro fim (identificável independentemente). Aqui Irwin contrasta Sócrates desfavoravelmente em relação a Aristóteles e Platão, nos quais a atividade virtuosa que a ética estuda é ela própria um meio *ingrediente* para a felicidade - e não um mero instrumento para se obter algum objetivo de felicidade adicional, mas ele próprio parte da atividade em que a felicidade consista. (Recorrendo a exemplos de J. L. Ackrill de conferências ministradas em 1960, um traje de banho ou tomar o trem para Eastbourne são meios instrumentais para se ter boas férias, ao passo que ir nadar é um ingrediente de se ter boas férias: cf. Ackrill, "Aristotle on Eudaimonia", *Proceedings of the British Academy* [1974]: pp. 339-359).
Agora, não estou de todo convencido de que Sócrates pensa a virtude como mero meio instrumental para a felicidade. Ora Sócrates certamente pensa que, outras circunstâncias sendo favoráveis, a vida de sabedoria *é* a vida feliz (*Eutidemo* 281d-e: cf. Kraut, *Socrates*

Sócrates como intelectual, e como envolvendo a capacidade de "contar alguma coisa", explicar a outros e ensiná-los; não é apenas uma questão de "saber como".[15] Não envolve nenhum tratamento (propedêutico) das emoções *independentemente* do entendimento a ser alcançado por meio da discussão. É bem improvável que Sócrates tenha admitido que pudesse haver alguma educação que não fosse direcionada pelo intelecto. (Mesmo no caso de crianças pequenas, não há razão para acreditar que Sócrates teria por vantajoso algum tipo de treinamento que não se desse pela via de fazer a criança compreender coisas por ela própria). Em compensação, em diálogos dos períodos intermediário e tardio, a virtude já não é meramente uma habilidade intelectual, e sim envolve, pelo menos como pré-condição, um grau de treinamento de emoções e atitudes de maneira que não envolvam muito substancialmente o intelecto do treinado. As histórias certas devem ser contadas, a música certa deve ser ouvida — deixe-se para lá toda e qualquer discussão — para que o diálogo socrático possa fazer algum bem, por menor que seja (*República* II 376ess).[16]

---

211 n. 41); e ele certamente pensa que o cuidado para com a alma e o cuidar das almas dos jovens - a investigação no curso de toda uma vida acerca do modo de viver (*República* I 352d e *Górgias* 500c, 487e-488a, 472c-d), a constante e completa operação de testagem e exame dos outros e de si mesmo - é um *ingrediente* preponderante para a felicidade. Cf. também *Apologia de Sócrates* 41c, onde Sócrates nos conta que, se após sua execução, por acaso houver outra vida, que felicidade incrível não será estar com os heróis da guerra troiana, debater com eles e examiná-los? Por que motivo Sócrates precisa ter pensado a felicidade de se fazer reconhecível independentemente do tipo de rigoroso pensamento e discriminação éticos com os quais ele, evidentemente, passou a vida inteira engajado e fazendo com que outros se engajassem?
[15] Ver Vlastos, "Socratic Knowledge and Platonic 'Pessimism' ", *Philosophical Review* 66 (1957): pp. 226-238.
[16] Cf. a moderna questão ou - devemos deixar nossos filhos menores assistir determinados programas na TV ou não? Para Platão, como para Aristóteles, essa seria exatamente a questão correta. Para Sócrates, aí se teria uma colateralidade à questão central, que é: devemos ou não devemos discutir com nossos filhos obre o conteúdo do que estão assistindo?
Se eu estiver certo, Sócrates teria pensado em atitudes platônicas ou freudianas para o treinamento das crianças, ou em condicionamento aristotélico ou skinneriano - todos eles enfatizando um treinamento inicial mais ou menos independente - como instrumentos

7. Existe um contraste semelhante em atitudes para com a retórica. Enquanto a negação de que a retórica seja uma ciência se mantém comum a diálogos socráticos e platônicos,[17] é evidentemente concepção socrática a de que a única ciência a poder persuadir alguém de que *p* é a ciência de *ensiná-lo*. Extrapolando o todo dos diálogos socráticos, é de maneira razoável que podemos equacionar esse "ensinamento", fazer as pessoas compreenderem — por elas próprias e, indispensável como é, pela via de um questionamento cruzado socrático — de que modo pode ser o caso de *p*. Contrastando com isso, muito embora Platão tivesse concordado em que poderia haver uma ciência de persuadir alguém de *p* em pessoas que elas próprias têm conhecimento de *p*, ele não duvidou de que essa ciência pudesse avançar pela via de apelos a emoção e sem o que Sócrates chamou ensinamento. (Cf. o inteiro esquema para educação infantil e educação elementar na *República* II 366c--III412b, incluindo a "nobre falsidade" de 414b-415d com 416e-417a; cf. 382c-d, 378a, 389b-c).[18]

---

cada vez mais cegos para a educação das crianças. Ele teria resistido à sugestão (protagoriana) em Kraut, *Socrates*, pp. 219-225, 296, de que as leis de Atenas por si próprias proveem (algo de um) treinamento em virtude - levando a adições de algumas proposições verdadeiras às crenças que se tem. (Sobre proposições, cf. nota 72 abaixo, com notas 68, 78). Por outro lado, não tenho problema com a sugestão já bem diferente que se tem em *Socrates* pp. 226-228, de que Sócrates teria aprovado as leis de Atenas por facilitarem a livre investigação.

[17] *Górgias* 463a (cf. 454c-456c); *República* VI 493a-c; *Fedro* 259ess, esp. 261e-262c, 272d-274a. Para atitudes paralelas à poesia, ver *Íon* 536c, 541e-542b; *República* X 598b-d. Cf. também meu "Socrates on the Impossibility of Belief-Relative Sciences", in *Proceedings of the Boston Area Colloquim in Ancient Philosophy*, John H. Cleary, editor, 3: pp. 263-325, bem como a seção V deste capítulo.

[18] Pode-se perguntar, como, exatamente, Sócrates e Platão supostamente diferem aqui? (a) É verdade que Sócrates dirá que quando persuadimos pela via das emoções não estamos ensinando. Mas Platão poderia admiti-lo? Por outro lado, (b) certamente Sócrates terá de conceder que quando persuadimos pela via das emoções - e na verdade mesmo quando Górgias persuade - queremos precisamente que as pessoas alimentem as crenças que nós queremos que elas alimentem, como fazemos quando as ensinamos? (Sou grato a Richard Kraut por observar que o que eu disse até agora me deixa aberto a objeções desse tipo geral).

Como para (a), Platão ainda necessita de uma distinção entre ensinar e a correta doutrinação (conhecimento e crença correta, ou verdadeira). Mas a distinção entre

8. Retomando aqui, de maneira adequada, as habilidades e ciências, os diálogos socráticos tratam aritmética e geometria como habilidades ordinárias a exemplo de quaisquer outras, como a sapataria e a encaixotagem; elas não se distinguem por nos trazer conhecimento específico ou objetos de algum status epistemológico diferenciado. Em compensação, em alguns dos outros diálogos, em especial a *República* (Livros V-VII), fica claro que as ciências da aritmética e geometria são tomadas como um corte acima de ciências como a medicina, a navegação, a sapataria e a encaixotagem. Também está claro que os objetos das ciências matemáticas estão sendo eleitos como semelhantes a objetos como o *bem, a justiça em si mesma, o belo em si mesmo* e assim por diante, que emergem, nos diálogos platônicos, como os objetos das investigações acerca "do que é?" de coisas de que primeiramente Sócrates e depois Platão tomaram a encargo.[19]

---

conhecimento e crença verdadeira está virtualmente ausente dos diálogos socráticos. É verdade que dizer isso não é dizer muito, uma vez que essa ausência é em si mesma um *explanandum* urgente (ver também a nota 31). Mas a diferença entre Sócrates e Platão permanece.

Em (b), ver a minha discussão do motivo pelo qual a retórica não é uma ciência em meu "Power and Desire in Socrates: The Argument of Gorgias" pp. 466-468 e "That Orators ant Tyrants Have no Power in the City, Apeiron" 24 (1991): pp. 147-202; também o meu "Belief-Relative Sciences". No primeiro artigo eu argumento que Sócrates sustentou que sem a ciência de bens e males não se pode jamais fazer a coisa mesma que se quer fazer. (Para um pouco desse raciocínio aqui, ver nota 25 abaixo, bem como a seção V, já nas proximidades do último parágrafo). Um corolário dessa afirmação se terá em: sem fazer com que as pessoas sejam persuadidas a *compreender por si mesmas* precisamente o que é bom ou mau sobre o que deve ser feito, não se será capaz de persuadi-las a respeito. Aí se tem Sócrates posicionando limitações à persuasão pela via do apelo às emoções que Platão simplesmente ignora.

[19] Em meu *The Ascent from Nominalism: Some Existence Arguments in Plato's Middle Dialogues* (Dordrecht, 1987), XI-XII, pp. 12-16, 26-33, 40-43, que Platão, enquanto obcecado pela teoria da rememoração, tende a supor que nosso conhecimento das Formas, uma vez atingido, pode ter o tipo de autoevidência que o conhecimento dos axiomas da geometria a muitos gregos parecia ter. Isso tenta Platão a dar às ciências materiais um estatuto especial, mais elevado do que aquele pertencente, por exemplo, digamos, à carpintaria; e pensar *no quadrado, no ímpar, na igualdade e no número um (o um em si mesmo)* como objetos especiais aos quais ele pode comparar *o justo em si mesmo, o bom em si mesmo* e assim por diante.

As diferenças remanescentes entre os diálogos socráticos e os outros diálogos dependem todas da diferença já observada nos itens (6) e (7) acima, entre a atitude intelectual de *Sócrates* para com a virtude, onde a atividade virtuosa resultará somente quando o agente possuir entendimento intelectual do que é bom e mau para nós como seres humanos; e a atitude de *Platão* para com a virtude, onde o treinamento do emocional e do irracional de maneira mais ou menos independente do intelectual é uma pré-condição necessária à virtude.[20]

9. Nos diálogos socráticos temos uma doutrina segundo a qual, dependendo de como se a interpreta, pode ser chamada ou Unidade da Virtude (UV) ou Unidade das Virtudes (UVV). Em qualquer interpretação que se proponha, a doutrina requer pelo menos isto: que uma pessoa será brava se e somente se temperada, sábia, justa e pia; temperada se e somente se brava, sábia, justa e pia; e assim por diante. De modo diferente, na *República* (em especial no Livro IV) à classe militar é possível ter coragem, e à classe inferior, ter temperança, sem que nenhuma dessas classes tenha sabedoria — sendo esta uma virtude limitada à classe intelectual. O que a classe militar tem, em vez de sabedoria, é a crença verdadeira. Além disso, no *Político* (306a-311c), a temperança e a coragem são de fato tratadas como

---

Contrapondo-se a essa atitude mais pitagórica para com as matemáticas, em outra parte Platão encontra-se mais imparcial quanto às ciências, mostrando-se disposto a conceder à lançadeira em si mesma e à cama em si mesma, juntamente com Formas do elemento Terra, Ar, Fogo e Água, existindo da mesma forma que o Bem em si e o Quadrado em si. Se a tendência a dar maior peso às matemáticas é mais pitagórica, a imparcialidade quanto às Formas para a lançadeira, para a cama e assim por diante está mais para herdeira de uma linhagem socrática acerca das ciências.

[20] Por que não poderiam as pessoas atuar virtuosamente como pessoas virtuosas - ainda que por boa fortuna, uma vez que elas não compreendem porque devem atuar daquela forma? Tenho tentado responder a essa questão em diversas passagens. Ver "Belief-Relative Sciences", Apêndice II, pp. 316-320, onde eu pergunto quais as chances de que alguém completamente ignorante da ciência da engenharia deva, por alguma sorte, acertar as especificações certas para a construção da Golden Gate Bridge. (Viver uma vida boa, eu sugiro, não é fundamentalmente mais fácil do que construir pontes de edificação complexa).

virtudes opostas: se tem uma, é improvável que se tenha a outra (Tendo-se renunciado à ideia de que a virtude é uma habilidade intelectual, torna-se bem mais fácil para os aspectos emocionais de diferentes virtudes afirmar a si próprios de modos diferentes).[21]

---

[21] Uma palavra sobre as diferenças entre (UV) e (UVV). De acordo com (UV) - sobre esta, ver meu artigo de 1973 "The Unity of Virtue" — existe realmente uma virtude, com cinco nomes diferentes. (Cf. *Protágoras* 329c6-d1, 349b2-3, e comparar "The Morning Star" e "The Evening Star": embora essas duas expressões tenham sentidos diferentes, elas se referem ao mesmo objeto, o planeta Vênus. Elas têm a mesma referência). De acordo com (UVV) — sobre essa unidade ver Vlastos, "The Unity of the Virtues of *Protagoras*", in *Platonic Studies*, 221 ss, com 410ss, 418ss - Sócrates acredita existir cinco diferentes virtudes, e quem tiver uma dessas terá todas as outras.

(UV) é naturalmente inserida com a bem conhecida doutrina socrática segundo a qual virtude é conhecimento, e a especificação do conhecimento em questão como o conhecimento de bens e males produz que uma e a mesma coisa nomeada por esses diversos nomes-virtudes seja o conhecimento de bens e males.

Assim, (UV) + "Virtude é conhecimento" diz que a coisa *[the one thing]* cuja presença explica não só feitos corajosos (em situação de perigo), mas também feitos temperados (em situações de tentações de desejo e prazer), e feitos sábios, justos e piedosos em outros tipos de situações, é - e é não mais do que - o conhecimento de bens e males.

Os intérpretes que afirmam que Sócrates sustenta somente que (UVV) devem obviamente proporcionar uma abordagem algo diferente da relação que o conhecimento de bens e males tem com as cinco virtudes supostamente diferentes. Eles também têm de proporcionar uma explicação um tanto mais complexa do fato de Sócrates sugerir em algumas passagens que (a) a *sabedoria* é idêntica à virtude (*Eutidemo* 281e, *Mênon* 88b-89a), e em outros que (b) a *justiça* é o todo da virtude (afirmado na *República* I 335c, cf. 350b-d, 351a-c, 353e-354b; implicado por *Hípias Maior* 375d-376b), talvez também implicando em outros que (c) coragem é o todo da virtude (*Laques* 197e-199e) e em outros que (d) temperança, assim como o conhecimento de bem e mal (*Cármides* 174b-d) é o todo da virtude (*Laques* 199d-e). Cf. também a sugestão (implicação?) de que (e) a temperança em Protágoras 356c8-e4, 357a5-b6, é idêntica à coragem em 360c6-d5, ambas sendo ciências para a mensuração de bens e males, do prazeroso e do doloroso (360a8; assim também C. C. W. Taylor, *Plato's Protagoras* [Oxford, 1976], pp. 162-163, 209, 214-244 e J. C. B.Gosling e C. C. W. Taylor, *The Greeks on Pleasure* [Oxford, 1982], p. 55).

Outra diferença importante entre (UV) e (UVV) está em sua leitura de respostas à pergunta "o que é?". Para (UVV), "coragem é o conhecimento do temeroso e do esperançoso" dá o *significado* (no sentido fregeano) de "coragem", enquanto para (UV) dá a *referência* - em exato paralelo com "O conhecimento do futuro de K é o conhecimento de todo o passado, presente e futuro de K" (uma óbvia identidade de referência mais do que de sentido; cf. *Laques* 194e-195a1 com 198d1-199a4, bem como a breve discussão sobre essa abordagem da coragem na seção VI).

A questão real entre (UV) e (UVV) reside na questão sobre se Sócrates buscar o *sentido* de "coragem" ou a *referência*. (Ora, em outros termos, se a unidade Sócrates fala a respeito é uma questão de *equivalência de sentidos* ou de *identidade de referência*: ver meu "Unidade da Virtude"). Que a questão versa sobre sentido *versus* referência pode ser obscurecida se prestar demasiada atenção à minha fala das virtudes como entidades casuais em meu "Unidade da Virtude". Na verdade, eu apenas introduzi essa expressão estando sob a pressão de editores do *Philosophical Review* (cuja preocupação com as boas condições do artigo eu, como jovem filósofo, muito apreciei, apesar de minha sensação de que estavam errados quanto a isso). Eu tive o desejo de manter o debate no nível das virtudes sendo *referências* em vez de *sentidos* (ou coisas com a identidade de condições de sentidos). Por outro lado, a conversa sobre entidades causais não será prejudicial, contanto que se perceba que as virtudes são entidades causais não porque todos os nomes abstratos estejam a fazer às vezes de entidades causais em vez de sentidos, mas porque todos os nomes abstratos estejam a fazer as vezes para suas referências em vez de para seus sentidos. No caso das palavras-virtudes, *por acaso* as referências são entidades causais. Vlastos, em "What Did Socrates Understand by His 'What Is *F*' Question?" *Platonic Studies*, pp. 410-417, não compreendeu o que há de crucial nesse último aspecto. Ele o toma como uma refutação de (UV) cuja "forma" no *Mênon* não se refere a uma entidade causal. Mas não se trata de refutação de modo algum, e sim de uma *ignoratio elenchi*, uma vez que a referência de "forma" não é uma entidade causal. As passagens do *Mênon* são realmente inconclusivas, como entre o sentido e a referência de "forma". (Pode-se notar, nessa conexão, contudo, que as duas abordagens possíveis de forma que são oferecidas estão longe de ser sinônimos. Mas não deveriam parecer algo como sinônimos se ambas são candidatas ao sentido?) Vlastos também argumenta que "rapidez" em *Laques* 192a1-b4 não pode ser um estado de alma, devendo então ser um sentido. Mas (a) que não mostra que "rapidez" não é mais a referência do que o sentido; e, em todo caso, (b) na leitura por Vlastos de "rapidez", tal como é feita aqui, ele deve dizer que "quietude" ou "lentidão", contrastadas com "rapidez" em *Cármides* 159b3ss, esp. c4, 6-9, d5, 10-11, e3-10, 160a1-d3, também não podem ser um enunciado de alma. Mas a verdade é que, sim, é um enunciado de alma: o contraste debatido na passagem do *Cármides* é precisamente aquele entre as pessoas em cujas almas há quietude e aquelas em cujas almas há energia. Outros argumentos de Vlastos sobre esse aspecto terão de ser adiados para outra ocasião.

De novo, (UV) tem a vantagem de proporcionar uma leitura já bem mais simples e clara de *Laques* 197e-199e. Uma vez que a identidade de a ciência de bens e males futuros com a ciência de todos os bens e males, passados, presentes e futuros é uma identidade de referências e não de sentidos, o mesmo vale para a identidade da ciência do temeroso e do esperançoso com a ciência de todos os bens e males, que é idêntica à virtude. (De novo, ver a breve discussão na Seção VI). Contrastar a complicada leitura que Vlastos

Pode haver alguma tentação em suavizar o contraste entre os diálogos socráticos e a *República* pelo invocar da distinção (fortemente puritana) entre virtudes "filosóficas" e "demóticas" no *Fédon* 68c-69d, 82a-94b, e pelo sugerir de que as virtudes tais como as vimos na *República* Livro IV sejam virtudes meramente demóticas. Poder-se-ia argumentar (como fiz em meu *A Unidade da Virtude*), que Platão pode ainda se ater a algo como uma unidade das *virtudes filosóficas*. Essa tentação pode ser reforçada pela *República* 435c-d e 504a-b, o que sugere que a abordagem das virtudes na

---

deve dar para esse argumento em *Platonic Studies* pp. 166-169 - com Sócrates fazendo gratuitas confusões sentido-referência.

Finalmente, por outro lado, devo notar que (UV) encontra-se mais aberta a ataques em passagens sobre justiça, coragem e assim por diante sendo "partes" da virtude do modo mesmo como o ímpar é parte do número (cf. *Górgias* 462ess).: como em *Eutífron* 11e-12e (não obstante, a piedade sendo parte da justiça não é algo investigado aqui; e cf. *Górgias* 507a7-b4) e *Mênon* 73d-75a.

Algo deve ser dito sobre a última passagem, uma vez que Vlastos fala muito a respeito em "Socrates on 'The Parts of Virtue'", *Platonic Studies*, pp. 418-423. A força da passagem crucial 73d7-e2 - sobre justiça sendo apenas *uma* virtude - é consideravelmente arrefecida quando percebemos o mesmo tema reaparecendo mais tarde em 78d3-79c10. A última passagem, por sua vez, nos conduz à discussão sobre se a virtude como um todo é conhecimento em 87bss. Como já foi observado em (a) acima, Sócrates em 87bss efetivamente argumenta que a sabedoria é idêntica à virtude como um todo - o que só pode acontecer se coragem etc. forem idênticas à sabedoria. Ver em esp. 88b1-d3. Mais precisamente, o que Sócrates está dizendo aqui é que virtude *é* sabedoria, ou uma parte de sabedoria. (cf. "um tipo de sabedoria" em 88d3, cf. *Laques* 194d10 e comparar 89a1 com 88d2.) Observe-se que, assim como outros comentadores recentes, incluindo Bluck, eu aqui parto de Guthrie, que traduz sabedoria por virtude, ou por parte da virtude, em vez de virtude ser sabedoria ou parte de sabedoria. À parte os paralelos que acabou de citar e que vão contra isso, existe o aspecto de que se Sócrates esteve aqui dizendo que sabedoria pode ser apenas uma *parte* da virtude, então 89c2-3 seria um *nonsequitur*: se a sabedoria pode ser apenas parte da virtude, não poderíamos inferir daí que a virtude pode ser ensinada.

Devo registrar aqui ter sido Vlastos que, há cerca de 25 anos, me fez perceber a importância do aspecto de, na *República* IV, a classe militar ter coragem (ao menos demótica) sem ter sabedoria, pelo simples fato de ter crença verdadeira - contradizendo assim qualquer coisa que pudesse ter sido dita nos diálogos socráticos, quer o interpretemos em termos de (UV) ou de (UVV). E deve se fazer notar que o crédito para o uso do *Mênon* 87bss em detrimento da parte anterior do *Mênon* pertence a Irwin, *Plato's Moral Theory*, p. 301 n. 57 e pp. 305-306 n. 3.

República, Livro IV, seja deficiente por não mostrar como a Forma do Bem entra na abordagem das virtudes. Mas, mesmo se sucumbirmos à tentação — e não estou certo de que deveríamos —, não se pode negar que qualquer interesse que se tenha nas virtudes demóticas representa um esvair-se da posição socrática. E no *Político,* o abandono de qualquer unidade entre temperança e coragem representa um repúdio completo da posição socrática.

10. Nos diálogos socráticos, encontramos uma teoria intelectualista do desejo, de acordo com a qual todos os desejos, não só os desejos dos virtuosos, são desejos pelo bem[22] — isto é, pelo que quer que seja o melhor para mim[23] nas circunstâncias em que me encontro. O resultado é que o virtuoso difere do vicioso não só em suas motivações, mas também em seu intelecto (Todas as pessoas desejam o mesmo fim — o que quer que seja realmente melhor para elas nas circunstâncias em que se encontram. Os aspectos em que diferem estão em suas crenças a respeito dos cursos de ação e estilos de vida que serão os melhores meios para aquele fim).[24]

---

[22] Cf. *Mênon* 77bss., esp. 78b, com passagens citadas na nota 24.
[23] "Melhor para mim": aqui eu assumo que devo argumentar brevemente na Seção IV que Sócrates é um egoísta ético. Sobre a passagem de "bom" para "bom para mim", ver *Mênon* 77c8, conforme notado por R. S. Bluck, *Plato's Mênon* (Cambridge, 1961), 71, bem como *Górgias* 468b6. Sobre a passagem de "bom" para "melhor", ver *Górgias* 466a-468e.
[24] Sobre a importância da distinção meio-fim para a teoria socrática do desejo, ver esp. *Górgias* 466a-468c, *Lísis,* 219b-220b, *Laques* 185c-e, bem como o *Eutidemo* 281d-282a e possivelmente o *Mênon* 77e5-78a8. De modo geral, a teoria socrática segundo a qual todo desejo é para o bem é interpretada sem referência a meios - distinção de fins - como dizendo que todo desejo é para o bem *aparente.* Bem *aparente* em razão do seguinte tipo de caso: eu desejo fazer essa ação pensando ser boa, muito embora de fato ela seja uma ação ruim - um erro. Assim, como é o meu desejo para o bem? É para o que eu *penso* ser bom — o bem aparente).
Mas, uma vez que se nota a centralidade dos meios - a distinção final em relação à abordagem socrática do desejo torna-se claro que a interpretação usual não pode estar correta - especialmente quando estamos falando de fins. (Sobre meios, ver também notas 42-64. Sobre a interpretação usual, desejar algo como meio para um fim só pode ser desejar o que se *pensa* como melhor meio para o que se *pensa* ser o melhor fim. Ora com isso, sobre essa interpretação, deve-ser desejar o fim *aparentemente* melhor, e não realmente o melhor fim.

O ponto segundo o qual todos desejam o mesmo fim é um pouco sinuoso. Se uma boa pessoa equaciona o seu bem com a virtude, e se uma má pessoa equaciona o seu bem com o prazer, o que pode parecer é que Sócrates esteja a pensar que apenas a boa pessoa esteja a desejar o seu bem real. Mas aqui estou negando isso. E estou afirmando que o que Sócrates está dizendo é que, nessas circunstâncias, a boa pessoa corretamente escolhe a atividade virtuosa como um meio para o seu bem real, e a má pessoa equivocadamente escolhe a atividade prazerosa para o seu bem real. Cada pessoa escolhe o seu bem *real* como um fim (Para ler mais sobre essa questão, ver nota 42).

Volto agora à teoria intelectualista do desejo. De acordo com essa teoria, todos os desejos de fazer alguma coisa são desejos racionais, à medida que sempre automaticamente se ajustam às crenças do agente, relacionadas a quais são os melhores meios para seu fim último. Se em determinadas circunstâncias eu passo a acreditar que comer determinada massa é o melhor meio para a minha felicidade nessas circunstâncias, então eu atrelo essa crença ao desejo *pelo que quer que seja melhor nessas circunstâncias*, e assim meu desejo (racional) pelo que quer que seja melhor se torna o desejo de comer essa massa.[25] Por outro lado, se passo a acreditar que seria melhor me abster,

---

Como que indo contra isso, um cuidadoso estudo da passagem citada acima deixará claro que Sócrates sustenta que se deseja realmente o melhor fim. Para constatar como Platão apreende esse ponto, enquanto Aristóteles aparentemente o perde, ver *República* VI 505e-506a, *Tópicos* VI 146b36-147a11. Ver também meu "Poder e Desejo", esp. Seção 12. Este último artigo foi o primeiro em uma série de debates em que assumo a visão oposta, segundo a qual Sócrates pensa que desejamos o fim *aparentemente* melhor, não realmente o melhor fim, e examinamos a teoria de desejo socrática que resulta de se prestar a devida atenção à distinção de meios-fim.

[25] "Desejo comer esta massa": Em termos estritos, isso deve ser: *desejo comer essa massa que levará ao fim que é de fato melhor para mim nas circunstâncias* (O último é de fato "a própria coisa que se deseja fazer" da nota 18; cf. também nota 24). Quando a massa for de fato má - ruim - para mim, resulta daí certa incoerência no desejo por meios, do modo que quando fazemos uso de crenças supomos estar nos movendo do mundo real *para o* mundo real, no que temos uma incoerência em nossas crenças (Compare-se: "Acredito em Jocasta - *quem quer que* ela seja [ligamo-nos nisso - é sobre quem versa a minha crença] - que ela não é minha mãe"). Discuto essa incoerência brevemente na Seção 12 de "Power and Desire"; e com mais detalhes em dois manuscritos até agora não publicados: "Plato and Frege" e "Plato and Protagoras". Cf. também o parágrafo já

então, ainda uma vez, meu desejo pelo que quer que seja melhor se tornará o desejo de se abster.[26] Desejos racionais se ajustam à crença do agente. De fato, segundo essa visão o *único meio* de influenciar minha conduta é mudando de opinião acerca do que é melhor. Daí o intelectualismo das teorias de educação e persuasão de Sócrates observados nos itens (6) e (7), e a identificação efetiva de qualquer virtude com a sabedoria no item (9).

A base dessa ajustabilidade do desejo de acreditar é o ser do desejo pelo bem — do *que quer que seja melhor*. O "o que é melhor" proporciona um tipo de dispositivo de substituição para atrelar-se às crenças de um indivíduo sobre ações particulares que são de fato melhores naquelas circunstâncias. Crenças diferentes, ações diferentes.

Platão, por outro lado, nas partes dedicadas à doutrina da alma da *República* IV 436-440, *ataca* de maneira explícita a doutrina segundo a qual todo desejo é para o bem[27] (Aquilo a que Platão se refere como parte racional da alma é a alma inteira pelas luzes de Sócrates). Desejos da parte aperitiva da alma, por outro lado, são brutalmente irracionais, ou, como podemos dizer, cegos. Isto é, eles são cegos a tais mudanças de crenças, como considera o exemplo citado anteriormente. Se o meu desejo de comer a massa é um desejo irracional, então ainda que você me convença de que seria melhor para mim não comê-la, o desejo não vai embora, e eu posso, de fato, atuar com base naquele desejo. Ademais, meu comportamento pode ser mudado sem quaisquer mudanças em minhas crenças — simplesmente pelo agir sobre ou pelo despertar de meus desejos irracionais.

O (alegado) fenômeno de *agir contrário ao que eu penso ser o melhor* — chamado, pelo menos desde Aristóteles, *akrasia* (fraqueza da vontade) — nos proporciona um meio de reformular a diferença entre Sócrates e Platão. Sócrates nega que exista tal fenômeno, enquanto Platão afirma que existe.

---

próximo ao fim, da Seção V deste capítulo, nota 64.
[26] Estritamente: o desejo de fazer aquela abstenção, que conduzirá a... (como na nota 25).
[27] A esse respeito, N. R. Murphy, *The Interpretation of Plato's Republic* (Oxford, 1951), pp. 28-29, e Penner, "Thought and Desire in Plato", in *Plato*, vol. 2, Gregory Vlastos, editor, pp. 96-118. Cf. também *Fedro* 237d-238c.

Na verdade, o pessimismo dos diálogos platônicos sobre a natureza humana em política[28] é, em ampla medida, o resultado de Platão vir a acreditar em desejos brutalmente irracionais.[29]

11. Correspondendo à distinção precedente se tem uma distinção entre dois diferentes modos de interpretar um famoso ditado: "ninguém erra querendo errar". Nos diálogos socráticos, a questão está precisamente em que se alguém erra, tal se deve à ignorância. Diferentemente disso, quando esse dito é ecoado em diálogos posteriores, o erro não está restringido à ignorância (que em Platão seria um defeito das operações da parte racional da alma), mas pode se dever também à ação das duas partes inferiores da alma, ou a uma loucura devida ou a um mau estado do corpo ou a uma educação ruim.[30]

12. Finalmente, muito embora encontremos em Sócrates, e mais propriamente nos diálogos platônicos, a concepção de que o conhecimento é algo forte, que não pode ser sobrepujado pelo prazer ou pela paixão (*Protágoras* 352b-d, 375c), o que subjaz à doutrina é bem diferente nos dois casos. Em Sócrates o conhecimento por si só — o puro e simples conhecimento — capacita-nos a evitar o tipo de oscilação (movimento para cima e para baixo) a que uma pessoa sem conhecimento[31] está sujeita (*Protágoras* 365d5-7,

---

[28] Ver nota 11.
[29] Do quadro mais simples que Platão nos dá do comportamento humano irracional e fraco acreditou-se amplamente correto, o que remonta aproximadamente à doutrina das partes da alma de Platão; e a abordagem de Sócrates tem sido pensada como incorreta. Ver, por exemplo, os ataques contundentes ao intelectualismo de Sócrates em Gregory Vlastos, *Plato: Protagoras*, XXXIX-XI, XIII-XIIII, Vlastos, "Introduction: The Paradox of Socrates", in *The Philosophy of Socrates*, G. Vlastos, editor (Garden City, N.Y., 1971), pp. 15-16, e o endosso das partes da doutrina da alma em Vlastos, "Socrates", 99, com o n. 63. Ver também a minha exposição da doutrina em "Thought and Desire" e meu ataque a ela em "Plato and Davidson: Parts of the Soul and Weakness of Will", in *Canadian Journal of Philosophy*, sup. vol. 16 (1990): pp. 35-74.
[30] Cf. *Leis* 860d-863e, *Sofista* 227e-230e; *Timeu* 86c-e; *Leis* 31c e 734b.
[31] Mesmo uma pessoa com opinião verdadeira (muito embora opinião verdadeira não seja mencionada no *Protágoras* - ou mesmo em qualquer passagem dos diálogos socráticos, exceção feita aos trancisionais *Mênon* e *Górgias*). Essa ausência de opinião verdadeira é um *explanandum* chave para intérpretes dos diálogos socráticos.

Eutífron 11b-e, *Mênon* 97d-98a).[32] É verdade que nos diálogos posteriores o próprio Platão insinua que aqueles que conhecem não erram e não serão vencidos pelo prazer e pela paixão. Porém muito mais se encontra implicado na explicação da afirmação platônica do que apenas entendimento. Na *República*, a razão pela qual os guardiões não serão sobrepujados ao terem chegado ao conhecimento é a de que eles só podem chegar a *adquirir* o conhecimento de um guardião se tiverem sido treinados e condicionados desde o início da vida pelas canções que foram cantadas para eles, pelas histórias que lhes foram contadas, pela ginástica e exercícios militares a que foram submetidos, além de 50 anos de educação. Fica-se quase tentado a dizer que o entendimento dificilmente será mais necessário do que o esquivar-se dos prazeres perigosos ou das paixões.[33] Eu sugiro que se trata de um fato acidental que em Platão o conhecimento seja forte. Aquele que sabe é suficientemente forte contra as tentações porque não poderá se persuadir a *adquirir* conhecimento até que a verdadeira crença tenha lhe sido de tal maneira inculcada, e emoções e desejos de tal maneira tenham sido chancelados e qualificados com base no um, que o indivíduo a isso submetido seria forte contra as tentações ainda que lhe faltasse a geometria sólida (E é defensável que a abordagem por

---

[32] A questão da instabilidade de opinião é omitida em quase todas as abordagens do *argumento* real pela força do conhecimento no *Protágoras*. Essas abordagens da força do conhecimento são simplesmente seguem de "ninguém erra voluntariamente" juntamente com "quem quer que saiba que *p* também acredita (ou realmente acredita) que *p*". Assim, por exemplo, as requintadas contribuições de G. X. Santas, *Socrates: Philosophy in Plato's Early Dialogues* (London, 1979), cap. 7 e por James J. Walsh, *Aristotle's Conception of Moral Weakness* (New York, 1963), cap. 1 Tais abordagens têm por consequência que Sócrates deveria sustentar que o conhecimento é forte porque a crença é forte (ou - se errar é uma forma de fraqueza - porque a *crença verdadeira* é forte). Para um esboço da concepção apresentada no texto (e a ser elaborada alhures), ver meu "Plato and Davidson".

[33] Não estou negando que o conhecimento seja necessário para a parte racional. O que estou questionando é se aquele conhecimento é a fonte real da força que a parte racional tem em seu perdurar contra o apetite. E estou sugerindo que a fonte da força reside no treinamento de emoções e desejos para seguir, independentemente do que diga a razão. (Se a razão de alguém por um acaso chegue a falsa conclusão, ainda assim ela seria forte. Essa é a conclusão mais apartada da concepção de Sócrates da força do conhecimento). Richard Kraut sugeriu-me que Platão teria dito que o entendimento das Formas intensificaria o desejo da virtude. Isso é algo que se poderia admitir, eu penso, sem inteiramente remover as suspeitas sobre a fonte da força da razão que venho suscitando aqui.

Aristóteles da relação entre a sabedoria prática e a virtude moral se encontre, para tais efeitos, mais próxima da visão de Platão que da visão de Sócrates).

***

Aqui, então, encontram-se alguns dos contrastes que podem ser feitos entre os diálogos socrático e platônico. Alguns desses contrastes são um tanto extraordinários, e seu caráter tão extraordinário ajuda a torná-los mais críveis. Por quê? Considere-se a *Sétima Carta* de Platão, obra de avançada maturidade; o poder absoluto e na entonação pensativa, pessimista da obra[34] quase que por si só recomendam a carta como obra autêntica, escrita pelo mesmo Platão que se nos deu a conhecer na *República* e nas *Leis*. Perguntamos: Como poderia um homem como esse ter produzido as aventuras intelectuais radiantes e jocosas dos primeiros diálogos, que são os diálogos socráticos? Somente uma resposta se insinua prontamente: o que subjaz a Sócrates nos primeiros diálogos é uma personalidade extraordinária, cujo intelecto e caráter finórios virtualmente sobrecarregam a personalidade do jovem Platão, gênio filosófico e literário que era. Platão ainda não tinha 40 anos e se mostrava de personalidade inteiramente oposta, esta que, com alguma ajuda intelectual dos filósofos pitagóricos matemáticos, se fazia capaz de começar a impor-se em seus escritos.

III. Uma questão prévia, um cenário característico, uma ilustração e uma estratégia útil e geral

Até aqui, tenho estado a dizer como algumas das concepções de Sócrates diferem das de Platão. A alguns pode ter ocorrido perguntar se quaisquer concepções podem ser atribuídas a Sócrates, contanto que ele seja descrito como alguém que sempre questiona e jamais afirma coisa alguma, e se os

---

[34] Novamente, ver nota 11.

diálogos dos quais essas concepções são extraídas são aporéticos e desprovidos de resultados positivos (Os que se encontram alarmados pelo que veem como visões exasperadamente tolas e argumentos falaciosos nos diálogos socráticos podem até mesmo sugerir que Sócrates não esteja tentando transmitir *quaisquer* de suas concepções a nós. Ele está simplesmente nos educando pela deliberada produção de maus argumentos e falácias; e isso é *tudo* o que ele está fazendo).

Minha resposta é a de que a afirmação de nada saber de modo algum implica que Sócrates não sustente convicções fortes sobre um grande número de questões éticas. E o fato de que o método ético de Sócrates implique refutar pessoas em vez de lhes dizer o que ele pensa não é argumento contra o que agora desejo sugerir. Toda a questão da dialética socrática é fazer as pessoas verem as coisas por si mesmas, como resultado de suas refutações — e sem a sua compreensão entrar em curto-circuito pelo dispositivo de lhes dar uma fórmula.

Ora existem bem poucas passagens onde Sócrates nos faz conhecer de maneira razoavelmente direta o que ele pensa, muito embora seja verdade que nenhuma delas esteja nas conclusões dos diálogos.[35] O que pretendo defender aqui, todavia, é que existem também muitas passagens *negativas* nas quais, não obstante, fica claro que Sócrates está tentando nos fazer ver. Um cenário típico é (a) apresentar-nos uma concepção sobre a qual temos razões para acreditar que Sócrates a sustenta — talvez até mesmo tendo o seu interlocutor ansioso para defender essa concepção socrática; então (b) juntá-la a outra concepção, da qual se terá que ambos, Sócrates e seu interlocutor,

---

[35] Apenas alguns exemplos: *Laques*, 194d1-9; *Eutidemo* 278d-e; *República* I 339b com 354a; *Eutífron* 14b-c (Eutífron demove-se [14a11] quando está na iminência de uma resposta [13e10-11]. Se a justiça é o serviço *[therapeia]* de humanos e piedade do serviço de deuses [11ess., esp. 12e6-8], qual é o trabalho *[ergon]* que os deuses empreendem quando nosso serviço os auxilia? *Eutífron* 14css. Simplesmente mostra os maus efeitos dessa divergência).
Em adição a isso, *Mênon* 77b-78c; *Lísias* 207d-210d com 211a4-5; *Apologia de Sócrates* 24c-26a, 26b-27a; *Cármides* 172b-174b7 (o sonho de Sócrates); *Górgias* 453b7-455a6; são apenas alguns exemplos dessas porções reais de dialética nas quais Sócrates nos faz saber quais resultados positivos ele busca, e os que ele efetivamente obtém. Cf. também *Laques* 192b-193d, onde Nícias em 195c5-d10 vê o que Sócrates queria que Laques visse.

terão alguma razão para querer defender, mas, quando reunida a outras considerações óbvias, entra em conflito com a concepção original; e então, (c), quando o interlocutor não puder ver como resolver o conflito, deixá-lo chafurdar na dificuldade; mas (d), no curso da dialética, deixar insinuações suficientes — muito embora o interlocutor não consiga compreendê-las, um leitor ou ouvinte perspicaz e persistente sê-lo-á capaz.

Passarei a dar apenas um exemplo desse cenário — mas um exemplo vigoroso. Ele está no *Hípias Menor*, onde a afirmação de que a justiça é uma ciência ou um poder (cf.: a virtude do conhecimento) está sujeita à dificuldade da "Ambivalência das Artes (ou Ciências)" — a afirmação é a seguinte:

Dadas duas pessoas que se equivocam na ação de ϕ, uma que erra voluntariamente e outra que erra involuntariamente, a que erra voluntariamente é a melhor em ϕ.[36]

Essas duas afirmações tomadas em conjunto nos levam à escandalosa conclusão de que a pessoa mais justa (ou pessoa melhor)[37] é a que pratica ações injustas voluntariamente em vez da que comete feitos injustos involuntariamente — ao contrário do que a lei e a nossa consciência ética geral parecem sugerir.

Agora Sócrates efetivamente se alinha a Hípias no que diz respeito a essa dificuldade, e sugere que ele próprio se encontra em dificuldade quanto a essa conclusão (372c-373a). Mas, como a maioria dos intérpretes deverá concordar, muito embora Hípias não possa visualizar sua via de concepção e argumentação a partir dessa dificuldade, o posicionamento final dessa mesma dificuldade por Sócrates faz pender a solução perante os olhos de Hípias (376b4-6):

Por essa razão, Hípias, a pessoa que erra voluntariamente ao fazer coisas vergonhosas e injustas *se é que existe tal pessoa*, só poderá ser uma boa pessoa.

---

[36] *Hípias Menor* 375d*ss*; cf. *República* I 355c, cf. 350b-d, 351a-c, 353e-354b.
[37] Sócrates evidentemente usa justiça e virtude na passagem indistintamente: cf. também *República* I 350d, 351a-c, 353e, e (b) na nota 21.

Ou seja, se existe alguém que *de fato* erra voluntariamente ao fazer coisas justas (ou virtuosas)[38], essa pessoa *seria* mais virtuosa do que aquela que erra involuntariamente. Mas — o leitor ou ouvinte é convidado a concluir — não existe tal pessoa, uma vez que "ninguém erra voluntariamente" ao ser justo (ou virtuoso) — isto é, ao fazer o que é melhor para si (Para "ninguém erra voluntariamente", ver [II] na seção II; e para a conexão de ser justo ou virtuoso com ser bom em fazer o que é melhor para si, ver o debate sobre o egoísmo ético de Sócrates na seção IV). Assim, a engrenagem da conclusão ultrajante cerrou seus dentes; e muito embora Hípias não o veja nem se dê conta disso, o leitor perspicaz e persistente poderá fazê-lo.

Sócrates deixa sugestões dessa solução ao longo do percurso. Ele sai de seu caminho para estabelecer que com outras ciências, como a aritmética, existem pessoas que erram voluntariamente (367a8-b3). Ou seja, com essas outras ciências pode sempre se ter um motivo para que o especialista em questão erre voluntariamente em sua ciência, isto é, ele erra sempre, que errar voluntariamente pode capacitá-lo a chegar ao que é melhor para si como um todo (Teodoro, o aritmético, tem um motivo para dar uma resposta errada, já que fazê-lo irá incentivar seu filho, e Teodoro acha que incentivá-lo é melhor para ele próprio como um todo. Ou talvez Teodoro tenha um motivo para dar uma resposta errada, porque dar a resposta errada lhe proporcionará um meio de testar quão bem seu aluno compreendeu o que ele acabou de dizer). Mas com uma ciência de se chegar ao que é melhor para si de um modo geral, não se pode ter *este* motivo: errar voluntariamente em tal ciência com o intuito de auxiliar a si próprio a obter o que é melhor para si de um modo geral(!).[39]

---

[38] Ver nota precedente.
[39] Em meu "Sócrates sobre Virtude e Motivação", em *Exegesis and Argument*, E. N. Lee, A. P. D Mourelatos, e R. M. Rorty, editores (Assem, 1973), pp. 133-151, faço uso da seguinte analogia: o homem econômico jamais erra voluntariamente ao maximizar seu próprio lucro. Pois ele não pode jamais ter um motivo econômico para deixar de maximizar seu próprio lucro. Mas qualquer outro especialista *pode* ter um motivo econômico para errar voluntariamente em sua ciência particular. Por exemplo, pode ser economicamente mais lucrativa para um médico sutilmente matar um paciente com o intuito

Vemos então o que Sócrates está fazendo no *Hípias Menor*. Ele está forçando aqueles que são a um só tempo voluntários e capazes de fazer coisas de modo próprio para ver quão perfeitamente reconciliam ser uma ciência da justiça (ou o ser conhecimento da virtude) com o Princípio da Ambivalência para as ciências — observando que essa ciência tomada por si só não pode ter um motivo para errar com o intuito de obter o que é melhor para si como um todo. Sócrates está nos mostrando como, apesar da ambivalência, pode ainda ser o caso de a virtude ser conhecimento.[40] Pelo menos foi possível se livrar de uma dificuldade na via de uma resposta completa à questão, "o que é virtude"?

É bem verdade que no *Hípias Maior* temos um caso particularmente evidente desse cenário. Dificilmente haverá algum outro onde esse tipo de argumento possa ser feito com tal confiança como o pode nessa pequena obra-prima humanamente deliciosa e altamente filosófica, de estruturação construída de maneira realmente soberba. Ao mesmo tempo, se trabalharmos com a devida causação, podemos, creio eu, encontrar o mesmo ou outros cenários em outra parte.[41]

---

de obter sem demora um acesso mais lucrativo aos bens de um paciente. Cf. também *Górgias* 502c2-d7, bem como o argumento semelhante que desenvolvo na nota 49. Cf. também *República* 505d-e para referência semelhante a esse mesmo aspecto em Platão.

[40] Contrariamente à interpretação do *Hípias Maior* apresentada aqui, Kraut, *Socrates*, pp. 311-316, argumenta que Sócrates encontra-se honestamente perplexo pelo conflito entre ser a virtude uma ciência e as ciências sendo ambivalentes, recorrendo-se em particular à sinceridade de 372d7-e1. Eu defenderia que o contexto imediato (b4-d7, e3-d6) sugere ironia em vez de sinceridade. Sobretudo, contudo, não vejo o dito "ninguém erra voluntariamente" como não sendo relevante em Sócrates para resolver o anunciado conflito, tal como ele escreveu nas últimas linhas desse diálogo. Contudo, eu e Kraut concordamos quanto à seriedade da questão suscitada pela ambivalência inerente ao egoísmo ético de Sócrates. Ver também notas 51 e 54.

[41] Eis aqui alguns exemplos (indicados de forma abreviada):
   a. Lísis 216d-217a mais 217a-218c - apesar de 218css, esp. 220c1-e6 com cláusula escapatória em 220ess, esp. 221a5-c1 (com mais enigmas para os interlocutores que seguem).
   b. Laques 197e-99e, esp. 198c6-7 (cf. 194d1-9 com 194e11-195a1) mais 198a4-5 - e cf. a sugestão em 195a4-5 sobre erro de Nícias ao final. (Essa passagem é debatida brevemente na Seção 6).

O argumento do *Hípias Maior* também ilustra o que eu penso ser uma estratégia geral útil para se responder a acusações de que concepções particulares de Sócrates sejam tolas e indefensáveis — a de que elas são, mais do que qualquer outra coisa, material para o diagnóstico do erro filosófico.

---

    c. Mênon 78c-79e, esp. 78c4-5 (a própria resposta de Sócrates à questão sobre o que a virtude é!) mais c5-d3 (a concepção desastrosa de *Mênon* sobre as coisas que são boas) mais 79a3-5.

    d. Cármides 172c-174d. Aqui Sócrates reduz ao absurdo as visões de *Crítias* de que a temperança é o conhecimento suposto (ciência) das coisas que se conhece e não se conhece, mostrando que o conhecimento que torna benéficas a medicina, a construção de casa e todas as outras ciências é o conhecimento (ciência) de bem e mal (174b10-c4, d5-6, e2). É o conhecimento de bem e mau, não da temperança - isto é, não o suposto conhecimento (ciência) das coisas que se conhece e não se conhece (174b12-c2, com 174d3-6). E muito embora a sugestão seja claramente esboçada, de que *Crítias* deva identificar a temperança com o conhecimento (ciência) de bem e mal, *Crítias* encontra-se por demais ansioso pela vitória (cf. as passagens anteriores 162c-e, 169c-d) e se aferra tenazmente ao suposto conhecimento (ciência) do que se conhece e não se conhece (174d-175a8). É também digno de nota que a principal abordagem de *Crítias* (para a qual Sócrates o dirige em 164a-c), como conhecimento de que conhece e não se conhece é claramente pretendida por Crítias como sendo (o que Crítias pensa) a virtude socrática, a sabedoria humana da *Apologia* de Sócrates 22e-23b: ser capaz de examinar a si mesmo e aos outros para ver se eles pensam que sabem (quando não sabem (ou se eles pensam que sabem (167a1-7, 170d5). Crítias, como Nícias sobre a coragem, parece, de um modo geral antecipar abordagens de temperança que intentam ser socráticas. Mas Sócrates não deixa Crítias ficar imune a essa posição aparentemente socrática, uma vez que Crítias não tem diante dos olhos toda a imagem - e em particular não vê que aquela virtude verdadeira é o conhecimento substantivo de bem e mal que Sócrates reconhece que ele não tem.

    e. Mênon 89d-96d (a virtude é passível de ser ensinada se e somente se houver professores - conduzindo brevemente à dúvida de que não pode haver nem mesmo um bom homem) mais 96d-100c (políticos supostamente virtuosos, não sendo capazes de transmitir sua virtude, de ter virtude por "dispensação divina" e sem inteligência [*nous*: 99e6], mas nenhum político tem o tipo de virtude que possa ser ensinada aos outros). Ver notas adicionais 58 a 63.

Para leituras opostas da passagem acima, e de outras passagens similares, ver o poderoso artigo de Kraut, que chega a ser persuasivo, *Socrates*, cap. 8.

A estratégia é a seguinte: recusar-se a considerar expressões sugeridas das concepções de Sócrates isoladamente de outras expressões de concepções socráticas. Sim, soa estranho dizer "virtude é uma ciência", uma vez que tal parece ignorar a neutralidade ética das ciências. Para a pessoa virtuosa, isso assinala a possibilidade de mostrar sua atitude ao cometer atos injustos com mais êxito do que todas as outras pessoas. Parece mostrar Sócrates ignorando o aspecto kantiano pelo qual se tem a ciência compatível com uma boa ou má vontade. Réplica: o que para kantianos e muitos modernos seria uma frouxidão ética inaceitável na ideia de a virtude ser uma ciência é tomado por algo que Sócrates diz em outra expressão de suas concepções — sobre motivação: o que todos buscamos é melhor para nós. Assim, enquanto para Kant e para a maioria dos modernos, as boas pessoas diferem das más em suas *vontades*, para Sócrates somos todos o mesmo no que diz respeito a nossas vontades (cf. *Mênon* 78b4-8). Todos buscamos o que é melhor para nós. Onde boas pessoas diferem das más é em seu *conhecimento* — seu conhecimento do que é melhor para elas próprias.[42]

---

[42] Em primeiro, lugar vou sugerir essa estratégia em termos bem gerais, assim como a afirmação de que o bem difere do mal não quanto à vontade, mas quanto ao intelecto - isso em meu *"Socrates on Virtue and Motivation"*. Sobre a última afirmação, podemos bem acomodá-las à concepção geral, à luz da nota 24: as pessoas não diferem quanto ao fim último que desejam, mas diferem meramente nos meios que escolhem para esse fim. Assim, se distinguirmos o desejo da vontade por meio do desejo da vontade do fim último, podemos dizer que as boas pessoas diferem das más em sua vontade. Mas tem de estar claro que o que está em questão é o desejo da vontade por *meios*. E a verdade é que o desejo de verdade por meios deriva imediatamente do (a) desejo pelo fim último (o mesmo em todos), juntamente com (b) a crença do agente como sendo os melhores meios para alcançar aquele fim nas circunstâncias em que o agente se encontra. Assim, uma vez mais, o bem difere do mau somente em suas *crenças* (como do que é um meio para aquilo do que é um meio). Comparar e contrastar o "sobre a ignorância na escolha" de Aristóteles *versus* ignorância de circunstâncias em *N.E.* III. I. Ver também as notas 24-26 e 64.

Note-se que ao dizer que todas as pessoas desejam o mesmo fim último, estou implicitamente rejeitando a concepção de que as pessoas boas diferem das pessoas más pelo fato de as pessoas boas desejarem a virtude como um fim em si mesmo, enquanto as pessoas más desejam coisas como o prazer como um fim em si mesmo. Esse uso peculiar aristotélico ("como um fim em si mesmo") - onde se pode a um só tempo desejar

É verdade que essa última defesa prova uma objeção adicional: por que as pessoas não saberiam o que é melhor para o uso delas próprias do que o conhecimento de buscar o seu próprio benefício ao preço de lesar, ou cometer injustiça a outras? Mas a essa dificuldade, por sua vez, pode se fazer frente buscando ainda outras expressões de concepções de Sócrates. Pois, como veremos na segunda metade da seção a seguir, Sócrates também defende que jamais estará no interesse de alguém lesar ou cometer injustiça a outrem.

IV. O cuidado da alma e egoísmo ético

Até aqui, eu disse quase nada sobre aquela que foi certamente a preocupação central na vida de Sócrates — como foi o tema central da *Apologia* — qual seja o "cuidar da alma". Sobre esse cuidar da alma, o pensamento de Sócrates foi uma ciência exatamente como o treinamento de cavalos é uma ciência.[43] Para Sócrates essa preocupação era a um só tempo por sua própria alma e para as almas de outros — especialmente no que diz respeito à educação dos jovens.[44] De fato, ao expressar o caráter central da preocupação de Sócrates com a educação dos jovens na virtude, o próprio Platão em sua condição de autor recebe alguma ajuda inconsciente dos acusadores de Sócrates na *Apologia*. Pois a acusação que veio a pesar contra ele, de corromper os jovens, trouxe-lhe o precisamente aspecto em relação ao

---

a visão em função de si mesma e em função da felicidade - só faz suscitar a confusão, penso eu. Sobre a concepção que eu atribuo a Sócrates, pessoas más parecem desejar o prazer acima de todas as outras coisas porque erroneamente acreditam que ter prazer é o melhor meio para o seu bem real. Ou seja, elas *não* desejam o prazer como um fim em si mesmo. O que elas desejam como um fim em si mesmo é a sua própria felicidade - mesmo se aquilo em que essa felicidade consiste seja diferente do que elas pensam que seja. (Ver notas 24, 25, 66, em especial as observações sobre incoerência no desejo na nota 5; e também meu "Power and Desire", Seção 12).

[43] Ver *Apologia* 20a-b, 24c-25c, com *Crítias* 46c-47d; *Eutífron* 13b-c; *Górgias* 520a4 com c4-5; e sobre o cuidado com a alma de um modo geral, cf. também *Apologia* 29d-30a, 31b, 32d, 36c, 39d.

[44] *Laques* 180c, cf. 180e-181a, 185a1, 185a1; *Lísias* 203a-204b; *Cármide* 153d-154e.

qual ele mais gostaria de ser examinado: quem cuida dos jovens e quem os faz seres humanos melhores? (Se a acusação não tivesse existido, Platão teria tido de inventá-la).

Porém, antes de lançar um olhar à questão sobre por que Sócrates estava especialmente preocupado com a educação do jovem, façamos uma pergunta de caráter mais geral: por que deveríamos cuidar de nossas almas? A resposta de Sócrates é: porque a alma é o *instrumento*[45] do ser humano, aquele pelo qual a pessoa vive — e, se ele for cuidado assim, ela vive bem. Tal como o cavalo, a faca cega, o olho, o arco, o arqueiro e o médico, a alma tem uma *ergon* (função); e a *virtude* (ou bondade) de cada um desses é a satisfação dessa função. O bem de uma faca é o cortar; de um olho, o enxergar; de um médico, o curar. Qual então o bem da alma? A função da alma é cuidar, regrar e deliberar, e assim conduzir a pessoa a agir bem e ser feliz (*República* I 353d-354a). Devemos cuidar da alma, então, porque o que nos capacitará a ser o mais feliz possível é a melhor alma possível. E todos desejamos ser felizes (*Eutidemo* 278e; cf. *Mênon* 77b-78b).[46]

Mas o que faz Sócrates supor que vem a ser o fazer bem ou o ser feliz? É ter boas coisas, como saúde, riquezas, poder, honra, ou mesmo temperança, justiça e bravura? Somente se as usarmos, e se as usarmos bem.[47] Ter essas assim chamadas coisas boas e usá-las mal na verdade seria pior para nós do que se não as tivéssemos. Contudo isso significa que a única coisa boa em si é a sabedoria, que é o conhecimento de como usar, tendo em vista a sua própria felicidade, as assim chamadas coisas boas (*Eutidemo*, 278d-282e). Essa sabedoria é o conhecimento ou a ciência de que Sócrates alhures (*Laques*

---

[45] Para "instrumento", ver *Hípias Menor* 374e3. Cf. também as almas dos cavalos, cães e outros animais; arqueiros, médicos e lutadores; escravos e nossas almas em 375a4, 6-7, 8, b5, 7-8, c4 e 6-7. Note-se também a comparação da alma com instrumentos como olhos, ouvidos e facas de podar na *República* I 352e-354a, esp. 353a9-11 com d3-e11.

[46] Assim, Sócrates considera aqui que a boa pessoa é a pessoa boa em obter felicidade - conclusão ultrajante a luzes modernas. Ver o debate que segue no texto, dois parágrafos adiante.

[47] Sócrates implica aqui - de maneira inconsistente tanto com (UV) como com (UVV) - que é possível ter coragem e justiça sem ter sabedoria - quando não se faz bom uso da coragem ou da justiça. Cf. nota.

195c-d, 196a2-3; cf. 199c6-7; também *Cármides* 172c-174d, esp. 174b-d, e3) chama de ciência de bens e males.[48] Essa é a ciência de cuidar da alma que, como visto, Sócrates sustenta ser análoga ao treinamento de cavalos.

Agora, é surpreendente que a um moderno se diga que existe uma coisa que seja incondicionalmente boa — no caso, a sabedoria —, quando Kant nos diz claramente — numa paródia involuntária ao *Eutidemo* — que existe apenas uma coisa no mundo, ou fora do mundo, que é incondicionalmente boa, qual seja uma boa *vontade*. É também surpreendente para um moderno ouvir que a bondade de um bom ser humano seja a bondade *em* alguma coisa, qual seja ter a felicidade. Um filósofo como Kant pode concordar que *algum* bem é a qualidade do bem *em* desempenhar uma função — o bem de uma faca em cortar bem, o bem de arquitetos em construir bem, e até mesmo o bem de pais em bem criar e o bem dos amigos em cuidar de seu amigo e em buscar o interesse de seu amigo. Mas Kant e outros provavelmente esboçarão

---

[48] Na primeira protréptica do *Eutidemo* (278c-282e), como no *Cármides*, 173a-174d, Sócrates quase chega a falar de uma ciência da felicidade. É claro, há muito mais a ser dito sobre a primeira protréptica. Por exemplo, existe o paradoxo que Sócrates propõe aqui, de que a sabedoria *é* felicidade, e sobre isso ver *Belief-Relative Sciences*. Há também a segunda protréptica no *Eutidemo* em 228c-292e, onde Sócrates levanta dificuldades sobre identificar essa ciência que ele chama sabedoria, e da qual devemos dar uma abordagem que estará em coerência com a nossa abordagem da primeira protréptica.

Pensar que o mero proceder à distinção entre bem moral e ético é, em si mesmo, suficiente para derrotar o argumento socrático equivale a subestimar as fontes da posição socrática. Sócrates pode perguntar: *por que* não é um bem moral (ou melhor, bem ético, dado que "moral" sugere uma ética baseada em regras, em oposição a uma ética baseada em felicidade) funcional? Deve a diferença entre um bom *pai* e um bom *amigo* (que são funcionais) e uma boa *pessoa* serem assim tão grandes? *Deve* aqui haver uma diferença de *tipo*? (Essa linha de pensamento se nos faz familiar nos tempos modernos desde P. T. Geach "Good and Evil", *Analysis 17* (1956): pp. 33-42 e Stuart Hampshire, *Thought and Action* (London, 1959), 227ss, esp. 229, 231-2-236.

Pode ser pensado que o seguinte tipo e argumento poderia ser feito contra o uso por Sócrates de "função":

> "A função de um martelo não é a de satisfazer as expectativas padrão para um martelo - certas propostas de outros seres (humanos). Mas o que é a função do ser humano? Não a de como as propostas de outros, mas as de si mesmo: fazer o bem, felicidade". Assim, o argumento funcional entra em colapso quando se trata do *bem do ser humano*.

tudo isso com o preposto de "uma boa *pessoa*". Aqui, eles dirão, estamos falando de bem *moral*, e não de bem funcional.[49] Como posso eu dizer que as pessoas são boas, ou simplesmente, eles perguntarão meramente com base em que eles são bons em fazer o que precisam fazer com o intuito de serem felizes? Certamente isso faria possível dizer que as pessoas são boas ou apenas aquelas que alcançam sua felicidade lesando outras! E isso certamente não pode ser considerado parte de uma pessoa ética.

Essa implicação deletéria de virtude como conhecimento, é claro, ao que tudo indica tornará o egoísmo ético de Sócrates uma ideia impossível como teoria ética. E certamente que isso impossibilita *algumas* versões do egoísmo ético. Mas não o egoísmo ético de Sócrates. Para visualizar o porquê, temos de contemplar uma doutrina de Sócrates que aqui até agora eu apenas mencionei: a doutrina de que jamais é de interesse de alguém lesar a outrem ou ser injusto com outra pessoa.

Eu aqui defendo que pela posição de Sócrates *não* se trata de ser *imoral* lesar a outrem. Em vez disso, como Gandhi ou mesmo outros dentre os que propuseram a não violência — que argumentam ser a violência mera questão de fato, e *não* em seu interesse político —, Sócrates "agarra o touro pelos chifres" e sustenta que lesar a outrem não mais é de seu interesse.[50]

---

[49] (Para um argumento desse tipo, ver Irwin, *Plato's Moral Theory*, pp. 14-15.) Mas o argumento funcional já não entra em colapso, ao contrário do argumento a seguir:

> A função de especialidades como a medicina e a sapataria não é a maximização do bem econômico de suas próprias especialidades; é, isto sim, a função de especialidades econômicas maximizar o seu próprio bem econômico. Por isso, o argumento funcional entra em colapso para as diversas especialidades.
>
> A objeção que segue no texto principal - sobre ser permissível prejudicar a outrem com base em sua concepção ética egoísta - é, obviamente, já bem outra questão.

[50] Minha analogia entre Sócrates e o prejudicar, por um lado, e Gandhi e a violência, por outro, pode tentar a alguns - impressionados pelo serviço militar aparentemente voluntário de Sócrates - em primeiro lugar, para objetar não haver evidência de que Sócrates foi não violento e, em segundo, para sugerir que por "prejudicar" Sócrates tinha em mente simplesmente o prejuízo físico na forma do "tornar as pessoas mais injustas". Essas reações parecem-me ir longe demais. Eu concederia somente que ele pensou o

O argumento em sua forma mais simples cumula, na resposta de Sócrates, na *Apologia*, na acusação de corrupção dos jovens. "Faço-o voluntária ou involuntariamente?", ele pergunta a Meleto. Se voluntariamente, não sei eu que as pessoas más exercem um mau efeito em seu entorno, de modo que corrompendo os jovens voluntariamente faço mal a mim próprio (*Apologia de Sócrates* 25c-26a, esp. 25d-e)? Nesse caso o que eu mereço não é punição, mas instrução.[51] Em outra passagem, no *Górgias* 472c-481b com 482css., Sócrates desenvolve, em argumentação de fôlego — embora infelizmente em um razoável alto nível de generalidade, e com alguma complexidade de estrutura — a tese comparável segundo a qual fazer a injustiça a outros é sempre pior do que ter outros cometendo a injustiça para conosco.

Agora é o caso de admitir que muitos modernos terão esses argumentos por inconvincentes.[52] Por certo a pretensão de que lesar a outrem jamais

---

prejuízo psíquico como um prejuízo maior do que o físico. Eu mesmo acho difícil dissociar o dano físico do psíquico.

Que dizer então da autodefesa e da punição? Será que Sócrates não teria pensado como inaceitável a violência na perseguição desses objetivos? Pode-se pensar que Sócrates poderia não ter objeções (políticas) a posturas pré-anunciadas de autodefesa destinadas a evitar a violência por parte dos valentões. Mas nesse caso Sócrates não seria uma pessoa muito política. Ainda assim, não está claro que ele tivesse excluído atos individuais, e não premeditados de autodefesa. Em todo caso, sugiro na nota a seguir que Sócrates poderia bem ter tido dúvidas quanto à punição (Sou grata a Richard Kraut por instar-me a um questionamento do dano ou malefício).

[51] Existe um corolário interessante a esse argumento: uma vez que ninguém erra voluntariamente, a única "punição" que de algum modo é apropriada é a instrução (questionamento socrático). Não mais do que outro exemplo de inocência (ou indiferença) política socrática? Estará ele sendo sério acerca desse aspecto? Acredito que sim. Certamente ele não teria suposto que a punição legal tem, por si mesma, muito que ver com o cuidar da alma de alguém. Ver o interessante debate sobre essa questão em Kraut, *Socrates* 313 - que cita passagens tanto a favor como contra a instituição da punição legal. Mas das passagens que Kraut cita como em lhe vindo em contrário, somente *Crítias* 49a é, pode-se dizer, completamente perturbadora. E uma explanação dela é de todo possível (Por exemplo, juntamente com as linhas da *Apologia de Sócrates* 25e, sobre prejudicar voluntariamente os que estão à minha volta: Tentar evitar voluntariamente a injustiça = tentar ser claro quanto a que nada que se faça involuntariamente é de fato injusto. Cf. as próprias observações de Kraut em Sócrates, 213 n. 46).

[52] Sócrates também defende que é mau prejudicar os outros no *Crítias* 491-e na *Repú-*

pode ser de seu próprio interesse, envolverá, de maneira arriscada e insegura, um argumento para Sócrates na esfera ética correspondente ao que se tem na esfera política para Gandhi e outros.

De qualquer modo, alguns filósofos modernos se sentirão desconfortáveis em ter a sua teoria ética albergando hipótese tão controvérsia como esta de que jamais é do interesse de alguém prejudicar a outrem. Preferirão pensar, como Kant, que a teoria ética precisa ser independente dos detalhes reais da psicologia humana[53] ("E se algum Hitler aparecer dizendo que é mais feliz fazendo o mal a outras pessoas?", ouviremos algo do gênero. A isso Sócrates pode replicar: Dizê-lo não faz com que seja assim; tampouco faz com que sinceramente acreditemos nisso. Devemos distinguir entre uma intimidação que é a de ter palavras retoricamente eficazes que exercem um efeito sobre nós e a intimidação de dizer que algo é verdadeiro).[54] Por outro lado, se a ética deve ser *para nós humanos*, é defensável, então, assumirmos o tipo de risco relacionado com nossa teoria ética suscitando questões como o cooperar com a nossa felicidade de fazer o mal a outros. São poucos os que acham que ao educar seus filhos podem se apartar totalmente de tais questões. Por que a teoria ética deveria ser mais vantajosa?[55]

---

blica I 335b-e, muito embora não tenhamos nessas passagens uma intimação clara de que o argumento é desenvolvido com base no autointeresse. Sócrates simplesmente assume que o que é melhor para nós será melhor para outros em, por exemplo, *Górgias* 520ass, esp. 520e, 521b-c.

[53] Em meu "Belief-Relative Sciences", procuro explicar por que Sócrates rejeitaria a possibilidade de ciências como a ciência moral livre de psicologia que Kant tem em vista. Para Kant, a maior parte da brilhante argumentação que Aristóteles nos proporciona sobre prazer e felicidade nos Livros I, VII e X da *Ética nicomaqueia* é inteiramente irrelevante para a filosofia moral.

[54] Deparamo-nos aqui com o enunciado segundo o qual a ética tem de lidar com "gênios do mal" morais, o que já nego em meu "Virtue and Motivation". Kraut, *Socrates*, pp. 314-315, defende que Sócrates *teria* se preocupado com essa questão.

[55] É claro que muitos filósofos modernos concordarão com Sócrates (aliás, também com Platão e Aristóteles) em que a ética, ao modo kantiano, deva ser insulada de fatos sobre a natureza humana. Sua querela com o egoísmo ético não eclodirá por um trazer da psicologia à ética; ela residirá na acusação de que o egoísmo não pode proporcionar uma psicologia suficientemente complexa sobre a qual se possa basear a ética (aqui estou em dívida com Richard Kraut). Podem egoístas éticos amar seus filhos, por exemplo? Não é

Em todo caso, quaisquer que sejam os riscos de fazer a sua ética depender de considerações em psicologia humana,⁵⁶ o que não pode ser negado é que ele de fato argumenta que lesar a outrem jamais é propriamente do interesse do indivíduo. Os riscos que filósofos como Kant apontarão na noção de Sócrates do "cuidar da alma" — e do egoísmo ético que com ela vai de mãos dadas — podem ser enfrentados apelando-se ainda a outra expressão das concepções de Sócrates: a de que nunca é de seu próprio interesse lesar a outrem.⁵⁷

V. O principal inimigo de Sócrates

Se a virtude é o conhecimento da melhor forma de cuidar da alma para ser feliz; e se Sócrates, o mais sábio dos homens na Grécia, sabe somente que nada sabe; então, é claro, ninguém tem o conhecimento de como melhor cuidar da alma — e, na verdade, ninguém tem virtude.⁵⁸ Por que, então,

---

aqui o lugar de defender o egoísmo em tais pontos.
⁵⁶ Outra hipótese psicológica controversa, com a qual a teoria ética socrática se mostra comprometida caso o egoísmo venha a ser defensável tem a ver com o medo da morte. Egoístas éticos, alega-se - pelo menos aqueles que não acreditam na imortalidade - ao final devem sempre medir esforços (e entre esses esforços inclui-se a imoralidade) para evitar a morte. Aquilo de que Sócrates se recusará a desistir, mesmo sob a ameaça de morte, é o exercício de cuidados pela sabedoria e pela verdade, como se recusará a renunciar a que a alma de um indivíduo é a melhor que possa ser (29a-30e, 32a-e, 35a, 36c, 38e-39b; cf. *Górgias* 522d-e). E nesse "cuidar", é fato, reside a felicidade do indivíduo. Sócrates está bem consciente de que a questão médica "posso manter esse paciente vivo" é já questão bem diferente de "é melhor que este paciente viva ou morra?" (*Laques* 195c-d) E ele teria concordado com John Stuart Mill, em que "a habilidade consciente de fazer sem felicidade confere-nos o melhor prospecto para perceber tal felicidade como passível de ser atingida" (*Utilitarianism*, cap. 2). *Não* é nosso interesse fazer qualquer coisa para escapar à morte. Isso não é receita para a felicidade.
⁵⁷ Assim eu satisfaço a objeção no último parágrafo da Seção III por ainda outro uso da estratégia geral no penúltimo parágrafo da Seção III.
⁵⁸ No apêndice II de meu "Belief-Relative Sciences", bem como no "Virtue and Motivation", n. 32 eu sugeri que o fato de que ninguém tenha virtude é a resolução do aparente conflito - central tanto ao Protágoras como a *Mênon* - entre as afirmações de Sócrates de que (a) virtude é conhecimento, ainda que (b) a virtude não é passível de ser ensinada. Se acrescentarmos a (a) e (b) que alguma coisa é conhecimento se e somente se é passível

mostra-se Sócrates tão apaixonado quanto a esse conhecimento, sempre perguntando o que é (sob seus vários diferentes nomes: coragem, sabedoria, justiça, piedade, temperança[59]); se pode ser ensinado; se é forte; se dele se pode fazer uso com más intenções; se é mais feliz com esse conhecimento do que se é sendo injusto; se políticos, poetas, artesãos, retóricos ou sofistas o têm; e assim por diante?[60]

---

de ser ensinada, temos aí uma contradição. O *Mênon* deixa claro que a afirmação de Sócrates, de que a virtude não pode ser ensinada, baseia-se no enunciado de que *não existem professores*, uma vez que os políticos, que supostamente devem ser os professores da virtude, evidentemente não detêm o conhecimento em questão. E, bem certo é, não pode haver professores de virtude ainda que o mais sábio dos mortais não tenha conhecimento substantivo de bens e males (ver também [e] na nota 41; e também a nota 63).

[59] *Protágoras* 329c6-d1, 349b2-3.

[60] Essa é uma lista representativa de questões socráticas cruciais. Muitos intérpretes afirmam que uma das subclasses dessas questões - questões *O que é?* Perguntadas das virtudes - são as questões filosóficas centrais para Sócrates. Se compreendidas, não haverá nada de muito errado nisso. Mas se supor que as respostas corretas a essas perguntas nos darão, em cada caso, uma proposição verdadeira como a "definição"; e que o ponto da definição seja nos dar "padrões" - condições necessárias e suficientes - para julgar se ações particulares qualificadas como tais, corajosas, temperadas e assim por diante; então eu tenho algumas dificuldades com a afirmação. Uma vez que falo de minhas dificuldades com as proposições abaixo (Seção VI, com notas 66, 72 e 78), aqui não direi nada mais sobre esse apontamento. Observo apenas que diversas importantes questões "O que é?" não detêm conexões fortes com padrões. Tome-se, por exemplo, "o que é a amizade? (ou, talvez, o que é o desejo do bem?, uma vez que o *Lísis* é realmente um diálogo sobre o *desejo pelo bem* em vez de o ser pela amizade), o que é a experiência do bem sobrepujada pelo prazer? (*Protágoras* 352e7-353a6, 353c1-2, 354e6-7, 357c7d1, e2, cf. 355e2-3), e *O que é retórica?* (*Górgias* 447c com 448e-449; 451a-b; 453a4 com 6-7; 462b, 463c). Os últimos dois dificilmente poderão ser arrolados entre as questões *O que é?*).

Para dois dentre os melhores desses autores, que veem as questões o-que-é? como direcionadas a padrões, ver Kraut, *Socrates, pp.* 209, 212-214, 233-234, 247, 251-252, 300, 309 e esp. 254-259, Irwin, *Plato's Moral Theory*, pp. 42-44, 61-62, 65, 68, 72. Contrapondo-se a essa visão, eu particularmente não penso Sócrates como estado particularmente interessado em casuística, exceto onde, como no *Eutífron*, 4e-9e (a principal evidência a que apelam essas interpretações), tal lhe confere uma via para o exame dessas características de *pessoas* (em oposição a ações) que conduzirão ao seu bem. *Eutífron* 9e-11b é profundamente irrelevante aos "padrões" a que Sócrates supostamente pode estar interessado; e o final do diálogo (13ass) parece preocupar-se inteiramente com ciências - que são características das pessoas: cf. 13a-b. Na verdade, parece provável que Sócrates pense que a resposta à questão *O que é piedade?* se encontre aqui - em alguma

Para responder a essa questão, devemos passar em revista as alternativas abertas para os que não têm conhecimento. Eles devem: ou (a) continuamente se empenhar para ficar cada vez mais perto desse conhecimento, ainda que se esteja virtualmente garantido de jamais vir a obtê-lo de todo; ou (b) tentar algum outro método para ser feliz e progredir na vida — em particular os métodos de retóricos e sofistas. Os diálogos socráticos são testemunho claro do fato de que Sócrates adere a (a). Para ver o motivo, passemos os olhos brevemente sobre a rejeição, por Sócrates, de (b).

Para Sócrates, como para Platão, não há dúvida de que o principal inimigo filosófico, sejam os sofistas e retóricos, cuja forma de educação é aquela que proporciona técnicas neutras para "progredir" na vida particular e na vida política — neutras uma vez que são indiferentes a todo e qualquer *bem* na vida humana que não seja o que o indivíduo *escolhe pensar* que é bom — os "valores" do indivíduo (como costumamos dizer).[61] Os sofistas e retóricos pretendem pôr *meios* persuasivos nas mãos de seus alunos para que estes alcancem objetivos que "pareçam melhores" para eles (*Górgias* 466bss,

---

espécie de ciência. Ver esp. 14b8-c1, o que vem situar o ponto de viragem do *Eutífron* em 14a11, decidindo (a) que ciências os deuses devem executar, com o intuito de ver (b) o que a ciência de servir aos deuses (13e10-11) deve executar. Kraut vê Sócrates como interessado em padrões para ações, isso em parte em razão de passagens (políticas) que pareçam lhe trazer a implicação e que um especialista em virtude deva comandar a outros, e outros, obedecer. Mas a maior parte das passagens que Kraut cita em apoio de sua afirmação parece a mim ter menos a ver com política, governo e casuística do que a educação *uma a um* do *indivíduo* (*Sócrates*, pp. 196-199, 257). (Isto é, ainda uma vez, a preocupação se dá com as características das *pessoas*, e não das *ações*. Que Sócrates deva, mesmo nessas passagens, estar mais preocupado com a aquisição individual de virtude em detrimento de juízos morais sobre ações, é isso que se poderia esperar, creio eu, considerando quão pouco uma vida política de proposição prática pareceu a Sócrates passível de inclinar uma pessoa à aquisição de uma humana orientação para o bem (Cf. *Sócrates*, pp. 208-215).

[61] Valores individuais são aqueles que o indivíduo "pensa como bons" - e o hífen aqui indica termos uma palavra inseparável. Muito embora o que alguém pensa como *vermelho* possa ser contrastado com o que é vermelho, "pensa como bom" não entra em contraste com o "é bom" em razão do hífen. (cf. a noção moderna de "juízo de valor" em oposição a juízos sobre questões científicas de questões de fato). Essa é a noção de valores que Sócrates e Platão estiveram combatendo. Está em voga ainda hoje.

esp. b11-e2, 467a8-468e5; e cf. 464d-465c), sem levantar quaisquer questões sobre o que as pessoas fazem para chegar a seus fins. Para Protágoras no *Teeteto*, está quase que explícito que *já quase não existem outras questões acerca de fins*: o que o indivíduo *pensa* ser bom é o que *é* bom "para" aquele indivíduo.[62]

Quando os sofistas dizem que podem comunicar a seus alunos uma ciência dos melhores meios para quaisquer que sejam os fins dos alunos (o fim sendo o que quer que os alunos *valorizem* mais, segundo a nota 61 — o que quer que "pareça melhor" a eles segundo o *Górgias* 466-469), Sócrates ataca a suposta ciência e a ela faz contrastar ciências como a medicina, a carpintaria, a sapataria e a navegação. Essas últimas ciências já não são mais neutras acerca do fim do que são sobre os meios. Como a medicina olha para o que é objetivamente melhor para a saúde (e não apenas para o que *parece* melhor aos pacientes no que tange à sua saúde), assim a ciência da virtude olha para o que é objetivamente melhor para os homens (não só para o que os homens *pensam* ser melhor para eles). Assim, contra o relativismo Sócrates exorta a objetividade das *ciências*, e sugere que o conhecimento, que é virtude, é apenas mais uma ciência objetiva.

Outra forma assumida pelo ataque de Sócrates às alternativas à "vida examinada" socrática é a caracterização das mentes dos retóricos, sofistas, políticos e poetas ao trabalhar mais por inspiração de vida do que por qualquer entendimento do que estão fazendo. Quando poetas dizem coisas verdadeiras, isso é puramente um produto de inspiração divina *phusei tini kai enthousiazontes*, e de forma alguma um produto de qualquer tipo de

---

[62] A frase "para aquele indivíduo", é claro, assume efeito desembaraçador. Tudo o que estou dizendo aqui é que o desfecho para "o que parece bom a *A* é bom para *A*" é o de que, com base nessa concepção, o final que um indivíduo possa ter é bem aquele que lhe possa parecer. Para Protágoras no *Teeteto*, ver 152-b, 166d4-8 (é e parece) 172a1-5, b-6.
O argumento do presente parágrafo no corpo do texto pressupõe que *exista* uma distinção entre fazer o que *é* melhor e fazer o que *parece* melhor a você. E, como relembrei há três parágrafos atrás, Protágoras negaria isso. Muito embora o argumento de Sócrates aqui funcione contra posições como as de Górgias e de Pólus, ele não funcionará contra qualquer posição que seja radical como a de Protágoras. Só se irá argumentar frontalmente contra a posição protagoriana radical no *Teeteto*. Mesmo o Crátilo 385e-386d é simplesmente uma réplica do apelo às ciências por Sócrates.

sabedoria ou entendimento do que disseram (*Apologia de Sócrates* 21css, esp. 22c3). Assim também, intérpretes de Homero como Íon dizem que o que eles dizem não vem do conhecimento, mas fazem-no por "isenção divina" (ver *Íon* 534c, 535a, 536c-d). Para essa "isenção divina" como fonte de incompreensíveis atividades de *políticos*, ver *Mênon* 99e.[63] De modo semelhante, no *Eutidemo* 289c-290a, a arte de fazer discursos é dita "altiva" e "divina" (*thespesia*) — como a arte de encantar serpentes, tarântulas e escorpiões! E na *Apologia de Sócrates* 20d-e, Sócrates fala de sofistas como Górgias, Pródico, Hípias e Eueno como tendo uma sabedoria "para além da dos humanos". Considerem-se agora todas aquelas buscas do bem pelos homens — as buscas de poetas, exegetas, políticos, retóricos e sofistas — que Sócrates vê como rivalizando na procura que, pensa ele, os humanos deveriam chamar para si. Para cada um desses, Sócrates dirá o que ele diz da retórica: que *não é uma ciência* (*Górgias* 463ass com 464d-457c). O que as referências à divindade denotam é a sugestão de que as atividades da poesia, da política (conforme

---

[63] Obviamente, estou tomando o Mênon como irônico em sua sugestão de que poderia haver virtude baseada na crença verdadeira e não no conhecimento. Em outras palavras, tenho esta parte do *Mênon* como fazendo referência ao *Íon* sobre "dispensação divina" (De que modo os políticos alcançam a virtude, uma vez que eles não têm conhecimento? É um milagre divino!, diz Sócrates).
Outros intérpretes tomam o *Mênon* como antecipando as virtudes da classe militar na *República*. Isto é, eles tomam o trazer à baila, pelo *Mênon*, da crença verdadeira sem conhecimento como uma forma de virtude na condição de uma sugestão séria acerca da virtude - abrindo caminho para a virtude da coragem na República em uma classe militar que *em si não possua conhecimento, mas seja apenas uma crença verdadeira* cf. ponto 9 na seção II. Em meu "Unity of Virtue" n. 32 eu não tomo essa interpretação em sentido estrito.
Contra tais intérpretes, pode-se insistir que o tratamento bruto, por Sócrates, de Anito nesse contexto no Mênon conte fortemente contra a concepção segundo a qual Sócrates está seriamente sugerindo que os políticos tenham um tipo de virtude bastante adequado. Ora é o Anito perigosamente virulento - o mais formidável dos acusadores eventuais de Sócrates - que Sócrates escolhe como representante e defensor dos políticos; ver esp. 5e com b, e observar a razoável conjectura segundo a qual é a Anito que se faz referência em *Apologia de Sócrates* 21c. Cf. também o tratamento áspero concedido a Péricles e a Temístocles (*Mênon* 93b-94), tratamento este que é mau recebido por Anito em 95a. Eu abordo esse aspecto com mais detalhes em "Belief-Relative Sciences", Apêndice II. Para uma concepção oposta, ver Kraut, *2*, 278, 285ss, em esp. n. 81; ver também notas 41 e 58.

praticada por Péricles *et al.*) e a interpretação de Homero (conforme praticada por Íon) são, tal qual a retórica, *não ciências*. Diferentemente dessas habilidades (expertises) de artesãos (quando ficam dentro das fronteiras de sua própria habilidade), tais atividades não envolvem conhecimento. De que maneira retóricos, políticos, poetas e que tais podem realizar tanto como evidentemente o fazem se não tiverem ciência, se não tiverem habilidade? É por intervenção divina — um milagre divino!

Esta, pois, é a resposta de Sócrates ao relativismo: negar que os estados mentais de ditos especialistas como retóricos, sofistas, políticos, poetas e outros se assemelhem aos de legítimos cientistas.

É claro que eu apenas sugeri aqui *o motivo pelo qual* Sócrates pensa que nenhuma dessas disciplinas é uma ciência. A resposta tem a ver com a falta de coerência implicada nos fins dessas pretensas ciências. Uma vez que as promessas retóricas a lhe fazer *parecem* melhores *independentemente de ser ou não de fato melhores*, resulta daí a possibilidade de uma séria incoerência (Quero ser feliz, e acho que serei o mais feliz possível se tiver um rival político exilado; então eu contrato um orador para encontrar e empregar os melhores meios de persuasão para o meu fim. Na verdade estou errado ao pensar que serei mais feliz daquele jeito. O resultado é que existe uma incoerência em meu desejo de ser feliz. O que eu desejo é *que o exílio de meu rival político de fato me faça mais feliz*; mas uma vez que qualquer exílio que me esteja disponível nessas circunstâncias não me fará feliz, não pode haver ciência do tipo que a retórica afirma ser, que possa me garantir tal fim.).[64]

Na seção a seguir, ofereço outra explicação sobre o motivo pelo qual poetas, retóricos e outros não têm conhecimento de "alguma coisa que eles digam".

---

[64] Para a minha insistência em "querer que o exílio de meu rival de fato me faça mais feliz" em oposição a simplesmente ("simplesmente": *Górgias* 468c3) "querer o exílio de meu rival", ver notas 25 e 26, com nota 24. Existe um debate mais detalhado da questão como um todo em meu "Power and Desire".

VI. Método Socrático e ignorância Socrática

Concluo com algumas observações sobre a sinceridade (da qual não raras vezes se duvida) da afirmação de Sócrates sobre saber apenas que ele nada sabe. Podemos defender essa sinceridade, eu sugiro, se nos atermos à estratégia anunciada na Seção III — se notarmos como, para Sócrates, debater qualquer questão ética parece inevitavelmente envolver alguém debatendo (aquilo que em primeiro lugar pode-se ter pensado ser) questões éticas muito diferentes.

Considere em primeiro lugar como Sócrates argumenta que nada sabe (*Apologia de Sócrates* 19bss, esp. 20 c-d). Àqueles de quem posso pensar serem mais sábios do que Sócrates, porque conhecem algo de substancial sobre como uma pessoa deve viver — poetas como Ésquilo — revela-se o exame socrático sobre como "nada saber do que eles estão dizendo" (*Apologia de Sócrates* 22c3). A diferença em relação a Sócrates é que ele *sabe* que ele "nada sabe do que está dizendo", enquanto Ésquilo e outros não se dão conta disso (Apesar de sua preocupação em cuidar de almas, Sócrates efetivamente nada sabe sobre melhorar os homens no sentido do que treinadores de cavalo sabem sobre aperfeiçoar cavalos; *Apologia de Sócrates* 19d-20c).

Existem vários problemas com a afirmação de saber somente que não sabe nada para os quais não tenho espaço de tratar aqui.[65] Mas a questão crucial é: por que Sócrates defende que ninguém, de modo algum, incluindo ele mesmo, sabe de nada substancial sobre as questões que ele está investigando? Adentremos aqui um experimento de pensamento. Imagine o poeta Ésquilo acreditando que é bom se conhecer (cf. *Prometeu acorrentado*, 309) e Sócrates afirmando de si próprio que é bom se conhecer a si mesmo (cf. *Alcibíades* I 127e-135e), concedendo, assim, aparentemente, que a crença de Ésquilo é verdadeira. Finalmente, imagine que Ésquilo acredite nisso porque tal lhe foi dito pelo Oráculo, e que o Oráculo é confiável por nunca dizer nada que

---

[65] Por exemplo, a alegada contradição dessa última afirmação por afirmações constantes na *Apologia* 29a6-b9 e 37b5-9; e as alegadas afirmações de Sócrates sobre superioridade moral na *Apologia* 34e-35a, que a alguns assumiu ares de uma reivindicação de conhecimento moral.

não seja verdadeiro; imagine que nem Sócrates nem Ésquilo tenham razão alguma para duvidar de algo que o Oráculo esteja dizendo nessa ocasião. Com base nisso, não deveríamos inferir que Ésquilo *sabe* que é bom conhecer a si mesmo? Certamente deveríamos, sim, por padrões já não intelectuais, inferir que os filósofos modernos tendem a lidar com o conhecimento.

Sócrates, sabemos, não permitirá que Ésquilo conheça coisa alguma. Ao deparar com tal afirmação, Sócrates fará a Ésquilo toda uma série de questões — não apenas aquela inseparável, sobre a verdade da sentença "é bom conhecer a si mesmo", mas questionará as razões pelas quais Ésquilo pensa que isso é verdade, e de fato todos os tipos de outras questões atreladas ao conhecimento de modo geral: se esse conhecimento é o todo da virtude ou apenas parte dela; se esse conhecimento pode ser ensinado, se esse conhecimento é em si suficiente para fazer alguém feliz, se as paixões e prazeres podem sobrepujar esse conhecimento e assim por diante — por pouco não procedendo a um exame da vida inteira de Ésquilo (*Laques* 187e-88c). Se Ésquilo deparar com quaisquer dessas questões ao atravessar o campo minado socrático, Sócrates dirá que Ésquilo não sabe nem mesmo que é bom conhecer a si mesmo (*Apologia de Sócrates* 22c3).

Um moderno provavelmente defenderia Ésquilo dizendo, "veja, é suficientemente verdadeiro que Ésquilo não sabe quanto a essas *outras* coisas; mas ele sabe que o autoconhecimento é bom" (Sendo assim, um moderno pode ter defendido Édipo quando ele disse: "Eu não sei o que mais pode ser verdadeiro sobre Jocasta; mas eu sei que sou casado com ela e que ela é viúva de Laio". Sócrates negaria isso?).

Mas a visão de Sócrates era a de que, a não ser que Ésquilo pudesse sustentar um típico exame cruzado de Sócrates nas cercanias — próximas ou nem tanto — da afirmação de que é bom conhecer a si mesmo, ele não saberia que é bom conhecer a si mesmo.

Agora, por que deveria? Por que razão o dever saber que autoconhecimento é bom requer que se saiba que a virtude não é algo passível de ser ensinado? A hipótese que desejo sugerir aqui versa sobre a *identidade da coisa conhecida*. Para Sócrates, para fins de conhecer não basta que seja bom se conhecer a si mesmo, que se conheça (como se diz hoje em dia) a *proposição* segundo a qual é bom conhecer a si mesmo.⁶⁶ Ou então, para fazer uma observação estreitamente relacionada,⁶⁷ não basta saber que uma sentença com o mesmo sentido e gramática como "é bom conhecer a si mesmo" é verdadeira. Para Sócrates, a coisa conhecida quando se conhece que é bom conhecer a si mesmo inclui não apenas o que as palavras significam, ou que as palavras são usadas para expressar a opinião, mas também aquilo a que as palavras fazem referência. É o conhecimento que se tem de si mesmo, conhecimento do que é bom para si mesmo? É um conhecimento que não pode ser sobrepujado pelo prazer? Se é, então Sócrates proporá que saber que é bom conhecer a si mesmo deve também envolver saber que o conhecimento não pode ser sobrepujado pelo prazer. Agora, *que o conhecimento não pode ser sobrepujado pelo prazer* é algo dificilmente incluído na proposição de que é bom conhecer a si mesmo; e dificilmente poderia ser aprendido pelo dicionário de sentido das palavras "é bom conhecer a si mesmo". Assim, para Sócrates, saber que é bom conhecer a si mesmo envolve um tanto mais do que conhecer a proposição de que é bom conhecer a si mesmo.

Outro exemplo pode deixar isso mais claro. Tome-se a oferenda de Nícias de "coragem é o conhecimento do temeroso e do esperançoso" como uma abordagem do que a coragem é. Nícias afirma ser essa uma abordagem socrática (*Laques* 194c8-d2), e Sócrates reconhece que ela efetivamente é (*Laques* 194d3; cf. *Protágoras* 358d5-7, 360c6-d5). Ainda assim, em 197e-199e, Sócrates reduz essa abordagem a um absurdo, como segue:

O temeroso = futuros males, e o esperançoso = futuros bens;

---

⁶⁶ Na filosofia moderna é axiomático que (a) *coisas conhecidas*, (b) *coisas realmente amadas*, e mesmo (c) *coisas falsamente amadas sejam todas o mesmo tipo de coisas: proposições*. De modo que, se quaisquer desses tipos de coisas existir independentemente de nosso pensamento e linguagem [como se poderia esperar que fosse o caso de fatos e coisas], assim também fazem os outros; e se qualquer desses seja mero artefato conveniente da teoria (como se pode suspeitar que seria o caso de falsas crenças e mesmo de crenças verdadeiras), eles todos são. Embora eu compreenda a conveniência para filósofos desse modo arregimentar os objetos de conhecimento e crença, tenho algumas dúvidas acerca de proposições tornadas familiares por Quine, Davidson e outros (cf. também meu "Belief Relative Sciences"). Mas não é o lugar aqui de discutir essas dúvidas.

⁶⁷ A observação se deve a Kent Anderson.

Assim, coragem = o conhecimento de males e bens futuros.

Mas a ciência de futuros Ks = a ciência de todos os Ks, passados, presentes e futuros;

Por isso, a coragem é o conhecimento de todos os males e bens, passados, presentes e futuros.

Mas o conhecimento de todos os bens e males = virtude;

E, nessa medida, a coragem, que supostamente era apenas parte da virtude, teria de ser o todo da virtude;

Assim, o fato é que a coragem não pode ser o conhecimento do temeroso e do esperançoso.

O que aconteceu aqui? Sócrates aparentemente refutou a sua própria abordagem do que a coragem é. Ou fê-lo de fato? Em minha "Unidade da Virtude", sugiro que Nícias tenha sido refutado porque ele pensa ser a coragem apenas parte da virtude. Uma vez que vemos, o que Nícias não vê, aquilo em favor do qual Sócrates está arguindo (UV), a dificuldade desaparece.

Agora, evidentemente Sócrates não está aqui para refutar a *proposição* segundo a qual a coragem é o conhecimento do temeroso e do esperançoso. Se estivesse, estaria refutando uma proposição que ele próprio aceita. Não é com as proposições que ele está preocupado, e sim com a natureza da coragem. É com a natureza da coragem que ele está preocupado. A coragem da qual Nícias acredita ser o conhecimento do temeroso e do esperançoso é uma coragem que é apenas parte da virtude. A coragem que Sócrates acredita ser o conhecimento do temeroso e do esperançoso é a totalidade da virtude — como no *Protágoras* (ver [e] na nota 21). Para Sócrates, saber que a coragem é o conhecimento do temeroso e do esperançoso *é* (ou pelo menos *requer*) o conhecimento de que a coragem não seja meramente parte da virtude.[68] Argumentos similares poderiam ser desenvolvidos para mostrar

---

[68] É claro que esse exemplo depende da correção de minha interpretação de *Laques* 197a-199e. Tanto Vlastos, Platonic Studies, como Kraut, Socrates, 260, argumentam que Sócrates não pode estar atacando a afirmação de que a coragem é apenas parte da virtude, uma vez que ele próprio a introduz em 190c8-d8. Toda a primeira passagem,

que saber que a coragem é o conhecimento do temeroso e do esperançoso também requer que se saiba que o conhecimento é forte, que ninguém erra voluntariamente, que a virtude não é passível de ser ensinada, e assim por diante. Para saber qualquer coisa que seja sobre a bondade humana, ter-se-á de saber tudo a respeito dela.[69]

É um erro, então, olhar para o *elenchus* socrático como um processo de tentar estabelecer certas proposições com base em certos argumentos dedutivos.[70] A questão versa sobre *condições de identidade* para *coisas conhecidas*, onde muitos modernos pensam que o ser bom de conhecer a si mesmo é um fato a ser conhecido, enquanto o ser do conhecimento forte é outro fato a ser conhecido, e a virtude sendo o conhecimento do outro e não podendo ser ensinada a outrem, Sócrates não vê as verdades sobre bem e mau como rompendo nesses e em tantos outros átomos claramente demarcados em relação a cada outro. Para Sócrates, uma falta de compreensão sobre como é que a verdade sobre como se passa que a verdade não pode ser ensinada e, ainda assim, ser conhecimento revelará uma falha no conhecimento segundo o qual é bom conhecer a si mesmo.

Agora, é verdade que algo como a observação que estou fazendo aqui pode ser traduzida em uma observação com o uso de proposições. Do fato de que Sócrates não permitirá que algo seja o conhecimento que envolve afirmação de uma expressão de crença socrática, mas negação de outra, pode-se dar conta dizendo o que estou dizendo — que a coisa a ser conhecida é mais ampla do que uma proposição. Mas disso também pode se dar conta dizendo-se que o conhecimento de uma proposição não

---

com *Laches* em 190c8ss, demanda discussão. Em outra parte deverei apresentar tal discussão, com resposta a objeção de Vlastos-Kraut.

[69] Argumentos paralelos a esses recém arrolados a respeito de Nícias no *Laques* podem ser elaborados acerca das óbvias tentativas por Crítias de proporcionar a Sócrates abordagens da temperança no *Cármides* e sobre a abordagem socrática por Mênon do que é a virtude no *Mênon*. Ver exemplos (c) e (d) na nota 41.

[70] Como em abordagens do *elenchus*, a exemplo de Vlastos, "The Socratic *Elenchus*", *Oxford Studies in Ancient Philosophy* 1 (1983): pp. 39-42, 47-49, que trabalha com uma forte distinção dedutivo-indutiva e com os critérios mais estritos possíveis de identidade proposicional.

é possível isoladamente em relação ao conhecimento de todos os tipos de outras proposições.[71] É porque intérpretes em geral parecem implicitamente apreender essa interconexão das proposições que eles encontram em Sócrates que eles, em sua maior parte, se relacionam tão bem com as concepções de Sócrates — apesar de estarem casados com proposições.[72] O risco para tais intérpretes sobrevém quando, por exemplo, eles começam a pensar nas "definições" socráticas como dando condições necessárias e suficientes para a aplicação de uma palavra-virtude a uma ação. Pois nesse caso eles tendem a pensar em tais "proposições" como inteligíveis isoladamente de outras proposições (cf. nota 60).

Então, passemos a uma breve explicação sobre a afirmação de Sócrates, de que os poetas não sabem coisa alguma do que estão dizendo. Seu suposto conhecimento de alguma proposição, enquanto isolada de outras, não contará como conhecimento de coisa alguma. Essa explicação sobre por que Sócrates diz que poetas (e na verdade políticos, intérpretes de Homero, retóricos e — fora de sua habilidade específica — artesãos) nada sabem de

---

[71] Devo essa observação a Ruth Saunders. Os que acreditam em proposições devem meramente atribuir a Sócrates a concepção segundo a qual não se pode conhecer a proposição de que o autoconhecimento é bom se não conhecer a proposição (já bem diferente) segundo a qual o conhecimento é forte. (Alguns teóricos derrotistas podem encontrar um meio pelo qual o conhecimento que um indivíduo tem de uma proposição seja derrotado pelas falhas no conhecimento que um indivíduo tem da outra.

[72] A posição de Kraut, *Socrates*, 280-5, é interessante nessa conexão. Pois ela chega muito perto da posição que estou defendendo aqui, como eu já fizera em meu "Virtue and Motivation" - apesar de tão forte compromisso da parte de Kraut com proposições de tipo fregeano. (Para o compromisso de Kraut com as proposições, ver *Socrates*, pp. 197 n. 8, 211, 220-222, 225, 23, 241, 246, 260, 264, 269, 272, 278-279, 283-284); em muitas dessas passagens Kraut está na verdade *considerando* proposições ("algumas crenças verdadeiras, algumas crenças falsas"). Kraut mostra essa mesma proximidade com minha posição em sua resenha de Plato's Moral Theory, *Philosophical Review* 88 (1979): pp. 633-639. Curiosamente, podemos também encontrar em Irwin (*Plato's Moral Theory*, pp. 63-64, 69-70) passagens reminiscentes de posições semelhantes em Kraut e em meus próprios textos. Assim, tanto é o caso de que Kraut, em determinadas passagens, corretamente critica Irwin pela escassa atenção ao quadro mais amplo (eu diria: interesse por demais estreito, voltado a proposições individuais) e de que também Irwin, muito adequadamente, atenta ao quadro mais amplo.

coisa alguma que dizem, vem suplementar a explicação brevemente esboçada ao final da Seção V.[73]

Além de nos ajudar a compreender por que Sócrates parece atacar concepções que ele próprio aceita, essas observações podem também nos ajudar a compreender o papel dos chamados paradoxos socráticos. Uma observação paradoxal — e Sócrates por vezes fala em "enigmas" — é apenas o tipo de coisa que pode forçar alguém a ver os surpreendentes entretecimentos de (o que os modernos tendem a pensar como) afirmações socráticas muito diferentes — um entretecimento que é central a toda abordagem de Sócrates à ética (Com relação a isso, os paradoxos socráticos apresentam-se precisamente ao modo de contradições ou conclusões absurdas a que se chega após alguma dialética socrática).

De novo, minha explicação nos ajuda a ver que, quando Sócrates reduz ao absurdo os posicionamentos de seus interlocutores por seu *elenchus*, ele não está dando as costas para o que seria um fracasso do amor.[74] Ora Sócrates não acha que dar a alguém uma fórmula, tal como "a coragem é o conhecimento do temeroso e do esperançoso" será de

---

[73] Sobre a conexão entre as duas explicações: na seção precedente, uma falsa crença razoavelmente trivial ("pequenos atos, grandes consequências") pode desencadear toda uma estrutura de meios e fins, assim como, na presente seção, o conhecimento segundo o qual a virtude é conhecimento pode ser desencadeado por não saber por que não há professores de tais coisas. Em ambos os casos, fracassa-se em ver o quadro como um todo.

[74] Ver Vlastos, "Introduction: The Paradoxo of Socrates", p. 6. Aqui Vlastos afirma que por detrás (do que Vlastos vê como) o fracasso de Sócrates em ver que o conhecimento em si mesmo não pode ser o meio de salvar as almas humanas, reside um "fracasso de amor".
Ao dizê-lo, não estou dando excessiva seriedade ao exterior espinhoso e às posturas de pugilistas. Já defendi que ele cuida da alma de seus companheiros. Mas esse cuidado é limitado e condicional. Se as almas dos homens devem ser salvas, é desse modo que devem ser salvas. E quando ele vê que elas não o podem ser, é com pesar que ele as olha descendo a rua da perdição, mas sem angústia. Jesus chorou por Jerusalém. Sócrates adverte Atenas, ele a reprime, ele a exorta, ele a condena. Mas não verte lágrimas por ela. É de se perguntar se Platão, que se enfureceu com Atenas, não a amou mais em sua fúria e a odiou do que algum dia Sócrates em suas reprimendas tristes e de boa têmpera. Sente-se que há uma última zona de frigidez na alma do grande erótico; tivesse ele amado mais a seus companheiros, dificilmente teria depositado sobre eles os fardos de sua (como Nietzsche a vê) "lógica despótica", impossível de suportar.

alguma valia para eles se não compreenderem — e o compreenderem aqui é *por si mesmos* — que a tal *coisa ampla a ser conhecida* é aquilo a que a sentença faz referência (Comparar "Édipo é casado com Jocasta" não sendo de nenhuma serventia para o Departamento de Saúde Pública de Tebas quando, procedendo ao rastreamento das origens de uma praga, ele pergunta: "com quem Édipo é casado?" A fórmula verbal, sem total verdade acerca da pessoa sobre a qual se pergunta, não será de nenhuma serventia). Para Sócrates, somente alguém que está de posse de toda a verdade sobre coragem e conhecimento *saberá* que a coragem é o conhecimento do temeroso e do esperançoso. Somente tal pessoa terá o conhecimento que é virtude. O amor pelos interlocutores envolve precisamente tentar trazê-los para tal conhecimento, recorrendo, provavelmente, ao único meio pelo qual se pode tê-lo — pelo *elenchus* socrático — e sem a influência corruptora da autoridade socrática (ou de qualquer outra).

Minha explicação também lida com dois outros *explananda*. Em primeiro lugar, por que Sócrates insiste em examinar somente as crenças reais das pessoas?[75] Porque ele não está interessado em tê-las dando *a ele* uma mera fórmula para exame — ele quer algo mais do que, ele pensa, poderia ser útil a elas se lhe dessem uma mera fórmula.[76] Expressões particulares de crença por parte de uma pessoa destinam-se também a cobrir partes da crença do interlocutor que não são dadas meramente pelas palavras naquela expressão ou por seus sentidos (dicionarizados). Como vimos, a crença de Nícias de que a coragem é o conhecimento do temeroso e de que o esperançoso é uma crença sobre uma *coragem (suposta) que é apenas parte da virtude. Essa* é a crença de Nícias que deve ser examinada — não uma crença de *proposição.*

A coragem é o conhecimento do temeroso e do esperançoso (quer a coragem seja parte da virtude, ou o todo dela) é verdadeira.

---

[75] Vlastos, "The Socratic *Elenchus*", p. 35.
[76] Ver o parágrafo precedente.

Em segundo lugar, o que é a conexão entre o questionamento socrático de crenças e a "dimensão existencial" do *elenchus* — o exame da vida das pessoas como um todo (*Laques* 187e-188a)? Não será um caso de uma "dupla objetiva" para o *elenchus*: examinar a verdade de uma proposição e examinar a totalidade da vida de uma pessoa.[77] Não, uma vez que (a) examinar a crença de uma pessoa com relação à coragem será examinar o montante de crenças de uma pessoa sobre virtude, conhecimento e vida boa; e (b) desejos sempre se ajustam automaticamente às crenças do indivíduo (ver [10] na Seção II); seguir-se-á que examinar a crença de uma pessoa sobre a coragem será examinar a totalidade de vida daquela pessoa.

E quanto ao próprio conhecimento de Sócrates, não está dizendo que ele não tem aderência a qualquer parte do todo, ou que efetivamente a tenha em relação ao todo. Segue-se, como consequência que o único meio de postar as pessoas no caminho da virtude será pelo iniciar desse processo de autoexame que, só ele, garantirá que, pouco a pouco, elas venham a visualizar (todas juntas) que a virtude é conhecimento, que a virtude é una, que o conhecimento é forte contra o prazer e a paixão, que a virtude não pode ser ensinada (pelo menos não no sentido comum) e que o desejo é pelo bem. Ou, para evitar que a última sentença pareça falar de cinco proposições diferentes,[78] que a virtude, que é conhecimento — forte contra

---

[77] *Ibid.*, p. 37.

[78] Sem dúvida que a maior parte dos interlocutores de Sócrates as teria considerado cinco crenças diferentes, uma vez que terão pensado que quaisquer delas poderiam ser verdadeiras enquanto qualquer outra fosse falsa. Tal é o padrão fregeano e o critério neofregeano de identidade para proposições: se Édipo pensa que (a) ele é casado com Jocasta, mas que é falso que (b) ele está casado com sua mãe, então mesmo para Tirésias, que sabe da verdade, (a) e (b) expressam crenças diferentes, e (a) e (b) são, por essa razão, fatos diferentes. (cf. nota 66). Mas está claro que isso está correto? Se quisermos que as crenças de Édipo sejam crenças sobre Jocasta, está claro que podemos (a) simplesmente *tudo* acerca dela, exceto talvez o seu nome, "Jocasta"?
Em todo caso, minha sugestão acerca de Sócrates é a seguinte: para saber que a virtude é una, será o caso de saber dessa virtude que ela é a virtude que é conhecimento - assim como, tomando o conhecimento de que 11 + 1 = 12, melhor e mais fácil seria saber que 12 é o sucessor de 11, e talvez mesmo que 11 é o sucessor de 10. A ideia é a de que saber que a virtude é tal e tal será, para Sócrates, conhecimento *sobre a virtude*; com isso, teremos a questão: qual virtude? Uma virtude que é o mero gênero

o prazer e a paixão (cooperando sempre com o desejo, que é sempre para o bem), e não passível de ser ensinada no sentido comum — é una. Podemos suspeitar, muito embora Sócrates jamais o diga, que pensa que ele próprio vai mais longe do que ninguém nessa tentativa de apreender o todo. Mas, a não ser que ele pense não haver nada que lhe tenha sido deixado para descobrir e combinar, ainda assim ele pode, de maneira razoável afirmar saber que sabe somente que nada sabe.

Uma objeção final. Acaso Sócrates realmente pensa haver coisas para ele descobrir? Richard Kraut pergunta, e o faz de maneira bem apropriada, que evidências tenho eu, em minha interpretação de Sócrates, de que Sócrates pensava haver ainda problemas que lhe foram deixados para resolver.[79] Ele observa que eu deveria sentir essa dificuldade de maneira particularmente contundente porque sustento (na Seção III e na nota 41) que Sócrates muitas vezes parece saber justamente o que ele está tentando no fazer entender, e chega a fazer pairar bem diante de nosso nariz as soluções para os problemas que ele tem proposto. Onde, pois, estão os exemplos de problemas não resolvidos, se as soluções estão sempre

---

de cinco diferentes virtudes, sabedoria, temperança e assim por diante? Ou uma virtude que é *idêntica a* sabedoria, que é idêntica a temperança, e assim por diante? Temos de conhecer a referência de "virtude", e não apenas o sentido (Com referência a ortodoxas análises proposicionais fregeanas de contextos de crença e conhecimento, a crença de que a virtude é conhecimento não diz respeito à referência de "virtude" tanto quanto ao sentido de virtude). Eu discuto esses tópicos um tanto mais nos manuscritos não publicados citados na nota 25.

Será óbvio que as observações do parágrafo precedente também falam diretamente à alegada "falácia socrática", que durante muito tempo confundiu e aborreceu leitores modernos (Ver P. T. Geach, "Plato's Euthyphro: An Analysis and Commentary", *Monist* 5 (1966): pp. 369-382; também Taylor, *Plato's Protagoras*, pp. 212-213, sobre *Protágoras* 360e6-361a3). A "falácia socrática" é encontrada na afirmação de Sócrates, segundo a qual nós não podemos saber se x é F até sabermos o que é x. Modernos negam essa afirmação. Eles dizem que podemos saber que x é F sem conhecimento (exaustivo ou essencial) sobre o que x é. E, mais ainda, só chegamos a saber o que a referência de "x" é (= o que x é) conhecendo primeiro porções de "fatos" como *que x se F*. (Fatos sendo proposições verdadeiras, e proposições sendo sentidos, tudo a que precisamos ter acesso para, nessa concepção, saber que x é F é o sentido de "x". Não precisamos conhecer a referência de "x"). É essa imagem que estou negando quando digo que para Sócrates o conhecimento de que x é F é o conhecimento da referência de "x".

[79] Cf. também Kraut, *Socrates*, 245ss.

pairando diante de nós? Por que Platão representa Sócrates como um pesquisador que carece de respostas, sem nos dar quaisquer exemplos das respostas que faltam a Sócrates? (Segundo a abordagem que Kraut faz de Sócrates, nós supostamente encontramos exemplos de problemas não resolvidos no não saber de Sócrates tal como nos é sugerido ao final do *Hípias Maior* ou ao final da refutação de abordagem de Nícias *[socrática]* da coragem como conhecimento do temeroso e do esperançoso. Ver notas 40, 41).

Minha resposta é a seguinte: em primeiro lugar, onde quer que um diálogo nos deixe com uma *aporia*, a experiência tem me dado a entender que a estratégia da Seção III — assumir que existe algo que Sócrates quer ver e tentar rastrear — quase sempre ali está a pagar dividendos. Eu seria capaz de aderir de maneira irrestrita a abordagens que, por meio desse princípio, são produzidas de passagens como as acima citadas do *Hípias Maior* e do *Laques*, bem como de outras, citadas na nota 41. Acaso isso sugere que Sócrates tem todas as respostas? Não vejo por que deveria. Toda a questão da presente seção deste artigo — como da Seção III e da nota 41 — é a de que, para se ter algo certo quanto ao bem humano, é preciso ter tudo certo a respeito. Sócrates ainda teria muitas coisas para dizer a respeito, e para acertar a respeito.

Mas, que coisas específicas Sócrates ainda teve de descobrir? Alguns exemplos que logo pululam à mente são (a) a natureza da felicidade (sobre a utilidade da qual Sócrates, diferentemente de Aristóteles, fala muito pouco; (b) a natureza do prazer (de novo o contraste com Aristóteles se faz notável); (c) os defeitos do protagorianismo radical (aqui é o contraste com o *Teeteto* de Platão que se mostra notável) — muito embora Sócrates dificilmente teria refletido sobre a possibilidade de qualquer estratégia antiprotagoriana que não fosse o apelo às ciências; (d) um grupo de argumentos mais articulado e mais convincente que sempre o lesa para lesar a outros; (e) abordagens mais convincentes da *função* dos homens e da arte do regrar; e assim por diante. Tenho a todos esses como problemas não resolvidos por Sócrates. Mas é difícil acreditar que ele não tenha de fato sentido os problemas em (a), (b), (d) e (e). E o fato de não serem mencionados como problemas não resolvidos talvez se deixe explicar meramente pelo fato de Sócrates estar ocupado tentando fazer seus interlocutores pensarem o aspecto por eles levantado através de alguns dos problemas que ele, Sócrates, mais ou menos entreviu.

O *x* da questão é este. Kraut vê o conhecimento do que é a coragem como o conhecimento da definição da coragem; e esse conhecimento ele vê como o conhecimento de alguma proposição particular sobre a coragem (ver as referências na nota 72). Essa proposição, defende Kraut, Sócrates não sabe se é verdadeira. Com isso, não pretendemos, no *Laques*, ver que a coragem, o conhecimento do temeroso e do esperançoso, é idêntico ao conhecimento dos bens e males que é a virtude.

Contrariamente a isso, eu digo que essa concepção proposicional do que a coragem é assemelha-se perigosamente à concepção segundo a qual "o que é coragem?" demanda o *sentido* de "coragem" em vez da referência (Proposições são sentidos de sentenças). Não há razão pela qual Sócrates não deva ter desejado nos ver — como abordagem *parcial* do que a coragem é, e como meio de prover a solução para um problema. Nícias não pode entrever aí que a coragem é o todo da virtude. Mas dispor de tal abordagem parcial ainda não é conhecer o que a referência à "coragem" é. Saber o que a coragem é não basta para proporcionar a alguns uma proposição (o significado, ou sentido, de alguma sentença) como definição. É preciso saber o que a *referência* da coragem é. Frege diz sobre a referência: "O conhecimento abrangente da referência requereria de nós que fôssemos capazes de dizer imediatamente se qualquer dado dos sentidos pertence a ela. E tal conhecimento nós nunca atingimos."[80] É esse o tipo de conhecimento da virtude, do conhecimento, do poder, do desejo, do bem, e outros, para o qual eu vejo Sócrates mobilizando seus esforços.[81]

---

[80] Frege, "On Sense and Reference", in *Translations from the Philosophical Writings of Gottlob Frege* Peter Geach e Max Black, editores, 2. ed. (Oxford, 1960), p. 58.

[81] Da mesma forma, o que é importante em uma *interpretação* de Sócrates é que (como alguém poderia dizer) as peças diferentes - sobre a virtude sendo conhecimento; sobre o desejo sendo desejo do bem; sobre ambivalência, vantagem, retórica, poder e poesia; sobre a nocividade a outrem; sobre ser sobrepujado pelo prazer; e assim por diante - dependem todas umas das outras, compondo um todo único. Embora eu não tenha sido capaz de *mostrá-lo* no espaço disponível, mas meramente sugeri-lo, espero que tal seja verdadeiro

Eu gostaria de agradecer a Antonio Chu, Paula Gottlieb e Ruth Saunder por lerem meu primeiro esboço, poupando-me de muitos erros, imprecisões e colocações infelizes. Minha maior dívida, neste artigo como em diversos outros artigos recentes que tenho escrito sobre Sócrates, é para com Richard Kraut, que me proporcionou um soberbo e probatório conjunto de comentários, bem como objeções ao meu penúltimo esboço. Creio que persuadi-lo de algumas dessas questões equivalia conseguir alguma coisa em estudos socráticos. E receio que ainda possa estar um pouco distante desse objetivo.

---

de minha interpretação, como o é (de fato) de interpretações bem diferentes de Vlastos, Santas, Irwin, Kraut e outros. Não há substituto para a elaboração de uma concepção integral de todas essas questões simultaneamente. Isso significa, é claro, que o risco de erro de interpretação passa a ser correspondentemente maior. Como ficará claro, acredito que isso tenha algo que ver com explicar o fato de que, muito embora Sócrates pareça alimentar, com muita seriedade, toda uma série de crenças, ele afirma jamais saber *algo de substancial*. O conhecimento de algo substancial só poderia advir se alguém tivesse certeza de cada parte do quadro. Da mesma forma, embora eu acredite que minha interpretação seja melhor do que suas rivais, eu não afirmaria *saber* que é correta.

5 Método matemático e verdade filosófica

Ian Mueller

Gostaria de agradecer a Richard Kraut pelos comentários feitos a uma versão inicial deste artigo

1. A academia de Platão e as ciências

Em algum momento entre o início dos anos 380 e meados dos 360, Platão fundou o que veio a ser conhecido como a Academia.[1] As informações que temos sobre os primórdios da Academia são muito escassas. Sabemos que Platão foi líder da Academia até sua morte e que seu sobrinho Espeusipo o sucedeu nessa posição. Sabemos que jovens vinham de todo o mundo grego para a Academia e que o mais famoso deles, Aristóteles, ali permaneceu por aproximadamente 20 anos. Contudo, ao que parece, pelo menos no tempo de Platão, não havia encargos vinculados à presença na Academia.[2] Assim, não parece muito provável que houvesse qualquer "corpo docente" ou que "alunos" assistissem a uma série de cursos para qualificá-los a ocupar algumas posições na vida. A Academia era, mais provavelmente, uma comunidade de intelectuais que se autossustentavam e ali estavam reunidos em torno

---

[1] Existe um debate bastante útil a respeito da Academia de Platão no cap. 2, de John Patrick Lynch, *Aristotle's School* (Berkeley, 1972). A evidência para mais asserções sobre Platão e a Academia é de caráter muito complicado. Eu procuro indicar com clareza quando o que digo é geralmente aceito e quando já se trata de algo mais controverso.

[2] Ver Diogeneus Laertius, *Lives of the Philosophers*, IV.2; Olympiodorus, *Commentary on the First Alcibiades*, 140, pp. 16-17 Creutzer; e Olympiodorus, *Anonymous Prolegomena to the Philosophy of Plato*, 5, pp. 24-27 Westerink.

de Platão, e buscando uma série de interesses que iam das abstrações da metafísica a questões mais concretas de política e ética.

No Livro VII da *República*, Sócrates descreve um plano de educação superior destinado a transformar os jovens mais promissores de uma utópica cidade-estado em governantes ideais. Frequentes vezes se supõe (o que se faz muito naturalmente) que esse currículo trazia uma relação significativa com os planos de Platão para a Academia; eventualmente esse currículo chegou mesmo a ser descrito como, em essência, os planos em si mesmos.[3] É importante ver que tal suposição está sujeita a qualificações importantes. Ora, em primeiro lugar, a Atenas do quarto século ainda não chegava nem perto de ser a utopia de Platão; Platão não poderia esperar que os admitidos na Academia estivessem já devidamente versados no modo como se esperava para os cidadãos utópicos. Em segundo lugar, o cronograma educacional da *República* parece totalmente impraticável para o instituir de uma organização privada em uma cidade livre: dez anos de matemática — isto é, de números, geometria, estereometria, astronomia matemática e harmonia;[4] cinco anos de dialética; quinze anos de experiência prática; e então, alguns poucos selecionados já na casa dos 50 anos, que cumpriram a ascese ao Bem, seguiam por períodos que alternavam o governar e o filosofar. Não sabemos se a Academia tinha quaisquer exigências curriculares, mas parece-me altamente provável que ela teria sido natimorta se Platão houvesse anunciado aos novos inscritos que eles só iniciariam seus estudos mais importantes trinta anos depois.

---

[3] Para dois exemplos influentes, ver Paul Shorey, *What Plato Said* (Chicago, 1933), p. 30; e F. M. Cornford, "Mathematics and Dialectic in the *Republic* VI-VII", *Mind* 41 (1932): pp. 173-174 (reimpresso em *Studies in Plato's Metaphysics*, R. E. Allen, editor [London, 1965], pp. 77-78. Para críticas, ver Harold Cherniss, *The Riddle of the Early Academy* (Berkeley, 1945), pp. 66-82.

[4] A esses temas Sócrates chama *mathēmata*, termo geral para coisas a ser aprendidas. Por causa da influência da *República*, a palavra veio a ser aplicada a esses assuntos de maneira específica, e assim *mathēmata* se tornou um termo técnico que se costuma traduzir por "matemática". Devo usar essa tradução, mas é importante notar que para Platão e outros autores antigos, a "matemática" inclui temas que associamos à física, bem como outros, que associamos à matemática pura.

Creio devermos pressupor que a "educação" acadêmica era mais comprimida do que isso, e que matemática, dialética e discussões sobre o bem eram conduzidas simultaneamente. Mas como eram conduzidos? De novo, acho que seria o caso de ressaltar a informalidade. Grupos de pessoas reunidas para debater assuntos de interesse comum. Nessas discussões obviamente havia líderes, professores. Sabemos que Platão deu pelo menos uma conferência pública sobre o Bem, e diversas referências em Aristóteles nos dão subsídios para pensar que Platão lançou em debate ideias que ele não chegou a expressar nos diálogos.[5] Presume-se também que a matemática envolveria o ministrar de aulas, mas temos razões para pensar que formas de discussão socrática também eram comuns.

Quando a objetos da discussão científica, é importante estar consciente de que a nossa evidência sugere que mais disciplinas do que as mencionadas na *República* recebiam tratamento na Academia. O tipo mais geral de evidência que se tem inclui apenas os interesses de várias pessoas intimamente associadas à Academia.[6] Mas temos também indicadores mais específicos. Um deles vem de uma conversa entre indivíduos não identificados em certo fragmento (Theodorus Kock, editor, *Comicorum Atticorum Fragmenta*, 3 vols. [Leipzig, 1880-8], 2: pp. 287-288) de uma comédia de Epícrates, contemporâneo de Platão:

E quanto a Platão, Espeusipo e Menedemo?[7] De que temas estão tratando agora? Que pensamento, que argumento estão investigando? Se vierem a saber de qualquer coisa, por favor, contem-nas com discrição.

Posso falar sobre essas coisas claramente. No festival panatenaico, eu vi um bando de jovens alegres no ginásio da Academia[8] e os ouvi dizer coisas

---

[5] Para uma introdução a esse tópico tão complexo, ver Konrad Gaiser, "Plato's Enigmatic Lecture On the Good", *Phronesis* 25 (1980): pp. 5-37.
[6] Ver G. C. Field, *Plato and his Contemporaries*, 3. ed. (London, 1967), pp. 40-45.
[7] Menedemo, pupilo de Platão, por pouco não foi eleito para estar à frente da Academia após a morte de Espeusipo no ano 339. Ver François Lasserre, *De Léodamas de Thasos à Philippe d'Oponte*, vol. 2: La scuola di Platone (Naples, 1987), pp. 93-96 com comentário.
[8] Aqui "Academia" se refere à área pública nos arredores de Atenas, de onde vem o nome da Academia Platão. Platão ensinava na área pública e fixou residência nas cercanias. Os dois usos do termo "Academia" dão margem a alguma confusão em nossas fontes.

inexprimivelmente estranhas. Eles estavam fazendo distinções que diziam respeito à natureza, à vida dos animais, à natureza das árvores e aos gêneros de vegetais. Entre outras coisas, estavam estudando o gênero da abóbora.

Como a definem? Qual o gênero da planta? Releva-o para mi, se souberes.

Bem, primeiramente, todos ficaram parados em silêncio olharam para baixo pensando por um tempo considerável. De repente, enquanto os jovens ainda estavam olhando para baixo e refletindo, um deles respondeu "um legume"; outro "uma gramínea"; um terceiro, "uma árvore". Um médico siciliano, que ouvia essas coisas, bufou para aqueles tolos.

Isso deve ter enraivecido sobremaneira os alunos. Suponho que devam ter gritado contra o ridículo daquele homem. Pois é fora de lugar fazer tais coisas durante uma discussão.

Não os molestei. Platão estava ali, acompanhando-os, mansamente e sem qualquer agitação, para tentar de novo, desde o começo, distinguir o gênero da abóbora. E eles continuaram a fazê-lo.

A confiabilidade de uma representação cômica faz com que ela esteja sempre sujeita ao ceticismo de estudiosos que sustentam teorias incompatíveis com a representação. Essa representação de Platão, supervisionando uma classificação biológica na Academia não cai bem com o esquema educacional da *República*. Mas, conforme já indiquei, esse esquema é o esquema ideal para um Estado ideal. E é também aventado para a proposta filosófica específica de mostrar como certos estudos fazem converter a alma do mundo sensível para o inteligível. (Note-se especialmente 521c-d). Essa proposta filosófica em ampla medida colore a descrição que Sócrates faz do curso de educação superior; muito embora configurasse erro minimizar coisas que ele diz a ponto de negar o que Platão pensa ser verdadeiro, não se deve supor que o que ele diz exaure a posição de Platão sobre a ciência ou que se trate de mero exagero de retórica.

A outra porção de evidência que desejo considerar aqui leva-nos diretamente ao domínio das matemáticas. Trata-se de uma abordagem das atividades de Platão encontrada na história de Filodemo da escola platônica, escrita no primeiro século a.C.⁹ Infelizmente, ela foi preservada em um papiro em condições precárias, e demanda a suplementação de vários graus de certeza. Em minha tradução eu indico algumas das passagens mais problemáticas.¹⁰

Na época, grandes progressos eram vistos na matemática, com Platão servindo como diretor geral *(architektonountos)* e dispondo problemas, ao tempo que com a matemática os investigava seriamente. Desse modo, o assunto da metrologia e os problemas que diziam respeito à <...>¹¹ alcançaram então seu ponto alto pela primeira vez, à medida que E<udo>|x|us¹² e seus seguidores transformavam seu antiquado trabalho (a[rch]aismon) o<f Hip>po<cra>tes.¹³ Também a geometria fez grandes progressos; pois a análise e o [lemma] dizendo respeito a *diorismoi* foram criados, e de um modo geral o assunto da geometria avançou enormemente. A <op>t<ic>s e a mecânica não foram de todo ignoradas.

---

⁹ O chamado *Academicorum Philosophorum Index Herculanensis*. Filodemo preserva excertos de autores que lhe foram anteriores, mas é controversa a questão sobre que autor ele está citando em nossa passagem. Para o debate, ver Konrad Gaiser, *Philodemus: Academica* (Supplementum Platonicum I) (Stuttgart-Bad Cannstatt, 1988), pp. 76-77, 88-91, cuja reconstrução (pp. 152-153) tenho seguido em ampla medida.

¹⁰ As letras entre parênteses angulosos (<>) correspondem a lacunas no papiro, e as letras entre parênteses quadrados ([]) a letras a que não se pode ler com certeza. Introduzi esses requintes somente nos casos relevantes para o meu tópico.

¹¹ A lacuna aqui é para uma extensão de cerca de sete letras, seguidas pelas letras legíveis SMOYS. Conjecturas: definições, números, proporções, *diorismoi*, altares, astronomia, átomos. Como outras possibilidades Gaiser menciona ritmos e seções.

¹² Talvez o maior matemático e astrônomo do quarto século, Eudoxo provavelmente tenha passado algum tempo na Academia, muito embora também passara tempo considerável fora dela, tendo conduzido uma escola em Cnidos. Algum material que traga essa relação pode ser encontrado em François Lasserre, *Die Fragmente des Eudoxos Von Knidos* (texto e comentários IV) (Berlim, 1966). Existe um breve resumo de suas realizações em Charles C. Gillispie, editor, *Dictionary of Scientific Biography* (New York, 1970-1980). O *Dictionary* costuma ser confiável fonte de informação sobre realizações científicas da maior parte dos matemáticos gregos mencionados neste artigo e em outros trabalhos sobre ciência grega.

¹³ Se a restauração é correta, a referência é feita a Hipócrates de Quios, a primeira pessoa (final do século quinto) a quem podemos atribuir com certeza realizações matemáticas específicas. De acordo com Proclo (*A Commentary on the First Book of Euclid's Elements*, 66, pp. 7-8), Hipócrates foi a primeira pessoa conhecida a ter escrito um livro de *Elementos* (mais de um século antes de Euclides).

Há muito a dizer sobre essa passagem, mas por ora desejo apenas considerar os assuntos que ela associa com Platão. O termo *metrologia* não ocorre em nenhuma outra parte na literatura grega que chegou até nós. Sua melhor tradução é "teoria da medida", mas não está claro o que tal teoria possa ser.[14] O trabalho mais conhecido de Eudoxo em matemática pura diz respeito à teoria das proporções e à mensuração de áreas e volumes por procedimentos indiretos (Euclides, *Elementos*, livros I e XII); ele se caracteriza sobretudo pelo caráter logicamente escrupuloso de seus métodos. Se os leitores da *República* ali não se surpreendem ao deparar com a informação de que a geometria avançou sob a direção de Platão, eles podem se surpreender com a referência à óptica (conjectural) e à mecânica (inquestionável). Alguns podem querer recorrer às suas próprias conjecturas para explicar essa referência, mas, conforme indiquei, parece mais razoável aceitar como fato que a Academia de Platão não estava tão próxima do "platônico" quanto à instituição de educação superior que se tem na *República*.

A passagem do Filodemo fala da matemática quando sob a direção de Platão, do posicionamento de problemas que os matemáticos investigaram avidamente, com grande êxito. Há duas anedotas bem conhecidas relacionadas a esse aspecto da atividade de Platão. A primeira diz respeito à chamada duplicação do cubo, à construção de um cubo duas vezes e ao volume de um dado cubo.[15] De acordo com relatos antigos, o interesse por esse problema foi estimulado foi um apelo deliano a Platão, que visava aplacar o deus Apolo, que lhes ordenara duplicar o tamanho do altar. De acordo com outro relato,

---

[14] A exemplo de Gaiser, estou inclinado a pensar que isso tem algo a ver com o tratamento de medidas comuns e sua ausência (isto é, incomensurabilidade). Contudo, pode também dizer respeito à determinação de áreas e volumes.

[15] O problema deve ser considerado antes do tempo de Platão, uma vez que de Hipócrates de Quios se diz ter sido a primeira pessoa a perceber que o problema de construir um cubo que tem o dobro do volume de um com o lado de comprimento *l* foi solucionável por se encontrarem *x* e *y* de tal modo que $l : x :: x : y :: y\ 2l$. Para informações detalhadas sobre o tratamento grego desse problema, ver Thomas Heath, *A History of Greek Mathematics*, vol. I (Oxford, 1921), pp. 244-270. Heath descreve a alegada solução de Platão em pp. 255-258. Outra realização matemática atribuída a Platão na Antiguidade foi um procedimento de encontrar números inteiros que sejam iguais à soma de dois inteiros quadrados; ver *ibid.*, pp. 79-82.

Platão reprovou a Eudoxo, Arquitas e Menaecmus por reduzirem o problema da duplicação a construções mecânicas, com isso destruindo o que poderia haver de bom na geometria, "fazendo-a se voltar para as coisas sensíveis em vez de fazê-la ascender à apreensão de imagens eternas e incorpóreas" (Plutarco, *Questiones Convivales* ["Table-Talk"], 718e-f). Esse foi um bom platonismo, pareando o que se tem na *República*. Infelizmente, a solução do problema da duplicação atribuída a Platão é mais mecânica do que aquelas das que se diz que ele teria censurado, no sentido de que envolve a construção de um instrumento. É claro, temos a opção de rejeitar a atribuição a Platão, mas tal atribuição é mais difícil de explicar do que a história da reprovação, por ele, de outras soluções.

O segundo exemplo do posicionamento de problemas por Platão relaciona-se aos movimentos anômalos dos planetas em comparação com o sol ou com a lua.[16] Sol e lua parecem fazer uma viagem diária uniforme através dos céus de leste a oeste, e uma viagem anual ou mensal uniforme de oeste a leste. Os planetas fazem a mesma viagem diária uniforme do leste para o oeste, mas suas viagens oeste-leste envolvem notáveis anomalias, incluindo períodos de aparente movimento de leste para oeste. Em seu comentário sobre o *Sobre os céus* de Aristóteles, Simplício (século VI A.D.) observa o problema de "salvar" esses movimentos anômalos, isto é, de produzir uma explicação sobre eles:

> Com o intuito de salvar esses muitos movimentos em cada caso, alguns pressupõem centros excêntricos (órbitas circulares cujo centro não é na Terra) e epiciclos (círculos com centros na circunferência de círculos giratórios), enquanto outros hipostasiam os chamados homocêntricos contra-ativos.[17] Na abordagem verdadeira, os planetas não param nem

---

[16] A descrição que segue é simplificada. Os gregos classificavam sol e lua como planetas porque, diferentemente das estrelas fixas, eles descreviam um aparente movimento oeste-leste. Entre as muitas fontes que se pode consultar sobre astronomia grega antiga, faço menção a D. R. Dicks, *Early Greek Astronomy to Aristotle* (Ithaca, N.Y., 1970).

[17] Simplício se refere aqui a teorias do tipo esboçado por Eudoxo. Elas envolvem a concepção de que o sol, a lua e os planetas estão atrelados a esferas rotatórias que têm

retroagem, nem existe qualquer aumento ou diminuição de suas velocidades, ainda que pareçam se mover de tais maneiras; tampouco há hipóteses de que são assim introduzidos, mas, dos movimentos celestes mostra-se que são simples, circulares e uniformes, ordenados valendo-se da evidência de sua própria substância. Ora uma vez que não é possível para uma faculdade restrita às aparências *(phantasia)* apreender com precisão o modo como os planetas estão dispostos, e uma vez que as consequências extraídas por tal faculdade não são a verdade, pediu-se que se tentasse descobrir como os movimentos aparentes dos planetas poderiam ser salvos por movimentos uniformes, ordenados e circulares. E, conforme Eudemo (associado de Aristóteles) relata no segundo livro de sua história da astronomia — e assim o faz Sosígenes (século II A.D.), que se fia em Eudemo —, de Eudoxo de Cnido se diz ter sido o primeiro grego a ter se ocupado de tais hipóteses; de acordo com Sosígenes, esse problema foi constituído por Platão para aqueles que se ocupavam desses temas: ao formular hipóteses sobre o que seria o movimento uniforme e ordenado, é possível salvar as aparências relacionadas aos movimentos planetários. (Simplício, *Commentary on Aristotle's "On the Heavens"*, 488, pp. 7-24).

A astronomia é incluída no currículo da *República*, mas, como veremos, a descrição que Sócrates faz dela, não é à primeira vista conciliável com o reportado interesse de Platão em "salvar os fenômenos". Novamente, o que se tem é um aparente contraste entre a prática de uma ciência e a tentativa, na *República*, de incorporar a ciência na educação dos governantes em um estado ideal.

Contudo, o ponto que desejo enfatizar agora é a evidência de que Platão de fato desempenhou algum tipo de papel como diretor matemático geral, posicionando problemas aos matemáticos de seu tempo, eventualmente com resultados notáveis. Não precisamos supor que o trabalho associado à inspiração e Platão tenha sido todo ele feito na Academia, e, no caso

---

a terra como centro. Para explicar os movimentos anômalos, Eudoxo postulou esferas adicionais rodando em outras direções e neutralizando o movimento da esfera primária de um corpo celeste.

de Eudoxo, há uma boa razão para supor que não tenha sido. Tampouco precisamos pensar que o papel de Platão como diretor tenha excluído a sua aplicação de seus próprios talentos à solução de problemas científicos. Contudo, não há evidência convincente de que Platão tenha mostrado algum grande êxito nessa arena, e muitas das passagens matemáticas e científicas de seus escritos encontram-se envoltas de impenetrável obscuridade. Então, o melhor será mesmo pensar Platão como fonte de desafio e inspiração a matemáticos, e não como um matemático de real importância.[18]

II. Método matemático: análise, síntese, *diorismoi* e lemas

Adicionalmente à referência a ramos das matemáticas, a passagem de Filodemo menciona "análises e o lema dizendo respeito à *diorismoi*". As noções de análise e de *diorismoi* são tratadas de maneira um tanto confusa em debates travados entre os gregos,[19] muito embora as ideias fundamentais não sejam difíceis. Meu tratamento será um tanto simplificado. Análises podem ser pensadas como o processo de procurar pela prova de uma asserção P buscando-se proposições que impliquem P, proposições que impliquem aquelas, e assim até se chegar a proposições já estabelecidas; na síntese pode-se simplesmente registrar a prova descoberta pela análise, isto é, passar pelos passos da análise em ordem inversa. No caso mais comum mantém-se o foco em uma única proposição estabelecida Q, que (juntamente com as proposições Q_1, Q_n, tomadas como dadas) implica P, ou seja, é condição suficiente para a verdade de P; pode ser o caso que P também implique Q, em cujo caso Q também será condição necessária para a verdade de P.

---

[18] Sobre esse tópico ver o artigo fundamental de Harold Cherniss, "Plato as Mathematician", *Review of Metaphysics* 4 (1951): pp. 395-426, reimpresso em seus *Selected Papers*, Leonardo Tarán, editor (Leiden, 1977).
[19] A maior fonte de perplexidade (e controvérsia) deriva das descrições de análise que a representam como questão de deduzir conclusões em detrimento da busca por pressuposições. Para o debate a respeito ver Norman Gulley, "Greek Geometrical Analysis", *Phronesis* 3 (1958): pp. 1-14.

Um *diorismos* geralmente é explicado como a determinação das condições necessárias e suficientes para a solução de um problema ou da verdade de uma proposição. O exemplo padrão é proporcionado pela proposição 22 do Livro I dos *Elementos* de Euclides:

I.22 A partir de três linhas retas que são iguais às três dadas para construir um triângulo; assim, faz-se necessário que duas das linhas retas tomadas em conjunto de qualquer maneira sejam maiores que a terceira.

Aqui a segunda sentença, o *diorismos*, enuncia a condição necessária e suficiente pela qual um triângulo é passível de ser construído valendo-se de três linhas dadas. Euclides, contudo, formula-o como condição necessária e mostra (transmitindo a construção) ser ela suficiente.[20] Ele já provou que a condição é necessária na proposição 1.20:

1.20 Em qualquer triângulo, dois lados tomados em conjunto de qualquer maneira são maiores do que o remanescente.

Em seu *Comentário ao Primeiro livro dos Elementos* de Euclides, Proclo explica o que é um lema:

O termo "lema" é frequentemente predicado de qualquer premissa pressuposta ao se estabelecer alguma outra coisa, como quando as pessoas dizem ter feito uma prova de tais e de tantos lemas. Mas em geometria um lema é especificamente uma premissa que demanda verificação *(pistis)*. Sempre que, em uma construção ou prova, pressupormos algo que não foi mostrado, mas, necessita de uma abordagem *(logos)*, chamamos o postulado de lema porque consideramos ser válido investigá-lo, muito embora em si ele seja

---

[20] Está claro que pode haver situações em que teríamos de nos contentar com condições suficientes, mas não necessárias, ou saber que certas condições eram necessárias, porém não capazes de provar que eram suficientes; ocorre que os gregos não mencionam esse ponto ao debater o *diorismoi*.

duvidoso; nós o distinguimos de um postulado ou de um axioma por ele ser provável, enquanto os assumimos diretamente sem prova para verificar outras coisas. A melhor coisa para encontrar lemas é o direcionamento mental... Não obstante, métodos têm sido transmitidos. O melhor é a redução do que é buscado a um princípio acerca do qual se manifeste concordância por meio de análise, um método que, dizem eles, Platão transmitiu a Leodamas; pela recorrência a esse método Leodamas disse ter realizado grande parte de suas descobertas em geometria. (*Comentário sobre Euclides*, 211, pp. 1-23)

Proclo menciona Leodamas[21] em uma abordagem da história da matemática anterior a Euclides, versando em particular sobre a história da geometria:

Platão fez a geometria e o restante das matemáticas passarem por um grande processo em razão de sua seriedade ao se ocupar deles, o que se mostra evidente pela densidade de suas considerações matemáticas *(logoi)* em seus escritos[22] e pelo fato de despertar em aderentes à filosofia uma admiração pela matemática. Contemporâneos eram Leodamas de Tasos, Arquitas de Tarento e Teeteto de Atenas... Neoclides e seu pupilo Leon eram mais jovens que Leodamas, e acrescentaram descobertas às de seus predecessores, de modo que Leon escreveu um *Elementos*, superior em número e na utilidade de seus resultados, e descobriu *diorismoi* [que indica] quando um problema em consideração pode ser resolvido e quando não o pode. (*Comentários sobre Euclides*, 66, pp. 8-67.I).[23]

---

[21] É também a Leodamas que se dirige a *Décima primeira Carta* de Platão, o conteúdo da qual diz respeito a política. De outro modo nada podemos saber a respeito, exceto o que Proclo nos conta.
[22] Existe uma lista bastante interessante de passagens matemáticas em Platão, debatidas em Attilio Frajese, *Plattone e La matemática nel mondo antico* (Roma, 1963).
[23] A íntegra dessa passagem (que se estende até 68.6 e pode ser lida em tradução inglesa por Glenn R. Morrow em *Proclus: A Commentary on the First Book of Euclid's Elements* [Princeton, 1970]) é documento fundamental para se interpretar a relação de Platão com as matemáticas de seu tempo. A clara implicação da passagem (que provavelmente deriva, em última instância, de Eudemo) é a de que todo trabalho matemático realizado no quarto século esteve sob a influência de Platão, provavelmente tendo sido realizado

Muito embora da frase de Filodemo, "lema dizendo respeito a *diorismoi*" dificilmente se pode dizer transparente, a mim parece bastante provável que ela não tenha significado mais específico do que o termo "análise" e que a passagem do Filodemo atribui ao tempo de Platão uma preocupação com a busca de lemas e *diorismoi*, isto é, de proposições suficientes (talvez necessárias) para a prova de outros teoremas e para as condições sob as quais um problema pode ser resolvido (ou para um teorema ser provado). Está claro que, apesar da variedade de termos, estamos lidando com um fragmento central de metodologia. A busca por premissas (análise) de que se necessita para estabelecer uma proposição ou solucionar um problema de construção pode conduzir de volta a proposições ou construções estabelecidas (análise bem-sucedida) ou para um lema necessitado de prova, ou para uma restrição à proposição ou construção para condições sob as quais pode ele ser provado ou transferido (*diorismos*). Ao próprio Platão se credita a transmissão dessa metodologia a outros.[24] Não devo me ocupar ainda mais desse aspecto da atividade de Platão, mas sim com certas passagens cruciais que mostram a influência desses métodos e conceitos matemáticos sobre o próprio pensar metodológico de Platão.

III. Investigação a partir de uma hipótese no *Mênon*

Platão não usa as palavras "lema", "*diorismos*", "análise' ou "síntese" em seu sentido técnico, mas no *Mênon* ele invoca a título de precedente processual uma prática matemática de posicionamento de condições sob as quais um problema pode ser resolvido. Mênon pede a Sócrates para dizer-lhe ser a virtude pode ser ensinada, e Sócrates pede-lhe que seja capaz de considerar a questão "a partir de uma hipótese".

---

na Academia. Mas o próprio Platão é descrito apenas na passagem citada, onde é tratado como um entusiasta capaz de inspirar a outrem.

[24] Fica claro que a tarefa de "salvar os aparentes movimentos dos planetas" é também uma demanda para a análise dos aparentes movimentos e sua redução a movimentos circulares uniformes.

O que pretendo dizer com "a partir de uma hipótese" é como que o caminho em que os geômetras muitas vezes consideram algumas questões que alguém lhes apresenta — por exemplo, se é possível para essa área ser inscrita neste círculo como um triângulo. Alguém pode dizer, "ainda não sei se isso é tal que pode ser inscrito, mas acho que tenho uma certa hipótese que a bem dizer é útil para a questão, como segue: se esta área é tal que, quando posicionada junto de uma dada linha, ela carece de uma figura semelhante àquela que foi posicionada junto dela, creio que um resultado se seguirá, e outro, por outro lado, se tal não puder acontecer. A erigir uma hipótese, então, estou disposto a lhe dizer o resultado relacionado à inscrição da área em um círculo, quer isso seja possível, quer não". (*Mênon* 86e-87b).[25]

Sócrates parece estar descrevendo aqui uma situação na qual um geômetra está considerando um problema que Euclides formularia como:

Problema. Inscrever um triângulo em uma dada área em um dado círculo.

O geômetra de Sócrates "resolve" esse problema dando-lhe uma condição que a área deve satisfazer. Euclides acrescentaria essa condição a seu enunciado do problema como um *diorismos*:

Diorismos. Assim é necessário que, "se posiciona-se a área junto de uma dada linha, ela carece de uma figura similar à que foi posta junto dela".

Está claro que para esse *diorismo* ser eficaz, será o caso de conhecer (ou de pressupor) um teorema para que:

---

[25] Minhas traduções do *Mênon* contêm leves revisões daquelas de R. W. Sharples, *Plato, Menon* (Warminster, 1985). Sharples discute brevemente as obscuridades do exemplo matemático nas pp. 158-161. Eu devo escrever como se o sentido do exemplo fosse transparente, isto é, eu simplesmente reproduzo o exemplo sem maiores explicações. Minha interpretação da passagem como um todo está em dívida com Ernst Heitsch, "Platons hypothetisches Verfahren im *Menon*", *Hermes* 105 (1977): pp. 257-268.

Teorema. Se a área do triângulo inscrita em um círculo é "posicionada juntamente com uma dada linha, ela carece de figura similar à que foi posta junto dela.

A apresentação de Sócrates do exemplo geométrico não deixa claro se ele toma o *diorismos* ou o teorema como sendo a hipótese de que o problema depende. Na verdade, é claro, a dependência é de ambos: para resolver o problema é necessário impor a condição dada pelo *diorismos* e fiar-se no teorema. Quando Sócrates retorna ao tópico da virtude, ele diz:

De modo semelhante, então, no que diz respeito à virtude, uma vez que não sabemos nem o que é nem que tipo de coisa é, é o caso de se fazer uma hipótese e considerar se ela pode ser ensinada ou não, como segue: que tipo de coisas entre aquelas conectadas com a alma fariam da virtude passível de ser ensinada ou não passível de ser ensinada? Ou estará claro para todos, que a uma pessoa só se ensina o que é conhecimento? Mas, se a virtude é algum tipo de conhecimento, está claro que ela poderá ser ensinada.

Então, encerremos rapidamente com a seguinte observação: se a virtude é de um tipo, ela pode ser ensinada; se é de outro, não o pode. (*Mênon*, 87b-87c).

Nessa aplicação do método hipotético, Sócrates não descreve um *diorismos*, mas executa o que chamei de análise, isto é, ele reduz a questão de estabelecer que a virtude pode ser ensinada à afirmação de que ela é conhecimento se e somente se pode ser ensinada, ou pelo menos:

Hipótese-teorema. Se virtude é conhecimento, então ela pode ser ensinada.

Mas, de modo correspondente à necessidade de um *diorismos* no caso do exemplo geométrico, a hipótese-teorema só pode ser usada se se puder estabelecer:

Hipótese-lema. Virtude é conhecimento.

Tem havido controvérsias acadêmicas acerca de qual dessas duas hipóteses Sócrates considera a hipótese à qual ele reduziu a questão da possibilidade de ser ensinada. Os textos mais explícitos (89c-d) sugerem o teorema-hipótese, e isso é o que se poderia esperar em termos do modelo de análise geométrica. Mas, é claro, a hipótese-lema é também um postulado, e precisa ser estabelecida com o intuito de mostrar (usando a hipótese--teorema) que a virtude é passível de ser ensinada. E Sócrates procede a estabelecê-lo usando a hipótese adicional segundo a qual a virtude é boa (87c-89a); Sócrates se refere à "virtude é boa" como uma hipótese em 87d). Não está claro se essa nova hipótese é concebida como um "teorema" ou como um "lema', ainda necessitando justificação. Sócrates se refere a isso como a defendê-lo (*menein*, 89d), e tal é sustentado ao final do *Mênon*, como a hipótese-teorema. Nessa medida, o *Mênon* envolve uma adaptação do método de análise para reduzir a condição de ser passível de ser ensinada da virtude a duas hipóteses-teoremas. Contudo, não pode ser questão de uma adequação perfeita com análises matemáticas bem-sucedidas uma vez que o diálogo terminada com Sócrates argumentando em favor do lema-hipótese e também da virtude como passível de ser ensinada (89ess).

Posso crer que a ausência de uma adequação perfeita seja uma reflexão sobre uma diferença prática entre matemática e filosofia. Quando se olha para a matemática não há como não se impressionar com o seu êxito, no modo aparentemente definitivo pelo qual ela resolve questões abertas e soluciona disputas. Essa perspectiva sobre a matemática é refletida em uma tendência grega a pensar a análise geométrica como análise bem-sucedida, como um método de encontrar mais do que como um método de busca. Pode também explicar por que, no *Mênon*, nenhuma tentativa é feita no sentido de relatar a refutação subsequente da afirmação de que a virtude é conhecimento para a investigação matemática valendo-se de uma hipótese. Contudo, em filosofia, "análise" e a descoberta de lemas é algo muito menos propenso a produzir uma resposta definitiva a uma questão; pois, assim como no *Mênon*, um lema frequentes vezes será tido por inquestionável. Se estiver relativamente claro que no *Mênon* uma hipótese filosófica é um "teorema", ficará claro que Platão chega a aplicar a palavra "hipótese" a lemas pensados como tentativas e sujeitos a investigação. Na verdade, pode-se dizer que o desenvolvimento, por Platão, do método hipotético envolve uma tentativa de unir uma elaboração em geral homogênea da matemática com o caráter brusco e desordenado do exame socrático de doutrinas.

A ausência de uma adequação perfeita entre método matemático e sua adaptação por Platão poderia não apresentar obstáculos sérios à interpretação se ao próprio Platão houvesse clareza quanto às discrepâncias. Mas o *Mênon* é um bom exemplo da tendência do filósofo a ignorar as diferenças. Essa tendência e o caráter frouxo da adequação levaram alguns intérpretes a minimizar a conexão entre metodologia platônica e matemática. Mas, a evidência histórica de uma conexão é por demais forte para tornar viável essa abordagem. Nossa tarefa deve ser a de elaborar o máximo possível de conexões sem perder de vista a adequação imperfeita. A indisposição generalizada de Platão em usar um vocabulário preciso não facilita em nada essa tarefa. Onde ele usa uma única palavra, "hipótese", temos, por aconselhável, distingui-la entre teoremas, lemas e *diorismoi*. Ao avançar neste capítulo, apontarei outros exemplos de vocabulário problemático e do caráter frouxo da adequação. Não pretendo com isso desprezar os feitos de Platão, mas, simplesmente, melhorar o entendimento que temos da adaptação de Platão ao método matemático.

IV. O método da hipótese no *Fédon*

No *Fédon*, começando em 95e7,[26] Sócrates dá uma descrição geral de um método filosófico que parece estar baseado em análise e síntese matemáticas, mas que vai bem além desses em alguns importantes aspectos. Na passagem, Sócrates descreve, como algo preliminar a um argumento pela imortalidade da alma, um método que ele elaborou para determinar

---

[26] Não pretendo realizar um pleno tratamento das questões suscitadas por essa passagem. Para um debate pormenorizado, ver as notas em *Plato, Phaedo*, traduzido com notas por David Gallop (Oxford, 1975).

"a explicação (*aitia*) de cada coisa, por que ela vem a ser, por que ela cessa de ser, por que ela é" (96a9-10):

> Em cada ocasião, formula ao modo de hipótese a coisa (*logos*) que eu julgo ser a mais forte, e terei por verdadeiro o que quer que a mim pareça concordar (*sumphōnein*) com ela, quer o sujeito seja causa ou qualquer outra coisa, e tenho por falso o que quer que não pareça a mim concordar com ele. (*Fédon* 100a3-7).

A recomendação de Sócrates deve aqui ser compreendida em sua condição de relatividade a um tema de investigação. Ele sugere que, qualquer que seja o tópico de investigação que se deva tomar como hipótese, a crença relevante na qual se tem a maior confiança, acrescente-se a isso ideias relevantes que (em certo sentido) concordem com a hipótese e rejeitem ideias relevantes não lhe estejam concordes.[27] Ele ilustra o que ele tem em mente no caso da questão da imortalidade (ou a explicação de cada coisa) pelo formular de hipóteses segundo as quais cada Forma é algo (aparentemente a suposição de que as Formas existem) e acrescentando a crença de que cada coisa é ou vem a ser (o que ela é) pela participação nas formas apropriadas. O exemplo (e também o exemplo que se terá posteriormente, em 105b-c) indica que o método esposado será o de responder a uma dada questão construindo-se uma teoria consistente aplicável a uma questão por meio da adição de crenças compatíveis. Em textos lógicos antigos posteriores, a palavra "acordo", usada por Sócrates, pode significar uma simples consistência lógica. Aqui ele inclui a noção de consistência lógica, que é, porém, presumivelmente posterior; muitas explicações de ser e vir a ser são consistentes com a existência das Formas, mas a explicação por participação é — em um sentido razoavelmente claro, mas não facilmente explicável — apropriada àquele que acredita nas Formas.

---

[27] O paralelo entre a proposta metodológica de Sócrates e o desafio de Platão aos astrônomos é sugestivo: para salvar os fenômenos o astrônomo é instado a hipotetizar os movimentos circulares e refinar sua descrição, até que elas caracterizem os fenômenos.

Em 101c, Sócrates diz que, confrontado com as explicações alternativas de vir a ser, a pessoa que segue seu método deverá deixá-lo em favor de outros e "deve se agarrar à segurança da hipótese". Antes disso Sócrates se referiu apenas à suposição original como uma hipótese, mas aquilo a que ele está se referindo agora deve incluir a explicação adicional de ser e vir a ser. Suspeito que ele queira significar a teoria como um todo que tenha sido erigido pelo paulatino adicionar de suposições harmoniosas.[28] Sócrates agora se volta para o estatuto da "hipótese":

Mas se alguém fosse se agarrar à hipótese em si mesma, você lhe diria adeus e não lhe responderia até que tivesse investigado se [pareceu-lhe que] as coisas que vieram dele (*ta hormēthenta*) se mostraram concordes ou discordes entre si. E se lhe fosse necessário ocupar-se da hipótese em si mesma, você o faria da mesma forma, hipotetizando outra hipótese, uma hipótese qualquer entre as mais elevadas que lhe parecesse melhor, até chegar a algo suficiente (*Fédon* 101d3, e1).

É suficientemente fácil ver como o método da análise pode estar relacionado a essa última sentença. Forçado a justificar uma suposição que se tenha feito, o indivíduo encontra uma suposição que a justificaria, e, continuando a busca por justificação, procede-se da mesma forma até se encontrar uma suposição que não necessite justificação. Sócrates não indica quais condições uma hipótese teria de satisfazer por ser "suficiente", mas obviamente a matemática em si forneceria exemplos de uma análise bem-sucedida em que a suficiência fosse atingida, ou pelo menos de uma da qual se pensasse ser suficiente. Contudo, mesmo nesse ponto fica claro que o interesse filosófico de Platão está ampliando a lacuna entre o seu método hipotético e a análise geométrica. Pois, muito embora o ideal de uma

---

[28] A frase usada por Sócrates é mais literalmente traduzida por "o que da (parte?) hipótese que é segura", e portanto *pode* se referir à explicação pela participação como uma adição "segura" à hipótese original das Formas. Ver Paul Plass, "Socrates' Method of Hypothesis in the *Phaedo*," *Phronesis* 5 (1960): pp. 111-112.

justificação satisfatória última continue em jogo, as hipóteses anteriores, por fortes ou boas que possam ser, não são "teoremas" estabelecidos, mas lemas provisionais sujeitos a teste, e possivelmente ainda necessitando justificação.

Ademais, em análises bem-sucedidas a hipótese-teorema se torna um ponto de partida a contar do qual a proposição em consideração é deduzida na síntese. Porém, já vimos que, em sua descrição inicial, Sócrates trata a hipótese original como base para a aceitação de ideias adicionais julgadas harmoniosas em relação a ela e a rejeição daquelas ideias julgadas não harmoniosas. A única ilustração por Sócrates da rejeição de crenças é a rejeição de explicações de ser e tornar-se outro que não a participação na Forma apropriada (100c-101d), isto é, a rejeição de crenças flagrantemente incompatíveis com crenças já aceitas como harmoniosas com a hipótese original. Na segunda passagem, Sócrates fala em verificar se as coisas que vêm depois da hipótese são harmoniosas umas com as outras.[29] Ele parece ter em mente o tipo de verificação de concepções que ele pratica em outros diálogos, como o *Eutífron*. Esse procedimento não parece ser importante na matemática, e não é fácil ver como ele pode se adequar no método que Sócrates está introduzindo. Talvez o que ele tenha em mente possa ser compreendido em termos de seu exemplo. O problema com que se confronta Sócrates é a explicação de coisas em nosso mundo, e entenda-se, por que elas vêm a ser, cessam de ser e são. Para chegar a tal explicação, Sócrates postula que existem Formas e acrescenta a suposição aparentemente harmoniosa de que as coisas vêm a ser e são o que são pela participação nas Formas. (Não nos foi dito como Sócrates usaria sua teoria para explicar o

---

[29] Em 101e Sócrates insiste em que a hipótese não deve ser questionada até que alguém tenha testado as coisas que dela advêm por acordo. Sua separação da questão da possibilidade de se justificar uma teoria hipotética por referência a uma mais elevada - verificando-se a perfeição interna de uma teoria - é sem dúvida metodologicamente perfeita, mas ocorre que na prática parece altamente improvável que as pessoas pudessem se abster de perguntar sobre a doutrina das Formas e de participação até que a doutrina tenha sido plenamente testada para verificação de harmoniosidade. Ademais (pelo menos de um ponto de vista contemporâneo), se as hipóteses foram mostradas como harmoniosas e receberem uma abordagem razoável do vir a ser, do cessar de ser e do ser de cada coisa, pode-se ter a questão da satisfatoriedade como relativamente insignificante.

cessar de ser das coisas). Para investigar plenamente a adequação dessa teoria, investigar-se-ia as "coisas que vêm dela", não apenas consequências, mas também outras suposições que aparentemente lhes estão em harmonia, por exemplo, sobre o caráter e relação de Formas, da natureza do vir a ser, e assim por diante. Em última instância, essa investigação envolverá testes de consistência, mas os testes serão aplicados a um rico conjunto de crenças aparentemente harmoniosas. Dado a aparente caráter harmonioso desse rico conjunto, pode-se ainda achá-lo insuficiente por alguma razão; por exemplo, pode-se duvidar de que existam Formas. A tarefa do defensor das Formas é buscar uma hipótese "mais elevada" que esteja em harmonia com o conjunto desenvolvido. Sócrates nada diz sobre o que poderia ser essa hipótese mais elevada, mas a presente passagem, e outras no *Fédon* (por exemplo, 107b) sugerem, apesar de tudo, que ele não considera inadequada a demanda por uma hipótese mais elevada que a das Formas.

Na análise, o ataque a um problema é a busca entre proposições até que se encontre uma hipótese-teorema com base na qual uma solução ao problema pode ser deduzida *(synthesis)*. No método do *Fédon*, o ataque a um problema envolve fazer com que uma hipótese seja julgada como a mais forte dentre as disponíveis, e envolve também construir, por meio da adição de ideias harmoniosas, uma teoria que seja adequada para resolver o problema. Da maior proximidade possível a uma hipótese-teorema se tem uma hipótese satisfatória. E da maior proximidade a que se chega de uma dedução tem-se a expansão harmoniosa de uma hipótese. De nosso ponto de vista, existe uma considerável diferença entre dedução e harmoniosa expansão, entre uma consequência e uma adição plausível a uma teoria. Suspeito que Platão não tenha atribuído fundamental importância a essa diferença. Com isso, não quero dizer que o filósofo teria se mostrado disposto a passar por alto a substituição de considerações de plausibilidade por alguma prova em matemática. Só quero dizer que, olhos devidamente postos em finalidades filosóficas, ele esteve disposto a classificar conjuntamente dedução e métodos menos formais de argumentação séria. O modelo de método matemático se mantém, mas tem sido expandido em sua adaptação à filosofia. Essa expansão da noção de síntese tendo em vista incluir uma elaboração harmoniosa será importante na próxima seção.

V. Matemática e dialética na *República* VI e VII

Na *República*, a matemática é evidenciada na famosa linha divisória ao final do Livro VI. Devo ignorar uma série de questões interpretativas associadas a essa passagem a fim de discutir poucas que me são de interesse direto.[30] As divisões da linha aparentemente incluem todas as coisas — o mundo sensível, consistindo de objetos e suas imagens, sendo presidido pelo sol, enquanto o mundo inteligível é presidido pela ideia do Bem. Sócrates não mostra clareza a respeito da relação entre esses dois mundos. A linha e a comparação entre o sol e o Bem sugerem uma divisão forte, mas a alegoria da caverna e o currículo matemático sugerem uma considerável continuidade, que provavelmente deve ter sido um aspecto importante do ponto de vista geral de Platão. Sócrates divide o mundo inteligível pela referência a duas condições mentais (*pathēmata*) ou ao que se pode chamar modos de cognição.[31] Ele identifica um desses (*noēsis*)[32] com o uso da dialética e ilustra o outro (*dianoia*) pela referência às matemáticas, "geometria e suas artes irmãs" (511b1-2). Existem algumas questões sobre se a ilustração exaure o conteúdo da seção relevante ou se existiriam instâncias não matemáticas da *dianoia*. Para o meu intento aqui é suficiente que a seção inclua a matemática, que domina inteiramente o debate de Sócrates.

Sócrates opera dois contrastes entre *dianoia* e *noēsis*:

> 1. A *dianoia* é forçada a estudar seus objetos procedendo de uma hipótese rumo a um final, mas a *noēsis* estuda seus objetos procedendo de uma hipótese para um início (princípio) não hipotético.

---

[30] O leitor pode desejar consultar caps. 10 e 11 de Julia Annas, *An Introduction to Plato's Republic* (Oxford, 1981).
[31] O termo "modo de cognição" pretende indicar em vez de explicar aquilo de que Sócrates está falando. Como exemplos de diferentes modos de cognição, pode-se considerar a diferença entre conhecimento e crença ou entre um indivíduo que tenha testemunhado um acontecimento e outro que tenha ouvido sobre ele ou inferido que ele deva ter acontecido.
[32] Os termos de Sócrates para os dois modos de cognição não são de real valia para se compreender a distinção que ele pretende. Prefiro deixá-los não traduzidos para evitar a importação de conotações equivocadas.

2. A *dianoia* usa coisas sensíveis como imagens, mas a *noēsis* não faz uso de imagens e procede, pelo curso das Formas, por uma via sistemática.

Pouco se duvida de que Sócrates tenha em mente aqui dois aspectos da matemática que associamos, sobretudo, à geometria: o uso de diagramas em argumentos e a derivação de conclusões e suposições iniciais (síntese). O primeiro aspecto digno de nota sobre a explicação de Sócrates do uso de diagramas pelos matemáticos é que, de acordo com ele, embora os matemáticos desenvolvam seus argumentos (*logoi*) sobre imagens, muito embora não pensem (*dianoein*) nelas, mas nas outras, as formas primitivas com que elas se parecem, e não raciocinam em função das (*heneka*) figuras traçadas,[33] mas do quadrado em si, da diagonal em si mesma (ou seja, as Formas de quadrado e diagonal), valendo igual procedimento para as demais figuras. Todas as figuras que eles modelam ou desenham produzem sombra e imagens refletidas na água, e é como imagens que eles as empregam, porém, sempre se esforçando por alcançar a visão do que só pode ser percebido pelo pensamento (*dianoia*).

(*República* 510d6-511a1).

Um moderno filósofo da matemática pode dizer que, embora os geômetras usem figuras traçadas em seus argumentos, eles não estão argumentando sobre figuras (já que as figuras satisfazem suas hipótese de maneira apenas aproximativa), mas, sobre outra coisa (que satisfaça as hipóteses exatamente). Sócrates diz, em vez disso, que os geômetras argumentam sobre as figuras visíveis, porém fazem-no em função de, isto é, com o intuito de apreender outra coisa, que são as Formas matemáticas (inteligíveis, mas não perceptíveis). É difícil ter certeza sobre até que ponto se pode enfatizar o vocabulário de Sócrates aqui ("argumentando sobre", "pensando sobre", "argumentando em função de"), mas a impressão que se tem é que, embora ele pense na matemática como uma tentativa de

---

[33] Aqui e alhures eu transformei uma questão retórica socrática em uma asserção.

compreender o mundo inteligível raciocinando sobre coisas sensíveis em vez de (como podemos supor) fazê-lo como tentativa de raciocinar sobre o mundo inteligível usando coisas sensíveis.

A importância desse contraste pode ser tornada mais clara pela referência ao fato de que Sócrates por duas vezes fala dos seres matemáticos sendo compelido (*anangkadzomai*) a usar hipóteses, mas ele jamais fala deles sendo obrigado a usar imagens. Além disso, o que ele diz em 510b pode significar que o uso de imagens obriga a alma a investigar hipoteticamente. Assim, Sócrates pode querer dizer que o matemático é forçado a usar hipóteses porque ele está raciocinando sobre coisas sensíveis em uma tentativa de compreender as coisas inteligíveis. Em outra passagem, é de modo semelhante que Sócrates fala de geômetras sendo forçados a usar a linguagem da ação, embora essa linguagem seja desvirtuadora no que diz respeito aos objetos inteligíveis, em função dos quais se exercitam os geômetras na geometria:

Aqueles tais só empregam em suas falas expressões ridículas e forçadas (*anangkaiōs*), pois, é sempre como práticos ou com vistas à prática que constroem seus discursos e falam em esquadrar, prolongar, acrescentar e quejandas expressões. No entanto, essa ciência inteirinha só é cultivada por amor do conhecimento

(*República* 527a6-b1).

A imagem geral que se tem, portanto, é a de que o matemático está na posição de tentar apreender um mundo inteligível e estático de Formas, mas tenta fazê-lo argumentando sobre coisas visíveis. Esse modo de argumentar força o matemático a falar em atuar sobre coisas e a argumentar valendo-se de hipóteses.

Presume-se estar suficientemente claro o motivo pelo qual diagramas necessitam discorrer sobre atividades ou operações, mas não está imediatamente claro por que motivo o uso de diagramas necessita da elaboração das hipóteses.

Isso fica mais claro olhando-se para o que Sócrates tem a dizer sobre a hipótese dos matemáticos, que, de acordo com ele, admitem o ímpar e o par, os números e os três tipos de ângulos (agudo, reto e obtuso) e tudo quanto se lhe assemelha no terreno especial de cada ciência (*methodos*); e, uma vez apresentadas essas hipóteses como conhecidas de todos, não se sentem na obrigação de justificá-las, nem perante eles mesmos, nem perante os outros, por considerarem-nas evidentes para todo o mundo. Partindo desse ponto, prosseguem em sua exposição até chegarem, com a máxima coerência, à conclusão que tinham em mira desde o começo.

(República 510c3-d3)

Se aqui é notável o paralelo com o hipotetizar de Sócrates no *Fédon*, ali a discussão mostra que a hipótese inicial de Sócrates aproxima-se mais de uma hipótese elaborada sobre Formas, porém ele formula a hipótese simplesmente como "a de que um belo em si mesmo por si mesmo é algo, e um bom, e um grande e todo o resto". De modo semelhante, enquanto pensamos no matemático a fazer elaboradas suposições sobre linhas paralelas, igualdade e o sentido de certos termos, Sócrates, na *República*, menciona apenas "o ímpar, o par, os números e os três tipos de ângulos e coisas relacionadas no caso de cada ciência". Não se sabe suficientemente sobre o modo como a matemática foi apresentada no início do quarto século para julgar a precisão da caracterização de Sócrates, mas vê-se que ele não está preocupado com detalhes. Nada que ele diz implica que o matemático deduza consequências de proposições assumidas como opostas à elaboração de argumentos tendo como base o mesmo suposto conhecimento de vários conceitos como pano de fundo.[34] É possível que exatamente esse último tipo de conhecimento pensado por Sócrates deva ser pressuposto se "argumentar-se sobre" números.

A situação se faz já não tão nítida quando nos voltamos para a dialética. Sócrates nos diz que, uma vez que o matemático investiga valendo-se da

---

[34] Para uma discussão mais pormenorizada sobre a hipótese matemática mencionada por Sócrates e sobre princípios matemáticos nos primórdios da matemática e filosofia antiga, ver meu artigo "On the Notion of a Mathematical Starting Point in Plato, Aristotle, and Euclid", in *Science and Philosophy in Classical Greece*, Alan Bowen, editor (London e New York, 1991), pp. 59-97.

hipótese e prossegue daí a um ponto final em vez de a um ponto inicial, o dialético segue de uma hipótese para um "ponto inicial não hipotético", e segue "por meio de Formas e através de Formas", sem fazer uso de imagens. O contraste direcional encontra-se presumivelmente relacionado ao contraste análise-síntese, mas aqui o movimento ascendente é atribuído ao filósofo e distinguido do procedimento matemático por aspectos que vão bem além de sua direção. Sócrates segue a atribuir um método descendente ao dialético bem como:

(O argumento dialético) trabalha com o emprego de hipóteses, não como princípios; porém, hipóteses de verdade,[35] isto é, ponto de apoio e trampolim para alcançar o fundamento primitivo das coisas, que transcende a todas as hipóteses. Alcançando esse princípio juntamente com tudo o que se lhe relaciona, desce à última conclusão, sem nunca se utilizar dos dados sensíveis, porém, passando sempre de uma ideia para outra, até terminar numa ideia.

(*República* 511b5-c2)

As diferenças entre essa passagem e a descrição metodológica do *Fédon* não precisam ser significativas como às vezes se sugere que seja. Algumas delas, — sobretudo, o uso de imagens — parecem derivar do fato de que Sócrates se mostra preocupado, sobretudo, com as matemáticas na *República*, enquanto no *Fédon* ele faz uma observação geral metodológica, ainda que baseada em um método matemático. Na *República* não há diferença clara entre os movimentos ascendente e descendente da dialética, exceto por sua direção. Para nós, é natural supor que o método ascendente da dialética seja o mesmo que o método descendente da matemática e assimilar o primeiro com o que sabemos do último, isto é, que se trata de dedução proposicional (síntese). Então, é natural supor que o método ascendente seja dedução proposicional ou algo que razoavelmente lhe assemelhe-se. Mas no *Fédon*

---

[35] Sócrates está se fiando aqui na etimologia da *hupothesis* grega.

o "método" ascendente é simplesmente questão de fazer as hipóteses "mais elevadas", e o método descendente parece incluir o ato de harmonizar a hipótese adicional com uma dada hipótese. Não vejo razão para pensar que Platão esteja sendo mais restritivo na *República*. Os exemplos de Sócrates da hipótese dos matemáticos na *República* vão de mãos dadas com o seu tomar das Formas como sua hipótese-padrão no *Fédon*. A diferença mais notável entre as duas passagens talvez esteja no contraste entre a invocação, por Sócrates, do princípio não hipotético de todas as coisas na *República* e sua referência um tanto branda a algo satisfatório no *Fédon*. Contudo, a última referência é suficientemente branda para acomodar o que é dito na *República*.[36]

Vimos que no *Fédon* e no *Mênon* a apresentação do raciocínio hipotético se encontra conectada a ideias de refutação que parecem exercer menos um papel nas matemáticas do que na filosofia. Na passagem da linha divisória da *República* não se tem o sentido segundo o qual ou o matemático ou o dialético em algum momento encontrem uma hipótese insatisfatória. Matemáticos findam de maneira consistente com suas hipóteses, e dialéticos ascendem de suas hipóteses e tornam a descer, presumivelmente para as mesmas "hipóteses". Mais adiante, no Livro VII, Sócrates observa que a dialética envolve a refutação de argumentos, mas deixa claro que dialéticos bem-sucedidos serão capazes de defender sua posição contra todas as tentativas de refutação (534b-d). Contudo, pouco antes dessa passagem, Sócrates descreve a dialética como "livrando-se de hipóteses ou destruindo-as *(anairein)* (533c8), e ele fala da matemática de maneira deveras difamante:

Geometria e ciências correlatas... a respeito do ser o que fazem é sonhar, sem que... consigam contemplá-lo, por só recorrerem a hipóteses, em que não tocam por não saberem fundamentá-las. Ora quando o princípio é feito de *não*

---

[36] Para argumentos segundo os quais o princípio não hipotético da *República* é um exemplo de algo satisfatório no sentido do *Phaedo*, ver Harold Cherniss, "Some War-Time Publications concerning Plato. I", *American Journal of Philology* 68 (1947): p. 141 (reimpresso em seus *Selected Papers*).

sei o quê, e o meio e o fim da mesma coisa, que não se sabe bem o que seja, de que modo o que foi concebido desse jeito chegará a constituir alguma ciência?

(*República* 533b-c).

Alguns platonistas que vieram depois usaram essa passagem para depreciar a matemática,[37] e estudiosos modernos debateram sobre o que Sócrates teria em mente ao destruir a hipótese da matemática. Creio ser justo dizer que agora há um consenso de que somente a destruição que Sócrates tem em mente é a destruição do caráter hipotético da hipótese matemática por meio da subsunção sob um ponto de partida não hipotético. Da mesma forma, quando ele nega que a matemática ordinária seja conhecimento, ele não quer dizer que seja falsa, mas apenas que ela carece da fundação necessária para contar como conhecida. À medida que a matemática proporciona dialética com suas hipóteses, a dialética se inicia com verdades que serão testadas, porém não refutadas.

A passagem da linha divisória, então, enfatiza os seguintes aspectos da matemática:

> 1. Raciocínio sobre objetos sensíveis, números, em função de, isto é, com o intuito de compreender os objetos inteligíveis.
> 2. O assentamento de hipóteses, apresentadas como a suposição de certos objetos (o par e o ímpar, os números, os tipos de ângulos), mas na verdade envolvendo suposições sobre a natureza desses objetos e dos modos pelos quais eles podem ser manipulados.
> 3. O desenvolvimento descendente dessas hipóteses, incluindo a dedução, sem ser necessariamente restritos a ela.

Platão vê o primeiro desses como a causa do segundo e, presume-se, do terceiro: uma vez que os matemáticos raciocinam sobre as coisas sensíveis,

---

[37] Ver Proclus, *Commentary on Euclid* (*Comentários sobre Euclides*), 29, pp. 14-24.

eles têm de formular hipóteses e fazer um movimento descendente a contar delas, uma vez que devem falar a respeito de atuar sobre as coisas sensíveis. É razoável supor que a descrição por Platão da matemática como dependendo de hipóteses que o matemático nunca tenta justificar seja uma descrição precisa da matemática de seu tempo. Mas por que Platão pensa a direção descendente como um aspecto necessário da matemática? Na verdade, a matemática deve executar análises sobre proposições sob o nível de sua última hipótese. Por que não poderiam eles tentar fazer a mesma coisa sobre essas hipóteses?

A resposta aqui pode ser uma simples questão de definição: para Platão, esse movimento ascendente assumiria um lado exterior ao domínio da matemática. Porém, mais elementos podem estar envolvidos. Para Platão, justificar a hipótese da matemática será responder a questões como "o que é um número?" e "o que é um ângulo?". Responder satisfatoriamente a esse tipo de questão requer que se passe do argumentar sobre coisas sensíveis ao argumentar sobre Formas. Obviamente, a mesma pessoa pode passar da hipótese submetida a desenvolvimento matemático ao questionamento platônico/socrático sobre a hipótese, mas essa mudança configura uma passagem do argumentar sobre sensíveis ao argumentar sobre inteligíveis, isto é, uma mudança da matemática para a dialética. Sócrates opera aspecto semelhante em 523a*ss*, quando ele descreve o currículo matemático. Ali, Sócrates já não está interessado nos aspectos descendentes da matemática, mas, em seu poder de converter a atenção da alma ascendentemente, dos sensíveis para os inteligíveis. Com o intuito de argumentar que a aritmética, quando se ocupa adequadamente dela, tem esse poder, ele distingue entre aspectos das coisas que parecem contraditórias aos sentidos e aqueles que não parecem contraditórios aos sentidos. Supõe-se que ver um dedo não leva ou obriga a *(anagkadezein)*[38] uma pessoa comum a perguntar o que é um dedo, mas a ver que um dedo é maior que um segundo e menor que um terceiro conduz ou força uma pessoa a perguntar o que é a grandeza, ou seja, a fazer

---

[38] Sócrates menciona que a matemática obriga a se fazer um movimento ascendente para o mundo inteligível já na passagem da Linha Divisória, em 511c7.

uma pergunta sobre as Formas. Glauco se arvora em afirmar que a unidade cai na segunda categoria porque vemos a mesma coisa simultaneamente como una e infinitamente muitas.[39] Sócrates acrescenta que o mesmo será verdadeiro para todos os números.

O modo de falar de Sócrates sobre o abandono dos sensíveis em um argumento dialético foi tomado pelos neoplatônicos como o envolvimento da referência com um misterioso pensamento "não discursivo", que, entre outras coisas, viola o dito de Aristóteles (*Sobre a alma* III.7.431a16-17), segundo o qual "a alma nunca pensa (*noein*) sem uma imagem (*phantasma*)".[40] A mim, nada na *República* parece poder justificar essa leitura neoplatonista, muito embora não se possa impedir a possibilidade de que Platão tivesse algo em mente. Contudo, estou inclinado a pensar que quando Sócrates descreve a dialética como restrita a Formas, ele não está falando sobre o que se passa na consciência de um dialético em ação, mas simplesmente está desenvolvendo o contraste entre dialéticos e matemáticos. Matemáticos raciocinam sobre sensíveis em função dos inteligíveis; eles usam sensíveis. Dialéticos raciocinam sobre inteligíveis em função dos inteligíveis; quer as imagens ocorram em suas mentes quer não, ou façam referência a coisas sensíveis, eles não raciocinam sobre coisas sensíveis, eles não fazem uso delas.

Pelo Livro VII da *República* fica claro que o primeiro princípio não hipotético de todas as coisas é a ideia do Bem (532ass). Também se torna razoavelmente claro (534b-d) que o seu caráter não hipotético depende do fato de que as pessoas que o apreendem podem plenamente se defender

---

[39] Ao que parece, Platão vem aqui tomar por pressuposto o argumento de Zenão, de que uma coisa extensa pode ser dividida em indefinidamente muitas partes, supondo também a sua própria convicção (cf. *Parmênides* 127d-130a) de que os argumentos de Zenão se aplicam mais a coisas visíveis do que às inteligíveis. Essa convicção talvez se justifique pela crença de que todas as coisas visíveis, e somente elas, são extensas, mas a afirmação de que nós, de fato vemos as coisas como uma e muitas (em vez de argumentar que as coisas extensas são uma e muitas), pareceriam necessitar de mais justificação do que as Sócrates fornece.

[40] Para um debate sobre o pensamento não discursivo, ver A. C. Lloyd, "Non-Discursive Thought — An Enigma of Greek Philosophy", *Proceedings of the Aristotelian Society* 70 (1969-70), pp. 261-274.

quando alguém tenta "se agarrar" à sua hipótese. Isso equivale a dizer: para que um princípio seja hipotético ele não deve demandar a justificação de hipótese mais elevada, isto é, ele próprio, por si mesmo, deve ser capaz de um ataque argumentativo resistente. A noção de ser o primeiro princípio de todas as coisas parece-me impossível de construir de maneira sensível em termos de um modelo estritamente dedutivo da via descendente. O Bem se torna tal hipótese somente pela adição de outra hipótese que lhe seja harmoniosa. De um ponto de vista lógico, as hipóteses adicionais são hipóteses adicionais, mas, para Platão a hipótese do Bem é a condição que restringe essas outras hipóteses, sendo assim, mais elevada do que elas. Não acredito que se possa fazer um sentido lógico em última instância satisfatório da posição de Platão aqui,[41] mas, apreciá-la me parece uma pré-condição para se compreender a implicação, pela *República*, de que as hipóteses matemáticas são subsidiárias da Ideia de Deus. Platão não está sugerindo que as hipóteses matemáticas possam ser deduzidas de suposições sobre o Bem,[42] mas, "somente" que elas se adequarão harmoniosamente em uma teoria plenamente desenvolvida e ancorada no Bem. Para Platão, é bom que uma soma de números pares seja par e que os planetas se movam uniformemente em órbitas circulares. Podemos tentar explicar a última dessas crenças pela referência a uma concepção teleológica do mundo, e à primeira, pela referência ao caráter de beleza e de bem da verdade matemática. Mas, é improvável que Platão tenha distinguido os dois aspectos claramente; para ele, até onde se pode dizer, que números pares se somem a um número par é algo que visa o melhor, e é verdadeiro que o sistema mundo seja uma coisa bela.

---

[41] Aqui parece haver algo razoável acerca da ideia de que a hipótese da Forma é "mais elevada do que" a hipótese de que as coisas são o que são pela participação nas Formas. Mas se a segunda é de fato uma hipótese *adicional* não implícita na primeira, é difícil ver como a primeira pode ser pensada no sentido de descartar alternativas à segunda em qualquer sentido estritamente lógico de "descartar".

[42] Operar um contraste com, por exemplo, a posição de M. Cornford em "Mathematics and Dialectic", esp. 178-181, 187-190 (*Studies in Plato's Metaphysics*, Allen, editor, pp. 82-85, 91-95).

Eu já mencionei que quando Sócrates expõe seu currículo matemático, ele quase que exclusivamente está interessado no poder da matemática em atrair a alma do sensível para o inteligível. Após seu argumento de que a aritmética tem seu poder, ele acrescenta uma segunda consideração para mostrar que a aritmética realmente se ocupa dos inteligíveis:

Bem sabes como se comportam os entendidos na matéria, sempre que alguém se propõe a dividir em pensamento a unidade: riem-se dele, sem admitirem a possibilidade de semelhante operação. Se a trocares em miúdo, eles a multiplicam em outras tantas unidades, de medo que a unidade deixe de ser una para ser considerada como a reunião de várias partes.[43] [...] Que te parece, Glauco, se alguém lhes perguntasse: a que números vos referis, varões admiráveis, para terem unidades, tal como as concebeis, todas elas iguais, sem a mínima diferença e inteiramente privadas de partes? Como achas que responderiam?

A meu parecer diriam que se referem a números que só podem ser apreendidos pelo pensamento e impossíveis de serem manipulados de outra forma.

(República 525d8-526a7).

Aqui, Sócrates indica que o modo como os aritméticos falam compromete-os com um mundo inteligível. Ele não marca a distinção feita na passagem da linha divisória, entre aquilo sobre o que o aritmético raciocina e aquilo em função do que ele raciocina. Na verdade, Sócrates diz explicitamente que o aritmético debate sobre unidades inteligíveis; ele não diz (e acho que deveria, por uma questão de consistência) que o aritmético discute os sensíveis tendo em vista os inteligíveis. A razão para essa discrepância

---

[43] Não está claro o que Sócrates tem em mente - se é que tem alguma coisa - com essa tentativa de dividir o uno ou a divisão real e a multiplicação do uno. Para uma tentativa de relacionar o que Sócrates diz com a prática matemática grega ver B. L. van der Waerden, *Science Awakening* (New York, 1963), pp. 115-116. Para uma leitura diferente e mais plausível, ver M. F. Burnyeat, "Platonism and Mathematics: A Prelude do Discussion", in *Mathematics and Metaphysics in Aristotle*, Andreas Graeser, editor (Bern and Stuttgart, 1987), p. 226.

é que Platão deseja usar o modo como os aritméticos falam como a indicar que na verdade eles se ocupam dos inteligíveis. Em seguida, seu tratamento da geometria e no subsequente tratamento da astronomia e da harmonia, ele pretende ressaltar que a prática matemática é desvirtuadora. Os geômetras, ele diz, falam como se estivessem fazendo algo, mas seu conhecimento não diz respeito a coisas mutáveis, mas ao que sempre é. Sócrates não argumenta tendo em vista essa conclusão;[44] ela é apresentada na intervenção de Glauco, este que, podemos supor, tem sido conduzido pelo tratamento por Sócrates da matemática já desde a passagem da linha divisória. Mas mesmo Glauco não parece totalmente preparado para a discussão, por Sócrates, da astronomia,[45] uma discussão que deve ser interpretada à luz do papel específico de um movimento ascendente que Sócrates atribui à matemática.

Geômetras raciocinam sobre figuras sensíveis em função das coisas inteligíveis, do quadrado em si, da diagonal em si, e assim por diante. Na astronomia, o que é observado nos céus assume o lugar das figuras sensíveis. O que corresponde às Formas numéricas é, em uma das frases mais opacas de Platão, "as coisas verdadeiras, os movimentos pelos quais são movidos a velocidade real e a lentidão real em número verdadeiro tanto por todo

---

[44] Filósofos que vieram depois, mesmo ainda na Antiguidade, argumentam que os sensíveis não satisfazem as condições dispostas pelos geômetras, por exemplo, que as linhas sem largura não possam ser percebidas. Tais argumentos só fazem colaborar para o raciocínio de Platão, que, no entanto, se deles estivesse consciente, jamais os invocaria de maneira explícita. Para uma tentativa de atribuir tais argumentos à *República*, ver Burnyeat, "Platonism and Mathematics", pp. 221-225.

[45] Eu aqui ignoro as observações de Sócrates sobre estereometria. Suas afirmações sobre o estado retrógrado da estereometria têm sido interpretadas como estando a refletir a concepção platônica do "estado de coisas" da matemática no quarto século. É difícil resistir à sugestão de que a demanda de Sócrates por um diretor de estudos esterométricos tenha alguma conexão com o papel de Platão na Academia. Também devo aqui ignorar o tratamento por Sócrates da harmonia, que a mim parece estar afinado com sua descrição da astronomia. Para um debate sobre astronomia e harmonia, ver meu artigo "Ascending to Problems: Astronomy and Harmonics in *Republic* VII", in *Science and the Sciences in Plato*, John P. Anton, editor (Albany, 1980), pp. 103-121. Os artigos de autoria de Mourelatos e Vlastos, no mesmo volume, são tratamentos muito úteis do mesmo material, com enfoque na astronomia.

número real e em relação um com o outro, e pelo qual eles movem as coisas neles" (529d1-5). Sócrates segue a dizer que ninguém deve esperar encontrar a verdade sobre proporções nos céus visíveis ou pensar que os períodos dos vários corpos celestes permanecerá constante no curso do tempo; isso equivale a dizer, como objetos sensíveis os céus não podem personificar perfeitamente as leis científicas. Sócrates conclui:

> Estudemos, então, a Astronomia, como fizemos com a Geometria, por amor dos problemas que nos oferece, e deixemos de lado o que se passa no céu, se quisermos, realmente, com o seu estudo, que se torne útil, de inútil que era, a parte naturalmente racional de nossa alma.
> (*República* 530b6-c1)

O tratamento que Sócrates deu à astronomia causou nos admiradores de Platão uma boa dose de desconforto. Vários expedientes foram propostos, mas não há quem possa suprimir o fato de que a "verdadeira" astronomia não diz respeito aos céus visíveis mais do que a aritmética e a geometria se ocupam dos objetos sensíveis. Temos o hábito de distinguir ciências aplicadas de ciências puras. Ainda que alguns de nós não aceitem a posição de Platão sobre as ciências puras, a maior parte de nós pelo menos reconhecerá a força da ideia segundo a qual aritmética e geometria, por exemplo, lidam com as realidades imperceptíveis. Mas a sugestão de que a verdadeira astronomia lida com tais realidades parece bizarra. Pode algo ser dito para atenuar essa dificuldade?

Em primeiro lugar, podemos estar razoavelmente certos de que o próprio Platão não ignora a importância de proporcionar alguma abordagem dos movimentos aparentes dos corpos celestes. E se podemos dar crédito a Simplício, ele imputa a astrônomos a tarefa de dar conta desses movimentos aparentes por meio de uma hipótese de movimentos circulares uniformes. O próprio Platão esboça os inícios de tal abordagem no *Timeu* (36b-d), e reafirma a importância de se compreender o movimento planetário no 822a das *Leis*.⁴⁶ Simplício se refere à tarefa como um problema, e na passagem do Filodemo Platão também é descrito como aquele que posiciona problemas. Pareceria provável, então, que na *República* Sócrates tivesse em mente, para a astronomia, a tentativa de solucionar questões prementes pela redução a coisas mais bem compreendidas. Mas se na geometria Platão pode citar a (verdadeira) hipótese que o geômetra não questiona, ele não tem análogo na astronomia. Em outras palavras, em geometria reduções bem-sucedidas ou análises de problemas passam a hipóteses-teoremas, mas em astronomia não existem tais teoremas; a tarefa de análise envolve passar para hipóteses-lemas — no caso do problema astronômico de Platão, movimentos circulares uniformes. Platão não se debruça sobre a questão do estatuto desses lemas quando eles são hipotetizados, mas creio que podemos razoavelmente dizer que no movimento descendente da dialética eles serão estabelecidos como "teoremas" em harmonia com a Ideia de Deus.

Permanece a questão sobre como Platão compreendeu a relação entre fenômenos astronômicos e a verdadeira hipótese do astrônomo. Se nós seguirmos a *República*, tais hipóteses não podem versar sobre os fenômenos, assim como o que o geômetra apreende são verdades sobre coisas sensíveis. E quando Sócrates diz que na verdadeira astronomia dever-se-ia deixar as coisas tão-somente no céu, talvez seja natural inferir daí, sobre Sócrates, que a astronomia pode ter se desenvolvido sem que, quem quer que seja, tenha olhado para os céus. Mas tal visão é de tal maneira implausível que relutamos em atribuí-la a quem quer que seja. Podemos preferir confiar na comparação de Sócrates entre astronomia e geometria. Os geômetras raciocinam sobre coisas sensíveis em função das inteligíveis; isso significa que suas verdades, como as verdades dos aritméticos, não são verdades sobre as coisas sensíveis. Contudo, os geômetras estão cientes desse último fato, de modo que não há razão para lhes dizer que "deixem de lado" as coisas sensíveis tão só no sentido de se ocuparem das inteligíveis. Mas nem por isso seria o caso de supor que Platão instaria os geômetras a parar de usar diagramas em seus raciocínios.⁴⁷

---

⁴⁶ Ver Gregory Vlastos, *Plato's Universe* (Seattle, 1975), pp. 49-61, com os apêndices relevantes.
⁴⁷ Eu me posiciono aqui sobre uma questão bastante complexa. Na passagem da Linha

Por analogia, podemos dizer que Platão está fazendo os astrônomos pararem de pensar que seu objeto são os sensíveis, mas não os está fazendo parar de usar aparências astronômicas como aparências astronômicas. Astrônomos podem atentar nas aparências, argumentar acerca delas, mas devem fazê-lo em função de, isto é, com o intuito de compreender um mundo inteligível contendo "as coisas verdadeiras, os movimentos pelos quais são movidas velocidade real e lentidão real em verdadeiro número, uma e outra por todos os números verdadeiros e em relação uma com a outra, relação pela qual as aparências movem todas as coisas nelas".

Achamos ser essa posição difícil de aceitar porque para nós a astronomia versa sobre fenômenos, não sobre um mundo inteligível. Porém Sócrates, na *República*, sustenta que o conhecimento científico é de verdades eternas imutáveis, e ele não pensa que os céus ou qualquer coisa sensível seja imutável de um modo que venha a permitir tal conhecimento. Contudo, isso não significa que a verdade astronômica não faça contribuições a nosso entendimento do mundo sensível, assim como o fato de aritmética e geometria versarem sobre o mundo inteligível significa que elas não impedem que façam contribuição a nosso entendimento do mundo sensível.[48] O ponto crucial é o de que para Platão essa compreensão depende de se compreender outro mundo, ideal, sobre o qual reina o Bem.

Divisória, Sócrates descreve o matemático como aquele que faz uso de números e hipóteses. O dialético destrói o caráter hipotético dessas hipóteses, mas não há razão pela qual o matemático não possa ainda continuar a extrair conclusões delas. E sobre o uso de números? Acaso o dialético de algum modo torna possível uma geometria em que os números já não são mais usados em argumentação? Pode se ver como alguém pode inferir tal possibilidade do que Sócrates diz. Mas ele não o diz, e modos costumeiros de tentar fazer sentido da possibilidade são anacrônicos. (Para um exemplo extremo de tal anacronismo, ver A. E. Taylor, *Plato the Man and his Works*, 5ª Ed. [London, 1948], pp. 289-295.) Duvido muito de que Platão tenha encarado essa possibilidade, mas não tenho certeza de que ele tenha feito a conexão entre o uso de diagramas e a apreensão da verdade sobre como o mundo inteligível deve ser. Sua falta de clareza explícita sobre essa questão forma um paralelo com a relação entre fenômenos astronômicos e conhecimento astronômico.

[48] Sobre a importância da matemática aplicada, ver *Filebo* 55d*ss*.

6 Investigação no *Mênon*

GAIL FINE

A primeira versão deste artigo foi escrita durante o meu afastamento, em Oxford, na primavera de 1987. De lá para cá, várias versões receberam comentários úteis. Estou especialmente em dívida com Jyl Gentzler, tanto pelo que discutíamos a respeito como por seus escritos, e também a Lesley Brown, David Brink, Terry Irwin e Richard Kraut.

Na maior parte dos diálogos socráticos, Sócrates professa uma investigação acerca de alguma virtude.[1] De que modo, pois, ele pode proceder a tal investigação? A atitude de Sócrates, de negar o conhecimento,

---

[1] Os diálogos platônicos são frequentemente divididos em quatro grupos: (I) primeiros diálogos socráticos; (II) diálogos de transição; (III) diálogos intermediários; e (IV) diálogos tardios. O grupo (I) inclui *Apologia de Sócrates, Crítias, Eutífron, Cármides, Laques, Lísis, Hípias Menor, Eutidemo, Íon* e *Protágoras*. O grupo (II) inclui o *Górgias, Mênon, Hípias Maior* e o *Crátilo*; o (III) inclui *Fédon, Banquete, República* e *Fedro*; (IV) inclui *Parmênides, Teeteto, Timeu, Crítias, Sofista, Político, Filebo* e *Leis*. Em detrimento dessa classificação, alguns estudiosos favorecem uma divisão tripartite em primeiros diálogos, intermediários e tardios. As datas de alguns deles são alvo de contenda, mas em geral se concorda que o *Mênon* seja posterior aos diálogos que arrolei em (I) e anterior aos diálogos que arrolei em (III). Para uma discussão sobre a datação dos diálogos, ver Leonard Brandwood, "The Dating of Plato's Works by the Stylistic Method: A Historical and Critical Survey", tese para obtenção do grau de Ph.D. University of London, 1958 (disponível nos microfilmes da universidade); ver também o capítulo 3 do "Stylometry and Chronology", de Brandwood, neste volume. O *Mênon* e frequentes vezes considerado diálogo de transição com base em que (a) é mais autoconsciente quanto à metodologia e epistemologia do que são os diálogos do grupo (I); por outro lado, (b) da teoria das Formas, que se salienta no grupo (III), nada se fala no *Mênon*.

parece impedir a investigação socrática.² Essa dificuldade deve sinalizar um confronto para qualquer leitor dos diálogos socráticos; mas em vão se buscará um enunciado explícito do problema ou qualquer solução explícita para ele. O *Mênon*, em contraste com tudo isso, a um só tempo explicitamente suscita o problema e para ele propõe uma solução.

I. A prioridade do "conhecimento do que" (PKW, de "priority of knowledge what")

Mênon inicia o diálogo perguntando se a virtude pode ser ensinada (70a1-2). Sócrates responde dizendo não saber a resposta para essa questão; tampouco ele (*to parapan*, 71a7) sabe o que a verdade é. O último fracasso de conhecimento explica o primeiro; pois "se eu não sei o que uma coisa é, como eu poderia saber o como é? (*ho de me oida ti estin, pos an hopoion ge ti eideien*; 71b3-4). Não obstante, ele se propõe a investigar com Mênon o que vem a ser a virtude. Aqui, como nos diálogos socráticos, Sócrates tanto nega o conhecimento como se propõe a investigar. O ato socrático de negar o conhecimento reside em sua crença de que ele satisfaz o antecedente do subsequente condicional, com "virtude" sendo substituída por x:

---

² Na verdade, há aqui duas questões: (a) Sócrates precisa ter algum conhecimento para investigar? (b) Ele precisa acreditar que tem algum conhecimento para que se justifique subjetivamente na investigação? Se Sócrates acredita carecer de conhecimento, quando ele de fato tem conhecimento, advém então (b), mas não (a). Se ele acredita ter conhecimento, quando na verdade não tem conhecimento algum, então assoma-se (a), mas não (b). De um modo geral devo ignorar a diferença entre (a) e (b), muito embora seja o caso de ver minha réplica à Objeção 5, na seção III.

Eu tomo a investigação por uma busca direcionada e intencional pelo conhecimento de que se carece. Portanto, perceber, deparar com um objeto pelo qual se está buscando e "ouvir falar dele" não são formas e investigação. A pesquisa científica comum, por outro lado, é um exemplo de investigação. A investigação pode assumir várias formas. Nos diálogos socráticos (e, devo sugerir, no *Mênon*) ele assume a forma de *elenchus*, sobre o qual se poderá ver mais adiante.

(PKW) Se de modo algum se sabe o que é *x*, não se pode saber coisa alguma sobre *x*.

A essa afirmação devo chamar "Princípio da Prioridade do Conhecimento o Que" (PKW). Existe considerável controvérsia acerca de como interpretar o PKW. Uma sugestão é a de que tal significa:[3]

(A) Se não se tem ideia do que *x* é — de modo algum se tem crenças sobre *x* — então não se pode (pretender) dizer coisa alguma sobre *x*.

(A) é independentemente plausível; mas é difícil acreditar que é isso que Sócrates pretende, pois o modo autoconfiante pelo qual ele examina Mênon sobre a virtude sugere que ele não esteja a satisfazer nem o antecedente nem o consequente de (A): ele parece ter algumas ideias, algumas crenças, sobre a virtude; e ele segue a dizer várias coisas a respeito. Ademais (de momento mantendo o foco no antecedente de PKW), Sócrates não diz que ele não tenha ideias ou crenças sobre virtude; ele diz que não *sabe (oida) o que a virtude é*.[4] Eis aqui dois pontos: em primeiro lugar, ele afirma carecer de *conhecimento*, já que nem toda crenças ou ideia é conhecimento; em segundo lugar, ele afirma carecer de conhecimento sobre *o que a virtude é*. Essa segunda afirmação, tomada em seu contexto, sugere que o conhecimento do qual ele

---

[3] Ver Alexander Nehamas, "Meno's Paradox and Socrates as a Teacher", *Oxford Studies in Ancient Philosophy* 3 (1985): pp. 5-6.

[4] Infelizmente, muitas traduções tornam obscuro esse ponto crucial. Por exemplo, muito embora W. K. C. Guthrie (*Plato: Protagoras and Menon* [Harmondsworth: Penguin Classics, 1956]) traduz 71b3-4 com suficiente precisão, ele traduz de maneira equívoca algumas passagens que lhe são próximas. Ele traduz 71a5-7 como: "O fato é que, longe de saber se isso pode ser pensado, não tenho ideia do que a virtude em si mesma é". Aqui "eu não tenho ideia" deve ser interpretado como "eu não sei *(eidōs)*". Ele traduz 71b4-6 como: "Supões que alguém inteiramente ignorante sobre quem Mênon é poderia dizer se...", quando ele deveria ter dito: "Supões que alguém que de modo algum sabe *(gignōskei)* quem Mênon é poderia saber *(eidenai)* se... Nehamas ("Meno's Paradox", 8) traduz 80d5-6 como "de que modo podes buscar algo quando é completamente ignorante do que tal coisa é", mas a última cláusula pode ser mais bem interpretada por "quando de modo algum sabes o que tal coisa é".

carece (ou acredita carecer) é o conhecimento da definição da virtude, de sua natureza ou essência; ele não conhece a resposta para a questão socrática *O que é F?*, onde *F* é virtude. Podemos então tentar alterar o antecedente de (A), de modo a conceder (B):[5]

(B) Se de modo algum se sabe qual a definição de *x*, não se pode (pretender) dizer coisa alguma sobre *x*.

Em contraste com (A), o antecedente de (B) é um antecedente que Sócrates parece satisfazer (ele acredita que satisfaz). Contudo, diferentemente de (A), (B) parece ter uma força autossubjugante. Pois se é uma pré-condição para dizer alguma coisa (pretendendo-se dizer alguma coisa) a respeito de *x* que se saiba o que é *x*, sem se saber o que *x* é, então é difícil ver como se pode investigar *x*. Como se pode investigar alguma coisa se não se pode nem mesmo (pretender) dizer coisa alguma a respeito? Ademais, temos visto que Sócrates age atua muito embora ele não satisfaça o consequente de (B), pois ele diz muito a respeito da virtude. Se ele estiver comprometido com (B), e (ele acreditar) não souber o que a virtude é, e no entanto ele continuar a falar sobre virtude, então essa teoria e prática entrarão em conflito.

Existe uma alternativa a (B) que vale a pena considerar. Assim como Sócrates diz, não é o caso que lhe faltem *crenças* sobre o que a virtude é, mas que ele carece de *conhecimento* sobre o que a virtude é — por isso ele diz que tal conhecimento é necessário, não por *dizer* (pretendendo dizer) alguma coisa sobre a virtude, mas por *saber* alguma coisa sobre a virtude:[6]

---

[5] Ver P. T. Geach, in "Plato's *Euthyphro*: An Analyis and Commentary", *Monist* 50 (1966), pp. 369-382.
[6] O que ele literalmente diz é que é preciso saber o que *x* é *(ti)* para saber como é *x (poion)*. Mas considero exaustivo o presente contraste entre ti e *poion*. (No caso de coisas como a virtude, esse será o contraste exaustivo entre a essência de *x [ti]* e suas propriedades não essenciais *[poion]*; cf. o contraste em *Eutífron* 11a-b entre ti e *pathos*). Portanto, necessita-se saber o que *x* é para saber como é *x*, então é o caso de saber o que *x* é para saber alguma coisa sobre *x*.

(C) Se de modo algum se conhece a definição de *x*, não se pode conhecer coisa alguma sobre *x*.

Em contraste com (B), (C) usa "conhece" em ambas as cláusulas; também assim faz Sócrates. O que ele *diz* é que se necessita *saber* o que a virtude é, não com o intuito de dizer alguma coisa sobre a virtude, ou para se ter quaisquer crenças sobre a virtude, mas para *saber* alguma coisa sobre a virtude. Essa afirmação deixa aberta a possibilidade de que se poderia ter crenças sobre a virtude e (pretende) dizer várias coisas sobre a virtude, sem saber o que ela é; e, se as crenças que ficam aquém do conhecimento são adequadas para conduzir a investigação, nesse caso, mesmo que Sócrates careça de todo conhecimento sobre a virtude, ainda assim ele poderá investigar se ele detém crenças adequadas e se confia nelas.

Muito embora (B) e (C) possam assim ser lidos de um modo que seja bem diferente, não segue daí que Platão esteja consciente de sua diferença, ou que a explora. Para fazê-lo, ele tem de ter claro para si, entre outras coisas, a diferença entre conhecimento e crença. No entanto, argumentou-se que ele não estaria sendo claro sobre sua diferença, pelo menos nos diálogos socráticos[7]. Então, devemos ver se Platão é capaz de explorar a diferença entre (B) e (C) mantida aberta pelo seu frasear.

Independentemente de lermos PKW como (B) ou como (C), Sócrates afirma não saber o que a virtude é, no sentido de não conhecer a definição

---

Falando em termos estritos, eu preferiria dizer que (C) é um exemplo de PKW, em vez de uma versão de PKW. Ou seja, PKW afirma em termos muito gerais que para se saber qualquer coisa sobre *x*, tem de se saber o que é *x*. Mas eu acho que Platão acredita que o relevante conhecimento do que difere de caso para caso: para saber alguma coisa sobre a virtude, deve-se conhecer a sua definição; mas para saber, por exemplo, quem Mênon é, não é preciso saber a sua definição - aqui, o relevante conhecimento do que consiste em algo outro que não conhecer uma definição. Portanto, ainda que o Mênon não possa ser definido, daí não se segue que ele não possa ser conhecido. Neste capítulo mantenho o foco em definições, uma vez que não devo me pôr a debater as concepções de Platão sobre conhecimento de coisas como Mênon; ver notas 19, 21 e 26.

[7] Ver, por exemplo, John Beversluis, "Socratic Definition", *American Philosophical Quarterly* 11 (1974): pp. 331-336.

de virtude.⁸ Pode-se perguntar por que ele o faz. Acaso a sua habilidade de escolher exemplos de ações virtuosas — isso para usar termos de virtude coerentemente — mostra que ele conhece a definição de virtude? Se conhecer a definição de virtude fosse simplesmente conhecer o sentido do termo "virtude" no sentido de conhecer algo como uma definição dicionarizada ou léxica de virtude, então de fato para Sócrates seria estranho afirmar não conhecer a definição de virtude.⁹ Mas para ele, conhecer a definição de virtude não é simplesmente conhecer o sentido ordinário do termo "virtude"; não é saber o que a coisa, a virtude, realmente é, suas propriedades explanatórias. Saber o que a virtude é, para Sócrates, está mais para conhecer um real lockiano do que uma essência nominal — está mais para conhecer, digamos, a constituição interna, o número atômico, as características observáveis do ouro, do que, digamos, conhecer (ou ter alguma ideia) da superfície, dos aspectos observáveis do ouro, tais como que ele é amarelo e reluzente.¹⁰ Se isso estiver correto, então é razoável a afirmação de Sócrates, de não saber o que a virtude é; pois como o progresso da ciência revela, essências reais são difíceis de descobrir.

---

⁸ Assumo que PKW não deve ser lido como (A), razão pela qual não devo mais considerá-lo aqui.

⁹ Isso pode ser alvo de controvérsia. David Bostock, por exemplo, em *Plato's Phaedo* (Oxford: Clarendon Press, 1986), pp. 69-72, defende que conhecer os sentidos dos termos chega a ser bastante difícil. Isso é indubitavelmente verdadeiro em se tratando de algumas concepções sobre sentidos; mas se tomarmos os sentidos simplesmente para articular o uso ordinário, então, ainda que nem todos possam prontamente enunciá-los, seria estranho para Sócrates acreditar que o conhecimento seja tão difícil de adquirir quanto se parece assumir que assim seja. Também, em outros aspectos, é improvável que Sócrates esteja buscando conhecimento dos sentidos de termos. Para algumas breves considerações contrárias ao conceito de sentido, ver meu "The One over Many", *Philosophical Review* 89 (1980): pp. 197-240; ver também nota 10.

¹⁰ Sobre essências reais *versus* nominais em Locke, ver John Locke, *An Essay Concerning Human Understanding*, P. Nidditch, editor (Oxford: Clarendon Press, 1975) (originalmente publicado em 1690), III. iii; III. vi; III. x; IV. vi.4-9; IV. xii.9. Para uma defesa da afirmação de que Sócrates encontra-se mais interessado em algo como a essência real da virtude do que no sentido de termos de virtude, ver Terry Penner, "The Unity of Virtue", *Philosophical Review* 82 (1973): pp. 35-69; e Terence Irwin, *Plato's Moral Theory* (Oxford: Clarendon Press, 1977), esp. cap. 3.

Mesmo que para Sócrates seja razoável negar possuir conhecimento da essência real da virtude, é de se perguntar se para ele é aceitável afirmar que tal conhecimento tem o tipo de prioridade que ele lhe atribui. Aqui (B) e (C) demandam diferentes veredictos.[11] Certamente não parece razoável dizer, e (B) o faz, que tal conhecimento é necessário para *dizer* (pretendendo dizer) alguma coisa acerca da virtude. Certamente que a maioria de nós carece do conhecimento da essência real da virtude, mas ainda assim possui algumas crenças confiáveis acerca da virtude. Sócrates parece concordar; pelo menos, nos diálogos socráticos, certas crenças sobre a virtude — por exemplo, a crença de que ela é admirável *(kalon)*, boa *(agathon)* e benéfica *(ōphelimon)* — é algo em que regularmente se pode fiar.[12] Mas (C) parece mais razoável; ele diz que o conhecimento da essência real da virtude é necessário para se conhecer alguma coisa a mais sobre a virtude. Se condicionarmos fortemente o conhecimento, e se claramente o distinguirmos da crença, então será razoável que a controvérsia envolvendo a afirmação do conhecimento das propriedades não essenciais de uma coisa tiver de ser adequadamente enraizada no conhecimento de sua natureza.[13]

O PKW, à primeira vista, suscita um problema. Ele diz que se não se sabe o que *x* é, não se pode conhecer coisa alguma sobre *x*. Sócrates afirma não saber o que a virtude é, no entanto, ele se propõe a investigar o que a virtude é. Como podemos investigar, ou ser justificados em investigar, dada a sua negação do conhecimento? Não demandará a investigação algum conhecimento inicial?

A respeito de algumas concepções de sua negação e de seu projeto, não encontramos qualquer dificuldade. Uma concepção, por exemplo, é a de que (a) Sócrates não está realmente procedendo a uma investigação

---

[11] Pelo menos, assim é se (B) e (C) são interpretados como diferindo no modo descrito acima.
[12] Ver, por exemplo, *Cármides* 159c1, 160e6; *Laques* 192c5-7; *Protágoras* 349e-3-5, 359e4-7. Ver também *Mênon* 87e1-3. Sócrates também parece acreditar que suas crenças - e também as crenças de seus interlocutores - em exemplos de ações virtuosas em geral são confiáveis.
[13] Nos *Posteriores Analíticos*, I pp. 1-10, Aristóteles defende uma versão de (C), afirmando que é possível conhecer as propriedades não essenciais de uma coisa somente pelo deduzir de certas proposições acerca delas a partir de sua real definição.

sobre a virtude — pelo menos não no sentido de buscar conhecimento do que a verdade é; ele busca tão-somente expor a ignorância alheia, e esse objetivo menos difícil não requer conhecimento moral. Portanto, ao final a sua negação não entra em conflito com o seu projeto.[14] Outra concepção é a de que (b) muito embora Sócrates queira saber o que a virtude é, ele é hipocrítico ou irônico ao renunciar ao conhecimento moral ou, de modo mais desinteressado, ele renuncia ao conhecimento somente numa tentativa de forçar os interlocutores a pensar por si mesmos. Se Sócrates não leva a sério o seu ato de renúncia, então, de novo, não há dificuldade em fazer concordar seu projeto com a sua renúncia.[15]

E ainda, uma terceira concepção é a de que (c) tanto aquele que renuncia ao conhecimento como o que deseja saber o que a virtude é são autênticos — mas, a atitude daquele que renuncia é de alcance menor do que ele por vezes pensava que ela poderia ter. Em uma versão dessa concepção (c1), Sócrates renuncia ao conhecimento no sentido de "certeza", mas não no sentido diferente de "crença verdadeira justificada", e o conhecimento nesse último sentido pode guiar a investigação. Em outra versão dessa concepção (c2), Sócrates renuncia ao conhecimento *do que a virtude é* — de sua essência ou natureza — mas não *de como a virtude é*; por exemplo, ele não renuncia ao conhecimento de exemplos de ação virtuosa, e seu conhecimento desses exemplos pode conduzir a investigação.[16]

---

[14] Para a concepção (a), ver Gregory Vlastos, "Introdução", in *Plato: Protagoras* (New York: Bobbs-Merrill, 1956), esp. XXVI-XXXI; contrastar com Vlastos, "The Socratic Elenchus", *Oxford Studies in Ancient Philosophy* I (1983): pp. 27-58, esp. 45*ss*. Em "Elenchus and Mathematics", 109 (1988: pp. 263-296. *American Journal of Philology* 109 (1988): pp. 362-396, Vlastos rejeita (a) para os diálogos socráticos; mas ele argumenta que no *Mênon* Platão acredita que o *elenchus* (a forma de investigação favorecida nos diálogos socráticos) pode fazer não mais do que detectar contradições.

[15] Para a concepção (b), ver, por exemplo, Richard Robinson, *Plato's Earlier Dialectic* (Oxford: Clarendon Press, 1953), cap. 2.

[16] A concepção (c1) distingue entre dois gêneros ou tipos de conhecimento (certeza e crença verdadeira justificada); (c2) distingue entre variedades de coisas conhecidas e não conhecidas (o que a virtude é, como ela é). Para (c1), ver Gregory Vlastos, "Socrates Disavowal of Knowledge", *Philosophical Quarterly* 35 (1985): pp. 1-31. Para (c2), ver Richard Kraut, Socrates and the State (Princeton: Princeton University Press, 1984),

Se qualquer dessas concepções estiver correta, o problema se desfaz. Infelizmente, contudo, nenhuma dessas concepções funciona para o *Mênon*.[17] No que segue, Platão afirma que a investigação pode chegar ao conhecimento (85c9-d1). Haveria um tom perverso em sugerir que, muito embora ele acredite poder atingir o conhecimento, seu verdadeiro objetivo seja apenas o de tornar perplexos os interlocutores; em vez disso, como veremos, ele provoca perplexidade apenas como um estágio temporário em uma jornada cujo destino último é a aquisição de conhecimento moral. A concepção (a), assim, é inadequada.

A concepção (b) também é inadequada. Conforme argumenta Irwin, as reiteradas recusas de Sócrates são por demais frequentes e enfáticas para ser destituídas como irônicas sem uma forte razão; Aristóteles as leva a sério (*Soph. El.* 183b6-8), e é bem isso que também nós devemos fazer.[18]

Tampouco (c1) é adequada. Em *Mênon* 98a, Platão proporciona somente uma definição de conhecimento — como crença verdadeira justificada (crença verdadeira pareada com um *aitias logismos*) — e, presume-se, é conhecimento desse tipo que ele recusa. Ainda assim, é especificamente esse tipo de conhecimento que, de acordo com (c1), Sócrates (acredita que) possui.[19]

---

cap. 8. Existem traços de (c2) no artigo de Vlastos, muito embora ele mantenha o foco em (c1). Alexander Nehamas, in "Socratic Intellectualism", in *Proceedings of the Boston Area Colloquium in Ancient Philosophy*, vol. 2, John J. Cleary, editor (Lanham, Md.: University Press of America, 1987), esp. 284-293, também parece endossar uma versão de (c2). Pode-se tentar defender (c1) apelando a dois tipos de conhecimento diferentes daqueles a que Vlastos apela; para essa tentativa, ver Paul Woodruff, "Plato's Early Theory of Knowledge", in *Companions to Ancient Thought I: Epistemology*, Stephen Everson, editor (Cambridge: Cambridge University Press, 1990), pp. 60-84. A consideração que faço aduzir abaixo, contra a versão por Vlastos de (c1), aplica-se também a outras versões de (c1).

[17] É obviamente possível que um ou mais deles seja adequado para um ou mais dos diálogos socráticos. Kraut, por exemplo, defende explicitamente (c2) somente para alguns dos diálogos socráticos; ele concorda que seja adequado para o *Mênon*.

18 Irwin, *Plato's Moral Theory*, pp. 39-40.

[19] Ainda que venha a se negar que 98a defina o conhecimento como crença verdadeira justificada, mantém-se o fato de que Platão proporciona apenas uma definição de conhecimento, e que seria estranho se ele pretendesse algo como a aplicação de sua recusa somente a algum outro tipo de conhecimento. Portanto, deveríamos ser relutantes

Nem (c2) é adequado. Pois Sócrates afirma não saber o que a virtude é; dado PKW, segue-se que ele nada sabe sobre a virtude. Então ele não pode, como (c2) propõe, conhecer algumas coisas sobre a virtude. Como veremos, essa é precisamente a questão que *Mênon* lhe faz.

---

quanto a endossar qualquer versão de (c1).
Nega-se, por vezes, que 98a defina o conhecimento como crença verdadeira justificada. Por exemplo, às vezes se diz que (I) aquilo em que Platão acredita que deva ser acrescentado às crenças verdadeiras para se ter a *epistēmē* não é justificação, mas explicação, de modo que (II) *epistēmē* não é conhecimento, mas entendimento. (Outros argumentos também têm sido arrolados em apoio a [II]. Para as várias versões dessa perspectiva, ver, por exemplo, Nehamas, "Meno's Paradox", esp. 24-30; M. F. Burnyeat, "Socrates and the Jury", *Proceedings of the Aristotelian Society*, vol. sup. 54 [1980]: pp. 173-192, esp. 186-188; e Burnyeat, "Wittgenstein and De Magistro", *Proceedings of the Aristotelian Society*, vol. supl. 61 [1988]: pp. 1-24, esp. 17-24.). Contudo, (I) não implica (II); pois Platão pode acreditar que o conhecimento requer explicação. Também duvido que (I) seja verdadeira. Platão, é claro, acredita que em muitos casos a justificação adequada consiste em explicar as naturezas das entidades que se afirma conhecer; mas ele não acredita que isso aconteça sempre - não se pode adequadamente justificar a afirmação de saber, por exemplo, quem *Mênon* é, ou o caminho para Larissa, sem explicar suas essências; aqui será o caso de algum tipo de justificação menos exigente. (Portanto, contrariamente a Nehamas, se tomarmos a *epistēmē* por conhecimento, Platão não terá uma concepção de conhecimento inclinada a demandas impossíveis; isso é algo que já afasta uma razão para se querer acreditar em [II].) Platão se concentra na explicação, não porque ele pensa ser ela necessária para a *epistēmē* como tal, mas porque pensa ser necessária para o conhecimento de coisas como a virtude, nossa maior preocupação aqui. Ver também notas 6, 21 e 26.
Gregory Vlastos, "*Anamnesis* in the Meno", *Dialogue* 4 (1965): pp. 154-155, acredita que a definição por Platão de conhecimento como crença verdadeira "limitada" por um *aitias logismos* é pensada como a restringir o conhecimento a verdades necessárias. Mas isso é algo por demais estreito, e tampouco os argumentos de Vlastos são convincentes. Ele recorre, por exemplo, ao uso pré-socrático de *anangkē*, palavra que o *Mênon* nesse estágio nem se permite usar. Ele próprio percebe que o *logismos* é muitas vezes usado para o pensamento racional em geral, e obviamente bem se sabe que *aitia* pode ser usada de maneira bastante ampla.

II. O paradoxo de *Mênon*

Muito embora Sócrates afirme não saber o que a virtude é, e, com isso, não saber coisa alguma sobre a virtude, ele se propõe a investigar o que a virtude é. *Mênon* valorosamente proporciona diversas sugestões; mas Sócrates vai renunciando a todas elas, usando o seu familiar método elênctico. Ele faz a um interlocutor uma questão: O-que-é-*F*? — O que é coragem (*Laques*), ou amizade (*Lísis*), ou piedade (*Eutífron*). Ele examina o interlocutor de maneira cruzada, apelando a vários exemplos e princípios que manifestem concordância. Eventualmente o interlocutor descobre que, ao contrário de suas crenças iniciais, ele não conhece a resposta à pergunta de Sócrates. Advém daí ele sustentar crenças contraditórias sobre o assunto que tem em mãos, e assim carece de conhecimento a respeito; se tenho crenças contraditórias acerca de *x*, então eu careço de conhecimento acerca de *x*.[20] É bem característico dos diálogos socráticos terminarem nesse estágio, com o interlocutor embaraçado (em estado de *aporia*). No *Mênon*, contudo, as questões são levadas mais além. Com o próprio Sócrates carecendo de conhecimento, Mênon assume posição ofensiva e desafiadora, arrogando-se ao direito de questioná-lo. Ele propõe um paradoxo, em geral referido como paradoxo erístico ou paradoxo de *Mênon*.

De que modo procederá à investigação de alguma coisa, Sócrates, se de modo algum sabes o que ela é? Qual das coisas que não conheces virá a supor que é, quando estiveres investigando? E se acaso deparares com tal coisa, como saberás que é a coisa que não conheces? (801e1-6).

---

[20] Pode se defender que ter crenças contraditórias não impede automaticamente alguém de ter qualquer conhecimento sobre o objeto em questão; para esse argumento, ver, por exemplo, Alvin Goldman, *Epistemology and Cognition,* (Cambridge, Mass: Harvard University Press, 1987); e Gilbert Harman, *Change in View* (Cambridge, Mass.: Bradford Books, 1986). Contudo, as contradições que Sócrates desvela são tão flagrantes que parece razoável concluir que seus interlocutores carecem de conhecimento.

Sócrates reformula o paradoxo como segue:

Compreendo o que queres dizer, *Mênon*. Vês o argumento erístico que estás introduzindo, segundo o qual ao indivíduo não é possível investigar nem o que conhece nem o que não conhece? Pois não se poria a investigar o que conhece — pois à medida que conhece, não há necessidade de investigar tal coisa; nem o que não conhece — já que não conhece aquilo que se está investigando (80e1-6).

Mênon apresenta-lhe três questões:

a. Como se pode investigar alguma coisa se de modo algum se sabe o que ela é?
b. Qual das coisas que não se conhece é a que se está investigando?
c. De que modo se reconhecerá o objeto da investigação se vier a encontrá-lo?

Sócrates torna a moldar o paradoxo na forma de um dilema construtivo:[21]

---

[21] Sobre esse aspecto, ver Nicholas P. White, "Inquiry", *Review of Metaphysics* 28 (1974): 290 n. 4.
Algumas diferenças entre as formulações de *Mênon* e de Sócrates são dignas de nota: (a) (2) não têm análogo na formulação de *Mênon*. (b) Inversamente, a formulação de Sócrates ignora a terceira questão de *Mênon*. (c) Mênon pergunta como se pode investigar o que não se conhece *de modo algum* (*to parapan*, 80d6; cf. 71a7, 71b3, 5); Sócrates pergunta somente como se pode investigar o que não se sabe. (Para demais debates sobre [c], ver nota 29).
Alguns detalhes acerca do escopo do paradoxo são, pois, dignos de nota. O paradoxo não pergunta se, de modo geral, pode-se adquirir conhecimento; ele pergunta apenas se se pode vir a conhecer coisas como a virtude por meio da investigação. Portanto, o paradoxo de *Mênon* não questiona a capacidade que se tem de vir a conhecer coisas tão dessemelhantes da virtude (por exemplo, a estrada para Larissa); tampouco se questiona a capacidade que se tem de vir a saber coisas de um modo outro que não seja pela investigação (por exemplo, por meio da percepção, ou pelo "ouvir dizer"). De modo correspondente, a réplica de Platão não lida com a questão sobre se é possível conhecer coisas que sejam diferentes da virtude; tampouco se diz se é possível conhecer coisas de

1. Para qualquer *x*, ou se conhece ou não se conhece *x*.
2. Se conhece *x*, não se pode investigar *x*.
3. Se não se conhece *x*, não se pode investigar *x*.
4. Por essa razão, quer se conheça ou não se conheça *x*, não se pode investigar *x*.

O argumento parece válido. (I) é uma instanciação inofensiva da lei do terceiro excluído — ou se conhece *p*, ou não se conhece *p*; *tertium non datur*. (2) e (3) nos dizem que, independentemente do que essas opções exclusivas e exaustivas obtêm, a investigação é impossível. (4) então validamente concluir que a investigação é impossível.

Muito embora o argumento pareça válido, pode-se questionar a sua perfeição.[22] (I) é inofensivo; mas o que dizer de (2) e (3)?

Em defesa de (2), Sócrates diz apenas que se já se conhece, não há necessidade de investigar. Essa não é uma defesa muito boa de (2); eu não preciso de outra refeição em Lutécia, mas, por tudo isso, ainda assim posso ir lá. Tampouco está claro por que, se se conhece *x*, não se pode investigá-lo. Posso saber quem *Mênon* é, mas busco conhecer onde ele está; posso conhecer algo sobre física, mas procuro conhecer mais sobre esse assunto. É claro, se eu conheço *tudo* o que existe para conhecer a respeito de *Mênon*, ou sobre física, *então* não há necessidade — ou possibilidade — de investigar a respeito deles. Mas certamente nem todo conhecimento de uma coisa equivale a um conhecimento total ou completo dela; em geral, tem-se dela um conhecimento parcial. (2) assim parece falso.[23]

---

modo outro que não pela investigação. Daí não se segue que Platão restrinja o conhecimento a coisas como a virtude, ou restrinja o método de obter conhecimento para investigar. Em todo o caso, creio que o *Mênon* deixa aberta a possibilidade de conhecer, por exemplo, quem Mênon é e o caminho para Larissa; também penso que ele deixa aberta a possibilidade de chegar ao conhecimento por meios outros que não a investigação. Não devo aqui defender essas afirmações em detalhes, mas deve-se ver notas 6, 19 e 26.

[22] O argumento pode ser lido como inválido, mediante o equívoco quanto ao "conhecer". Mas uma vez que a réplica de Sócrates parece atacar somente a sua perfeição, devo assumir que ele é válido.

[23] (2) pode ser lido de modo a ser mais plausível do que o tenho feito parecer. Por

(3) também parece falso. A bem da verdade, se eu não conheço *x* no sentido de que minha mente é um completo vazio a respeito disso, se sou completamente ignorante a seu respeito, se não tenho quaisquer ideias a seu respeito, então não posso investigá-lo. Mas ser totalmente ignorante a respeito de *x* não parece ser o único meio de carecer de conhecimento a respeito. Posso carecer de todo conhecimento a respeito de *x*, mas tenho algumas crenças (verdadeiras) a respeito; e talvez elas sejam adequadas para a investigação. Ter crenças (verdadeiras) que estejam aquém do conhecimento é um meio de carecer de conhecimento; mas não é um meio de carecer de conhecimento que pareça impossibilitar a investigação. Assim, (3) parece falso.[24]

---

exemplo, ele é mais plausível se lido para dizer que se eu sei que *p*; então não há necessidade de investigar se *p*. Uma razão a favorecer uma leitura plausível de (2) é a de que, muito embora Sócrates (devo argumentar) segue a argumentar que (3) é falso, ele não rejeita explicitamente (2). Muito embora rejeitar (3) seja suficiente para mostrar que o paradoxo é imperfeito, dele se pode esperar que rejeite também a (2), se esse for realmente falso. Talvez o fato de ele assim não sugerir (2) deva ser lido como verdadeiro. Por outro lado, existem boas razões para ele estar especialmente embaraçado com relação a (3), de modo que não surpreende ele concentrar aí a sua atenção. Ademais, se (2) deve ser lido como plausível no modo como foi sugerido, ele não bem se adéqua ao argumento geral como o faz se for lido do modo sugerido no texto; ver nota 24.

[24] Muito embora (2) e (3) pareçam falsos, eles pareceriam verdadeiros a quem quer que acredite ter havido uma dicotomia exclusiva e exaustiva entre completo conhecimento e total ignorância, de modo que se alguém tem algum conhecimento sobre uma coisa, tem dela um conhecimento completo, de modo que, se carece totalmente de tal conhecimento sobre uma coisa, encontra-se totalmente ignorante dela. E alguém que aceite uma espécie de modelo familiar de conhecimento acreditaria nisso. (Isso talvez proporcione alguma razão para se ler [2] como eu o leio no texto, em vez de fazê-lo no modo mais plausível, sugerido na nota anterior.) Para uma abordagem lúcida de como se pode ser seduzido pelo paradoxo em virtude de se aceitar tal modelo, ver John McDowell, *Plato: Theatetus* (Oxford: Clarendon Press, 1973), pp. 194-197. Ele está explicando um enigma relacionado à falsa crença apresentado no *Teeteto* 88a-c - esse enigma, tal como o paradoxo erístico, inicia-se com a suposição de que para todo *x*, ou se conhece ou não se conhece *x*. Contudo, McDowell acredita que Platão *aceita* o modelo de familiaridade subjacente. Se ele estiver certo, Platão pode bem ser seduzido pelo paradoxo erístico. Em "False Belief in the Theatetus", *Phronesis* 24 (1979): pp. 70-80, contudo, defendo que no *Teeteto* Platão aceita o modelo de conhecimento subjacente. A abordagem que seguirei a dar aqui sugere que tampouco no *Mênon* ele aceita tal modelo, mas não posso defender essa concepção aqui em maiores detalhes. A semelhança entre paradoxo erístico e o

Note-se que ao argumentar que (3) é falso, eu apelei ao tipo de distinção que mencionei acima, distinguindo entre duas leituras, (B) e (C), de PKW. Sugeri que PKW (se for lido como [C], e [C] for cuidadosamente distinguido de [B]) é controverso, mas não ultrajante. Não é ultrajante, eu sugiro, porque, muito embora seja necessário conhecer o que *x* é para *conhecer* como *x* é, não é necessário *saber* o que *x* é para ter *crenças* sobre como é *x*, e talvez as crenças possam guiar a investigação. Se, contudo, se falar de uma falta de conhecimento sem uma diferenciação entre total ignorância (ser um vazio) e ter crenças que fiquem aquém do conhecimento, então esse modo de distinguir entre (B) e (C) não estará disponível. Pode-se esperar, então, que se Platão está consciente da falsidade de (3), ele pode também distinguir entre (B) e (C); se, contudo, ele não estiver consciente da falsidade de (3), então talvez, igualmente, ele não será capaz de distinguir entre (B) e (C).

Até agora, tenho argumentado que o paradoxo erístico é imperfeito, uma vez que tanto (2) como (3) são falsos. Mas como Platão viu essa questão?

Dele podemos esperar que esteja especialmente embaraçado por (3). Pelo menos, deveríamos esperar que estivesse especialmente embaraçado por (3) se levasse a sério a recusa do conhecimento por Sócrates, se pensasse que Sócrates pudesse estar autenticamente investigando, por meio do *elenchus*, em um esforço para encontrar conhecimento moral, e também desejasse defender Sócrates. Pois se (3) é verdadeira, Sócrates não pode, como ele afirma, investigar na ausência de conhecimento. Assim, (3) ameaça o núcleo da investigação socrática. Contudo, o *Mênon* é um diálogo de transição — de transição entre o pensamento dos diálogos socráticos, por um lado, e dos diálogos intermediários, por outro — e pode-se pensar que ele seja de transição em parte por encontrar um equívoco na afirmação de Sócrates, de ser capaz de investigar na ausência de conhecimento.[25] Vejamos, então, se Platão tenta desalojar (3), e assim justificar a Sócrates; ou então se ele abandona o procedimento socrático — um procedimento que requer a falsidade de (3) — em favor de algum outro programa epistemológico.

---

enigma em *Teeteto* 188a-c, além da possível conexão com algum tipo de conhecimento, são notadas também por Irwin, *Plato's Moral Theory*, 315 n. 12.

[25] Para a datação dos diálogos, ver nota 1.

III. A resposta elênctica ao paradoxo

Em resposta ao paradoxo de *Mênon*, Sócrates inicialmente descreve uma história de sacerdotes e sacerdotisas, de acordo com a qual:

Uma vez que a alma é imortal e nasceu muitas vezes, e tem visto (*heōrakuia*) todas as coisas tanto aqui como no Hades, não há nada que ela não tenha aprendido. Portanto, não admira se ela puder recordar da virtude e de outras coisas que anteriormente conheceu. Pois, uma vez que toda natureza lhe é afinada, e uma vez que a alma tem aprendido muitas coisas, não há nada a se fazer para impedir que, quando ela rememora alguma coisa — o que os homens chamam "aprender" —, ela venha a descobrir todas as outras coisas, se for ele corajoso e não cansar de investigar. Pois, o investigar e o aprender não são mais do que rememoração (81c5-d5).

Essa é a famosa teoria platônica da rememoração, de acordo com a qual a alma é imortal e, em uma vida anterior, conheceu "a virtude e outras coisas", de modo que o chamado aprendizado é na realidade apenas rememoração de coisas previamente conhecidas.[26] *Mênon* professa não compreender o

---

[26] Em 81c6-7 (cf. d1), Sócrates diz que (a) a alma tem sido "todas as coisas", o que pode sugerir onisciência. Contudo, em 81c8, ele fala, em vez disso, de (b) virtude e outras coisas"; e em 81d4-5 ele fala sobre (c) todos os *zētein kai manthanein* ("investigação e aprendizado"). Eu suponho que (b) e (c) estejam restringindo o escopo de (a), que o faz razoável para assumir que a reminiscência esteja restrita a verdades gerais sobre coisas como virtude e geometria. Portanto, não se tem aí a implicação de que nossas almas descarnadas tenham conhecido verdades incidindo fora do escopo de tais disciplinas, ou mesmo verdades particulares (em oposição às gerais) no âmbito de tais disciplinas. Pode-se argumentar que se tais verdades não são rememoradas, então elas não podem ser conhecidas. Pois no *Mênon* 98a Platão enuncia que *isto* — exercitar um *aitias logismos* adequado - é reminiscência, e ter um *aitias logismos* adequado é necessário para o conhecimento. Contudo, Platão quer dizer apenas que elaborar um *suitable aitias logismos* adequado é, em certos casos, um caso de reminiscência. Ele não pretende que cada caso de elaboração de um *aitias logismos* envolva a reminiscência, ou que elaborar um *aitias logismos* é tudo o que existe para a reminiscência. Portanto, ele deixa aberta a possibilidade de que se possa ter um constituinte de conhecimento do *aitia logismos*,

que significa dizer que aprender é apenas rememoração, e desse modo ele pede a Sócrates para lhe ensinar a respeito (81e3-5). Sócrates observa que, uma vez que aprender nada mais é do que rememoração, não existe tal coisa como o ensinar, e desse modo ele não pode ensinar-lhe que o aprender é apenas rememoração — mas, acrescenta, ele mostrará (*epideixomai*, 82b2) a *Mênon* do que se trata. Então ele embarca em um *elenchus* de estilo socrático padrão, juntamente com um comentário contínuo, com um dos escravos de *Mênon* (82b-85d). E retoma a teoria da rememoração (85d-86c). Existem então duas abordagens da teoria da rememoração; entre elas, ao modo de um recheio, tem-se uma amostragem de *elenchus*.[27]

Como o *elenchus* e a teoria da rememoração se combinam entre si? Como, aliás, isso vem responder ao paradoxo? Começarei por considerar a réplica elênctica.

Sócrates desenha um quadrado com lados de dois pés de comprimento, e pergunta ao escravo qual o comprimento necessário para um quadrado que tenha o dobro da área do quadrado original (82c-e). O escravo responde que precisamos de um lado com o dobro do comprimento do lado original (82e). A exemplo da maior parte dos interlocutores socráticos nos primeiros diálogos, e a exemplo de *Mênon* no início deste, o escravo pensa conhecer a resposta às questões de Sócrates, embora não o saiba. Então Sócrates torna a questioná-lo, até que o escravo percebe que ele não sabe o que pensava que soubesse; ele está perplexo e confuso (84a-b). Esse resultado aporético é não raras vezes alcançado também nos diálogos socráticos, como o fora na parte inicial do *Mênon*. Os diálogos socráticos costumam terminar nesse ponto, no que se tem uma razão pela qual Sócrates é tantas vezes tido como puramente negativo e destrutivo em seu uso do *elenchus*. Aqui, porém, Platão o defende

---

por exemplo, do caminho para Larissa, mas um constituinte que não envolva a reminiscência. Ver Irwin, *Plato's Moral Theory*, pp. 316-317 n. 17; contrastar com Nehamas, "Meno's Paradox", pp. 10-11.

[27] Ver Irwin, *Plato's Moral Theory*, 139, pp. 315-316, para uma defesa lúcida e detalhada da afirmação de que o todo da demonstração com o escravo seja um *elenchus* socrático padrão. Para uma perspectiva diferente, ver Vlastos, "Elenchus and Mathematics", esp. 375. Ver também nota 28.

dessa acusação. De início, o escravo pensava conhecer a resposta à questão geométrica de Sócrates, mas se revelou que não a conhecia; então, ele percebe que não sabe a resposta. Ora ter essa percepção não é algo meramente destrutivo; isso faz (ou deve fazer) dele mais disposto e capaz de investigar (84b-c). A exposição da ignorância tem assim um valor positivo.

Platão também observa que, muito embora seja característico aos diálogos socráticos terminar de maneira aporética, o *elenchus* não precisa terminar em *aporia*; o método elênctico tem todas as condições de encetar a via para o conhecimento. Para mostrá-lo, Sócrates questiona o escravo um tanto mais, até que este por fim enuncia a reposta certa (84d-85b); esse estágio posterior de questionamento envolve o método elênctico não mais do que o faz o estágio inicial, e com isso Platão mostra que o *elenchus* pode ir além da exposição da ignorância para a articulação de crenças verdadeiras.[28] Pois muito embora o escravo ainda careça de conhecimento, ele "tem em si mesmo crenças verdadeiras sobre as coisas que ele não conhece" (85c2-8). E não só isso, mas "se alguém fizer a ele exatamente as mesmas [o mesmo tipo de] questões [tradução alternativa: "fizer-lhe perguntas exatamente sobre as mesmas coisas"] frequentes vezes, e de diferentes maneiras, verás que ao final ele conhecerá essas coisas com tanta precisão quanto qualquer outra pessoa" (85c10-d).

---

[28] Vlastos, em "Elenchus and Mathematics", 375, concorda que o estágio negativo da investigação envolva o *elenchus*, mas ele argumenta que no estágio positivo isso já não acontece: "*[e]lenchus* é bom para isso, e somente para isso [isto é, somente para 'convencê-lo de um erro']. Não se inicia para trazer-lhe para a verdade que ele busca." Contudo, suas razões para essa afirmação são fracas. Parecem ser de tal modo que (a) no estágio positivo da investigação, Sócrates faz irradiar o seu papel de adversário; e que (b) a investigação diga respeito mais à geometria do que à moralidade. Mas contra (a), *elenchus* não requer que ninguém desempenhe papel de adversário no sentido que Vlastos parece pretender. Assim como em (b), o estágio inicial da investigação igualmente envolve geometria; no entanto, Vlastos permite que ele envolva o *elenchus*. Ver também as réplicas às objeções ao final desta seção para uma defesa da afirmação de que as investigações geométricas e morais são (para Aristóteles) bastante similares. Para uma crítica convincente da concepção de Vlastos, ver Jyl Gentzler, "Knowledge and Method in Plato's Early through Middle Dialogues", tese para obtenção do grau Ph.D. (Cornell University, 1991).

Ora Sócrates está supondo que se o escravo puder proceder a uma investigação sobre a geometria na ausência de conhecimento, então também assim podemos nós todos. Tampouco existe algo especial a envolver a geometria; a investigação na ausência de conhecimento é, da mesma forma, possível para "todo e qualquer outro tema que seja" (85e2-3), incluindo a virtude, e assim, Sócrates conclui, é preciso que retomem a sua investigação acerca da virtude, muito embora não saibam o que ela é (86c).

Platão rejeitou apenas (3) do paradoxo. Contrariamente a (3), pode-se investigar até mesmo se carece de todo conhecimento do assunto, já que o escravo acaba de fazê-lo. O escravo pode investigar, muito embora ele careça completamente de conhecimento, pois ele tem a um só tempo crenças verdadeiras e a capacidade de reflexão racional e de revisão de suas crenças, e essas são adequadas para a investigação.[29] De modo semelhante, Sócrates foi justificado, nos diálogos socráticos e passagens anteriores do *Mênon*, ao afirmar ser capaz de investigar acerca da virtude na ausência de conhecimento. Pois, muito embora ele repudie todo conhecimento moral, ele jamais afirma carecer de verdadeiros conceitos morais; e, na verdade, ele parece acreditar que os tem.[30] Ademais, ao distinguir claramente entre conhecimento e

---

[29] Observei acima (nota 21, diferença [c]) que uma diferença entre as formulações de Mênon e as de Sócrates do paradoxo é que *Mênon* pergunta se pode investigar o que não se sabe *de modo algum*, enquanto Sócrates pergunta somente se pode investigar o que não se conhece. Essa diferença eventualmente é pensada para sugerir que Platão acredita que não se pode investigar o que não se conhece *de modo algum*, mas pode se investigar o que não se conhece *de certo modo* (enquanto se o conheça de algum modo diferente); ver, por exemplo, Julius M. E. Moravcsik, "Learning as Recollection", in *Plato*, vol. I: *Metaphysics and Epistemology*, Gregory Vlastos, editor (Garden City, N.Y.; Anchor Books, Doubleday, 1970), 57. Em minha abordagem, todavia, Platão permite que se possa investigar de algum modo aquilo que não se conhece de modo algum, e com isso a sua omissão do "de modo algum" não é significativa - pelo menos não no modo sugerido. Platão é arrogante em seu uso do *to parapan* também em outra parte: não obstante a sua ocorrência em 71a7 e b3, 5, ele é omitido no enunciado de PKW em 71b3-4.

[30] Para uma justificação dessa afirmação, ver Irwin, *Plato's Moral Theory*, cap. 3. A frequência com que Sócrates se fia em várias afirmações nos diálogos (ver nota 12) também vem em apoio a essa concepção. Por vezes erroneamente se pensa que a concepção de Irwin é a de que Sócrates identifica conhecimento e crença verdadeira; ver, por exemplo, Woodruff, "Plato's Early Theory of Knowledge", 64. Vlastos, em

(crença verdadeira), e ao insistir que a investigação requer tão somente a última, Platão demonstra que PKW não é autorrefutadoramente forte, que ele pode distinguir entre (B) e (C), e aceite apenas (C).³¹

Contudo, várias objeções às afirmações de Platão sobre os poderes do *elenchus* podem ser levantadas; consideremos algumas delas, juntamente com algumas réplicas possíveis:

Objeção I: Sou abertamente otimista quanto à força de 85c6-7, passagem em que Platão distingue entre conhecimento e crença verdadeira. Alexander Nehamas, por exemplo, argumenta que a passagem é meramente um passo intermediário na resolução por Platão do paradoxo, e não a sua conclusão final.³² Embora seja verdade que o uso do *elenchus* possa nos tirar completamente do caminho do conhecimento, e embora seja verdade que conhecimento e crença verdadeira diferem entre si, 85c6-7 não será, por certo, o núcleo da réplica de Platão ao paradoxo?

Réplica: É verdade que mais está por vir: Ainda não lançamos um olhar à teoria da rememoração. Mas há motivos para acreditar que, qualquer que seja a importância da teoria da rememoração, a distinção que Platão esboça entre conhecimento e crença verdadeira é de vital importância, não só para a epistemologia de Platão tomada de um modo geral, mas também para a sua resolução do paradoxo. No encerramento do diálogo, ele recorre à distinção entre conhecimento e crença

---

"Socrates' Disavowal of Knowledge", 6 n. 12, por outro lado, erroneamente se sugere que a visão de Irwin combina conhecimento e certeza. Irwin entende que para Sócrates conhecimento é crença verdadeira justificada (a que não envolve certeza); Sócrates desaprova todo conhecimento moral, mas ele pensa ter (não conhecimento moral, mas) crenças verdadeiras acerca da virtude.

³¹ Além disso, ao observar que o conhecimento e a ignorância total não são opções exaustivas, que a crença (verdadeira) é um *tertium quid*, Platão afirma algo incompatível com o modelo de familiaridade do conhecimento no qual o paradoxo, pelo que se pode argumentar, reside; ver nota 24. Isso sugere que, pelo menos no *Mênon*, ele não aceita esse tipo de modelo de conhecimento pautado na familiaridade.

³² Nehamas, "Meno's Paradox", 29.

verdadeira, e também elabora essa distinção (97a-98c). Ele argumenta, em primeiro lugar, que a crença verdadeira é tão boa como guia para a ação correta quanto o é o conhecimento. Isso é algo que torna a enfatizar o ponto presente segundo o qual se pode investigar com base na crença verdadeira; o conhecimento não é necessário para a investigação. Não obstante, ele insiste, o conhecimento é mais valioso. Pois muito embora ambos, conhecimento e crença verdadeira, atuem encetando a verdade, o conhecimento é crença verdadeira atada a um *aitias logismos*, uma abordagem explicativa. Ele também insiste em que o processo pelo qual se elabora uma abordagem explanatória seja rememoração. Portanto, a diferença entre conhecimento e crença verdadeira não é um mero aparte; Platão retornará a ela mais tarde, e a conecta ao contexto presente.[33]

Objeção 2: Sócrates não demonstrou que a investigação é possível na ausência de conhecimento. Pois mesmo se o escravo carecer de conhecimento, Sócrates, nesse caso — quando não no caso moral —, tem o conhecimento relevante, e é isso que faz o progresso possível.

Réplica: Sócrates não afirma que ele *conhece* as repostas às questões que ele faz, e não está claro que (ele acredita que) o faça; talvez ele apenas tenha uma crença correta acerca das respostas. Precisamente da mesma maneira, Sócrates pode conduzir *elenchi* nos diálogos socráticos, não porque ele conheça as respostas, mas por ter crenças verdadeiras.[34]

---

[33] Sobre a abordagem do conhecimento por Platão como crença verdadeira pareado com um *aitias logismos*, ver nota 19. Para essa afirmação de que exercitar uma abordagem é reminiscência, ver nota 26.

[34] Sócrates (ele acredita) tem não apenas crenças verdadeiras, mas também crenças verdadeiras que são mais bem justificadas do que as de seus interlocutores (embora não sejam bem justificadas para contar como conhecimento - a justificação vem em graus). Portanto, Sócrates pertence ao segundo estágio da Linha; ele tem *pistis*, enquanto seus interlocutores têm apenas *eikasia*, sobre moralidade. Ver meu "Knowledge and Belief in *Republic* V-VII", in *Companions to Ancient Thought I: Epistemology*, Stephen Everson, editor (Cambridge: Cambridge University Press, 1990), esp. 101-114.

Porém, ainda que Sócrates *saiba*, ou acredite saber, as respostas, a questão da demonstração elênctica não é solapada Pois muito embora Sócrates faça ao escravo perguntas direcionadoras, ele não o supre com as respostas. Pelo contrário, Sócrates enfatiza que o escravo não deve confiar em sua autoridade, mas deve dizer aquilo em que acredita (83d); esse aspecto é trazido à baila pelo fato de que o escravo por duas vezes dá respostas erradas, confiando de maneira acrítica no que Sócrates diz. O progresso do escravo — da confiança equivocada inicial, passando pela percepção de sua ignorância, à descoberta da resposta correta — em última instância vem de sua própria reflexão independente. Em cada estágio ele decide solucionar um conflito em suas crenças pelo descarte das críticas que pareçam menos razoáveis, ou menos afiançadas — assim como outros interlocutores fazem em se tratando de investigação moral. O conhecimento geométrico (ou crença verdadeira) de Sócrates faz com que o *elenchus* proceda de maneira mais rápida e homogênea; mas não é isso que o torna possível. O que o torna possível são as próprias crenças do escravo e sua capacidade de reflexão e revisão.[35]

Objeção 3: O escravo pode fazer progressos no caso geométrico porque a geometria é um sistema dedutivamente fechado, consistindo de verdades necessárias e *a priori*; uma vez que a moralidade não é assim, o progresso não pode ser alcançado do mesmo modo em seu caso.

Réplica: Se o objetor concede que não se pode investigar na ausência de conhecimento no caso geométrico, então ele concede o paradoxo ter sido desarmado; pois essa concessão envolve abandonar (3). Ainda assim, o objetor dispõe de um trunfo; nós queremos ser capazes de justificar a investigação moral socrática na ausência de conhecimento moral. Mas são os casos geométricos e morais tão diferentes? Na verdade, a geometria (diferentemente da moralidade) pode bem ser um sistema dedutivamente fechado, consistindo de verdades *a priori*. Porém, não são esses os fatos a

---

[35] Ver Vlastos, "*Anamnesis in the Meno*", esp. 158-159, e "Elenchus and Mathematics", 374 n. 42.

respeito da geometria que Sócrates enfatiza. Ele descreve a investigação matemática de modo bem semelhante àquele pelo qual descreveríamos a investigação científica. Iniciamos com uma variedade de crenças sobre, digamos, ouro. Algumas delas são verdadeiras, outras falsas; gradualmente refinamos nossas crenças — descobrindo, por exemplo, que o ouro dos tolos não é ouro — até chegarmos ao conhecimento da essência real do ouro, sua constituição atômica. Passamos da crença no ouro para o conhecimento de sua real essência, não por dedução rigorosa, mas por tentativa e erro; exatamente da mesma forma podemos fazer progressos na esfera moral.

Objeção 4: É inútil a analogia científica. Afinal, uma coisa que nos capacita a fazer progressos no caso científico é a indisponibilidade de amostras ou exemplos de ouro; mas que amostras ou exemplos estarão disponíveis no sentido moral?

Réplica: A resposta é: exemplos de comportamento virtuoso. Muito embora Sócrates negue que saibamos o que a virtude é, ele jamais nega, e o que faz é assumir, que detemos crenças razoavelmente confiáveis acerca da virtude.[36] É claro que eventualmente ele comete erros — equivocadamente acreditamos, por exemplo, que leões são corajosos (*Laques* 196e1-197c4). E as pessoas um dia acreditaram que o ouro dos tolos fosse ouro. Também

---

[36] Ver notas 12 e 30. Pode-se argumentar que, embora tenhamos crenças razoavelmente confiáveis sobre a natureza da virtude e sobre o tipo de comportamento e tipo de pessoa que contaria como virtuoso, não existem exemplos reais de ações virtuosas ou de pessoas virtuosas disponíveis para nos pautarmos por eles. Pois, para Sócrates, o conhecimento do que a virtude é necessário para que se possa ser uma pessoa virtuosa; uma vez que ninguém sabe o que a virtude é, ninguém é virtuoso, e assim, pode-se pensar, tampouco existem ações virtuosas, muito embora, é claro, algumas pessoas e ações possam ser melhores do que outras. (*A* pode ser melhor do que *B* ainda que nenhum deles seja bom.) Se é assim, então não poderíamos dizer, em réplica à Objeção 4, que exemplos de comportamentos virtuosos desempenham, na investigação moral, o mesmo papel que exemplos relativos ao ouro, por exemplo, desempenham na investigação científica acerca da natureza do ouro. Contudo, intuições e crenças morais confiáveis ainda poderiam conduzir a investigação.

corretamente acreditamos que devolver uma espada a um louco não é algo justo (*República* 331).

Porém, Sócrates não está a insistir, contrariamente à minha sugestão, que existem disputas insolúveis nos casos morais? Bem, é fato que ele acredita existir uma grande disputa envolvendo a definição correta de termos de virtude, e é claro que existe *alguma* disputa envolvendo casos morais particulares. Mas há também considerável acordo — acordo suficiente para garantir a referência dos termos e, com isso, fundamentar a investigação.

Objeção 5: Como podemos saber quais de nossas crenças são verdadeiras, e quais são falsas? Crenças não aparecem nitidamente etiquetadas como "verdadeiras" e "falsas"; o que nos pode fazer parar de acreditar nas falsas em detrimento das verdadeiras? O mero fato de eu ter crenças verdadeiras não é suficiente para fundamentar a investigação.[37]

Réplica: A afirmação de Platão é aquela segundo a qual se pode investigar, mesmo se carecer de conhecimento, enquanto *de fato* se confiar nas crenças verdadeiras que se tem; ele não está afirmando que se pode investigar, ainda, que se careça de conhecimento, tão somente se *souber* que está confiando em crenças verdadeiras. É claro, de uma perspectiva em primeira pessoa, estarei subjetivamente justificado em investigar somente se acredito que estou me pautando por crenças verdadeiras. Mas não preciso ser capaz de identificar minhas crenças verdadeiras como tais para ser capaz de investigar. Precisamos distinguir a questão do que faz a investigação possível da questão do que subjetivamente justifica alguém se pensar em posição de investigar. Em nenhum dos casos, contudo, eu preciso conhecer (ou mesmo ter crenças verdadeiras a respeito) quais de minhas crenças são verdadeiras e quais são falsas. No primeiro caso, eu preciso confiar em algumas crenças que são de fato verdadeiras; no segundo, preciso acreditar que tenho algumas crenças

---

[37] Para algo do tipo dessa objeção, ver Nehamas, "Meno's Paradox", pp. 16-17.

verdadeiras. Nenhum desses modos de apelar a crenças verdadeiras exige que se saiba (ou se tenha crenças verdadeiras a respeito de) quais das crenças que se tem são de fato verdadeiras.[38]

É claro que alguém pode confiar em crenças falsas em vez de confiar em crenças verdadeiras. Como na ciência, pode-se seguir uma trilha falsa; o progresso requer sorte. Contudo, Sócrates parece assumir que todos — ou pelo menos todos que sejam racionais — progredirão, se investigarem sistematicamente, na mesma direção. É por isso que ele também parece assumir que algumas importantes crenças verdadeiras são mais bem afiançadas do que várias crenças falsas (ou parecerão mais razoáveis a nós quando as considerarmos pela primeira vez) de modo que em casos de conflito, e mediante reflexão, tendemos a rejeitar as crenças falsas.[39] É uma afirmação sólida e otimista, sobre a natureza humana — uma afirmação que requer e, como veremos, recebe explicação adicional.

IV. A teoria da rememoração

A réplica elênctica desarma o paradoxo ao argumentar que, contrariamente a (3), a investigação é possível na ausência de conhecimento. A mim parece uma réplica boa, além de completa. Por que, então, Platão suplementa a réplica elênctica com a teoria da rememoração? Que papel ela desempenha ao fazer uma réplica ao paradoxo?

Sugiro que a teoria da rememoração seja introduzida, não como réplica direta ao paradoxo (a réplica elênctica desempenha esse papel),[40]

---

[38] Cf. nota 2. Pode-se argumentar que não é necessário ter crenças verdadeiras para investigar; tudo o que é necessário é que o uso de um termo se dê em uma cadeia causal adequada; ver Saul Kripke, *Naming and Necessity* (Cambridge, Mass: Harvard University Press, 1980) (originalmente publicado em 1972); e Hilary Putnam, "The Meaning of 'Meaning' ", in *Philosophical Papers* (Cambridge: Cambridge University Press, 1975), 2: pp. 215-271.
[39] Ver Irwin, *Plato's Moral Theory*, pp. 41-42, 66-70.
[40] Por vezes se pensa que a teoria da reminiscência seja a réplica direta, e que uma réplica se tenha ao se negar (2): O escravo pode proceder à investigação porque ele

tem conhecimento; de modo mais geral, todos podem investigar, porque todos têm algum conhecimento relevante. Se Platão de fato enuncia que todos agora conhecem, ele está contradizendo o seu enunciado de 85b-d, de que o escravo *não* conhece agora. Mas Platão não afirma que todos (ou o escravo) conheçam agora; todas as suas referências ao conhecimento ou são um referir para diante (para o tempo em que, por um avançar no questionamento, o escravo adquirirá conhecimento) ou para trás (para nossas vidas pregressas, de quando sabíamos). A passagem que parece mais difícil de regular com a sua afirmação é 86a8; mas também ela pode ser acomodada, pois tudo o que ele diz é que a alma do escravo "a todo tempo tem existido no estado de ter sido [de uma condição] letrada" - isto é, dele é sempre verdadeiro (e desse modo é agora verdadeiro dele) que ele um dia esteve em uma condição letrada, ou seja, um dia ele teve conhecimento. Afirmar que é sempre (e sendo assim também agora) verdadeiro dele que ele um dia teve conhecimento não é afirmar ou implicar que agora seja verdade para ele que ele agora conheça. (Para uma sugestão semelhante, ver Vlastos, "*Anamnesis no Meno*" 153 n. 14.) Eu arrolo 85d1, pp. 3-4 (*epistēsetai*), d6, 9 como referir para diante; 81c9 como referir para trás. 86b1 diz que a verdade sobre as coisas que são está sempre na alma, mas isso não é dizer que o *conhecimento* é; talvez tenhamos sempre a verdade em nossa alma à medida que um dia conhecemos, que podemos vir a conhecer novamente e de fato estamos predispostos para a verdade muito embora não a conheçamos agora. De modo semelhante, Leibniz afirma que as ideias inatas são em nós algo como o modo pelo qual Hércules se encontra em mármore bruto antes de ele ali ter sido esculpido, porque suas veias tornam mais fácil esculpir uma forma de Hércules do que várias outras formas; o uso de "em" é muito fraco. Ver G. W. Leibniz, "Meditations on Knowledge, Truth and Ideas", in *Philosophical Essays*, R. Ariew e D. Garber, tradutores (Indianapolis: Hacket, 1989), p. 27.
Nicholas P. White, *Plato on Knowledge and Reality* (Indianapolis: Hackett, 1976), 47*ss*, tenta desarmar a aparente contradição afirmando que nas passagens onde Platão diz que o escravo tem crença, mas não conhecimento, ele está falando com o vulgar. Dada a importância que o *Mênon* atribui à diferença entre conhecimento e crença (verdadeira), isso parece improvável.
Se Platão em parte alguma afirma que há alguém que conheça agora, então ele em parte alguma replica ao paradoxo pela negação (2). Eu não acho que ele acredite em (2) mais do que acredita em (3) - pelo menos, é como se (2) fosse construído como eu o construo no texto acima, em vez de como ele é construído na nota 23. Mas ele se concentra tão somente em (3), e não se refere a (2) - pois eu o tomo por querer justificar a afirmação de Sócrates, de ser capaz de investigar na ausência de conhecimento, e de nos incentivar (de incentivar a nós, isto é, a quem, em sua concepção, carece de conhecimento) a investigar. Aristóteles, em contraste com isso, desarma o paradoxo ao negar (2): podemos investigar sobre o que sabemos em uma direção, enquanto não o sabemos em alguma outra direção; na verdade, Aristóteles sugere que a investigação requer algum conhecimento apriorístico. Ver *Analíticos posteriores*, I 1.

mas para explicar certos fatos assumidos na réplica elênctica. Por exemplo, a réplica elênctica pressupõe que ao investigar tendemos a favorecer crenças verdadeiras em detrimento de crenças falsas. Platão acredita que essa notável tendência não pode ser um fato bruto, porém exige outra explicação; em sua concepção, a melhor de tais explicações é a teoria da rememoração. Podemos todos investigar, e ao fazê-lo podemos tender para a verdade, porque, muito embora agora careçamos do conhecimento relevante, nós um dia o tivemos, em uma vida anterior. Assim como os que advogam o conhecimento inato, Platão acredita que certos aspectos notáveis de seres humanos exigem explicação em termos de conhecimento apriorístico — muito embora para Platão, em contraste com os inatistas, o conhecimento não é de nascença, mas advém de uma existência anterior.

Então, muito embora a teoria da rememoração não seja uma teoria do conhecimento inato,[41] sua motivação é semelhante à motivação que

---

[41] Operar contraste com Leibniz, *New Essays on Human Understanding*, tradução e edição por Peter Remnant e Jonathan Bennett (Cambridge: Cambridge University Press, 1981), livro I, cap. 1; e Dominic Scott, "Platonic Anamnesis Revisited", *Classical Quarterly* 37 (1987): pp. 346-366, esp. 351-353. Tampouco, contrariamente a Moravcsik, "Learning as Recollection", p. 59, pp. 61-62, é a teoria da reminiscência uma teoria de crenças ou conceitos inatos. A teoria da reminiscência concorda, sim, com nossas capacidades inatas, e sugere-se por vezes que conceitos ou crenças sejam capacidades. Mas como observa Aristóteles (*De An.* II 1), existem dois modos diferentes de construir capacidades. Uma criança é capaz de ser um general quando ela pode se tornar um general sob certas circunstâncias ao crescer (é o que Aristóteles chama de uma primeira potencialidade); e sou capaz de estudar grego, muito embora eu não o esteja fazendo agora, porque posso fazê-lo imediatamente se optar por isso (uma segunda potencialidade). Se constroem capacidades como primeiras potencialidades, então conceitos e crenças não são capacidades; mas esse é o único meio pelo qual a teoria da reminiscência postula capacidades inatas. Tampouco é a teoria da reminiscência uma teoria de aquisição de conceitos. Ela explica não como se adquirem conceitos, mas como se pode passar de conceitos e crenças para o conhecimento, e como, dadas as nossas várias crenças (ainda que essas crenças sejam adquiridas - e essa questão não contemplada por Platão), tendemos a favorecer as verdadeiras em detrimento das falsas. Sobre esse tópico, ver também meu "The Object of Thought Argument", *Apeiron* 21 (1988): esp. 137-142; e Scott, "Platonic Anamnesis Revisited".
Para um debate sobre teorias inatistas, ver Stephen Stich, editor, *Innate Ideas* (Berkeley: University of California Press, 1975).

move as teorias inatistas de conhecimento. E ela se faz vulnerável a objeções semelhantes. Muitos prefeririam dizer que, mesmo que for notável uma dada tendência, ela é para nós apenas um fato bruto; e não há outra explicação. Ora, se existe explicação adicional, ela não consiste em almas imortais que tinham conhecimento em vidas anteriores, nem em conhecimento inato, mas em evolução, por exemplo.

Ao afirmar que nós um dia detivemos o conhecimento relevante, Platão inevitavelmente remete à questão de como a adquirimos. Se a resposta é "por meio da investigação", podemos suscitar ainda uma vez o paradoxo de *Mênon*, e podemos passar a impressão de sermos lançados em um vicioso regresso infinito. Mas não existe regresso, nem vicioso nem não vicioso; isso porque Platão não se compromete com a afirmação de que nós *adquirimos* algum conhecimento prévio. Ele parece pensar que simplesmente o tivemos em algum estágio anterior, sem ter passado por qualquer processo de aquisição.[42]

---

[42] Conforme tenho observado (ver nota 40), 86a8 diz que a alma está sempre em um estado de um dia ter pertencido a uma condição letrada; o passado perfeito deixa aberta a possibilidade de não ter havido processo de aprendizado (em contraste com a tradução de Vlastos da mesma passagem, "*Anamnesis* no *Mênon*", 153 n. 14). O enunciado segundo o qual é *sempre* verdade sobre a alma a condição de ela outrora ter conhecido também sugere que não houve estágio inicial no qual ela careceu de conhecimento, e depois o adquiriu. Mesmo se (ao contrário de minha sugestão) a alma tenha passado por um processo inicial de aprendizado, um regresso vicioso pode ser evitado - ainda que o processo fosse, de modo puro e simples, uma investigação *(elênctica)* toda ela realizada novamente. Platão pode argumentar, por exemplo, que quando a alma esteve desencarnada, ela não foi estorvada pela percepção e pelos desejos corpóreos; sem essas distrações, ela poderia adquirir conhecimento por meio da investigação ainda que não conhecesse em uma vida ainda anterior. Com base nisso, a teoria da rememoração seria introduzida para explicar não como a investigação de um modo geral é possível, mas como a investigação é possível nesta vida, ou quando se está encarnado.
A afirmação de Platão de que a alma "via" várias coisas é eventualmente pensada como a sugerir que a alma adquiriu seu conhecimento anterior por meio de algum tipo de familiaridade; ver, por exemplo, R. S. Bluck (editor), *Plato's Meno* (Cambridge: Cambridge University Press, 1961), pp. 286-287; Vlastos, "Anamnesis in the *Meno*", pp. 164-165; Harold Cherniss, "The Philosophical Economy of the Theory of Ideas", *American Journal of Philosophy* 57 (1936): pp. 445-456. Contudo, interpreto esse "ver" todas as coisas no sentido de compreendê-las; para esse tipo de interpretação do vocabulário visual de Platão, ver J. C. B. Gosling, *Plato* (London: Routledge & Kegan Paul, 1973),

Note-se que, qualquer que seja a abordagem de que se lance mão para mostrar como a alma algum dia veio a conhecer, a teoria da rememoração (em contraste com a réplica elênctica) por si mesma não provê suficiente resposta ao paradoxo — pois se alguém algum dia conheceu, mas agora carece da capacidade de conhecer, o conhecimento apriorístico é vão. Por esse motivo, devemos relutar em atribuir todo o peso da réplica de Platão ao paradoxo da teoria da rememoração; e em se tratando da minha abordagem de seu papel,

---

cap. 8, Burnyeat, "Wittgenstein and *De Magistro*", esp. 19-21.
Outras tentativas de argumentar que no *Mênon* Platão aceita algum tipo de modelo de familiaridade de conhecimento são similarmente fracas. Por exemplo, em 71b4-7, Platão ilustra PKW dizendo: "Parece-te possível que alguém, que não saiba de modo algum quem *Mênon* é *(Menona mē gignōskei to parapan hostis estin)* saiba se ele está bem ou saudável ou se é bem nascido, ou o oposto desses estados?". Eventualmente se infere que, para Platão, todo conhecimento é como o conhecimento que consiste em familiaridade ou envolve familiaridade; ver, por exemplo, *Bluck, Platos Meno*, pp. 213-214. Mas Platão fala aqui, não de conhecer *Mênon*, mas de saber quem *Mênon* é, e não fica de todo claro em que medida preciso estar familiarizado com *Mênon* para saber quem ele é - eu sei quem ele é de ler os diálogos de Platão. (A sintaxe é "saiba *Mênon* quem ele é" *["know Meno who he is"]*; mas o sentido natural da frase é "saiba quem *Mênon* é" *["know who Meno is"]*. White parece concordar, embora ele também defenda que para Platão pode-se conhecer quem *Mênon* é somente se conhecer Mênon, pela familiarização com ele; ver *Plato on Knowledege and Reality*, pp. 36-37, 54 n. 8). Ou de novo, em 97a9-b3, Platão parece sugerir que alguém pode conhecer a estrada para Larissa somente se viajar no curso dela (muito embora ele não o diga precisamente nesses termos); também isso por vezes é pensado de modo a sugerir que todo conhecimento envolva algum tipo de familiaridade. Mas, mesmo se alguém, em certo sentido, precisar estar familiarizado com uma estrada para conhecê-la, não se segue daí que o conhecimento, de um modo geral, requeira familiaridade. A questão de Platão é a de que, com o intuito de se conhecer alguma coisa, é preciso ter algum tipo de compreensão em primeira mão da experiência. No caso de uma estrada, essa compreensão em primeira mão pode demandar que se viaje ao longo dela (essa não é uma afirmação implausível na época de Platão, quando não havia mapas rodoviários detalhados), e assim em certo sentido pode-se exigir familiaridade com ela; em outros casos, porém, a compreensão será obtida pelo pensamento e reflexão independentes, que não envolvem familiaridade em nenhum sentido interessante. Para isso, ver Burnyeat, "Socrates and the Jury" e "Wittgenstein and *De Magistro*". Além do mais, se, como sugeri, a resposta de Platão ao paradoxo erístico pressupõe uma rejeição de um modelo de conhecimento pautado pela familiaridade (ver notas 24 e 31), devemos então relutar em imputar-lhe tal coisa em outra parte do diálogo, e não há necessidade para fazê-lo.

é assim que devemos fazer. Também é importante ter claro que, independentemente da abordagem que se favoreça para o modo como a alma algum dia veio a conhecer, a introdução de Platão à teoria da rememoração não mostra que ele tenha abandonado o *elenchus* como o único método de investigação (em sua vida). A demonstração com o escravo é apenas um *elenchus* padrão; e nela, Sócrates afirma que se segui-la um tanto que seja suficiente, atingir-se-á o conhecimento. A teoria da rememoração vai além de Sócrates, não pelo substituir do *elenchus* por uma rota alternativa ao conhecimento, mas por explicar como algo que ele tinha por suposto (a possibilidade de investigação na ausência de conhecimento, e o fato notável de que ao assim investigar tendemos para a verdade) é possível. Dizer que p é mais bem explicado por q, ou é possível por causa de q, não é abandonar p. A teoria da rememoração é introduzida para justificar, não para viciar, as afirmações de Sócrates sobre os poderes do *elenchus*.

Por mais que se esclareçam os detalhes da teoria da rememoração, hoje em dia poucos estarão propensos a acreditar nela. A réplica elênctica, todavia, continua convincente, e pode ser aceita mesmo por aquele que rejeite a teoria da rememoração; pode-se aceitar a afirmação de Platão de que é possível investigar na ausência de conhecimento, em razão da capacidade de reflexão e da crença na verdade, sem que se aceite sua abordagem do que faz explicar a capacidade e as crenças. Assim, apraz ver que o próprio Platão parece depositar menos peso na teoria da rememoração do que no *elenchus*. Ele introduz a teoria como algo dito por sacerdotes e sacerdotisas, e por Píndaro e outros poetas (81a5-6, a10-b2); mais tarde, ele deixará bem claro que tem essas pessoas por carentes de conhecimento (99c). Sócrates diz que não gostaria de ter de prestar um juramento por tudo o que tenha dito (86b); porém, mais tarde, ele comenta que, se fosse para afirmar conhecer alguma coisa, uma das poucas coisas que ele afirmaria saber é que o conhecimento difere da crença verdadeira (98b1-5).[43] E é claro

---

[43] A passagem pode ser lida como dizendo que uma das poucas coisas que Sócrates efetivamente afirma conhecer é que o conhecimento e a crença na verdade diferem, e nesse caso ele prové apoio tanto mais forte para a minha concepção. Mas se a passagem

que precisamente a diferença entre conhecimento e crença verdadeira é crucial para a réplica elênctica.

Pelo menos no *Mênon*, então, Platão replica ao paradoxo erístico ao reafirmar os poderes do *elenchus* e justificar a afirmação de Sócrates, de ser capaz de investigar, por meio do *elenchus*, na ausência de conhecimento. Pelo menos quanto a esse respeito o *Mênon* não parte do projeto iniciado nos diálogos socráticos, mas dá continuidade a ele.

---

toma esse caminho, então Sócrates estaria afirmando, contrariamente a PKW, que ele sabe algo sobre conhecimento e crença verdadeira (sabe que eles diferem) sem saber o que eles são. Embora, pela minha concepção, Sócrates não afirme categoricamente saber que o conhecimento e a crença verdadeira diferem, ele expressa considerável confiança nessa afirmação, dizendo que ele não a emite com base na *eikasia*. Talvez ele pense ter *pistis* acerca dela. (Sobre as diferenças entre *eikasia* e *pistis*, ver *República* VI-VII e meu "Knowledge and Belief in *República* V-VII"). Estou em dívida com Hannes Jarka por ele ter me proporcionado um debate sobre essa passagem.

7 Platão e a religião grega

MICHAEL L. MORGAN

De um modo geral, a religião permeou a vida em Atenas e na Grécia em seu período clássico.[1] Quase não surpreende, então, que o vocabulário religioso — menções a deuses, festivais, crenças e ritos — também permeiem os diálogos de Platão. Esses diálogos revelam um homem lutando para compreender a vida humana e o modo como deve ser vivida; um homem engajado em profunda reflexão acerca da investigação racional, dos papéis humanos na sociedade e nos cosmos e também sobre a relação do homem com o divino. A religião, como rito, concepção, motivo e vocabulário é parte importante de seu pensamento. Ao mostrar como tal se dá, podemos iluminar o pensamento de Platão pelo seu lado como que religioso, assim exibindo a relação de Platão com a religião e a piedade gregas.

A proeminência da religião na vida grega é algo que dificilmente se pode exagerar. A religião grega é pluralista e heterogênea; houve uma hoste de divindades com papéis e aspectos sobrepostos. Doze deuses formavam o núcleo convencional desse panteão (Zeus, Hera, Posseidon, Atena, Apolo, Artemis, Afrodite, Hermes, Demétrio, Dioniso, Hefaisto, Ares); amplamente

---

[1] A mais recente entre as abordagens abrangentes da religião grega está em Walter Burkert, *Greek Religion*, John Raffan, tradutor (Cambridge, Mass.: Harvard University Press, 1985). Pode-se também consultar Martin Nilsson, *Greek Folk Religion* (New York: Columbia University Press, 1940), *Greek Piety* (Oxford: Oxford University Press, 1948) e *A History of Greek Religion* (Oxford: Oxford University Press, 1952); Jon D. Mikalson, *Athenian Popular Religion* (Chapel Hill: University of North Carolina Press, 1983); e Robert Parker, "Greek Religion", in the *Oxford History of the Classical World*, John Boardman, Jasper Griffin, e Oswyn Murray, editores (Oxford: Oxford University Press, 1986), pp. 254-274.

concebidas como a família de Zeus, essas divindades e outras menores, como o deus-bode Pan, são os olímpicos, assim chamados em homenagem ao Monte Olimpo, sede do palácio de Zeus. Eles e outros deuses, como Hades e Perséfones, eles próprios variados e múltiplos, cada qual presente em dezenas de lugares por variados motivos, servindo a uma variedade de finalidades e papéis. Zeus, por exemplo, manifestando-se como um raio, era o mais forte dos deuses e o pai dos deuses e dos homens.[2] Mas na verdade houve muitos "zeuses" presentes em muitos lugares e com muitas especificações — por exemplo, "Zeus da cidade", Zeus do estrangeiro", "Zeus das fronteiras" e "Zeus dos cumes da montanha".[3] O politeísmo grego, então, incorporou uma pluralidade de deuses, cada qual com muitos domínios e papéis. No nível local, havia centralização e continuidade, com a família, a fratria (subdivisão de uma tribo, da qual havia originalmente quatro em Atenas), o demo (comunidade local da qual cada ateniense era um cidadão) e a pólis. E havia alguma unidade, ainda que fraca, no âmbito internacional, mediante a celebração, a cada quatro anos, de alguns festivais pan-helênicos como o Grande Panatenaico, e os jogos olímpicos, e pelo uso internacional de oráculos, fundamentalmente no santuário de Apolo em Delfos e nos santuários de Zeus em Dodona e Amon. Além disso, Homero e Hesíodo eram em certo nível universalmente homenageados por todos os gregos.[4] Não obstante, a religião grega foi disparatada e diversa. Apesar dos fatores unificadores da religião grega, nem todos os deuses eram adorados em toda a parte, com suas características e estatuto se diferenciando a depender do lugar onde estivessem. Essa espantosa pluralidade e variedade em parte habilitou a religião grega a ser tão onipresente e complexamente interconectada. Na Grécia clássica, tudo — e "tudo" aqui significa política, ética, ciência, pintura, música, dança, teatro, agricultura — tinha um caráter religioso.[5]

---

[2] "Os mais excelentes e justos entre os deuses" (*Eutífron* 5e). Cf. *Fedro* 246e.
[3] Ver *Leis* 834a, *Eutidemo* 301b.
[4] Para ver que nem todos os gregos reverenciaram a Homero da mesma forma, basta apenas lembrar Xenófanes (D.K., B11), Heráclito (D.K., B40) e abordagem crítica por Platão dos poemas homéricos na *República*.
[5] É o caso de lembrar apenas, o medo quase supersticioso que se disseminou após

Cada um dos doze meses era ocupado por celebrações de variada importância,[6] que iam de festivais mensais, em comemoração ao novo mês, aos festivais dos demos ou das fratrias e festivais atenienses de caráter geral. É possível que cerca de metade dos dias do ano ateniense envolvessem festivais e suas procissões, sacrifícios, danças, hinos e competições. Está claro que festivais e novas luas moldavam o calendário, e os gregos viviam de festival a festival. Cada mês tinha a sua denominação segundo um festival, alguns menores, outros maiores. O mês de Targuelion, por exemplo, teve seu nome em homenagem a Targuelia, uma celebração de Apolo que incluía a criação de um bode expiatório *(pharmakos)* e a oferenda constituindo-se num recipiente com a fervura de grãos e vegetais para o deus. Mas os meses continham também muitos outros festivais; outro, que acontecia em Targuelion, por exemplo, foi introduzido em Atenas no ano 429 a.C. Era uma celebração a Bendis, deusa trácia de natureza similar à de Artemis, a caçadora, sediada no Pireu, o porto ateniense; esse festival envolvia uma procissão e uma corrida de lanternas sobre torsos de cavalos — uma novidade, segundo se conta.[7] Na verdade, foi por ocasião da Bendídia inaugural que Platão encenou sua *República*, quando Sócrates, após as orações e assistir as cerimônias, encontrou Céfalo e seu filho Polemarco no caminho de volta para Atenas, deles recebendo um convite para ir à sua casa.

O sacrifício era o aspecto central da vida religiosa grega. Bois, ovelhas, bodes e porcos eram as vítimas mais comuns de tais atos de matança ritual e consumo comunal, atos que eram realizados constantemente, alguns deles para a pólis como um todo, outros para o demo ou para a fratria, e outros, ainda, para a família.[8] Presentes eram continuamente oferecidos aos deuses;

---

a mutilação dos hermes e da profanação do Mistérios em 415 a.C. Ver C. Powell, "Religion and the Sicilian Expedition", *Historia* 28 (1979): pp. 15-31; e Douglas M MacDowell, *Andokides: On the Mysterires* (Oxford: Oxford University Press, 1962).

[6] Para uma abordagem dos festivais gregos e atenienses, ver Burkert, *Greek Religion*; H. W. Parke, *Festivals of the Athenians* (Ithaca, N.Y.: Cornell University Press, 1977); L. Deubner, *Attische Feste* (Berlin: H. Keller, 1932).

[7] Ver Parke, *Festivals*, pp. 149-157.

[8] Walter Burkert traz um fascinante debate sobre sacrifício e mito em *Homo Necans:*

a solidariedade da comunidade ficava assim garantida, e estabelecia-se o relacionamento adequado entre deuses e humanos.[9] Também oráculos eram consultados para aconselhamento, e atos divinatórios eram realizados por sacerdotes, adivinhadores locais e ambulantes de profecias já menos dignificados.[10] Templos, com suas árvores sagradas e pedras fronteiriças, altares para sacrifício, estátuas e imagens para culto eram numerosos; os Hermes (pequenas representações em pedra dispostas do lado de fora das residências atenienses) estavam em toda parte. Em qualquer ano que fosse, o ateniense médio participaria de centenas de atos religiosos e habitaria milhares de regiões de espaço religioso. Em certo sentido, o seu mundo inteiro de tempo e espaço era um todo religioso, uma simbiose complexa, variegada de terra e arquitetura onde as divindades eram onipresente.[11] Sua vida e os escritos de sua tradição literária expressavam esse sentido de presença divina, de divindade que era a um só tempo ubiquamente íntima e, ainda assim, imponente e separada.

Agora, passarei a atentar em dois aspectos da vida religiosa do tempo de Platão: a proeminência de novos cultos e a existência de uma teologia comum subjazendo à religião tradicional pluralista. Muitos novos cultos, ritos e práticas floresceram em Atenas no final do século V a.C., durante e após a Guerra do Peloponeso (431-404), esse traumático conflito entre Atenas e Esparta, que culminou na derrota de Atenas e ruína da hegemonia ateniense e do Império Ateniense. Na verdade, a religião grega se mostrou sempre em mutação, especialmente em Atenas. No curso de todo o século V, Atenas foi um significativo importador e exportador de formas de religiosidade. O movimento espiritual do orfismo, com sua poesia mítica

---

The Anthropology of Ancient Greek Sacrifical Ritual and Myth (Berkeley: University of California Press, 1983).
[9] Burkert, *Greek Religion*, pp. 55-75, e *Homo Necans*.
[10] Sobre oráculos e adivinhações, ver H. W. Parke, *Greek Oracles* (London: Hutchinson, 1967) e *The Oracles of Zeus* (Cambridge: Harvard University Press, 1967) e Joseph Fontenrose, *The Delphic Oracle* (Berkeley: University of California Press, 1978).
[11] Vincent Scully, *The Earth, the Temple, and the Gods: Greek Sacred Archictecture* (New Haven: Yale University Press, 1979).

das origens e do destino da humanidade, sua ênfase nos ritos de mistério de iniciação e purificação e suas associações com o pitagorismo, não tardaram a aparecer no curso daquele século. O culto de Pan chegou logo após a batalha de Maratona (490). Os mistérios eleusianos, com seus próprios elementos órficos e suas associações a ritos de purificação dionisíacos e báquicos, tornou-se um festival ateniense na primeira metade do século quinto.[12] Tudo isso é verdade. Mas também é verdade que a peste, o isolamento e as incertezas dos anos de guerra, os medos e ansiedades de quando se está sob um cerco persistente e, em última instância, do prenúncio e da realidade da derrota, conduziam a uma proliferação de novas formas religiosa.

Já mencionamos a celebração de Bêndis, importada quando a guerra havia apenas começado. Houve também a adoração de Asclépio, filho de Apolo e deus da cura, importada de Epidauro durante a guerra e temporariamente recebida na residência de Sófocles. Há também evidência de um aumento cada vez maior em várias formas de rituais extáticos e de ritos orientados para a salvação, báquicos (associados a Dionísio) e coribânticos entre eles.[13] O aspecto central dessas práticas foi uma aspiração à purificação e catarse de doenças terrenas, para transcender o mundo físico, com o intuito de alcançar um parentesco extático com o divino, tornando-se assim, em certo sentido, divino, o que Platão no *Teeteto* chama de *homoiōsis theō* (176b1). Esses ritos frequentes vezes envolviam o uso de vinho e estimulação erótica para trazer o celebrante a um estado de fúria ou frenesi. Seu objetivo era aliviar-se de aflições e pressões da vida física e alcançar o estado abençoado de pós-encarnação. Essa aspiração esteve especificamente associada à imortalidade da alma, à metempsicose e à realização da divindade, como encontramos, por exemplo, na segunda *Ode Olimpiana* de Píndaro. Walter Burkert compara o paeano poético de Píndaro a uma abençoada pós-vida,

---

[12] Ver G. Mylonas, *Eleusis and the Eleusinian Mysteries* (Princeton: Princeton University Press, 1961).
[13] Os coribantos eram devotos fervorosos de Cibele, a mãe deusa da Ásia Menor; foram retratados frequentes vezes, na literatura e na pintura de vasos, dançando delirantemente música em modo frigiano tocada na flauta *(aulos)*.

havendo ideias semelhantes em Heródoto, Empédocles e Platão, o que nos revela, assim, quão onipresentes estavam essas ideias em fins do século V.[14]

Essa preocupação com o estado de divindade como uma possibilidade humana real foi exemplificada em outras manifestações, como a proeminência de figuras religiosas carismáticas, quase xamanísticas como Empédocles e Pitágoras, e a deificação de heróis, que era uma tradição antiga, então recém revivificada em importantes aspectos.[15] É claro que nem todas essas manifestações envolviam da mesma forma a aspiração humana à divindade. Mas eles contribuíram para a existência de um contexto no qual a lacuna entre deuses e o gênero humano não raro fosse concebida como passível de ser atravessada. E uma chave para esse conjunto de mudanças, a que Burkert chama de revolução, foi a crença na imortalidade da alma *humana*.[16]

Na Atenas de então, pelo menos durante o quinto século, deu-se o predomínio de uma atitude religiosa e de uma variedade de estilos religiosos alternativos, tais como o culto aos mistérios, os ritos extáticos e as sociedades salvíficas organizadas em torno de líderes carismáticos. Essa religiosidade dominante é a que Burker chamou de "tradição da pólis".[17] Foi um conglomerado de práticas religiosas tradicionais — sacrifícios, festivais, oráculos, adivinhações — a que dificilmente correspondia uma teologia única e uniforme. A crença religiosa e a mitologia na Grécia clássica eram tão complexas e pluralistas quanto a prática religiosa. Mesmo em

---

[14] Burkert, *Greek Religion*, p. 299. Burkert enfatiza que os mitos pitagóricos, órficos e bacantes, embora distintos, se sobrepõem: *Greek Religion*, p. 300; Walter Burkert, *Orphism and Bacchic Mysteries: New Evidence and Old Problems of Interpretations* (Berkeley: Center for Hermeneutical Studies in Hellenistic and Modern Culture, 1977) e *Ancient Mysteriy Cultus* (Cambridge: Harvard University Press, 1987). Ver também Parker, "Greek Religion", pp. 263-264.

[15] Ver Michael L. Morgan, *Platonic Piety: Philosophy and Ritual in Fourth Century Athens* (New Haven: Yale University Press, 1990), 19, 199nn., pp. 51-53.

[16] Devo dizer mais a respeito dessa crença na imortalidade da alma quando eu debater o *Mênon*. Guthrie observou ter sido essa uma ideia de aceitação muito difícil para os gregos, mas há evidências de que a noção de uma pós-vida tem origens remotas na literatura grega e no pensamento religioso; ver W.K.C. Guthrie, *The Greeks and Their Gods* (London: Methuen, 1950), pp. 176, 180, 260-261.

[17] Burkert, *Orphism and Bacchic Mysteries*.

meio a esse pluralismo, contudo, com esse mundo de deidades separadas, poderosas e imortais, podemos distinguir uma postura teológica comum, sucintamente emoldurada pelos dizeres associados a Pítia, sacerdotisa do oráculo em Delfos: nada em excesso e conhece-te a ti mesmo. O que essas máximas significavam era que os seres humanos deveriam reconhecer suas limitações com relação aos deuses: os deuses eram imortais, perfeitos em conhecimento e excessivamente poderosos. Os seres humanos não deveriam querer mais do que eles como humanos; não deveriam superestimar seu conhecimento ou capacidades, tampouco deveriam confundir quem eles são e quem os deuses são. Então, a subjazer a religião do mundo da pólis esteve essa atitude teológica de separação entre o divino e o humano, atitude de descontinuidade, de limites humanos e portanto da tentação a tornar ilícita a autoestima e o orgulho *(hubris)*. A essa atitude, chamo teologia délfica.[18]

Em contraste com essa postura estava a atitude daqueles comprometidos com os estilos de alternativa religiosa que envolvia os ritos extáticos e os cultos orientados para a salvação. Diferentemente da piedade ateniense tradicional, essa atitude assumiu que havia continuidade entre o humano e o divino — por exemplo, que ambos eram imortais, e que a lacuna entre eles poderia ser preenchida pela posse divina de seres humanos (como no xamanismo) ou pelo alcance, pelos seres humanos, do estatuto de divindade, ou então por ambos.[19] Em suma, o mundo eleusiniano-pitagoriano-báquico-órfico pressupõe que o alívio de nosso mundo físico e suas tensões poderia ser alcançado por seres humanos à medida que se tornam tão completamente divinos quanto lhes fosse possível. Existe um elemento na vida humana, a alma ou *psyche*, que tem uma natureza quase divina; ela é imortal. E esse

---

[18] O termo é meu se pretende apenas uma útil abreviação. Os temas dessa tradição da pólis e de sua teologia tal como articulados na literatura trágica são explorados por Hugh Lloyd-Jones, *The Justice of Zeus*, 2. ed. (Berkely: University of California Press, 1983).
[19] Sobre a religião extática grega e o conglomerado órfico-báquico-pitagórico, ver E. R. Dodds, *The Greeks and the Irrational* (Berkeley: University of California Press, 1951); Burkert, *Ancient Mystery Cults*; Susan G. Cole, "New Evidence for the Mysteries of Dionysos", *Greek, Roman and Byzantine Studies*, 21, n. 3 (1980): pp. 223-238; Marcel Detienne, *Dionysus Slain* (Baltimore: John Hopkins University Press, 1979).

elemento, mediante um desempenho ritual extático ou, talvez, mediante uma vida de prática de êxtase, poderia se fazer mais forte e ser um auxílio para se atingir a salvação.

Passemos, então, a localizar Platão em seu ambiente religioso e em seu contexto histórico. Passamos a tentar conceitualizar e articular uma compreensão da vida boa e sua relação com a vida filosófica. Ao fazê-lo, Platão se apropria de duas tendências religiosas para as quais ele fizera atentar, mas em ambos os casos a sua apropriação é qualificada. Em certos aspectos ele aceita, mas também critica a tradição da pólis de festivais, sacrifícios, oráculos, ritos em geral. Outras vezes, contudo, Platão adota o modo alternativo de piedade, modo este que inclui cultos de mistério e ritos de iniciação extática, de purificação e de salvação. Na adoção dessa última modalidade, ademais, Platão modifica-a de maneira significativa. O modelo é extático à medida que envolve um tipo de transformação pelo qual a alma do humano ensaia passos para fora de seu ambiente físico e se torna purificada da tensão mundana; por meio disso ele obtém uma espécie de bênção divina e se torna tão divino quanto possa ser. A alma, em certo sentido, cruza a divisa que separa o humano do divino; já divina em certo grau, ela busca aperfeiçoar sua divindade. Nos ritos báquicos-órficos, sua transformação é alcançada mediante um processo de excitação emocional, induzido por música, dança e outros meios. Platão aceita o modelo extático segundo o qual os seres humano, ao trazer suas almas para certo estado, podem atingir um estatuto divino ou quase divino. Mas ele substitui o caráter emocional do processo ritual pelo conteúdo cognitivo. Para Platão, isso significa que uma vida que anseia pela salvação assume a forma de uma vida de investigação racional, uma vida filosófica.

Ao percebê-lo, Platão passa a desenvolver uma visão epistemológica e metafísica do que tal investigação requer com o intuito de que ela ocorra; essa é a tentativa, por Platão, de compreender o que a filosofia é. Ela envolve, em parte, mostrar que a investigação tem por objetivo o conhecimento de objetos divinos, as Formas, e que obter tal conhecimento faz da alma cada vez mais assemelhada a esses objetos. O aprendizado platônico, então, é um processo ritual extático porque organizado de maneira precisa, religiosamente motivado pelo desejo de se tornar divino e facilitado pela suposição de que a alma humana, que é imortal, possa se tornar divina ou quase divina. Então, o resultado dessa apropriação platônica do modelo extático vem a ser uma concepção da filosofia como a busca de uma vida — de uma vida inteira — pela salvação.

Por certo que o que acabo de dizer é apenas uma proposição. Porém, é uma proposição que se fortalece quando olhamos para os diálogos com o intuito de obter confirmação. Aqui serei capaz de dar alguns passos modestos nessa direção.

Para começar, quais aspectos da *piedade socrática* Platão escolhe enfatizar? Sócrates é, para Platão, o modelo de filósofo e de vida filosófica. Em seus primeiros diálogos, Platão retrata-o como um interrogador elênctico tenaz, um filósofo moral e um devotado cidadão ateniense. Em diálogos posteriores, quando Sócrates também aparece como participante dramático, o retrato de Platão se altera. É frequente encontrarmos Sócrates já não mais engajado no *elenchus*, e seus interesses e concepções tornam-se muitos mais amplos, incluindo-se, neles, a matemática e a metafísica, a política e a psicologia. É possível, pois, que haja uma viragem nos diálogos. Essa viragem pode ser ou a de um retrato histórico atento para um retrato que emprega Sócrates como porta-voz platônico, ou então a de uma percepção platônica de Sócrates anterior para uma percepção platônica de Sócrates posterior. Por ora, não temos de decidir qual é o caso. Mas salientamos que, ao chegar a um diálogo intermediário como o *Banquete*, nós claramente temos a percepção do modo mesmo como ele vê Sócrates se adequando às próprias visões e interesses de Platão. Portanto, no *Banquete* podemos ter Platão como aquele que retratou Sócrates religiosamente de um modo que ele tem por congênito a seu próprio pensar. De que modo Platão esboça esse retrato de piedade socrática?

No *Banquete,* devemos observar dois aspectos do Sócrates platônico. Em primeiro lugar, o diálogo, tal como o *Fédon*, é uma *eulogia* a Sócrates e à vida socrática. Ocorre, porém, que na passagem central, Sócrates não se embrenha em sua característica interrogação elênctica; em vez disso, ele relata uma conversa entre ele próprio e Diotima, esta uma sacerdotisa de Mantineia, na

Arcádia.²⁰ Na primeira parte de sua conversa, Diotima desempenha o papel de um interrogador socrático que entabula um intercâmbio dialético sobre a natureza e os efeitos do Amor (Eros). Então, em uma junção crucial, quando Sócrates expressa a sua perplexidade ante as implicações de seus resultados, Diotima alija a dialética em favor de um solilóquio e apresentação — de uma revelação, na verdade. Ademais, o que a profetisa revela em sua fala a Sócrates é uma abordagem da ascese do desejo e do amor, que culmina na apreensão da Forma da Beleza e transborda em conduta virtuosa, que ela já chamara de "procriação em beleza" (*tokos em kalō*, 206b7-9).

A descrição por Diotima da ascese do desejo filosófico faz uso de um vocabulário dos ritos de mistério — *myēsis, epopteia e orgiazein* — e mostra-se amplamente concorde com a consideração de que o modelo de Platão para essa abordagem seria os mistérios eleusianos. Esses ritos famosos eram celebrados no mês de Boedromion por grande número de iniciados *(mystai)* atenienses e não atenienses e inclui uma espetacular procissão *(pompē)* de Atenas até Eleusis, quatorze milhas ao longo do Caminho Sagrado. O desfile passava por diversos estágios, culminando com uma entrada inicial do *mystai* no tempo, o Telestérion. Mais tarde, os iniciados tornavam a entrar no templo e recebiam, nos recessos mais ocultos do santuário, uma revelação secreta e final (nas palavras do *Banquete* 120a1, *ta telea kai epoptkia*); as Hiera (coisas sagradas) incluíam representações (*dromena*, possivelmente o casamento sagrado), objetos mostrados (*deiknymena*, possivelmente uma espiga de milho) e palavras faladas *(legomena)*.

Então, na passagem central do *Banquete*, Platão, usando terminologia remanescente dos Mistérios Eleusianos, retrata Sócrates simultaneamente

---

²⁰ Acredito que Platão queira que tenhamos Diotima por uma profetiza associada a Dioniso e Pan. Pan foi originalmente uma divindade arcadiana, foi trazido a Atenas pouco depois de Maratona (c. 490) e floresceu em Atenas como divindade da fertilidade, do amor, da beleza e da riqueza. Pan também está associado ao pânico de súbita ameaça e surpresa. Na mente de Platão, Pan, juntamente com ninfas, selenas e sátiros, são parte de um conglomerado báquico. Ao final do *Fedro*, Platão faz com que Sócrates ofereça uma oração a Pan como eulogia à sabedoria e ao bem-estar da alma. Frequentes vezes Pan é visto como agente de possessão religiosa e de loucura *(mania)*. Para um estudo brilhante sobre Pan, ver Phillipe Borgeaud, *The Cult of Pan in Ancient Greece* (Chicago: University of Chicago Press, 1988).

como interlocutor em um *elenchus* preliminar, como receptor de um ensinamento religioso-filosófico, e como um iniciado em um rito de mistério. Ademais, o conteúdo do ensinamento de Diotima mostra que Sócrates está sendo iniciado não em um episódio de frenesi emocional e desordem psicológica, mas na prática da filosofia e da ascese filosófica para um tipo de conhecimento que resultará em contato cognitivo com as Formas.

Essa imagem de Sócrates como um iniciado filosófico é complementada pela reminiscência inebriada e notável que Alcibíades tem de Sócrates (*Banquete* 215b-216e). Alcibíades, pupilo e associado de Sócrates, tinha sido um general e homem de Estado ateniense — brilhante, mas inescrupuloso. Fato notório, ele estivera implicado em profanações dos mistérios eleusianos que supostamente haviam tomado lugar em sua casa no verão de 415, em acontecimentos que se dizia, haviam... provocado a ira dos deuses e, por isso, conduzido ao fracasso da expedição siciliana e à queda de Atenas.[21] Eis que aqui, no *Banquete*, cuja encenação dramática se dá na festa que celebrava a vitória de Ágaton na competição dramática do festival de Lenaia, em 416, Alcibíades adentra bêbado e começa a retratar Sócrates como um sátiro bacante, cujo exterior muito feio esconde um núcleo divino. De acordo com Alcibíades, Sócrates lança as pessoas em transe tão somente pelo uso das palavras e as transforma em celebrantes coribânticos. Certa vez, estando em campanhas militares, o próprio Sócrates se manteve em um transe que durou todo um dia, envolvido em investigação silenciosa, imune ao frio e ao gelo, mostrando seu verdadeiro caráter e sua intensa devoção à sabedoria e à verdade. Platão, em suma, faz Alcibíades exibir um Sócrates que é muito mais um celebrante bacântico. Como eles, Sócrates se prepara para uma viagem pós-encarnação, busca um estado final abençoado e vivencia uma separação ao modo de transe. Diferentemente deles, ele evita o vinho e a embriaguês (e o contraponto à embriaguês do próprio Alcebíades fica claro aqui), a música e a dança frenética; em vez disso, ele se envolve em intenso pensamento racional. Por essa razão, ele é um extático de tipo único, precisamente do tipo que eu acabo de descrever.

---

[21] Ver Powell, "Religion and the Sicilian Expedition"; MacDowell, *Andokides*.

É claro que a passagem ascensional do *Banquete* não proporciona uma abordagem completa da investigação filosófica. Ela versa fundamentalmente sobre o desejo por conhecimento e beleza e não lida com os estágios cognitivos da investigação que se iniciam com a crença e culminam no conhecimento. Platão atenta a essas questões no *Menon*, no *Fédon* e na *República*. Eu sugeri que a concepção por Platão desse processo e, na verdade, da vida política, é religioso e particularmente extático. Isso significa que não apenas ele o caracteriza em termos extraídos dos ritos de mistério e das práticas extáticas; além disso, ele desenvolve sua abordagem da investigação e educação em parte valendo-se dessas tradições e, por fim, toma a filosofia como forma desses ritos de iniciação. Se é assim, os diálogos devem mostrar que o filósofo se movimenta por passos sistematicamente relacionados com o intuito de obter a sabedoria divina, com isso se tornando ele próprio virtualmente divino. A alma, ou seja, o que é imortal por natureza, torna-se inteligente, tal como o divino, que é eterno, estável e puro, como os seres humanos podem ser.

Já esboçamos alguns aspectos do tipo de piedade — alternativo, extático — que Platão está adotando. De muitas fontes, incluindo o próprio Platão em diálogos como o *Eutidemo*, *Íon*, *Fédon*, a *República* e *Fedro*, obtemos uma compreensão rica das práticas, cultos e fundações teóricas da tradição do êxtase na Grécia clássica. O que aprendemos é isso. A divindade central associada aos escritos órficos e ritos de mistério foi Dioniso, deus do vinho e do êxtase. Como uma das doze deidades olímpicas centrais, Dioniso era amplamente adorado, em Atenas tendo sido objeto de diversos festivais: a Antesteria, a Lenaia, a Dionisa rústica e a Grande Dionisa.[22] O lado escuro de Dioniso envolvia a adoração de um tipo heterodoxo; essa adoração desenvolveu-se primeiro na Itália e disseminou-se na península grega como os mistérios de Dioniso. Algumas vezes o adorador em frenesi era enlouquecido por Dioniso só e privadamente, mas o mais das vezes havia um grupo ou comunidade religiosa (*thiasos*), especialmente de maênadas

---

[22] Ver Powell, "Religion and the Sicilian Expedition"; MacDowel, *Andokides*.

(mulheres que se empenhavam em sua celebração) e homens sátiros, que dançavam aquela música selvagem e usavam outros meios para chegar a um estado delirante (*baccheia*). O objetivo de tudo isso foi uma "mudança efetuada na alma (*psyche*)" na qual a alma se fazia purificada e ganhava novos poderes, apropriados a seu estado abençoado.[23] Platão, no *Fedro* (249d-256e, esp. 254b-c), retrata esse estado como um tipo de espantado ou atordoado recuo, no qual o celebrante se torna imobilizado, e também como um tipo de loucura (*mania*) pela qual a miséria é curada (244d5-245a1). Em seu máximo extremo — que a alguns pode fazer lembrar o destino de Penteu, nas *Bacantes* de Eurípides —, a adoração báquica resultou em omofagia, que é o comer de carne crua como um ato de ingerir a deus.[24]

Um aspecto central a esses ritos de mistério e ao conglomerado órfico-pitagórico que lhes é associado era a crença na imortalidade da alma. Nos poemas homéricos e alhures, até o quinto século, a visão dominante da alma (*psyche*) foi a de um complexo de aspectos e funções associadas a diferentes partes do corpo, com sonhos, transes e fenômenos que tais, incluindo a morte. Muito embora esteja claro que os gregos no período arcaico poderiam dizer "eu", é duvidoso que eles tivessem a noção de alma unitária que foi o lócus dos eventos conscientes.[25] Não obstante, mesmo em Homero havia a concepção de que algum tipo de alma, uma sombra ou imagem vaporosa do corpo, continuaria a existir após a morte. Mas a reencarnação só parece ter se salientado pelos ensinamentos de Pitágoras de Samos ao final do século VI, e então nos textos órficos do século V. Além disso, foi nesse contexto órfico-pitagórico que a alma foi tomada como imortal e divina. Não se pode dizer se os poemas homéricos alentam a possibilidade da imortalidade da alma, mas por volta do quinto século a ideia existia, ainda que não fosse amplamente aceita.[26]

---

[23] Burkert, *Greek Religion*, 163.
[24] Burkert, *Ancient Mystery Cults*, 97.
[25] Jan Bremmer, *The Early Greek Concept of the Soul* (Princeton: Princeton University Press, 1983).
[26] N. J. Richardson, "Early Greek Views about Life after Death", in *Greek Religion and Society*, P. E. Easterling e J.V.Muir, editores (Cambridge: Cambridge University Press, 1985), p. 65.

Platão claramente a aceitou. No *Mênon*, ele mostra que seu entendimento da investigação ou aprendizado estava intimamente atrelado à crença na imortalidade da alma. No *Mênon* 80d, frustrado pelas *aporiai* (perplexidades) que surgiram da interrogação de Sócrates sobre a natureza da *aretē* (excelência), *Mênon* sugere um enigma acerca da investigação. Sócrates reapresenta o enigma em forma de dilema: quando se conhece o que se está buscando, não há motivo para procurar por tal coisa, e se não se o conhece, a busca não lhe pode ser direcionada; por essa razão, a investigação é impossível, já que não pode ser iniciada. Sócrates, então, replica a esse paradoxo proporcionando um ensinamento que ele diz ter sido aprendido de "sacerdotes e sacerdotisas, que se esforçavam para justificar o que faziam"; Píndaro e outros poetas que são *theoi* (divinos) também sustentavam essa opinião.

O ensinamento é apresentado em duas partes, uma citação poética e a abordagem, por Platão, da implicação de tal citação para ele, no que diz respeito a investigação ou aprendizado. Para os fins a que nos propomos, devemos passar por alto a discussão detalhada do sentido do paradoxo, a doutrina do aprendizado como reminiscência e o questionamento do escravo, que se segue.[27] Dois aspectos são importantes. Em primeiro lugar, Platão é decisivo quanto à conexão entre a doutrina que ele encontra no texto citado - a de que o aprendizado é de fato reminiscência de verdades sempre presentes na alma - mas não na apreensão mental; o outro aspecto é o da imortalidade da alma. Ele acredita que a primeira posição acarreta a última; o desejo de aceitar a abordagem do aprendizado como reminiscência conta em favor de se aceitar a imortalidade da alma. Ademais, esse texto não é o último em que Platão propõe a imortalidade da alma, e argumenta em favor dela. O *Fédon*, é claro, contém uma série de tais argumentos, e existem outros exemplos, na *República* X e no *Fedro*. Em pelo menos um argumento do *Fédon* e novamente no *Fedro*, a imortalidade da alma encontra-se explicitamente atrelada ao entendimento por Platão da investigação e do aprendizado. Aqui, no *Mênon*, o laço se faz garantir pela afirmação de Sócrates, como conclui

---

[27] Ver Morgan, *Platonic Piety*, pp. 47-54.

essa passagem do diálogo, segundo a qual "se a verdade das coisas que são está sempre na alma, então a alma tem de ser imortal" (86b1-2). O aprender como reminiscência resolve o paradoxo da investigação, e o faz somente se seus objetos estiverem na alma sempre. Mas essa permanência requer, pensa Platão, a imortalidade da alma, a significar que ele só pode salvar a possibilidade da investigação se a alma for imortal. Portanto, existem boas razões filosóficas para ele aderir à doutrina órfico-pitagoriana.

O segundo aspecto importante é o de que Platão declara haurir-se de fontes órfico-pitagorianas para essas doutrinas gêmeas. E cita um fragmento de Píndaro, o poeta do quinto século influenciado pelos ensinamentos órficos e pelo ritos de mistério:

(Aqueles de quem) Perséfones recebe recompensa por mágoa antiga
Ao nono ano ela torna a restabelecer
Seus sóis ao sol acima,
Donde ascendem nobres reis,
E homens poderosos em força e os maiores em sabedoria,
E para o tempo que resta
São chamados heróis e sacrificados por homens.

(81b7-c4; trad. W. K. C. Guthrie)

Aqui Píndaro faz alusão ao mito órfico que narra o nascimento de Dioniso. Burkett conta-nos da seguinte forma:

Zeus violou sua mãe Rea-Demeter e gerou Perséfone; violou Perséfone tendo assumido a forma de uma cobra e gerou Dioniso. Ao filho Dioniso ele entrega o governo do mundo, posiciona-o em um trono e o mantém guardado por Coribantes. Mas Hera envia os Titãs, que distraem os filhos com brinquedos, e quando a criança olha em um espelho, ela é arrastada do trono, morta, rasgada em pedaços, e então fervida, assada e comida. Logo após, Zeus lança seu raio para incendiar os Titãs, e da fuligem que daí ascende saltam homens, rebelam-se contra os deuses que, não obstante, participam no divino. Das sobras que foram resgatadas e coletadas, Dioniso novamente se ergue.[28]

É um mito bem-conhecido — Platão fará alusão a ele também no *Crátilo* (400c) — e um mito que clarifica "a mágoa antiga" para a qual Perséfone recebe recompensa; ou seja, quando as pessoas morrem, suas almas são mantidas por Perséfones embaixo da terra, como compensação pelo crime de seus ancestrais titânicos. Contudo, ela permite que essas almas humanas tornem a reencarnar, e delas surgem heróis, reis e "homens de sabedoria". Platão conecta-se a essa última frase. A alma é imortal e passa por reencarnações; dessa experiência ela aprendeu tudo o que é; portanto, quando se envolve em uma investigação e aprende, o que está realmente acontecendo é um processo de reminiscência. Os homens de sabedoria e, com efeito, da sabedoria em si mesma — do conhecimento — dependem da imortalidade da alma e da concepção do aprendizado como reminiscência. Mas a imortalidade é uma credencial da divindade, como é a perfeita sabedoria. Ao se tornarem heróis e homens de sabedoria, os que investigam — mais adiante no *Fédon* e na *República* Platão os chamará "amantes da sabedoria (*philosophoi*)"— realçam sua divindade.

No *Mênon 86b*, chegando à conclusão de sua resposta ao paradoxo, Sócrates diz: "eu deveria tomar um juramento sobre toda a história," e é um ponto crucial saber quanto da abordagem anterior de Platão seria desautorizada por ele próprio. Tenho a impressão de que ele teria mantido o modo como compreende a investigação, bem como a crença na imortalidade da alma; o mito dos titãs e seus detalhes já são outra questão. Na verdade, tudo isso é mito, e inclui alguns atos passíveis de provocar horror, bem do tipo que, mais tarde, na *República*, Platão viria a criticar. No *Mênon*, pois, as fontes de Platão são órfico-pitagorianas; ele a um só tempo apropria e rejeita os aspectos de herança.

No *Fédon*, na *República* e no *Fedro*, Platão elabora sua abordagem da investigação e do aprendizado racional, seu entendimento da natureza da

---

[28] Burkert, *Greek Religion*, pp. 297-298.

alma e a imortalidade desta; o caráter religioso da vida filosófica, e os modos pelos quais a tradição da pólis da religião grega pode ser adaptada a suas finalidades. O *Fédon* contém diversos argumentos em favor da imortalidade da alma e emprega uma variedade de expressões de ritos órficos e báquicos para caracterizar o filósofo. No início do diálogo, por exemplo, Platão compara o pensar filosófico à purificação, e filósofos a iniciados báquicos (*bacchoi*, 69c8-12). A sua terminologia religiosa no *Fédon* é de uma só vez báquica, órfica e pitagórica. Além disso, Platão introduz aqui pela primeira vez as Formas como objetos do conhecimento imutáveis, puros e eternos; alguns de seus aspectos advêm de sua crítica de itens físicos e se caracterizam como objetos adequados de conhecimento e de sua crítica de experiências sensoriais como veículo para uma investigação genuína, porém outros derivam da necessidade de tais objetos serem de estatuto divino.[29]

A *República* não faz uso do vocabulário do ritual extático de maneira tão explícita quanto a que se tem no *Fédon*, mas o quadro geral ainda se faz presente no pensamento de Platão. Pode-se interpretar essa concepção de educação filosófica nos Livros VI e VII, uma conversão (*periagogē*) da alma à medida que ela passa pelos estágios do currículo matemático em seu caminho para uma compreensão dialética das Formas — algo semelhante ao que se tem com a revisão pitagórica por Platão dos estágios dos mistérios eleusianos. Além disso, na *República* é de diversas maneiras que Platão aborda o papel da religião na pólis. Nos Livros II e III, por exemplo, ele vocifera contra os pseudocurandeiros e charlatões, que mascateiam placebos órficos para os supersticiosos; ele também desfere a sua famosa crítica à religião homérica e ao panteão olímpico, com a acusação de que os atos repugnantes e imorais pelos quais se ilustram os deuses são modelos pobres para os jovens e portanto modelos inapropriados para a educação pública. No Livro X, finalmente, Platão argumenta em favor da imortalidade da alma, e é quando apresenta um mito de transição no qual ele mostra como uma conduta de vida influencia encarnações subsequentes e, portanto, como a virtude

---

[29] No *Fédon* 79d2 e 80d6, as Formas são chamadas *katharon* ("puras"); em 80a3 e 80b1, elas são chamadas *theion* ("divinas").

mundana tem a sua importância, mesmo no âmbito do contexto do objetivo em última instância extramundano do filósofo.

O *Fedro* culmina esse conjunto de diálogos. No bojo de uma abordagem de amor interpessoal, Platão argumenta em favor da imortalidade da alma ainda uma vez, para então construir um mito extraordinário da alma, com suas experiências e aspirações, de psicologia pessoal, de fontes cognitivas, e de método filosófico. Trata-se de um retrato da filosofia como um tipo especial de *mania*, afinada com — porém distinta da — à loucura dos poetas e dos iniciados em oráculos, dos iniciados catárticos, e dos que professam artes divinatórias. Novamente aqui, como no *Fédon* e no *Banquete*, Platão faz uso do vocabulário do ritual extático para caracterizar a visão, pela alma, das Formas. Além disso, com mais detalhes do que em qualquer outra parte, Platão descreve fenomenologicamente a experiência anímica de apreensão racional das Formas.

Existe um aspecto adicional da apropriação por Platão da religiosidade grega que nos levará para além do *Fedro*. O modo como Platão pensa a natureza da divindade percorre dois caminhos. Por um lado, ele identifica como divinos os objetos mais elevados do conhecimento e da aspiração racional, que são as Formas, e associa um tipo de divindade a tais aspectos genéricos das Formas como são imutabilidade, pureza e simplicidade. Por outro lado, Platão figura em uma tradição que critica os deuses olímpicos e busca repensar a noção da divindade em termos de nossa compreensão do cosmos, e em especial da alma, da vida e do movimento. Nas *Leis* X, Platão persegue essa segunda linha de investigação à medida que ele procura dizer algo a respeito da impiedade e do ritual religioso na pólis ideal.

Isso é o que podemos chamar de teologia natural de Platão. A teologia natural envolve argumentar em favor da natureza e da existência do divino com base na compreensão da natureza. É uma tentativa de mostrar que a natureza, e especialmente a mudança e a ordem, requerem explicação divina e última, e nessa medida a teologia natural busca mostrar a continuidade entre ciência e religião. Os primeiros filósofos naturais gregos, as primeiras figuras nessa tradição, exploravam a natureza da divindade, *ho theos*, associando-a a uma variedade de atributos (controle, poder, indestrutibilidade) e identificando os caminhos pelos quais a divindade se dava ao modo de substâncias naturais, como o ar e o fogo.[30] Essas divindades naturais funcionam em toda uma variedade de meios em relação ao cosmos e à aspiração humana. Heráclito, por exemplo, diz que o raio (fogo) direciona todas as coisas; Xenófanes diz que um deus move todas as coisas com a ausência de esforço de sua mente. Platão, de muitas maneiras, figura na tradição que inclui tais pensadores, juntamente com Parmênides, Anaxágoras e Empédocles. Na *República* (II 380c-383c e Livro X) e no *Fedro* (245c5-246a2), por exemplo, ele reflete sobre as dimensões causais e, portanto, providenciais da divindade, como a divindade é responsável por movimento, vida e bondade no mundo natural.[31] Mas esses desenvolvimentos, que mais tarde vieram a se manifestar nas abordagens de Aristóteles dos motores imóveis na *Metafísica* e na *Física*, conquistaram novas alturas no *Timeu* e nas *Leis*, uma vez que Platão atrela juntos divindade, movimento e alma. Aqui eu me restringirei a alguns comentários em favor das *Leis*.

O argumento que Platão proporciona nas *Leis* para a existência dos deuses, que é reminiscência do *Fedro* (o argumento pela imortalidade da alma em 245c5-246a2) e antecipação do argumento de Aristóteles na *Física*, associa divindade a prioridade, autossuficiência, movimento e vida.[32] O raciocínio de Platão é obviamente focado na alma como movimento autogerador, mas é de maneira explícita que ele declara que a alma é uma divindade (897b2; cf. 899a7-c1). E Platão vai mais longe. Movimentos celestes, dos quais o movimento rotatório é um exemplo, refletem a ordem de racionalidade;[33] portanto, ele tem de ser "o melhor tipo de alma [isto é, racional e supremamente virtuoso] que cuida de todo o universo e o conduz pelo melhor caminho" (897c7-9). Toda alma racional que conduz um corpo celeste em sua órbita, ademais, é um deus.

---

[30] Ver Werner Jaeger, *The Theology of the Early Greek Philosophers* (Oxford: Oxford University Press, 1947); e Lloyd Gerson, *God and Greek Philosophy* (London: Routledge, 1991).
[31] Ver Morgan, *Platonic Piety*, pp. 115-116.
[32] O argumento de Platão é também um antecedente remoto dos argumentos cosmológicos da Idade Média; por exemplo, ver St. Tomás de Aquino, *Summa Theologica* 1, 2, 3. Ver *Leis* 891e-899d; cf. *Banquete* p. 248.
[33] *Leis* 898a3-6; ver 897e11-898c8 em geral.

Nas palavras de Burkert, "astronomia se torna a fundação da religião".[34] Platão conclui, então, que, com o intuito de lidar com seu argumento, deve-se ou negar o motivo prioritário da alma, rejeitar seu raciocínio, ou concordar em acreditar na existência de deuses.

Mesmo em face de tal raciocínio, existe uma evidência em contrário. A aparente "boa fortuna de crápulas e criminosos na vida pública, como na privada" (899d8-e1) leva muitos a duvidar da providência divina e a sustentar que os deuses são indiferentes aos assuntos humanos.[35] Para mostrar que esse resultado é falso, Platão recorre a um aspecto do argumento anterior, um aspecto que lembra uma famosa restrição contida na *República* II, pela qual os deuses são bons, pois eles possuem moderação, racionalidade e de modo algum ordenam seus opostos.[36] Sendo bons, plenamente capazes, e atentando nos detalhes (*Leis* 900c-903b), os deuses devem ser pensados como a cuidar de cada indivíduo, por meio do "controle dos poderes regentes, que aperfeiçoam os mais diminutos constituintes do universo" (903b7-9). Não precisamos atentar para uma discussão detalhada da descrição psicológica de Platão sobre como esse processo funciona. Basta dizer que ele acredita que assim o é: indivíduos agem de acordo com as leis psicológicas, e suas ações contribuem para a ordem cósmica e se adequam às leis do destino (1904a-b). Ao final, recompensa e punição apropriadas vêm para todos.

Finalmente, uma vez que os deuses de fato cuidam dos indivíduos e uma vez que o destino é fixado pelas leis, não se deve acreditar que pecadores possam subornar os deuses com presentes (905d). Os que o fazem degradam a afinidade dos deuses com a justiça e cometem o mais ímpio dos atos. O raciocínio, pois, deve persuadir cidadãos do valor da genuína piedade, isto é, do máximo de piedade que um cidadão normal é capaz de ter. Na pólis somente um reduzido número de cidadão será competente para atingir o nível mais rico de transcendência extática e piedade filosófica retratadas no *Fédon*, na *República* e no *Fedro*. Outros, contudo, podem pelo menos alcançar

---

[34] Burkert, *Greek Religion*, pp. 326-329, esp. 327.
[35] *Leis* 899d-900b; cf. 885d.
[36] *Leis* 900e; cf. *República* 379a-c.

um entendimento do que as Leis ensinam sobre o divino e sobre como viver em termos de tal abordagem dos deuses. E muitos outros, ainda, podem ser dispostos para conduzir suas vidas em harmonia com a providência divina, mesmo não dispondo de claro entendimento disso.

Na *República*, Platão vilipendiara charlatões báquicos-órficos que proliferaram em fins do século V e início do século IV, vendo panaceias ritualizadas como "remédios" de curandeiros itinerantes.[37] Ele apresentou também uma imagem revisada e refinada de educação, da música, da arte e da poesia dramática. Nas *Leis* ele nivela suas críticas àqueles que acreditam que os deuses podem ser comprados e com isso se tornam eles próprios "subumanos"; são indivíduos que "tomam todos por tolos e iludem a muitos durante sua vida prometendo influenciar os deuses por meio dos alegados poderes mágicos de sacrifícios e orações e encantos, tentando destroçar completamente casas e Estados inteiros visando ao lucro vil" (909b; trad. Trevor Saunders). Tem-se aí um grupo de farsantes, semelhantes aos que atacavam na *República*, empreendedores religiosos que, a serviço da *hubris* e do autoengrandecimento, capitalizam sobre o caráter remoto da divindade.

Contudo, qual o impacto político e cultural dessa oposição entre piedade filosófica e não filosófica? Deveria uma pólis abolir e proibir santuários, altares, sacrifícios e assemelhados? Burkert levanta essa questão e dá a Platão a resposta: "a religião da pólis platônica parece completamente familiar", com santuários, templos, altares, imagens, sacerdotes, videntes, exegetas, sacrifícios, orações, processões e festivais.[38]

Burkert, é claro, estava certo. A pólis de Platão tem de ser construída em pleno acordo com as diretivas oraculares de Delfos, Dodona ou Amon com relação aos deuses que deviam ser adorados e aos templos que deviam ser encontrados (738b). Uma acrópolis sagrada deve ser posta de lado como um recinto central para adoração de Héstia, Zeus e Atenas (745d), e cada uma das doze tribos da cidade, com seus próprios festivais e templos, ocupará um lote dedicado a seu deus particular (738d; cf. 771c-d). Os tribunais de júri, casamentos, a educação

---

[37] Ver *República* 363a-366e e, para discussão, Morgan, *Platonic Piety* pp. 108-114.
[38] Burkert, *Greek Religion*, 334; cf. *Leis* 738b-c, 759a-c, 848c-e; e *República* 427b-c.

das crianças e muito mais eram atividades a ser realizadas sob auspícios divinos, e a pólis tinha um calendário sagrado repleto de festivais competições, procissões, com todo o paramento necessário. Grande parte disso certamente era familiar e normal para uma pólis grega do quarto século.

Mas, podemos agora perguntar, como isso pode ter se dado? E já que o foi, qual a relação entre o êxtase filosófico que é o objetivo e a experiência orientada de uns poucos e essa religião tradicional e amplamente acessível da pólis? Para responder a essas questões, Platão deve, em primeiro lugar, explicar por que motivo a religião da pólis do tipo tradicional veio a ser de algum modo necessária. Devemos mostrar então como tanto a piedade filosófica como a não filosófica encontram-se relacionadas com o estado.

Nas *Leis* Platão deixa claro que nem todos os cidadãos estão igualmente aptos para se tornar filósofos e membros do Conselho Noturno, que é a suprema instituição governamental em sua pólis. Esse Conselho combina toda uma variedade de funções, entre as quais se encontra a articulação dos objetivos da moral de estado com base na investigação filosófica sobre a excelência humana *(aretē)*. Nem todos são capazes de tal investigação e, portanto, do conhecimento moral a que a filosofia aspira. Os membros do Conselho têm de ser "particularmente bem qualificados por capacidades naturais e educação" (961a-b) e capazes de chegar a um "entendimento adequado da virtude *(aretē),*" que é o objetivo da alma de cada pessoa. Também devem ser articulados, devem ser de mente aberta e comprometidos com a verdade.

Ademais, essa mesma distinção entre os que são e os que não são adequados à filosofia se aplica ao conhecimento teológico. "O homem do senso comum pode ser perdoado se ele simplesmente seguir a lei à risca, mas se aquele que se pretende guardião deixa de se esforçar para saber com maestria toda e qualquer prova teológica que existe, a *ele* certamente não há que se conceder a mesma indulgência" (966c; trad. Trevor Saunders). Platão fixa precisamente o conteúdo do que os filósofos devem aprender que a alma é imortal e controla o mundo material, e que "a razão é o poder supremo entre os corpos celestes" (967d-e). Para orientar sua atenção e praticar para os deuses de modos que sejam apropriados, por outro lado, a maior parte das pessoas requer um regime de ritos e celebrações. Platão tem aguda consciência das necessidades das massas e dos excessos a que estão propensos. Isso se põe especialmente claro no que diz respeito à sua proibição a santuários ou altares (909d3-910e4). Deve-se fazer o que for necessário para evitar que cidadãos comuns deixem de responder com ansiedade e tensão à busca da ajuda dos deuses por meio de sacrifício e oração.

Então, práticas religiosas gregas familiares são requeridas para os que são incapazes de um entendimento preciso do divino. Mas de que modo essa piedade mundana é compatível com a filosofia e com o Estado?

Passemos agora a distinguir entre duas visões sobre a relação entre política e religião. Em uma dessas visões, política e religião são contínuas; a política expressa o ideal religioso e tem por objetivo a implementação do ideal. Na outra, a política independe de qualquer concepção religiosa particular da vida pautada para o bem; ela busca facilitar a autoexpressão individual e minimizar o conflito, evitando-se a preconização.[39] Ambas as visões são fundadas na suposição de que política e religião são domínios distintos, e em certo sentido Platão não teria aceitado, ou nem mesmo compreendido tal premissa. Mas se o tivesse, claramente ele teria sido atraído para a primeira dessas concepções. O problema é que ele tem mais do que uma compreensão da vida religiosa dos cidadãos na pólis ideal. Como pode uma única pólis encorajar e mesmo facilitar dois ideais da vida religiosa?

A resposta tem de ser que a *pólis* proporciona um ambiente institucional e cultural no qual tanto a piedade filosófica quanto a religiosidade da pólis não filosófica floresçam e funcionam. Um regime de sacrifícios, festivais e celebrações para os cidadãos comuns, pleno de expressões de louvor e gratidão, serve para valorizar a vida política e fazer com que a vida para o bem a floresça *para todos*. "Todo homem", diz Platão, "tem de se decidir a pertencer aos que seguem na companhia do divino" (716b8-9). Mas o que é "seguir na companhia do divino?" Para Platão, o cidadão da *pólis* "segue na

---

[39] Essa distinção é adaptada da distinção de Charles Larmore entre as abordagens expressivista e do *modus vivendi* à relação entre política e moralidade. Ver *Patterns of Moral Complexitiy* (Cambridge: Cambridge University Press, 1987), cap. 3-5.

companhia do divino" de duas maneiras; em primeiro lugar sendo uma boa pessoa, moderada, sábia, justa; em segundo lugar, pelo louvor, pela gratidão e oferendas de todos os tipos. Ambos, juntos, constituem a verdadeira piedade da *pólis*. "Se um bom homem rende sacrifícios aos deuses e se mantêm constantemente em sua companhia em suas adorações, oferendas, e em todo tipo de adoração que lhes possa dirigir, essa será a melhor e mais nobre política que ele poderá seguir (716d6-e1). O filósofo também "segue na companhia do divino", mas ele o faz vivendo uma vida de aspiração racional, de estudo e do servir à polis, tornando-se assim como um deus. Desses modos, então, tanto a piedade filosófica quanto a não filosófica coexistem no Estado, e cada qual, à sua própria maneira, conduz a uma vida com os deuses.

Tentei mostrar como o pensamento de Platão encontra-se imerso no próprio fenômeno complexo e variegado da religião cristã. A sua existência dessa religião é algo que ele tem por toma por pressuposto, adota alguns aspectos dela, adapta outros e ainda rejeita outros tantos. Sua relação com a piedade grega, contudo, é mais profunda do que um encontro com o mundo das deidades, sacrifícios, festivais olímpicos e assemelhados. Platão também se apropria de aspectos do ritual extático grego como um arcabouço para a investigação filosófica. É essa dimensão religiosa que nos ajuda a mostrar o que faz da filosofia algo tão importante para ele.

8 Amor Platônico

G. R. F. Ferrari

Este ensaio pôde ser aperfeiçoado graças às conversas com Kate Toll e pelos comentários escritos de Richart Kraut e Anthony Price.

Platão não tem uma teoria abrangente sobre o amor. Em vez disso, ele desvia certas opiniões recebidas sobre o amor[1] para aqueles que são seus próprios fins, peculiarmente filosóficos. Ele não está interessado em nos contar como seria viver com alguém na condição de um amor platônico. Pelo menos assim podemos argumentar, valendo-nos de uma leitura do *Banquete*[2] e do *Fedro*,[3] Devo ignorar as regulamentações sociais para a

---

[1] Não precisamos temer traduzir o grego *erōs* por "amor" (*pace* David Halperin, "Platonic Eros and What Men Call Love", *Ancient Philosophy* 5 [1985]: pp. 161-163). Há que se conceder que *erōs* é equivalente ao nosso "amor" somente em contextos onde o desejo sexual é apropriado (não, então, entre membros de uma família; ver K. J. Dover, *Greek Homosexuality* [Cambridge, Mass.: 1978], pp. 42-54); mas não é o caso - pelo menos não em todos os contextos - de simplesmente fazê-lo equivaler a "desejo sexual". As experiências de *erōs* descritas no *Banquete* e no *Fedro* são manifestamente experiências de se apaixonar e de estar apaixonado.

[2] Comentários em inglês sobre o texto grego incluem, de Robert Gregg Bury, *The Symposium of Plato*, 2. ed. (Cambridge, 1932); e K. J. Dover, *Plato's Symposium* (Cambridge, 1980). Stanley Rosen, *Plato's Symposium* (Cambridge, 1980). Stanley Rosen, *Plato's Symposium*, 2. ed. (New Haven, 1987), é um estudo, que tem a extensão de um livro, sobre o diálogo em inglês.

[3] Comentários em inglês sobre o texto grego incluem W. H. Thompson, *The Phaedrus of Plato* (London, 1868); G. J. de Vries, *A Commentary on the Phaedrus of Plato* (Amsterdam, 1969); e C. J. Rowe, *Plato: Phaedrus* (Cambridge, 1952) uma tradução perpassada por comentário corrente. Estudos-livro sobre o diálogo em inglês incluem Ronna Burger, *Plato's Phaedrus: A Defense of a Philosophic Art of Writing* (Univer-

sexualidade propostas na *República* (III 402d-403c, V 459-461) e nas *Leis* (VIII 835c-842a) como não diretamente relevantes para o que mais tem fascinado os leitores de Platão acerca de sua abordagem do amor, no que é precisamente o tópico deste ensaio: a ponte que ele constrói entre amor e filosofia. Também devo ignorar o debate potencialmente relevante da amizade (contra o pano de fundo de um caso amoroso) no diálogo sutil e complexo que é o *Lísis*[4], com o intuito de fazer com que eu possa me estender em aspectos particularmente dignos de nota no *Banquete* e no *Fedro*. Desses dois trabalhos, devo voltar minha atenção ao primeiro, já que só ele está entre os diálogos que diz respeito exclusivamente ao amor.

I

A fala do *Banquete* encontra-se toda ela enraizada em má fé. A série de discursos louvando o amor, que compõe o cerne mesmo da obra, é acionada por uma queixa atribuída a *Fedro* (a quem encontraremos novamente no diálogo que traz o seu nome). Ele é reportado a dizer que não é chocante, em se tratando de eulogias, que Eros, deus tão antigo e poderoso, tenha sido negligenciado em prosa e poesia por autores que não hesitam em louvar outros deuses ou até mesmo, em um caso específico, entoar o elogio do sal (177a-c)? A reclamação ganha certa plausibilidade com base na piedade de seus termos (por que deixar algum deus de fora da adoração?), mas perde ao considerarmos que erōs em grego não é apenas o nome de um deus, mas uma palavra que comumente significa "amor". Quando Anacreonte

---

sity, Ala., 1980); Charles L. Griswold, Jr. *Self Knowledge in Plato's Phaedrus* (New Haven, 1986); e G. R. Ferrari, *Listening to the Cicadas: A Study of Plato's Phaedrus* (Cambridge, 1987).

[4] Sobre esse diálogo, ver, por exemplo, David K. Glidden, "The *Lysis* on Loving One's Own", *Classical Quarterly* 31 (1981): pp. 39-59; David B. Robinson, "Plato's *Lysis*: The Structural Problem", *Illinois Classical Studies* 11 (1986): pp. 63-83; Anthony W. Price, *Love and Friendship in Plato and Aristotle* (Oxford, 1989), cap. 1; e, para uma abordagem diferente, David Bolotin, *Plato's Dialogue on Friendship* (Ithaca, N.Y. 1979).

escreve "com seu enorme martelo, de novo Eros bateu em mim como um ferreiro e me fez imergir em uma gélida valeta" (fragmento 413, em Denys L. Page, editor, *Poetae Melici Graeci* [Oxford, 1962]), ele não está, ou não está simplesmente, narrando uma exploração do deus, mas está descrevendo o quente e frio do amor. Com Afrodite, agora, é diferente. O sexo é seu dom, mas apenas figurativamente o seu nome pode *significar* "sexo" (assim como o grego comum para "vinho" era *oinos*, e apenas figurativamente *Dionysos*).[5] Ela é uma deusa dotada de vida, e com características dela própria (ver, por exemplo, o *Homeric Hymn to Aphrodite*). Mas não existem narrativas pré-platônicas sobre o menino-deus alado Eros; Eros é apenas amor, mas o seu nome é escrito com inicial maiúscula (e o grego não conta com maiúsculas).[6] Louvar a Eros, então, é louvar ao amor. Mas vista dessa maneira, a tarefa não é tão obviamente convidativa como Fedro pode sugerir. Fedro saberia perfeitamente bem que os poetas tinham muito a dizer sobre Eros, e que o fragmento precedente de Anacreonte foi um bom exemplo de grande parte disso.[7] Essa força que incide como um sopro, fazendo tremular os braços, trespassando os ossos de sua vítima indefesa, enlouquecendo-lhe a mente — será esse um candidato ao louvor? E ainda assim, como não saudar uma das maiores entre as alegrias humanas? Os gregos foram completamente ambivalentes com relação ao amor; Eros, na picante formulação de Safo, é "agridoce".[8] E assim, louvar a Eros é mais surpreendente do que Fedro, seu foco resolutamente fixado na divindade do Amor, parece preparado para admitir. Isso é talvez tão surpreendente quanto o elogio do sal (e lembre-se que o amor é tão amargo quanto doce).

---

[5] Isso é trazido à nossa atenção no contexto imediato em 177e: as peças de Aristófanes são "tudo sobre Dioniso e Afrodite" (ou seja, bebida e sexo). O grego prosaico para "sexo" não é *Aphroditē*, mas *ta aphrodisia*, "as coisas de Afrodite".
[6] Cf. François Lasserre, *La figure d'Eros dans la poésie grecque* (Lausanne, 1946), pp. 10-12.
[7] Cf. Thomas Gould, *Platonic Love* (New York, 1963), 24; G. X. Santas, *Plato and Freud: Two Theories of Love* (Oxford, 1988), p. 16.
[8] Fragment 130 in Edger Lobel and Denys Page, eds., *Poetarum Lesbiorum fragmenta* (Oxford, 1955). Ver, em geral, Bruno Snell, *The Discovery of the Mind in Greek Philosophy and Literature* (New York, 1982*)*, pp. 52-60; Lasserre, *La Figure d'Eros;* e Anne Carson, *Eros the Bittersweet* (Princeton, 1986), esp. 3-9.

Tem-se aí, pois, um elemento de má fé na instigação das falas que estamos para examinar. Existe outro. O sistema *round-robin* de falas pode parecer epítome de moderação, já que ele se exime das rodadas forçadas de brindes de meio galão e também aos encantos da flautista (176e4-10). Erixímaco, o médico, está feliz em poder introduzir a moderação como prescrição para se viver uma vida saudável (176c5-d4). Contudo, ele só tem essa oportunidade em razão da indulgência da noite anterior ter sido extrema a ponto de deixar relutantes até mesmo os bebedores contumazes (176a4-b8). Esse foi um motivo insalubre para o autocontrole. E ele insere no diálogo um tom doentio com base no fato de que ninguém dentre os falantes convidados — pois, o padrão mudará com a incursão, de Alcibíades — louva Eros pelo que ele nos faz sentir quando estamos amando e excitados.[9] (Em vez disso, seus dons incluirão crescimento moral, integridade, paz social, um viver agraciado, iluminação filosófica). Na verdade, esses homens estão embriagados (176d4); e esse é um estado no qual a excitação já perde todo o seu encanto. Sócrates, todavia, encontra-se à parte dessa beberança, tanto por não ter estado presente na noite anterior, como porque jamais se o vira embriagado (220a4-5). Mas deve-se observar que ele tira vantagem da piedade fingida de Fedro e do notável nível de abstração das demais pessoas. Com o intuito de considerar mais intimamente como ele o faz, iniciemos por examinar, de maneira breve, a estrutura e desenvolvimento dos cinco tributos de amor em direção ao clímax que se tem no relato de Sócrates dos ensinamentos de Diotima. Dessa estrutura há tantas leituras quanto há leitores do *Banquete*.[10] Devo retomá-lo novamente ao discutir o *Fedro*.[11]

O principal marcador estrutural nessa série é o ataque de soluços que acomete Aristófanes (185d-e). O que quer que signifiquem,[12] eles cumprem

---

[9] Agathon (em 196c4-7) menciona o acordo comum segundo o qual "nenhum prazer é mais forte do que Eros" somente para provar que, uma vez que Eros é mais forte que qualquer outro prazer, ele tem de ser autocontrolado ao extremo.
[10] Para um senso de variedade, consultar Bury, *Symposium*, III-IV.
[11] Ver seção III deste capítulo.
[12] Para uma compilação de sugestões, ver Bury, *Symposium*, XXII-XXIII; Rosen, *Symposium*,

a função de forçar a única mudança na ordem dos falantes (muda-se a ordem entre Erixímaco e Aristófanes), e assim obrigar o leitor a observar que Platão, que planeja todas as coincidências nesse trabalho, sente que a fala de Erixímaco propriamente pertence ao lugar mesmo a que se lhe destinou, juntamente com as falas anteriores, enquanto a fala de Aristófanes deve ser dissociada delas, como marca de um novo começo.[13] Em suma, as soluções parecem dividir os falantes em dois grupos: Fedro, Pausânias e Erixímaco, por um lado; Aristófanes, Ágaton e Sócrates, por outro. E a questão substancial a distingui-los é a seguinte: os falantes do primeiro grupo esboçam uma distinção fundamental (Fedro implicitamente; os demais, de maneira explícita) entre boa e má variedade de amor, enquanto os do segundo grupo não o fazem. Esse desenvolvimento se torna crucial com o ensinamento de Diotima de que o amor em qualquer de suas manifestações é direcionado para o bem (205e7-206a1, 206a11-12).[14]

---

pp. 90-91. Note-se nessa conexão o chiste de Aristófanes em 189a.

[13] Cf. Meyer W. Isenberg, *The Order of the Discourses in Plato's Symposium* (Chicago, 1940), p. 60; e Diskin Clay, "The Tragic and Comic Poet of the *Symposium*", in *Essays in Ancient Greek Philosophy*, John P. Anton e Anthony Preus, editores (Albany, 1983), 2: pp. 188-189. Objetar (como fazem, por exemplo, G. K. Plochmann, "Hiccups e Hangovers in the *Symposium*", *Bucknell Review* 11 [1963]; 10; e W. C. Guthrie, *A History of Greek Philosophy*, vol. 4 [Cambridge, 1975], p. 382) que Platão, se tivesse atribuído importância a essa ordem, poderia ter pensado a sequência dos diálogos desde o início, é deixar de compreender o que ali há de relevante. É porque Platão atribui importância a esse ordenamento que assim o arranjou e que ele pode assim se perfilar diante de nossos olhos.

[14] "É direcionado a" em vez de simplesmente "é". Não é como se a doutrina de Diotima viesse comprometer Platão com a crença de que, digamos, o tipo de "amor" *erōs* manifestado pelo tirano na *República* IX — qual seja o prazer irrestrito — torna-o digno de prazer. Diotima se envolve em psicologia profunda. A maioria dos amantes é revelada por ela como estando a ansiar por algo mais último do que o aparente objeto de seu desejo. Seu comportamento aparente pode, por essa razão, ser condenado, muito embora o objeto de seu anseio seja louvado. (A profundidade psicológica a que Platão recorre em sua abordagem do amor do tirano, contudo, depende de um quadro estrutural teórico mais elaborado que o proporcionado por Diotima - o da alma tripartite. Isso eu debaterei quando chegarmos ao *Fedro*, na seção III).

Pode parecer que Fedro não pertença ao primeiro grupo assim definido, uma vez que Pausânias repreende-o por ter feito companhia aos convivas simplesmente como um louvor a Eros, sem antes especificar a que Eros se haveria de louvar; pois há dois tipos de amor, um bom e digno de louvor, o outro mau (179c-181a, 183d8-e2). Mas, Pausânias não está contradizendo Fedro; ele apenas o atiça com suas opiniões, antepondo-as ao contraste que ele optou por ignorar. Ambos concordam em louvar o amor somente pelo estalo que ele dá na conduta virtuosa.[15] Fedro fala de amantes estimulando-se um ao outro para se incentivarem na batalha e para o autossacrifício; Pausânias fala de amantes que se apaixonam pelo bom caráter de seus amados (183e5) e dos amados que se porão à disposição romântica somente de potenciais mentores (184c4-7). (Nessa ênfase, os dois homens se fiam nas expectativas morais que derivam da assimetria convencional de amor entre homens atenienses — do parceiro mais velho espera-se que proveja orientação e auxílio moral, com iniciação cívica em troca de favores sexuais do garoto, que deve se manter desinteressado pelo sexo em si mesmo.[16] Eles fazem apelo à sua conexão com a virtude, ao mesmo tempo em que mitigam sua assimetria.) Pausânias esboça o óbvio contraste com amantes que amam mais o corpo do que a alma (181b3-4, 183d8-e1), e que, justamente por isso, não levam em conta a virtude (181b5-6). Não é o caso de Fedro; mas o contraste está implícito em sua afirmação de desconhecer maior bem para um jovem do que um amante "decente" ou "valoroso" *(khrēstos)* (178c3-5). Quaisquer que sejam as afirmações de Pausânias (180c4-d3), ele não chega a alterar os termos da fala de Fedro, tampouco retifica a má fé presente na raiz das coisas. Ele continua

---

[15] Fedro também brevemente louva Eros, o deus, por estar entre as mais velhas divindades (178b). Aqui ele se esfalfa para tentar um desvirtuamento com o intuito de justificar a implicação de sua queixa inicial, a de que a divindade de Eros é um aparte significativo de seus status como força abstrata - afirmação que as citações transparentemente alegóricas de Hesíodo e Parmênides pouco fazem para apoiar.

[16] Ver em geral Dover, *Greek Homosexuality*, esp. 202; Michel Foucault, *L'usage des plaisirs* (Paris, 1984); David Halperin, *One Hundred Years of Homosexuality* (New York, 1990); David Cohen, "Law, Society, and Homosexuality in Classical Athens", *Past and Present* 117 (1987): pp. 3-21.

a sanear o amor — esse amante da alma, que aprova os que buscam jovens pela nobreza de seu caráter, mesmo sendo mais feios (182d7), mas que, e disso somos lembrados, é ele próprio, Ágaton, duradouro amante de notável beleza.[17]

Em seguida, Erixímaco, o médico, convenientemente reposicionado para seguir Pausânias, opera um contraste entre bom e mau, entre o amor "celestial" e "vulgar" (185e6-186a3) e procede a inflacioná-lo em um princípio cósmico de equilíbrio e desequilíbrio em todas as coisas, da medicina à música e à metereologia, em uma paródia inconsciente aos filósofos pré-socráticos.

Aristófanes anuncia um rompimento com o esquema de coisas de Pausânias e Erixímaco (189c2-3). Ele relata um conto que tem o amor por uma busca pela unidade primordial (192e10), cada um de nós sendo como a metade cortada de um ancestral de duas cabeças e oito membros, ansiando por encontrar a outra metade. O rompimento, então, é para ver o amor, não separado em bom e mau, mas como aspiração única, comum a todos e direcionada (a despeito das diferenças de orientação sexual) ao mesmo objeto genérico — o todo. Isso emerge tanto mais claramente quando consideramos a lista de descendentes fragmentados cuja sexualidade ele escolhe para dela rastrear a origem — adúlteros, lésbicas, homossexuais avidamente passivos destinados a fazer carreira em política, mas não, digamos, casais casados ou garotos modestos (191e-192a). Ao escolher seus exemplos (pelo menos o primeiro e o terceiro)[18] dentre outros de caráter social desviante, e isso sem trair uma insinuação de censura — na verdade, indo longe a defender, nesse contexto, os homossexuais passivos, a quem ele satirizou em suas peças[19] — ele, de maneira ostentatória, subordina "bom" e "mau" em amor ao desejo universal revelado por sua psicologia profundamente alegórica.

Então Ágaton retoma a importância da conexão do amor com o bem, mas no âmbito dos novos parâmetros postos por Aristófanes. Aristófanes

---

[17] Ver 177d8-e1, 193b6-7; e para a beleza de Agaton, 174a9, 212e8, *Protágoras* 315d-3 e Aristófanes, *Thesmophoriazusae*, pp. 191-192.

[18] Quase nada sabemos sobre a atitude clássica ateniense com relação ao lesbianismo, a não ser o que podemos inferir do fato de ser essa a única referência de que dispomos feita ao tema no período, bem como ao tratamento das mulheres em geral.

[19] Dover, *Symposium*, ad 192a1.

argumentou que todo amor é do mesmo objeto genérico, da mesma unidade; Ágaton concorda com a afirmação estrutural, defendendo, porém, que o único objeto de amor é *kallos*— termo em grego que com um leque semântico engloba o belo, o requintado, o nobre, o bem (197b3-9).[20] Os falantes do primeiro grupo haviam inferido o que há de bom e digno de louvor em Eros em ampla medida do que há de bom em seus efeitos — virtude masculina, bem estar universal. Isso deixa aberta a possibilidade, explorada por Pausânias e Erixímaco, de que Eros poderia ser culpabilizado à medida que seus efeitos eram ruins. Ágaton inverte esse padrão — anunciando a mudança na estratégica retórica com um floreio (194e4-195a5). Ele primeiramente argumenta que o próprio Eros é inteiramente bom, e só como questão final observa que seus efeitos são como ele (197c1-3). Ademais, Eros, para Ágaton, é belo e bom, não porque assim são seus efeitos, mas porque ele é amor *do* belo e bom (ele foge, evitando ser alcançado pela velhice, reside em almas delicadas, inspira artistas de todos os tipos). Agora, eis aqui uma conclusão mais séria, e uma crucial mudança de interesse, por vaporosos que sejam os argumentos em que reside (cf. 197e7-8). É isso o que capacita Sócrates, próximo a falar, a apresentar o ensinamento de Diotima, de que todo amor, em última instância, é amor do bem, sendo por esse motivo elogiável.[21]

Ele o faz, todavia, primeiro corrigindo uma apreensão equivocada por parte de Ágaton. Que o amor seja sempre *do* belo e bom não implica que o amor *seja* belo e bom. O amor, na verdade, é desejo, e desejar ainda não é ter (200a); desse modo, se o amor é da beleza e do caráter do bem, o amor é sem beleza e sem o caráter do bem. Como então se pode amar o belo e bom? (201a-c). Quaisquer que sejam os méritos desse argumento,[22]

---

[20] Agaton joga com essa variedade, distinguindo a beleza de Eros de sua virtude em 196b4-5, com *kallos* fazendo às vezes de objeto indiferenciado de artes variadas como a poesia, a medicina e a arte do arco e flecha (197a6-b5). Retomarei a relação entre o belo *(kalon)* e o bem *(agathon)* em Platão ao considerar o clímax da fala de Diotima.
[21] Michael C. Stokes, *Plato's Socratic Conversations* (Baltimore, 1986), pp. 114-182, proporciona uma abordagem detalhada de antecipações de Diotima na fala de Agaton.
[22] Para uma análise de sua lógica, ver R. E. Allen, "A Note on the Elenchus of Agathon: *Symposium* 199c-201c", *Monist* 50 (1966): pp. 460-463; Martha C. Nussbaum,

ele permite que Sócrates passe a uma doutrina que procura subsumir em si mesma elementos importantes de toda a série de falas anteriores, coroando-a com a sua contribuição especial.[23] Pois se o amor não tem a beleza e o caráter do que é bom, isso não significa dizer que o amor seja feio e mau (201e). O amor não é bom, mas um intermediário, um "demônio" que comunica entre deuses e humanos; não é sábio, mas um amante da sabedoria — um filósofo (202d-204c). Ágaton não conseguiu ver que a natureza do amor é buscar o bem, em vez de possuí-lo; mas, revela-se daí que ele não estava errado em afirmar que o amor é digno de ser louvado em sua própria natureza; pois buscar o bem é algo digno de ser louvado. Isso para tornar a enunciar a mensagem do conto de Aristófanes: que o amor é, acima de tudo, uma busca pelo que foi perdido. Aristófanes se equivoca apenas quanto à perda: não é de nossa outra metade, mas de nosso bem (o ponto é tornado explícito em 205d10-206a1). E se o amor não é uma busca contínua pelo bem, então mesmo a distinção entre variedades boas e más do amor desenvolvidas pelo primeiro grupo de falantes, ou algo do gênero, pode ser acomodada; pois uma busca é dinâmica, e uma busca pelo bem será melhor quanto mais próxima estiver de seu objetivo Todo amor é uno, todo amor é digno de louvor, à medida que ele é amor do bem, mas algumas de suas manifestações serão superiores, outras inferiores. Assim, enquanto todo *amor* é digno de louvor, nem todos os *amantes* o são.[24]

The Fragility of Goodness: Luck and Ethics in Greek Tragedy and Philosophy (Cambridge, 1986), pp. 177-179; e Price, *Love and Friendship*, pp. 18-20. Talvez eles estejam tomando o argumento por demais a sério, dado o desembaraço no uso de sua artimanha contra Agaton atribuindo a característica de amantes a um Amor personificado; esse é um ardil que governou a fala de Agaton, mas ele simplesmente não o levou a sério. Cf. Michael J. O'Brien, " 'Becoming Immortal', in Plato's *Symposium*", in *Greek Poetry and Philosophy*, D. E. Gerber, editor (Chico, Cal., 1984), p. 192, n. 23. (Price, contudo, nega que o uso por Sócrates desse dispositivo tenha algo de artimanha.)

[23] Cf. Isenberg, *Order of the Discourses*, pp. 38, 59; R. A. Markus, "The Dialectic of Eros in Plato's *Symposium*", in *Plato*, vol. 2, Gregory Vlastos, editor (Garden City, N. Y., 1971), p. 133.

[24] Cf. nota 14.

II

Se o ensinamento de Diotima é suficientemente abrangente para abraçar elementos de todas as opiniões ouvidas até agora, é possível pensá-lo fazendo-o sob pena de esquecer o tópico. O amor, como veio a se revelar, é uma busca pelo bem — mas assim como com Erixímaco, dialogante que vem coroar o primeiro grupo, dispensara o amor entre as pessoas e nos levado para uma viagem à estratosfera, assim Diotima, na mesma posição, porém já no segundo grupo, ameaça com uma descrição de grande amplitude para perder de vista o amor que o ser humano concebe pelo outro. Diferentemente de Erixímaco, contudo, ela reconhece o problema; na verdade, ele pode ser mostrado como aquele que governa a estrutura do ensinamento da sacerdotisa.

Todo mundo quer o bem — Diotima leva Sócrates a concordar — porque as boas coisas trazem felicidade, e todo mundo quer felicidade. Nesse sentido, de todo mundo se pode dizer ter "amor" (*erōs*) pelo bem (205a). Na verdade, o bem é o único objeto de amor, à medida que amamos somente o que consideramos bom; pois não faz sentido dizer que poderíamos amar o que consideramos mau — isto é, nocivo — para nós (205d10-106a1). (Aqui vemos Sócrates ficcionalmente adquirindo a posição filosófica da qual ele faz uso notório e extensivo nos primeiros diálogos, por exemplo, o *Mênon* 77b-78b, *Górgias* 467c-468e). Uma vez que, no entanto, diferimos em nossas concepções do que nos traz felicidade, os amantes do bem assomam em muitas variedades, e a fala comum geralmente reserva as palavras "amor" e "amante" (*erōs, eran, erastēs*) para aqueles que buscam aquela espécie particular de bem que é amor sexual entre as pessoas (205d1-8).[25]

Assim, Diotima distingue entre um sentido genérico e um específico de *erōs*.[26] Claro que Fedro pretendia tão-somente o último sentido na queixa que desencadeou o discurso da noite. E qual seria a justificação de Diotima para

---

[25] Esse é o que vimos ser o principal domínio desses mundos. Assim como o inglês "Love", contudo, os termos gregos também podem ser usados com um objeto inanimado.

[26] Para debate a respeito ver Santas, *Plato and Freud*, pp. 32-39.

ampliar o tópico? O texto na verdade é vago quanto a isso. Antes de o debate sobre o amor genérico ser apresentado de maneira resumida (205a-206a), Diotima vale-se da concordância de Sócrates de que o amante busca possuir o belo e pergunta a ele quais consequências de êxito haveria para tal amante. Sócrates mostra-se perplexo. Por essa razão, Diotima propôs que substituíssem "o bem" pelo "belo", corretamente prevendo que Sócrates acharia mais fácil a questão se fosse assim formulada. Os amantes do bem que procuram ter a posse de coisas boas, responde ele, serão felizes (204d-205a).[27] Antes que ele disso se desse conta, eles se lançam na discussão sobre o amor genérico. Mas, e quanto à questão original, que deixa perplexo o jovem Sócrates? Pode-se pensar que a proposta de Diotima, de substituir a questão aparentemente fácil, é ajudá-lo a lidar com a outra, mais difícil. No entanto, ela não retorna a essa questão — e introduz, em vez disso, um novo questionamento (206b1-4). Sócrates, de quem Diotima supõe correr atrás de belos rapazes, como todos os jovens homens de sua idade (211d3-8), não pode dizer por que ele o faz — não pode dizer o que uma pessoa ganha por possuir o belo. Revela-se que ele não terá a resposta à pergunta de Diotima até que, após intenso ensino preparatório, ela lhe tenha falado dos mistérios do Belo em si mesmo (210a-212a). E é aqui, veremos, que finalmente se esclarece sua justificativa para ampliar o tópico, com o intuito de incluir amor genérico.

Com vista a preparar seu iniciado, Diotima volta ao tópico do amor específico ("[o que] seria *chamado* amor", 206b3)[28] e complica o seu trato com a beleza. O amor específico na verdade não é, como Sócrates supõe (e também Agaton supõe), o amor do belo, mas em vez disso "concebe e dá à luz o belo" (206e5). Por quê? Porque se tem concordado que, falando em termos genéricos, o amor não é apenas amor do bem, mas também o desejo de possuir o bem sempre (206a); ora o desejo de possuir o bem é *sempre* na verdade dois desejos, um deles o desejo do bem; outro, o da

---

[27] Esse seria um truísmo, pois a palavra traduzida como "feliz" (*eudaimon*) comumente denota um estado objetivo em vez de um estado subjetivo da pessoa (ver K. J. Dover, *Greek Popular Morality in the Time of Plato and Aristotle* [Oxford, 1974], p. 174).
[28] Aqui eu sigo Bury, *Symposium, ad* 206b; Santas, *Plato and Freud*, p. 34.

imortalidade;²⁹ e o "gerar"é o mais próximo que uma criatura mortal pode chegar da imortalidade (206e7-207a4).³⁰ No caso específico, a beleza assume o papel de parteira para a geração (206d2-3), instigando os de corpos férteis, tanto animais como humanos, a engendrar a prole que possa renovar a sua linhagem e (para os humanos) manter seu nome vivo (206c1-5, 207a7-d3, 208e1-5), enquanto os homens que forem mais férteis na alma do que no corpo inspirar-se-ão por um garoto que combina beleza corpórea e beleza de caráter para dar à luz um belo discurso sobre a virtude cívica contendo uma concepção para a sua educação (209a5-c7).

É de maneira bem-sucedida que tais amantes estabelecem uma conexão entre o belo e o bom. A beleza, seja ela do corpo ou da alma, é instrumental para a sua conduta virtuosa (isto é, socialmente considerada) — procriação de herdeiros reais, tutelagem da geração que está no nascedouro. No entanto, não se pode dizer que eles tenham examinado e compreendido essa conexão. Em vez disso, é essa conexão que atua por meio deles, e eles são conduzidos para ela. É por isso que Diotima relega o seu amor ao estatuto de Mistérios Menores (209e5-210a2).³¹ O que os pode ter induzido a uma maior consciência é tornado claro para nós, no caso do amante fértil na alma, quando Diotima descreve o seu discurso edificante — sua prole conjunta com o belo garoto — como em si mesmo "belo" (209c6-7). Essa é a primeira vez que o

---

²⁹ Para um debate crítico dessa inferência ver Santas, *Plato and Freud*, pp. 35-36. A questão mais ampla, sobre a relação que o apelo de Diotima à imortalidade traz ao tratamento da imortalidade em outros diálogos é intensamente debatida. Os interessados em acompanhá-la deveriam começar com O'Brien, "Becoming Immortal".

³⁰ Markus, "Dialectic of Eeros", pp. 138-140, compara essa nova ênfase na procriação com a abundante generosidade de Deus na teologia cristã. No entanto, com Diotima essa ênfase é introduzida como marca da mortalidade (*hos thnetoi*, 206e8). A. H. Armstrong, em "Platonic Eros and Christian Agape", in *Downside Review* 79 (1961): pp. 105-121, e "Platonic Love: A Reply to Professor Verdenius". *Downside Review* 82 (1964): pp. 199-203, adota para com o *Fedro* uma abordagem semelhante a de Markus para com o *Banquete*.

³¹ Para seu uso da linguagem dos Mistérios Eleusianos aqui, ver Bury, *Symposium*, ad 210a; ver também Thomas A. Szlezák, *Platon und die Schriftlichkeit der Philosophie* (Berlin, 1985), 259 n. 25. O ritual em Eleusis - os Mistérios Maiores - foi precedido, em alguns meses, por um requisitado ritual de preparação em Agrai - os Mistérios Menores.

que emana do ato de "gerar no belo" tem ele próprio sido descrito como belo, e revela algo que será crucialmente importante para os Mistérios Maiores do amor: que a beleza pode pertencer ao produto bem como ao instrumento do amor específico. Num nível inferior, contudo, o amante estimulado para a conduta "bela" pela beleza dá por líquido e certo o que o belo é. Sua razão para preferir gerar um belo discurso em detrimento de belos filhos é a de que ele aprecia a imortalidade do nome que se ganha pelo discurso por poetas como Homero e Hesíodo, e por legisladores como Licurgo e Sólon. É uma pia lista de chamada de heróis culturais. Mas Diotima está para desafiar tais piedades. Ela terá palavras duras ao descrever os Mistérios Maiores, para aqueles cujos horizontes se encontram limitados pelo costume (210d-2).[32] De modo semelhante, no nível dos Mistérios Menores, ela descreve o bem último — o objetivo do amor genérico, em direção ao qual todas as ações humanas são direcionadas (208d8) — como "virtude imortal e a gloriosa fama que se segue" (208d7-8). O "amor à honra" (*philotimia*, 208c3) é aqui a mais elevada aspiração humana. Mas ao introduzir o tópico do amor genérico, Diotima havia nos preparado para aceitar o "amor à sabedoria" (*philosophia*, 205d5) como uma de suas manifestações; e nos Mistérios Maiores a filosofia é que nos conduzirá ao objetivo último (210d6). A transição do Menor para o Maior comporta, pois, uma comparação com a crucial mudança de foco, na *República*, das instituições fundadas no código de honra (Livros II-IV) para aquelas derivadas do governo pelos reis-filósofos (Livros V-VII).[33]

A revelação final nos Mistérios Maiores do amor — a visão do Belo em si mesmo — se deixará desvelar somente àqueles que seguem um caminho particular de erotismo (210a2). A marca do iniciado adequado está em ele não tomar por pressuposto a natureza do belo como o faria um amante da

---

[32] Cf. *República* X 595b9-c3, *Fedro* 278b7-e2.
[33] Cf. Francis M. Cornford, Principium Sapientiae (Cambridge, 1952), 85. O'Brien ("Becoming Immortal", pp. 188-189) geralmente compara outros exemplos platônicos do contraste entre virtude política e filosófica. A escolha de atividades para exemplificar tipos de amor genérico em 205d — o fazer dinheiro, o amor aos esportes, filosofia — parece estabelecer um paralelo com a hierarquia tripartite da cidade ideal na *República*, com sua classe produtiva, seus atléticos guardas-soldados e seus filósofos reis.

honra, estando, isto sim, propenso a se tornar mais profundamente fascinado pela beleza que emana de seu amor do que pela beleza que primeiramente o atraiu. Esse deslocamento de atenção é o que motiva o seu alçar-se a cada novo patamar do caminho ascendente. Tracemos seu progresso. Seu ponto de partida é estar caído de amores pela beleza corpórea de uma pessoa particular, o que o estimula a gerar o "belo discurso" (*logous kalous*, 210a8). Uma vez que o efeito desse discurso é propiciar a reflexão sobre a beleza física, mas não sobre a espiritual (210a8-b2), e uma vez que a produção de conselhos edificantes inspirados pela beleza da alma e do corpo combinados — comparável à reação do amante espiritualmente fértil ao nível dos Mistérios Menores (209a8-c3) — é reservada a um estágio posterior na ascese (210b8-c3), o que se daria a parecer é que, qualquer que fosse a forma assumida pelo discurso, o seu conteúdo se limitaria ao entusiasmo pela beleza e destreza físicas do amado.[34] Então, o iniciado filosófico parte de um nível inferior ao atingido pelo amante da honra nos Mistérios Menores (o qual ele sobrepujará em dado momento do percurso.).[35] Contudo, seu ponto de partida é mais elevado que o nível do fértil meramente no corpo; pois o amor deles gera rebentos humanos (108e2-4), enquanto o dele produz discurso. Mas o que efetivamente o destaca como tendo o potencial de escalar as alturas filosóficas é a sua reação àquele discurso. Suas "belas" palavras têm na beleza o seu tópico[36] — não a beleza *desse* corpo sozinho, mas também a beleza corpórea de um modo geral, já que louvar alguma coisa é inseri-la em sua classe de comparação. E agora esses pensamentos se voltam à beleza para a qual o produto de seu amor tem atraído seu olhar às expensas do belo indivíduo que se lhe deu como tal produto. Ele reflete sobre "beleza da forma [exterior]" em geral, e vê que, uma vez que a beleza de qualquer corpo belo é análoga à beleza do outro, seria ele "muito ignaro" se não pensasse na

---

[34] Aqui eu sigo Leon Robin, *Platon: Le Banquet*, in *Platon: Oeuvres complètes*, vol. 4, parte 2 (Paris, 1966), XCIII, e Price, *Love and Friendship*, p. 41.
[35] Pace Terence Irwin, *Plato's Moral Theory* (Oxford, 1977), 167, que trata os iniciados em filosofia como equivalentes àqueles férteis em alma nos Mistérios Menores.
[36] Tendo em vista 212a3-4 e *Timeu* 29b4-5, o pensamento subjacente aqui pode ser o de que a beleza das palavras *segue-se* da beleza do tópico.

beleza corpórea como uma e a mesma em todos os casos; o pensamento que se fez suscitado valendo-se de suas sensações pela beleza única que o inspirou parece-lhe agora uma superavaliação, e faz com que divida seu entusiasmo entre todos os exemplares de beleza corpórea (210a8-b6). Que toda beleza corpórea seja "análoga", é um pensamento que provavelmente tocará a quem quer que faça comparações; que seja "uma e a mesma", é uma afirmação que talvez só mesmo o platonista achasse que seria "por demais ignaro" negar. Mas a questão é certamente a seguinte: esse amante, pela peculiaridade de sua reação, está destinado para a filosofia, que é atividade reservada a poucos (cf. 209e5-210a2).

Encontramo-lo em seguida a premiar a beleza da alma sobre a beleza do corpo (210b6-7). Não se nos diz como ele operou a transição, mas somente que esses são estágios ao longo do caminho que ele "tem de" visitar (*dei*, 210a4) se pretende alcançar o mais alto objetivo. Não obstante, uma vez que um guia para a viagem é meramente opcional (211b7-c1), temos o direito de pressupor que ele não está, de modo puro e simples, seguindo a autoridade, e podemos também tomar tal coisa como um convite para se fornecer uma razão para o seu desenvolvimento. (Esse pode ser o modo de Platão testar a própria aptidão de seu leitor para a viagem). E não é algo muito distante a se buscar. O amante que mais considera pensamentos e expressões de beleza do que propriamente a beleza do corpo que induz tais pensamentos e expressões, sendo marcado, dessa forma, como um tipo reflexivo e culto, estará naturalmente aberto aos atrativos da alma.[37] Novamente é a beleza de um indivíduo (de um garoto, como seria convencional na sociedade ateniense, em se tratando de um amor edificante como se faz referência aqui) que o faz gerar a sua prole, que torna a assumir a forma de discurso — desta vez de falas edificantes com que se pretende fazer emergir a beleza da alma (isto é,

---

[37] Cf. *República* III 402c-e, onde Glauco - em outra parte da obra observado como um aficionado pela beleza do corpo (474d-475a; cf. 468b) e homem de alguma cultura (548d-e) - assente entusiasticamente à proposta de que os belos traços de caráter combinados com a beleza externa compõem o mais requintado de todos os espetáculos, e insiste tanto mais que a deficiência exterior, diferentemente da interior, não desqualifica um garoto aos olhos da pessoa aculturada (o *mousikos*, 402d8).

a decência de seu caráter, 210b8)[38] confiada a seus cuidados (210b8-c3). E, de novo, como resultado do belo alvo de seu discurso, seu foco muda para o seu belo tópico. Compelido, em seu papel de mentor, a considerar a beleza de atividades e de leis, ele chega a uma conclusão a respeito que independe de sua finalidade educativa (assim como ele dedicou mais de seu pensamento à beleza corpórea em geral do que era necessário para propósitos de sedução): na beleza que há nos conhecimentos se tem um paralelo com o que acontece no caso da beleza corpórea, com o olhar se voltando ao vasto domínio do belo (210c3-5).[39] (Aqui ele vai além do pederasta de alma fértil dos Mistérios Menores, que meramente produziu seu belo conselho, mas não contemplou sua beleza.) O resultado da conclusão anterior foi o de reduzir de tamanho o belo indivíduo para dimensioná-lo à estima do amante; o resultado agora é reduzir de tamanho uma *categoria* individual:[40] O amante pensará a beleza dos corpos como sendo uma coisa de nenhuma importância (210c5-6). Não se trata aqui de um estado mental que ele já tinha alcançado quando o vemos privilegiando a beleza da alma em detrimento da do corpo (210b6-7).[41] Que tenha havido um acompanhamento natural ao seu caráter crescentemente consciencioso, que a questão tenha versado sobre o que ele achou atraente em indivíduos (e o mais importante: a beleza corpórea continuava a contar, ainda que marginalmente, como condição da atratividade do indivíduo para ele — 210b8-c1); aí se tem um juízo considerado, que mantém em seu foco apenas categorias. O garoto da bela alma desapareceu de vista. Não ficamos sabendo o que teria acontecido a ele. Enquanto não há razão para negar que o amante poderia continuar a compartilhar com ele os resultados de sua busca filosófica posterior, o centro de sua atenção emocional já não é ocupado por uma pessoa individual, ou por quaisquer pessoas que sejam.[42]

---

[38] Cf. *República* 538c e nota 37.
[39] O paralelo entre os dois estágios é marcado no grego em 210c3 pela partícula *au*, "correspondentemente".
[40] Meu inglês aqui reflete a correspondência entre o vocabulário do texto grego em 210b6 e O que se tem em 210c5-6.
[41] Cf. Price, *Love and Friendship*, 40.
[42] O assunto é controverso. Para um debate, ver Gregory Vlastos, "The Individual as

Um indício desse desenvolvimento se tem quando a pessoa amada sai de cena a ponto de Diotima deixar de usar o termo "amar" (*eran*, 210a7, 210c1) e "amante" (*erastēs*, 210b5) para descrever a relação do iniciado com o que ele acha belo.[43] A partir dali, o fato de ele continuar a encontrar objetos que toma por belos — na verdade, cada vez mais belos (211d8-e3) — deve se ocupar da maior parte do trabalho de nos convencer que Diotima não mudou de assunto.

De acordo com isso, no estágio seguinte de seu desenvolvimento, ele não está atrelado a um indivíduo; está, muito mais, atraído pela beleza do conhecimento em suas várias formas, o que faz com que ele gere, ainda uma vez, um discurso belo — agora, o discurso da filosofia (210b6-d6). Enquanto o movimento ascendente, de novo, não está explicitamente justificado, ele é natural o bastante.[44] O amante tem estado contemplando a beleza de atividades e leis — os princípios pelos quais nós vivemos. Qualquer leitor dos primeiros diálogos platônicos pode dar prova da facilidade com que tal contemplação origina a questão sobre se alguém tem algum conhecimento autêntico desses temas — o mesmo se aplicando à questão da especialidade em geral. E agora, como antes, a preocupação do iniciado é transferida da beleza que o incitou à beleza que ele gerou. Uma vez que o alcance do conhecimento não é limitado, por antecedência, a um tema em particular, mas somente ao que pode ser conhecido, o iniciado é levado a contemplar

---

an Objetc of Love in Plato", in *Platonic Studies*, 2. ed. (Princeton, 1981), pp. 33-35; Julius M. E. Moravcsik, "Reason and Eros in the 'Ascent' -passage of the *Symposium*" in *Ancient Greek Philosophy*, John P. Anton e G. L. Kustas, editores (Albany, 1972), 1: p. 293; Irwin, Plato's Moral Theory, pp. 169, 323 n. 58; Santas, *Plato and Freud*, p. 42; Price, *Love and Friendship*, pp. 47-49.

[43] Harry Neumann, "Diotima's Concept of Love", *American Journal of Philology* 86 (1965): p. 44. Em seu papel, Diotima substitui verbos de ver e contemplação *(passim)*, de reconhecer (211c8), de tocar (212a4-5) e de "estar com" (211d8-212a2) (que é um trocadilho sexual).

[44] O texto em 210c7 parece dizer que o iniciado é "conduzido" para esse novo estágio; mas em razão de um embaraço na construção, alguns traduzem o termo de modo diferente (por exemplo, Alexander Nehamas e Paul Woodruff, *Plato: Symposium* [Indianapolis, 1989], ad loc.), enquanto alguns outros emendam. O texto transmitido e a tradução acima são defendidos por Dover, *Symposium*, p. 155.

"o grande oceano da beleza" (210d4). Ele olha de volta da altura que escalou,[45] e vê a beleza como um todo, mas um todo de grande multiplicidade. Agora, ele volta sua face para o cume, e pode ver a beleza como unidade. E tem a visão de um conhecimento único, que é conhecimento de uma beleza única — um indivíduo, o Belo em si mesmo, que é descrito no vocabulário clássico das Formas Platônicas (210d6-b5). O que aconteceu, então, é que em uma familiar mudança de foco, o iniciado se voltou de simplesmente "fazer" bela filosofia (considerando o que é belo nas variedades de conhecimento — o belo que o atraiu, 210c7) para aprender a beleza *de* sua filosofia, 210d5). Ele passa a entender o que é que torna possível o conhecimento único do belo em direção ao qual, como filósofo, ele tem estado trabalhando: ora esse conhecimento único é a existência do Belo em si mesmo.

Agora, é de maneira deliberada que Platão legou como mistério precisamente aquilo a que sua afirmação equivale (a exemplo do que ele sempre faz ao introduzir as Formas em seus diálogos). Aqui devo me limitar, ao seguinte: dizer que o Belo em si existe é defender que *existe* tal coisa como a beleza, independentemente do que nós ou qualquer criatura achemos belo (cf. 211b3-5); e que se assim não fosse, coisa alguma seria bela (cf. *Fédon* 100d). Mas a consciência da verdade dessa afirmação, como Diotima a descreve, é pensada como estando a bater como um golpe de martelo. Não se trata de uma decisão acadêmica comprometer-se com uma variedade de realismo filosófico; é mais um encontro com um indivíduo belo, em cuja presença se anseia estar (210e4-6, 211d8-212a2).[46] Em suma, é mais como o amor.

Desse modo, o iniciado chega ao fim da linha. O mecanismo de mudança de atenção já não pode alçá-lo para além. Ele trabalhou firmando-se no que tornava belo o discurso gerado em cada nível; já no cume, nenhum discurso é gerado. O Belo em si mesmo está para além das palavras (cf. 211a7). Tentar descrevê-lo, como em 211a-b, não é fazer nascer o discurso em sua

---

[45] Bury, *Symposium*, ad 210d.
[46] Para uma abordagem das Formas que venha a enfatizar seu status como individuais, ver Richard D. Mohr, "Formas como Individuals: Unity, Being and Cognition in Plato's Ideal Theory", *Illinois Classical Studies* 11 (1986): pp. 113-128.

presença; em vez disso, tentar descrevê-lo é acionar a perspectiva de estar em sua presença como um objetivo, e como um estímulo para o discurso filosófico, que é o meio de alcançar tal objetivo (cf. a reação de Sócrates em 212b1-4). O que é gerado no cume, pela primeira vez, não está descrito como um tipo de discurso, mas em vez disso, como "verdadeira virtude", que capacita o iniciado a se tornar "amado dos deuses" e "imortal, se é que algum ser humano pode sê-lo" (212a). Também aí a única prole produzida pelo amante em sua ascese, que não é ela própria qualificada como bela, e até o momento, consequentemente, configurando-se alguma insinuação de que ele poderia transferir essa preocupação em si mesma para a beleza da virtude, de maneira explícita se o prevê passando sua vida inteira na contemplação da primeira (211e4-212a2). Em marcado contraste com os Mistérios Menores, aquilo a que a virtude está a equivaler aqui não é algo diferente da visão do Belo por ela gerado. Ou seja: não está claro se essa visão é a causa da virtude ou ocasionada por ela. Em todo caso, mesmo os dois devendo ser distinguidos, o peso emocional do clímax prefere incidir na visão do Belo (210e3-211b5, 211d1-212a2) do que de sua prole. (212a2-7).[47]

Deixe-me agora unir os fios dessa abordagem. Eu disse que somente após ouvir os Mistérios Maiores nós compreenderíamos a advertência de Diotima para ampliar o tópico que diz respeito ao amor específico (o amor de pessoas que "caem de amores" umas pelas outras) para o amor genérico (o amor do bem que motiva todas as ações humanas). Sua garantia revela-se a seguinte: ao descrever o progresso do iniciado, ela conectou a paixão sexual à vida da virtude verdadeira (a busca pelo bem) mediante uma série de passos plausíveis; e, por seu apelo à força motivador da beleza, manteve-se em contato todo o tempo com o como é estar apaixonado. O iniciado se apaixona por renovada beleza em cada estágio. (Era isso que estava falando aos Mistérios Menores). Ademais, ele subsume em sua ascese as formas inferiores de amor, sendo conduzido primeiramente pelo desejo sexual, depois pela ambição pela honra, e finalmente pelo amor ao aprendizado (cf. 211c); desse modo

---

[47] Cf. Bury, *Symposium*, xlvi, e *pace* R. Hackforth, Immortality in Plato's Symposium". *Classical Review* 64 (1950): 44; Neumann, "Diotima's Concept", pp. 42-43.

seu desenvolvimento assemelha-se a um desdobramento natural da maneira pela qual todos optariam por realizar o bem, se tivessem a capacidade para tal (cf. *República* IV, 580d-583b). Admite-se que o que ele tem em comum com o cume é o Belo em si mesmo, não o Bem em si mesmo; e a relação entre o Belo e o Bem, aqui como alhures em Platão, é problemática. Tendo em vista passagens como 201c e *Fedro* 250c-d, digamos que o belo é pensado como a qualidade pela qual o bem brilha e se mostra a si mesmo para nós. Podemos, então, afirmar que a ascese para o Belo em si mesmo vem a ser de fato também uma ascese para o Bem em si mesmo,[48] mas descrita de modo a provocar a cada uma das vezes o que bem nos cativa.[49]

Eu também disse que com o ensinamento de Diotima, Sócrates tomaria vantagem do caráter abstrato da companhia e do odor de má fé que paira sobre o desafio de Fedro e Erixímaco à celebração. Podemos ver agora como o ensinamento de Diotima explora no mais elevado grau a possibilidade convencional de altos princípios do caso de amor homossexual ateniense — a ideia de que a energia erótica abasteceria o desenvolvimento da virtude. (Isso em que pese o fato de que nos Mistérios Menores Diotima, diferentemente dos discursantes do primeiro grupo, encontra um lugar ao pé da ascese pelo desejo sexual em si mesmo como espécie legítima e essencial de amor.) Se tomada desembaraçadamente, a fala de Sócrates é uma abordagem do que o amor pode fazer pela filosofia, em vez de uma abordagem do amor em função de si próprio. Portanto, ao final, ele destaca como sua razão para honrar Éros o fato de que não se encontraria melhor "colaborador" *(synergon)* para a tarefa de adquirir a última possessão (212b2-6) — isto é, a visão do Belo em si mesmo, juntamente com a verdadeira virtude e imortalidade. Mas isso é apenas para dizer que a sua estratégia retórica é uma peça munida do tom da ocasião, com os efeitos que produz sobre os cinco falantes

---

[48] Com isso não se deve afirmar que seus estágios correspondam diretamente àqueles na ascese para o Bem no Livro VII da *República*.
[49] Ver também Leon Robin, *Théorie platonicienne de l'amour* (Paris, 1908), pp. 220-224; Santas, *Plato and Freud*, p. 41; Price, *Love and Friendship*, p. 16; F. C. White," "Love and Beauty in Plato's *Symposium*", *Journal of Hellenic Studies* 109 (1989): pp. 149-157.

anteriores. Fedro e Pausânias tinham descrito o que o amor pode fazer pela virtude masculina, e Erixímaco, o que o amor pode fazer pela investigação científica (por exemplo, 186b2-3, 187e6-8); Ágaton, o que o amor pode fazer pela apreciação da beleza (por exemplo, 196d6-e1, 197b8-9), e mesmo Aristófanes, que a muitos leitores modernos pareceu chegar mais perto de abordar aquilo do que, afinal, trata o amor, proporciona a sua abordagem (conservadora como ele era, quanto à política) como uma moral da história que mostra o que o amor pode fazer pela piedade (193a3-d5).[50] Não que Platão com isso quisesse apresentar Sócrates como falhando em cumprir sua promessa de dizer a verdade acerca do amor (199b).[51] Mas trata-se de uma verdade seletiva, refletindo-se apenas nas facetas do amor que um filósofo acharia mais belas (cf. 198d5-6).

Com o intuito de enfatizar o que a ocasião nos fez perder até agora e o porquê, Platão termina o *Banquete* com uma última fala, não programada — a fala de Alcibíades. O novo conviva faz o festim recuperar o nível de indulgência alcoólica anterior (213e7-214a1), e ele fala sozinho, e embriagado (214c6-8) — sua fala sobre paixão (cf. 222c1-3), abordando o amor em seu tradicional aspecto agridoce (por exemplo, 216b5-c3). Mas isso equivale a dizer que ele trai, deixa entrever estar ele próprio apaixonado, não que ele em si entenda o amor. Na verdade, ele nem mesmo compreende a Sócrates — estando bem clara a sua tentativa de seduzi-lo, especialmente em sua recusa de aprender pelo seu fracasso. Estando apaixonado, Alcibíades é o primeiro falante a louvar o seu objeto de amor — Sócrates, no caso — pelo modo mesmo como Sócrates lhe faz, pessoalmente, sentir (215e1-216c3, 219d3-e3). Ademais, de todas essas impressionantes explorações que ele atribui a seu herói (219e-221c), ao que parece essa ele tem pela mais impressionante de todos (sendo o núcleo emocional e estrutural de seu panegírico) os êxitos de Sócrates em fazê-lo se sentir como ele

---

[50] Sobre Aristófanes cf. Isenberg, *Order of the Discourses*, p. 53.
[51] *Pace*, Ulrich von Wilamowitz-Muellendorff, *Platon*, 2. ed. (Berlin, 1920), pp. 169-176; Neumann, "Diotima's Concept", argumentando que Platão deseja que vejamos Diotima como suspeita, figura sofística. Para uma abordagem que inclua uma investigação completa da produção acadêmica sobre a figura de Diotima, ver David Halperin, "Why is Diotima a Woman", in *One Hundred Years*.

se sente acerca de Sócrates — cativando e humilhando o belo Alcibíades (ver em especial 216a8-b2). Sua é a versão, em uma escala heroica, dos perigos que Apolodoro, mascateando titularidades de sócios ao fã-clube socrático, ilustrou no prólogo no nível da farsa: em vez da sabedoria do amor, ele se apaixona pela sabedoria do amante[52] — exatamente o perigo que Diotima tenta excluir de sua escada do amor, pelo banir de indivíduos do centro de atenção quando o degrau da filosofia tiver sido alcançado. Sócrates bom aluno de Diotima que é, procurou explorar a energia do amor de Alcibíades e canalizá-la para fora de si mesmo e em direção à filosofia (218d6-b2).[53] Mas essa é uma força volátil para se explorar, e a saga das ambições políticas desastrosas de Alcibíades aguarda nas alas desse diálogo com o intuito de atestar a dificuldade da tarefa (cf. 216b5). Talvez também Platão tenha pensado o vale-tudo de Atenas como um obstáculo especial para essa outorga gradual de sabedoria, tal como proposta por Diotima; cf. *República* VI 498a-c). E assim, ao final somos lembrados de que o amor é mais embaraçoso de se louvar do que Fedro havia inicialmente pensado.[54]

---

[52] Cf. o comportamento de Apolodoro no *Fédon* (117d). Que o prólogo enfatize o contar e recontar de conversa entabulada muito tempo antes na casa de Agaton - conversa que assim é mantida corrente no diálogo - surge como ilustração adicional desse perigo.

[53] Cf. Bury, *Symposium*, lx-lxii; Slezák, *Schriftlichkeit*, pp. 262-270.

[54] Alguns estudiosos entendem a fala de Alcibíades não apenas como um suplemento ao que veio antes, mas como uma crítica ou subversão a ela; ver, por exemplo, H. G. Wolz, "Philosophy as Drama: An Approach to Plato's Symposium", *Philosophy and Phenomenological Research* 30 (1969-1970): esp. 349-353; John P. Anton, "The Secret of Plato's Symposium", *Diotima* 2 (1974): pp. 27-47; Michael Gagarin, "Socrates' Hybris and Alcibiades' Failure", *Phoenix* 31 (1977): pp. 22-37; Nussbaum, *Fragility of Goodness*, pp. 165-199; e a análise lacaniana de John Brenkman, "The Other and the One: Psychoanalysis, Reading, the Symposium", in *Literature and Psychoanalysis*, Shoshana Felman, editora (Baltimore, 1982), pp. 396-456, esp. 402, 430-432, 452. (Para uma leitura literariamente consciente da intervenção de Alcibíades, que assume a postura mais tradicional, ver Helen Bacon, "Socrates Crowned", *Virginia Quarterly Review* 35 [1959]: pp. 430-451). Nussbaum mostra-se especialmente impressionada (assim como a maior parte dos leitores em algum nível) pela excentricidade enfática da figura de Sócrates nesse diálogo. Mas essa impressão precisa ser temperada pela consideração do caráter e da relação de Sócrates com aqueles que transmitem as histórias sobre ele: Apolodoro, Aristodemo, Alcibíades.

III

A atmosfera do *Banquete*, até a incursão de Alcibíades (exceção feita às manifestações sonoras de Aristófanes), é formal, elegante, regrada e contida; a do *Fedro* é íntima e dotada de um caráter de improvisação. Já Sócrates se mantém à parte de tudo isso. Com apenas ele e Fedro em um belo cenário pastorar nas cercanias da cidade — e sua presença em tais arredores não era comum (*Fedro* 230c6-e4)[55] —, ele se encontra inspirado por tal ambiência e também pela leitura por Fedro de um discurso sobre o amor feito pelo orador Lísias[56]. Ele se viu influenciado a improvisar uma fala sobre o mesmo tópico, até que de repente a repudiou e passou a improvisar outro discurso, a título de retratação. São falas de duração, fluência, retórica, grandeza e coloratura poética atípica (cf. 238c5-d3, 241e1-5, 257a1-6, c1-2). Não deveríamos esquecer, contudo, que no *Banquete* Sócrates havia sido retratado como igualmente à vontade, independentemente de estar com embriagados ou com sóbrios; *Banquete* 176c3-5, 220a1-5. Dele é característico ser capaz do não característico). O que no *Banquete* se tem apenas após Alcebíades entrar em cena, no *Fedro* encontramos por toda a parte. Então, não deve nos surpreender que o amor no *Fedro* esteja presente em seu tradicional caráter agridoce tradicional, e com vívida ênfase no modo como o amante se sente.[57]

---

[55] Para uma análise do cenário de consulta, por exemplo (vindo em auxílio aos estudos mencionados na nota 3), Anne Lebeck, "The Central Myth of Plato's *Phaedrus*", *Greek Roman and Byzantine Studies* 13 (1972): pp. 280-283; A. Philip, Récurrences thématiques et topologique dans le *Phédre* de Platon", *Revue de Metaphysique et de Morale* 86 (1981): pp. 452-476; Kenneth Dorter, "Imagery and Philosophy in Plato's *Phaedrus*", *Journal of the History of Philosophy* 9 (1971): pp. 280-281.

[56] É questão controversa se isso provém de Lísias ou se é uma paródia platônica. Ver K. J. Dover, *Lysias and the Corpus Lysiacum* (Berkeley, 1968), pp. 69-71.

[57] Ficará evidente que eu leio o *Fedro* mais como transformação de uma faceta diferente do amor à luz da filosofia do que como uma pretensão de propiciar uma complementação necessária ao *Banquete* e, menos ainda, de remediar nele um defeito do qual Platão inicialmente não tinha se revelado ciente (*pace* Santas, *Plato and Freud*, 64; Price, *Love and Friendship*, pp. 55, 86). Não se tem aí uma negação de que o *Fedro* possa, mais do que o *Banquete*, lançar luz mais radiante sobre certos pontos (como proporcionado, por exemplo, por sua análise tripartite da alma, discutida abaixo). Mas a afirmação poderia igualmente

Ser agridoce é proporcionar material para censurar, bem como para louvar (Alcibíades tanto amou como odiou Sócrates pelos sentimentos que este lhe suscitou; *Banquete* 215e-216c). A fala de Lísias e a correspondente primeira fala de Sócrates são falas críticas ao amor. Elas organizam contra o amor a tradicional queixa poética, como quando Anacreonte lamenta o seu golpe de martelo (cf. *Fedro*, 235c). O amante perde os sentidos (231d1-3, 241a2-4); como então pode o garoto que ele ama esperar dele que se comporte de modo outro que não o pouco razoável? O amante é possessivo (232c3-6, 239a7-b3), indiscreto (231e3-232a4), egoísta — preocupado mais com sua própria satisfação do que com o desenvolvimento do garoto (232c-d, 239a, 239e-240a); acima de tudo ele é instável, e ao retornar aos sentidos ele se desfará do garoto sem titubear (231a-d, 232e, 240e8-241b).[58] Isso serve para se ver a loucura do amor de um ponto de vista exterior, o do garoto, do qual não se espera que compartilhe em sua intensidade e de quem se espera, justamente por isso, de modo contrário, achá-lo estranho e desconcertante.

Após uma violenta mudança, contudo (241e-243e), Sócrates, em seu segundo discurso, encontra o bem na loucura do amor (244a6-8). Agora vendo o mundo pelos olhos do amante, cujos sentimentos ele analisa em profundidade (249d-254e), ele faz derivar a qualidade de sacudir a alma da experiência do amante valendo-se de suas origens na visão que coroou os Mistérios Maiores de Diotima, que é a visão do Belo em si mesmo — considerada aqui não como estado de iluminação a que se atingiu apenas após longo período de luta, mas como uma memória de iluminação suscitada pela beleza do garoto (254b), uma memória que age como estimulante potencial àquela busca mais longa (256a7-b7). Quanto mais fresca a memória, menos o amante pensará a indulgência de seu desejo corpóreo pelo garoto como resposta apropriada a ela (250e251a). Assim, não é apenas em sua primeira fala que Sócrates repreende o tipo de amante que permite que seu apetite

---

ser justificada em seu inverso. Se eu nego que Platão esteja para provar uma teoria abrangente do amor, não vejo o *Fedro* como tendo sido escrito para preencher lacunas.
[58] Aqui eu trato duas falas como equivalentes; uma análise mais detalhada revelaria um progresso entre elas - ver os estudos citados na nota 3.

sexual dite o seu comportamento; também em retrospecto, ele reconcilia duas falas como contendo, respectivamente, a condenação apropriada de um tipo inferior de delírio de amor e de louvor apropriado por um tipo superior, "divino" (265e-266a).

Esse contraste pode nos fazer lembrar de algo como o dividir, por Pausânias, do amor "celestial" em relação ao vulgar no *Banquete*. Acaso Sócrates, então, no Fedro, contradiz o ensinamento de Diotima, segundo o qual todo amor é direcionado, em última instância, para o bem? Não, ele não o faz; mas sua abordagem é psicologicamente mais complexa. Diotima discrimina entre nós de acordo com as marcas inferiores e superiores do bem eterno, para as quais há o anseio de cada uma de nossas almas; Sócrates, no *Fedro*, divide a alma em três partes, e avalia a superioridade e a inferioridade do amante individual de acordo com o resultado da luta de poder entre os anseios representados por cada parte. Nenhuma dessas partes — alegoricamente retratadas como um cocheiro e seus dois cavalos (246a) — é um anseio pelo bem como tal.[59] Em vez disso (e como na semelhante tripartição desenvolvida na *República* IV e VIII-IV), aquela parte da alma que deve ter o domínio sobre as outras, o cocheiro, busca sabedoria, ou verdade (uma vez que ele pode, sozinho, ver o reino do ser verdadeiro — das Formas — e alimentar-se de puro conhecimento, 247c); o bem comportado cavalo branco representa o amor à honra e à propriedade (253d6; cf. o nível de aspiração atingido pelos Mistérios Menores); já o violento cavalo preto (253e3), correspondendo ao que, na *República*, é chamado, entre outras coisas, "o amor à vantagem" (por exemplo, em IX 581ª587), representa a simples necessidade de se ter um caminho — limitado, nesse contexto, à necessidade sexual. O cocheiro e o cavalo branco tendem naturalmente a puxar na direção oposta à do cavalo preto, o que os arcará para baixo em sua ascensão para as Formas (pois trata-se de uma carruagem alada) a não ser

---

[59] Contudo, alguns estudiosos argumentam que a parte da alma pertencente à sabedoria do amor é em si o desejo racional pelo que é bom (Charles H. Kahn, "Plato's Theory of Desire", *Review of Metaphysics* 41 [1987]: p. 80), ou consiste de desejos racionais pelo bem em geral (Irwin, *Plato's Moral Theory*, p. 195).

que ele receba um tratamento adequado (247b2-5). Ainda assim, existe uma unidade também para as partes, pois a alma como um todo, antes de cair à terra, foi adornada (251b7), e a natureza dos adornos deve ser nutrida pela verdade (248b5-c2).

Agora, com os termos postos sem alegoria: é somente no nível da pessoa tomada como um todo, e não em suas partes, que o amor como um todo é direcionado, por sua natureza, para o bem. E dizer que a pessoa como um todo é naturalmente orientada para o bem é, de maneira mais precisa, dizer que, em primeiro lugar, o cocheiro de sua alma é naturalmente orientado em direção à sabedoria e à verdade; em segundo lugar, é dizer que o cocheiro é o condutor natural de sua alma (embora não necessariamente o condutor real de sua alma) — tal como o simbolizado por sua presença no assento daquele que dirige o corcel; e em terceiro lugar (corolário do aspecto anterior), quando o cocheiro tem sob seu encargo a alma inteira, ele pode dar o melhor de si, e a pessoa vive a vida boa — isto é, voltada para o bem —, que é a vida do filósofo ou "amante da sabedoria" (256b2-7). (Comparar com *República* IX 586d: as outras partes atingirão suas satisfações "mais verdadeiras" quando seguirem a parte que ama a sabedoria. Isso eu tomo como o que Sócrates pretende ao descrever os adornos da alma como um todo conforme nutrida pela verdade).

Existe, de fato, um sentido mais simples no qual Platão acredita que somos todos naturalmente orientados para o bem: precisamente, que olhamos todos para nosso benefício último. (Foi esse, na verdade, o ensinamento de Diotima no *Banquete* 205d10-206a1; cf. *República* VI 505d-e). Mas a análise tripartite — em particular o fato de que o amor à sabedoria é nosso condutor *natural* — revela o sentido mais profundo pelo qual aqueles sobre os quais o cocheiro carece de autoridade permanecem, como pessoas, amantes do bem, não menos do que aqueles sobre os quais ele exerce o domínio. Não é apenas o que eles continuam a buscar que eles (equivocadamente) pensam que os beneficiarão. Em vez disso — e a esse respeito, Platão argumenta em mais pormenores na *República* —, a autoridade natural da parte amante da sabedoria continua a se fazer sentir, ainda que derrotada, no miserável vazio de suas vidas. Vivem com o caráter torto (embora não pudessem reconhecê-lo como tal) dos que negam sua própria natureza — sua natureza como amantes do bem.[60]

A análise tripartite da alma no *Fedro* também permite uma apreciação mais exata — se comparada à que se tem no *Banquete* — de como é o apaixonar-se, e do motivo pelo qual esse sentimento deveria despertar a aspiração à vida filosófica. Assim como no *Banquete*, amantes são aprovados por aqueles que não se deixam atrair simplesmente pela beleza do corpo do amado, mas buscam também moldar seu caráter (*Fedro* 250e-251a, 252c-253c); diferentemente do que se tem no *Banquete*, Sócrates leva-nos até a cena de tal comportamento modesto e respeitoso do amante para com seu garoto (254e8-255a1), e o espetáculo que ele nos revela no interior da alma do amante é uma luta das mais encarniçadas (253d-254e). O cocheiro inicia tentando persuadir o cavalo preto, que se pudesse seguir seu caminho, conduziria o amante a fazer algo "chocante e desleal" (254b1; isto é, desferir um ataque sexual ao garoto),[61] mas termina com pernas e ancas de encontro ao chão, o condutor tendo-lhe feito escorrer sangue da língua e da queixada, não apenas uma vez, mas repetidas vezes. Passemos em revista mais detidamente essa evolução da persuasão interna para a violência interna, já que ela está no âmago do que o *Fedro* tem a dizer sobre o amor. É crucial que o cocheiro perca a luta quando argumenta (pois ele cede aos empuxos do cavalo e avança em direção ao garoto, 254b3-4), e vença quando for violento (puxando as rédeas, apavorado, tendo diante dos olhos a visão fulgurante do amado, que lhe recorda a primeira visão da Beleza; 254b5-c3). A diferença de resultado é explicada por uma diferença de motivação. Enquanto as partes da alma estão argumentando, nenhuma distinção é feita entre o cocheiro e o nobre cavalo branco, que compartilha movimento e reação: ele se enraivece com o cavalo preto, por este lhe puxar em direção a um feito ilegal (254a7-b3).[62] No entanto, sabemos da narrativa anterior, sobre a queda das almas, que somente o cocheiro viu algo das Formas; nenhum dos cavalos

---

[60] Cf. nota 14.
[61] Dover, *Greek Homosexuality*, p. 44.
[62] Esse ponto é reforçado no texto grego pelo seu uso do número dual para descrever suas reações.

(nem mesmo nas melhores almas) conseguiu apreender o lugar que está para além (248a1-5). De modo que, muito embora todas as três categorias na alegoria apreendem o olhar dardejante do garoto, só no cocheiro ele rescende, como faísca, uma visão das Formas.

O que testemunhamos no momento é o cocheiro vindo por si só. Quando argumentamos, a atenção emocional do cocheiro estava a dirigir seu foco no que se pode chamar de política interna: estabelecer a ordem correta na parelha. Mas quando ele vem para fazer lembrar a Beleza em si mesma, sua atenção emocional é varrida pelo objeto dessa memória privada, e ele de fato esquece sobre a sua parelha. É por isso que a sua violência contra eles não é (como a tentativa de persuadir o cavalo preto *é*) um ato proposital de controle. Se tivesse sido, ele poderia ter pensado em usar o mais da força somente sobre o cavalo preto, caprichoso, e não igualmente sobre o cavalo obediente (254c1-2). Em vez disso, ele puxa as rédeas, pois se vê compelido pela reverência ante a súbita visão das Formas (254b7-c1); seus sentimentos como amante das Formas deixam-no sem opção governadora. Em ambos os casos, a resistência do cocheiro às demandas do cavalo preto (pelo menos enquanto a resistência o segura) corresponde ao mesmo comportamento exterior do amante: qual seja o autocontrole. A diferença reside na motivação. A motivação do cocheiro e do cavalo branco, quando juntos, é o desejo de fazer o que compraz à lei; manter-se nos limites da conveniência social. Mesmo quando o cocheiro parte em companhia do cavalo nobre, o sentido de estar dentro de limites não se esvai de seus pensamentos, pois ele tem uma visão que não se restringe à beleza, mas que é da beleza juntamente com a Moderação (254b6-7). Porém isso em um sentido diferente. Ele vê a Beleza "de seu pedestal sagrado" (254b7). Os limites incluídos nessa visão, portanto, são os limites não da lei, mas do sagrado. E o ato de avançar e direção ao garoto são evitados, não como algo socialmente proibido, mas como algo simplesmente inconcebível — uma violação de tudo o que realmente importa.[63] Nada na alma pode fazer o cocheiro resistir ao cocheiro

---

[63] Cf. Price, *Love and Friendship*, p. 81.

no momento de realização. Mas, ao debater a conveniência com o cavalo preto, ele não é sincero quanto à plenitude de sua motivação, e com isso ele falha em afirmar a si mesmo.

Esse desenvolvimento explica o que de outro modo poderia parecer estranho: que muito embora o efeito imediato da apreensão do cocheiro seja evitar um ultraje de convenção e lei, o comportamento a que ele conduzirá — como sabemos pela descrição anterior da patacoada do amante no mundo social — poderá ser tudo, menos convencional. O amante, como vemos, por consideração ao amado, "desdenhará das convenções" e requintes do que previamente fizemos uma demonstração (252a4-5); ele renunciará à família, aos amigos e a riquezas com o intuito de estar com o seu amor. E esse comportamento faz sentido quando visto como resultado da mudança de foco do cocheiro em detrimento do cavalo preto. Em termos não alegóricos, isso representaria alguém inclinado a agir de um modo que seria próprio a outro mundo, como se não estivesse atrelado a uma existência social e limitada pelo tempo; pronto a jogar tudo o mais para o alto, em consideração a seu amor.[64] Porém, essa é uma inclinação comum ao amante verdadeiro e ao filósofo verdadeiro — e o é de maneira notória. Sócrates põe numa garrafa dois clichês — a insanidade temporária do amante apaixonado e a desesperançada ausência de caráter prático por parte de filósofos[65] — e como que os chacoalha num coquetel, com muita força, fazendo-os espumar. Em termos puros e simples, é por esse aspecto que o amor faz de nós todos filósofos.

Mas apenas por alguns instantes. Não é como se a memória, pelo amante, do Belo em si mesmo, de algum modo o transportasse sem esforço para o cume da ascensão do iniciado nos Mistérios Maiores de Diotima. A experiência descrita por Sócrates, de fazer tremer a alma, ainda que não seja para todos (sendo limitada aos que têm uma visão plena das Formas ao desencarnar,

---

[64] Atesto minha dívida para com Myles Burnyeat, "The Passion of Reason in Plato's Phaedrus" (manuscrito não publicado), pela conexão de pensamentos aqui apresentada.
[65] Para o primeiro, ver, por exemplo, nos poetas, Carson, *Eros the Bittersweet*, 7-8; em outra passagem de Platão, *Banquete*, 183a-b, *República* I 329d1. Para o último, ver *Fedro*, 269e3-270a8 (com Diógenes Laércio, II.6), *República* 516e-517a, *Teeteto* 173-176a.

de modo que não se apressam a consumar seu desejo sexual, mas se contêm em reverência; 250e-251a) é, não obstante, muito mais do que apenas tipos filosóficos.⁶⁶ O amante "inspirado" (255b6), não obstante o fato de que a visão inicial de seu cocheiro transcende o motivo da reputação social, é apenas algo que terminará provavelmente levando com seu amado uma vida que é meramente honrada, em vez de ser uma vida propriamente filosófica (256a-e). A inspiração do amor abre um caminho potencial, mas não garante que ele será seguido; menos ainda ela garante que fará o percurso.⁶⁷ Aprendemos que eles, a exemplo de outros gêneros de amantes inspirados, em seu desenvolvimento mesmo será instado por sua preocupação em educar o amado e fazer aflorar o caráter que eles sentem compartilhar com os respectivos amantes (252e-253c). Mas os dois amantes da honra, de membros aqui descritos como prometidos um ao outro e como tendo recuperado juntos as asas da alma com vistas ao amor (256d-e). O par filosófico, que jamais consuma seu desejo sexual,⁶⁸ vivendo uma vida "sempre na mente" (*homonoētikon*), mas uma mente posicionada em seus remanescentes sempre em controle deles próprios e na recuperação de suas asas, tendo em vista o bem que a espera numa outra vida (a visão das

---

⁶⁶ *Pace* Thompson, *Phaedrus*, ad 249e; e Griswold, *Self-Knowledge*, p. 124, que toma Sócrates como estando a restringir o amor inspirado em tipos filosóficos. Hackforth vacila (*Phaedrus*, 101). Em Ferrari, *Listening to the Cicadas*, cap. 6. Eu próprio confundi a questão usando o termo "amante filosófico" em vez de "amante inspirado".

⁶⁷ Discordo aqui daqueles estudiosos que acreditam que Sócrates proporciona alguns instantâneos de sua vida juntamente com sua última descrição da relação entre o dialético e seu pupilo (por exemplo, Hackforth, *Phaedrus*, 164; Griswold, *Self-Knowledge*, 130; e cf. Elizabeth Asmis, "Psychagogia in Plato's Phaedrus". *Illinois Classical Studies* 11 [1986]: p. 164). Ver Ferrari, *Listening to the Cicadas*, 230 e nota 71, a seguir.

⁶⁸ Acaso a sua experiência, por essa razão, seria comparável a uma sublimação "freudiana" da energia sexual? Francis M. Cornford, "The Doctrine of Eros in Plato's Symposium", in *Plato*, Gregory Vlastos, editor (Garden City, N.Y.: 1971), 2: pp. 128-129, observa um importante contraste. Uma vez que a sublimação em Freud é o desvio de instintos originalmente sexuais em um objetivo novo e não sexual, em Platão "a energia de automovimento da alma humana reside propriamente em sua parte mais elevada", de modo que "sublimação" nesse caso não seria simplesmente um desvio de energia, mas um retorno dela para a sua fonte. Ver também Santas, *Plato and Freud*, pp. 169-172; Anthony W. Price, "Plato and Freud", in *The Person and the Human Mind: Issues in Ancient and Modern Philosophy*, Christopher Hill, editor (Oxford, 1990), pp. 244-252.

Formas) em vez de em consideração ao amor (256b). Sócrates, então, não está tão preocupado no *Fedro* como estava no *Banquete* em responder a nossas questões sobre a vida do par filosófico à medida que ele se desenvolve.[69] Pois no *Banquete*, o desenrolar que ele testemunhou foi o do amante filosófico tomado solitariamente; no *Fedro*, o foco esteve mais nos inícios do amor entre filósofos do que em seu desenrolar.

Por essa razão, também, o lugar da Beleza nos dois diálogos é diferente. O iniciado de Diotima vê Beleza apenas em si mesma; ele vê, conforme eu sugeri, que existe tal coisa como Beleza, independentemente do que achamos belo. A experiência do amante inspirado no *Fedro*, em compensação, envolve o transportar na memória entre a beleza corpórea do garoto e a Beleza em si mesma. É ser despertado por um exemplar de Beleza para a convicção de que existe tal coisa como a Beleza. (Também o garoto chega a ter essa experiência, vendo a face do amante transformada pelo amor, tornada bela pela visão da beleza; 255b7-d3).[70] Essa é uma convicção disponível a todos os românticos, não apenas filósofos. Daí a afirmação de Sócrates em 250d: As imagens da Beleza brilham como as mais reluzentes dentre todas as imagens das Formas em nosso mundo. E quando aquela imagem da Beleza é humana (em contraste com a reação de Sócrates à beleza da paisagem, 230b2-c5), é também possível nela ver uma imagem em si mesma — como fazem ambos, amante e garoto, em vários graus de consciência (252d5-253c2, 255d3-d6). O que acontece em seguida dependerá do tipo de si mesmo que será visto. Somente o filósofo, para quem a autoinvestigação é de suprema importância (229e-230a), apreenderá na imagem da Beleza um si mesmo que não apenas reflete a Beleza, mas que é capaz de refletir-se nela.

---

[69] O "Individual as Object", de Vlastos, contudo, suscitou resposta considerável a esse tópico. Ver, por exemplo, L. A. Kosman, "Platonic Love", in *Facets of Plato's Philosophy*, W. H. Werkmeister, editor (Assen, 1976), pp. 53-64; *Fragility of Goodness*, pp. 166-167; Ferrari, *Listening to the Cicadas*, pp. 182-184; Price, *Love and Friendship*, pp. 10-12, 97-102. (Para bibliografia complementar ver Halperin, "Platonic Eros", n. 13).

[70] Sobre a mutualidade desse amor, ver David Halperin, "Plato and Erotic Reciprocity", *Classical Antiquity* 5 (1986): pp. 60-80.

Tendo em mente esses contrastes entre os dois diálogos, devemos nos poupar da tentativa de situar o amante inspirado do *Fedro* em algum ponto preciso na ascese empreendida pelo iniciado de Diotima.[71] Diotima lida separadamente com amantes da honra e amantes da sabedoria, nos Mistérios Maiores e Menores; Sócrates, no *Fédon*, mescla-os na figura do amante inspirado. Essa é a evidência adicional de que Platão não está preocupado em propor uma teoria abrangente e unificada do amor — se de algum modo fosse necessário que, ademais, alguém fizesse o caminho em que vemos o

---

[71] Eu sugiro, contudo (e aqui complemento e modifico a abordagem que faço dessas questões em Ferrari, *Listening to the Cicadas*, caps. 1 e 7), que o deslocamento de atenção que encontramos para conduzir tal ascese de fato corresponde a algo no *Fedro* - mas corresponde, sim, à sua estrutura geral como diálogo, em detrimento do que Sócrates diz especificamente sobre o amor. Com efeito, a ação do *Fedro* nos proporciona uma imagem daquele mecanismo de deslocamento (embora já não uma exemplificação, pois Sócrates e Fedro são ali representados como apaixonados - ver, por exemplo, 234d, 243e). Um interesse na fala de Lísias (exercício de estilo) é sobrepujado, na segunda fala de Sócrates, por um interesse pelo belo tópico, o amor (257a3-4), pela via de sua primeira fala intermediária, que tem origem no belo (a amável locação, 230b, 238d, e a fala de Lísias como refletida na face radiante de Fedro, 234d, 237a9) para uma fala que fundamentalmente se pretende "sedução" de Fedro (237a10-b1). Tendo mudado o seu foco da fala induzida pela beleza à beleza da qual se fala, na segunda parte do diálogo Sócrates volta a sua atenção para a beleza no falar (258d), com seu exame da arte da retórica. Nos Mistérios Maiores, compare-se a ascese partindo do nível de práticas e falas morais voltadas a indivíduos àquelas de tipos de conhecimento, considerados abstratamente. (De modo que aqui passamos de uma fala moralmente edificante, endereçada a um belo garoto - como já o fora ao predecessor - de maneira ostensiva (ver 256e3-257a2) - a uma investigação que se volta a um ramo do conhecimento, o conhecimento do falar, conduzido por um procedimento de perguntas-e-respostas, como convém à filosofia.) E revelar-se-á que o motor de desenvolvimento para um verdadeiro retórico é o mesmo que o do amante filosófico no *Banquete* - precisamente, o seu ser dizendo mais respeito ao seu tópico do que ao seu uso sedutor (273e8-274a2, 278a5-b2). Possivelmente, então, a proposta antiga estava certa: O *Fedro* diz respeito "ao belo em suas variadas formas" (Iâmblico, citado e desenvolvido por Hermias, *Hermiae Alexandrini in Platonis Phaedrum Scholia*, Paul Couvreur, editor [Hildesheim, 1971] pp. 8-11). Mas a questão é altamente controversa. Além dos estudos mencionados na nota 3, deve-se consultar, por exemplo, C. J. Rowe, "The Argument and Structure of Plato's *Phaedrus*", *Proceedings of the Cambridge Philological Society* 212 (1986): pp. 106-125; Malcolm Heath, "The Unity of Plato's *Phaedrus*." *Oxford Studies in Ancient Philosophy* 7 (1989): pp. 151-174; e Asmis "*Psychagogia*".

amor ser abordado (isto é, explorado) nos dois diálogos. Em ambos os casos, Platão toma uma dos clichês do amor e o transforma em sua vantagem metafísica. No *Banquete*, o clichê é "amor promove a virtude". No *Fedro* é "amor é selvagem". Dessa fonte advém as diferenças entre os dois diálogos, suas limitações e suas realizações.

9 A epistemologia metafísica de Platão

NICHOLAS P. WHITE

Sou imensamente grato a Richart Kraut, por seus comentários extremamente úteis ao que foi um primeiro esboço deste artigo.

I

Durante algum tempo, filósofos pensaram epistemologia e metafísica como ramos diferentes na filosofia, que investigavam, respectivamente, o que pode ser conhecido e as propriedades básicas e a natureza do que existe. No entanto, aqui é difícil visualizar qualquer fronteira legítima. As questões se sobrepõem irresistivelmente. Está claro que em Platão não existe tal divisão. Suas concepções sobre o que existe são amplamente controladas por ideias sobre como se pode dar conta do conhecimento, e seu pensar sobre o que o conhecimento é assume seu caráter de convicções sobre o que, de existente, é passível de ser conhecido. Como resultado, suas doutrinas têm um formato diferente das caracteristicamente modernas.

Alguns dentre os primeiros escritos platônicos apresentam um aspecto um tanto moderno. Sócrates se fez notório por ter questionado se sabíamos muito de alguma coisa e por tornar as pessoas hesitantes acerca de suas próprias opiniões (*Mênon* 80c, 86b-c). Platão explora justamente esse lado do pensamento socrático. O homônimo do *Eutífron* julga ser *pia* uma ação como essa. Sócrates se pergunta se Eutífron deve ser confiante acerca desse juízo, e procura fazer com que seja menos confiante. Em outra obra, Sócrates levanta questões sobre seus próprios juízos sobre quais coisas são belas (*Hípias Maior*, 286c). Tais questões parecem sugerir uma política disseminada do duvidar, que nos lembra Descartes ou diversos programas do ceticismo antigo. Nos esforços de Sócrates em sobrepujar a ignorância (*Mênon*, 86b-c), podemos ver um projeto de justificação de crenças como o que é tão característico de epistemologias contemporâneas.

Porém, o pensamento de Platão se move em uma direção diferente, e também começa de um lugar diferente. Questões dizendo respeito a juízos de Eutífron sobre o que é pio, e de juízos de Sócrates sobre o que é belo, surgem de uma fonte muito específica, diferente das fontes do ceticismo em suas formas antigas e modernas. Enfatiza-se que o juízo feito por Eutífron — para quem é pio processar o pai por assassinato — pode parecer horrível para a maior parte das pessoas. Mas Platão não infere simplesmente que as capacidades de Eutífron de julgar tais questões sejam falíveis. Ele focaliza uma questão particular: a questão sobre se Eutífron sabe *o que é a piedade*. A sugestão não expressa é a de que a disputa entre Eutífron e seus críticos deve-se simplesmente a um desacordo sobre tal questão e a uma incapacidade de corretamente solucioná-la. Em todo caso, Platão imediatamente torna a tentar resolver o problema, dando uma definição de piedade.

Um epistemólogo moderno estaria preocupado com a base de nosso conceito de piedade, mas ele também estaria preocupado com outras fontes de incerteza e desacordo sobre quais ações são *pias*. Se pensarmos que a piedade foi uma propriedade objetiva, como Platão evidentemente faz (*Eutífron* 10d-11b), podemos bem pensar que mesmo se estivermos completamente certos do que ela é, podemos ainda, por deficiências em nossos poderes de cognição, cometer erros e incorrer em desacordos sobre quais coisas a possuem. Quando Descartes teve dúvida sobre se estava sendo queimado pelo fogo, não manteve seu foco na questão sobre se ele compreendia o que era um fogo ou o que era ser queimado por um fogo.

Assim, muito embora Platão levante questões semelhantes àquelas que agora fazemos sobre a justificação de crenças, suas questões o fazem buscar definições, e não combater qualquer tipo de ceticismo geral. O problema inicial é "se alguma coisa é F", mas a questão rapidamente se torna "o que é a qualidade de ser F"?

Questões do tipo "o que é a qualidade de ser *F*"? são desencadeadas por outras questões para além daquelas sobre que coisas são *F*. É notável que existam juízos causais ou quase causais sobre como uma coisa vem a ser *F*. No *Protágoras* e no *Mênon*, versa-se sobre como se vem a ser virtuoso, e no *Laques* (189e-190c), sobre como alguém se torna corajoso. Existem, pois, juízos sobre o que resulta de ser *F*. N*a República* I, a questão é sobre se é justo ser benéfico. Platão insiste que para fazer esses juízos temos de saber qual a qualidade de ser *F* (*Protágoras* 360e-361e; *Mênon* 71b, 100b-c; *Laques* 189e-190c; *República* 354a-b). Assim, muito embora a sua busca por definições *(logoi)* seja parcialmente estimulada por questões semelhantes às questões epistemológicas modernas, essas outras questões quase causais são pelo menos quase tão importantes pelo seu dom de suscitá-las.

Uma vez iniciada a busca por definições, problemas acerca das entidades com as quais elas lidam, e nossos juízos envolvendo-as, dominam o pensar de Platão sobre, juntas, metafísica e epistemologia. A busca por definições tomada em si mesma se tona menos importante em seus trabalhos do período intermediário do que o era nos primeiros. No *Fédon* ela quase não está presente, e na verdade ele talvez anuncie ali que tal questão já não ocupa o mesmo lugar em seu método.[1] Ao final da *República I* ele afirma que, para dizer se é benéfico àquele que possui a definição, temos de saber o que a justiça é (354a-b). Na sequência ele nos proporciona uma abordagem da justiça na cidade (433a-d) e na alma (441d-442b) e faz uso dessas abordagens para mostrar que a justiça é de fato benéfica (ver esp. 580b-c). Por outro lado, ele se resguarda de enunciar uma definição plenamente geral de justiça, e sustenta explicitamente que a abordagem de justiça em uma ação é distinta da abordagem de justiça em uma alma ou cidade — ainda que uma e outra estejam relacionadas (443e-444a). Ademais o seu modo de chegar a sua descrição de justiça psíquica e cívica é diferente de seu procedimento nos diálogos iniciais, o qual devia apresentar definições propostas e testá-las diante de contraexemplos e outras objeções.

---

[1] Ver Gareth B. Matthews e Thomas A. Blackson, "Causes in the *Phaedo*", *Synthèse* 79 (1989): pp. 59-91.

Com isso, a história da metafísica e epistemologia de Platão em seus trabalhos intermediários já não é a história de suas concepções sobre definições. Isso não equivale a dizer que ele havia parado de acreditar na possibilidade ou desejabilidade de estabelecê-las. A *República*, diz o filósofo e dialético, é a pessoa que pode produzir o *logos* do ser de cada coisa (*ton logon hekastou... tēs ousias*, 534b). Por outro lado, propor e testar definições é algo que simplesmente não tem o mesmo papel crucial em seu método em comparação ao que tinha antes.

Uma parte central, contudo, é desempenhada pela sua concepção da existência de entidades que, a título de padrão, vieram a ser chamadas Formas, *eidē* (e são também chamadas Ideias, *ideai*, muito embora não sejam entidades mentais, contrariamente ao que sugere a palavra inglesa "idea"). Essas entidades figuram de maneira proeminente no *Fédon*, no *Banquete* e na *República* — estas as obras que primordialmente devo abordar aqui — juntamente com o *Hípias Maior* e o *Timeu* (acredito que estes também defendam em essência a mesma posição).[2] Na verdade eu sustentaria que, fundamentalmente as mesmas concepções são defendidas em outros trabalhos de Platão após a *República*, sobretudo o *Teeteto*, o *Sofista*, o *Parmênides* e o *Filebo*, embora aí ele esteja a propor esclarecimentos e alguns ajustes a essa posição básica. Não acredito que ele dê a suas concepções algo que se assemelhe a um caráter de exame geral.

As Formas são centrais à metafísica e epistemologia de Platão. Assim é a distinção entre elas e os objetos de percepção no mundo natural que nos cerca. O contraste entre esses dois tipos de entidades encontra-se implicado

---

[2] Não vejo boas razões para não considerar o *Hípias Maior* como autêntico e como estando a refletir as concepções de Platão ao tempo do *Fédon*. Ver Paul Woodruff, Plato: *Hípias Major* (Indianapolis, 1982), esp. 161-180. Também concordo com a datação tradicional do *Timeu* como obra tardia e com a concepção segundo a qual ele esposa aí as mesmas concepções epistemológicas e metafísicas dos trabalhos intermediários. Para algumas considerações dizendo a respeito de seus dados relativos, ver Ian Mueller, "Joan Kung's Reading of Plato's Timaeus", in *Nature, Knowledge and Virtue: Essays in Memory of Joan Kung*, Terry Penner e Richar Kraut, editores, *Apeiron* 22 (1989): pp. 1-27; e William J. Prior, *Unity and Development in Plato's Metaphysics* (London, 1985), pp. 168-193.

em suas principais teses sobre o que existe e o que pode ser conhecido. Uma vez que esse contraste é esboçado em termos tanto do estatuto metafísico como do epistemológico de cada tipo de entidade, suas concepções acerca de Formas e coisas perceptíveis incidem simultaneamente tanto sob a metafísica como sob a epistemologia.

II

Uma boa maneira de organizar o pensamento acerca das concepções de Platão é começar por aquele que é o seu único argumento realmente explícito para o caráter distinto entre Formas e objetos perceptíveis, que se encontra no *Fédon* 74b-c.[3] Esse argumento contém duas premissas, uma sobre a igualdade e a outra sobre coisas perceptíveis como bastões e pedras. Cada premissa formula um fato crucial — segundo o modo como Platão vê as questões — versando sobre Formas e perceptíveis, respectivamente. Seguindo as linhas de pensamento sugeridas pelas duas premissas, podemos obter uma concepção sinóptica de suas ideias sobre Formas, perceptíveis e as diferenças entre elas.

A primeira premissa diz respeito a objetos perceptíveis:

(A) Bastões e pedras iguais, por vezes, sendo os mesmos, parecem iguais para uma pessoa e não para outra.

Tal como compreendo Platão, aqui ele faz alusão a fatos familiares sobre a perspectiva perceptual, em particular o fato de que um par de objetos iguais parecerá igual a uma pessoa que o vê de um ponto de vista e desigual para alguém que o vê de outro lugar.

---

[3] A interpretação desse argumento a ser dada aqui é defendida mais plenamente em meu "Forms and Sensibles: *Phaedo* 74B-C", *Philosophical Topics* 15 (1987): pp. 197-214.

A outra premissa diz respeito à qualidade como por nós comumente pensada. Platão argumenta que tal se revela uma Forma distinta de objetos perceptíveis:

(A) Os iguais em si mesmos (*auta ta isa*) jamais lhe apareceram desiguais, nem a igualdade desigualdade. (*isotēs*)

Platão toma (A) e (B) conjuntamente para mostrar que a igualdade é distinta de quaisquer coisas iguais perceptíveis. Se igualdade fosse simplesmente coisas perceptíveis que são iguais, assume Platão, então pensar a desigualdade só poderia ser percebê-las.[4] Mas por (A), iguais perceptíveis podem parecer desiguais. Agora, se a igualdade fosse simplesmente iguais perceptíveis, então a desigualdade seria, de modo semelhante, desiguais perceptíveis. Nesse caso, a igualdade eventualmente se pareceria com a desigualdade, uma vez que quaisquer objetos iguais perceptíveis devem parecer desiguais em algumas circunstâncias. Mas por (B), a igualdade jamais aparece de tal modo.

Ao contemplarmos esse argumento, deve-se ter em mente um conjunto de considerações. Primeiramente, o argumento é expressamente direcionado a alguém que não concorda que a igualdade seja distinta dos perceptíveis, mas que pensa, que, em certo sentido, a igualdade é ou "nada mais é do que" coisas iguais perceptíveis.[5] Ora tal pessoa está disposta a assumir que a igualdade não existe ou "é algo" (*Fedro* 64c, 65d) e que a palavra "igualdade" é o "nome" dela (102a-b, c). Um oponente mais duro, é claro, teria dito que de modo algum existe coisa como a igualdade, e sim apenas coisas iguais perceptíveis, e que a palavra "igualdade" em si não designa nada. Ocorre que o oponente real de Platão é mais brando. Ele permite a Platão a palavra "igualdade" como designação (em um sentido amplo) de alguma coisa, e

---

[4] Essa pressuposição suscita questões difíceis, que não podem ser plenamente tratadas aqui. Em resumo, o problema é que Platão tacitamente exclui a possibilidade de que se não existir tal entidade não perceptível como a igualdade, "o pensar da igualdade" pode consistir em algo outro que não a mera percepção de objetos perceptíveis iguais. Para um breve debate a respeito, ver nota 32.

[5] Por esse meio de caracterizar a concepção dos oponentes que Platão tem em vista, ver Terry Penner, *The Ascent From Nominalism* (Dordrecht, 1987), pp. 54, 60, 95-121.

disputa com ele somente se "igualdade" designa coisa ou coisas perceptíveis, ou algo distinto delas.

A segunda consideração a se ter em mente é que, em razão de o oponente de Platão começar desacreditando que a igualdade seja uma coisa não perceptível, sua aceitação inicial de (B) supostamente reflete um juízo ingênuo envolvendo o termo "igualdade" tal como comumente usado, e não um uso do termo carregado de elementos da própria doutrina metafísica de Platão. O mesmo vale para o outro termo a que Platão recorre aqui para essa entidade, "os iguais em si mesmos". Muito embora o fato de o uso por Platão de "igualdade" e dos "iguais em si mesmos" ser intercambiável revelando algo a respeito de sua doutrina, como vemos (seções VII e XI), o argumento por si não pretende comprometer alguém a aceitá-lo como teoria filosófica sofisticada, devendo-se tomá-lo apenas por um enunciado relativamente ingênuo sobre a igualdade, isto é, segundo o qual não se trata de qualquer coisa perceptível.

Considere a premissa (A), a mais fácil de compreender e aceitar. Objetos perceptíveis, pensa Platão, são invariavelmente capazes de apresentar aparências contrárias (cf. seções III e IV). Encontram-se necessariamente incrustados em um mundo que os permite perceptíveis de diferentes perspectivas. Diferenças entre essas perspectivas inevitavelmente fazem com que um objeto perceptível possa aparecer de um modo e do modo contrário, em alguns casos simultaneamente (*República* 523b-c, 524d-525a). Platão não se compromete a dizer aqui que esse ponto se mantém para todos os predicados, porém ele não isenta quaisquer predicados.[6]

---

[6] Existem muitos problemas sobre, precisamente, os predicados de que Platão se apropria para corresponder às Formas. Por exemplo, alguns intérpretes pensam que, pelo menos em seus períodos inicial-intermediários existem Formas correspondendo somente a certos predicados. Para uma versão principal dessa interpretação, ver G. E. L. Owen, "*A Proof in the Peri Ideōn*", *Journal of Hellenic Studies* 77 (1957): pp. 103-111. Parmênides 130b-e é algo tomado como evidência para tal interpretação. Creio que a passagem deve ser explicada de outro modo, e que a evidência seja fraca em vista do fato de que em trabalhos anteriores Platão não menciona tal restrição. (Uma leitura equivocada da *República* 523ª-525 eventualmente é usada para vir em apoio à alegação de que Platão ali não endossa a restrição. Platão diz que existem alguns predicados que parecem se

A premissa (B) parece já bem mais problemática. Para Platão, quando uma pessoa pensa em igualdade, a ela não deve parecer que está pensando em desigualdade. Platão acredita, ademais, que esse seja um aspecto da coisa, a igualdade, em si mesma: isto é, quando pensada a aparência de desigualdade na incapacidade de apresentar certo tipo de aparência.

Contudo, surge a objeção segundo a qual o modo como um objeto aparece não é um aspecto do objeto, mas do modo pelo qual ele é pensado, sobretudo dos termos pelos quais ele é designado e trazido, por assim dizer, ao pensamento. Se a igualdade pode ser referida como "o segundo conceito político menos favorito de Platão", e se alguém vier a usar essa frase na crença equivocada de que o segundo conceito político menos favorito de Platão seria a desigualdade, então, pode-se argumentar que tal pessoa estaria usando a frase para pensar sobre o que de fato é a igualdade, tomando-a, não obstante, por desigualdade. Se o que tal objeto "parece" ser é uma função do modo pelo qual ele é pensado, podendo ser livremente pensados por meio de designações que refletem falsas identificações, então nenhum objeto é impassível de equívoco no modo como Platão aqui argumenta que a igualdade é.

Sendo assim, podemos supor que para Platão não só qualquer meio de fazer referência a uma coisa conta como relevante para (B). O caso construído no parágrafo anterior não contaria como igualdade "parecendo" ser desigualdade. Isso, talvez, porque em tal caso a igualdade não seja sentida como de algum modo "aparecendo" *(phainesthai)* à pessoa que esteja pensando sobre ela. Em todo caso, quando a igualdade autenticamente "aparece" a alguém, pensa Platão, ela é incapaz de apresentar a aparência da desigualdade.

Existe uma razão pela qual Platão não foi dissuadido pela objeção de que o modo como a igualdade aparece é dependente do modo pelo qual ela é trazida ao pensamento de alguém. A razão para tal é que o mesmo não parece se sustentar para objetos perceptíveis. Esse fato, pensava ele, mostra que os perceptíveis são

---

aplicar aos mesmos objetos simultaneamente perceptíveis, e que esses predicados são os mais aptos a suscitar a percepção de que as Formas são distintas dos perceptíveis. Alguns intérpretes, a começar por Owen, confundem essa ilação pela sugestão, já bem diferente, de que apenas tais predicados têm Formas que lhes correspondam).

enganosos por natureza , de um modo como entidades do tipo da igualdade não são.[7] Mesmo quando referente a coisas iguais perceptíveis, acredita-se serem coisas iguais, sendo introduzidas no juízo de alguém como, digamos, "aqueles bastões iguais ali", a tendência, dos bastões, de parecerem iguais de perspectivas oblíquas é em geral não diminuída (ver *República* 602e-603a, onde esse mesmo ponto é transmitido por um exemplo diferente). Em alguns casos a crença em que sejam iguais fará uma pessoa ajustar seu pensamento instantaneamente à perspectiva oblíqua e assim vê-los como iguais, assim como se toma um tampo de mesa circular visto de um ângulo oblíquo como sendo, em certo sentido, de aparência circular. Por outro lado, uma pessoa pode facilmente ignorar esse ajuste e perceber que, em outro sentido, de muitos pontos de vista eles parecem desiguais, e o tampo de mesa, elíptico. Poder-se-ia argumentar que nada como isso é verdadeiro acerca de igualdade ou circularidade. Se alguém introduz no pensamento de um indivíduo um item como igualdade, parece impossível pensar em algum modo pelo qual ele apareça como desigualdade.

O oponente de Platão não ficará nem um pouco impressionado. Ele argumentará que alguma coisa outra que não a igualdade pode ainda ser introduzida no pensamento de um indivíduo por meio da crença equivocada de que é desigualdade, de modo que a desigualdade será intrinsicamente menos potencialmente "enganadora" do que são os perceptíveis. E ele dirá que o que impossibilita tomar algo introduzido nos pensamentos de alguém "como igualdade" ser desigualdade não é a natureza do objeto em si mesma, mas um aspecto do termo pelo qual ele foi introduzido. Não tentarei aqui determinar se essa réplica deixa a Platão algum campo para defender que existe uma diferença entre coisas perceptíveis e as entidades reputadamente referidas por termos como "igualdade". Eu já disse o suficiente para demonstrar como o seu argumento é motivado.

---

[7] Ver Gregory Vlastos, "Degrees of Reality in Plato", in *New Essays on Plato and Aristotle*, Renford Bambrough, editor (London, 1965), pp. 1-19. Embora a presente interpretação, quanto a este ponto, é amplamente devedora da de Vlastos e de Owen 9 "A Proof"), a partir das quais a interpretação de Vlastos é substancialmente derivadas, há muita coisa a envolver a interpretação de Vlastos desses aspecto em relação à qual eu deferiria, em particular as questões tratadas nas seções IV-VIII deste capítulo (cf. nota 21).

III

Tomado isoladamente, o argumento no *Fédon* 74b-c parece lidar com uma questão epistemológica, que é a diferença entre os tipos de aparências que podem ser apresentadas por perceptíveis e as coisas a que Platão chama Formas. Porém, vimos o argumento imediatamente conduzir à afirmação metafísica acerca das naturezas de entidades como igualdade, isto é, vimos que, diferentemente das coisas perceptíveis, eles são incapazes de apresentar certos tipos de aparências. Para, além disso, contudo, surge outra questão metafísica.

Imediatamente na sequência desse argumento, Platão diz que os iguais perceptíveis são apenas "deficientemente" iguais, e, de modo mais generalizado, afirma que os *F* perceptíveis são apenas "deficientemente" *F* (*Fedro* 74d-75b). Alguns intérpretes tomaram isso como a significar que nenhum igual sensível é exatamente igual, sendo-o apenas aproximadamente. Ocorre que Platão jamais argumenta em favor de tal controvérsia, que entra em conflito com tudo o mais que ele diz.[8] Podemos compreender melhor essa reivindicação de deficiência tomando-a para seguir diretamente o que ele diz nesse argumento em si. Iguais perceptíveis são apenas deficientemente iguais, uma vez que eles inevitavelmente apresentam a aparência de ser diferentes.

Essa ideia pode parecer uma cruenta conflagração de teses epistemológicas e metafísicas. Por que alguma coisa deveria ser menos *F* por parecer, às vezes, não *F*?[9] Mas existe uma evidência incontroversa de que Platão esposa uma concepção que ele elabora dessa forma. Quando visualizamos aquilo de que ele depende, fica claro que o que parece confusão na verdade é o resultado de uma noção de realidade e objetividade muito diferente daquela que esperamos e com a qual estamos habituados (cf. seções VI e VIII).

---

[8] Ver Owen, "A Proof"; Vlastos, "Degrees of Reality", pp. 1-19; e Alexander Nehamas, "Plato on the Imperfection of the Sensible World", *American Philosophical Quarterly* 12 (1975): pp. 105-117.

[9] Para mais discussões sobre o papel exercido por esse problema em Platão, ver Myles Burnyeat, "Conflicting Appearances", *Proceedings of the British Academy* 65 (1979): pp. 69-111.

A *República* 475c-480a é a única outra passagem em que Platão chega próximo de dar um argumento explícito para dizer que as formas são distintas de perceptíveis. Em 479a-c ele defende que cada coisa perceptível que pareça bela também tem aparência feia — e segue de modo semelhante para "justo", "duplo", "grande" e "pesado".[10] Tão logo ele o diz, contudo, ele imediatamente infere que perceptíveis "não mais são do que não são o que dizemos que sejam" (b9-10). Ou seja, uma coisa perceptível não mais é *F* do que é não *F*. Essa é uma repetição da controvérsia que se tem no *Fédon*, segundo o qual se tem afirmações que versam sobre os perceptíveis são apenas "deficientemente" iguais.

Ampliando essa linha de pensamento, Platão prossegue dizendo que as coisas perceptíveis não mais "são do que não são", no sentido de que estão "entre ser e não ser" (479c7). Com base nisso ele argumenta que os perceptíveis não são aquilo a que "conhecimento" (*epistēmē*) diz respeito; sendo aquilo a que "opinião" ou "crença" (*doxa*) dizem respeito. O conhecimento não tem que ver com "ser" ou com "o que é", ou seja, Formas, que são implicadas como distintas de perceptíveis no mesmo nível que se tem no *Fédon* 74b-c, isto é, por não apresentar aparências contrárias.[11]

Haverá mais a dizer sobre conhecimento e crença mais adiante (seção X). Contudo, essas passagens mostram que Platão entretece certo tipo de consideração epistemológica com o que nos parece ser uma questão ontológica

---

[10] O tratamento por Platão do "duplo" e da "metade" introduz problemas especiais, cf. nota 49.

[11] Não há espaço aqui para uma análise do argumento de Platão. A presente interpretação de sua conclusão é a tradicional. A conclusão tal como assim construída será abordada mais tarde, quando tiver sido demonstrada (por exemplo, *República* 507b, 484b, c-d e 485b com 479a-b), e 475e-480 parece-me a única passagem em que Platão poderia fazer valer a demonstração. Contudo, tem se sustentado que esse argumento, e argumentos platônicos relacionados configuram-se esforços para mostrar, não que as Formas sejam distintas de particulares perceptíveis, mas que algumas noções importantes (sobretudo as éticas) não podem ser explicadas em termos de predicados "observacionais". Ver sobretudo J. C. B. Goslin, "Republic V: *ta polla kala*", *Phronesis* 5 (1960): pp. 116-128; Terence Irwin, *Plato's Moral Theory* (Oxford, 1977), pp. 147-148, 151-152; Gail Fine, "Knowledge and Belief in *Republic* V", *Archiv für Geschichte der Philosophie* 60 (1978): pp. 121-139; C. D. C. Reeve, Philosopher-Kings: The Argument of Plato's Republic (Princeton, 1988), pp. 58-71.

bastante distinta. Em virtude da apresentação de aparências contrárias, diz-se dos objetos perceptíveis que eles possuem propriedades "de maneira deficiente" e que estão entre ser e não ser; daí se infere que, por esse motivo, pertencem mais ao domínio da opinião do que ao do conhecimento. De um ponto de vista moderno, é como se fatos sobre o que podemos saber e fatos sobre a natureza de certos objetos estivessem curiosamente entremeados.

IV

Para tentar entender esse estado de coisas será útil contemplarmos agora uma confusão que frequentes vezes é atribuída a Platão — trata-se de uma confusão referente a noções relacionais. Os motivos para essa atribuição podem ser ilustrados pela *República* 479a-b e 523e-524ª, onde Platão fala de grande e pequeno, pesado e leve, duro e mole como "contrários", e diz ser característico de perceptíveis apresentar aparências contrárias, algumas vezes simultaneamente (523b-c, 524d-525a). Hoje em dia, objeta-se que, de fato, esses termos não são contrários, mas dissimuladamente relacionais, equivalendo respectivamente a "maior do que", "menor do que" e assim por diante, e que se Platão tivesse reconhecido esse fato, ele teria percebido não haver contrariedade envolvida, pois ser maior do que uma coisa não é contrário a ser menor do que outra. Comentadores chegaram mesmo a levar a atribuição de confusão a ponto de supor que no *Fédon* 74b-c Platão teria endossado a inteligibilidade da ideia de algo ser igual mas não igual a alguma coisa.[12]

Que Platão estivesse de tal maneira confuso acerca de relações é algo improvável pelo fato de que ele simplesmente diz que termos como "pai", "irmão", "mestre", "escravo" e "sabe" diferem de outros por ser relacionados a

---

[12] Ver Owen, "A Proof", pp. 110-111. Para demais críticas à ideia de que Platão estava confuso quanto às relações e para mais sobre a interpretação apresentada aqui, ver meu "Perceptual and Objective Properties in Plato", in *Nature, Knowledge and Virtue: Essays in Memoirs of Joan Kung*, Terry Penner e Richard Kraut, editores, *Apeiron* 22 (1989): pp. 45-65, e referências ali contidas.

(*pros*) outros (*Banquete* 199d-200a, *Parmênides* 133e-134a). Ademais, existe uma explicação disponível para as passagens na *República* que evidenciam a necessidade de supor quaisquer dessas confusões.

Em primeiro lugar, na condição de questão filosófica é um erro pensar que existe algum meio de parafrasear usos comuns de "grande", "pequeno" ou "duro" em termos relacionais. Uma série de debates recentes mostrou que isso será deveras evidente se combinarmos essas palavras com termos categoriais, como é tantas vezes recomendado, em frases como "grande pulga" e "pequeno elefante".[13] Por exemplo, o pensamento de que "grande pulga" possa ser equivalente a "maior do que a maior parte de pulgas", como tantas vezes se pensa", decorre, confusamente, do fato de que se a população de pulgas contém, digamos, 100 pulgas de dois milímetros de comprimento e 75 de um milímetro; então, o que é inegavelmente uma pulga grande será maior do que menos da metade da população. Considerações de algum modo similares militam contra a paráfrase "maior do que a pulga média". Pode-se conceber que há alguma paráfrase que escapa a esse tipo de problema, mas se tal for o caso não é fácil descobrir, e Platão dificilmente poderá ser acusado de um tropeço por ter passado por alto tal coisa.

Em segundo lugar, se atentarmos para o que conscientemente tivermos em mente ao dizer que algo é duro, por exemplo, (*República* 523-524a), parece óbvio que não intentamos atribuir uma relação a ela, mas em vez disso uma propriedade que pareça, ao se refletir sobre ela, monádica. Quando dizemos que uma peça de queijo parmesão é dura, não estamos pensando em algum *relatum* particular e dizendo que o queijo é mais duro do que ele, nem mesmo estamos pensando em qualquer classe de coisas que componha a referência definitiva com a qual estamos comparando a peça de queijo parmesão. Peças de queijo, peças de queijo parmesão, coisas na mesa da cozinha e assim por diante, todas podem ser candidatas, mas é artificial dizer

---

[13] Ver John Wallace, "Positive, Comparative, Superlative", *Journal of Philosophy* 69 (1972): pp. 773-782; Samuel Wheeler, "Attributives and their Modifiers", *Nous* 6 (1972): pp. 310-334; e Philip Kitcher, "Positive Understatement: The Logic of Attributive Adjectives", *Journal of Philosophical Logic* 7 (1978): pp. 1-17.

que uma referência a quaisquer delas seja efetivamente parte do conteúdo do juízo. Se estivermos certos em pensar de nós mesmos como estando a compor esses juízos não relacionais, e se esse tipo de introspecção é desde sempre ou em princípio uma fonte válida de informações sobre o conteúdo de nossos juízos, essas não são questões que devamos abordar aqui. É evidente que Platão, a exemplo de muitos filósofos, frequentes vezes faz uso de tal introspecção, e isso é tudo que meus objetivos interpretativos requerem aqui.

Muito embora a alegada confusão quanto às relações não raro tenha sido proposta como explicação para as observações de Platão acerca de contrários na *República* 479a-b e 523e-524, de modo algum ela se adapta a todos os exemplos a que ele recorre nessas passagens. Estes incluem "bom", "justo" e "sagrado", que efetivamente parecem ter contrários genuínos e não nos deixam muito tentados a parafraseá-los em termos relacionais.[14] A melhor linha de ação é reconhecer que Platão sustentou que todas as noções expressas por esses termos são (diferentemente daqueles expressos por "irmão", "mestre" etc.) não relacionais.

O panorama de Platão é claramente exibido no *Fédon* 102b-c. De maneira explícita ele rejeita uma sentença abertamente relacional, "Símias é mais alto que *(hyperechei)* Sócrates", porque ele diz que ela expressa o fato menos bem do que "Símias tem altura em relação à baixa estatura de Sócrates". Ele então segue a falar casualmente da altura de Símias e da baixa estatura de Sócrates (102d7, e2). É óbvio que ele reconhece algo relacional quanto a atribuições de altura (note-se *pros*, "a respeito ou em relação a" em 102b). Não obstante, ele ainda pensa no que é atribuído como uma propriedade, e não em si uma relação.[15]

---

[14] Em "A Proof", G. E. L. Owen sugeriu que nós classificássemos todos os termos com que Platão lida aqui como "incompletos", requerendo uma espécie de "rejunte" para tornar seu sentido mais explícito. Isso pode parecer funcionar para a questão do "bem", contanto que seja tomado como tendo de significar "bem (como um) *F*", como alguns defenderam que deveria ser. Por outro lado, em parte alguma Platão esposa tal afirmação, e em todo caso não há modo óbvio de aplicá-lo a "justo" ou "sagrado".

[15] Um meio de procurar dar conta dessa questão é dizer que, em vez de pensar as relações como poliádicas e instanciadas por conjuntos ordenados de objetos, ele as

Atitude similar é evidenciada no *Hípias Maior*. Platão diz "o mais belo vaso é feio, quando agrupado com garotas" (289a4-5), e "se alguém compara a classe de garotas com a classe de deuses, ...a mais bela garota não parecerá feia?" (a9-b3) O que estará sendo atribuído aqui é a propriedade, a feiúra, não a relação, sendo mais feio(a) *do que* alguma coisa.

Mas por natural que tais atribuições de propriedades não relacionais possam ter parecido a Platão, elas certamente parecerão incômodas em muitos casos. Por exemplo, embora seja possível, introspectivamente, pensar no caráter pesado ou duro como uma propriedade, mais difícil será pensar na amplidão dessa forma. Ademais, se a amplidão deve ser uma propriedade, o que a propriedade poderia ser? Por fim, o problema que, de maneira explícita, preocupa o próprio Platão: se a amplidão é uma propriedade e a pequeneza é seu contrário, por que essas propriedades parecem se atrelar a uma e a mesma coisa simultaneamente (*República* 523b-c, 524d-525a)?

Em que pesem essas dificuldades, é preciso entender que Platão efetivamente considerou esses termos como expressando, de maneira autêntica, propriedades não relacionais — como de fato elas parecem ser para a introspecção — e elaborou a sua posição tomando essa base.[16] Ao fazê-lo, com efeito, ele estava

---

pensa como propriedades monádicas cada qual instanciada por um objeto único, não obstante estando em certo sentido atreladas uma à outra de modo que quando uma é instanciada por alguma coisa, a outra deve ser instanciada por outra. Ver Hector-Neri Castaneda, "Plato's *Phaedo* Theory of Relations", *Journal of Philosophical Logic* 1 (1972): pp. 467-480; com White, "Perceptual and Objective Properties", esp. 46-47. Ver também o tratamento do "uno" em *Parmênides* 129c-d.

[16] Para nós, ainda que não seja o caso para Platão, um modo natural de explicar esses fenômenos é dizer que tais termos funcionam de certa forma como funcionam os demonstrativos. "Esta é Acrópolis" para a introspecção não significa o mesmo que "o objeto autônomo mais saliente na cena à frente é a Acrópolis", mas não obstante ele é suscetível de ser aceito como verdadeiro precisamente nos casos em que o objeto autônomo mais saliente na cena adiante do que fala e do que ouve é a Acrópolis. Muito *grosso modo*, os demonstrativos realizam sua função não simplesmente pela transmissão de certo conteúdo de maneira direta (sobretudo um conteúdo que não seja acalentado conscientemente), mas pelo combinar com o contexto para fazer com que o ouvinte marque o objeto sobre o qual o falante queira dizer alguma coisa. É de modo semelhante que uma sentença com um termo como "grande" desempenha sua função, não ela própria expressando como parte de seu sentido um tipo particular de comparação

elaborando uma concepção distintiva da realidade (ou, como se pode dizer, da objetividade), isto é, do que é para alguma coisa ser realmente (ou objetivamente) *F*. Como essa concepção é pouco familiar à filosofia moderna, devemos operar cuidadosamente para discernir suas linhas gerais (que começarão a aparecer mais completamente na seção VI).

V

Platão por vezes usa o exemplo da beleza (o que, no *Banquete*, ele nega com veemência é uma questão puramente subjetiva) para expressar essa concepção. Como vimos (na seção IV), ele acha que quando um vaso é agrupado com garotas, nós diríamos que ele é feio (*Hípias Maior* 289a). Por ora deixando de lado outras questões, podemos ver que a noção de feiúra aqui é a noção de uma propriedade não relacional. Ser feio nesse sentido é simplesmente ser feio — sem referência a um contexto particular, ou a um ponto de vista particular, ou a qualquer outra coisa. Quando dizemos que alguma coisa é feia, então, muito embora estejamos em uma situação particular e comparando a coisa com outras coisas, nós não fazemos referência à situação ou às coisas *em nosso juízo tomado em si mesmo*, e o que pretendemos dizer acerca da coisa é apenas que ela é feia. A mesma ideia surge no *Banquete* 210-211a. A noção da beleza aqui descrita é a noção do ser belo de uma coisa não relativamente a outra parte da coisa ou a um tempo ou lugar ou em relação ou para quem ela é bela ou para que tipo de coisa ela é ou, na verdade, a qualquer outra coisa.

De modo semelhante na *República* 523e-524a. Ali, Platão diz que a percepção apreende amplidão, pequeneza e assemelhados "de maneira deficiente" (e7). Isto é, o contexto em que uma coisa é vista determina se ela

---

com uma classe de referência particular, mas, de novo muito *grosso modo*, colaborando com o contexto para fazer com que o ouvinte marque a um só tempo uma classe de referência e um lugar na classe de referência que combine com o que o falante deseja dizer sobre o objeto do qual "grande" é predicado. Se classes de referência diferentes são indicadas simultaneamente, é aceitável que por vezes a mesma coisa seja chamada a um só tempo grande e pequena.

aparecerá grande ou pequena (523e4-5). O mesmo aspecto é referido em se aplicando à grossura e à fineza, e ao caráter do que é duro e do que é mole. Platão não está negando que *se alguma coisa parece dura ou não*, ou algo semelhante, depende do contexto. *O significado ou conteúdo* do juízo segundo o qual uma coisa é dura, por outro lado, parece-lhe não fazer nenhuma referência àquele contexto. A implicação que se tem aí é a de que as noções em questão são noções de um ser de uma coisa, por exemplo, duro, de modo inteiramente independente do contexto. O contraste é desenhado com um dedo, que apresenta a aparência de ser um dedo à parte o contexto em que é observado (523c11-d3). A noção de dureza em questão é a noção de ser duro de um dedo em um sentido no qual não entra a menção dessa ou daquela circunstância.

Passemos agora às observações de Platão sobre tempo e tempo verbal, que nos mostra outro importante modo pelo qual ele pensa que as noções expressas por tais termos não são relacionais. Não raro, ele diz que uma coisa da qual agora dizemos ser F mais tarde deixará de sê-lo, e, de um modo geral, que coisas perceptíveis estão sujeitas a mudanças (por exemplo, *Fédon* 78d-79a, 79c, 80b; *República* 526e, 527, 533, 534a; *Timeu* 48e-49a, 51e-52-a). Ele também diz, no *Timeu*, que perceptíveis, diferentemente das Formas, envolvem "foi" e "será", enquanto as Formas envolvem apenas "é" (37c-38b). E um pouco depois ele diz que se se tem uma peça de ouro que esteja constantemente sendo remodelada em diferentes formatos, "de longe o melhor com relação à verdade" é dizer que é ouro, em vez de dizer que é um triângulo ou alguma outra forma (50a-b).

Muito embora não raras vezes se diga que o ponto para Platão seja o de que, de modo puro e simples, se uma coisa não é permanente ou essencialmente F seja um equívoco dizer que ela realmente é F, tendo-se aí uma explicação insatisfatória de sua concepção. Por que deveríamos ter desejado reservar "é" para ser equivalente de "é essencialmente (ou permanentemente)"? Um filósofo poderia fazer tal estipulação terminológica, mas, para que ela não pareça arbitrária, é preciso que haja alguma abordagem quanto ao porquê do "é F", tal como por ele pensando, não dever ser atrelado a uma coisa se ela for apenas temporariamente F.

A explicação desse pensamento é bastante clara e direta se recorrermos ao ponto em que Platão derivou da introspecção dos sentidos de nossos termos (seção IV). Se eu digo que uma coisa é um triângulo, o que na verdade eu tenho em mente, pode-se dizer, de modo característico, que não envolve referência a tempo algum. Aparentemente, é verdade que a coisa a que faço referência foi antes não triangular, e também na sequência será não triangular. No entanto, o que conscientemente penso dizer quando uso a frase "é triangular" não, "é triangular agora", "é triangular mais ou menos agora", "é triangular às 10h da manhã do dia tal", ou algo do tipo. Em vez disso, o sentido conscientemente acalentado de "é triangular" abstrai de toda consideração de tempo e ignora toda consideração de tempo. A questão não está numa pressentida falsidade em dizer que uma coisa é triangular quando se sabe que ela apenas o é temporariamente. A questão é que a noção instrospectível expressa pelo predicado não incorpora nenhum pensamento de tempo, de modo que ela é inapropriadamente aplicada a objetos que estão no tempo.[17]

O resultado final é que as noções representadas por predicados em geral não incorporam elementos de tempo ou de tempo verbal. Uma pessoa poderia compreender essas noções de ser triangular e ser igual ainda que ela não fosse provida de nenhuma concepção de temporalidade. Essa é a imagem de Platão. Assim, do demiurgo no *Timeu* ele pensa como estando a compreender todas as Formas antes que o tempo tenha sido criado juntamente com o cosmos e seu movimento ordenado. A ausência de tempo das Formas é mais do que apenas uma questão de sua condição de ser o mesmo pelo curso de todo o tempo (embora Platão

---

[17] Eu também argumentaria que, na concepção de Platão, no que diz respeito a um objeto, ação ou acontecimento no passado, tudo o que se pode dizer é que foi *F*, não que é *F* (e de maneira análoga para o futuro). Por essa razão, é inapropriado aplicar-lhe o termo *F* no sentido independente de tempo e tempo verbal particular que ele pensa ter em mente para nossos termos. (Isso é parte da história mais completa sobre por que *Timeu* 37b-38c diz existir "foi" e "será" para perceptíveis, mas não para Formas. É também a razão pela qual Platão geralmente enfatiza a *perecibilidade* de perceptíveis tanto quanto a sua mutabilidade: de algo que previamente existiu temos de dizer que "foi *F*", mesmo se ele talvez fosse *F* durante toda a sua existência [cf. nota 32]. O que Platão observa, no entanto, não exige que ele diga - como ele de fato não faz - que seja falso que uma coisa seja *F* se ela não mais existir).

frequentemente diga que elas, de fato, sejam sempre as mesmas); o caso é que elas residem "fora do tempo" na "eternidade" da qual o tempo é apenas "imitação" (37d-e).

VI

Muito embora seja evidente, de um modo geral, que a concepção por Platão dessas noções envolva abstração de vários tipos de relações com o tempo, contexto e perspectiva, não é fácil ver exatamente como isso é feito. Tentarei aqui apresentar algumas das questões interpretativas que devem ser levadas em conta, e pretendo proceder a um esboço de como eu penso ser o caso de se lidar com elas.

A impressão que se tem, muitas vezes, é a de que o principal aspecto com que ele se ocupa é a relatividade da perspectiva de uma pessoa que está ou percebendo uma coisa ou pensando a respeito dela. Por exemplo, na *República*, 479a-b, como já referi, Platão infere, do fato de uma coisa perceptível poder parecer tanto bela quanto feia, que ela não mais é do que não bela. Parece aqui, como se ele estivesse contrastando esse modo de ser bela com o modo de alguma coisa ser bela independentemente da perspectiva da qual se a considera.

Em outras passagens parece que a pertinente relatividade diz respeito a algum traço das circunstâncias em que a coisa perceptível se encontra, e não ao modo em que é observada. Assim se parece no caso do tempo. Quando uma coisa muda, frequentemente ela tem uma característica em determinado instante e uma característica contrária em outro, independentemente de alguém a estar observando ou considerando.[18]

---

[18] Alguém pode pensar que a mudança em um objeto poderia ser pensada como gerada meramente de uma mudança na perspectiva temporal de um observador. Pois alguém pode argumentar "X é F em t_1, mas não F em t_2" significa apenas "X é F visto de t_1, mas não F visto de t_2." Algumas passagens em Platão sugerem tal ideia, mas não há espaço para investigá-las aqui - e a mencionada equivalência parece evidentemente falsa, já que uma coisa vista de uma perspectiva pode parecer ter mudado ou estar em via de mudar.

Esse tipo de mudança não parece surgir simplesmente da realidade para um observador.[19]

Em outros casos a situação é ambígua, e os dois tipos de relatividade se encontram entretecidos. No *Banquete* 210e-211a, Platão descreve a noção de algo "que não é [1] belo de um modo e feio de outro, nem [2] belo em um momento e feio em outro, nem [3] belo em relação a *(pros)* uma coisa, mas feio em relação a outra, nem [4] belo aqui mas feio acolá, nem [5] belo para alguns mas feio para outros". Destes, (5) parece ter que ver com a relatividade ao observador, e (1) também o pode, porém (2)-(4) parecem clara e simplesmente envolver o outro tipo de relatividade, às circunstâncias da coisa em vez das condições de observação.

No *Fédon* 97a-b, ainda uma vez, Platão parece sustentar que, eventualmente, quando duas coisas estão bem apartadas uma da outra, cada qual "é uma" e aí "não há dois", mas quando elas se aproximam uma da outra elas "se tornam duas", muito embora em outros casos, quando algo que "é um" se faz cindido, ele "se torna dois". Pareceria de fato, contudo — se pode fazer assim —, que as coisas que são duas são duas independentemente de sua distância uma da outra. Talvez o que Platão tenha em mente seja que seu *aparecer* duas, como duas coisas, depende de seu ser *possível* vê-las juntas.[20] De modo semelhante, no *Hípias Maior*, 289a-c diz que a mais bela garota aparecerá feia quando comparada a um deus. Então Platão diz que nós concordaríamos que a mais bela garota é feia quando considerada em relação com deuses. Não se explicita se o ser feio da garota supostamente vem a ser relativo aos deuses, relativo ao observador ao compará-la com os deuses, ou relativo a ambos.

Para tomar novamente como exemplo o caso da beleza no *Banquete*, a questão é: a que a noção de beleza Platão está se referindo? A noção de ser bela de uma coisa de algum modo independe do observador e da perspectiva que o observador ocupa? Ou a noção de ser bela de uma coisa independe

---

[19] No *Teeteto* pp. 178-180, ao arguir contra o relativista protagoriano, Platão fia-se na assunção de que da passagem do tempo não se pode supor que tem lugar somente relativamente ao observador.

[20] Uma questão relacionada surge em conexão com o *Teeteto* 154c-d.

de suas circunstâncias (à parte as circunstâncias de estar sendo observada ou considerada)? Para nós, hoje em dia, parece quase irresistível pensar que deva ser um ou dois desses casos, não podendo ser ambos.

Contudo, tendo em vista a evidência acima citada, contudo, parece-me claramente melhor dizer que ambos os tipos de independência estão implicados nas noções que Platão está tentando expressar, e que (pelo menos no que concerne às propostas aqui em questão), eles estão pareados um com o outro. A noção de beleza associada no *Banquete* à Forma do Belo, então, é a noção de uma coisa sendo bela independentemente tanto da perspectiva da qual é considerada (seja por sentido ou pelo pensamento) como das circunstâncias em que está localizada. Nada nas passagens citadas indica que algum desses aspectos da questão deva ser omitido da interpretação.

Podemos compreender a concepção de Platão como assim interpretada, e talvez simpatizar com ela em certa medida, se continuarmos a usar a introspecção para pensar sobre o que queremos dizer quando atribuímos tais propriedades. Quando se diz que uma coisa é bela, então — teorias filosóficas à parte — o que parece se querer dizer é que ela tem uma certa propriedade que não envolve nem a coisa sendo examinada de um certo ponto de vista nem as circunstâncias que a cercam. Ou seja, à medida que se diz respeito àquilo que um indivíduo tem na consciência, esse indivíduo parecerá lhe atribuir uma propriedade, e o atrelamento dessa propriedade à coisa será em certo sentido intrínseco; entenda-se: no sentido de que no pensamento da propriedade não está contida nenhuma ideia nem do fato de que alguém a está imputando de certa perspectiva, nem do fato de que a coisa se encontra posicionada em certa situação. É claro, o indivíduo *está* ocupando certa perspectiva como indivíduo ao se atribuir a propriedade, e a coisa *está* localizada em certa situação. Ocorre que o fato prosaico e ainda assim — para a interpretação de Platão — crucial é que esses dois fatos não estão eles próprios *incorporados no juízo* que o indivíduo faz. (É claro, existem outros juízos em que o ponto de vista e a perspectiva são parte do conteúdo do objeto do juízo, mas eles já são outra questão.) Isso, bem ou mal, é claramente verdade para muitas de nossas atribuições de beleza, justiça e bondade, e também para muitas de nossas atribuições de dureza, de peso e de outras tais propriedades aparentes. Esses fatos nos capacitam a ter um sentido claro do motivo pelo qual Platão diz as coisas que ele diz sobre tais juízos e sobre as noções que ali estão presentes.

Em linhas gerais, essa é a concepção de realidade ou objetividade que Platão desenvolve (cf. seção IV). A noção de ser realmente F é a noção de ser F de um modo que é independente tanto do ponto de vista daquele que julga e, também, das circunstâncias do objeto. Assim, a noção de ser em certo sentido particular, como já referi, é "intrinsicamente" F.[21] Esse termo, porém, já é suficientemente usado em filosofia, quero dizer, isso a ponto de fazer com que seu uso aqui seja desaconselhável e potencialmente enganoso. O importante a enfatizar, por ora, não é a noção de ser F "em e por si mesmo" de uma coisa, mas que o seu ser F assim independe de pontos de vista e circunstâncias.[22]

Para nós, hoje em dia, pode parecer estranho considerar Platão e esses dois tipos de ideias de independência. O combinar se torna mais prontamente inteligível quando percebemos os fatos de introspecção acima descritos, que nos permite um meio de pensar os dois tipos de independência como formando um par. A combinação também ilustra a não inclinação de Platão a separar

---

[21] Owen propôs a concepção de que a Forma de F seja associada à ideia do ser F de alguma coisa "inqualificadamente" (*haplōs* e *kath'hauto*). Ver "A Proof", exp. 107-111. A concepção de Owen foi um avanço significativo em relação a interpretações anteriores, e o presente modo de entender Platão deve muito a ele e ao desenvolvimento e sua concepção por Vlastos em "Degrees of Reality" (cf. not 7). Contudo, a concepção de Owen deixou de reconhecer diversos pontos importantes. Um deles é que a noção por Platão de ser F é perfeitamente compatível com um reconhecimento de que alguns termos são relacionais (cf. seção IV e nota 50). Outro ponto é que não devemos confundir ser F desse modo com ser F de todos os modos ou em todos os instantes, e que (cf. "A Proof", pp 110-111) a questão de Platão vem a ser excluir de fato a relatividade, e não fundamentalmente a contrariedade. Uma terceira questão é a que a noção de Platão combina independência dos dois tipos de "qualificações" aqui ressaltados.

[22] Em outras conexões, porém, uma noção de uma coisa sendo "intrinsicamente" F seria pertinente. Por exemplo, Aristóteles usa o termo *ousia* para algo que é um "*kath'hauto*", ou *per se*, no sentido de não depender (em certo modo) de coisa alguma que não seja o seu ser. Essa ideia está intimamente relacionada à concepção de Platão de que as Formas são *ousiai*, e a de que a Forma de F é a noção de um ser F de uma coisa *kath'hauto*, isto é, "intrinsicamente" no sentido descrito. (Note-se, porém, que nesse sentido "intrinsicamente" não equivale a "essencialmente").

questões epistemológicas e metafísicas no modo moderno. De um ponto de vista epistemológico, o papel da perspectiva em um juízo pode parecer preponderante, enquanto o papel das circunstâncias do objeto parece-se a um tipo diferente de consideração, envolvendo a natureza da propriedade que se lhe está atribuindo. Mas Platão não divide o tópico dessa forma.

VII

Platão associa essas noções com suas entidades especiais, as Formas. Por "associação" eu quero dizer que ele supõe entender que a noção de um *F*, conforme o explicado acima é estar em certa relação cognitiva com a Forma de *F*. Dizer o que essa relação cognitiva pode ser, é algo sujeito a inúmeras dificuldades. Por vezes Platão retrata-a como envolvendo uma capacidade de dar uma definição, como vimos (seção I), que ele parece tomar como uma especificação, ou descrição ou análise de uma Forma. Outras vezes ele fala, em certo grau metaforicamente, como se se tratasse de uma espécie de um "ver" intelectual da Forma (*República* 484c-d, 500c). Qualquer que seja o caráter exato e a relação exata que essas duas ideias possam ter, a relação de mente (e particularmente de razão) para com Formas é o núcleo dessa concepção sobre aonde chega o entendimento de nossas noções.

Algo semelhante a essa última ideia surgiu em passagem anterior neste artigo (seção II), no tratamento do *Fédon* 74b-c. Para aquele argumento fazer sentido, como vimos, nem todos os meios de trazer a igualdade a determinado juízo podem contar como casos de "aparecimento" de igualdade de um modo ou de outro. Ao que parece, o tipo de "aparecimento" que Platão tem em mente toma lugar quando alguém delibera e conscientemente se põe a, de certo modo, pensar sobre a igualdade e considerar o que dela é verdadeiro. Presume-se que fazê-lo está aquém de qualquer coisa que alguém chamaria "visão intelectual", mas é tudo o que precisamos para debater aqui o que pode ter levado Platão a usar esse modo de falar.[23]

---

[23] Ver meu *Plato on Knowledge and Reality* (Indianapolis, 1976), p. 91, sobre o uso por Platão da metáfora do "ver" Formas. Para concepções diferentes sobre quão a sério Platão

A associação por Platão das noções que aqui tenho descrito com as Formas é afetada por outra questão que surge no *Fédon* 74b-c. A premissa (B) recebe duas formulações, (I) "a igualdade jamais lhe apareceu como desigualdade" e (2) "os iguais em si mesmos jamais lhe apareceram desiguais", ambos aparentemente apresentados como equivalentes.

A formulação (1) parece-nos relativamente isenta de problemas, e é assim que a tenho explorado até agora. Já a formulação (2) suscita dificuldades relacionadas à questão do que se chamou "autopredicação".[24] Ora (2) se mostra consistente, muito embora a igualdade possa ser descrita como em si mesma "iguais", isto é, como se houvesse coisas que fossem iguais. Essa dificuldade tem dois aspectos, um deles relacionado à expressão plural "iguais em si mesmo", e o outro surgindo da peculiaridade de se dizer que a igualdade é em si mesma igual, independentemente das muitas coisas que ela possa ser. O primeiro aspecto que devo tratar aqui como de pouca importância, já que Platão logo muda para o singular "a coisa em si mesma" (74c4-5) e dificilmente em algum ponto usa o plural ao falar de Formas. Está claro que o argumento de Platão para o caráter distinto de Formas não exige que a Forma de *F* seja em geral *F*, e, tendo em vista a estranheza dessa ideia, é compreensível que a muitos intérpretes tenha parecido melhor não atribuí-la a ele.[25] Por outro lado, existem numerosas passagens em que ele parece usar a linguagem pela qual a auto predicação é muito fortemente sugerida, incluindo menções ao efeito de que objetos perceptíveis sejam "imitações" ou "cópias" de Formas, que são para eles "paradigmas" (por exemplo, *Timeu* 28e, 49a; *República* 540a). Em trabalhos posteriores (especialmente no *Parmênides* e no *Sofista*), ele também se aprofunda em raciocínios que podem ser tomados, como efetivamente têm sido, como críticas à sua própria concepção anterior

---

leva a ideia de algum tipo de cognição "não discursiva" de Formas, ver, por exemplo, *ibid.*; Gail Fine, "False Belief in the Theaetetus", *Phronesis* 24 (1979): pp. 70-80; Richard Sorabji, "Myths about Non-Propositional Thought", in *Language and Logos*, Malcolm Schofield e Martha Nussbaum, editores (Cambridge, 1982), pp. 295-314.

[24] O termo foi cunhado por Gregory Vlastos, "The Third Man Argument in Plato's Parmenides", *Philosophical Review* 63 (1954): pp. 319-349.

[25] Ver esp. Penner, *Ascent from Nominalism*.

de autopredicacionismo. Por outro lado, o *Timeu*, obra tardia, continua a tratar as Formas como paradigmas, e os perceptíveis como cópias delas.[26]

É provável que o melhor construto desse estado de coisas esteja em afirmar que Platão efetivamente acredita que objetos perceptíveis sejam em certo sentido imitações de Formas, mas em negar que ele possa pretender essa concepção do modo pelo qual é tomada pela interpretação auto predicacionista. Antes de examinarmos como isso pode ser (seção XI), será útil passar em revista alguns de seus pensamentos sobre como as noções associadas às Formas são na verdade aplicadas aos perceptíveis.

VIII

Se Platão acredita que temos a noção de um ser F de uma coisa — igual, belo, quadrado e assim por diante[27] — independentemente de suas circunstâncias e do ponto de vista com base no qual ela é considerada, e se ele toma o entendimento de tal noção como a cognição da Forma de F, surge a questão sobre como ele pensa que tais noções possam ser exemplificadas por objetos perceptíveis. Creio que a melhor resposta é desenvolver e esclarecer a linha de pensamento perseguida por aqueles que dizem que, de acordo com o filósofo, perceptíveis e Formas pertencem a diferentes "tipos" ou "categorias" e que — aqui o mais importante — o modo pelo qual termos se aplicam a perceptíveis é diferente do modo pelo qual eles se aplicam a Formas.[28]

A noção associada com a Forma de F é a noção de um ser F de uma coisa abstraindo-se ou independentemente de ponto de vista e circunstâncias. É de maneira enfática que se pode dizer que isso não significa que se tenha aí a noção de um ser F de uma coisa em *todas* as circunstâncias, a *qualquer*

---

[26] G. E. L. Owen, "The Place of the Timaeus in Plato's Dialogues", *Classical Quarterly* 3 (1953): pp. 79-95. Para alguns argumentos contra a datação por Owen do *Timeu* no período intermediário de Platão, ver as referências à nota 2 deste capítulo.
[27] Cf. nota 6.
[28] Ver, por exemplo, Richard Patterson, *Image and Reality in Plato's Metaphysics* (Indianapolis, 1985).

tempo, e para *todos* os pontos de vista. Obviamente que tal seria absurdo. Em vez disso, a ideia é que o conceber do ser *F* de uma coisa desse modo não implica trazer à mente qualquer coisa que verse sobre circunstâncias, sobre tempo, ou quaisquer pontos de vista que sejam. Essas questões simplesmente não são parte da noção nem parte da propriedade que ela expressa. Pois quando refletimos sobre a noção do que atribuímos quando dizemos que um objeto é F, podemos ver que temos em mente a propriedade de ser *F* de um modo que nada envolva no tocante a tais coisas[29] (Quando *F* é um termo relacional como "igual" ou "irmão" — cf. seção IV —, existe, é claro, uma referência a um objeto correlato, mas não a qualquer ponto de vista ou circunstância adicional com relação aos quais a propriedade relacional seja pensada como atrelada à coisa).

Por outro lado, dificuldades surgem quando aplicamos tais noções a coisas perceptíveis. Aqui deve se ressaltar que Platão concebe que, em nossos juízos comuns, tentamos aplicar essas noções a perceptíveis. O juízo de um indivíduo pelo qual se tenha que uma coisa perceptível é bela não se apresenta à mente do mesmo indivíduo como o juízo pelo qual se tem "isto é belo enquanto visto por mim em determinadas circunstâncias e ponto de vista". Em vez disso, normalmente se tem o juízo segundo o qual "isto é belo", simplesmente assim, com nada mais adicionado. Platão simplesmente toma como fato inegável que as nossas percepções nos estimulam a fazer tais juízos.[30] Jamais ele sugere que deveríamos reconstruir nossos juízos como realmente significando "esta coisa é bela enquanto vista por mim...". Se ele o tivesse feito, toda a estrutura de sua doutrina teria sido diferente.[31] Em particular, ele não teria com tanta persistência se aferrado — como o faz — a termos como "belo", "igual", duro"

---

[29] O leitor atento perceberá que frequentes vezes tenho oscilado entre falar de "propriedades" e "noções" ou "conceitos". O discurso de Platão sobre as Formas abarca ambas as coisas, e para a atual finalidade as diferenças entre eles podem ser deixadas de lado.
[30] Isso não significa dizer que fazer tal juízo seja em si uma percepção; cf. *Teeteto* pp. 184-186.
[31] O mais perto que ele chega é em sua apresentação da "doutrina secreta" de Protágoras no *Teeteto*, mas mesmo ali ele não se aferra consistentemente à revisão linguística (esp. em 171a-c, como tantas vezes se observou).

e outros, teria mantido seu foco explicitamente nos juízos complexos, multirrelacionais. Ele também teria feito o mesmo se tivesse proposto uma revisão conceitual, levando-nos a substituir "belo" e outros por substitutos relacionais. Mas ele não sugere tal estratégia.

Tampouco ele sugere outra revisão que sua terminologia possa lhe ter permitido. Juntamente com o termo "imitação" ele usa o termo "participação" para a relação de exemplificação que uma coisa perceptível possa trazer para uma Forma. Se chamarmos uma coisa perceptível de F, então podemos dizer que ela "participa" da qualidade de F. Contudo, Platão jamais diz que "isso é F", dito de uma coisa perceptível, seja *equivalente* a "isto participa da qualidade de F" ou possa ser por esse juízo substituído. Como dissemos, ele pensa que os juízos que efetivamente tentamos fazer expressam o que pretendemos dizer pelo primeiro tipo de sentença. Ele não acalenta uma perspectiva de um rearranjo de nosso modo de pensar que faria eliminá-los. Apenas espera que compreendamos no que eles são inapropriados.

Platão pensa que inevitavelmente tentamos aplicar aos perceptíveis as noções de ser F independentemente de ponto de vista (por uma questão de brevidade, via de regra incluirei a independência do tempo como estando sob a independência de circunstância). Mas quando o fazemos, deparamos com um problema. Em certas situações a um indivíduo pode parecer certo chamar uma coisa de bela em tal sentido. Já em outra situação ou em outro momento pode ocorrer a esse indivíduo, ou a um terceiro, ser igualmente certo chamá-la de feia. Assim, o ponto de vista, o tempo ou a situação afeta o aparente caráter apropriado de se aplicar um termo cujo sentido, tal como o pensamos, não pareça envolver nenhuma referência a tais coisas. Nossa compreensão dos termos que aplicamos, juntamente com aquilo a que nossas percepções nos fazem inclinados a dizer sobre objetos perceptíveis, revela-se um guia equívoco no tocante ao que devemos estar inclinados a dizer sobre objetos perceptíveis sob outras condições. Desse modo, Platão pensa os perceptíveis como se adaptando de maneira apenas "deficiente" às noções que tentamos usar para descrevê-lo (cf. seção III).

O sentido de Platão da peculiaridade de se aplicar noções independentes do ponto de vista e circunstância a objetos perceptíveis é transmitido por suas observações na *República* 479b-c, onde ele tenta explicar a sua afirmação de que tais objetos estão "entre ser e não ser" (479b6-7). Em alusão ao fato de que uma coisa perceptível que pareça bela também parece feia, ele diz ser caso semelhante ao de coisas que "são ambivalentes", que "é impossível pensar de... como sendo ou como não sendo ou ambas as coisas ou nenhuma delas" (479c3-5). Uma vez que ele estiver usando "ser" aqui para representar a noção predicativa de "ser F (por exemplo, belo)" (cf. seção III), o seu pensamento — no ponto mesmo em que se diz respeito a uma coisa perceptível — é o que existe algo errado em dizer ou que ela (tal coisa) é bela, que é não bela, que é a um só tempo bela e é não bela, e que não é bela nem é não bela. Essa proposição faz sentido como expressão da ideia de que o termo, em certo sentido, simplesmente de modo algum se aplica ao objeto.

IX

No entanto, ainda resta explicar por que Platão não descreve os perceptíveis de um modo diferente, encontrando uma noção de [um] ser realmente F de uma coisa que pudesse se aplicar a elas. Na verdade, nós efetivamente pensamos que bastões podem realmente ser iguais, muito embora frequentes vezes não pareçam sê-lo. E quando pensamos tal coisa, aplicamos a ela um sentido de "ser igual" no qual nenhuma noção de ponto de vista pareça entrar: os bastões simplesmente são iguais, abstração feita a qualquer consideração do modo como aparecem. Por exemplo, também usamos uma noção de "ser bom" sob a qual uma coisa possa ser dita boa, de maneira completamente independente das circunstâncias, consequências e que tais, e por vezes aplicamos essa noção a coisas perceptíveis. Precisamos entender por que Platão não faz a mesma coisa.

Dois fatores são relevantes aqui. Em primeiro lugar, o seu modo de abstrair das circunstâncias é propriamente varrer. Em particular, a sua noção de ser F não envolve referência de tempo (seção V). Com efeito, ele rejeita a ideia de que a maior parte do que dizemos acerca dos perceptíveis pode ser tomada como relativa a tempos — que "é F" pode equivaler a "é F no tempo *t*". Ele sustenta que o conceber simplesmente do ser *F* de uma coisa de modo algum envolve o pensar de seu ser no tempo. Em segundo lugar, a sua concepção segundo a qual nós efetivamente acalentamos e usamos essas noções de todo independentes de ponto de vista e circunstância faz-lhe parecer implausível que qualquer outra noção de realmente ser *F* pudesse ser legítima. Podemos dizer que os dois bastões são iguais independentemente de perspectiva e circunstâncias, mas isso ainda nos deixaria com sua mutabilidade. Por essa razão, Platão diria que ainda não estamos operando com a noção que realmente temos em mente quando pensamos no ser igual, que é independente de todas as circunstâncias, incluindo a de tempo e tempo verbal.[32] Assim, uma vez que ele acredita que temos em mente tais noções de ser *F*, o tipo de noção de objetividade ou realidade que nos satisfaz e permite-nos aplicá-la a objetos físicos não lhe pareceria ser uma opção séria.[33]

Essa é uma importante razão pela qual o empreendimento epistemológico de Platão é tão diferente das teorias modernas. Por exemplo, ele não tem interesse na ideia de que uma coisa perceptível é *F* só para o caso em que ela aparece *F* para um observador padrão em condições padrões.

---

[32] Possivelmente alguns aspectos de objetos perceptíveis são desprovidos de tempo e de tempo verbal. Por exemplo, tem se defendido (como se tem em Irwin, *Plato's Moral Theory*, pp. 319-320) que uma ação particular que é boa, é boa independentemente do ponto de vista, das circunstâncias e também do tempo (porque se é bom em um tempo é bom em todos os tempos). Essa questão requer um exame alentado. Eu argumentaria que Platão pensa que estamos inclinados a dizer que uma determinada ação é boa (e algo do gênero) somente por se adotar um ponto de vista particular. (Também tenho sustentado que, segundo a sua concepção, no que diz respeito a uma ação no passado, só se pode dizer que *foi* boa, enquanto a noção de ser boa for uma noção desprovida de tempo verbal; cf. nota 17).

[33] De passagem, anteriormente eu disse que, segundo a concepção de Platão, se igualdade fosse iguais perceptíveis, então pensar a igualdade poderia ser apenas percebê-los (cf. nota 4). Agora podemos ver, de maneira deveras incompleta, por que é assim. Para Platão pensar que poderíamos obter a ideia da igualdade de objetos perceptíveis por alguma coisa outra que não a mera percepção, ele precisaria ter a ideia daquele que é de certa forma nosso modo de construir, em vez de meramente apreender por percepção, a noção de ser de um objeto perceptível realmente igual, apesar de às vezes parecer desigual. Mas, como agora podemos ver, essa não é uma ideia que ele tenha algum interesse em desenvolver.

Um problema que se tem é que selecionar um observador como padrão seria arbitrário.[34] Na *República* 581e-583a, ele diz que uma pessoa familiarizada com todos os prazeres é uma pessoa que pode dizer quais são mais prazerosos, mas ela nunca diz que seu ser mais prazeroso consiste simplesmente em seu ser assim designado por tal observador, e ele segue a dar uma explicação metafísica daquilo em que consiste (o) ser realmente prazeroso (583b-586e). De modo semelhante, no *Teeteto* ele diz que um especialista é alguém que pode fazer juízos sobre como as coisas são (170a-c), mas ele jamais sugere que o especialista poderia ser especificado pelas condições sob as quais ele forma seus juízos.[35]

O pensamento de Platão tampouco é receptivo à ideia de que uma coisa perceptível é *F* somente no caso de a sua condição ser tomada como *F* causalmente explicar várias aparências. Essa seria a ideia de Russell, por exemplo, quando ele sustenta que o que nos faz dizer que uma moeda é realmente redonda é que o seu ser redonda pode ser citado como a causa de seu aparecer redonda sob algumas condições e elíptica sob muitas outras.[36] Platão em momento algum aborda tal ideia.[37] Ele permitiria que o ser *F* de uma coisa possa ser parte do que faz com que ela apresente várias aparências,[38] mas não há razão para acreditar que ele aceitaria a afirmação de que a qualidade de *F seja* apenas a propriedade de causar essas aparências.

Sua rejeição de tais ideias ajusta-se ao fato de que, de acordo com sua concepção, vir a conceber as noções que dizem respeito a ele não é, como consideram os empiristas, uma questão de construí-las ou derivá-las de aparências perceptuais. Embora ele diga que a percepção estimula-nos a trazer certas noções à consciência, elas são noções que já possuímos (*Fedro* 75a-d),

---

[34] Ver Bertrand Russell, *The Problems of Philosophy* (London, 1912), cap. 2
[35] Na verdade, ele jamais chega a sequer sugerir que tal estratégia possa ser usada contra o relativismo protagoriano que ali está sendo discutido.
[36] Russell, *Problems of Philosophy*, cap. 4.
[37] *Sofista* 247d-e propõe que ser é ter a capacidade *(dynamis)* de fazer ou sofrer alguma coisa. Não acho que Platão chegue a aceitar uma análise de qualquer propriedade a não ser que seja em termos simplesmente de suas capacidades ou de seus efeitos.
[38] Tais proposições são pressupostas pelas abordagens da percepção em *Timeu* 61ss.

por meio do que ele chama "reminiscência", sem o fiar-se em aparências perceptuais.³⁹ Por essa razão, para ele não há aqui paradoxo na ideia de que as noções não se ajustam propriamente às coisas perceptíveis.

Com isso, o conceito platônico radical de realidade — do realmente ser F⁴⁰ das coisas — é algo que o dissuade de qualquer conceito sob o qual, em que pesem as aparências conflituosas e com base nas inferências que se faz a partir delas, poderíamos dizer que no mundo perceptível as coisas realmente são assim e assim. A realidade para ele encontra-se indissoluvelmente ligada a objetos de tipos diferentes, as Formas.

X

Apesar de sua recusa em dizer que nossas noções se aplicam propriamente a coisas, ele não nega que fazemos juízos acerca delas (cf. seção VIII). Temos uma propensão inata a fazer tais juízos sobre perceptíveis. Sob certas condições, um objeto perceptível se nos ocorrerá como tendo certo caráter como o de uma Forma com a qual já possuamos algo tipo de familiaridade (*Fedro* 75b-c), e chamaremos o objeto pelo "nome" *(epōonymia)* que já associamos com aquela Forma (102a-d).⁴¹ Mas Platão não acredita que esses juízos sejam baseados em fundamentos claramente racionais. Pois nesse estágio não possuímos um conhecimento claro das Formas das quais estamos efetivamente fazendo uso, e não possuímos definições delas (cf. seção I).

---

³⁹ Para as propostas atuais não importa se Platão concebe esse processo como um processo genuinamente de reminiscência (ver também *Mênon* pp. 80-86, 98-100). Importa apenas que as noções já estejam na mente, e não ali postas por algum processo que se origine na percepção.

⁴⁰ Essa equivalência se mantém para as atuais propostas (cf. seção III). Em um tratamento mais amplo, debater-se-ia o *Sofista* e seu papel em desenvolver a noção de ser de Platão.

⁴¹ O *Crátilo* discute como essa associação é estabelecida. Cf. White, *Plato on Knowledge and Reality*, cap. 6; e Bernard Williams, "Cratylus' Theory of Names and its Refutation", in *Language and Logos*, Malcolm Schofield e Martha Nussbaum, editores (Cambridge, 1982), pp. 83-93.

Nós simplesmente temos sensações para certas similaridades entre o que percebemos e as noções que já temos em mente, e elas nos inclinam a fazer certos juízos. Nós simplesmente fazemos esses juízos, e muitos deles se tornam costumeiros (*nomina*, *República* 479d3-4, 484d2). As pessoas que fazem esses juízos de maneira acrítica nem mesmo reconhecem a existência de formas que representem seus sentidos (475b-479).

Ocorre que Platão permite uma diferença entre descrições mais ou menos defensáveis de perceptíveis. Os legisladores na *República*, por exemplo, após terem obtido pleno conhecimento das Formas de Bondade e Justiça (540b, 534a-b), são mais capazes de governar a cidade do que seriam de outra forma. A razão crucial é que agora eles sabem o que é para uma cidade ser justa (cf. seção I). Mas deles também deve se supor que percebam quais ações, por sua vez, ajudariam a conduzir a cidade em tal direção. Na *República* X, o homem sábio cujo filho morreu é capaz de determinar, entre muitas outras coisas, qual é a melhor forma de ele melhorar sua condição (604c-d). No *Fedro*, Platão indica que uma pessoa pode aprender a predicar como certos tipos de falas afetam certos tipos de pessoas (267ss, esp. 270, 277a-b). Na verdade, a alegoria da caverna, no início da *República* VII, diz que as pessoas podem "adivinhar" o futuro ao rememorar que tipos de acontecimentos ocorreram em sequencia no passado (516c-d; *Teeteto* 171d-172b, 78a-179a, 186a-b).

Por outro lado, Platão acredita que existam estreitos limites à eficácia de tais esforços. A alegoria da caverna vivamente sugere que as regularidades passíveis de ser observadas são meramente acidentais ("que [sombras] costumeiramente [*eiōthei*] passaram mais cedo ou mais tarde ou ao mesmo tempo", *República* 516c10-d1), e indica que usá-las como base de predicação é comparável a fazer adivinhação (*apomanteuomenōi*, 2). Contudo, toda a evidência parece mostrar que, na visão de Platão, o mundo perceptível não é determinístico ou plenamente predicável.[42] Ele parece acreditar que uma investigação *a priori*

---

[42] Gregory Vlastos, "The Disorderly Motion in the Timaeus". *Classical Quarterly 33* (1939): pp. 71-83; Glenn R. Morrow, "Necessity and Persuasion in Plato's *Timaeus*", *Philosophical Review* 59 (1950): pp. 147-164; Harold Cherniss, "The Sources of Evil according to Plato", *Proceedings of the American Philosophical Society* 98 (1954): pp.

de Formas pode produzir enunciados gerais que *grosso modo* descrevem coisas físicas. Em suas aplicações perceptíveis, esses enunciados gerais admitem exceções, porém são muito mais seguros do que enunciados derivados simplesmente de observação perceptual.[43] Tomados em sua pura aplicação às Formas, contudo, eles são certos e desprovidos de exceções.

No fundo, penso (muito embora não haja espaço para uma explicação plena e detalhada de tal interpretação) que Platão ampara sua concepção na ideia de que as propriedades que ele associa às Formas são, no modo como as vemos, não propriamente exemplificadas por coisas perceptíveis. Se "fogo", por exemplo, em um sentido que não envolve nenhuma relação com perspectiva ou circunstâncias, não pudesse ser aplicado a perceptíveis, então ele pensa que outros aspectos se lhe atrelariam com regularidade inabalável.[44] Mas, se a propriedade de ser fogo parecer atribuível apenas em certas circunstâncias e de certos pontos de vista, então os estreitos liames com outros aspectos se farão perturbados e se tornarão apenas probabilísticos. Quanto menos relacional for o atrelamento de propriedades a uma coisa, por assim dizer, mais regular será o liame das propriedades umas com as outras.

Como brevemente observei acima (na seção III), Platão defendeu que nós temos conhecimento *(epistēmē)* somente de Formas, e apenas crenças ou opiniões *(doxa)* sobre perceptíveis (*República* pp. 475-480; *Timeu* 48e, 51d-52a). Explicar a contento o que ele pretende ao dizê-lo requereria outro ensaio. Contudo, as observações precedentes emprestam algum sentido ao que está em jogo. Um elemento está relacionado à possibilidade de predições bem fundadas. Certas regularidades seguramente são detidas pelas Formas, porém não quando se as aplica a perceptíveis.

O elemento mais fundamental, contudo, está relacionado com o fato de que, qualquer que seja a aplicação de um termo que se esteja inclinado a

---

23-30.
[43] Cf. Alexander P. D. Mourelatos, "Plato's 'Real Astronomy': *Republic* 527d-531d", in *Science and the Sciences in Plato*, John P. Anton, editor (Delmar, N. Y., 1980), pp. 33-73.
[44] Ver meu "The Classifications of Goods in Plato's *Republic*", *Journal of the History of Philosophy* 22 (1984): pp. 393-421.

fazer a um objeto perceptível, é certo e seguro que outros pontos de vista e circunstâncias produzirão uma inclinação contrária. Se pretendo dizer que algo é duro aqui e agora, estarei inclinado a nomeá-lo de mole em outro momento.[45] Nada comparável pode se fazer verdadeiro tratando-se de juízos sobre Formas. Ademais, a aplicação da noção de dureza a um perceptível é, como vimos (na seção VIII), uma equivocada na tentativa de atribuir uma propriedade independente de qualquer perspectiva e circunstância a uma coisa que possa ser apreendida somente de uma perspectiva e no seio de circunstâncias particulares.

No contexto da epistemologia de nossos dias, a concepção de Platão sobre esse tópico provoca embaraço. Evidencia-se que ele não está preocupado com a possibilidade de juízos sobre perceptíveis particulares poderem ser adequadamente justificados. Por essa razão, é difícil interpretar suas concepções no âmbito de linhas gerais que intimamente associem o conceito de conhecimento a um conceito da justificação de crença. Em vez disso, ele centra seu foco no pensamento de que as noções independentes de perspectiva e circunstância que temos em mente não são aplicáveis a perceptíveis, e que, por esse motivo, juízos que tentam aplicar essas noções a sensíveis jamais são estáveis.

---

[45] Se não se compreender o que Platão está fazendo, fica fácil pensar que ele confundiu dois tipos diferentes de problemas que podem afetar uma crença de caráter tenso: (1) o fato de que argumentos podem balançar a fé do indivíduo e fazer com que aquele que a alimenta renuncie a ela, e (2) o fato de que as circunstâncias podem mudar e fazer com que aquele que alimenta a crença renuncie a ela por conta disso. Se eu acredito que Sócrates é justo, posso mudar meu modo de pensar porque alguém me convence de que eu me enganei; ou Sócrates pode ser corrompido, e eu, de acordo com isso, posso renunciar à minha crença de que ele é justo. Para Platão não importa que esses dois fenômenos sejam diferentes. Um e outro igualmente ilustram o problema que ele vê em aplicar "é apenas" a perceptíveis, qual seja, o de que a inclinação a aplicar um dado predicado acabará de fato - por ambos os tipos de razão - sendo contrariada pela inclinação de se aplicar o contrário.

XI

A Forma de *F*, diz Platão, é o "paradigma" segundo o qual as coisas perceptíveis a que chamamos *F* são "imitações" ou "cópias", e esse fato faz com que as pessoas atribuam a Platão uma concepção "autopredicacionista" (cf. seção VII). Por duas razões, contudo, o seu pensamento não é franca e diretamente o de que a Forma de *F* e as coisas podem compartilhar o aspecto de ser *F*.

Ora ele não está disposto a dizer que quaisquer objetos sejam *F* no modo mesmo pelo qual a Forma de *F* é. Quando fazemos juízos a respeito, conforme já afirmei, pretendemos dizer que eles são, porém nossa inclinação a fazer quaisquer juízos sobre eles vai e vem, e esse fato mostra que alguma coisa está errada com eles (seção VIII). E o mais importante, contudo, sua concepção não é a de que a Forma de *F* é uma coisa que é em si mesma, predicativamente, *F* de modo independente de ponto de vista e circunstância. Em vez disso, ela é a noção e também a propriedade (cf. nota 24), de uma *coisa sendo F* dessa forma. A concepção autopredicacionista diria que a Forma de *F* é (predicativamente) *F*. A concepção de Platão é de que a Forma de *F* é o que é ser F abstraindo-se de ponto de vista e circunstância.

Não surpreende que eventualmente ele escreva como se aqueles aspectos se atrelassem à Forma de *F*, que em vez disso se atrelaria adequadamente a uma coisa da qual a Forma é a noção, ou seja, uma coisa que é *F* independentemente de ponto de vista e circunstâncias. Na verdade, conceber a Forma é precisamente conceber o ser *F* de uma coisa dessa tal maneira. Penso, contudo, não ser isso que ele pretende. Quando ele manifesta dificuldades com essa ideia (como o faz no chamado Argumento do Terceiro Homem, do qual duas versões aparecem no *Parmênides*, em 131e-1312b e 132d-133b), seu objetivo, como posso crer, é deixar claro que ele não está a subscrevê-la, e que embora possa por vezes ter deixado de pensar e escrever com suficiente clareza para evitá-la de todo, ele considera tais lapsos de sua parte como desvios daquela que é sua linha de pensamento fundamental.

Com frequência ele diz que objetos perceptíveis "compartilham" Formas ou "participam" de Formas. Como ele reconhece, a ideia é obscura

(*Fédon* 100d, *Parmênides* pp. 131-135), e seus trabalhos intermediários pouco elucidam a respeito. Suas obras tardias tentam explicá-lo, em especial o *Parmênides*, o *Sofista* e o *Filebo* (embora seja defensável que elas acabem por deixar as questões ainda mais obscuras). Ele depara com algo maior do que o problema, que se erige em recém-tradição, da relação entre particulares e universais. Além disso, sua noção do ser F de uma coisa independentemente de perspectivas e circunstâncias, e a relação dessa noção com objetos que possam ser apreendidos somente de uma perspectiva particular e no seio de circunstâncias particulares, suscita substanciais dificuldades por si só.

Conforme indiquei acima, Platão resiste à ideia de que a noção de F independente de circunstâncias e pontos de vista pode ser definível em termos de uma noção dependente de ponto de vista ou circunstância — por exemplo, aquele "duro" pode ser definido em termos de "mais duro que" ou "duro comparado a", ou que "belo" possa ser explicado em termos de "belo para fulano segundo tal ponto de vista" ou "belo em tais e tais circunstâncias". De fato, está claro que sua compreensão se coaduna com a ordem inversa de explicação. Para ele, nossas aplicações de termos a objetos perceptíveis de algum modo são desenvolvidas com base em nossa compreensão de noções independentes de pontos de vista e circunstâncias. Esse modo de pensar pode parecer natural com base na introspecção. Na verdade, parece intuitivamente fácil supor que a noção expressa por "mais duro" seja derivada da noção de "duro" mais alguma noção em maior ou menor grau, e que "belo para beltrano de tal ponto de vista" é nocionalmente construída valendo-se de "belo" juntamente com uma noção de perspectiva. Essa pode não ser a ordem lógica de explicação, mas há algo a ser dito a respeito dela — notavelmente, uma espécie de ingênua naturalidade. Existem sinais claros de que Platão tenha perseguido essa ideia. O uso que ele teria feito, segundo se alega, da noção de "o maior e o menor" (ou da "díade indefinida") a mim parece provável que tenha surgido do objetivo de derivar algumas de nossas noções de uma noção de comparação como a que acabo de aludir.[46] E novamente aqui pode se dizer de Platão que ele seguiu um curso que

---

[46] Ver, por exemplo, as passagens reunidas por W. D. Ross como fr. 2 do *De Bono* in *Aristotelis Fragmenta Selecta* (Oxford, 1955).

a introspecção de alguns modos recomenda.

Outros problemas sobre a relação entre Formas e perceptíveis lhe são intensamente perturbadores, mas aqui não é o local para abordá-los. Um problema particularmente grave é a sua necessidade — e ao que tudo indica, ele se vê forçado a ela por toda uma variedade de considerações — de dizer que, assim como os objetos perceptíveis, as Formas têm aspectos que estamos inclinados a lhes atribuir somente em certas circunstâncias.[47] Outros problemas surgem da necessidade de explicar por que motivo, muito embora os perceptíveis tenham aspectos apenas dependentes de pontos de vista, não obstante cometemos o erro de pensar de outra maneira. Na *República,* ele tenta uma explicação recorrendo à noção de agradabilidade (que 583b-587b constrói como fundamentalmente não comparativa). O *Timeu* contém uma série de tais explicações para outras noções.[48]

XII

A epistemologia metafísica de Platão é complexa demais para ser facilmente resumida. Procurei mostrar como se encontram completamente entremeados seus elementos metafísicos e epistemológicos, e como ela difere de teorias epistemológicas modernas. Ao mesmo tempo, procurei esboçá-la no que ela tem de próprio, à parte as comparações com as visões modernas. Parece-me que a compreensão fundamental de Platão — segundo a qual, à medida que muitas noções importantes se dão à introspecção, elas são de aspectos possuídos pelas coisas de um modo que é independente da perspectiva própria do indivíduo e das circunstâncias a envolver os objetos sobre os quais o juízo é feito — é correta enquanto tal. Ou seja, Platão é correto quanto ao que nossas capacidades introspectivas efetivamente nos dizem sobre essas noções e

---

[47] Por exemplo, de acordo com o *Sofista,* considero ser e não ser como tais aspectos, e considero que um problema particular surge porque o ser em si mesmo pode ser dito, em diferentes relações, tanto ao ser como ao não ser.
[48] Por exemplo, *Timeu* 61d-62b ("quente"), 62c-63e ("leve" e "pesado").

quanto às propriedades que elas nos propõem a expressar. Por outro lado, se Platão estava certo em desenvolver essa compreensão do modo como o fez é algo já bem mais duvidoso, assim como a questão sobre se tal introspecção é um bom guia filosófico. A falsidade da compreensão necessariamente poria em questão sua metafísica como um todo.

Apesar do que a introspecção pode indicar, é altamente questionável se as propriedades que atribuímos a objetos físicos perceptíveis deveriam ser construídas como efetivamente independentes de ponto de vista, tempo e circunstância no modo como Platão as considera. É possível que muitas dessas propriedades, por exemplo, devam ser tomadas como relações a tempos. Outras delas talvez sejam subjetivas, isto é, relações com observadores ou condições de observação. Algumas delas são comparativas, como sustentaram os que criticam Platão, e outras parecem relacionais de outras maneiras, que ele não percebeu. Haverá, ainda, propriedades que podem ser "sincategoremáticas" — por exemplo, muitos usos de "bem" podem ser equivalentes a "bom (como um) F".

Essas dificuldades não passaram despercebidas na antiguidade. Aristóteles defendeu, por exemplo, que Platão estava errado em pensar que temos uma noção de bondade abstraída de todas as circunstâncias e coisas a que é aplicada, e assumiu a mesma concepção quanto, por exemplo, à noção de ser (*Ética nicomaqueia* I.6). Ele também defendeu que Platão estava equivocado ao pensar que certas noções relacionais possam ser compreendidas na abstração de seus correlativos.[49]

Um problema adicional surge para Platão do fato de que, com base em certas concepções "holísticas" plausíveis, as noções que empregamos, e mesmo também as propriedades que elas expressam, cada uma delas é dependente de sua identidade com os outros. Tão logo a concepção de Platão a respeito das Formas começa a ser exposta, ela parece tender para um estrito

---

[49] Ver *De Sophisticis Elenchis* c. 31, 181b25-35, onde Aristóteles insiste em que "duplo" ou significa "nada", quando destacado da frase "duplo da metade" (pp. 26-28), ou então significa algo diferente do que significa na frase (pp. 33-35). Owen, "A Proof", 110, equivocadamente o constrói como crítica geral de Platão por não compreender que algumas noções sejam relacionais. Lembre-se que "duplo" é tratado de um modo particularmente problemático em *República* 479b (cf. nota 10).

atomismo.⁵⁰ Em outras passagens, porém, ele parece aceitar algum tipo de interrelação essencial entre Formas, cuja consequência epistemológica seria a de que o conhecimento de certas Formas, particularmente a do Bem, é necessário para o conhecimento de outras (*República* 510b, 511b, 517b-c, 519c-d, 526e). Essa ideia é aludida por Platão — muito embora não esteja claro a que conclusão ele chegue — em trabalhos posteriores, em especial o *Teeteto* e o *Sofista* (por exemplo, o *Teeteto* 206c-208b), e talvez tenha sido desenvolvida por outros, da Academia de Platão, indo desaguar em um minucioso holismo epistemológico.⁵¹

Uma interessante questão histórica, a qual não devo tentar responder aqui, é sobre se a abordagem distintiva por Platão dos problemas epistemológicos e metafísicos — diferente, como é, tanto da epistemologia moderna e mesmo da epistemologia antiga (sobretudo da dos céticos e também das dos estoicos e epicuristas) — é obra do pensar idiossincrático de um filósofo, no caso justamente Platão, ou se ela representa uma abordagem geral dessas questões, característica das linhas filosóficas gerais do período. Eu me inclino para a primeira concepção, mas seria difícil provar que ela é correta.

---

⁵⁰ Atente-se na descrição por Platão das Formas como *monoeides*, *Fedro* 78d, 80b. Creio que essa descrição deva estar atrelada ao fato de que cada Forma tenha de ser tomada como a Forma de uma noção única, *F*, destacada de todas as outras, como a comparação com *Banquete* 211a5-b1 parece confirmar.
⁵¹ Ver W. D. Ross, *Aristotle's Prior and Posterior Analytic*, edição revisada (Oxford, 1957), pp. 605, 659-660.

10 A defesa da justiça na *República* de Platão

RICHARD KRAUT

Sou grato para com os públicos da Clark University, da Johns Hopkins University, da Northwestern University, da Universidade de Michigan e da Wayne State University por seus comentários aos primeiros esboços deste ensaio. Além disso, fiz-me valer das críticas de Christopher Bobonich, Sarah Broadie, Shelly Kagan, Ian Mueller, Constance Meinwald e David Reeve.

Neste ensaio, tentarei identificar e explicar o argumento fundamental da *República* de Platão para a surpreendente tese segundo a qual a justiça é de tal maneira um bem que qualquer pessoa que a possua está em melhor situação do que uma pessoa consumadamente injusta que desfrute de recompensas sociais não raro recebidas pelo justo.[1] A tentativa, por Platão, de defender essa afirmação notável é, está claro, o fio unificador do diálogo, mas seu argumento contempla tão amplas variedades no curso de diferentes tópicos, que é difícil ver como tudo isso se coaduna, e quem quer que tente enunciar seu argumento deve se ater a questões interpretativas a respeito das quais existem consideráveis controvérsias acadêmicas.[2] A dificuldade do

---

[1] Ver *República* 360e-362c para o contraste entre as vidas justa e injusta. (Toda a paginação que aqui aparecerá doravante se referirá a esse diálogo, a não ser que em caso de notação em contrário.) Deve se enfatizar que Platão não está tentando mostrar que é vantajoso *atuar com justeza* independentemente da condição psicológica que se tenha. Sua afirmação é a de que é vantajoso ser uma *pessoa justa*.

[2] Pude extrair o máximo destes estudos: Julia Annas, *An Introduction to Plato's Republic* (Oxford, 1981); Terence Irwin, *Plato's Moral Theory* (Oxford, 1977); C. D. C. Reeve, *Philosopher-Kings: The Argument of Plato's Republic* (Princeton, 1988); Nicholas P. White, *A Companion to Plato's Republic* (Indianapolis, 1979). Dentre tratamentos mais

diálogo só faz aumentar com o fracasso de Platão em dar uma justificação explícita para a complexa equação moral que ele ousadamente anuncia: a justiça descontada pela dor e pela desonra é mais vantajosa do que a injustiça suplementada pelas recompensas da justiça. Mesmo que ele consiga mostrar que a justiça é o maior dentre os bens tomados individualmente, ainda assim ficamos nos perguntando se seu valor é suficientemente alto para que essa equação seja correta. Minha principal tese é a de que a teoria das Formas desempenha um papel crucial no argumento de Platão para a tal equação, mas acresce que o modo preciso pelo qual essa teoria contribui para a sua defesa da justiça é difícil de reconhecer. É complicado sobrepujar certa cegueira que temos para com uma das principais teses de Platão — cegueira que podemos encontrar em uma das críticas de Aristóteles à concepção por Platão do bem. Meu objetivo não será o de mostrar que a teoria de Platão é defensável contra todas as objeções, tão logo a corrijamos do erro cometido por Aristóteles. Mas penso que há algo poderoso no argumento de Platão, e é criticando Aristóteles que espero trazer esse aspecto à luz.

I

Eu disse que manterei meu foco no argumento "fundamental" de Platão, segundo o qual a justiça é de interesse do indivíduo, mas se pode perguntar por que motivo qualquer argumento deveria ser assim isolado e receber especial atenção. Ora, na superfície, a *República* parece apresentar quatro tentativas independentes em apoio à conclusão de que a justiça se faz valer à parte de suas consequências.[3] Em primeiro lugar, ao final do Livro

---

antigos que ainda vale consultar estão: R. C. Cross e A. D Woozley, *Plato's Republic: A Philosophical Commentary* (London, 1964); Horace W.B. Joseph, *Essays in Ancient and Modern Philosophy* (Freeport, N.Y., 1971); N. R. Murphy, *The Interpretation of Plato's Republic* (Oxford, 1951); Richard Nettleship, *Lectures on the Republic of Plato*, 2. ed. (London, 1962).

[3] Aqui estou pondo de parte os argumentos do Livro I do diálogo e concentrando-me inteiramente na questão tal como é reintroduzida no início do Livro II. Platão deve

IV, aprendemos que a justiça é certo arranjo harmonioso das partes da alma. Por esse motivo, ela está relacionada à alma como a saúde está relacionada ao corpo, e uma vez que a vida não vale a pena ser vivida se a vitalidade estiver arruinada, é de suma importância manter a justiça da alma (444c-445c). Em segundo lugar, no Livro IX, Platão compara cinco tipos de pessoas que ele vinha retratando nos livros intermediários — o legislador filosófico, o timocrata, o oligarca, o democrata e o tirano — e declara que deles o mais feliz é o filósofo, uma vez que ele regiamente exerce a lei para consigo mesmo (580a-c). Em terceiro lugar, o Livro IX de imediato argumenta que a vida filosófica tem mais prazer do que qualquer outra, já que o filósofo encontra-se na melhor posição de comparar os vários prazeres disponíveis

---

ter acreditado que os argumentos do Livro I eram de certa forma deficientes; de outro modo não haveria necessidade de reabrir a questão na Parte II. Talvez a sua deficiência resida sobretudo em sua natureza esquemática: eles precisam de um anteparo da teoria política, da metafísica e da psicologia. Uma leitura alternativa é a que se tem no Livro II, onde Platão propõe que os argumentos expostos até ali seriam de tipo completamente errado. Para essa interpretação, ver Irwin, *Plato's Moral Theory*, pp. 177-184; Reeve, *Philosopher-Kings*, pp. 3-24. Também ponho de lado outras considerações a que Platão faz menção no Livro X de 62b*ss*: essas são recompensas mundanas e extramundanas pelas quais o justo pode esperar receber. São precisamente essas recompensas que Platão concorda em ignorar quando promete, no Livro II, mostrar que a justiça é de nosso interesse, à parte suas consequências. Deveria se enfatizar que Platão pensa que essas recompensas tornam a vida justa ainda mais desejável. Ele concorda que a pessoa justa que passa pelos tormentos descritos em 31e-362a sofre uma perda de bem estar, de modo que não é paradigma de felicidade. Quando ele se refere à saúde e outros "assim chamados bens" em 495a7, sua recusa em chamá-los "bens" deve de pronto ser entendida como significando que esses objetos ordinários de busca não são bens em toda e qualquer circunstância; ele não pode sustentar a tese, mais forte, de que eles jamais são bens, pois, fosse esse o caso, as recompensas sociais de justiça seriam uma questão de indiferença. Tem havido considerável debate sobre o que Platão pretende ao dizer que a justiça é boa *em si mesma*. Ver Annas, *Introduction*, cap. 3; Cross and Woozley, *Plato's Republica*, 66-9; M. B. Foster, "A Mistake of Plato's in the Republic", *Mind* 46 (1937): pp. 386-393; Irwin, *Plato's Moral Theory*, pp.184-191, 325-6; C. A. Kirwan, "Glaucon's Challenge", *Phronesis* 10 (1965): pp. 162-173; J. D. Mabbott, "Is Plato's *Republic* Utilitarian?" *Mind* 46 (1937): pp. 468-474; David Sachs, "A Fallacy in Plato's Republic", *Philosophical Review* 72 (1963): pp. 141-158; Reeve, *Philosopher-Kings*, pp. 24-33; Nicholas P. White, "The Classification of Goods in Plato's Republic", *Journal of the History of Philosophy* 22 (1984): pp. 393-421.

aos diferentes tipos de pessoas e prefere os prazeres filosóficos com todos os demais (580c-583a). Em quarto lugar, os prazeres da vida filosófica são mostrados como mais reais, e por isso maiores do que os prazeres de qualquer outro tipo de vida (583b-588a).

Acaso Platão destaca qualquer desses argumentos como sendo mais fundamental que os outros? Pode-se pensar que seu quarto argumento — o segundo dos dois que dizem respeito ao prazer — é aquele que ele tem por mais importante, já que o introduz com a observação de que "esse será o maior e supremo caso (de injustiça)" (*megiston te kai kuriōtatōn tōn patōmatōn*, 583b6-7). Isso poderia ser tomado como significado que o prazer é o bem mais importante a se tomar como critério para a decisão entre justiça e injustiça, e que o argumento a se lançar mão é aquele que mais plenamente revela o porquê de a justiça dever ser escolhida em detrimento a seu oposto. Porém, eu acho que tal leitura daria a esse argumento já bem maior importância do que ele merece, e creio que as palavras de Platão podem — e devem — merecer uma interpretação diferente. Como eu li na *República*, o seu argumento fundamental em defesa da justiça é aquele que conhecerá um fechamento no Livro IX *antes* que qualquer coisa seja dita sobre como a vida do justo e do injusto se comparam quanto ao prazer. Esse é o argumento que Platão elabora com mais detalhes, e, se ele estiver certo, o mesmo argumento constituirá um caso decisivo em favor da vida justa. Ele mostra com precisão o que, relativamente à justiça, faz dela tão vigorosa. Em contraste, os dois argumentos que atrelam justiça e prazer são meramente pensados como a nos garantir que não temos de sacrificar o segundo bem — que é o prazer — para obter o primeiro — que é a justiça. Eles acrescentam em atratividade à vida justa, mas em si não bastam para mostrar que a justiça deve ser escolhida em detrimento da injustiça, a exemplo do argumento mais longo que o precede.

Por que deveríamos ler a *República* por esse viés, não obstante o enunciado de Platão, de que "o caso maior e supremo" de injustiça vem com seu argumento final? A resposta se encontra no modo como ele posiciona, no Livro II, a questão fundamental à que o restante do diálogo responde. A tese que ele ali submete à prova é enunciada de diversas maneiras: é melhor *(ameinon)* o justo do que o injusto (357b1); a justiça deve ser bem acolhida por si mesma se o indivíduo quiser ser bem-aventurado (*makarios*, 358a3); a opinião comum de que a injustiça é mais lucrativa *(lusitelein)* deve ser refutada (360c8); temos de decidir se o homem justo é mais feliz (*eudaimonesteros*) do que o injusto (361d3);[4] a justiça em si mesma beneficia *(oninanai)* alguém que a possua enquanto a injustiça lhe é nociva *(blaptein)* (367d3-4); devemos determinar as vantagens (*ōpheliai*) de justiça e injustiça. Platão não concede a nenhum desses enunciados um papel especial a desempenhar em seu argumento, mas se move para frente e para trás em seu seio. Certamente estará pressupondo que, uma vez tendo a vida consumadamente justa se mostrado mais vantajosa, até mesmo em meio ao infortúnio, do que a vida consumadamente injusta, ele tem aí uma razão decisiva para escolher a primeira em detrimento da segunda.

Note-se, contudo, que Platão jamais promete, no Livro II, mostrar que a justiça proporciona maiores prazeres do que o faz a injustiça, e jamais chega a sugerir que teria de defender essa tese para mostrar que nós deveríamos escolher a vida justa. Isso sugere que a questão sobre se a vida justa ou injusta é a que tem mais prazer será ainda uma questão aberta, mesmo depois que as grandes vantagens da vida justa tiverem sido demonstradas. E é claro, essa sugestão é confirmada no Livro IX: tendo mostrado que a pessoa justa é mais feliz, para Platão existe a necessidade de mais argumentos para mostrar que a pessoa justa também tem o maior prazer. Assim, com o intuito de realizar a tarefa, o próprio Platão afirma na *República* que é a um só tempo necessário e suficiente que ele mostre por que a justiça é tão mais vantajosa do que a injustiça. Mas ele jamais diz ou implica que, se pode mostrar como aquela justiça traz maiores prazeres, então, o texto da *República* em si, será uma defesa suficiente ou necessária da justiça. Ao apoiar a justiça

---

[4] Leitores da *República* devem ter em mente que Platão não faz uso de *eudaimonia* (geralmente traduzida por "felicidade") e seus cognatos para se referir ao sentimento de prazer. Para Platão, buscar a própria felicidade é simplesmente buscar a própria vantagem, e assim, para descobrir o que a felicidade é deve-se determinar onde residem os verdadeiros interesses do ser humano.

em termos de prazer, Platão está mostrando que existem tanto mais motivos para se conduzir a vida de maneira justa do que se poderia supor. Mas o caso fundamental para a justiça foi devidamente elaborado já antes de a discussão sobre o prazer ter se iniciado.[5]

De seu enunciado, deveríamos então inferir que "o maior e supremo caso" de injustiça ocorre na batalha pelo prazer? Uma explicação simples e plausível desse enunciado é proporcionada pelo fato de que ao final de seu último argumento Platão afirma que o prazer do filósofo é 729 vezes maior que o do tirano (587e). Quer Platão esteja falando sério sobre esse número, quer não — e estou inclinado a pensar que não está —, ele proporciona uma explicação do motivo de ele dizer que esse último argumento impõe à injustiça a sua maior derrota.[6] Em nenhum outro argumento ele tentou retratar a lacuna entre justiça e injustiça em tão grande magnitude. Tão logo percebemos que a observação de Platão admite essa interpretação, podemos apoiar conteúdo em nossa conclusão primeira, de que o prazer tem um papel modesto a desempenhar no esquema geral da *República*.

II

Por essa razão, deixarei de lado os dois argumentos hedônicos que Platão dá no Livro IV, e passaremos a nos concentrar inteiramente na única defesa complexa da justiça que os precede. Mas, se pode pensar que esse material

---

[5] Em 589c1-4 Platão distingue entre louvar a justiça pelas vantagens que a ela são inerentes e louvá-la por seus prazeres (cf. 581e-7-582a2, 588a7-10). Isso implica que os dois argumentos do prazer no Livro IX não dão conta da questão sobre se será mais vantajosa a justiça ou a injustiça. Para uma leitura alternativa, ler J. C. B. Gosling e C. C. W. Taylor, *The Greeks on Pleasure* (Oxford, 1982), pp. 98-101; sua interpretação é endossada por Reeve, *Philosopher-Kings*, 307 n. 33. Para outros debates sobre essa alternativa, ver minha resenha sobre o *Philosopher-Kings* de Reeve em *Political Theory* 18 (1990): pp. 492-496.

[6] Para um debate sobre o cálculo de Platão, ver Reeve, *Philosopher-Kings*, pp. 150-151. Ele defende que o número correto deve ser 125.

contém dois argumentos separados, pois ao final do Livro IV Platão já parece ter chegado à conclusão de que uma vez que a justiça é uma harmonia da alma comparável à saúde física, ela é bem superior à injustiça.[7] Por essa razão, podemos supor que após o Livro IV Platão lança uma segunda defesa da justiça, de caráter independente, uma defesa que conclui o Livro IX com o pronunciamento de que a vida do governante filosófico é mais feliz. Porém, o próprio Platão deixa claro que esses dois segmentos — Livros II-IV por um lado, e Livros V-IX, por outro — não podem ser isolados um do outro dessa maneira. Pois no início do Livro VIII somos informados de que o vitorioso pronunciamento do Livro IV — o de terem sido encontrados a melhor pessoa e a melhor cidade — foi prematuro (543c7-544be). Isso significa que o argumento do Livro IV ao final de tudo não estará completo, mas será de algum modo fortalecido pelo material adicional apresentado em algum lugar entre os Livros V e IX. Ao admitir que o Livro IV ainda não descobriu quem é a melhor pessoa, Platão indica que até aquela altura ele apresentou uma imagem suficientemente completa da vida justa.[8] Por isso seria um erro examinar o argumento dos Livros II-IV isoladamente do material posterior, muito embora fossem pensados para proporcionar uma defesa completa da justiça.

Não obstante, Platão claramente pensa ter proporcionado pelo menos uma defesa parcial da justiça ao final do Livro IV; o fato de que ele segue a fortalecer o argumento proporcionando-lhe uma imagem mais completa da vida justa não significa que ao final do Livro VI não tenhamos razão

---

[7] Ou, seguindo Annas, *Introduction*, pp. 168-169, podemos pensar que Platão aqui argumenta tendo em vista duas diferentes conclusões: o primeiro material destina-se a mostrar que a justiça é boa em si mesma, à parte a felicidade; isso enquanto o material posterior tenta relacionar justiça e felicidade. Mas deveríamos rejeitar seu enunciado de que "a noção de felicidade não ocorreu" no Livro IV. Quando Platão pergunta, em 444e7-445a4 se a justiça seria mais lucrativa *(lusitelei)* do que a injustiça, com efeito ele está perguntando se a pessoa justa é mais feliz. Como demonstra o Livro II, a tese que Platão está tentando provar pode ser formulada em diversos termos, tratados de maneira equivalente. A interpretação de Annas foi proposta anteriormente por Mabbott, "Is Plato's Republic Utilitarian?", 62.

[8] Outras passagens mostram que Platão não crê que no Livro IV ele teria revelado completamente o que a justiça é: ver 472b7 e 487a7-8.

alguma para pensar que a justiça seja superior à injustiça. Para compreender o argumento único que perpassa do Livro II até o IV, temos de ver por que Platão chega a uma conclusão preliminar no Livro IV e como o material adicional que aparece em livros posteriores fortalece esse argumento.[9]

Para fazer progressos nessa questão interpretativa, iniciemos com uma observação com a qual todos os estudiosos concordariam: uma das ideias fundamentais que Platão antecipa em sua defesa da justiça é a de que deveríamos buscar uma teoria *geral* do bem. Sua proposta é a de que quando dizemos de um corpo humano, de uma alma humana, ou de uma comunidade política, que estão em boas condições, existe algum aspecto comum a que estamos nos referindo, e é porque eles compartilham desse aspecto comum que são propriamente chamados "bem".[10] Ele espera que seu público concorde com ele no aspecto de que o bem de um corpo — a saúde — consiste em certa prioridade natural entre vários componentes físicos; e ele apela a esse ponto para sustentar a sua afirmação de que a alma de um indivíduo está em boas condições se também ela exibir certa ordenação entre seus componentes (444c-e).[11] Mas a analogia entre

---

[9] Para a concepção contrária - a de que nos Livros II-IV Platão não procura introduzir nenhum argumento em favor da tese de que a justiça é vantajosa -, ver Nicholas P. White, "The Ruler's Choice", *Archiv für Geschichte der Philosophie* 68 (1986): pp. 34-41. Mas poso crer que 444e7-445b7 descarta essa hipótese: Aqui os interlocutores concordam que a justiça seja vantajosa, e que a injustiça não o seja; e certamente pensam ter algum motivo para chegar a essa conclusão. Tomo 445b5-7 como significando que a conclusão não foi amparada tanto quanto era possível, e que o argumento em versão mais completa ainda pode ser apresentado. Não obstante essa diferença, White e eu concordamos que os Livros II-IV devem ser lidos como um único argumento, e contínuo, em defesa da justiça.

[10] Isso, é claro, é consequência do princípio geral de Platão, segundo o qual, sempre que chamarmos um grupo de coisas pelo mesmo nome, haverá alguma coisa em comum entre elas. Ver, por exemplo, *Mênon* 72b-c e *República* 596a. A suposição de Platão, de que o bem é uma coisa simples, é atacada por Aristóteles na *Ética nicomaqueia* 1.6.

[11] Visto com mais detalhes, o argumento é o seguinte: (1) A saúde é o bem mais importante do corpo, no sentido de que a vida não vale a pena ser vivida quando o corpo carece completamente de saúde. (2) O que faz da saúde algo tão valoroso é o fato de ela envolver um equilíbrio - é de maneira apropriada que certos elementos dominam certos objetos. (3) A justiça envolve um equilíbrio análogo na alma. (4) Uma vez que a justiça tem a mesma característica de fazer o bem como saúde, deve ser igualmente verdade que a vida não vale ser vivida se for enormemente deficiente em justiça. A premissa

saúde e bem-estar psíquico é por si mesma de valor apenas limitado, porque nada nos diz sobre que tipo de ordenação deveríamos tentar obter na alma. Aquilo de que Platão necessita, devendo proporcionar um argumento forte valendo-se da analogia, é de uma estrutura que tenha o mesmo tipo de componentes e que possa exibir o mesmo tipo de equilíbrio que se tem na alma. Isso é algo que ele pensa poder realizar examinando a questão sobre qual a melhor cidade possível, pois acredita que pode mostrar que a estrutura tripartite da melhor comunidade política corresponde à estrutura da alma humana.[12] Se ele puder nos convencer de que essas correspondências existem, e se puder nos fazer concordar que a cidade que ele descreve é ideal, então ele tem alguma base para chegar a conclusões de que o tipo ideal da pessoa é alguém cuja alma exibe o mesmo tipo de ordenação que a possuída por uma comunidade política ideal.[13]

---

crucial é (3), e para vir em seu apoio Platão recorre à analogia entre cidade e alma. Porém, mesmo que Platão tivesse posto completamente de parte a ideia de que a saúde envolve um equilíbrio, o principal argumento de analogia entre os Livros II-IV ainda se manteria: o melhor para a pólis é um equilíbrio interno, e deveríamos esperar o mesmo para sustentar a verdade do indivíduo. O apelo à saúde é uma tentativa de fortalecer o argumento adicionando-se um caso a mais, no qual a vantagem possa ser equacionada com o equilíbrio apropriado.

[12] Para um debate sobre o argumento de Platão para a tripartição da alma, ver John M Cooper, "Plato's Theory of Human Motivation", *History of Philosophy Quarterly* (1984): pp. 3-21; Irwin, *Plato's Moral Theory*, pp. 191-195; Terry Penner, "Thought and Desire in Plato", in *Plato*, vol. 2, Gregory Vlastos, editor (Garden City, N.Y., 91), pp. 96-118; Reeve, *Philosopher-Kings*, pp. 118-140.

[13] A estratégia de Platão fracassaria se fosse impossível dizer alguma coisa sobre o que é uma boa cidade sem primeiro saber o que é uma boa pessoa ou o que é a felicidade humana. Os Livros II-IV tentam nos convencer de que muito se pode descobrir sobre como uma comunidade política deve ser organizada, mesmo antes de nos debruçarmos sobre a questão da virtude e da felicidade humanas. Para a concepção de que o argumento de II-IV incide em circularidade contra Trasímaco ao simplesmente assumir em 427e-428a e 433a-435a que a justiça é uma virtude, ver Michael C. Stokes, "Adeimantus in the *Republic*", in *Law, Justice and Method in Plato and Aristotle*, Spiro Panagiotou, editor (Edmonton, 1985). Para Stokes, Platão não está efetivamente direcionando o seu argumento para um crítico radical da justiça como Trasímaco; em vez disso, ele está falando a Glauco e Adimanto, já em parte convencidos quando se inicia a discussão. Uma concepção semelhante é defendida por Reeve, *Philosopher-Kings*, pp. 33-42; contrastar com Martha C. Nussbaum, *The Fragility of Goodness* (Cambridge, 1986), pp. 155-156. Acredito que Platão esteja tentando persuadir Trasímaco (ver 498d), e que ele não toma

Porém, no Livro IV, Platão ainda não nos tinha apresentado todos seus argumentos para tomar a comunidade política que ele descreve como ideal. Pois uma das principais razões para favorecer o tipo de cidade descrita na *República* é a de que só ela é governada por indivíduos que detêm a sabedoria necessária para governar bem; e esse tipo de conhecimento político especializado só será apresentado nos Livros VI-VII. Aí se tem uma razão para dizer que o argumento que se baseia na analogia apresentada ao final do Livro IV encontra-se incompleto. Ademais, Platão ainda não disse nos Livros II-IV tudo o que queria dizer sobre o tipo de ordenamento que deveria ser estabelecido na alma. Ele nos diz que a razão deve regrar e cuidar do bem-estar da parte restante da alma, da qual o espírito deveria ser aliado e cuja concupiscência deveria ser devidamente vigiada (441e-442a). Mas qual a razão de governar a alma? De que modo pode o espírito ser de valia? E se a concupiscência se avantajasse por demais? É claro, Platão já deu algum conteúdo a essas noções, pois ele tem estado a descrever a educação adequada desses elementos da alma desde o final do Livro II, e isso nos proporciona algum sentido de como eles deveriam se relacionar entre si. Ocorre que tal educação ainda não foi plenamente descrita. Quando encontrarmos mais sobre aquilo de que a razão deve se ocupar, teremos uma ideia mais completa do que se terá para ela governar.[14]

III

Devemos agora nos voltar para o Livro V, mediante VII, com o intuito de visualizar como a ilustração platônica da vida filosófica contribui para o argumento de que a justiça se vale por si só. Queremos saber sobre essa vida, feita tão mais digna de ser vivida do que qualquer outra; e temos

---

esse argumento como incidindo em circularidade contra ele, mas a questão requer mais debates do que posso proporcionar aqui.

[14] As limitações do argumento de Platão tal como ele se desenvolve do Livro II para o Livro IV são enfatizadas por John M. Cooper, "The Psychology of Justice in Plato", *American Philosophical Quarterly* 14 (1977): pp. 152-153; Irwin, *Plato's Moral Theory*, pp. 216-277; e White, "Ruler's Choice", 39.

de compreender como esse novo material está atrelado ao argumento da analogia que chega a uma conclusão preliminar ao final do Livro IV.

De um modo ou de outro, uma resposta a essas questões deve recorrer à crítica platônica das Formas — aqueles objetos eternos, imutáveis, imperceptíveis e incorpóreos, a compreensão dos quais é o objetivo da educação do filósofo.[15] O filósofo é definido como alguém cuja paixão pelo aprendizado vai crescendo e assumindo a forma de um amor por objetos abstratos como Beleza, Bem, Justiça e que tais (474c-476c). E tão logo Platão introduz essa concepção de quem o filósofo é, ele nos faz saber que é precisamente em razão da conexão do filósofo com esses objetos abstratos que a vida filosófica é superior a qualquer outra. Os que não conseguem reconhecer a existência das Formas têm um tipo de vida como de um sonho, porque não conseguem perceber que os objetos corpóreos que eles percebem são apenas semelhanças de outros objetos (476c-d).[16] Em um sonho, é de maneira confusa que tomamos imagens de objetos por aqueles próprios objetos. A afirmação de Platão é a de que não filósofos cometem equívoco similar, porque pensam que as coisas belas que veem são o que a beleza realmente é; em termos mais gerais, eles equacionam os muitos objetos observáveis que são chamados por algum termo geral, *"A"*, com o que *A* realmente é.[17] Os filósofos são aqueles que reconhecem que *A* é um tipo de objeto completamente diferente, e com isso eles se livram de um erro sistemático que de algum modo desfigura a vida filosófica. Este é, evidentemente, o quadro que Platão esboça na alegoria da caverna (514a-519d): a maior parte de nós encontra-se aprisionada em um submundo escuro, porque apenas vislumbramos nas sombras manipuladas por outros; livrar-nos dessa situação requer uma mudança em nossa concepção dos tipos de objetos que eles são.

---

[15] Entre as passagens mais importantes a caracterizar as Formas estão *Fedro* 65d-66a, 74b-c, 78c-80b; *Fedro* 247c; *República* 477-480e; *Banquete* 210e-211e; *Timeu* 27d-28a, 38a-52a-b; *Filebo* 59c. Para um exame pormenorizado das razões de Platão para postular a existência de Formas, ver Terry Penner, *The Ascent from Nominalism* (Dordrecht, 1987).
[16] Para uma interpretação lúcida desse aspecto da teoria de Platão, ver Richard Patterson, *Image and Reality in Plato's Metaphysics* (Indianapolis, 1985).
[17] Ver Penner, *Ascent from Nominalism*, pp. 57-140.

A metafísica de Platão, portanto, é controversa, mas o problema que se nos apresenta aqui é o de compreender como ela contribui para a defesa da justiça. Suponha-se que aceitamos, em consideração ao argumento, que pelo menos os seguintes princípios centrais de sua metafísica estejam corretos: existem tais objetos abstratos na condição de Forma da Justiça, e para chamar atos, indivíduos ou cidadãos basta dizer que eles trazem certa relação com essa Forma. Chamar um ato justo é comparável com chamar uma imagem em uma pintura de "árvore". A imagem não é o que uma árvore é, também é correto falar dela como sendo uma árvore somente se tal significar que ela traz certa relação com árvores vivas; de modo semelhante, simplesmente atos, pessoas e cidades não são o que a justiça é, e é correto chamá-los "justos" somente se isso significar que eles participam na Forma da Justiça.

Se aceitamos essa teoria, evitamos os erros de não platonistas; reconhecemos que objetos existem em variedade mais ampla do que a que a maior parte das pessoas percebe, e que nossos mundos constantemente fazem referência a esses objetos. Ainda assim, poderíamos perguntar: por que motivo essa concepção platônica do mundo faria nossas vidas tão melhores do que a vida dos não platonistas? Uma resposta possível que Platão pode dar é a de que, uma vez que o conhecimento da realidade é um grande bem intrínseco, uma vida na qual conheçamos a verdade sobre o que existe é bem superior a uma vida em que permanecemos ignorantes das realidades fundamentais do universo. Mas isso me soa como uma resposta desapontadora, e logo passarei a argumentar que Platão tem uma resposta melhor. Ela desaponta porque parte de um pressuposto que seria desafiado por qualquer pessoa que tiver dúvidas sobre os méritos da vida filosófica. Aos que não são dotados de inclinação filosófica, de modo algum é óbvio que o conhecimento da realidade seja em si um grande bem intrínseco. Com legitimidade, eles podem perguntar por que é válido para nós contribuir para o nosso entendimento da realidade, já que o nosso fracasso em fazê-lo não impediria nossa busca de bens que sejam válidos. Platão não pode simplesmente replicar que o conhecimento é intrinsicamente válido, à parte qualquer contribuição que se possa fazer para a busca de outros objetivos. Isso introduziria uma circularidade em favor da vida filosófica.

Pode ser pensado que, para Platão, o conhecimento platônico das Formas é válido precisamente porque ele é um meio para algum outro objetivo. Por exemplo, ele pode afirmar que, a não ser que estivermos estudando a Forma da Justiça, é provável que em algum ponto venhamos a cometer erros em nosso juízo sobre quais atos, pessoas ou instituições são justos; e se cometemos erros desse tipo, tomamos más decisões sobre como agir. Mas se é esse o argumento de Platão, então novamente ele incide em circularidade. Pois podemos perguntar por que é tão importante descobrir como agir com justiça em todas as situações. É claro, se agir com justiça é bom para o agente, e se o conhecimento das Formas é um meio indispensável para esse fim, então é preciso adquirir tal conhecimento. Mas esse argumento meramente pressupõe a tese que Platão se dispõe a provar: a de que o agir com justiça é bom para o agente.

Talvez ele esteja pressupondo que o conhecer das Formas valha a pena não meramente como um meio de ação, mas porque ao chegar a compreender as Formas nós desenvolvemos a capacidade de raciocinar.[18] Seres humanos não são apenas criaturas apetitivas e emocionais; também temos um interesse inato em aprender, e se esse aspecto de nossa natureza não é desenvolvido, nossa vida se torna estreita e empobrecida. Um problema a envolver essa resposta é o de que essas pessoas diferem amplamente quanto ao grau de curiosidade intelectual que possuem, e os tipos de objetos que satisfazem sua curiosidade também diferem em ampla medida. Os que têm pouca ou nenhuma inclinação para estudos abstratos podem satisfazer sua curiosidade de modos simples, e de novo Platão estaria incidindo em circularidade se ele simplesmente assumisse que ter um apetite facilmente satisfeito em questões de raciocínio desqualifica o indivíduo no que diz respeito a conduzir uma vida boa, voltada para o bem. Ademais, como Platão disso se mostra consciente, é possível passar boa parte de nosso tempo debruçado sobre questões intelectuais sem jamais se dar conta de que as Formas existem. Aqueles que estudam o universo e buscam explicar todos os fenômenos sem apelar às Formas

---

[18] Ver Irwin, *Plato's Moral Theory*, 236, para a alegação de que a defesa por Platão da justiça depende da ideia de que temos de desenvolver todas as nossas capacidades.

certamente desenvolvem o lado raciocinante de sua natureza; não serão apenas emoção e apetite que irão conduzi-los a suas teorias. Mesmo assim, eles não estão conduzindo a vida filosófica, de acordo com a concepção estreita de filosofia por Platão, e desse modo não são eles que levam o melhor tipo de vida. Se ele pensa que intelectuais que negam a existência das Formas falham no desenvolver de suas capacidades e por essa razão se fazem aquém da felicidade, ele deve a seu leitor alguma argumentação em favor dessa tese.

IV

Acredito que a resposta de Platão a essa questão esteja bem diante de nosso nariz, mas que falhamos ao reconhecê-la porque de início ela nos parece duvidosa ou mesmo ininteligível. Minha sugestão é a de que para Platão as Formas são um bem — na verdade, o maior bem que existe.[19] Com o intuito de viver bem, devemos romper com os pressupostos limitantes segundo os objetos comuns de busca — os prazeres, poderes, honras e bens materiais pelos quais nos esforçamos — são os únicos tipos

---

[19] O principal apoio textual para essa leitura deriva das muitas passagens em que Platão descreve as Formas como os objetos adequados ao amor: 476b, 480a, 490a-b, 500c, 501d. Elas só o poderiam ser se fossem boas (*Banquete* 204d-206a). Não estou afirmando que de acordo com Platão cada Forma conta como um bem separado; em vez disso, é o todo ordenado constituído pelas Formas que é um bem, muito embora algumas das Formas individuais (o Bem, a Beleza etc.) possam ser boas em si mesmas. É claro que se a minha interpretação deve sinalizar um aperfeiçoamento em relação às que acabam de ser consideradas, então Platão podem simplesmente *pressupor* que as Formas sejam um grande bem. Seu argumento em favor dessa afirmação será discutido mais tarde. É de se perguntar como as Formas podem ser o maior bem, uma vez que essa distinção encontra-se reservada à justiça (366e). Mas aqui não há um real conflito. Quando Platão diz que a justiça é o maior bem, com isso ele não quer dizer que o universo não tenha melhor objeto a mostrar do que, apenas, o ser humano; as Formas são superiores a isso. Muito mais ele quer dizer que possuir a justiça é melhor para nós do que possuir qualquer outro tipo de bem; e isso é compatível à afirmação de que as Formas são os objetos supremos. Pois na minha leitura, ser plenamente justo e plenamente possuidor de Formas são o mesmo estado psicológico, de modo que não há questão sobre em que estado é melhor estar.

de bem que existem.[20] Devemos transformar nossa vida ao reconhecer um tipo radicalmente diferente de bem — as Formas —, e devemos tentar incorporar esses objetos em nossa vida pelo compreendê-los, amá-los e imitá-los, já que eles são incomparavelmente superiores a qualquer outro tipo de bem que possamos ter. É por isso que, para Platão, o filósofo é tão melhor que os outros homens, por ter escapado dos confins da existência da pessoa comum, que se dá ao modo de sonho: os objetos com que o filósofo está familiarizado são objetos muito mais dignos de amor do que os objetos característicos da paixão humana. Desse modo, Platão não está afirmando que é intrinsicamente bom ter um inventário completo do que existe, e não está afirmando que desenvolver e satisfazer a nossa curiosidade intelectual é algo intrinsicamente válido, independentemente dos tipos de objetos a que nossa curiosidade nos conduza. Em vez disso, Platão tem na descoberta das Formas algo de grande importância, já que elas são o bem preeminente que devemos possuir para sermos feliz, e toma a razão como a mais valiosa capacidade de nossa alma, pois somente pela razão possuiremos as Formas. Se não houvesse nada digno de valor fora de nós para a razão descobrir, então uma vida dedicada ao raciocínio perderia a sua reivindicação à superioridade em relação a outros tipos de vida.[21]

A interpretação que estou propondo tem alguma semelhança com o modo como Aristóteles aborda a filosofia moral de Platão. De acordo com Aristóteles, podemos descobrir o tipo de vida que deveríamos levar somente pela determinação do bem — ou bens — que deveríamos, em última instância, perseguir. Ele leva em conta as concepções concorrentes do mais

---

[20] É amplamente reconhecido que, de acordo com Platão, a felicidade consiste em possuir coisas boas - ele assume esse aspecto, sem qualquer necessidade de argumentação. Ver *Banquete* 204e-205a. O que é distintivo em minha interpretação é a sugestão de que Platão defende a sua vida filosófica (e portanto a vida de uma justiça consumada) como ela própria um elemento adicional à lista convencional de bens.

[21] O padrão de argumentação no *Filebo* é semelhante: a razão é declarada o componente mais importante da vida humana boa - mais do que o prazer -, porque está mais afinada ao prazer do que o bem humano. Aqui, como na *República*, algo fora da vida humana é tomado como ideal, e os elementos da vida humana que mais plenamente se aproximam desse ideal recebem prioridade.

elevado bem e toma a resposta platônica não como sendo a que aponta para algum objeto anódino de busca, podendo ser o prazer ou a virtude, mas muito mais como a Forma do Bem. Aristóteles, é claro, rejeita essa resposta, mas é significativo que ele tome o platônico por aquele que diz que certa Forma é o bem mais elevado e deva, por essa razão, desempenhar o papel que não platônicos atribuem a prazer, honra ou virtude. Assim interpretado, o platônico não está simplesmente dizendo que a Forma do Bem é um meio indispensável para determinar quais entre outros objetos são bons; ele próprio é o sumo bem.[22] Minha interpretação é similar, à medida que tomo Platão por tratar as Formas de modo geral como um bem preeminente; o papel especial da Forma do Bem será discutido mais tarde.

Nesse ponto, pode-se questionar se a teoria que estou atribuindo a Platão é inteligível. Pois talvez uma Forma seja simplesmente não o tipo de coisa que uma pessoa possa ter ou possuir. É claro, uma Forma pode ser estudada e conhecida, mas estudar uma coisa é algo que em si não confere propriedade. A lua, por exemplo, pode ser um belo objeto, um valoroso objeto de estudo, mas ninguém em sã consciência dirá que a lua é um bem que se possui em virtude de estudá-la. De modo semelhante, a afirmação de que a Forma do Bem não é o tipo de coisa que possa ser possuída é uma das muitas objeções de Aristóteles à concepção platônica do bem (*N.E.* 1096b35). Segundo Aristóteles, Platão estaria dizendo que o fim último é a Forma do Bem, e objeta que a Forma do Bem teria sido desqualificada no desempenho desse papel por não ser um objeto do tipo certo. Pode-se pensar que essa objeção é tão poderosa que, nem por caridade deveríamos buscar uma interpretação diferente daquela que estou propondo.[23]

---

[22] Esse é o modo pelo qual o seu debate em *N. E.* 1.6 da concepção platônica do Bem não está fora de lugar. Aristóteles também considera a possibilidade de, para o platônico, o Bem em si mesmo não ser um objeto desejável, mas, em vez disso, uma ferramenta para se obter o conhecimento de que necessitamos para tomar decisões práticas. Ver 1096b35-097a6. Mas essa é uma alternativa à concepção principal do Bem que ele considera em 1.6.

[23] Assim, G. X. Santas, "Aristotle's Criticism of Plato's Form of the Good: Ethics without Metaphysics?" *Philosophical Papers* 18 (1989): p. 154. Ele toma Aristóteles como

Mas acho fraca a objeção de Aristóteles. Claro, é verdade que, se tomamos a posse de uma coisa como uma questão de ter direitos de propriedade sobre ela, então estudar a Forma do Bem não confere tais direitos, e é difícil entender o que seria possuir uma Forma. Mas podemos falar de ter coisas muito embora não tenhamos direitos de propriedade sobre ela; por exemplo, pode-se ter amigos sem possuí-los. E podemos facilmente compreender aquele que diz que, para ter uma vida boa, é preciso ter amigos. *Ter* amigos é questão bem diferente do que é possuir um objeto físico; envolve um vínculo emocional e atividades que caracterizam a amizade. Ter um determinado bem varia de acordo com o tipo de bem; diferentes tipos de bem não entram em nossas vidas do mesmo modo. Com isso, o mero fato de que uma Forma não pode ser possuída não dá motivos para que se rejeite a ideia de Platão, segundo a qual, se se traz certa relação com as Formas — relação que envolva tanto um vínculo emocional como um entendimento intelectual —, então uma vida se torna mais digna de ser vivida precisamente porque desse modo se está conectado com tais objetos de valor.

Na verdade, existem semelhanças entre o modo pelo qual as pessoas podem entrar em nossa vida, e melhorá-la, e o modo como Platão pensa que deveríamos estar relacionados às Formas. Podemos facilmente compreender alguém que diz que um dos grandes privilégios de sua vida foi ter conhecido certa pessoa iminente ou inspiradora. Mesmo não sendo amigo íntimo de tal pessoa, pode-se ter grande amor e apreço por ela, e ter grande prazer em estudar sua vida. Esse é o tipo de relação que Platão pensa que deveríamos ter com as Formas — ele não está salientando que amar e estudar sejam boas

---

estando obviamente certo de que uma Forma Platônica não é o tipo de coisa que possa ser possuída, e defende Platão por negar que a sua teoria faça tal reivindicação. Em vez disso, ele considera que Platão meramente estaria dizendo que a Forma do Bem tenha de ser conhecida para que outros bens sejam possuídos. Uma concepção relacionada a essa parece ser pressuposta por Martha Nussbaum, para quem Platão acredita que "os portadores de valor são atividades". Ver *Fragility of Goodness*, p. 148. Tomando como base essa concepção, as Formas em si mesmas não devem ser "portadoras de valor", uma vez que não são atividades. Em vez disso, elas têm valor porque são objetos de atividade pura, estável e de descoberta da verdade. Ver pp. 145-148.

atividades, quaisquer que sejam seus objetos; mas salienta, isto sim, que as Formas sejam bens preeminentes, e, por esse motivo, nossa vida em ampla medida é melhorada quando viemos a conhecê-las, amá-las e imitá-las.

Suponha-se que nos seja concedido que se as Formas são um bem, então elas são o tipo de coisa que pode melhorar nossa vida se nos relacionarmos com elas de maneira apropriada. Não obstante, pode-se ainda perguntar se a ideia de que elas são boas pode fazer sentido. Se alguém diz que a água é uma coisa boa, podemos nos confundir com o que com isso se tem em mente, e mesmo podemos nos pôr céticos sobre se a água é o tipo de coisa que pode ser boa em si mesma (em oposição à sua condição de ser mero meio).[24] De modo semelhante, podemos ter dúvidas quanto às Formas de Platão: como podem tais objetos, que são de gênero tão diferente do de bens mundanos, como saúde e prazer, ser contados entre os bens? E se não se puder nos convencer de que são bons, então, é claro, tampouco se terá esperança de nos persuadir de que são amplamente melhores do que bens comuns como prazer, saúde, riqueza, poder e outros.

Para a resposta de Platão à nossa pergunta, "o que é dizer de alguma coisa que é uma coisa boa?", podemos granjear ajuda de sua discussão sobre a Forma do Bem. Mas muito embora ele insista na preeminência dessa Forma, ele não diz precisamente o que ele toma pela qualidade do bem; ele simplesmente diz que não se trata de prazer ou conhecimento (505b-506e). Tem-se aqui um marcado contraste entre a plenitude de sua abordagem do que a justiça é e a acuidade de sua discussão sobre o bem. Aprendemos o que é dizer de uma pessoa, de um ato ou de uma cidade que ela é justa, e vemos o aspecto que todos esses têm em comum, mas Platão observa não haver nada em comum a todas essas coisas. Assim, ele não toma para si o projeto de

---

[24] Ver Paul Ziff, *Semantic Analysis* (Ithaca, N.Y., 1960), pp. 210-216. Sua concepção é a de que quando nos referimos ao "bem" de alguma coisa, estamos dizendo que ele "responde a certos interesses" (p. 117). A não ser que formos supridos com informações adicionais, não está claro como a água pode satisfazer a essa condição. É claro que, com base em minha leitura, Platão não está apenas dizendo que as Formas respondem a certos interesses. Elas são boas independentemente de nossos interesses, e porque são boas é de nosso interesse possuí-las.

mostrar que as Formas são preeminentes pelo enunciar da propriedade em que consiste o bem e pelo argumentar que elas exibem tal propriedade mais plenamente do que qualquer outra coisa.

Talvez possamos descobrir por que Platão pensa as Formas como bens se nos focamos em suas características distintivas e perguntamos quais delas Platão pode ter destacado como pontos de superioridade em relação a outros objetos. Por exemplo, ele pensa que as Formas são mais reais do que os objetos corpóreos, e presume-se que ele tenha tal coisa como evidência de sua superioridade de valor.[25] Mas esse ponto não nos levará tão longe quanto precisamos ir, já que Platão pensa que objetos que são igualmente reais podem, não obstante, diferir enormemente quanto ao seu valor. Considere dois corpos, um deles saudável, o outro enfermo: um está em melhores condições que o outro, mas Platão jamais sugere que um deles deva, por esse motivo, ser mais real que o outro. Muito embora Formas sejam mais reais do que outros tipos de objetos, não podemos tratar diferentes graus de realidade como o que, de um modo em geral, constitui diferenças de valor.

Porém, nosso exemplo dos corpos saudável e enfermo sugere outra linha de raciocínio: Platão equaciona saúde, a boa condição do corpo, com certa harmonia entre seus elementos; e ele argumenta que justiça, a boa condição da alma, é também certo tipo de harmonia entre suas partes; e assim o próprio pensamento sugere que Platão toma o bem de alguma coisa de certo tipo como a harmonia ou proporção que é apropriada às coisas daquele gênero. De acordo com essa sugestão, a qualidade de bem que houver nas Formas consiste no fato de que elas possuem uma espécie de harmonia, equilíbrio e

---

[25] A alegoria da caverna (514a-517c) e a crítica à imitação artística no Livro X (ver esp. 596a-597d) faz esse aspecto da teoria vir à tona em toda a sua extensão. Para um debate a respeito, ver Gregory Vlastos, "Degrees of Reality in Plato", in *Platonic Studies*, 2. ed. (Princeton, 1981), pp. 58-75. Vlastos sustenta que as Formas são completamente reais em dois sentidos: elas têm o mais elevado grau de confiabilidade cognitiva e detêm uma espécie de valor que "transcende as especificações usuais de valor" (p. 64) É claro que Platão não pode simplesmente dispor tal coisa sem argumentar que as Formas têm esse valor transcendente, nem pode ele inferir que elas têm esse valor meramente em razão de sua confiabilidade cognitiva.

proporção; e sua superioridade em relação a todas as coisas consiste no fato de que o tipo de ordenação que possuem lhes confere um grau mais elevado de harmonia do que qualquer outro tipo de objeto.[26]

Está claro que para Platão as Formas exigem o mais elevado gênero de arranjo ordenado. Diz ele que o filósofo desvia o olhar dos negócios humanos assolados pelo conflito, voltando-os às coisas que são imutáveis e ordenadas (*tetagmena*, 500c2); pelo estudo da ordenação divina (*kosmos*, c4), sua alma se torna tão ordenada e divina quanto possível for a uma alma humana (c9-d1). Mesmo os padrões mais belos exibidos no céu da noite estão aquém das harmonias presentes nas verdadeiras formas e números, uma vez que a corporeidade das estrelas torna o desvio inevitável, enquanto o caráter incorpóreo das Formas garante que os padrões ordenados que elas exibem jamais se deteriorará (529c7-530b4). Mas ele não diz precisamente no que consiste o caráter ordenado das Formas; corpos, almas e comunidades políticas exibem ordenação (e, portanto, a qualidade do bem) quando suas partes ou componentes estão relacionadas a cada outra de modos adequados, mas não ficamos sabendo se as Formas têm partes ou se elas alcançam sua ordem de alguma outra forma. Talvez isso explique a recusa de Platão em dizer o que é a Forma do Bem (506d-e); muito embora a qualidade do bem seja simplesmente algum tipo de harmonia, Platão ainda não chegou a uma firme apreensão do que essa harmonia é no caso de Formas, de modo que não poderia sugerir uma antecipação geral da harmonia que se aplicaria igualmente aos vários tipos de harmonia exibidos por corpos viventes, almas, estrelas e Formas. Em todo caso, porém, podemos visualizar como Platão procuraria lidar com dúvidas sobre se as Formas são os tipos de objetos que, de maneira inteligível, podemos chamar "bens". Recorrendo ao seu debate sobre política, ele responderia, sobre a alma e sobre saúde: em todos esses casos, o bem de uma coisa consiste em uma espécie de ordenação; e assim, se

---

[26] Lidos dessa forma, os argumentos dos Livros II-IV e de V-IX amparam-se mutuamente: o material que se tem em V-IX acrescenta conteúdo e apoio à tese de que a justiça é uma harmonia psicológica; essa tese, por sua vez, ampara a identificação entre estar em boas condições e estar arranjado de maneira harmoniosa.

as Formas podem ser mostradas como tendo o tipo de ordem apropriada a coisas desse tipo, também elas serão boas. E se elas necessariamente têm um grau mais elevado de ordenação do que qualquer outra coisa, elas são os bens melhores que pode haver.[27]

V

Agora pode se questionar de que modo quaisquer dessas perspectivas provê a Platão uma defesa da virtude da justiça. Mesmo se consideramos o motivo pelo qual ele pensa que a vida filosófica é melhor, podemos ainda perguntar por que esta deveria ser considerada como uma defesa da *justiça*. Por que o filósofo é o paradigma da pessoa justa? Parte da resposta de Platão, tal como a compreendo, se dá como segue:[28] quando o estado ideal apropriadamente educa indivíduos para que se tornem filósofos, suas emoções e apetites são transformados de um modo que serve à vida filosófica, e esses estados afetivos já não proporcionam um forte ímpeto em direção ao comportamento antissocial, como fazem quando são deixados

---

[27] Algum apoio a essa interpretação vem do *Filebo*, uma vez que Platão ali recorre à mensuração e à proporção para explicar a natureza da qualidade do bem (*Filebo* 64d-e). Por toda a parte do cosmos, e não apenas nos assuntos humanos, chega-se a uma unificação harmoniosa, e essa harmonia é o que faz boas as coisas. Ver *Filebo* 23c-26d. Destaco que Platão ali está dizendo que uma coisa de um tipo é melhor do que alguma coisa do *mesmo* tipo se ela tiver um maior grau de harmonia apropriada para coisas daquele tipo; e uma coisa de um tipo é melhor do que alguma coisa de um tipo *diferente* se as coisas do primeiro tipo puderem atingir grau mais elevado de harmonia do que as coisas do segundo. A harmonia é, para Platão, uma forma de unificação, e desse modo, em minha concepção, ele atrela bondade e unidade. Observe-se a sua ênfase na unidade como o maior dentre os bens cívicos: 462a-b; cf. 422e-423c. Sobre o papel da unidade no argumento de Platão, ver White, *Companion* pp. 31, 38-40. Para outros debates sobre a Forma do Bem, ver Cooper, "Psychology of Justice", pp. 154-155; Irwin, *Plato's Moral Theory*, pp. 224-226; G. X. Santas, "The Form of the Good in Plato's Republic" in *Essays in Ancient Greek Philosophy*, John P. Anton e Anthony Preus, editores (Albany, 1983), 2: pp 232-263; e Reeve, *Philosopher-Kings*, pp. 81-95.

[28] Na seção VI, debaterei outra parte da resposta de Platão: Alguns atos de justiça imitam as formas.

indisciplinados (499e-500e). Alguém que tiver sido plenamente preparado para amar o padrão ordenado das Formas estará livre do ímpeto de buscar vantagens extramundanas à revelia de outros seres humanos, ou de se envolver em toda sorte de atividades sexuais ilícitas a que as pessoas são conduzidas por apetites sexuais descontrolados. Ademais, tal pessoa encontra-se na melhor posição possível para tomar decisões políticas sábias; tendo compreendido as Formas, ela pode ver mais claramente do que outras o que precisa ser feito em circunstâncias particulares (500d-501a). Uma das coisas que procuramos, na busca de um paradigma da pessoa justa, é alguém que tenha essas habilidades intelectuais e afetivas.[29]

A essa altura, é tentador protestar que Platão está sendo extremamente ingênuo. Na verdade, todos nós conhecemos pessoas providas de capacidades intelectuais impressionantes, mas que dificilmente seriam modelos de justiça. E é claro que nada se pode fazer para evitar tais indivíduos de reconhecer a existência de objetos abstratos, e mesmo de amar a contemplação do padrão ordenado entre tais objetos. Considere-se um matemático platônico que ocasionalmente se embriaga e se permite outros comportamentos que entram em conflito com a descrição por Platão do pura e simplesmente individual. Não seriam esses indivíduos refutações vivas de Platão?

Acredito que não, pois não o tomo por estar fazendo afirmações fortemente implausíveis de que o amor a objetos abstratos possa por si mesmo garantir o comportamento ou a disciplina emocional que caracteriza a pessoa justa. Em vez disso, sua afirmação mais fraca e mais plausível é a de que o indivíduo estará em melhor posição para conduzir uma vida dominada

---

[29] Para um debate adicional sobre os modos pelos quais o novo entendimento que Platão faz da justiça é relacionado com a concepção grega comum, ver Gregory Vlastos, "Justice and Happiness in the *Republic*", in *Platonic Studies*, 2. ed. (Princeton, 1981), pp. 111-139. Essa é uma resposta para Sachs, "A Fallacy in Plato's *Republic*", argumentando que essas duas concepções encontram-se desconectadas. Algumas outras respostas a Sachs são as que se tem em Annas, *Introduction*, cap. 6, Raphael Demos, "A Fallacy in Plato's Republic?", *Philosophical Review* 73 (1984): pp. 395-398; Irwin, *Plato's Moral Theory*, pp. 208-212; Richard Kraut, "Reason and Justice in Plato's Republic", in *Exegesis and Argument*, E. N. Lee, Alexander P. D. Mourelatos e R. M. Rorty, editores (Assen, 1973), pp. 207-224; e Reeve, Philosopher-Kings, cap. 5.

pelo amor às Formas se ele treinar os componentes não racionais da alma para servir ao seu amor pela filosofia. É essa afirmação mais fraca que se encontra por trás de seu retrato do filósofo como o paradigma da justiça humana. Colocando-se na melhor posição para conduzir a vida filosófica, o indivíduo desenvolve as habilidades intelectuais e emocionais que buscamos em uma pessoa completamente justa. A pura e simples existência de amantes de objetos abstratos que sejam injustos em si não refuta Platão, pois a questão não versa sobre a existência de indivíduos nessas condições, mas se a condição psicológica que subjaz à sua injustiça pode torná-los menos capazes de tirar proveito de seu reconhecimento de objetos abstratos. Contra Platão pode-se argumentar que a sensualidade, a ganância e os apetites desmesurados por alimentos e bebidas fazem do indivíduo tanto mais capaz de compreender e amar o reino ordenado das Formas, mas está longe de ser óbvio que assim seja. Ele não está sendo desarrazoado ao pressupor que esses estados emocionais são, ao contrário, obstáculos à vida filosófica.

Contudo, devemos lembrar que Platão promete fazer mais do que meramente mostrar que a justiça é algo como um bem por excelência. Ele tem de mostrar que ela é um bem maior que a injustiça, tanto que mesmo se as consequências normais de justiça e injustiça forem revertidas, será melhor ser justo do que injusto. O paradigma da justiça deve ser punido porque ele é pensado como injusto; e o paradigma da injustiça é receber as honras e recompensas porque ele parece ser justo. Como Platão pode mostrar que mesmo nessa situação é melhor ser justo?

A resposta reside parcialmente no modo como ele descreve a situação da pessoa completamente injusta, que é o tirano. A tal pessoa é permitido viver suas fantasias de poder e erotismo de maneira irrestrita, e o que Platão observa contra essa vida é que sua falta de restrições inevitavelmente era o preço de uma perda psicológica devastadora. Quando aos desejos eróticos se permite crescer até sua plena extensão, eles se tornam impossíveis de satisfazer; em vez de conduzir a uma vida de paz e satisfação, deixam o indivíduo com um crônico sentimento de frustração (579d-e). De modo semelhante, o poder tirânico inevitavelmente desperta um contínuo medo de reprimendas e uma falta de confiança nos que lhe estão associados (576a, 579a-c). O fracasso em impor qualquer ordenamento que seja a seus próprios apetites faz do indivíduo vítima de frequentes e desorganizadas demandas internas (573d). Assim, para obter grande poder e intenso prazer sexual, o tirano deve levar uma vida caótica, repleta de angústia, medo e frustração. Ninguém que venha a ler essa abordagem da vida tirânica poderia seriamente erigi-la em modelo para o modo como os seres humanos devem viver. Quando o imoralista louva a vida regrada por desejos de poder e prazer sem qualquer restrição, ele simplesmente não pensa nas consequências de dar livre curso a esses desejos. Ele responde a algo na natureza humana, pois Platão concorda que ninguém está completamente livre dos impulsos que o imoralista defende (571b-572b). A presença desses impulsos ilícitos empresta alguma credibilidade às dúvidas do imoralista sobre se a justiça é uma virtude, pois o louvor à imoralidade responde a algo que está dentro de nós. A resposta de Platão ao imoralista é a de que quando levamos a sério as consequências psicológicas de se exaltar o poder de nossos impulsos ilícitos, a vida de máxima injustiça perde o seu apelo. Isso é algo que, pensa ele, seremos capazes de ver sem ter o benefício da teoria das Formas; ele invoca as Formas porque elas são os objetos em torno dos quais o melhor tipo de vida humana pode ser construído, mas nenhum apelo ele faz a esses objetos ao tentar nos convencer de que a vida tirânica é miserável.

De novo, é possível protestar que o argumento de Platão seja *naïve*. Ele parece residir sobre a suposição empírica de que quem quer que possua um poder tirânico terá também suas obsessões sexuais, e isso torna mais fácil para ele fazer com que tal vida pareça carente de atrativos. Mas na verdade tal suposição empírica parece injustificada: certamente é possível tiranizar uma comunidade e limitar todas as outras paixões.[30] Também aqui, contudo, acho que Platão é menos vulnerável a críticas do que podemos ter pensado. Seu retrato do tirano não se pretende uma generalização empírica isenta de exceções sobre como são tais indivíduos. Em vez disso, ele se encontra elaborando o retrato da vida injusta tal como apresentado no Livro II, onde Glauco e Adimanto tentam fazer com que tal vida pareça atraente. De acordo com seu retrato,

---

[30] Para essa crítica de Platão, ver Annas, *Introduction*, p. 304.

o homem injusto pode seduzir qualquer mulher que lhe atraia; e ele pode matar a quem quiser (360a-c). A ideia de Platão é a de que esses aspectos de injustiça captam seu apelo sub-racional, no que então seria justo descrever o paradigma da injustiça como alguém cujo apetite sexual e tendências assassinas sejam levados ao extremo.

O retrato que Platão faz do tirano deixa claro que seu argumento em favor da justiça não reside só na metafísica dos livros intermediários e na teoria política dos primeiros livros, mas reside também em várias suposições sobre psicologia humana. Certos desejos, se não se lhe interpõe nenhum empecilho, conduzem aos tipos de consequências — frustração, medo, pânico — que todos tentam evitar e que são vistos como compatíveis com uma vida humana plenamente feliz. O que Platão está pressupondo é que a vida da pessoa completamente justa não estropiada por esses mesmos aspectos. Medo, frustração e caos não são os preços que os filósofos devem inevitavelmente pagar por ter um amor pelas Formas e por dar a essa paixão um papel dominante em suas vidas. Pelo contrário: aqueles que estão na melhor posição para estudar as Formas terão apetites modestos e, por isso mesmo, de fácil satisfação, e estarão livres do desejo competitivo pelo poder que, de modo tão característico, indispõe as pessoas umas contra as outras e destrói a sua tranquilidade. Assim, a vida filosófica incluirá a harmonia sentida da alma que todos podem reconhecer e valorizar, o mesmo se aplicando ao tipo mais complexo de harmonia que só se pode compreender por meio de uma investigação filosófica das partes da alma e dos objetos metafísicos que entram em nossa vida quando a razão governa.

Agora podemos visualizar por que motivo Platão está confiante de que ele pode provar que a justiça vale a pena mesmo quando ele permite que a pessoa justa e a injusta mudem de papéis, como se tem no Livro II. Ainda que a pessoa justa seja, por equívoco, desonrada e punida, ela estará em paz consigo mesma, estará livre do caos e da frustração que tornam a vida do tirano tão repelente. No lugar da grande dor física imaginada para a pessoa justa, o tirano tem de suportar uma imensa dor psicológica. Se a condição do injusto assim tampouco é invejável, existe uma diferença mais importante que Platão pensa contar decisivamente em favor da pessoa justa: o seu entendimento e suas emoções dão entrada em um mundo de objetos completamente harmoniosos, de modo que ele possui o maior bem que existe. Enfim, respondemos à questão com a qual começamos: a pessoa consumadamente injusta tem problemas que contrabalançam a dor e a desonra imaginada para a pessoa justa, e se fossem esses os únicos fatores envolvidos nessa comparação, seria difícil decidir qual situação é a pior; mas uma vez que a posse das Formas incide do lado da equação da pessoa justa, a vantagem aí reside com ela, sendo assim esmagadora em razão do grande valor do reino não sensível.[31]

VI

Um aspecto importante da teoria de Platão ainda não foi discutido, e a melhor forma de trazê-lo à luz é pela consideração de uma bem conhecida dificuldade interna em seu argumento. Ele diz que aos filósofos da cidade ideal não deve ser permitido estudar as Formas sem interrupção, mas ele deve, isto sim, voltar à caverna e ajudar a administrar a comunidade política (519d-521b, 540a-b-). Por que os filósofos não se sentirão tentados a resistir a essa exigência, por justa que ela possa ser, quando ela parecer entrar em

---

[31] Aqui minha leitura difere da de Nicholas P. White, "Happinness and External Contingencies in Plato's *Republic*", in *Moral Philosophy*, William C. Starr e Richard C. Taylor, editores (Milwaukee, 1989), pp. 1-21. Ele nega que Platão esteja tentando defender a tese (esta que White classifica como "absurda") segundo a qual "toda pessoa justa em qualquer momento está em melhores condições do que toda pessoa injusta", independentemente das diferenças em sua boa ou má fortuna (p. 16). Em vez disso, para White Platão sustenta que a concepção mais fraca de justiça "é a melhor estratégia" em longo prazo, e para ele a defesa por Platão dessa tese só será concluída no Livro X. Segundo essa leitura, quando a pessoa justa está arruinada, nesse ponto ela está em piores condições do que uma pessoa injusta que se regala em glória imerecida. Isso compromete Platão com a concepção de que se a pessoa justa *morre* arruinada, e portanto desprovida de longo prazo, então, apesar do fato de ter escolhido a melhor estratégia, sua vida é pior que a vida de alguns que são injustos.

conflito com o seu autointeresse?³² Na verdade, a vida ao ar livre iluminada pela Forma do Bem deve ser melhor que a vida na atmosfera subterrânea em que se deve governar o Estado. Não se sentirão os filósofos fortemente tentados a pensar em meios pelos quais possam escapar a tal serviço? Em caso afirmativo, eles não podem ser alçados como paradigmas de justiça. Ademais, esse exemplo parece mostrar que a justiça nem sempre vale a pena: se o indivíduo pudesse injustamente escapar ao serviço à comunidade e continuar contemplando as Formas, ele faria o que fosse melhor para si, mas não agiria com justeza.

Platão se mostra completamente confiante de que indivíduos que ele treinou para a vida filosófica aceitarão essa exigência. Na verdade, diz ele, eles são justos, e sua exigência é justa (520e1). Mas por que ele não vê qualquer problema para a sua teoria aqui? Por que não lhe salta aos olhos que o governar é contrário aos interesses do filósofo, de modo que esse aspecto de seu Estado ideal apresenta um claro contraexemplo a sua tese de que a justiça vale a pena? Uma resposta possível a essa questão é simplesmente a de que Platão está disposto a fazer exceções a essa generalização.³³ Mas é improvável que ele restringiria a si mesmo à afirmação fraca de que a justiça *geralmente* está nos interesses do indivíduo? Creio que seja mais produtivo olhar para esse problema da maneira inversa: para Platão, governar o estado é uma mera exigência, e dado que ele acredita que a justiça está sempre no interesse do indivíduo, ele deve pensar que de algum modo vale a pena governar a cidade. A questão é como ele poderia acreditar nisso?

A certa altura ele nos diz que, quando os filósofos olham para o arranjo harmonioso das Formas, eles desenvolvem um desejo de, de um modo ou de

---

³² A motivação do filósofo para governar foi alvo de intensos debates, mas nenhum consenso adveio daí. Para conhecer algumas dentre as visões conflitantes, ver Annas, *Introduction*, pp. 266-271; Cooper, "Psychology of Justice", pp. 155-157; Irwin, *Plato's Moral Theory*, pp. 242-243; pp. 337-338; Richard Kraut, "Egoism, Love and Political Office in Plato", *Philosophical Review* 82 (1973): pp. 330-344; Reeve, *Philosopher-King*, p. 95, pp. 197-204; White, *Companion*, pp. 44-48, 189-196; Reeve, "Ruler's Choice".

³³ Para a ponderação segundo a qual nesse caso específico Platão opera uma exceção, ver White, "Ruler's Choice".

outro, imitar aquela harmonia (500c). E então ele acrescenta que, se torna necessário para os filósofos imitar as Formas moldando o caráter humano à sua semelhança, eles estarão em excelente posição para bem executar essa função. Assim, está claro que quando os filósofos governam, eles não deixam de olhar para as Formas ou de imitá-las. Em vez disso, sua atividade imitativa já não é meramente contemplativa, e eles começam a agir de um modo que produz uma harmonia na cidade, à semelhança da harmonia das Formas. Ademais, se houvesse de sua parte uma recusa ao governo, eles estariam permitindo que a desordem da cidade aumentasse. Se qualquer filósofo, tomado individualmente, fugisse a suas responsabilidades, deixando que outros fizessem mais do que o permitido pela sua participação justa, ele estaria solapando um sistema justo de divisão de responsabilidades. A ordem que seria apropriada à sua situação seria solapada. E assim, fracassando a regra, fosse no âmbito de um indivíduo filósofo, fosse no de um grupo deles, isso criaria uma certa desarmonia no mundo: seriam violadas relações adequadas entre pessoas. E ao criar essa desarmonia, o filósofo de certo modo estaria deixando de imitar as Formas. Ele vislumbraria a ordem que é apropriada entre Formas, mas poria transtornada uma ordem que é apropriada entre seres humanos.

O que isso sugere é que Platão tem os recursos para mostrar que a justiça está nos interesses do próprio indivíduo, ainda quando ela requer a renúncia a alguma atividade puramente filosófica. O que ele deve considerar é que o mais elevado interesse de um indivíduo nem sempre é servido pelo puro contemplar das Formas;[34] em vez disso, o bem mais elevado que se possa ter é estabelecer e manter certa relação de imitação com as Formas, uma relação que é tensionada, chegando mesmo a uma ruptura, quando é posta a perder a justa participação em uma comunidade justa. O indivíduo que estiver disposto a fazer a sua parte em uma ordem social, cujo aspecto voluntarioso

---

[34] Não acredito que Platão chegue a afirmar a tese - ou de algum modo comprometer-se com ela - segundo a qual a melhor vida humana é a que detém a maior quantidade de atividade puramente contemplativa. O que ele claramente sustenta é que tal atividade é melhor do que a atividade política (520e-521a); mas não advém daí que a pura contemplação que cria a injustiça seja mais vantajosa do que a atividade política a que se requer com justiça.

surge de uma plena compreensão do que é a justiça, verá a comunidade da qual ele é parte como um todo ordenado, uma contraparte mundana ao reino extramundano de objetos abstratos a que ele ama. Quando ele age de maneira justa e faz valer a sua justa participação, ele se vê como participando em um padrão social que se aproxima da harmonia das Formas e, por essa razão, toma o seu bem por um agir justo. Ao fazer essa conexão entre lesionar o social e a harmonia dos objetos abstratos, Platão proporciona uma abordagem do apelo positivo que a justiça nas relações humanas deve ter para nós. Somos — ou deveríamos ser — atraídos pela justiça nas relações humanas; quando atuamos com justiça, devemos fazê-lo não meramente em razão da ausência de motivos como ganância, sensualidade e o desejo de dominar os outros. Em vez disso, devemos ter algo por atraente no tocante às comunidades e relações em que cada pessoa faz a parte que lhe cabe, e a nós deve parecer repugnante a violação dessas relações — isso por causa de nosso amor à justiça. Tal como compreendo Platão, ele reconhece que a justiça como relação entre seres humanos pode exercer esse apelo positivo.[35]

VII

Comentei, no início deste capítulo, sobre a existência de algo poderoso no argumento de Platão, segundo o qual a justiça tem valor por si própria. O que tenho em mente é a tese de que o bem da vida humana depende fortemente de termos uma relação estreita com algo eminentemente digno de valor que resida fora de nós mesmos. Para viver bem é preciso estar em boas condições psicológicas e essa condição consistir em uma receptividade dos objetos de valor que existem independentemente de quem os percebe. Se o indivíduo se esquece desses objetos e se dedica, acima de tudo, à aquisição de poder, ou ao acúmulo e riquezas, ou à satisfação de apetites eróticos, ele

---

[35] Para uma apresentação mais detalhada da interpretação que apresentei nesta seção, ver meu "Return to the Cave: *Republic* pp. 519-521", in *Proceedings of the Boston Area Colloquium in Ancient Philosophy*, vol. 7, John J. Cleary, editor (no prelo).

não só se tornará um perigo para os demais, como deixará de atingir seu próprio bem. Forças psicológicas que conduzem à injustiça quando se tornam poderosas são forças que devem, em todo e qualquer caso, ser moderadas tendo-se em vista seu próprio bem possuir os objetos mais valiosos.

Ainda que rejeitemos a crença de Platão nas Formas ou que sua tese de que a bem consiste em harmonia, devemos reconhecer existirem muitos modos diferentes de tentar amparar sua tentativa de atrelar a qualidade do bem inerente à vida humana a algum bem externo à alma humana. A tradição cristã proporciona um exemplo óbvio, pois ele sustenta que o bem externo é Deus e que nenhuma vida humana vale a pena ser conduzida sem que Deus de algum modo nela esteja presente. Outro exemplo pode ser encontrado em concepções românticas da natureza, de acordo com as quais uma pessoa que se encontre alijada da beleza da ordem natural tenha de ser excluída de sua casa e conduzida a uma existência alienada. Podemos enxergar até mesmo alguma semelhança entre a teoria de Platão e a ideia de que as grandes obras de arte de tal maneira enriquecem a vida humana que a incapacidade de responder à sua beleza consiste em sério empobrecimento.

Nesse último caso, os conceitos valiosos são criados pelos seres humanos; não obstante, pode-se sustentar que o bem de um indivíduo consista em aprender a compreender e a amar esses objetos. É de maneira razoável que se pode dizer que sua vida tem se tornado melhor porque o indivíduo passou a amar um dos produtos culturais de sua sociedade — um grande romance, por exemplo. Não significa que o romance tenha lhe ensinado lições de valor instrumental, nem que lhe tenha produzido capacidades psicológicas que de outro modo teriam se mantido em caráter de dormência. É inteligível dizer que uma relação com certo objeto — algo belo por natureza, ou alguma obra de arte, ou uma divindade — tomada em si mesma torna a vida melhor. E isso parece representar o modo como as pessoas vivem suas vidas, já que é difícil sustentar a crença de que a vida vale quando não se vê nem se sente nenhuma conexão entre si mesmo e algum objeto maior.

É claro que Platão rejeitaria essas alternativas à sua teoria: ele afirma que o mundo natural, com toda sua beleza, não é nenhum modelo de perfeição, e que os trabalhos de poetas são de ainda menor valor.

Talvez fosse o caso, então, de distinguir uma forma fraca de uma forma forte de platonismo. O platonismo fraco sustenta que o bem humano consiste em ter uma relação adequada com algum objeto valoroso que seja externo a si mesmo, podendo ser uma obra de arte, a família ou uma comunidade política, o mundo natural, ou uma divindade. O platonismo forte vai além, e sustenta que o objeto valoroso em questão deve ser algum reino eterno e imutável. O que é distintivo, característico na visão própria de Platão, pois sim, é que os objetos em questão são as Formas. Mas mesmo sendo rejeitada a sua versão particular, seria o caso de reconhecer que alguma forma dessa doutrina, forte ou fraca, é profundamente atraente a muitos. Ante o fato de mesmo as formas naufragadas de platonismo terem tido uma longa história, Platão certamente se comprazeria, e não se surpreenderia de todo.

11 Platão sobre a criatividade poética

Elizabeth Asmis

No livro X da *República*, Platão expulsa a poesia de Homero e de seus seguidores — "a poesia do prazer", como ele chama — daquele que é seu Estado ideal, observando a existência de uma antiga querela entre filosofia e poesia. Ao mesmo tempo, ele expressa uma disposição em colocar de parte essa querela. Seu porta-voz, Sócrates, lança um desafio. Se a poesia do prazer ou seus defensores puderem mostrar que ela é "não apenas agradável, mas também útil para as cidades e para a vida humana", de bom grado eles a receberiam de volta (607a-e). Platão retoma esse desafio em sua última obra, as *Leis*. Os poetas trágicos abordam os legisladores e perguntam se eles, os legisladores, não seriam também "poetas", rivais e competidores na arte de fazer "o mais belo drama". Seu drama é o estado, uma "imitação da mais bela e melhor vida". Se os trágicos podem lhes apresentar dramas que concordam com os seus, ser-lhes-á permitido executar, de outro modo não (817a-d).

Nas *Leis*, Platão assume a instância mais conciliatória do indivíduo que mais admite do que expele, mas a querela persiste. Somente o tipo de poesia politicamente correta é permitido; todo o resto é banido. Razão para isso é poetas e legisladores serem rivais no modo como apresentam a vida humana. Ambos são a um só tempo "fazedores" (o sentido etimológico de *poēitais*, "poetas") e "imitadores" de valores morais; e em uma sociedade bem ordenada eles devem falar a uma só voz. Essa subordinação de poesia à política tem ofendido muitos leitores de Platão, da Antiguidade aos dias de hoje. Platão vê o poeta fundamentalmente como um fazedor de ética, e essa preocupação parece estranhamente unilateral. O que faz sua posição especialmente incômoda é que, a exemplo de qualquer outro famoso moralista das letras, Tolstói foi ele próprio um artista literário consumado. No entanto, Platão tem uma visão bem mais complexa da poesia do que pode sugerir essa moralidade estrita. Lado a lado com sua censura segue uma exploração da criatividade poética de amplo alcance. Ao tentar várias abordagens em diferentes diálogos, Platão adentra um diálogo consigo mesmo; as tensões e variações em seu próprio pensar iluminam muitos aspectos da estética da poesia. Vale a pena levar a sério os debates de Platão, muito embora algumas de suas conclusões sejam repugnantes — para ele próprio, em parte, bem como para seus leitores.

A querela de Platão com a poesia tem seu início no fato de os poetas gregos exercerem um papel central na criação e na transmissão de valores sociais.[1] Tradicionalmente, acreditava-se que os poetas, assim como os profetas, eram inspirados diretamente pelos deuses, com sabedoria sobre a condição divina e humana. Foi prerrogativa de poetas fazer conhecer o passado, presente e futuro a seus contemporâneos e às futuras gerações por meio de *performances* orais de seus poemas. Escritos em prosa, os livros só viriam a se tornar comuns no século V a.C., e mesmo então o meio de tornar público um trabalho era fundamentalmente a *performance* oral. Os poemas eram entoados ou cantados, geralmente com acompanhamento instrumental, em encontros que iam de reuniões privadas a celebrações de que participavam toda uma comunidade ou região — no caso, os festivais dramáticos em honra a Dioniso. Na maior parte das vezes havia um cenário religioso e muitas execuções poéticas eram uma forma de serviço da fé. O papel audiovisual da televisão na sociedade moderna e tecnológica proporciona uma analogia parcial com a cultura oral grega. Ele difere por em geral carecer do impacto imediato de um evento que traz à tona crenças profundamente acalentadas. Para tentar entender o papel da poesia na Grécia antiga é preciso pensar no drama religioso hindu — onde deuses entram em confronto direto com o público em lutas aterrorizantes

---

[1] Em seu estudo pioneiro que é *Preface to Plato* (Cambridge, Mass.: Harvard University Press, p. 93), Eric Havelock enfatiza a importância do ensinamento de poética oral na sociedade grega.

entre bem e mal — e sessões de canto *gospel*, ao que se pode acrescentar concertos de *rock*, ópera e da própria televisão.

Tais valores transmitidos em poesia não deixaram de evoluir. Enquanto muitos poemas — os mais proeminentes sendo os de Homero — passaram por pouca ou nenhuma mudança de uma geração a outra, poetas e executantes estavam a todo tempo reinterpretando o seu passado. Poetas não apenas preservavam valores, mas também questionavam e subvertiam as tradições por eles herdadas, e observe-se que, muito antes do ataque de Platão à poesia, havia poetas condenando poetas. O primeiro ataque crítico à poesia que ficou conhecido foi o do poeta Xenófanes, no século VI a. C. Com a mesma métrica épica usada por Homero e Hesíodo, Xenófanes denunciou aqueles poetas por "atribuir aos deuses tudo o que fosse vergonhoso e reprovável entre os humanos — roubar, cometer adultério e enganar um ao outro.[2] A querela continuou com o severo veredicto segundo o qual Homero e Arquíloco "mereciam ser lançados fora das competições e açoitados a golpes de vara."[3] Heráclito fez uso da prosa, mas seu ataque pertence à mesma tradição de crítica que o de Xenófanes. Mais ou menos na mesma época, Parmênides dispôs os fundamentos da metafísica e da lógica em um poema que tinha como modelo, em parte, a épica de Homero. Os dramaturgos do século V querelavam com seus predecessores na poesia de modo não menos veemente do que aquele que, antes, fora praticado pelos poetas.

A concepção de Platão sobre a querela entre poesia e filosofia envolve um terceiro grupo, o dos sofistas. Seu nome, "homens sábios" *(sophistai)*, que logo se tornou termo de derrisão, mostra que eles se consideravam a si próprios herdeiros e rivais dos poetas. No *Protágoras* de Platão, Protágoras (fl. C. 450 a.C.), líder da primeira geração de sofistas, proclama ter sido a primeira pessoa a abertamente reivindicar um lugar no seio da tradição de educadores gregos (316-317c). Na condição de herdeiro dos poetas, ele considera que a parte mais importante da educação seria a crítica à poesia (338e-339a), e ilustra essa afirmação atacando um bem conhecido

---
[2] D.K., 21 B 11.
[3] D.K., 2 B 42.

poema de Simônides. Em seu desafio à tradição poética, os sofistas usaram uma nova arma, a prosa. Em parte, descobriram novas possibilidades de linguagem em prosa, e em parte, ficaram tentados a captar o poder da poesia modelando sua prosa em uso poético. Um novo uso da prova estava em envolver o ouvinte em um intercâmbio de perguntas e respostas, com o objetivo de chegar a uma vitória forçando o respondente a concordar com tudo que fosse proposto. O método dialético de Sócrates é um desenvolvimento dessa invenção. Os sofistas foram também os primeiros a ensinar métodos de argumento. Diferentemente dos poetas, eles não reivindicavam nenhuma autoridade por seus ensinamentos, exceção feita à sua própria "sabedoria". Enfatizavam a utilidade prática e seu ensinamento, que viam como a culminância de uma série de invenções dos homens para o seu próprio progresso.

Juntamente com seu novo uso da linguagem, os sofistas desenvolveram teorias de linguagem. Somos afortunados pelo fato de um dos poucos escritos sofistas que chegaram até nós conter uma breve teoria da linguagem — a primeira na tradição ocidental. No *Encômio de Helena*, Górgias (fl. C. 430 a.C.) personifica a linguagem, o *logos*, como "um grande potentado, que com seu corpo mais delgado e menos visível realiza as obras mais divinas".[4] É notável que as "obras" criadas pela linguagem sejam seus efeitos sobre outros. Quando o *logos* é acompanhado da persuasão, ele "constitui a alma em conformidade seu desejo". Assim como as drogas podem conduzir vários humores do corpo e acabar com uma doença ou mesmo com a vida, assim a linguagem pode dispor várias emoções na alma, e "drogar e enfeitiçar com uma persuasão maligna".[5] A título de evidência, Górgias cita a poesia e os encantos mágicos bem como a prosa científica, forense e filosófica. Ao definir a poesia como "linguagem" com métrica, ele observa que, pelo implantar de intenso medo, piedade e ansiedade no ouvinte, faz a alma "sofrer uma afecção por si própria" pelas venturas e desventuras de outros.[6] Em outra

---

[4] D.K., 82 B 11, p. 8.
[5] D.K., 82 B 11, pp. 13-14.
[6] D.K., 82 B 11, p. 9.

parte, Górgias destaca a tragédia como uma espécie de engano. Nesse caso, o declamador é justificado em sua prática do engano, enquanto o ouvinte é sábio ao ser enganado.[7] No *Encômio*, Górgias explica que *logos* não teria o poder que tem, não houvesse tão amplo campo de ignorância. De modo semelhante, temos conhecimento apenas parcial de passado, presente e futuro; a linguagem preenche essa lacuna suprindo a alma de crenças falíveis.[8]

Nessa teoria da linguagem, Górgias classifica a poesia como uma subdivisão da linguagem, enquanto estende o seu poder a toda a linguagem. Ele adota um esquema simples de causa e efeito: uma mensagem é enviada do declamador para o receptor, que a aceita passivamente mediante uma mudança em sua alma. O ouvinte é momentaneamente posto sob o poder do outro, como é demonstrado de maneira bastante vivaz pelo efeito da poesia e das falas mágicas.[9] O declamador controla o ouvinte não por quaisquer compreensões de caráter geral, profundo e instantâneo que ele possa ter, mas pela linguagem que traz a sua mensagem. De um modo geral, o que ele cria não é nem conhecimento, nem são propostas em si mesmas, mas crenças e emoções impressas nas almas de outros. Não é um instrumento de aprendizado, mas de persuasão. Essa teoria da linguagem se adapta no seio de uma teoria geral do efeito do ambiente perceptível sobre uma pessoa. Assim como a linguagem dá forma à alma ao ser ouvida, assim também os objetos da visão formam a alma ao serem vistos. Como exemplos das Górgias podemos citar o terror produzido pela visão de soldados inimigos, bem como o deleite causado por pinturas e estátuas.[10] Objetos moldados artisticamente, podendo ser ouvidos ou vistos, exercem o mesmo tipo de impacto sobre a alma que outros objetos da experiência.

Em sua resposta aos poetas e sofistas, Platão buscou transformar a linguagem em um instrumento de investigação e de reforma moral. Em suma,

---

[7] D.K., 82 B 23.
[8] D.K., 82 B 11, p. 11.
[9] Górgias buscou recriar o encantamento da poesia em sua própria prosa fazendo uso de orações e padrões sonoros para imitar os ritmos da poesia. Ver Jacqueline de Romilly, *Magic and Rhetoric in Ancient Greece* (Cambridge, Mass.: Harvard University Press, 1975), pp. 8-11.
[10] D.K., 82 B 11, pp. 15-19.

ele teve o objetivo de substituir o *logos* dos poetas e sofistas pelo *logos* dos filósofos — aqueles que amam a sabedoria, em vez daqueles que em relação a ela não tem mais do que pretensão. De um modo geral, ele esboça uma distinção entre a criatividade desinteressada dos poetas e a autointeressada, por parte dos sofistas, manipulação da linguagem. Mas por vezes suas críticas aos poetas e aos sofistas se fundem. Na *Apologia* e no *Mênon*, de maneira bastante breve, e no *Íon*, com vagar, Platão assume a concepção adicional do poeta como um indivíduo divinamente inspirado e nele encontra um defeito: poetas falam por inspiração divina, sem saber o que estão dizendo. Na *Apologia*, Sócrates nos diz que quando ele foi aos poetas para testar o oráculo de Delfos, ele descobriu que, muito embora dissessem "muitas coisas belas", eles eram completamente incapazes de explicar o que diziam. Dali ele concluiu que eles compunham "não por sabedoria, mas por algum talento e inspiração natural", como profetas.[11] No *Mênon*, ele sugere que os poetas sejam inspirados com crenças corretas por um deus.[12] Ter tais crenças, defende ele, não é suficiente para ser um professor. No *Íon*, Sócrates estende a inspiração do poeta ao executante e ao ouvinte: todos a pender de uma divindade original — o poeta primeiro, o executante, e então o ouvinte — como sucessivos anéis de ferro a pender de um magneto. Nenhum desses elos humanos tem uma "habilidade" *(technē)* porque nenhum deles tem qualquer ciência do que ele esteja fazendo.[13]

Tem-se aí uma imagem da inocência, bem como da ignorância. Contudo, tanto na *Apologia* como no *Íon*, Sócrates observa que poetas pensam serem sábios sobre questões nas quais não são. No *Íon*, ele exemplifica essa ilusão pelo rapsodo Íon, que começa afirmando saber tudo o que Homero faz e termina com a ridícula asserção de que sabe pelo menos como ser um general. Platão insinua que Íon é um falso professor, por ter dito ser capaz de explicar o que disse Homero, quando na verdade não pode.[14] Ademais, o vínculo com

---

[11] *Apologia de Sócrates* 22a-c.
[12] *Mênon* 99c-d.
[13] *Íon* 533d-534d, 535e-536d.
[14] Íon se orgulha não apenas de ser capaz de recitar poemas de Homero, mas também

a deidade não impede que as palavras do poeta sejam falsas, como Sócrates insinua ao requerer que a correção dos poemas seja julgada por um especialista. Na verdade, nada impede o poeta, ou qualquer outra criatura inspirada, de ser tão estupidamente mal-informada quando Íon. Muito embora Íon traga o impacto do ataque de Sócrates, Platão indica que a possessão divina é uma má razão para considerar quem quer que seja — mesmo "o melhor e mais divino dos poetas", Homero (530b10) — como autoridade.

O tradicional liame com a deidade parece então bastante precário, tanto mais que o que é comumente reverenciado como inspiração divina ameaça se dissolver em um talento demasiadamente humano.[15] No *Íon*, Platão também sugere que o rapsodo não depende completamente de uma fonte divina: Íon reconhece que ele presta muita atenção à multidão, para ver se ela fica envolvida por suas palavras; se assim não for, ele perderá dinheiro (535e). Em sua preocupação com dinheiro e reputação, bem como em sua prática de exegese poética, Íon tem muito em comum com os sofistas. Não surpreende, pois, que em outro diálogo, o *Górgias*, Sócrates associa poesia com a retórica dos sofistas. O diálogo como um todo é um ataque à teoria de Górgias, segundo a qual a linguagem é um grande poder; e, diga-se, Sócrates traz a poesia para o ataque. É fato que Sócrates não contesta a afirmação de que a linguagem exerce um grande poder sobre o ouvinte; como um todo, seu ataque reside em uma aceitação tácita dessa concepção. Em vez disso, ele argumenta que os que usam a linguagem injustamente não têm poder; pois eles carecem do poder de realizar aquilo que efetivamente desejam — a justiça em sua própria alma. A retórica dos sofistas, Sócrates acusa, é uma pseudo--habilidade, um mero "algo semelhante" *(eidōlon)* da habilidade política da justiça. É uma adulação da alma, assim como a confeitaria é uma adulação ao corpo. Em vez de buscar o que é melhor, busca-se apenas gratificar a multidão

---

de ser capaz de explicar seu sentido melhor do que qualquer outra pessoa (*Íon* 530b-d).
[15] Ver também Paul Woodruff, "What Could Go Wrong with Inspiration? Why Plato's Poets Fail", in *Plato on Beauty, Wisdom and the Arts*, Julius Moravcsik e Philip Temko, editores (Totowa, N.J.: Rowman & Littlefield, 1982), pp. 137-150.

por tomar suas preferências e ojerizas como padrão.¹⁶ A retórica compartilha o seu objetivo com a poesia, pois quando descolada da melodia, da métrica e do ritmo, a poesia é uma forma de "falar público" (*dēmēgoria*, termo cujo sentido converte para "demagoguery") — uma "retórica" do teatro — que tem como objetivo adular a população.¹⁷

No *Górgias*, Sócrates subverte a afirmação de que os sofistas têm uma capacidade de melhorar a vida humana. Corrigindo a teoria sofística da linguagem, ele argumenta que também os poetas são adeptos apenas da condescendência para com a multidão. Essa é uma mudança abrupta do respeito qualificado que Sócrates demonstra para com os poetas nos outros diálogos iniciais. Sócrates passa daí à sua conclusão por uma cadeia indutiva na qual ele argumenta que as execuções musicais públicas, do toque da flauta e da lira às produções corais, passando pela poesia ditirâmbica, pela tragédia e finalmente por toda a poesia, apenas gratificam o público. Ao construir essa sequencia, Sócrates conta com a anuência dos respondentes, pelos quais a poesia da tragédia, "reverenciada e maravilhosa" (502b1), também objetiva o prazer, em detrimento do aperfeiçoamento dos espectadores. O pronto assentimento do respondente chega a surpreender se tiver em vista o tradicional respeito concedido a poetas na condição de professores divinamente inspirados. Mas a resposta de modo algum é implausível como reclamação contra a tragédia contemporânea, conforme praticada, por exemplo, por Eurípedes.¹⁸ Por um ousado saldo indutivo, Sócrates estende a reclamação contra as execuções musicais e dramáticas de toda a poesia. Como no *Íon*, ele não ataca diretamente o mais respeitado de todos os poetas, Homero. Em vez disso, ele ataca as produções teatrais e infere que toda poesia fala à multidão.

---

¹⁶ *Górgias* 464b-465d, 500e-501c; o termo *eidōlon* ocorre em 463d2 e e4.
¹⁷ *Górgias* 501-d-503b, com o termo *dēmēgoria* em 502c12 e d2.
¹⁸ Nas *Rãs* (1009-10), Aristófanes tem Eurípedes dizendo que poetas são admirados porque fazem os cidadãos melhores. Aristófanes convence Eurípedes com suas próprias palavras: Eurípedes subverte a moralidade tradicional, muito embora, tal como os sofistas, ele afirme tornar os cidadãos melhores. Iris Murdoch observa que "como todos os puritanos, Platão odeia o teatro" (in *The Fire and the Sun* [Oxford: Clarendon Press, 1977], p. 13).

Tendo quebrado o elo com a deidade, Sócrates sugere uma razão diferente pela qual a poesia, em comum com a retórica, tenha tão grande poder sobre o ouvinte: o *logos* do poeta forma a alma satisfazendo a ansiedade do ouvinte por prazer. Esse *logos* não tem poder autônomo; ele desenvolve uma relação parasitária com os desejos do ouvinte, e a criatividade do autor nada mais é do que uma adaptação das palavras às crenças do ouvinte. Por isso, é de outro modo que Platão solapa a teoria da linguagem de Górgias. Se admite que a linguagem exerce poder sobre a alma de outrem, ele propõe que esse poder seja dependente da condição da alma daquele que ouve. Se o ouvinte é moralmente débil, o poder ostensivo do *logos* consiste, paradoxalmente, no fortalecimento dessa fraqueza; em suma; ele é completamente frágil. Com uma alusão ao julgamento de Sócrates, Platão faz Sócrates sugerir que ele pode ser a única pessoa a praticar a verdadeira habilidade da política (521d). Seu *logos* mais não pode que ofender a multidão, uma vez que ele objetiva o aperfeiçoamento moral.

O *Banquete* marca uma importante mudança em relação aos primeiros diálogos. Platão agora usa sua nova teoria das Formas para apresentar a poesia de modo mais favorável do que em qualquer outro diálogo. Ele subsume a atividade poética à Forma da beleza e faz do amor a sua força-motriz. A poesia se torna uma preocupação privada — um ato de comunicação entre um amante e seu amado. O todo da teoria é atribuído a Diotima, a profetiza que atua como professora de Sócrates. Ela inicia a sua análise com uma complexa definição de amor, *erōs*, como um intermediário entre deuses e seres humanos, e como um desejo pela criação de um deus imortal em alguma coisa bela.[19] Ao esboçar uma distinção entre os que são criativos no corpo e os que são criativos na alma, Diotima exemplifica os criativos na alma recorrendo a poetas e artesões "inventores", juntamente com legisladores. São todos criadores de "prudência" (*phronēsis*) e de outras formas de "bem" (*aretē*). Sendo "divinos" na alma, eles estão prenhes de sua prole desde tenra idade, e dão à luz os seus quando acontece de uma bela alma acompanhar

---

[19] Ver em especial *Banquete* 206-207a.

um belo corpo. O ato de procriação consiste em uma abundância de palavras sobre o bem, faladas ao amado com o intuito de o "educar" para ser uma boa pessoa e "praticar" *(epitēdeuein)* o correto meio de vida. Amor e amado, então, compartilham uma união íntima e estável com o intuito de criar o que foi gerado. Exemplos dessa prole são os poemas de Homero e Hesíodo e as leis de Licurgo e Sólon.[20]

A partir dessa explicação e criatividade intelectual, Diotima procede ao que ela chama de mistérios "perfeitos" (210a). A partir de uma atração por belos corpos, ela revela uma ascensão a uma apreciação de belas almas e práticas *(epitēdeumata)*, a uma contemplação de conhecimento, e, por fim, a uma visão da beleza em si mesma. O segundo principal estágio consiste em valorizar a beleza da alma de maneira muito mais excelsa do que se poderia fazê-lo à beleza do corpo. Embora em sua ascensão Diotima não atribua um lugar aos poetas, em sua abordagem existem semelhanças suficientes para sugerir que os esforços dos poetas possam ser devidamente mapeados em tal ascese. Ao valorizar a beleza psíquica juntamente com a beleza do corpo e relacionando-os com as práticas corretas, os poetas parecem estar a ascender do primeiro ao segundo estágio principal. A descrição por Diotima dos que atingiram o segundo estágio como "dando à luz e buscando palavras que farão os jovens melhores" (210c) ecoa a sua prévia descrição dos poetas e de outros. O próximo principal estágio é a criação do discurso filosófico, estimulado pela beleza dos vários tipos de conhecimento. Por fim, o indivíduo filosoficamente fortalecido tem uma visão da beleza em si mesma e já não produz "semelhanças" *(eidōla)* do bem", mas produz o verdadeiro bem, constituindo uma imortalidade ao modo de deus (212a). Por essa razão, os poetas parecem

---

[20] *Banquete* 209a1-e4. Não há necessidade de emendar *theios* ("divino", 209b1), que ocorre em todos os manuscritos. Toda esta seção lida com o que A. W. Price chama "pederastia educativa" em *Love and Friendship in Plato and Aristotle* (Oxford: Clarendon Press, 1989), pp. 27-29. *Toutōn* em 209a9 faz referência a *hōn* em 209a4, isto é, a todo o grupo de indivíduos psiquicamente criativos. Os problemas suscitados por Price e K. J. Dover, editores, *Plato's Symposium* [Cambridge: Cambridge University Press, 1980], pp. 151-152) acerca de poesia e legislação se dissolvem quando elas são tomadas como os dois principais exemplos da criatividade psíquica, isto é, educacional.

se ocupar de uma posição honrada entre as massas e os filósofos. Criadores de "semelhanças do bem", eles estão, não obstante, avançando ao longo de um caminho que conduz à filosofia e ao verdadeiro bem.

Diotima proporciona uma nova interpretação à inspiração divina como sendo o que estimula os lampejos de compreensão moral na alma. Na abundância desses lampejos da juventude, o poder lhes dá forma e os aperfeiçoa, em resposta à beleza moral do outro. Com isso, a criação poética se torna um empreendimento conjunto, nutrido pela simpática resposta de um ouvinte privilegiado. Aí se tem o oposto da poesia teatral denunciada no *Górgias*. De modo bastante surpreendente, Diotima não esboça uma distinção entre a criação de um poema e a criação de um bem moral. Em sua abordagem, o poeta é um criador de bem moral, e o poema serve apenas como um meio de transmitir esse bem. Essa ontologia poética é fundamental para a concepção de poesia de Platão como um todo: um poema é uma reflexão linguística, uma imagem ou uma disposição psíquica. É essencialmente um construto moral, mais do que um construto linguístico; formulado em linguagem, ele é realizado à medida que é impresso na alma de outrem. Essa subordinação da forma linguística à moral explica outra esquisitice na história de Diotima. O que se pode esperar é que ela associe a beleza diretamente ao poema; em vez disso, ela o associa à alma do amado. A razão é que a beleza do poema é uma resposta à beleza moral do ouvinte. A qualidade do bem de um poema é julgada por referência a uma beleza ideal que é idêntica ao bem moral.

De Platão não raras vezes se pensa que teria carecido de uma noção de poesia como expressão de sentimentos e crenças pessoais.[21] Entre a sua teoria da imitação, tal como desenvolvida na *República*, e a tradicional suposição de inspiração divina, ele não parece deixar lugar algum para a autoexpressão na poesia, como tão vigorosamente proposta pelos românticos. Mas no *Banquete*, Diotima chega perto de formular uma versão da noção de arte como autoexpressão. Ela vê a criatividade poética como uma fonte interna que jorra da alma do poeta e é continuamente plenificada pela comunhão

---

[21] M. H. Abrams discute a distinção entre teorias imitativas e expressivas da arte em seu livro de grande influência, *The Mirror and the Lamp* (New York: Oxford University Press, 1953).

com o outro. Embora Diotima explique essa criatividade como uma força semidivina, o amor, em sua ânsia de atingir uma beleza transcendental, é um esforço intensamente pessoal, fortalecido por um liame interpessoal. Como busca de um bem moral, a atividade poética é inseparável da busca de si e da consciência de si. Tal como os outros "inventores" e legisladores, o poeta dá voz a suas próprias aspirações à medida que ele procura transcender sua própria existência moral pela união com o outro.

Uma vez que no *Górgias* Sócrates toma a poética teatral como o paradigma de toda a poesia, é de maneira implícita que Diotima assume a poesia de amor como seu paradigma. É uma visão atípica, que vai contra tanto as concepções antigas como contra as modernas do poeta como gênio autossuficiente. No entanto, ela serve para explicar outro elemento comumente reconhecido na poesia, qual seja a universalidade de seus valores. Na abordagem de Diotima, a preocupação do poeta com valores humanos, como os do legislador e de outros, assume a forma de uma devoção a outro ser humano, servindo como um *alter ego*; valendo-se dessa base, a preocupação se estende para o restante da humanidade. Essa abordagem da imortalidade permite a Diotima dar aprovação à poesia tradicional, começando com Homero e Hesíodo, e, por implicação, com poetas como o dramaturgo cômico Aristófanes e o trágico Agaton, cujas eulogias de amor no *Banquete* proporcionam uma vívida confirmação de que a sua criatividade poética é inspirada pelo amor.

A poesia de amor, de fato, se torna modelo de toda a criatividade intelectual. Todos os discursos proferidos no banquete exemplificam a análise por Diotima da criatividade intelectual, podendo todos eles ser mapeados ao longo do assentimento de Diotima. Alcibíades acrescenta detalhes sobre a mais elevada forma de criatividade, a do filósofo, na fala que vem coroar o *Banquete*, seu tributo a Sócrates. Ele compara as palavras de Sócrates à selene encravada — rude pelo lado de fora, porém "a mais divina" do lado de dentro, "tendo neles muitas representações do bem" (222a). Essas palavras têm o poder de enfeitiçar e de possuir o ouvinte, como a música de Mársias ou das sereias. Conforme Alcibíades testifica acerca dele próprio, as palavras de Sócrates o reduziram a um lacrimoso frenesi de autorrecriminação; muniram-lhe de um sentido de que a sua vida não valia ser vivida tal como era (215d-216c). Alcibíades transfere para Sócrates o poder de encantamento tradicionalmente atribuído a poetas, com a importante diferença de que as palavras de Sócrates incitam seu ouvinte a olhar para dentro de si mesmo. Sócrates pratica em forma que é das mais elevadas o que os poetas de Diotima tentam fazer.

É fácil passar por alto as observações sobre Diotima no *Banquete*, tendo em vista o tratamento já bem mais ampliado que se tem na *República*. Neste diálogo, Platão considera a poesia em primeiro lugar como um meio de educar as crianças para ser guardiões em seu estado ideal. Uma vez que Platão acredita ser a alma das crianças especialmente maleável, ele se mostra especialmente interessado no impacto da poesia sobre elas; mas logo estende sua preocupação aos adultos.[22] O público retorna para substituir o ouvinte privilegiado. A discussão como um todo consiste de duas partes, cuja reação tem sido intensamente debatida. Nos Livros II e III Platão purga a poesia; então ele retoma esse purgar no Livro X, explicando em detalhes o que há de errado com a poesia que ele eliminou. Nas duas partes, Platão constrói uma poderosa nova teoria da poesia como "imitação", *mimēsis*.

Nos Livros II e III, Sócrates argumenta, em primeiro lugar, que o poeta deve apresentar a verdade sobre os deuses e heróis, que devem servir como modelos do bem. Em segundo lugar, os poetas devem "imitar" somente os bons indivíduos ou os indivíduos engajados em boas ações, de modo que seus ouvintes possam, por sua vez, imitar somente o bem.[23] Por "imitação" *(mimēsis)* Sócrates dá a entender "imitação" (392d-394c). O poeta "imita" outro sempre que ele emite as palavras de um personagem em fala direta, como se ele fosse esse personagem. Em contraste, o poeta "narra" sempre que ele relata em sua própria pessoa o que um personagem estiver fazendo ou dizendo. Na condição de educador moral, o poeta tem de imitar apenas

---

[22] *República* 377a-b, 378d-e, 380c1, 387b4.
[23] Em 396c5-e2 Sócrates especifica que o poeta tem de imitar bons personagens o mais das vezes quando agem com prudência e menos quando erram, e que o poeta apenas brevemente imitará personagens sem valor - quando fizerem algo de valoroso. Sócrates permite que "a título de divertimento" (*paidas charin*, 396e2) um poeta ocasionalmente possa imitar alguém que não tenha valor.

moralmente a boa fala, e deve narrar todo o resto. Ora a experiência do poeta se torna experiência do ouvinte, por uma transferência de semelhança de experiência tal como a suposta na imagem, que se tem no *Íon*, dos anéis de ferro. Se o ouvinte persistir em imitar os mesmos tipos de personagens da infância, ele acabará tendo a mesma configuração moral (395d).

Mais para o início do Livro II, a cidade saudável de Sócrates — "cidade de porcos" — se tornara isolada e febril pela admissão de imitadores, tais como pintores, poetas, rapsodos, atores, dançarinos e outros (373b). Na sequencia, Sócrates purga essa cidade; e sua primeira e principal preocupação é a poesia. Tal como um médico, ele reconstitui a poesia como uma droga passível de proporcionar a saúde. Platão concorda com Górgias em que a poesia tem o poder tanto de curar como de envenenar a alma, e que é especialmente eficaz por fazer com que cada pessoa assuma a identidade de outra. Em sua análise, provida de um destacamento seco próprio a uma dissecção clínica, Sócrates associa esse poder especial a um tipo particular de dicção, "imitação". Posiciona-se um especial perigo, pela remoção da distância de um juízo pessoal. O tipo certo de poesia, por essa razão, terá apenas uma pequena quantidade de imitação consistindo tão somente na imitação do bem, e provida de muita narração (396e). Essa exigência automaticamente elimina as tradicionais tragédia e comédia, como reconhece o interlocutor de Sócrates. E como Sócrates sugere, também elimina o épico homérico (394d). Após determinar a proporção correta da imitação e da narração, Sócrates completa a sua atividade farmacêutica prescrevendo melodias e ritmos que se adéquem ao conteúdo. Assim como a linguagem deve marcar a diferença entre bem e mal, também as melodias e ritmos devem reforçar essa diferença reunindo a simplicidade e a circunspecção de hábitos moralmente bons. Com seu núcleo de imitação, a nova poesia destina-se a conferir um máximo de benefício moral pelo proporcionar de uma experiência que simule a experiência de uma pessoa moral, e que o faça com a máxima intimidade possível.

Assim como o médico de tantos de seus exemplos não hesita em expulsar a corrupção pelos meios mais violentos e mais dolorosos, Sócrates purifica a cidade expelindo os poetas ofensores, que são também os que proporcionam o máximo de prazer, forçando os demais a obedecer às leis. Os poetas, decreta ele, "devem ser obrigados a só apresentar em suas composições modelos de bons costumes, sem o que deverão abster-se de compor entre nós" (401b). A violência de Sócrates chega a um clímax chocante quando se tem o banimento do poeta que possa imitar qualquer pessoa e qualquer coisa. Ele proclama a expulsão com uma retumbante sentença: Se "viesse à nossa cidade algum indivíduo *(pandotapos)* dotado da habilidade de assumir várias formas e de imitar todas as coisas, e se se propusesse a fazer uma demonstração pessoal com seu poema, nós o reverenciaríamos como a um ser sagrado admirável e divertido, mas lhe diríamos que em nossa cidade não há ninguém como ele, nem é conveniente haver; e, depois de ungir-lhe a cabeça com mirra e de adorná-lo com fitas de lã, o poríamos no rumo de qualquer outra cidade (398a). Não há tal homem na nova cidade porque a ninguém é permitido assumir mais de um papel, em especial não se pode assumir uma combinação de virtude e vício. A título de reverência, Sócrates não nomeia o homem; mas tudo aponta para Homero. O poeta "sagrado", embora reverenciado, é uma praga sobre a cidade; e ele é enviado a um deus como um bode expiatório.[24]

Valendo-se da purgação da poesia, Sócrates passa para uma limpeza geral da cidade e para uma teoria geral das artes (401a-d). Não só os poetas devem ser forçados a criar imagens do bem, mas todos os artistas e artesãos devem fazer da mesma forma. Pintar, tecer, a arte de bordar, as casas e todo equipamento, qualquer que seja, devem expressar a beleza, a boa aparência e a decência, de modo que o jovem receba essa decência em sua alma. Ainda mostrando as preocupações de um médico, Sócrates compara esse

---

[24] Sobre a purificação *(katharmos)* de uma cidade pela expulsão de um bode expiatório *(pharmakos)*, ver Walter Burkert, *Greek Religion*, tradução de John Faffan (Cambridge, Mass.: Harvard University Press, 1985), pp. 82-84. Em um texto o bode expiatório é "coberto com ramos e vestimentas sagradas" antes de ser enxotado. Sócrates usa *diakathairein* e *kathairein* na *República* 399e5 e 8. Em seu estudo de amplo alcance, "Plato's Pharmacy", in *Dissemination*, com tradução de Barbara Johnson (Chicago: University of Chicago Press 1981), esp. 134, Jacques Derrida sugere que Sócrates teria sido um bode expiatório, *pharmacos*, bem como *pharmakeus* ("feiticeiro", ver esp. *Banquete* 203d8), expelido de Atenas por envenenamento. O banimento de Homero pode ser visto como uma contraparte irônica à execução de Sócrates.

ambiente ascético com um lugar saudável, onde os habitantes são acariciados pelas brisas gentis de suas cercanias. Supõe ele que sons, formas e todos os objetos sensoriais — tanto naturais como artificiais — têm qualidades que se assemelham a qualidades morais, e que essas qualidades exercem uma influência direta sobre os hábitos morais daquele que percebe. Não só as crenças transmitidas pela linguagem, mas também os estímulos sensoriais que não travam combate com quaisquer faculdades cognitivas, constituem os hábitos morais da alma. Assim como Górgias, Platão supõe que os objetos sensoriais, como a linguagem, formam a alma diretamente. Mas essa associação de caráter moral com objetos sensoriais é nova — e altamente questionável. É um passo distante que irá ao encontro da reivindicação por qual linguagem, música e ritmos de poemas devam se adequar ao conteúdo para afirmar que sons e outros objetos sensoriais expressem um caráter moral ou se assemelham a ele. Na estética geral de Platão, o ambiente sensorial como um todo é uma imagem, um símbolo "icônico" do caráter do bem de um mal moral.[25] Por insatisfatória que essa afirmação possa ser nesse contexto, ela antecipa o sistema metafísico que na sequuência será proposto na *República*, de acordo com o qual o mundo sensível é, em última instância, uma imagem da Forma do Bem. O mundo sensível contém imagens da qualidade; e um artesão humano deve imitar o artesão divino criando ele próprio imagens dessa qualidade do bem.

No Livro X da *República*, essa verdadeira estética se esvanece, a tal ponto que Platão chegou a pensar em abandoná-la completamente. Este livro, que contém a análise mais investigativa do que é a poesia, suscita sérios problemas de interpretação. O primeiro problema é, Platão expele qual poesia, e em que quantidade? Em particular, qual o sentido do enunciado introdutório de Sócrates, segundo o qual eles estavam certos em, ao fundar a cidade, "não admitir, de qualquer modo que seja que qualquer parte da poesia seja mimética *(mimētikē)*".[26] Esse anúncio é claramente uma referência à purga da

---

[25] Ver também Bernard Bosanquet, *A History of Aesthetic* (London: Swan Sonnenschein, 1892), esp. 49.
[26] *República* 595a5: *tó medamē paradékhesthai autēs hóse mimetikē*

poesia no Livro III. Mas no Livro III Platão por certo não baniu toda *mimēsis* poética. Haverá então uma discrepância? Alguns estudiosos têm argumentado não haver qualquer conflito, enquanto muitos outros argumentam que Platão teria mudado de posição. O ponto decisivo em favor da primeira interpretação, parece-me, é que "mimético" pode significar não apenas "imitante", mas também "imitativo" no sentido forte de "dado para imitação", com a conotação de "indiscriminadamente imitativo" ou "todo mimético". Como outros observaram, esse sentido forte já havia sido preparado no Livro III.[27] Então, não haverá nem um conflito terminológico nem um conflito substantivo com a discussão precedente. Pois poesia "mimética" não é *apenas* poesia que imita — é poesia que imita qualquer coisa que seja. No Livro III, Sócrates expeliu o poeta indiscriminadamente mimético — em suma, o poeta "mimético"; e no Livro X ele defende essa expulsão.

Isso não é para negar que no Livro X Platão se afasta da discussão anterior tanto em sua terminologia como em suas propostas. Ele retorna ao problema da poesia, já que a metafísica e a psicologia que ele desenvolveu nesse ínterim proporcionam uma nova justificação para a expulsão da poesia mimética; e essa nova investigação é acompanhada por um novo uso de termos. Ao manter seu uso de "mimético" para implicar "indiscriminadamente imitativo", Platão agora faz uso dos termos "imitação" *(mimēsis)* e imitador *(mimētēs)* nos novos sentidos de "imitação indiscriminada" e "imitador indiscriminado". Ao mesmo tempo ele acrescenta uma nova dimensão ao sentido dos termos: poesia "mimética", como toda imitação, é não apenas indiscriminadamente imitativa, mas também completamente

---

[27] Elizabeth Belfiore, in "A Theory of Imitation in Plato's Republic", *Transactions of the American Philological Association* 114 (1984): pp. 126-127, nesse sentido argumenta que foi originalmente proposto por V. Menza em "Poetry and the Technē Theory", dissertação para obtenção do grau de Ph.D. na John Hopkins University, 1972), pp. 161-163. Menza (132-161-2) é muito razoável ao tomar a ocorrência de *mimetikós* em 395a como uma definição implícita do termo. Seguindo Menza, Belfiore traduz *mimetikḗ* como "imitação versátil". G. R. F. Ferrari também adota essa interpretação em seu capítulo "Plato and Poetry", in *The Cambridge History of Literary Criticism*, George A. Kennedy, editores (Cambridge: Cambridge University Press, 1989), pp. 124-125.

imitativa — imitativa até o seu cerne, porque duplamente apartada da autêntica criação. Na condição de uma "imitação" do variado mundo da ação humana, ela está na maior distância possível da criação do autêntico bem. Muito embora se possa argumentar que essa definição se aplique a toda a poesia, Platão cautelosamente restringe sua análise à poesia indiscriminadamente imitativa que ele baniu no Livro III. A primeira restrição ocorre no enunciado introdutório "quanto nela [parte da poesia] for imitação" (595a), com a implicação de que alguma parte não seja imitação. Na sequência, Sócrates repetidas vezes seleciona a tragédia, com seu principal praticante Homero, a exemplificar a poesia mimética. Quando ele reitera sua ordem de banimento no Livro X, ele descreve a poesia por ele expelida da sociedade como a "poesia do prazer e da *mímēsis*".[28] Juntamente com essa expulsão, Sócrates propõe manter "hinos aos deuses e louvores ao bem" (607a4). Assim como ele argumentou no Livro III, a poesia que ele permite é uma celebração da qualidade do bem, divina e humana; e nada contradiz a conclusão do Livro III, onde se tem que a sua poesia requer um correto misto de imitação — *mímēsis* no sentido primeiro e mais estrio — e narração.

O segundo principal problema é o seguinte: qual, precisamente, é o novo sentido de "imitação"? Platão desenvolve a sua resposta em três estágios, nos quais ele, sucessivamente, reduz a poesia mimética a um objeto detestável. Em primeiro lugar ele define "imitação" em geral; em segundo lugar, mostra que a poesia de Homero e seus sucessores se adéqua a essa definição; e em terceiro lugar, como clímax de todo o argumento, ele mostra que Homero e todos os demais poetas imitativos corrompem o ouvinte com seus poemas,

---

[28] *República* 607c5. Em 607a5 ele chama a sua poesia de "Musa adocicada"(*hedysménen Moûsan*). Em 600e4-6, Sócrates afirma que "todas os poetas *(poiētikōus)*, a começar por Homero, não passam de imitadores de simulacros de virtude e de tudo o mais que constituir objeto de suas composições"; cf. 601a4. Isso com frequüência tem sido interpretado como uma afirmação de caráter geral sobre "poetas". Mas pode ser tomado como mera afirmação sobre os poetas da tradição grega. Além disso, embora *poiētikōs* possa ser usado como sinônimo de *poiētēs*, "poeta", Platão parece usar o termo (pelo menos na *República*) do mesmo modo como "mimético", com a conotação especial de "dado à poesia", isto é, "dado a imitações"; ver esp. 607A2, onde Homero é descrito como "o mais poético" *(poiētikōtaton)* .

razão pela qual merecem ser banidos.[29] Em todos os três estágios, Platão baseia suas conclusões em uma analogia entre o pintor e o poeta; e um desafio de maior envergadura à interpretação é determinar a relevância dessa comparação. Uma vez que a analogia funciona de maneira diferente em diferentes estágios do argumento, é útil considerar cada estágio por sua vez, enquanto se mantém sempre em mente a estrutura geral do argumento.

Platão constrói sua nova definição de "imitação" baseando-se diretamente nas conclusões do Livro III. Ali ele baniu o poeta que "é capaz de se tornar todo tipo de indivíduo, em razão de sua sabedoria, e para imitar todas as coisas". Platão agora explica essa "sabedoria" *(sophia)*. Na verdade não é sabedoria, mas dissimulação, pois é o caso de apenas segurar o espelho e refletir todas as coisas nele. A pessoa que olha como se pudesse fazer todas as coisas é um "maravilhoso sofista" *(sophistēs,* 596d1), mas parece apenas um "sábio universal" *(passophos)* ao ignorante (598d3-4). Ele se parece a um "fabricante" *(poiētēs*; na verdade ele é um "imitador", não um real fabricante ou artesão, mas um pseudofabricante de pseudocriações. Platão, juntamente com o pintor, traz em sua metafísica das Formas o carpinteiro, e o próprio Deus, com o intuito de reduzir esse "fabricante" incrivelmente prolífico a uma mera sombra de um fabricante.[30]

À parte uma referência ao "fabricante de tragédia" (597e6), o "poeta" *(poiētēs)* está presente nesse primeiro estágio do argumento de maneira meramente implícita — ainda que muito enfaticamente — como "fabricante". O "imitador" é representado pelo pintor, que faz todas as coisas constituindo aparições delas, assim como a pessoa com o espelho. Ele imita objetos feitos pelo artesão humano, assim como a cama feita pelo carpinteiro. Acima do carpinteiro está Deus, o fabricante da Forma da cama, com base no qual o carpinteiro modela suas criações. As imitações do pintor são duas vezes

---

[29] Os três estágios são 595c7-598d6, 598d7-602b11 e 602c1-608b2.
[30] Conforme argumentou Harold Cherniss, "On Plato's Republic X 597B" *American Journal of Philology* 53 (1932): pp. 233-242, Platão não está ali revisando a sua teoria das Formas ao fazer de Deus seu criador, mas inclui Deus apenas para efeito de analogia. O próprio Sócrates qualifica o seu estratagema pela tentativa "que seja" em 597b6.

apartadas do ser real, que são as Formas; e o pintor está duas vezes apartado do fabricante e artesão realmente autêntico, que é Deus. A esse esquema básico Platão acrescenta um refinamento que será de crucial importância mais tarde (597e-598d). O pintor não imita os objetos do artesanato humano tal como eles são, mas como eles aparecem. Por exemplo, ele imita a cama como ela aparece do lado ou de frente, e não como ela é. Sua imitação, por isso, e toda imitação em geral, é a imitação de uma aparência, não de coisas como elas são neste mundo. Em suma, uma imitação é uma "aparência *(eidōlon)* que está longe da verdade", e o imitador nada sabe acerca das artes que ele imita.

O símile do espelho e Platão têm exercido uma influência irresistível sobre a interpretação de sua estética e sobre a teoria estética em geral. Ele se põe como símbolo obrigatório da concepção segundo a qual se trata ali do trabalho do artista de copiar a natureza. Mas o uso por Platão do símile precisa ser interpretado com alguma cautela. Em primeiro lugar, Platão crê que o copiar das coisas do mundo sensível seja uma perversão da função do poeta — é o que o poeta mimético faz. Em segundo lugar, o poeta mimético não tem por objetivo dar representações fiéis do mundo sensível; ele dá impressões de representações fiéis. O dicotômico lugar-comum entre espelhamento e autoexpressão nos atos na verdade não se adéqua ao uso por Platão do símile do espelho. Como alguns porta-vozes românticos — alguns deles — observaram em favor de uma teoria expressiva da arte, não há incompatibilidade entre imitação e autoexpressão. Na *República* Platão combina as duas abordagens, exigindo tanto modelos externos como uma resposta pessoal. Assim como o pintor reproduz aspectos da realidade tal como lhes aparecem, o poeta reproduz as suas próprias impressões da realidade. Essas aparições instigam o ignorante a tomá-las pela coisa real; não obstante, elas são distorções, produzidas pela própria visão de mundo do imitador. Muito embora a breve abordagem da poesia no *Banquete* chegue muito mais perto da noção romântica de autoexpressão, também na *República* o artista se aproxima de suas próprias fontes internas — em particular, como ficará claro, suas inclinações emocionais — para dar uma interpretação do mundo exterior.

Platão gradualmente acrescenta, no curso da discussão, observações sobre o modo como as impressões do poeta correspondem àquelas do pintor; e essa elaboração mostra que a analogia entre pintura e poesia não é uma analogia mal concebida, como por vezes se pensou. Se quisermos manter o símile do espelho, revela-se que o espelho é a própria alma do poeta: o mundo externo é refratado pela alma do poeta, e não lançado fora como uma reprodução fiel.

A hierarquia do ser também se provou enganosa. Talvez pareça que o poeta possa escapar à irrealidade sombria de sua pseudo-habilidade movendo-se mais alto na escala, ou para uma imitação das formas em si mesmas, ou, pelo menos, para uma réplica fiel da realidade sensível. A primeira alternativa é estéril pelo argumento, que é apresentado mais tarde, segundo o qual se o poeta modelou suas criações sobre as Formas, então ele seria um fabricante da conduta humana neste mundo, tomando o seu lugar entre os artesãos deste mundo; ele não se dedicaria a fazer "aparências" da qualidade do bem (599a-600e). Esse argumento foi percebido como séria dificuldade para certa concepção presente no Livro X. Ali Platão deixa aberta a possibilidade de uma habilidade moralmente benéfica de fazer poesia, tal como a proposta nos Livros II e III; devemos retornar a esse problema. A segunda alternativa também é estéril. Conforme a argumentação de Collingwood, uma vez que imitações e coisas sensíveis são categorias distintas de ser, não há meios de o imitador chegar à veracidade de seu modelo.[31] Assim como o carpinteiro não pode recriar uma Forma, nem pode o imitador recriar um objeto sensível. Supor de outro modo seria, digamos, como supor que Picasso pudesse recriar uma mulher combinando vários aspectos de seu rosto ou corpo em uma imagem única. É de se objetar que pintores podem fazer mais ou menos cópias realísticas. Mas um tipo fotográfico de realismo é o que Platão mais deplora, como sendo a mais acabada forma de ilusionismo. Muito embora Platão observe que, no terceiro estágio de seu argumento, um poeta erraria

---

[31] R. C. Collingwood, "Plato's Philosophy of Art", *Mind* 34 (1925): esp. 157-159. Para uma concepção diferente, ver Alexander Nehamas, "Plato on Imitation and Poetry in *Republic* 10", in *Plato on Beauty, Wisdom and the Arts*, Moravcsik e Temko, editores (Totowa, N.J.: Rowman & Littlefield, 1982), esp. 60-63.

menos se chamasse para mais perto a realidade sensível, em parte alguma ele propõe que um poeta devesse modelar seu trabalho em conformidade mais estreita com o mundo real. E sua razão está em que o ato de pender na realidade sensível sem linhas mestras independentes só poderá produzir mais distorções de realidade.[32]

No segundo estágio de seu argumento, Platão lança o seu ataque direto contra a poesia, reduzindo Homero e seus seguidores da posição de educadores dos gregos ao nível de ignorantes imitadores. Ele menciona que existem aqueles que atribuem a Homero (598-e) o conhecimento de todas as artes e de todas as coisas humanas; aqui ele não se debruçará sobre essa afirmação. Ele investigará se Homero tinha qualquer conhecimento "da maior e mais bela das coisas" acerca da qual ele tenta falar, isto é, "sobre guerras, generalato e administração das cidades, e sobre a educação de um ser humano" (599c-d). Sua primeira referência é uma alusão a *Íon*.[33] A segunda parte de seu enunciado é uma alusão à afirmação de Diotima no *Banquete*, segundo a qual Homero e outros poetas estão entre aqueles que "educam" homens e os conduzem às "práticas" certas. Diotima propôs que "de longe a mais excelente e mais bela parte de prudência diz respeito à administração de cidades e domicílios" (209a5-7); e ela associou os poetas, conforme o exemplificado por Homero e Hesíodo, aos legisladores, em particular Licurgo e Sólon, e com criativos artesões em geral, como criadores de prudência e outras formas do bem. Platão, então, expulsa Homero e os poetas desse grupo.

---

[32] No *Sofista*, Platão desenvolve mais detalhadamente suas ideias sobre imitação, dividindo *mimētikē* (a) na construção das imagens *(eikastikē)*, que consiste em preservar as proporções do "paradigma", e (b) na construção das aparências *(phantastikē)*, que muda as proporções do paradigma de modo a fazer com que pareça belo (235b-236c). Na *República*, *mimētikē* não inclui (a), que pode ser tomado como descendente filosófico da habilidade de fazer uma "imagem" *(eikona)* da qualidade do bem, conforme proposto no Livro III da *República*. No *Sofista* Platão explora a conexão entre poesia e sofistia apresentando o sofista como imitador de aparências. O poeta não aparece de maneira explícita, mas se adéqua à categoria do imitador estúpido que erroneamente pensa que sabe; em contraste, o sofista é um dissimulado imitador (268a).

[33] Ver esp. *Íon* 536e1-3, onde Íon afirma que Homero fala bem sobre "todas as coisas, quaisquer que sejam".

Com uma refutação ponto por ponto da abordagem de Diotima no *Banquete*, Sócrates argumenta que Homero não sabia quais "práticas" *(epitedeumata)* seriam passíveis de tornar as pessoas melhores, fosse em comunidade, fosse como indivíduos isolados.[34] Homero não foi um bom legislador como Sólon ou Licurgo, ou um inovador nas artes como Tales; tampouco atuou como educador particular. Sobretudo seu "companheiro" Creófilo proporcionaria um exemplo risível de um discípulo educado (600b6-9). Essa obscura referência a Creófilo vem acrescentar uma lacuna na abordagem de Diotima, por proporcionar um exemplo de alguém que, dizia-se, fora amado e educado por Homero. Sócrates também traz Hesíodo para a sua linha de fogo, ao sugerir que os contemporâneos de Homero e Hesíodo dificilmente o deixariam vagar cantando pela cidade se eles de fato não tivessem sido capazes de ajudar os outros a se tornar bons. Sua conclusão de que "todos os poetas, a começar por Homero, não passam de imitadores de simulacros da virtude" (600e4-5) atribui novo sentido a uma expressão usada no *Banquete*. Ali todos, exceção feita aos que alcançaram o pináculo da ilustração, estiveram destinados a criar apenas "aparências da qualidade do bem". Agora Homero e outros poetas são selecionados como tendo criado "simulacros" que são falsos.

Então, nessa parte do argumento, Platão corrige a visão positiva da poesia que ele apresentara no *Banquete*. Agora ele insere uma cunha entre a concepção de Diotima da criatividade poética e o mistério "perfeito" da escalada ascética. Em vez de promoverem uma progressão para o conhecimento, os poetas são expostos como cultivadores da ignorância. A educação poética é uma fraude, já que os poetas não sabem do que estão falando. Esse foi um desenvolvimento adicional de uma concepção esboçada na *Apologia* e no *Íon*. Mas Platão também tem em mente a possibilidade que

---

[34] Quanto à data de composição, o *Banquete* é geralmente pensado como próximo da *República*. Parece-me que a abordagem bem mais elaborada das Formas e da ascese para o conhecimento na *República* é subsequente à abordagem no *Banquete*, e que a crítica de Sócrates a Homero e a toda poesia tradicional no Livro X é evidência adicional para datar o *Banquete* como anterior ao término da *República*.

ele havia sugerido no *Mênon* — a de que a crença correta pode servir tanto de guia como de conhecimento. "Para não deixar as coisas ditas pela metade", continua Sócrates, poetas miméticos também carecem da crença certa que vem da convivência forçosa com o entendido na matéria (601c-602a). Sócrates recorre ainda uma vez à analogia do pintor, pareando-o agora com um tipo diferente de artesão, que é o fabricante de freios e rédeas. Muito embora este careça de conhecimento, ele faz um bom produto adquirindo a crença certa de um usuário que detenha o conhecimento. Diferentemente disso, o pintor de rédeas e freios nem tem o conhecimento nem adquire a crença correta pela associação com um usuário que seja conhecedor. De modo semelhante, o poeta mimético não tem nem o conhecimento, nem a crença correta. Em sua ignorância, ele imita o que parece belo para as massas ignorantes (602b), conforme foi sugerido o *Górgias*.

Os primeiros dois estágios do argumento preparam o terceiro, que culmina na reiteração da ordem de expulsão, agora dirigida explicitamente contra Homero e seus sucessores.[35] Até agora, Sócrates tem mostrado que Homero e os outros nada mais possuem que uma aparência de sabedoria. Agora ele mostra que essa aparência é uma corrupção da alma. Ao revelar a feiura moral da poesia tradicional e seu poder de corromper até mesmo os melhores cidadãos, ele a reduz ao nível mais baixo de abominação, de modo que ela certamente deverá ser purgada. Pela última vez, Sócrates toma o pintor como um análogo do poeta. Assim como o pintor cria impressões que são aceitas de maneira pouco ou nada crítica pelo contemplador sem qualquer tentativa de cálculo, assim também toda imitação faz apelo ao não racional, àquela parte de nossa alma que não tem valor (602c-603b). Esse uso da analogia do pintor talvez seja a parte mais fraca de todo o argumento de Platão. Mas ele tem o mérito de assinalar que a resposta a uma obra de

---

[35] Julia Annas, "Plato on the Triviality of Literature", in *Plato on* Beauty, Wisdom, and the Arts, Moravcsik e Temko, editores (Totowa, N.J.: Rowman & Littlefield, 1982), defende que existe uma séria descontinuidade no argumento; Platão a todo tempo considera a poesia como trivial em todas as coisas, exceto na última parte do argumento (605c-608b), onde subitamente ela aparece como grande perigo para a humanidade.

arte difere fundamentalmente da resposta a uma situação da vida real. Aquele que contempla uma pintura não mede as impressões que estão entre ele e a realidade; ele é seduzido pelas aparências, a aceitá-las como elas são, sem se preocupar em calcular quão perto elas estão da coisa real. Platão toca na noção de que uma obra de arte é valorizada por si própria, o seu insulamento da vida real dizendo respeito a uma suspensão da descrença. Ele desdenha das linhas gerais dessa arte por pensar que tal faz de conta é inofensivo, a não ser que ele concorde com uma realidade transcendente.

Após depreciar o pintor, Sócrates segue a mostrar o que o leitor estava esperando havia tanto tempo: uma explicação do tipo de aparências produzidas pelo poeta mimético. O poeta mimético imita humanos, engajados na ação e no pensar, suportando a dor ou desfrutando o prazer, sendo bem-sucedidos ou malsucedidos (603e). Além disso, ele tende a imitar a liberação de emoções, como o pesar, o riso, a lascívia e o medo, em vez de controlar as emoções pela razão. Ele tem uma propensão "natural" para a parte emocional da alma, pois ela é fácil de imitar. Essa parte é também fácil de apreciar, especialmente pela multidão no teatro. Portanto, para ganhar fama entre muitos, o poeta imitativo direciona todos os seus esforços para ela.

No caso do símile do espelho, juntamente com os exemplos do pintor, do carpinteiro e do fabricante de rédeas, o mesmo leitor que se equivoca ao pensar que o poeta cria imagens de palavras como se fossem divãs e rédeas, a esse leitor agora tudo se fez entender. O poeta imita o bem e o mal moral, tal como demonstrado em ações, crenças e sentimentos humanos. A ilustração de Aquiles conduzindo uma biga ou correndo pela planície de Troia, por exemplo, é incidental à imitação de seu caráter moral. Correspondendo, por essa razão, à Forma do divã ou da mesa, encontram-se as Formas das virtudes — justiça, moderação, coragem e sabedoria.[36] O poeta mimético nada cria a não ser distorções dessas qualidades, uma vez que ele olha apenas para o que os humanos efetivamente fazem, sendo ademais atraído para o oposto do comportamento virtuoso — a regra desordenada das emoções.

---

[36] Ver também M. Pabst Battin "Plato on True and False Poetry", *Journal of Aesthetics and Art Criticism* 36 (1977): pp. 163-174.

Seria bem ruim se ele meramente imitasse a conduta humana tal como ela é; em vez disso, ele a imita tal como ela aparece à parte sem valor de sua alma, como da alma de qualquer pessoa. Em vez de nos mostrar Édipo, digamos, trazendo ordem para a cidade por sua sabedoria, ele se mortifica na agonia de sua própria queda. O êxito de Édito seria demais tedioso para a maior parte das pessoas. Como no *Górgias*, Platão condena a poesia como demagogia poética, visando comprazer as multidões pela indulgência a seus desejos ignóbeis. Ele também retoma a concepção da criatividade poética que Diotima patrocinou no *Banquete*. Substituindo termos fundamentais à linguagem que Diotima aplica ao amor e ao bem, Sócrates afirma que toda imitação "se associa e é companheira *(hetaira)* e amiga *(philē)* de algo que está longe da prudência em nós, tendo como intuito nada que seja saudável ou verdadeiro"; em suma, "sendo sem valor, ele se associa a algo sem valor e cria coisas sem valor".[37] Em contraste com o poeta de Diotima, que é unido por amor a uma bela alma e cria a prudência, o poeta mimético se prostitui a si próprio a serviço da parte sem valor da alma humana e nada cria além do sem valor.

Em muitos aspectos, o poeta mimético de Platão representa o que muitos de nós mais valorizamos em poesia. Ele cria seus poemas em resposta ao espetáculo da ação humana, esta, tal como chega a ele. Imerso nesse mundo, ele deriva toda a sua inspiração daí, estendendo-se sobre ele com um pleno engajamento de suas emoções, arrebatando a outros à medida que ele próprio é arrebatado pela vida. Platão expulsa esse poeta com base em que a intensidade emocional "alimenta" (606b-d) e fortalece a parte emocional da alma do ouvinte, ao modo de um tumor maligno, enquanto enfraquece a parte racional. Em conflito com o bom legislador, o poeta mimético "desperta, alimenta e fortalece a parte maldosa da alma" (605b). E o pior, essa poesia é tão poderosa que corrompe não só os muitos, mas aqueles de melhor sorte (com bem poucas exceções) que comumente tentam

---

[37] *República* 603a12-b4: *pórrō d'aû phronḗseōs ónti tō en hēmîn prosomileî te kaì hetaíra kaì philē estín ep' oudenì hygieî oud' aletheî... faúle ára phaúlō syggignoménē phaûla gennā hē mimētikē* Cf. 605a9-b2.

controlar suas emoções pela razão (605c-606d). Pois eles são seduzidos pela obtenção do prazer liberando suas emoções, com a desculpa de que não é algo vergonhoso compartilhar as emoções com outra pessoa.

Existem muitos meios de resistir ao diagnóstico por Platão dos efeitos da poesia mimética, ao tempo em que se aceita a maior parte de sua análise do que o poeta faz. Aristóteles concebe que o teor da poesia limpa, em vez de corromper. Sem negar o poder da poesia de formar hábitos morais, podemos buscar uma escapatória na analogia que Platão faz do pintor. Ao criar suas ilusões, como se pode argumentar, o pintor de fato meticulosamente mensura a aparência contra a realidade. Tendo em primeiro plano um aspecto da mesa ou do divã, por exemplo, ele calcula como esse aspecto está relacionado ao todo e indica essa relação para aquele que contempla. Esse tipo de mensuração é completamente intrínseca à obra de arte; não há realidade à parte a do objeto artístico. De modo semelhante, o poeta, muito embora possa enfatizar as emoções, posiciona-as no contexto mais amplo de uma ordem moral. O sofrimento de Édipo é o mais intenso em razão de sua busca de sabedoria; e quando os que vão ao teatro sofrem com ele, seu sofrimento é uma medida de seu reconhecimento da nobreza do caráter de Édipo. Ao opor as emoções à compreensão racional, Platão isola esse modo de defender a poesia como um intento genuinamente criativo.

Pela perspectiva de Platão, como o poeta pode escapar à degradação? Sua questão nos devolve ao nosso primeiro problema. Que espaço é deixado para o tipo de poeta que implanta "a imagem de um bom hábito moral" em seus poemas, conforme proposto no Livro III? Pouca diferença faz se Platão isenta parte de sua teoria do ataque perpetrado no Livro X se sua análise impede que tal parte efetivamente exista. Sugiro que Platão tenha elaborado uma resposta em seu ataque. O poeta politicamente correto não precisa olhar para as Formas; se o fizer, ele seria o criador de um bem real nos seres humanos — um legislador de fato. Mas a ele está aberta a possibilidade de tomar crenças corretas do legislador, o usuário de seus poemas. Tampouco é preciso que se busquem instruções. Toda análise que Sócrates faz da poesia nos Livros II e III nada mais é do que um elaborado livro de regras, inventado pelos fundadores da cidade para a instrução de poetas. Dispondo de crenças corretas, o poeta é criado para estar no mesmo nível de um artesão, de um carpinteiro, de um fabricante de rédeas, e de todos os demais artífices não filosóficos na nova cidade. Como os demais, o poeta tem a posição de servir ao legislador. Ao invés de imitar humanos como eles são ou como parecem ser, ele cria imagens de humanos como eles deveriam ser, tomando direções do legislador, que olha em direção às Formas. É bastante duvidoso se esse tipo de poeta, coagido e trabalhando de acordo com as regras, poderia exercer qualquer apelo a não ser que se dirija ao zelo educacional do legislador. A própria análise por Platão do poeta mimético como exuberantemente — e mesmo morbidamente — criativo realça essa dificuldade. Na *República*, Platão apresenta apenas duas possibilidades: ou o poeta segue suas próprias inclinações e se corrompe, ou é coagido no aperfeiçoamento alheio. Nem o pintor nem qualquer outro artista se comportará melhor. Como todos os demais artífices na nova cidade, eles deverão criar um ambiente moral para os cidadãos; e não podem chegar a isso estando enamorados pelas visões e sons deste mundo.

No *Fedro,* Platão reconsidera o lugar da poesia na vida humana. Embora insatisfeito com sua coerção da poesia na *República*, Sócrates proclama que ninguém pode se tornar um bom poeta, a não ser que seja inspirado pela loucura divina. Em uma definição breve e tradicional de poesia que é reminiscência do *Banquete,* Sócrates explica que a possessão pelas musas engendra uma alma "mais tenra" e "educa as gerações futuras (*Fedro* 245a). A possessão poética é um dos quatro tipos de loucura divina, juntamente com a profecia, o ritual e o amor *(erōs)*; o amor é a melhor loucura de todas. Sendo a loucura divina responsável pelos "maiores bens" dos humanos (244a), pode-se esperar que a poesia exerça algum papel no retorno da alma aos céus. Mas Sócrates explica essa ascensão como motivada inteiramente pelo amor. Além disso, ele situa a "pessoa poética" em patamar surpreendentemente baixo em sua classificação de vidas. A melhor vida é a do "filósofo ou amante da beleza ou uma pessoa musical e erótica *(philosophou ē philokalou ē mousikou tinos kai erōtikou)*. Segue-se daí o rei, bom legislador, hábil na arte de fazer a guerra ou um médico. Em quinto lugar vem a vida do profeta ou realizador de ritos; em sexto, então, a "pessoa poética *(poiētikos)*" ou quem mais se ocupar da *mimēsis* ; em sétimo vem o artesão ou o que se dedica ao cultivo da terra; em oitavo, o sofista ou demagogo; em nono e último lugar o tirano (248-e). A "pessoa poética" está no nível mais baixo entre os quatro tipos de pessoas divinamente inspiradas, com o profeta e realizador de ritos logo acima dele. Inspiração divina não é mais uma garantia de ilustração que a que se tem na *Apologia* ou no *Íon*.

À medida que no *Banquete* Platão incluiu a poesia entre os trabalhos de amor, ele agora a rebaixa distinguindo-a do amor como um tipo separado de loucura. Conforme o sugerido pela conjunção de poesia com *mimēsis*, esse rebaixamento parece em dívida com a *República*. Ao mesmo tempo, Platão suaviza a posição da *República* classificando o poeta mimético um patamar acima do trabalhador braçal. A inspiração divina, ao que parece, garante ao poeta mimético um lugar acima do artífice comum e dois lugares acima do sofista pela infusão de algum valor educativo em seus poemas. Mas não chega a ser suficiente educá-lo para o nível de pessoa "erótica", a pessoa verdadeiramente "musical" que é inspirada pelas Musas com o único discurso genuinamente belo, que é o do filósofo.

Portanto, no *Fedro*, Platão insere outra cunha entre poesia e filosofia tradicional. Ao mesmo tempo, ele propõe uma transformação de todos os tipos de discurso — em particular a poesia, a retórica política e a linguagem legal — no discurso filosófico. O principal tópico do *Fedro*, como do *Górgias*, é a retórica. Mas "retórica" é agora tomada explicitamente no sentido amplo e etimológico da "arte de falar" em geral, de modo a subsumir o discurso público. Ao definir "retórica" como uma "condução da alma *(psychagōgia)* pelas palavras" tanto no privado como no público (261a), Sócrates gradativamente transforma o sentido básico de *psychagōgia*, "ilusionismo" e "encantamento", que se adéqua à concepção sofística de linguagem, no sentido de "condução da alma", para a verdade, o que bem se ajusta ao discurso filosófico. No curso do exame de Sócrates, a retórica se torna a arte da dialética ou "discussão". Ela requer, antes de qualquer coisa, a capacidade de definir e dividir corretamente o objeto em questão, e, além disso, um conhecimento dos tipos de almas e suas ocorrências, juntamente com um conhecimento dos tipos de linguagem, de modo que o falante possa adaptar a sua linguagem à alma de cada ouvinte. Sócrates exemplifica esse tipo genuíno de retórica durante todo o *Fedro*. Usando vários tipos de linguagem, incluindo um "hino mítico" adornado com palavras "poéticas", ele conduz o seu companheiro, Fedro, a uma compreensão do uso adequado da linguagem.[38] A retórica genuína pode incluir poesia e discursos em prosa, mas é essencialmente um ato de comunicação entre dois indivíduos. A principal razão de Platão rejeitar a escrita como uso sério da linguagem está no fato de ele tomá-la como impedimento a essa comunicação.

A nova e abrangente teoria da linguagem de Platão é acompanhada por uma nova teoria do amor. Revisando a concepção da criatividade intelectual por Diotima no *Banquete*, Platão agora propõe que o único uso filosófico da linguagem seja genuinamente um ato de amor, que tenha como objetivo o esclarecimento do amado bem como de si mesmo. Poesia sem filosofia é poesia sem amor ou sem compreensão; mas ela pode ser transformada em discurso genuinamente criativo. Ao final do *Fedro*, Sócrates pede a Fedro para retransmitir uma mensagem proveniente das Musas: sua mensagem para Lísias e para algum outro palestrante, bem como para Homero e para qualquer outro poeta, e para Sólon e qualquer outro autor de leis, é a de que se eles conhecem a verdade a respeito do que compuseram, e se podem defender o que escreveram falando a respeito, ao mesmo tempo mostrando que o que escreveram é sem valor, então eles merecem o nome de "filósofo" mais do que o nome que faça jus a suas composições — isto é, "palestrante", "poeta" ou "legislador" (278b-e). Os próprios diálogos de Platão podem ser vistos como tentativas de exemplificar esse uso da linguagem. Podemos chamá-los de poesia como um tributo às habilidades literárias de Platão.[39] Mas pela perspectiva de Platão, o mais exato seria vê-los como alumbramentos ou "aparências" de como todos os tipos

---

[38] *Fedro* 265c1 e 275a5; cf. 241e1-3. Ver também Elizabeth Asmis, "Psychagogia in Plato's *Phaedrus*", *Illinois Studies in Classical Philology* 11 (1986): pp. 153-172.
[39] Em *The Fragility of Goodness* (Cambridge: Cambridge University Press, 1986), p. 227, Martha Nussbaum sugere que o *Fedro* pode ser o primeiro exemplo da "poesia filosófica" agora proposta por Platão.

de linguagem — a poética, a política, a legal e as demais — podem ser transformados em discurso filosófico.

No *Fedro*, Platão acrescenta a essa série de retratos do poeta o caso limítrofe do escritor de poesia que está realmente inspirado. Ele já não é mais um poeta, e sim um filósofo. Suas composições nada mais são do que momentos de pensamentos, enregelados em linguagem e desprovidos de valor em si mesmos. A parte séria de seus intentos consiste na discussão que vem em apoio de suas composições e as suplementa. Como ilhas em um mar de reflexão, as composições são meramente estágios no caminho para um objetivo distante. Embora Platão se recuse a dar a esse tipo de compositor o título de "poeta", ele apresenta um modelo altamente convincente do que seria o objetivo de um poeta. Pois esse criador de poesia não é nem entravado pelas leis nem blindado pelas aparências. O que torna o seu modelo de poesia particularmente atraente é que, muito embora Platão considere o construto linguístico desprovido de valor em si mesmo, ele lhe imputa um mérito especial e único — a unidade orgânica. Tal como uma composição, um poema deve ter suas partes coadunadas em um todo orgânico, com meios e extremidades, tal como corpo de um animal (264c-268c-d). Essa organização é determinada não só pelo objeto em questão, mas também pelas necessidades do ouvinte. Enquanto a unidade orgânica pode ser vista como uma propriedade estética — e Aristóteles mais tarde irá tratá-la como tal, ao torná-la o foco de sua análise da poesia —, Platão subordina-a a uma finalidade moral. A unidade da composição reflete tanto a verdade do que é dito como as aspirações morais do ouvinte e do falante. A completude do texto contrasta com a incompletude do esforço que o inspira, e com isso sinaliza sua incompletude. Ao enfatizar o caráter sem valor da composição, Platão adverte o leitor para que não se deixe seduzir por seu mérito como criação artística, aceitando-a como enunciado definitivo. O culto aos textos, orais ou escritos, é estranho a Platão.

Não se pretende aqui atribuir a última palavra sobre a poesia às *Leis*, onde Platão reduz o poeta uma vez mais a um serviçal do legislador. O velho ateniense que substituiu Sócrates como porta-voz principal de Platão sugere que a discussão que ele e seus companheiros têm ali entabulado sobre as leis é uma espécie de "poesia": na verdade, ela é o mais adequado de todos os trabalhos em poema e prosa que as crianças possam ouvir, e os professores, aprovar (811c-e). Nessa rivalidade com os poetas, os legisladores certamente sairão perdedores se indicarmos para juiz da querela o Sócrates do *Fedro*.

12 Adeus ao Terceiro Homem

Constance C. Meinwald

Este artigo explora algumas aplicações da principal inovação que emergiu do Parmênides na interpretação que desenvolvi em meu livro Plato's Parmenides *(Nova Iorque 1991). Meus agradecimentos a Richard Kraut, pela oportunidade de me dirigir a leitores que podem não querer se ocupar de todas as questões abordadas neste livro. Sou extremamente grata a Charles Chastain, Dorothy Grover, Wolfgang-Rainer Mann, Pamela Meinwald e Marya Schechtman por terem sido "leitores-teste" de esboços deste ensaio.*

O compromisso de Platão com o que foi chamado de "autopredicação", ou seja, com sentenças do tipo

Bravura é brava
O Grande é grande

é um dos aspectos mais evidentes e característicos de seu trabalho. Esse compromisso encontra-se em diálogos de todos os três períodos, e como fundação do platonismo ele está longe de ser opcional.[1] No entanto, essas sentenças imediatamente produzem reações negativas em nós.[2] A primeira

---

[1] O termo "autopredicação" é usado de maneiras um pouco diferentes por estudiosos diferentes.
[2] Opiniões negativas sobre autopredicação têm sido frequentemente expressas. Aqui tenho um exemplo. Sir Davi Ross observou as autopredicações em 330c2-e3 no *Protágoras* como um exemplo onde um "erro ocorre em sua forma mais crua" (*Plato's Theory of Ideas* [Oxford, 1951], p. 88). C. C. W. Taylor, em seu comentário sobre a mesma passagem, relata que "a confusão equivale a um fracasso em distinguir entre ser um

que ele dispôs acima, por exemplo, parece claramente falsa. Parece-me estar atribuindo um aspecto à Bravura que ela poderia não ter — dificilmente poderíamos imaginá-la realizando atos de valor ou dando mostras de resistência sob a diversidade. A afirmação característica de que o Grande é grande, sem demais qualificações, parece ridiculamente tomar como objeto outra coisa, como um elefante, só que maior. A presença de afirmações desse tipo no texto de Platão nos faz sentir que tal modo de pensar não apenas é estranho a nós, mas é também seriamente confuso. A rude e desdenhosa irrupção de Aristóteles, "então, adeus às formas, já que elas não têm sentido"[3] parece estar certa.

A suspeita que temos como pano de fundo, de que as Formas Platônicas podem não ser expediente a se respeitar, torna o *Parmênides* especialmente intrigante para nós. Esse diálogo deve sua fama à presença, primeiramente, de um intercâmbio entre um Sócrates jovem e um Parmênides venerável. As elocuções de Sócrates são reminiscência de enunciados amplamente considerados como constituindo a teoria das Formas de Platão, tal como apresentada na *República* e no *Fédon*. Ali, no entanto, quando questionado por Parmênides, Sócrates fracassa repetidas vezes em sustentar suas concepções, e cai em perplexidade. Essa passagem tem sido, para gerações de leitores mostrar uma sensibilidade a certos tipos de problemas que eles associavam ao platonismo (incluindo uma confusão quanto à autopredicação, mas não se limitando a ela). Teria Platão sustentando a concepção de que o platonismo estaria equivocado, ou ele foi capaz de reagir de algum modo positivo?

O ponto de partida natural para responder a essa perguntar implica estudar as demais partes do diálogo para ali ver se ele aborda os problemas suscitados na primeira parte. O próprio Platão indica que essa abordagem é correta: ele faz Parmênides dizer a Sócrates que a razão de este ter incorrido

---

atributo e tê-lo" (*Plato's Protagoras* [Oxford, 1976]. p. 112). E Gregory Vlastos, em sua Introdução do editor a *Plato: A Collection of Critical Essays*, vol. 1, *Metaphysics and Epistemology* (Garden City, N.Y., 1970), nos diz que "se Platão tivesse conhecido o paradoxo russelliano, teria visto instantaneamente as consequências absurdas de". O "*F é F*" para a maior parte dos valores de "F" (p. 2).

[3] *Analíticos posteriores* 83a32-33.

em problemas deriva de ter postulado suas Formas cedo demais, antes de ter "exercitado"; a segunda parte do diálogo consiste então em uma demonstração do exercício recomendado.[4] Uma vez que Platão pensou a segunda parte do diálogo como versando sobre problemas do primeiro, se desejarmos avaliar a resposta de Platão aos célebres problemas, devemos compreender o novo exercício que ela contém.

No entanto, essa é a abordagem que se costuma tomar. Os tipos comuns de abordagem implementadas são dois. Em um extremo encontramos um grande volume da obra buscando descobrir a resposta de Platão a problemas selecionados da primeira parte do diálogo mediante estudo minucioso daquela parte tomada exclusivamente. (Discutirei essa passagem e darei referências a ela na seção seguinte, no contexto de consideração da função da passagem). No outro extremo, temos uma abordagem que se aparta completamente do *Parmênides*, tentando projetar as reações de Platão a seus problemas valendo-se do que ele diz em outros trabalhos. Harold Cherniss talvez seja o mais famoso representante desse grupo.[5] Porém suas afirmações relacionadas ao que às vezes é chamado o Argumento da Terceira Cama na *República* não foram de muito convencimento. As conjecturas que Cherniss fez basear na aparência da linguagem de modelo e cópia no *Timeu* parecem agora estar recebendo renovada expressão.[6] Porém, devemos notar que esse tipo de raciocínio se abre a reservas de três tipos. Em primeiro lugar, ainda que Platão tivesse continuado a fazer afirmações características, isso em si não mostra que ele tinha em mãos soluções definidas e adequadas para o problema que lhes está associado.[7] Em segundo lugar, só podemos ser confiantes quanto a Platão ter sugerido uma resposta positiva aos problemas

---

[4] Por "segunda parte do diálogo" compreendo de 137e4 até o final.
[5] Cherniss discute se Platão tinha o Argumento do Terceiro Homem por crucial para a sua teoria em *Aristotle's Criticism of Plato and the Academy* (Baltimore, 1944), pp. 293-300. O contexto mais amplo é o seu tratamento do uso do argumento por Aristóteles, que começa na p. 289.
[6] Para tomar dois exemplos do presente volume, na seção III do Capítulo I do editor Richard Kraut e na seção VII do Capítulo 9 de Nicholas P. White.
[7] Assim A. Wedberg, "The Theory of Ideas", in *Plato*, Vlastos, editor, 1: p. 44 n. 20.

se o visualizarmos construindo as teorias das Formas *depois* de ter articulado os problemas. Assim, tentativas de raciocinar a partir de passagens no *Timeu* se fizeram envoltas em controvérsia (dado o ânimo desafortunado pelo sarcasmo magistral de Owen e Cherniss)[8] quanto à datação do *Timeu*. Em terceiro lugar, passagens de outros diálogos não contêm evidência de que Platão pensava que eles tinham algo a ver com os problemas do *Parmênides*.[9]

Por essas razões, então, é claramente indesejável ter de confiar somente em projeções de outros trabalhos na formação da perspectiva que se tem da resposta de Platão aos problemas do Parmênides. Isso nos remete à segunda parte do diálogo — o lugar natural para o qual o próprio Platão indica que devemos olhar. Na verdade, existe uma razão muito boa pela qual estudiosos não estão voltando seus estudos aos célebres problemas: não tem havido acordo sobre o que seria o seu objeto.[10] Assim, em 1983, J. L. Ackrill chamou a segunda parte do *Parmênides* de "texto mais intratável de Platão", e David Bostock, em seu livro de 1988 sobre o *Teeteto,* escreve: "Agora é claro

---

[8] G. E. L. Owen, "The Place of the Timaeus in Plato's Dialogues", *Classical Quarterly* 3 (1953): pp. 79-95; H. F. Cherniss, "The Relation of the Timaeus to Plato's Later Dialogues", *American Journal of Philology* 78 (1957): pp. 225-266.

[9] Nos últimos diálogos, a única exceção ao silêncio de Platão quanto aos problemas da primeira parte do Parmênides é a reprise do problema uno-múltiplo no *Filebo* (141css). Porém esse é apenas um de uma longa lista de problemas, e exatamente como e mesmo onde o *Filebo* pode resolvê-lo é algo que não está evidenciado.

[10] É claro, estudiosos têm se debruçado sobre a segunda parte do *Parmênides* durante séculos. Dispomos de abordagens do diálogo como um todo e também de artigos dedicados exclusivamente à segunda parte. Desde a antiguidade, grande parte dos estudiosos ainda sobrevive do comentário neoplatonista de Proclo (agora traduzido para o inglês por Glenn R. Morrow e John M Dillon como *Proclus' Commentary on Plato's Parmenides* [Princeton, 1987]). Contribuições feitas em nosso século incluem a edição Budé de Auguste Diès (*Platon: Oeuvres completes*, vol. 8 [Paris, 1923]); Max Wundt, *Platons Parmenides* (Stuttgart, 1935); Francis M. Cornford, *Plato and Parmenides* (London: 1939); Gilbert Ryle, "Plato's *Parmenides*", *Mind* 48 (1939): pp. 129-151, 302-325; G. E. L. Owen, "Notas on Ryle's Plato", in *Ryle: A Collection of Critical Essays*, Oscar P. Wood e George Pitcher, editores (Garden City, N.Y., 1970), pp. 341-72; R. E. Allen, *Plato's Parmenides* (Minneapolis, 1983); Mitchel Miller, Jr., Plato's Parmenides (Princeton, 1986); e Kenneth M. Sayre, *Plato's Late Ontology* (Princeton, 1983). Mas as abordagens desses autores e seus resultados variam enormemente, e seus esforços combinados não produzem consenso algum entre filósofos e classicistas em geral.

que nunca se pode dizer, relativamente a qualquer argumento que seja da segunda parte do Parmênides, o que o próprio Platão pensava a respeito."[11] Na verdade, a aura de estranheza que envolve esse texto pode fazer com que pareça improvável a produção de resultados que poderiam ser úteis: muitos de seus argumentos são aparentemente tão ruins quanto embaraçosos, e são arranjados de modo a sistematicamente produzir conclusões aparentemente contraditórias. Ainda assim, uma vez que a passagem mais longa (quase trinta páginas de Estéfano) de argumento ininterrupto no *corpus* platônico deve ser de considerável importância filosófica. Na verdade, ela é merecedora de nossa atenção. Sua excentricidade superficial adiou o reconhecimento do que é realmente um caráter perfeito e agradável. Tendo sistematicamente se apropriado de argumentos e lido esses tais argumentos à luz das observações metodológicas de Parmênides, acredito que a segunda parte do *Parmênides* termine por se mostrar inteligível. Surge uma inovação positiva e crucial — uma distinção entre dois tipos de predicação —, com a ajuda da qual podemos reconhecer o exercício de fazer bons argumentos consistirem em conclusões que, ao final de tudo, não sejam contraditórias.

O reconhecimento dessa inovação abastece-nos com um novo aparato para lidar com os problemas da primeira parte do diálogo, agora com prospectos melhorados de recuperação da resposta de Platão. Para o presente ensaio eu selecionei dois importantes problemas: o notório Terceiro Homem e aquele que o próprio Platão chamou de "a maior dificuldade". Iniciarei com um tratamento incipiente dos problemas, passarei a uma exposição do que tomo por principal inovação da segunda parte do diálogo e, por fim, aplicarei essa inovação a problemas selecionados. Revelar-se-á que Platão continua a manter sentenças autopredicativas. Mas ele desenvolve um uso para elas com base no qual suas condições de verdade são inteiramente diferentes das que estamos dando para elas. [12]

---

[11] A avaliação de Ackrill aparece em seu memorial "Gwilym Ellis Land Owen", *Proceedings of the British Academy* 70 (1984): p. 493. A observação de Bostock encontra-se em *Plato's Theaetetus* (Oxford, 1988), p. 214.

[12] Como Stephen Menn observou para mim, certamente não é nenhuma novidade dizer

I. Os problemas introduzidos

Será útil iniciar com alguma consideração geral da primeira parte do diálogo e sua função. Este texto (se estancarmos antes da descrição do novo exercício, talvez em 153d3, pouco depois de Parmênides ter congratulado Sócrates por seus esforços) tem a aparência de uma obra completa em si mesma; lembra, em particular, o diálogo canônico socrático (isto é, as próprias produções iniciais de Platão). Existe um padrão geral aqui, alguns temas filosoficamente interessantes vêm à tona, sendo de se esperar que uma das pessoas presentes seja um especialista no assunto. Essa pessoa entabula uma conversa com Sócrates sobre o objeto de estudos desse suposto especialista, respondendo a uma série de questões. Pela altura do final do diálogo, o interlocutor revela que não está em posição propícia para sustentar essas concepções: sua confusão é tamanha que ele não consegue evitar se contradizer a si mesmo.

A viragem em nosso diálogo está no fato de Sócrates (aqui um jovem) ser o interlocutor, enquanto o venerável Parmênides é o questionador. Sócrates se apresenta como um especialista em Formas por suas críticas agressivas ao camarada eleata de Parmênides, que é Zenão. Ora as críticas de Sócrates são feitas do ponto de vista de uma concepção que se via crucialmente em asserções sobre Formas. Porém, essas Formas não são coisas de que todo mundo sabe a respeito, e sim entidades teóricas especiais. Alguém que faz uso de asserções controversas sobre entidades teóricas especiais como base para ataques a outros deve ser um especialista na teoria relevante, e assim Sócrates deve entender as Formas. Mas é notório que, quando Parmênides o questiona um tanto mais sobre suas concepções de Formas, Sócrates incide repetidamente em dificuldades, e admite a sua perplexidade.

---

que para Platão a Forma F é F de si mesma enquanto particulares são F de alguma outra maneira, como não é novidade afirmar que isso gera o Terceiro Homem. Nesse sentido, meu tratamento é de tipo familiar. O que faz com que seja novo é o fato de ele continuar, guiado pelo texto do *Parmênides*, a evidenciar a força desse tipo de locução.

A semelhança da primeira parte do *Parmênides* com um diálogo inicial tomado por inteiro talvez lhe dê o ar de alguma coisa que por si pode ser objeto de estudos. E por certo a obscuridade do restante do diálogo acaba sendo um atrativo para que se concentre a atenção na parte mais acessível do texto. Na verdade, um trabalho muito cuidadoso tem sido feito para analisar argumentos particulares dessa passagem.[13] Minha proposta é não proporcionar uma discussão detalhada de qualquer trabalho como esse. Mas acho que considerar certas pressuposições compartilhadas por muitas dessas interpretações ajudará a organizar um debate preliminar da passagem. Para tanto, começarei identificando o que tomo como padrão característico dessas interpretações. O padrão combina uma atividade concentrada na primeira parte do diálogo com as crenças de que cada argumento na passagem deva ser tratado como uma *reductio ad absurdum*, e que o estudo desses argumentos nos permitirá determinar se Platão sabia o que rejeitar (e, se sim, precisamente o quê).[14]

---

[13] Uma moda bastante expressiva para esse tipo de coisa foi estabelecida por Gregory Vlastos, "The Third Man Argument in Plato's *Parmenides*", *Philosophical Review* 63 (1954): pp. 319-349. Outras contribuições notáveis são as de Wilfred Sellars, "Vlastos and the Third Man", *Philosophical Review* 64 (1955): pp. 405-437; P. T. Geach, "The Third Man Again", *Philosophical Review* 65 (1956): pp. 72-82; Colin Strang, "Plato and the Third Man", Proceedings of the Aristotelian Society, vol. supl. 37 (1963): pp.147-64; Gregory Vlastos, "Plato's Third Man" Argument 19 (*Parmênides* 132A1-B2): Text and Logic", *Philosophical Quarterly* 19 (1969): pp. 289-301, que dispõe de uma útil bibliografia de artigos publicados sobre o assunto; S. Marc Cohen, "The Logic of the Third Man", *Philosophical Review* 80 (1971): pp. 448-475; e Sandra Paterson, "A Reasonable Self-Predication Premise for the Third Man Argument", *Philosophical Review* 82 (1973): pp. 451-470. Enquanto o Terceiro Homem tem recebido o peso maior na balança, uma autora que reconheceu que a "maior dificuldade" merece uma obra de fôlego é Sandra Paterson em "The Greatest for Plato's Theory of Forms: the Unknowability Argumento of *Parmenides* 133c-134c", *Archiv für Geschichte der Philosophie* 63 (1981): pp. 1-16.

[14] Embora autores que eu agrupe juntos aqui como seguidores de um padrão único concordem todos em que os argumentos por eles debatidos implicam, por assim dizer, tentar seguir a estratégia da *reductio*, há entre eles um desacordo digno de nota na questão sobre se Platão sabia qual era o problema, ou se ele manteve-se incapaz de vê-lo, sendo mesmo incapaz de formular esse argumento corretamente. Mas eu os agrupo todos juntos porque Gregory Vlastos (o principal expoente da última perspectiva aqui arrolada) tem por pressuposto que nós deveríamos abordar (um argumento) da

Apesar dos atrativos dessa abordagem, tem se reconhecido cada vez mais que ela é inapropriada.[15] Em primeiro lugar, não se pode tomar essa abordagem sem ignorar a indicação explícita da passagem de transição (135c8-137c3), segundo a qual o exercício que forma a segunda parte do diálogo é relevante para se lidar com problemas da primeira parte. Conforme já mencionei, Parmênides ali diz a Sócrates que este não será capaz de ver as coisas corretamente até que tenha feito o exercício certo, e lhe pede que mostre o exercício. A segunda parte do diálogo é apenas essa demonstração. Podemos explicitar as implicações dessa conexão entre as duas partes do diálogo em termos ou de nossa abordagem da passagem ou de nossa compreensão do desenvolvimento de Platão. Quanto ao modo como abordamos a passagem, a conexão indica que na verdade não deveríamos tratar a primeira parte do diálogo isoladamente; apesar de sua semelhança com um diálogo inicial, ela não pode ser visto como autocontido. Em termos do desenvolvimento de Platão, a conexão entre as duas partes do diálogo significa que não deveríamos extrair nossa abordagem do desenvolvimento de Platão tão apenas da análise dos problemas da primeira parte; se ele apresenta o exercício dialético como relevante para tratar desses problemas, é justo tentar entender aquele exercício.[16]

---

passagem fazendo uma reconstrução explícita e formal do argumento, e também pelo diagnóstico do problema.

[15] Kenneth Sayre (e faço notar que aprendi muito com o tratamento dado em *Plato's Late Ontology*), R. E. Allen em seu *Plato's Parmenides* e M. Miller em seu livro do mesmo nome tem reconhecido esse aspecto. Mas em razão do prestígio dos autores que seguiram o padrão descrito acima e a inclusão de seus artigos em coleções influentes, creio que o mesmo padrão ainda seja dominante. Em parte por essa razão e em parte porque minhas concepções detalhadas são diferentes das de outros autores, continuarei a proporcionar aqui a minha própria discussão.

[16] Já me fizeram observar que aqueles que trabalharam na primeira parte do diálogo isoladamente podem não endossar a afirmação de que essa parte pode ser plenamente compreendida sem referência à segunda parte do diálogo. Eles podem estar realizando o sensato plano de começar por esclarecer uma porção de texto passível de ser manuseado. Mas isso ainda me parece deixar o seu trabalho aberto à acusação de que a sua abordagem é inapropriada. Ademais, independentemente de os autores desses artigos acreditarem que abordar esses argumentos isoladamente seja a maneira ideal de lidar

Uma segunda consideração envolve o que se pode chamar de importância lógica da passagem. Como já se observou, temos aqui, como em muitos diálogos um *elenchus* socrático, uma pessoa que tenta repetidamente sustentar uma conversa sobre algum objeto de estudo favorito; porém, todas as vezes termina admitindo ter se contradito. Esse resultado mostra, no mínimo, que a pessoa não tem conhecimento do assunto em questão — se tivesse (dada a concepção forte que Platão tem do conhecimento), ele seria capaz de evitar contradições. No entanto, ainda que seja claro, se o interlocutor admitir que ele se contradiz, que houve algo errado, isso por si só não nos diz qual a fonte do problema. Ora como diríamos, quaisquer das premissas que o interlocutor estaria disposto a aceitar pode ter sido falsa, ou ele pode ter começado de premissas verdadeiras e ter feito alguma inferência ilícita a partir delas.

Há controvérsias entre estudiosos do *elenchus* socrático sobre se tal procedimento, ao ser repetido com o passar do tempo, não poderá ter resultados positivos, e controvérsias há também sobre o *status* que seria o daqueles resultados.[17] Contudo, uma diferença entre a nossa discussão e aquelas constituídas pelo programa de investigação moral de Sócrates dificulta a questão da chamada confirmação elêntica irrelevante para nossas finalidades. Essa diferença é a de que o programa de investigação moral consistiu em um grande número de conversas, com toda uma variedade de interlocutores e durante um longo período, enquanto a discussão presente é claramente uma ocasião única, e pensada para ter seu efeito enquanto tal.

Retornemos, então, à consideração do caso em que alguém reprova o *elenchus* em uma única ocasião. Notamos que o fato de que o interlocutor

---

com o texto de Platão, seus artigos têm exercido o efeito de conduzir muitos leitores a supor que o é - por ser o procedimento de trabalho tão influente.

[17] O debate de Terence Irwin em Plato's Moral Theory (Oxford, 1977) tem desempenhado um papel importante na controvérsia. (Mas talvez, infelizmente para as intenções presentes, ele se encontra disperso por todo o livro.) Uma contribuição importante, conjunta e recente, é o debate entre Gregory Vlastos e Richard Kraut em *Oxford Studies in Ancient Philosophy* 1 (1983): pp. 27-58, 59-70.

contradiz a si mesmo não prova automaticamente, de qualquer premissa específica, que *ela* é falsa. Contudo, por vezes somos confrontados com um argumento que tem essa finalidade, de modo que vale considerar que fatos podem ser usados para se decidir quando conduzir um argumento dessa forma. Parece-me que a *reductio* paradigmática funciona como segue: ela torna explícita todas as premissas, de modo que podemos ver que todas elas, à exceção de uma, já são conhecidas como verdadeiras, enquanto aquela, a que não é, é marcada como vulnerável. Por um raciocínio explícito e irrepreensível, ele se põe a conduzir a uma inaceitável conclusão. Isso claramente indica que deveríamos rejeitar a premissa que se tem como alvo. É claro que muitos exemplos reais de argumentos *reductio* são mais casuais do que a *reductio* paradigmática tal como a descrevo. Mas enquanto eles podem se recusar a tornar explícitas todas as suas premissas e todo raciocínio a partir delas, sua estratégia básica demandará que eles tornem possível para nós identificar qual premissa supostamente será rejeitada, e demandará também que tornem possível a identificação suficiente do que mais estiver envolvido, de modo que a premissa-alvo possa ser vista como o elemento mais vulnerável.

Se agora considerarmos nossa passagem dispondo dessa descrição da *reductio*, podemos ver quão longe a passagem se encontra de um confronto com a descrição. (As afirmações desse parágrafo serão confirmadas quando passarmos à discussão dos argumentos individuais.) Geralmente as próprias premissas que os leitores orientados para a *reductio* gostariam de rejeitar não são expressas. Uma premissa que não aparece no texto pode *a fortiori* não ser marcada como alvo do exercício. E, o mais importante, os argumentos não são especificados em um sentido forte: não só o texto frequentes vezes não dispõe premissas suficientes para a conclusão que, pelo que se anuncia, se deverá seguir, como simplesmente não há informações suficientes valendo-se das quais se poderia determinar exatamente o que se supõe dever-se compreender como a completar os argumentos. E diferentes meios de completar os argumentos não são apenas trivialmente diferentes. (A variedade de formulações do Argumento do Terceiro Homem produzidas por intérpretes cuidadosos é um sinal da extensão a que tal argumento é subespecificado, enquanto o calor do desacordo entre essas formulações é indicador de que elas diferem de modos importantes).

Em suma, com demasiada frequência em nossa passagem, o texto não tem eficazmente como alvo uma determinada premissa para a destruição, tampouco nos proporciona sentido suficiente do que mais está envolvido para garantir que alguma premissa-alvo reputada seja na verdade o elemento mais vulnerável. Ainda assim, um autor que esteja proporcionando um *reductio* deve fazer ambas essas coisas. Platão encontra-se aqui tão longe de ter produzido argumentos que seguem a estratégia da *reductio*, que devemos duvidar se ele pode mesmo ter tido a intenção de que a passagem funcionasse dessa maneira.

Passemos agora a esboçar as duas observações gerais que temos feito sobre a incidência de Sócrates em duas dificuldades. (1) Nossa resposta final às questões suscitadas deve ser determinada por nosso entendimento da segunda parte do diálogo. (2) Os argumentos que aparecem nessa passagem são extremamente subespecificados. Parece-me que (1) indica que a finalidade da primeira parte do diálogo é introdutória: somos motivados a trabalhar nos difíceis movimentos da segunda parte do diálogo, dado que temos algum interesse nos tópicos da primeira parte. (Pode-se comparar o Livro I da *República*, que claramente tem uma proposta desse tipo). Dada essa proposta, (2) não mais parece ser uma fraqueza na composição, tornando os argumentos estranhamente ineficazes em sua tarefa de provar que certas afirmações são falsas. Em vez disso, ele serve para ajudar na caracterização de Sócrates. A sua problematização com base em argumentos incompletos indica algo importante sobre seu nível pessoal de habilidade: que ele é inábil. Isso, está claro, é incompatível com a severa avaliação que ele mantém de determinadas crenças que são provavelmente falsas. Mas é igualmente compatível com a avaliação mais branda de que ele ainda não é capaz de suportar as doutrinas ou especificações que lhe permitiriam evitar problemas. De acordo com essa avaliação mais branda, suas noções simplesmente requerem explicação e compreensão adicional. Uma vez que Platão absteve-se de escrever o tipo de passagem que forçaria em nós a avaliação severa de Sócrates, existe alguma esperança de que a mais branda seja a pretendida. E essa esperança é nutrida pelas observações que Parmênides faz em 133b6-9, 135a7-b2, 135b-c3, 135c8-d3 e 135d8-e4, onde elogia Sócrates por seu interesse nas Formas e por seu ávido impulso em direção aos argumentos, diz que uma pessoa capaz poderia lidar mesmo com a "maior dificuldade" que surge da teoria das Formas e anuncia que as Formas são necessárias se não se quiser destruir o pensamento. Ou seja, mesmo Parmênides, aquele que posiciona os problemas, endossa o programa de Sócrates.

O que essa passagem demonstra sobre Sócrates é que, por essa razão, ele *ainda não* é um expoente adequado da teoria das Formas. Em razão da semelhança inequívoca das concepções de Sócrates que se tem aqui àquelas expressas pelo Sócrates dos diálogos intermediários, essa passagem tem sido tradicionalmente vista como um comentário por Platão ao status da assim chamada teoria intermediária, mas há um havido considerável desacordo, centrado no conteúdo do comentário de Platão. Meu estudo desse retrato de Sócrates sugere que devemos considerar Platão como a nos dizer que suas obras do período intermediário não contêm uma teoria das Formas plena e adequadamente desenvolvida.

Assim, como posso ver, da parte de Gregory Vlastos, seu cuidado em ser guiado pelo texto de Platão o levou a corretamente cunhar sua famosa frase de que nossa passagem é um "registro de honesta perplexidade".[18] Mas enquanto a concentração de Vlastos na primeira parte do diálogo levou-o a atribuir a perplexidade a Platão enquanto ele escrevia o *Parmênides*, acredito que a segunda parte do diálogo mostre o próprio Platão a sustentar concepções mais adequadas do que faz o personagem Sócrates. A imaturidade de Sócrates (estando na casa dos 20 anos, ele é significativamente mais jovem do que era nos trabalhos precedentes) indica que o platonismo que ele proporciona seja em si um tanto imaturo.[19]

---

[18] Vlastos, "The Third Man Argument in the Parmenides", tal como reimpresso em *Studies in Plato's Metaphysics*, R. E. Alle, editor (London, 1965), p. 254.

[19] 127b1-c5 nos conta que, à época em que se encontraram, Parmênides tinha cerca de 65 anos, Zenão tinha quase 40, e Sócrates era muito jovem.

Acredito, então, que a proposta geral da passagem sobre a qual nos debruçamos é preparar o interesse para o trabalho duro que está logo à frente, fazendo-o pela demonstração de que a famosa apresentação das Formas do período intermediário de Platão encontra-se insuficientemente desenvolvida (Não desejo marcar posição no que seriam as concepções particulares de Platão durante esse período intermediário; atribuo desenvolvimento insuficiente somente às concepções *tal como elas aparecem* nos diálogos daquele período. Não sei como decidir entre as posições [a] de que as próprias concepções de Platão não foram alvo de elaborações posteriores, e [b] que Platão tinha concepções adequadas, cuja exposição ele considerava fora de lugar, dado o objeto de estudo e a proposta das obras em questão). Para verificar se a elaboração posterior envolverá rejeição de qualquer dos princípios básicos, ou se simplesmente se exigirá que recebam tratamento mais sofisticado, temos de nos voltar à segunda parte do diálogo. Mas antes disso, vejamos duas passagens selecionadas para ter uma ideia das questões que estão em jogo.

***

O argumento que aparece em 131e8ss desenvolveu uma carreira bastante independente do restante do *Parmênides, tendo* sido tema de enorme interesse tanto de rivais como de admiradores de Platão desde a antiguidade, quando Aristóteles popularizou o Terceiro Homem como problema crucial para o platonismo.[20] No entanto, a apresentação de Platão é breve e sem estardalhaço, e introduz somente a seguinte consideração:

---

[20] Ver o comentário de Alexandre de Afrodísias in *Metafísica* 84.21ss. Eu sigo a prática estabelecida de chamar "Argumento do Terceiro Homem de Platão" muito embora o nome não combine com sua formulação. Nenhuma diferença entre o Homem e o Grande são relevantes para nossas propostas aqui. Para uma discussão interessante sobre a diferença entre um e outro para Aristóteles e sobre o significado de sua formulação do argumento em termos de Homem, ver Alan Code, "On the Origins of Some Aristotelian Theses about Predication", in *How Things Are: Studies in Predication and the History of Philosophy*, J. Bogen e J. E. McGuire, editores (Dordrecht, 1985), pp. 104-110.

Coisas grandes devem ter alguma coisa em comum (o Grande).

O Grande e outras coisas grandes agora requerem ter algo novo em comum, pelo qual todas elas aparecerão grandes.

Isso dá origem não só a um "Terceiro Grande", mas supostamente é reiterado para produzir uma série infinita de Formas; Sócrates considera tal resultado inaceitável.

Está claro que o que temos no texto não é suficientemente completo para especificar o argumento em questão. Mas podemos ver que alguma versão da afirmação de que o Grande é grande deve desempenhar seu papel aqui. E tão logo isso se torne aparente, a ideia de que as concepções básicas de Sócrates possam ser viáveis pode parecer quixotesca; a afirmação em questão parece simplesmente falsa. Ao final do ensaio, veremos que, de maneira justificada, Platão acreditava que a situação fosse mais complexa do que isso. Nesse estágio, Sócrates (corretamente) vislumbra que a sentença de autopredicação deve expressar uma verdade importante, mas em sua imaturidade ele interpreta a sentença de maneira equívoca, e com isso ele tem alguns problemas (Como poderíamos dizer, ele aquiesce em ilícita inferência como resultado de um erro de semântica.) É crucial para a compreensão da filosofia de Platão que cada uma de tais sentenças expresse *alguma* verdade, e que Platão seja o herdeiro de um programa que confere papel explanatório central às sentenças desse gênero.

Tomando, inicialmente, o primeiro desses pontos, temos de partir da circunstância segundo a qual expressões da forma "o Grande", "o Belo", "o Justo" podem ser usadas em grego para fazer referência a dois tipos de coisas bem diferentes. "O Justo", por exemplo, pode se referir, por um lado, a algo que por acaso é justo (ou ao que quer que seja), e, por outro, ao que está relacionado a essas coisas e é justo. De modo semelhante, "o Belo" poderia ser usado para vasos ou para Helena, mas poderia também ser usado para fazer referência ao que é belo acerca dessas coisas. Nomes abstratos como "justiça" e "beleza" passam a ser usados de maneira cada vez mais intensiva, na época de Platão, como um meio de desambiguação ao se fazer referência ao segundo tipo de coisa; o próprio Platão faz amplo uso de ambas as formas de palavras.

O que é relevante para as propostas presentes advém de se pensar no fato de que ao descrever o segundo tipo de uso nós empregamos frases como "o que é justo no tocante a coisas justas", "o que em Helena é belo".[21] Nessas frases, "justo" e "belo" *já estão sendo predicados*. Isso basta para assegurar que:

O Justo é justo (ou: Justiça é justa).

e

O Belo é belo (ou: Belo é belo).

Devam se sustentar. Eles não fazem mais do que repetir as predicações que aceitamos no âmbito das cláusulas relativas glosando nossos termos de objeto. Interpretar essas sentenças pode ser algo não trivial, mas a questão é que mesmo sem se decidir sobre como elas devem ser entendidas, pode-se ver que elas devem expressar algumas verdades (É o fato de que um falante competente e grego automaticamente sabe que sentenças assim emolduradas devem expressar verdades que dão conta da aceitação por Protágoras de "Justiça é justa" e "Piedade é pia" no *Protágoras* 330c2-e2. Ele certamente não tem uma metafísica platonista e não está aceitando essas sentenças como expressão de sua devoção à teoria das Formas).

O outro pano de fundo de que necessitamos a título de complemento é a obra do filósofo naturalista pré-socrático Anaxágoras.[22] Ele desenvolveu uma teoria para dar conta dos fenômenos de geração, destruição e mudança em face da proscrição eleata contra atribuir qualquer mudança ou não ser ou que é. (No que segue usarei "mudança" em um sentido mais amplo para

---

[21] Tomo o conteúdo deste parágrafo de um seminário de Michael Frede em Princeton.
[22] Sobre a teoria física de Anaxágoras em conexão com Platão, ver David J. Furley, *The Greek Cosmologists* (Cambridge, 1987), 1: pp. 45-48, 61-63, 65-70, 171-173; J. Brentlinger, "Incomplete Predicates and the Two-World Theory of the Phaedo", *Phronesis* 17 (1972): pp. 61-79; e David J. Furley, "Anaxagoras in Response to Parmenides", *Canadian Journal of Philosophy*, vol. sup. 2 (1976): pp. 61-85.

cobrir tanto geração como destruição) Ele foi de uma geração de pluralistas que explicaram o que nós comumente pensamos em termos de rearranjo de elementos que são eternos imutáveis, exceção feita à posição em que ocupam. Tal estratégia implica ver o que comumente pensamos como indivíduos — as árvores e cavalos, os peixes e lagos de nosso mundo cotidiano — como compósitos. Para Anaxágoras, esses objetos familiares são compostos de participações ou porções de certas matérias básicas, como o Quente, Frio, Brilhante, Escuro, Dourado, Cortiça, Madeira, Sangue, Osso, e segue uma longa lista. Essas participações estabelecem uma relação simples com os objetos compósitos: podemos pensar neles como ingredientes físicos. Assim, se o lago se torna quente, devemos pensá-lo obtendo uma participação maior do Quente; sua continuada umidade se deve à longa permanência no Úmido e também à grande porção do Úmido. Dos constituintes básicos Anaxágoras pensou como tendo as qualidades mesmas que contribuíram para os compósitos. Assim o Quente — a totalidade do calor no mundo — era em si mesmo quente. Isso nos proporcionou uma explicação muito simples acerca dos constituintes básicos responsáveis pelos aspectos do mundo observável: uma vez que eles próprios tinham as qualidades relevantes, da mesma forma o tinham suas participações nos compósitos; isto é, as matérias básicas estavam em posição de dotar participantes com porções de suas próprias qualidades. Resumindo o nosso exemplo: quando o lago aquece, ele obtém uma participação adicional do Quente; a participação é em si mesma quente, e isso diz respeito, satisfatoriamente, à mudança no lago.

Agora passarei a evidenciar o modo como a obra de Anaxágoras prefigurou a de Platão. Ambas se encarregam de explicar todas as coisas sobre as entidades derivadas em termos de "obter suas participações" — isto é, de participar — nos fundamentais (Enquanto Anaxágoras usa a mesma linguagem de participação que Platão, note-se que para o pré-socrático não há mistério quanto ao que é: é ter uma porção de um tanto de matéria como constituinte ingrediente de si mesmo).

Os leitores podem já ter reconhecido (como Platão antes de nós) que enquanto essa abordagem funciona bem em alguns casos, ela não pode simplesmente ser generalizada de maneira direta. Dificilmente se poderá afirmar que quando alguém se torna belo isso é em razão da mera adição física de uma participação de um tanto de matéria Elemental, o Belo, qualitativamente idêntico ao que o *skyline* de Manhattan perde com o excesso de edificações. De modo similar, a grandeza de alguma coisa não é adequadamente concebida como um ingrediente físico transferível. Se pode-se responder a esse reconhecimento por um puro e simples jogar tudo para o alto, Platão, já mais otimista, buscou reter o esquema explanatório básico. Ou seja, ele reteve os princípios centrais da teoria de Anaxágoras:

As coisas são X porque elas participam de X.

O X é em si mesmo X.

Apesar do reconhecimento de que em geral (e em particular para muitas das qualidades que o interessam) uma interpretação em termos de transferência material de porções de ingredientes que dispõem eles próprios das propriedades em questão não funcionará. O que Platão tinha a fazer era encontrar um modelo de participação que não implicasse a participação física de uma coisa, e encontrasse a interpretação (garantida, como vimos, pela forma linguística de existir) para a qual as sentenças de autopredicação são verdadeiras.

***

Embora o Terceiro Homem seja visto frequentes vezes como *o* argumento contra Sócrates, está claro que Platão não o vê como a única dificuldade séria, já que fez Parmênides se refere a outro como o "maior" e posiciona essa maior das dificuldades de maneira proeminente, ao final das séries.[23] O que vemos aqui é que Sócrates não tem um controle sutil de sua

---

[23] Segue um comentário sobre a possibilidade de se ter aí o maior dos problemas, a maior das dificuldades. Por certo, a muitos esse aspecto pode não parecer mais difícil de lidar do que o do Terceiro Homem. Platão pode querer dizer não exatamente que esse

crença no *status* especial das Formas para evitar que a crença o comprometa, em última instância, com a irrelevância de suas Formas para o mundo à nossa volta.

A dificuldade tem seu ponto de partida na conjunção da afirmação de que as Formas são *kath'heauta* (literalmente, "por ou em relação com elas próprias"), elas não podem estar em nós, com a observação de que as Formas associadas às relações têm o seu ser em relação com outras Formas e não em relação às coisas à nossa volta, enquanto as coisas à nossa volta estão relacionadas a outras coisas à nossa volta, e não às Formas. Para tomar um exemplo mais agradável a nossas sensibilidades do que os que aparecem no texto, somos gêmeos de cada outro, não das Formas; tampouco as Formas nos têm como aparentados, pois elas são aparentadas umas das outras.

Para ver como se desenrola a dificuldade, podemos seguir o argumento que se tem como amostra dada no texto quanto ao Conhecimento e seus ramos especiais (estes, não identificados de modo mais particular), e ver como o argumento se comportaria no caso da Aritmética. Nesse caso, a afirmação sobre os padrões de relações produz o seguinte:

A aritmética conhece os Números[24] (e, presume-se não qualquer coisa à nossa volta).

---

problema seja o mais difícil de lidar, mas, em vez disso, que essa dificuldade, se não for elaborada, poderá envolver o pior resultado. (K. Sayre sugere-o em *Plato's Late Ontology*, pp. 34-36). A dificuldade, se de início parece dizer respeito somente às Formas associadas às relações (assim como a Maestria é associada à relação de habilidade e domínio), em última instância conduz à consequência de não haver Formas que possam fazer o seu trabalho básico de explicar o mundo sensível e fundá-lo no conhecimento que dele se tem.
[24] Talvez ainda mais do que "O Grande é grande", esse tipo de afirmação nos pareça estranho. Com base na única interpretação que achamos natural, ele é grotescamente falso: tanto que deveria suscitar um enigma sobre o motivo pelo qual Platão o representa como aceitável. Como no caso de "O Grande é grande", revelar-se-á que Platão distingue duas interpretações dessa sentença: em uma delas (nossa leitura natural) ele pode se juntar a nós para rejeitá-la, mas na outra interpretação podemos nós nos juntar a ele para achá-la aceitável.

O conhecimento deste mundo conhece várias coleções de objetos à nossa volta (e, presumivelmente, não os Números).

Nós não conhecemos os Números.

A fortiori, não estamos em posição de aplicar conhecimento dos Números com o intuito de obter nosso conhecimento de várias coleções de objetos à nossa volta. Ademais, não existe tal aplicação da Aritmética ao mundo sensível. Ora, pela afirmação sobre o padrão das relações, somente *nós e as coisas à nossa volta*, e não a Aritmética, estamos relacionados a objetos sensíveis. Dada a observação feita explicitamente acerca dos padrões de relações, podemos ver que a disponibilidade desse tipo de argumento evitará que conheçamos quaisquer das "coisas que são" e também evitará que determinadas Formas expliquem, do modo que seja, o nosso mundo.

A ênfase na disposição desse problema sobre a afirmação de que as Formas são o que são somente em relação com as Formas, enquanto nós somos o que somos somente em relação com outras coisas sensíveis, indica o que virá no bojo desse problema se enxergarmos que *existe* um meio pelo qual os sensíveis particulares têm o seu ser em relação às Formas. Sócrates agora pensa que não podemos postular tal relação sem com isso fazer as Formas degenerarem nas coisas mais mundanas em nosso entorno.

Podemos concluir nosso tratamento inicial dos problemas com uma súmula. Sócrates, iniciando com afirmações bem motivadas, de certo modo entra em dificuldade, mostrando ser incapaz de lidar de maneira competente com as entidades que ele se encontra ávido por introduzir. Platão pensou essa dificuldade como indicando as limitações de sua apresentação inicial à sua própria teoria das Formas. Mas também sugeriu que a segunda parte do *Parmênides* teria aqui seu valor, com um desenvolvimento adicional bem-sucedido da teoria, e não temos razão para considerá-lo impossível.

II. A inovação de Platão

Agora é o momento de passar à segunda parte do diálogo. Acredito que Platão formulou tal exercício para nos levar a reconhecer uma distinção entre dois tipos de predicação, marcada no *Parmênides* pelos enunciados "em relação consigo mesmo" *(pros heauto)* e "em relação com os outros" *(pros ta alla)*. São enunciados que pertencem ao tipo de uso da proposição grega *pros* ("em relação com"), na qual uma sentença da forma:

A é B em relação à (pros) C.

Indica que alguma relação não nomeada na sentença seja relevante para *A* ser *B*. Em casos desse tipo, o contexto proporciona a informação que permite a identificação da relação em questão. No *Parmênides*, as qualificações "em relação a" indicam as relações que fundamentam cada um dos dois tipos de predicação.[25] Desse modo, eles marcam uma diferença no modo pelo qual *B* pode ser predicado de *A*. Assim, a diferença entre o que se sustenta de um sujeito em relação consigo próprio e o que se sustenta do mesmo sujeito em relação com o outro não é simplesmente devida à distinção entre os outros e o sujeito. É algo que, de modo mais fundamental, deriva do fato de que uma relação diferente é envolvida em cada tipo de caso. Uma predicação de um sujeito em relação consigo próprio se mantém em virtude de uma relação interna da própria natureza do sujeito, podendo assim ser empregada para revelar a estrutura daquela natureza. Uma predicação em relação com os outros, em contraste, diz respeito à disposição, pelo sujeito, de algum aspecto, o que Platão toma como em geral conforme a algo outro — isto é, à natureza associada àquele aspecto.

Agora, em preparação para a especificação precisa do primeiro desses dois tipos de predicação, passamos a considerar uma árvore de gênero-espécie bem

---

[25] O desenvolvimento dessa interpretação das qualificações é contemplado pelo capítulo 3, de caráter central, de meu *Plato's Parmenides*, pelo qual faço referência aos leitores interessados em mais do que meras asserções do presente ensaio.

familiar ao sistema de classificação de Lineu. Para ilustrar a ideia, podemos imaginar uma árvore que mostre os Animais. Podemos imaginar uma divisão dos Animais em Vertebrados e Invertebrados, dividindo os Vertebrados, por sua vez, em Mamíferos e assim por diante, e continuando com tais divisões até Felinos e até Gato, para produzir ao final a *infimae species* como é o Gato Persa.[26] No *Sofista*, no *Político* e no *Filebo*, Platão dedica muita atenção a essas árvores, debatendo explicitamente a metodologia de sua construção, além de proporcionar numerosos exemplos. Em tal árvore um tipo *A* aparece ou diretamente abaixo ou bem abaixo de outro tipo *B*, e o que é para ser um *A* é para ser um *B* com certas diferenças (ou séries de *differentiae*) acrescentadas.[27] Ou seja, as naturezas dos que estão em *A* e em *B* encontram-se de tal modo relacionadas que estar em *B* é parte do que é estar em *A*.

Em tal caso, *B* pode ser realmente predicado de *A* (ou do *A*) em relação consigo próprio, e assim pode *A*, e assim podem quaisquer dos diferentes *D*. A ideia aqui é a de que esse tipo de predicação é fundado na estrutura da natureza em questão: A natureza de *A* é o que é ser (um) *A* — ou seja, (a) *B* com... com *D*, e é em virtude disso que as predicações se mantêm. (Eventualmente usarei a frase "predicação em árvore" para esse tipo).

Neste ponto será útil tomar alguns exemplos de verdadeiras predicações em árvore. Tomaremos sentenças como:

O Justo é virtuoso.
A triangularidade é de três lados.
Dançar movimenta.
O Justo é justo.

---

[26] Baseio esse exemplo na discussão presente no comentário de J. C. B. Gosling, *Plato: Philebus* (Oxford, 1975), 156ss. Obviamente ele esboça a árvore em questão de maneira apenas parcial.

[27] Os "tipos" de diálogos tardios são Formas. A circunstância pela qual respondemos ao tratamento tardio por Platão da *eidē*, abandonando a tradução "Formas" e preferindo "tipos" ou "espécies", não nos deve enganar, levando-nos a pensar que Platão teria mudado de assunto.

Está claro que tais sentenças se revelam verdadeiras na obra de Platão, bem como se adéquam à nossa caracterização da predicação de um sujeito em relação consigo próprio.

O Justo é virtuoso.

Sustenta-se isso devido à relação entre as naturezas associadas a seu sujeito e dos termos predicados: ser virtuoso é parte do que é ser justo. Ou então podemos descrever a predicação sustentando-se em razão de a Justiça ser um tipo de Virtude. Se assumirmos que ser um triângulo é ser uma figura plana de três lados (isto é, que Triângulo é a espécie do gênero Figura Plana, que tem a *diferencia* Três-Lados), então:

A triangularidade é de três lados.

Também se sustenta. Podemos ver então que:

Dançar movimenta.

É uma predicação de árvore verdadeira, uma vez que Movimento figura na abordagem do que é Dançar. Por fim,

O Justo é justo.

Revela-se para exemplificar o caso-limite de predicação de um objeto em relação a si próprio: não é informativo, mas é seguro. Assim, as sentenças de autopredicação podem ser usadas para fazer verdadeiras predicações em árvore, embora nem todas as predicações em árvore sejam da forma: o *A* é *A*.[28]

---

[28] *Prädikation und Existenzaussage, Hypomnemata* 18 (Göttingen, 1967). A interpretação de Frege é frequentemente assimilada àquela antecipada por G. E. L. Owen em "Plato", in *Plato*, Vlastos, editor, 1: pp. 223-267; e também alhures. Enquanto ambos os autores incentivaram-no por meio de notas de rodapé, expressando assentimento, é

A predicação de um sujeito em relação consigo próprio aceita alguma explicação porque nós não temos o hábito de fazer tais predicações. A predicação em relação aos outros já é muito mais fácil de entender, por ser essa a categoria em que Platão inseriria nossas próprias predicações comuns (Assim, algumas vezes chamarei essas predicações de "comum" ou "de todo dia"). Por exemplo:

Aristides é justo.
Northern Dancer é um cavalo.
O Triângulo é inteligível.

Geralmente, todas as sentenças que descreveríamos não tecnicamente como dizendo respeito a disposições de aspectos por indivíduos contam em nossa terminologia presente como predicações em relação aos outros. Isso porque Platão, de modo característico, sustenta que Justiça, Cavalidade e Inteligibilidade têm papéis cruciais para desempenhar nos estados de coisas que estão em questão aqui: Nada pode ser justo sem a Justiça ter algo a ver com ele, e assim por diante. Formulações mais completas, de acordo com isso, seriam como segue:

Aristides encontra-se apenas em relação com a Justiça.
Northern Dancer é um cavalo em relação com a Cavalidade.
O Triângulo é inteligível em relação com a Inteligibilidade.

---

de grande importância reconhecer tal concordância é fundamentalmente questão de tanto rejeitar a concepção que o *Sofista* distingue entre existência e uma noção de dois lugares. É um erro supor que todos os detalhes de suas interpretações positivas serão concordes. De fato, Owen constantemente introduz sua concepção em termos de uma distinção entre identidade e predicação, que (enquanto ele não a explica em todos os seus detalhes) não parece coincidir com a distinção de Frede. É de maneira eficaz que Owen ilustra sua distinção em "Aristotle on the Snares of Ontology", in New Essays on Plato and Aristotle, Renford Bambrough, editor (London, 1965), p. 71, com as sentenças "Arrowby é prefeito de Margate" (identidade) e "Arrowby é ocioso" (predicação). Em termos de Frede, nenhuma dessas sentenças ilustra o uso *kath'hauto* de "é".

Essas formulações explicitam o ato de portar uma relação com algo que seja de um modo geral outro que não o sujeito da sentença, tendo como aposto o nome "em relação com os outros". Assim, sempre que uma sentença:

A é B.

refere-se à disposição de aspectos por um indivíduo, nós a classificamos como uma predicação em relação com os outros.

***

A distinção crucial do *Parmênides*, que acabo de explicar, coincide com a distinção entre o uso de "é" *kath' hauto* e no *pros allo* no *Sofista*. Esses foram descritos no *Prädikation und Existenzausage* de Michael Frede.[29] Sua contribuição ao presente volume (Capítulo 13) nos proporciona uma exposição abreviada em inglês. A Seção III resume a sua interpretação do que ele ali chama de "primeiro" e "segundo" uso de "é" no *Sofista*. Isso corresponde, respectivamente, à predicação do *Parmênides* em relação consigo próprio (predicação "árvore") e à predicação em relação aos outros (predicação "comum"). Talvez seja útil mencionar agora um ponto de menor importância em que nossas abordagens diferem: a abordagem de Frede do

---

[29] *Prädikation und Existenzaussage, Hypomnemata* 18 (Göttingen, 1967). A interpretação de Frede é frequentemente assimilada à antecipada por G. E. L. Owen em "Plato", in *Plato*, Vlastos, editor, 1: pp. 223-267; e também alhures. Enquanto ambos os autores reforçaram essa perspectiva por meio de notas de rodapé que expressavam assentimento, é de grande importância reconhecer que a concordância é fundamentalmente questão de a um só tempo rejeitar a concepção que o *Sofista* distingue entre *existência* e uma noção de dois lugares. É um erro supor que todos os detalhes de suas interpretações positivas serão concordes. De fato, Owen constantemente introduz sua concepção em termos de uma distinção entre identidade e predicação, que (enquanto ele não a explicar em todos os seus detalhes) não parece coincidir com a distinção de Frede. É de maneira eficaz que Owen ilustra sua distinção em "Aristotle on the Snares of Ontology", in *New Essays on Plato and Aristotle*, Renford Bambrough, editor (London, 1965), p. 71, com as sentenças "Arrowby é prefeito de Margate" (identidade) e "Arrowby é ocioso" (predicação). Quanto a Frede, nenhuma dessas sentenças ilustra o uso *kath'hauto* de "é".

Sofista associa somente o segundo uso do "é" com participação, enquanto o *Parmênides* parece-me falar de participação em conexão com ambos os tipos de predicação.

Se minha proposta original foi simplesmente compreender o *Parmênides* em si mesmo, parte do interesse da interpretação que desenvolvi reside em seu fortalecimento da evidência que agora temos de que Platão operou tal distinção e a considerou de suma importância. Uma discussão ampliada do *Sofista* nos faria extrapolar o recorte deste ensaio; no entanto, pode ser útil fazer quatro breves observações. A primeira, e mais óbvia, é significativo o fato básico segundo o qual podemos ter casos independentes de dois diferentes diálogos no que tange ao uso que Platão faz dessa distinção. Em segundo lugar, a circunstância pela qual Platão usa uma linguagem algo diferente para a distinção nos dois textos é característica de seu estilo composicional, que em geral se fia no uso da linguagem comum de modo a fazer observações técnicas (em vez de proceder à introdução e alteração rígidas pela introdução de termos técnicos especiais). Acredito que deveríamos considerar a ocorrência de um único par de enunciados como nem necessário nem suficiente para a operação de qualquer distinção. Assim, não deveria nos causar nenhum aborrecimento a circunstância segundo a qual a Academia por vezes, em outros contextos, usa enunciados superficialmente semelhantes aos do *Sofista* para marcar a distinção familiar (e diferente) entre termos relacionais e não relacionais.[30] Em terceiro lugar, a condição de protagonista da distinção no *Parmênides* pode explicar por que Platão confiou na distinção que se tem no *Sofista* 255c12-13 não apenas sem explicá-lo, mas sem nem mesmo dirigir nossa atenção à sua importância: não havia necessidade de fazer essas coisas, em razão do estardalhaço que ele conferira à distinção quando a introduziu no *Parmênides*. Em quarto lugar, se, como agora parece, a distinção é introduzida como de grande importância sistemática no *Parmênides*, ela naturalmente estaria pronta

---

[30] Vlastos considera a última como "a" distinção associada a essa linguagem, em "An Ambiguity in the *Sophist*", in *Platonic Studies*, 2. ed. (Princeton, 1981), pp. 288-290 n. 44.

para ser usada conforme o necessário, na sequência, de modo que não há razão para exigir que sua aplicação tardia se limite ao *Sofista* 255.[31]

***

Podemos, agora, fazer algumas observações sobre a distinção de Platão que será útil mais tarde. Em primeiro lugar, podemos observar brevemente que o conter implícito de um membro do par "em relação a si mesmo", "em relação com os outros" em quaisquer formas de palavras:

A é B.

é independente de *B* ser um predicado relacional. Uma vez que nossos exemplos ainda não exploraram como isso funciona, pode ser útil considerar um caso relacional agora. Por exemplo:

Lady Lufton é gentil.

Pode ser expandido para mostrar a quem ela se põe em relação de gentileza. Assim:

Lady Lufton é gentil para com Fanny.

Do ponto de vista de Platão, essa asserção, dizendo-nos assim como o faz quando à demonstração de um aspecto por Lady Lufton, é uma predicação em relação aos outros; mais especificamente, é uma predicação em relação à Gentileza. Assim, podemos escrever de modo mais completo:

---

[31] Assim, podemos responder à objeção de Vlastos ("Ambiguity in the Sophist", n. 44), segundo a qual mesmo se a caracterização por Frede da distinção 255 fosse correta, não teríamos o direito de usá-la fora de 255, nem mesmo em 256.

Lady Lufton é gentil para com Fanny em relação à Gentileza.

A relação com Gentileza é, está claro, não a relação de gentileza, mas a relação (não nomeada na sentença) de se conformar a, que foi introduzida acima.

Para concluir nossa exploração da inovação de Platão antes de continuar a aplicá-la, mostrarei que certas sentenças podem ser usadas para fazer predicações *de algum dos dois tipos*. A força que essas asserções têm em ocasiões particulares de uso, portanto suas condições de verdade — e por vezes também seus valores de verdade — dependem do tipo de uso.

Sentenças cujos termos de objeto nomeiam Formas podem ser usadas para fazer predicações de qualquer tipo. Ou seja, pode-se empregar a forma das palavras:

O A é B.

em algumas ocasiões para fazer predicações-árvore, e em diferentes ocasiões para fazer predicações ordinárias. A força das predicações-árvore é: ser B é parte do que é ser A. Em contraste com isso, a predicação comum tem a força: a Forma A apresenta o aspecto associado à palavra "B". Essas predicações não precisam ter o mesmo valor de verdade, e têm sempre as mesmas condições. Isso será fácil de visualizar se tomarmos alguns exemplos. A predicação árvore:

Todos os gatos têm coluna vertebral.

é verdadeira, pois ter coluna vertebral é parte do que é ser um gato. Mas é ridícula a predicação comum que seria feita pela mesma forma de palavras. Isto é, como uma predicação comum:

Todos os gatos têm coluna vertebral.

é simplesmente falsa; somente animais sensíveis que habitam o mundo em torno de nós apresentam a característica em questão.

A diferença entre os dois usos das sentenças é especialmente óbvia nesse caso, porque elas têm diferentes valores de verdade. Passemos a considerar agora um caso que mostrará a diferença mais sutil que ainda se obtém, mesmo quando os valores de verdade são os mesmos.

O Justo não é curvo.

O exemplo acima poderia ser usado para fazer uma predicação verdadeira de qualquer tipo, mas essas ainda não seriam a *mesma* asserção; elas não teriam a mesma força. Como predicação-árvore a sentença contém algo, em virtude do fato de que ser curva não é parte de ser justa. Como predicação comum a sentença contém, em virtude do fato distinto de que a Forma, a Justa, não é um objeto curvo, isto é, não apresenta curvatura.

Agora que temos visto que uma forma de palavras:

O A é B.

pode ser usada para fazer predicações de cada um de nossos dois tipos, teremos uma importante escolha interpretativa sempre que depararmos uma sentença dessa forma. Teremos de ser guiados pelo nosso sentido do contexto argumentativo na determinação da força em uma dada ocasião para quaisquer de tais sentenças.

III. A inovação aplicada

Estamos prontos para retornar aos problemas da primeira parte do diálogo. Mas antes de considerá-los individualmente, passemos a considerar a situação de um modo mais geral. As concepções por Sócrates da primeira parte do diálogo têm sempre lembrado aos leitores de certas passagens das grandes obras-primas do período intermediário, talvez especialmente da *República* e do *Fédon*. Por conveniência, chamarei "platonismo" a posição produzida pelo concretizar das sugestões dessas passagens do modo mais simplório. A finalidade das aspas certamente é a de ressaltar o meu questionamento sobre se o próprio Platão teria algum comprometimento duradouro com essa posição. Contudo, não há dúvida de que muitas pessoas pensaram que ele o tivesse.

Intuitivamente, o aspecto mais bizarro do "platonismo" foi o de que o seu pensamento da Beleza como a única e mais bela coisa, da Grandeza como cumprindo a sua função de se sobrepor a todos os demais objetos em tamanho, e assim por diante. Ou seja, o "platonismo" supostamente foi uma concepção que acreditava em entidades gerenciadoras de façanhas de superinstanciação que deveriam ser impossíveis.[32] E ela designa essas entidades no papel funcional de propriedades. A Beleza, por exemplo, (a coisa mais bela única) supostamente seria, de certo modo, a coisa comum entre um grupo de indivíduos belos sensíveis (Isso, é claro, por que as Formas têm uma série de nomes da forma "Beleza", Justiça, "Grandeza, bem como "o Belo", "o Justo", e "o Grande"). Assim, como diria um leitor anacrônico, "platonismo" comete o ridículo erro de pensar que as propriedades cumprem sua função por ter as propriedades mesmas que elas são. A teoria da superexemplificação das Formas parece obviamente ser um erro.

Vejamos como a nossa investigação da inovação vital do *Parmênides* encontra-se atrelada a tudo isso. Está claro que a concepção de superexemplificação resulta naturalmente de se tomar sentenças da forma:

A bravura é brava.

Como fazendo o mesmo tipo de coisa, ou descrevendo o mesmo tipo de estado de coisas, como aquelas:

Aquiles é bravo.

---

[32] Pelo menos em muitos casos, a Grandeza parece problemática. E exemplos podem aparecer em grande quantidade. Por exemplo, essa "teoria" parece comprometida em tomar a Multiplicidade como a única (!) coisa mais multitudinal.

Ou seja, a concepção de superexemplificação assimila as sentenças de autopredicação cruciais às predicações verdadeiras do dia a dia em relação com outras.

Antes disso, ao debater a situação do imaturo Sócrates, eu desenvolvi o pensamento de que, enquanto as sentenças de autopredicação podem ser trivialmente falsas em uma leitura, Platão tem uma boa razão para querer encontrar outra leitura na qual sejam verdadeiras. A distinção entre tipos de predicação pode agora ser vista como a distinção entre essas duas leituras. Isto é, por exemplo, a predicação comum:

A bravura é brava.

É uma construção que pode bem ser falsa. Se ser bravo é uma questão de se comportar de certo modo em circunstâncias atemorizantes (ou na verdade é alguma condição relativa a pessoas ou a seu comportamento), então a Bravura não parece ser o tipo de coisa que poderia ser brava em relação com outros (isto é, que poderia exibir o aspecto em questão). No entanto,

A bravura é brava.

Pode, ainda, ser verdadeira quando é feita como predicação em árvore. Como vimos, uma forma única de palavras pode mudar seu valor de verdade, a depender de qual tipo de predicação estiver sendo usado para fazê-lo. Sentenças de autopredicação serão sempre verdadeiras quando usadas para fazer predicações em árvore. Configurou-se fracasso do imaturo Sócrates em reconhecer que essa leitura tenha sido o esforço que o conduziu a interpretar de maneira equivocada a sua própria teoria.

***

Passemos agora a considerar a aplicação da inovação de Platão a nossos problemas selecionados. Ela se aplica diretamente ao Argumento do Terceiro Homem.

Coisas grandes devem ter alguma coisa em comum (a Grandeza)

Tal sentença em si não é problemática; Platão pode continuar a analisá-lo em termos das coisas grandes em relação a uma Forma única, a Grandeza. Acima observamos que, enquanto o argumento se encontra seriamente subespecificado, ele depende de alguma versão da afirmação crucial:

A grandeza é grande.

Com o intuito de especificar a conclusão ameaçadora. O grande e as outras coisas grandes agora demandam ter algo novo em comum, pelo qual todas dentre as coisas grandes parecerão grandes.

Na verdade, a produção de novos Grandes depende crucialmente não só de ser feita a afirmação segundo a qual o Grande em si mesmo é grande, mas depende de tal afirmação ser tratada da mesma forma que:

O Monte Branco é grande.

Para começar, o Grande em si mesmo e o grupo original de coisas amplas visíveis são tratados como grandes *do mesmo modo*. Isso induz à noção de que temos um novo grupo de coisas amplas, das quais a exposição de um traço comum deve agora ser analisado tal como era o traço comum do grupo original. Se isso é tido como um modo de requerer a introdução de uma nova Forma, inicia-se aqui um regresso. E o regresso será vicioso dada a finalidade das Formas. Cada forma pretende ser a coisa única a fundamentar e explicar as predicações em conexão com as quais ela é invocada, não devendo, por essa razão, sucumbir a uma série infinita de Formas adicionais.

Mas agora que temos exercitado, podemos ver imediatamente que existem duas predicações diferentes, para o feitio da qual a forma única de palavras:

O Grande é grande.

É uma forma que poderia ser usada. É importante para Platão manter a predicação em árvore. Mas agora temos claro que a predicação não afirma que o Grande em si mesmo seja grande da mesma forma que o grupo original de coisas grandes é. Por esse motivo, ele não nos força a reconhecer um novo grupo de coisas grandes cuja disposição de traço comum requeira que de novo iniciemos nosso maquinário, com o intuito de produzir uma nova Forma.

Será útil considerar também o exemplo de Homem.

Homem é homem.

e

Homem tem coluna vertebral.

Seria ridículo se lermos essas sentenças como sendo o mesmo tipo de asserção que:

Sócrates tem coluna vertebral.

Contudo,

O homem tem coluna vertebral.

Isso efetivamente expressa uma verdade que transmite parte da estrutura do mundo, qual seja a de ver coluna vertebral como parte do que é ser um homem. Uma vez que ele toma as predicações-árvore como expressando a estrutura real do mundo, será sempre importante para Platão mantê-las. Mas o ponto crucial é perceber que ele tem uma interpretação dessas importantes sentenças com base na qual elas não fazem reivindicações quanto aos traços pelos quais as Formas se exibem. O *Parmênides* apareceu mostrando de maneira conclusiva que Platão não supõe que cada propriedade cumpra a sua função tendo a propriedade que ela é. Uma vez que a sustentação, por Platão, da sentença de autopredicação não exige que ele tome o Homem em si mesmo como um membro adicional do grupo que apresenta o traço comum aos homens, e como a exigir uma nova Forma que explique a disposição desse novo grupo, não haverá regresso. A metafísica de Platão pode dizer adeus ao terceiro homem.

***

A "maior dificuldade" aparecerá agora como não se tratando de dificuldade alguma; ela admite também uma aplicação franca e direta de nossa distinção. O caminho mais fácil para a dificuldade será retornar à versão particular que dela se tem, a qual desenvolvi usando a aritmética. Nesse caso, a afirmação sobre o padrão de relações produziu

A aritmética conhece os Números (e presume-se que não conheça coisa alguma à nossa volta)

e

O conhecimento deste mundo conhece diversas coleções de objetos à nossa volta (e presume-se que não conheça Números).

Então, uma vez que o conhecimento deste mundo não conheceu os Números e uma vez que obviamente não somos a Aritmética em si mesma, nem a poderíamos ter em nós, segue-se que:

Nós não conhecemos os Números.

A fortiori poderíamos não estar em posição de aplicar o conhecimento dos Números com o intuito de derivar nosso conhecimento de numerosas coleções de objetos à nossa volta. E ademais, pela afirmação sobre o padrão de relações, em princípio não poderia haver tal aplicação da Aritmética. Por tal afirmação, somente nós e as coisas em nosso entorno, e não a Aritmética, poderíamos estar relacionadas aos objetos sensíveis.

Procedamos, pois, à coleta de respostas que somos agora capazes de dar a alguns dos enunciados que desempenham um papel crucial na geração desse resultado. Conforme o observado anteriormente.

A Aritmética conhece os Números.

De início, sempre soava de maneira estranha; sentíamo-nos um pouco inseguros quanto ao que ele queria dizer, talvez mesmo embaraçados por ele, e estávamos habituados a pessoas serem instadas por tal enunciado com a convicção de se tratar do tipo de coisa em que Platão presumivelmente acreditava. Agora, temos uma interpretação sobre a qual se pode asserir, sem incorrer em qualquer problema, já que podemos fazer as seguintes predicações-árvore sem qualquer embaraço:

A aritmética conhece os Números[33]

e

Não é o caso de que a Aritmética conhece as coisas em nosso entorno.

Além disso, certamente podemos dizer:

Não é o caso que conhecer os Números possa ser predicado de nosso conhecimento em relação a si mesmo

e

Não é o caso que conhecer os Números possa ser predicado de nós em relação a nós mesmos.

Platão consideraria os primeiros dois desses quatro enunciados como verdadeiros em virtude do fato de que a abordagem correta da Aritmética é a de que ela é o conhecimento dos Números, e não algo em termos de coisas à nossa volta (nesse sentido Platão é de fato um platonista). E o último par de

---

[33] Isso é o equivalente a: a Aritmética é o conhecimento dos Números. Podemos imaginar a caracterização de ramos de conhecimento de acordo com seus objetos, de modo que detemos considerações como: a Gramática é o conhecimento da linguagem. Nesse esquema, a Aritmética é a Forma do conhecimento que lida com números. (Cf. Peterson, "The Greatest Difficulty for Plato's Theory of Forms", pp. 4-6).

asserções também sustenta: Nós e o nosso conhecimento não somos o tipo de coisa que figura nas estruturas representadas pelas predicações em árvore.

Agora, chegamos ao ponto crucial. Nenhum desses nos dá motivos para rejeitar a verdade comum:

Conhecemos os Números.

Isso é obviamente verdade como predicação em relação aos outros, e as afirmações que acabamos de aceitar não lhe são de todo incompatíveis. Assim, a inferência crucial que a dificuldade precisa fazer nesse ponto (para: Nós não conhecemos os Números) agora não pode ser feita.

Acima observei a ênfase nesse problema no enunciado segundo o qual as Formas têm seu ser somente em relação com outras Formas, enquanto somos o que somos somente em relação com outros sensíveis. O fato de que particulares sensíveis são efetivamente o que são em relação com as Formas faz-se assim relevante para esse problema. As Formas efetivamente têm seu ser em relação com formas — a natureza da Irmandade não é dada em termos de nós. E é claro que somos irmãos um do outro e não o Irmão em si mesmo. Mas passemos a considerar mais atentamente essa afirmação de que somos irmãos um do outro. Uma vez que isso diz respeito à nossa exibição de traços, Platão irá considerá-la uma predicação em relação com as outras. (Esse é o movimento platonista de considerar os sensíveis como dependentes das Formas). Isso significa que o meio mais plenamente especificado de expressá-la é:

Somos irmãos um do outro em relação ao Irmão.

É claro que aqui a relação com a Forma não é a relação de irmão. Assim, pode ser verdade tanto que somos irmãos um do outro e não da Forma, e que somos o que somos (ou seja, irmãos) em relação à Forma. Isso, em última instância, porque a Forma não está concorrendo com nossos parentes de sangue.

A inovação básica da segunda parte do *Parmênides* aplicou-se diretamente a esses dois problemas (e na verdade, como argumentei alhures, possibilita a Platão uma aspiração a lidar com todos os problemas da primeira parte do diálogo). Isso nos dá fundamentos para uma resposta à questão concernente ao estado mental de Platão. Ele foi capaz, sobretudo, de responder aos problemas, evitando dificuldades e encontrando interpretações satisfatórias para as afirmações características de seu programa. A título de conclusão, daremos ainda passo atrás para que se tenha uma visão mais ampla.

IV. Três histórias do desenvolvimento de Platão

Uma história por demais infeliz da história da carreira de Platão tem estado cada vez mais fora de moda no último meio século (Embora, como é tão frequentemente o caso com as modas antiquadas, ela tenha continuado a ser seguida pelas pessoas de fora do círculo formador de opinião). Nesta mais infeliz das histórias, Platão começou a escrever com um gracioso cumprimento de seu mestre. O feito altamente literário em que consistiram as obras do período intermediário coincidiu com um ponto alto em filosofia: um estimulante e confiante período de glorioso dogmatismo. Então, após uma crise significativa em que ele atacou e efetivamente destruiu a teoria que era a sua obra-prima, Platão passou seus últimos anos em intensa atividade crítica. Seus dons literários que então começavam a fraquejar produziram os diálogos tardios como registro desse período final de esterilidade.

Uma segunda história, em completa oposição à primeira, tem estado em voga mais recentemente. (R. E. Allen, em 1965 teceu o seguinte comentário sobre a sua concepção: "ela cresceu de maneira cada vez mais pronunciada nos últimos anos, e é provável que se firme tanto mais em um futuro próximo."[34] Hoje, passado o estardalhaço dessa concepção, encontramos Malcolm Schofield em 1990 anunciando que "o paradigma... está se esfiapando pelas bordas... e a busca de paradigmas alternativos está a caminho").[35]

---

[34] R. E. Allen, "Introduction", in *Studies in Plato's Metaphysics*, R. E. Allen, editor (London, 1965), IX-X.
[35] Malcolm Schofield, "Editor's Notes", *Phronesis* 35 (1990): p. 327.

Esse segundo tipo de interpretação, que recebeu talvez seu maior ímpeto de Gilbert Ryle, considera a teoria das Formas do período intermédio uma criação extremamente equivocada, o que chegou a ser percebido pelo próprio Platão no *Parmênides*. Portanto, ele estava em condições de fazer alguma boa filosofia no período tardio. A história é de certo modo mais feliz, mas a atribuição a Platão de uma teoria intermediária que só pode ser desprovida de sentido é um problema. Ademais, essa versão me parece insatisfatória, pela separação que propõe entre as passagens expressivas de maior motivação e excitação e o programa dos diálogos que se considera como contendo as contribuições filosóficas mais duradouras de Platão. Na queixa de Allen, existe algo que denota "o retrato de um homem que abandonou uma viagem de grandes descobrimentos em favor de ensaios em cartografia distrital".[36]

Opostas como são, essas histórias têm algo de crucial em comum: que o *Parmênides* registra a percepção por Platão da inviabilidade de uma determinada teoria das Formas contida nos diálogos intermédios a conduzir, já num período tardio, a um programa que teria de ser inteiramente diferente daquele dos trabalhos intermediários. Meu estudo do *Parmênides* indica que isso é algo que não precisamos aceitar. Podemos, isto sim, visualizar nosso diálogo como indicando onde a subdeterminada concepção de Formas do período intermediário demandou mais elaboração, trazendo como contribuição para tal elaboração uma inovação crucial que deveria permitir um crescimento natural da teoria no último período. Isso traz até nós uma história da carreira de Platão que poderia evitar que se atribuísse total ausência de sentido a ele em qualquer período. Uma história que versaria sobre um último período frutífero em vez de estéril, que não cortaria as investigações finais das passagens de motivadora estimulação do período intermédio.

Como uma terceira história, trago aqui o seguinte. Nos primeiros diálogos Platão mostrou, seguindo Sócrates, que as pessoas das quais se pode ter esperado ter conhecimento em diversas questões revelaram não tê-lo. Nessa condição, em uma série de confrontações elêncticas,

---

[36] Allen, "Introduction", XI.

revelaram-se incapazes de sustentar um debate sobre os temas de sua suposta especialidade sem cair em contradição. Os trabalhos intermediários apresentaram as próprias teorias de Platão sobre essas questões, incluindo justiça, amor, alma e retórica. Essas teorias estiveram associadas com algumas observações metafísicas, e Platão, com efeito, afirmou que os fracassos de outros resultaram de sua ignorância em metafísica.

Porém, a extrema brevidade das passagens dedicadas à metafísica nos diálogos intermediários indicam que dispor dogmaticamente os princípios de uma teoria madura não é a sua principal tarefa.[37] Sendo assim, considero que essas passagens indicam as motivações e linhas gerais de concepções que não é sua intenção desenvolver plenamente. Na verdade, acredito que essas passagens solapem a questão de se atribuir a "teoria" a seu autor. Pode vir como surpresa na releitura dessas passagens ver como são mais específicas as doutrinas sobre sensíveis a que o próprio Platão se compromete em comparação com a teoria sobre Formas. A linguagem dos diálogos intermediários tem alguma tendência a sugerir — mas não é suficiente para demonstrar — que Platão foi um "platonista".

Acredito que Platão tenha escrito a primeira parte do Parmênides com o intuito de exibi-la onde a descrição das Formas de seu período intermediário necessitasse maior elaboração. Nossa concepção da habilidade de Platão em sustentar aquele desenvolvimento já não necessitava advir do escrutínio exclusivo dessa passagem. Tampouco precisamos nos fiar tão somente em complicadas conjecturas envolvendo a evidência de outros diálogos. O *Parmênides* como um todo proporciona a melhor evidência possível à resposta de Platão aos problemas que ele introduz. Se eu estiver certo, ou pelo menos no caminho certo, o diálogo mostrará que essa resposta foi bem-sucedida. Quando o novo período começava, a teoria das Formas encontrava-se nova em folha.

---

[37] Aqui sou grato por me ver em concordância com Jowett, cuja avaliação a mim parece se aplicar, hoje tanto já no século XIX, quando ele escreveu: "A doutrina das ideias de Platão atingiu um caráter claro e definido, além de imaginário, que não pode ser encontrado em seus próprios escritos. A abordagem popular que deles se tem ou se faz é derivada, em parte, de uma ou duas passagens de seus Diálogos interpretados sem se considerar a sua ambiência poética" (*The Dialogues of Plato*, 4. ed. [Oxford, 1953], 2: p. 13).

13 O *Sofista* de Platão sobre anunciados falsos[1]

MICHAEL FREDE

No diálogo o *Sofista*, de Platão, os principais interlocutores, que são o estrangeiro eleata e Teeteto, tentam determinar a natureza do sofista. Dado que o fenômeno do movimento sofístico é multifacetado e em certa medida amorfo, não surpreende que as primeiras tentativas no diálogo de apreender a realidade elusiva subjacente a esse fenômeno revela-se não particularmente bem-sucedida, uma vez que elas na melhor das hipóteses captarão alguns aspectos superficiais do sofista. Esses aspectos são recapitulados em 231c8-e7.[2] E então, em 232a1ss, faz-se uma tentativa renovada de apreender o sofista; essa tentativa parece ir mais ao cerce da questão, mas incorre em dificuldades cuja resolução ocupa o restante do diálogo. A sugestão é a de que o sofista tenha uma capacidade notável para representar coisas de um modo que faça disso representação, no sentido de que o enunciando do sofista sobre as coisas parece verdadeiro, enquanto na verdade não o é. Isso suscita uma série de dificuldades, aludidas primeiramente em 235d2, então novamente em 236c9ss, e evidenciadas em detalhes consideráveis em 236d9ss. Esses problemas o sofista explorará ao máximo para rejeitar a caracterização sugerida e assim, novamente, escapar à apreensão (cf. 239c9ss,

---

[1] Vejo-me particularmente em dívida com os seguintes artigos: G. E. L. Owen, "Plato on Not-Being", in *Plato*, Gregory Vlastos, editor (Garden City, N.Y., 1970), I: pp. 223-267; John McDowell, "Falsehood and Note-being in Plato's Sophist", in *Language and Logos*, Malcolm Schofield e Martha Nussbaum, editores (Cambridge, 1983), p. 123; David Bostock, "Plato on 'Is not' ", *Oxford Studies in Ancient Philosophy* 2 (1984): pp. 89-119.

[2] Cito o texto na edição de Dies na série Budé; sua numeração de linha eventualmente deve diferir da do texto de Burnet.

241a3). As dificuldades logo equivalerão a isto: existem problemas sobre a possibilidade mesma de falsos enunciados. Ora um enunciado, para ser, afinal de contas, um enunciado, deve tentar dizer alguma coisa, ou seja, tem de haver alguma coisa que se faça dita por ele. Mas tanto no grego comum como na linguagem dos filósofos gregos, um enunciado falso é aquele que diz o que não é (ou que não está sendo).[3] Ainda assim, o que não está sendo não parece ser algo que esteja lá para ser dito. Portanto, pareceria não haver nada que fosse dito por um enunciado falso. Mas nesse caso ele deixa de ser um enunciado. Desse modo, parece não haver enunciados falsos. Mas se existe um problema quando à possibilidade de enunciados falsos, existe — *a fortiori* — também um problema quanto à possibilidade de crenças falsas (de falsas *doxa*) sobre algo parecer *(dokein)* a alguém, porém não de um modo certo. E se existe um problema sobre a possibilidade de falsas crenças, essa também é uma questão sobre a possibilidade de falsas aparências. Na verdade, existe um problema sobre aparências enquanto tais; dado que elas não são reais, a coisa verdadeira em si mesma, mas apenas uma aparência dela, de certo modo elas carecem de realidade e, em algum sentido especial, que é difícil estabelecer, de verdade (cf. 236e1-2, 239c9-240c6).

No *Sofista* Platão tenta lidar com a maior parte desses problemas. Mas ele mantém o foco no problema central dos falsos enunciados. Ali ele basicamente procura mostrar que pode haver algo como um falso enunciado e como o pode e, no curso que se tem aí ele procura desfazer as confusões que dão margem a dúvidas sobre a possibilidade mesma de falsos enunciados. Sua concepção parece ser a de que essas confusões têm pelo menos duas fontes. Em primeiro lugar, elas residem em uma compreensão equivocada da partícula negativa "não" em "não ser"; em razão dessa compreensão equivocada tende-se a pensar que o que não é, ou o que não está sendo, nada é de modo algum e portanto não algo que, por exemplo, pudesse ser dito em um enunciado. Em segundo lugar, existe considerável confusão quanto ao que é um enunciado. Portanto, falha-se em perceber que a verdade ou

---

[3] Em grego: *mē on*; no que segue, apresentarei esse e *ouk on* indiscriminadamente por "que não é" ou "o que não está sendo" ou mesmo apenas "não sendo".

falsidade de um enunciado é uma questão do que é dito no sentido do que é dito sobre, ou predicado de, um objeto. Uma vez que percebemos tal coisa, e uma vez que compreendemos como a expressão "não ser" deve ser construída, pensa Platão, vemos também que é de todo não problemático dizer que o que é dito por um falso enunciado é algo que não é. É algo perfeitamente real, ocorre apenas que não é (verdadeiro) no caso do objeto particular em questão do qual se diz algo a respeito.

Dado esse diagnóstico do problema, Platão procede em dois estágios. Primeiramente (241c7-259c4) ele tenta mostrar que é não problemático dizer que existe algo que não é. Ele então (259c5*ss*) passa aos enunciados para mostrar de que modo é não problemático dizer de um enunciado que ele afirma algo que não é. Desse modo ele tentar realizar a tarefa que havia proposto para si mesmo no início, quando disse: (236e-237a1): "Pois como se deve introduzir a questão quando se diz ou pensa que realmente existem falsidades e, ao pronunciá-lo, não ficar envolvido em contradição, isto, meu caro Teeteto, é algo sumamente difícil". Deveríamos notar que o objetivo que Platão impõe a si mesmo é de certo modo modesto; não é o de resolver todas as dificuldades que se possa desejar, ou que se possa ser capaz de fazê-lo, suscitar falsos enunciados a respeito, mas encontrar um modo coerente de pensar sobre eles de tal maneira que, pensados desse modo, eles já não parecerão posicionar um problema.

A discussão do que é ser alguma coisa que não é, que é, de ser algo que é não ser, assume um espaço muito maior, porém, do que a discussão do que é ser um enunciado falso. Pelo menos em parte isso é assim porque Platão pensa que a noção de algo que é, de um ser, não é menos enigmática do que a noção de algo que não é, os dois enigmas sendo relacionados. Assim, os problemas relacionados ao não ser, à concepção de Platão, não são devidos apenas aos problemas sobre o entendimento apropriado da função de "não" em "...é não ser", eles também se devem a problemas relacionados ao entendimento adequado do ser. E, mais ainda, os problemas relacionados ao ser se põem no caminho do entendimento adequado do que um enunciado é. Portanto, quando finalmente em 242b6*ss* Platão de fato se dispõe a refutar Parmênides e a mostrar que existe algo que não é, ele o faz primeiramente chamando à baila o nosso entendimento do "ser" (cf. 243c2-5, 250e5*ss*), o que se revela tão problemático quanto o "não ser". Então ele (251a5*ss*) se volta para ao menos uma resolução parcial dos problemas relacionados ao ser antes de retornar ao problema do não ser. Daí a considerável duração geral do debate sobre como deveríamos compreender o enunciado "não ser" ou "o que não é".

Contudo, em vez de discutir tudo isso, a seguir pretendo manter o foco na discussão sobre os falsos enunciados. Apenas muito brevemente irei comentar sobre as observações relacionadas ao ser, e, em mais detalhes, considerar as observações sobre o que é ser não ser. Pretendo fazê-lo na medida em que isso parecer necessário para compreender a resolução, por Platão, da dificuldade relativa a falsos enunciados.

I. O Problema do ser

O problema do ser, em poucas palavras, parece ser o seguinte. Suponha-se que seguimos os filósofos em sua tentativa de determinar e identificar o que se deve contar como ser (cf. 242c5-6); e suponha-se que ao final tenhamos de reconhecer como ser o que quer que esteja em movimento e o que quer que esteja em repouso, e que essas duas classes venham a exaurir o que existe (cf. 249c10-e4). Ainda haverá um problema relacionado ao que o ser é (249d6*ss*). Embora seja verdade que o que quer que seja está em movimento ou está em repouso, a condição de ser em si mesma não é nem em movimento nem em repouso. Tampouco estar em movimento ou estar em repouso é o que é ser; portanto, o que é, como tal, em si mesmo, por si mesmo, não está nem em movimento nem em repouso. Por si mesmo ele é apenas o que é ser. Mas se ele não está nem em movimento nem em repouso, ele não parece ser um ser (250c1-d5).

Para ver a solução que se pode dar a esse problema, temos de considerar como cada coisa pode ser dita como sendo porções de coisas, não apenas o que é por si mesma, ou em si mesma (se ela for o tipo de coisa que é alguma coisa por si mesma), mas também outras coisas que não sejam por si mesma, mas se pondo em relação apropriada com algo mais. Assim ser, de si mesmo, é apenas o que quer que seja que seja ser. Mas isso não o impede de estar em repouso, ou de estar em movimento, por estar na relação apropriada com o repouso, ou com movimento. O que torna difícil ver tal coisa é que esse problema vem emaranhado com um problema sobre enunciados. Existe a concepção de alguns contemporâneos de Platão (talvez, por exemplo, Antístenes), segundo a qual não faz sentido dizer de alguma coisa que é alguma coisa mais, dizer de alguma coisa que é alguma coisa que não é. Eles parecem dizer que é bom chamar um homem "homem" e o que é bom "bom"; mas como se pode dizer de um homem que ele é bom, se um homem não é o que é bom, e sim algo mais (cf. 251a*ss*)? Isso envolve uma compreensão equívoca do que os enunciados são. Fazer um enunciado não é apenas uma questão de chamar uma coisa por seu nome específico. É mais uma questão, como Platão observará mais tarde (262d2-6), de nomear algo de modo a continuar a dizer algo a seu respeito. Mas essa falha em compreender o que os enunciados são, em entender como algo pode ser dito ser porções de coisas e poder ser chamado por muitos diferentes nomes (cf. 251a5-6) faz-se agravada por, como por sua vez agrava, uma incapacidade de compreender o ser.

O ponto crucial para se compreender aqui é uma observação que Platão faz em passagem muito debatida em 255c12*ss*. O ser que atribuímos às coisas é de dois tipos (cf. 255d4-5). Algumas das coisas que dizemos que algo é, é por si mesmo; outras coisas que dizemos que algo é, é somente por referência a algo mais, é pondo-se em relação apropriada com ou algo mais. Assim, Sócrates é ou é um ser, por exemplo, ao ser branco. Mas branco não é algo que Sócrates é por si próprio; é algo que ele somente é estando apropriadamente relacionado a alguma outra coisa, qual seja a cor branca. Ele só é um ser nesse modo ou respeito particular, qual seja em ser branco, estando em relação com algo outro, que é a cor. Ele é branco, não por ser essa característica, mas por ter essa característica. Ele é branco, como podemos dizer, por "participação" em algo outro. A cor, por outro lado, é dita ser branca, não por participar em, mas por ter essa característica, não por sê-la. De modo semelhante a cor é uma cor, não por ter esse tipo de característica, mas por ser esse tipo de característica. Portanto ela não é apenas branca, mas também uma cor, por si mesma. Por outro lado, é diferente da cor *pink*. E muito embora exista um sentido pelo qual seja diferente da cor *pink* por ser a cor branca, esse não é o sentido relevante aqui. Não é parte de ser a cor branca não ser a cor *pink*. Assim, a cor branca é diferente da cor *pink* por ser apropriadamente relacionada a algo outro, que é a diferença. E assim, de modo muito geral, a cor branca é um ser de duas diferentes maneiras. É um ser por ser o que quer que seja por si mesmo, por exemplo, branco e uma cor; também é um ser por ser apropriadamente relacionado a outras coisas, como a diferença, de modo a ser, por exemplo, diferente de *pink*. Uma vez que nós compreendemos que o ser assume essas duas formas, também compreendemos como é possível que possamos chamar uma coisa não só por seu nome específico, mas por muitos nomes, por exemplo, podemos dizer da cor branca não apenas que é branca, mas também que é um ser, que é diferente de *pink*, e que é idêntica a si mesma. Ademais, podemos explicar como o ser em si mesmo pode estar em movimento ou em repouso embora por si mesmo ele não esteja em nenhuma dessas coisas.[4]

Porém, o mais importante aqui é começarmos a ver como a solução do problema que diz respeito ao ser lança luz ao problema que diz respeito ao não ser. Reside na própria natureza do ser que o que quer que seja é muitas coisas que ele não é, ou seja, o que quer que ele seja com referência a algo outro.

Essa interpretação reside crucialmente no postulado de que Platão, em 255c12-13 distingue dois usos de "...é...".[5] Considerando que eu pretendo supor que Platão, no que segue, continua a depender dessa distinção, mas considerando que essa interpretação de 255c12-13 tem sido desafiada, quero

---

[4] Para uma interpretação diferente do problema, ver Jean Roberts, "The Problem about Being in the *Sophist*", *History of Philosophy Quarterly* 3 (1988): pp. 229-243.

[5] Desenvolvi essa interpretação, e argumentei a favor dela, em um trabalho de fôlego, em *Prädikation und Existenzaussage*, *Hypomnemata* 18 (Göttingen, 1967), pp. 12-36. Foi então, seguindo sugestão de R. Albritton, adotada por Owen em "Plato on Not-Being"; Owen havia originalmente assumido uma concepção diferente da mesma passagem (cf. *Journal of Hellenic Studies* 20 (1957): p. 107 n. 25). Cf. a primeira nota de rodapé de Owen à reimpressão de "Plato on Not-being" em Owen, *Logic, Science and Dialectic*, Martha Nussbaum, editora (Ithaca, N.Y., 1986), p. 104.

fazer umas poucas observações em sua defesa. Ela tem sido atacada, por exemplo, por David Bostock em seu "Plato on 'is not' ", *Oxford Studies in Ancient Philosophy* 2 (1984): p. 89. Para começar, deve se observar que não se supõe que a distinção seja a distinção de dois sentidos do uso incompleto de "...é...", sem falar na distinção entre o "é" de identidade e o "é" copulativo "comum" e predicativo. O que fala decisivamente contra isso é que Platão reconhece apenas uma ideia de ser e que ele fala por todo o diálogo como se essa ideia estivesse envolvida tanto em dizer que não ser é precisamente não ser (258b11-c4) como em que algo é precisamente diferente de alguma coisa (263b11). É uma e a mesma coisa (255d5) que estamos atribuindo a alguma coisa em ambos os casos. Ademais, os dois usos são tais que "...é..." em seu primeiro uso não poderia ser substituído por "é idêntico a" sem mudar o sentido. Dizer que o homem é um animal racional não é dizer que o homem é idêntico a um animal racional. Dizer que o homem é um vertebrado ou que branco é uma cor não é fazer um enunciado de identidade, muito embora seja o caso de dizer que o homem é por si mesmo ou que o branco seja por si mesmo.

Também seria um erro pensar, como Bostock parece supor, que a distinção dos dois usos supostamente é uma distinção gramatical ou lógica, se por isso fizermos referência a uma distinção que possa ser feita independentemente da metafísica da qual dependemos. Assim, contrariamente ao que Bostock (p. 92) parece pensar, "Sócrates é um homem" e Sócrates é o homem na esquina" para Platão, claramente são casos não do primeiro, mas do segundo uso de "...é...", dado que Sócrates, na concepção de Platão, não é um ser humano em si mesmo, mas somente por participação em algo mais, que é precisamente a forma de um homem. Mas muito embora Sócrates e homem, nessa concepção, sejam dois itens diferentes do qual o primeiro participa no segundo, não ficamos nem mesmo tentados a pensar que "Sócrates é um homem" significa que Sócrates seja diferente de homem, ou que Sócrates participe de homem. Portanto também devemos ficar tentados a pensar que "não ser é não ser" significa que não ser seja idêntico a não ser. Na verdade, não é o caso de que a identidade de X e Y constitui ou condição necessária ou suficiente para a verdade de "X é Y" no primeiro uso de "...é...". Não constitui uma condição necessária uma vez que o branco de si mesmo é uma cor. E não constitui condição suficiente, dado que, por exemplo, "O mesmo é o mesmo (isto é, consigo mesmo)" deveria ser um caso do segundo uso de "...é...", como "o diferente é o mesmo (isto é, consigo mesmo)" claramente é. Isso também nos permite distinguir diferentes tipos de autopredicação e afirmar que o tipo de autopredicação em que Platão tem estado interessado durante todo o percurso até aqui, e continuará a fazê-lo, é aquele que inocuamente envolve o primeiro uso de "...é...".

Com essa abordagem lamentavelmente um tanto breve e resumida da resolução do problema acerca do ser, voltemo-nos agora ao modo como Platão tenta lidar com o problema do não ser.

II. O problema do não ser

A resolução das dificuldades dizendo respeito ao que é não se inicia em 255e8. Ela claramente incide em quatro partes:

1. 255e8-257a12: Platão mostra que das coisas, na verdade da forma do ser em si mesmo, pode-se dizer não ser;

2. 257b1-257c3: Platão procura mostrar que as dificuldades dizendo respeito ao que é não têm sua fonte na desconstrução da palavra "não" na frase "não ser";

3. 257c4-258c5: Platão procura mostrar não só que existem coisas que não são, mas que a natureza do não ser é;

4. 258c6-259c4: Platão faz uma súmula que conduz à discussão dos enunciados.

Consideremos 255e8-257a12. Na seção precedente, Platão havia mostrado que existem cinco gêneros ou formas distintas de importância particular: ser, movimento, repouso, o mesmo e o diferente. Em 255e8*ss*, ele seleciona movimento e argumenta que movimento, sendo diferente do repouso, do mesmo, do diferente e do ser não é repouso, não é o mesmo, não é diferente,[6] e, portanto também, *pari ratione*, não é ser (cf. 256c10-d10). Por isso ele conta com o único fato de que se *X* é diferente de *Y* podemos dizer que *X* é não *Y*. Disso se depreende que, em 256d11-12, ele extraia a seguinte inferência: "Portanto, necessariamente, não ser no caso se refere a movimento e todas as outras formas". As linhas a seguir (256d12-e4) deixam claro como essa inferência deve ser compreendida. Dado que não apenas movimento, mas todas as outras formas (exceto, é claro, ser si mesmo) são diferentes de ser, será verdadeiro de todas que elas não são ser. Assim "algo que é não ser, longe de ser uma frase que não possa possivelmente aplicada a coisa alguma corretamente, pelo menos caracteriza todas as formas outras que não o ser. Incidentalmente também devemos observar a linguagem da conclusão; Platão parece estar usando uma expressão como "*F* (ou a *qualidade de F*) é no caso de *a*" se é verdadeiro que *a* é *F*. Subjazendo a essa linguagem parece estar a noção de que um meio para que *F* seja é, por essa razão, ser algum *a* que seja *F*.

Em 256e6-7 Platão extrai uma conclusão adicional do argumento que inicia com 255e8: "Portanto, com referência a cada forma existe muito que é ser, mas uma imensa quantidade que é não ser". Aqui parecemos ter a mesma maneira de falar que observamos na conclusão precedente, exceção feita ao fato de que agora falamos apenas sobre algo que é, ou está sendo, com referência a um dado assunto, mas também sobre itens que não são, ou não estão sendo, com referência a um dado objeto. Ao que parece, essa linguagem deve ser entendida da seguinte maneira: assim como da qualidade de *F* se diz ser no caso de *a* se *a* for *F*, também assim da qualidade de *F* se diz não ser, para ser algo que não é, ou de ser não ser, com referência a *a*, se *a* for não *F*. Pelo menos nessa postulação podemos ver como a conclusão seguiria do argumento precedente. Existem muitas coisas que o movimento não é — por exemplo, todas as outras formas. E o que o verdadeiro do movimento,

---

[6] Existem razões técnicas pelas quais Platão aqui se move entre "diferente" e "o diferente". Conforme observei acima, existe, de acordo com Platão, um modo (autopredicacional) de ser diferente, e em geral de ser *F*, tal como a diferença ou o diferente é diferente desse modo (e de modo geral a qualidade de *F* ou o *F* é *F*); assim, não ser diferente desse modo é não ser diferente, assim como ser diferente desse modo é ser o diferente.

é claro, é verdadeiro de todas as outras formas. Assim ele é verdadeiro com referência a cada forma, do que se tem que existe um imenso número de coisas que não são, ou não estão sendo. De modo que aqui se encontra um segundo modo, aparentemente bastante problemático, pelo qual mesmo das formas pode ser dito que não são. Não apenas é o caso de que cada forma particular não é a forma do ser; é também o caso de que qualquer outra forma não é essa forma particular e que, nesse sentido, não é ser com referência a qualquer forma outra que não ele.

Finalmente, em 257a1*ss*, Platão mostra que mesmo da forma de ser si mesmo pode se dizer não ser ou ser algo que não é, ou seja, todas as coisas que são diferentes dele. Do modo como Platão fala aqui fica também claro que ele considera o não ser *F* de alguma coisa como um modo adicional pelo qual algo não é, e isso equivale a dizer que como alguma coisa que é não sendo. Ora ele diz (257a4-5) "ser, portanto, não é dos modos tantos como se houvesse outras coisas". Se, tendo isso em mente, voltarmos a 255e8*ss*, percebermos que Platão já ali, quando ele argumentou que o movimento não é descanso, não é o mesmo, não é o diferente, ou ser, aparentemente tomou essas teses como meios pelos quais o movimento não é ou é não ser. Pois em cada caso ele reuniu os enunciados negativos sobre movimento com um enunciado positivo que supostamente visava mostrar que o movimento é, como pelo sendo diferente, ou o mesmo, ou ser. Assim, existe ainda um meio adicional pelo qual as coisas não são, ou não são ser, qual seja precisamente por não ser isso, aquilo ou outro.

Passemos a sumarizar os resultados desta seção. Existem vários modos pelos quais podemos dizer de algo que ele é não sendo que parecem inteiramente inócuos. É geralmente aceito que se X e Y são diferentes, podemos dizer "*X* é não *Y*". Portanto, uma vez que todas as outras coisas são diferentes da forma de ser, de cada uma delas se pode dizer que é não ser. Isso parece algo não problemático. Mas há modos mais interessantes em que de algo pode ser dito que é não ser. Para X não ser Y é para X de certo modo não ser, especialmente Y; ao mesmo tempo isso também para Y de um modo a não ser, isto é, com referência a, ou no caso de, X. Mas que X seja algo que desse modo não é, obviamente não significa que X seja nada. É algo, por exemplo, diferente de *Y*. Na verdade, não teria esse modo de ser algo que não é, ou seja, *Y*, a não ser que fosse precisamente diferente de *Y*. De modo semelhante, que *Y* seja algo que não é desse modo obviamente não significa que *Y* seja nada. *Y*, conforme demonstrei, é muitas coisas, por exemplo, diferente de *X*. De modo que há aqui dois modos adicionais em que de algo pode ser dito não ser: (I) o modo pelo qual de um *X* pode ser dito não ser à medida que ele é não algum *Y*, e (II) o modo pelo qual de um *Y* pode ser dito, não ser à medida que ele é não com referência a algum *X*. Obviamente, o segundo modo é apenas a conversão do primeiro. Em todo caso, está claro que existe um modo completamente desprovido de mistérios pelo qual há três coisas que são não ser.

Com isso podemos passar à seção seguinte, 257b1-257c3, na qual Platão procura explicar onde pessoas entraram em confusão quando vieram a pensar que não existe tal coisa como o que não é. A afirmação é a de que elas vieram a pensar "o que não é" ou "não ser" devendo se referir ao contrário do que é. O que é algo do qual é verdadeiro que é sob algum aspecto. Em vez de perceber que o que não é, em contraste, é algo do qual não é verdadeiro que ele seja sob esse aspecto, eles supunham que é algo do qual não é verdadeiro que seja sob qualquer aspecto. Mas esse entendimento não é justificado pelo uso de expressões da forma "não *X*". O que é pensado por expressões dessa forma não é algo que de algum modo seja contrário a *X*.

Isso pode até ser incontroverso. Mas intérpretes têm tido grande dificuldade com a própria caracterização positiva por Platão do uso de expressões da forma "não *X*" e em particular sua elucidação da expressão "não ser". Para entender as observações de Platão, devemos ter em mente a íntima conexão entre essas observações e a passagem precedente. Platão começa com uma observação sobre "não ser" (257b3-4). Ele diz "sempre que falamos do que é não ser, aparentemente não falamos de algo contrário ao ser, mas apenas de algo diferente". A qualificação "aparentemente" indica que a observação deve ser entendida à luz do que precede. Mas o que é pensado também se torna mais claro quando olhamos para a sentença seguinte (257b6-7): "Quando, por exemplo, falamos de algo como 'não grande', parecemos-lhe então indicar, por esse enunciado, o pequeno em vez do igual?". Como fica claro pelo fato de que isso é apresentado como elucidação da sentença precedente (cf. a questão de *Teeteto* em 257b5, para a qual isso é uma resposta), mas também do "por exemplo" *(hoion)*, falar de algo como grande supostamente é o caso de falar de algo como não sendo. Parece imediatamente óbvio de que modo é um caso de falar sobre algo como não sendo: é um caso de falar sobre algo como não sendo de certa forma, especialmente como não sendo grande. E que isso é o modo correto de entender o texto, é algo que vem a ser apoiado pelas seguintes considerações. À luz de 255e8-257a12, devemos supor que o não ser do qual falamos em 257b3 é ou (I) o não ser de alguma coisa que não é a forma de ser, ou (II), de modo mais geral, o não ser de alguma coisa que não é alguma coisa ou outra, ou (III), finalmente, a inversão de (II), o não ser de alguma coisa que não é com referência a alguma coisa ou outra. Agora é de todo verdadeiro que alguma coisa que é não ser à medida que não é a forma do ser não seja o contrário do ser, mas apenas diferente dele. Mas o que não é grande não é um exemplo do que é não ser por não ser a forma de ser. Tampouco é o não grande um exemplo direto do que é não grande com referência a alguma coisa ou outra. Platão aqui não parece pensar em um caso no qual seria falso dizer de algo que ele não é grande, mas em vez disso de um caso em que seria verdadeiro dizer de algo que não ele é grande, e ele parece estar dizendo sobre esse caso que dizer de algo que não é grande não é dizer que é pequeno. Portanto, parece que o não ser de que Platão está falando aqui em 257b3 é o não ser de alguma coisa que fracassa em ser alguma coisa ou outra, por exemplo, ser grande. E isso se adéqua ao fato de ser esse o tipo de não ser a que Platão havia se referido na passagem precedente, quando ele disse que mesmo a forma de ser em si mesmo de muitos modos é não ser, especialmente em não ser todas as coisas que diferem dela. Ademais, é verdade que o que é não ser desse modo, por exemplo, não ser grande, não é o contrário do que é ser dessa forma, mas simplesmente diferente. Pois o que não é grande não é contrário ao que é grande, mas meramente diferente do que é grande. Isso está claro porque, muito embora um meio de ser diferente do que é grande (relativo a alguma coisa) é ser pequeno (relativamente), outro modo de ser diferente do que é grande é ser de igual tamanho. De modo bastante geral, então, "não X" se aplica a algo que meramente difere do que é X.

Agora, a dificuldade crucial versa sobre como Platão pode pressupor que o tipo de não ser que está envolvido no não ser grande de alguma coisa, ou no ser não grande de alguma coisa (Platão não parece distinguir os dois) é o mesmo que o tipo de ser que está envolvido no não estar em repouso do movimento, no não ser o mesmo, não ser o diferente, não ser o ser ou qualquer outra forma. Intérpretes se mostram concordes que Platão em 257b3 ou em 257b6 muda para um tipo diferente de caso. Até esse ponto ele vinha falando de casos em que algo é diferente de algo outro, mais especificamente de casos em que uma forma é diferente de alguma outra forma. O aspecto pequeneza, por exemplo, é diferente do aspecto grandeza. E assim pequeneza, podemos dizer, não é grandeza ou, se concedermos a Platão a sua linguagem o pequeno não é o grande, e mesmo a pequeneza não é grande. Mas em 257b3 Platão começa a falar do que é não ser, por exemplo, sobre o que é não ser, como se isso pelo menos cobrisse o caso do que simplesmente não é grande, não por ser diferente do aspecto grandeza, mas por simplesmente não a ter. E isso parece ser um tipo de caso radicalmente diferente. Que Platão passe, sem advertir, de um tipo de caso para o outro, pode nos parecer suspeito de que ele esteja apenas confuso. É o que Bostock está argumentando. De maneira menos condescendente podemos pensar que Platão esteja trapaceando. Porém a maioria dos intérpretes tentou ser condescendente e, mais do que isso, encontrou algum modo de livrar Platão da acusação de confusão. Ainda assim, é difícil ver como podemos evitar de atribuir alguma confusão a Platão.

O problema não pode ser resolvido afirmando-se que Platão, em 257b3*ss*, esteja apenas fazendo uma observação acerca do uso de "não" em expressões como "não grande", de modo bastante geral em expressões da forma "não *F*", e portanto também na expressão "não ser", especificamente no ponto em que "não" não significa contrariedade. É bem verdade que ele faça uma observação sobre o uso de "não" em expressões da forma "não *F*", mas também parece verdadeiro que, ao fazer essa observação, ele acredita ter feito uma observação acerca do que é não alguma coisa ou outra. É enganoso dizer, como faz Owen, ("Plato on Not-Being" pp. 232, 237, 238), que Platão aqui proporcione uma análise de expressões como "não grande" e tente explicar "não ser" em analogia a elas. Falar de alguma coisa como não grande é, ao mesmo tempo, tratado como um caso de falar de algo como não ser em vez de mero análogo desse.

A dificuldade é, precisamente, a de que Platão passa de falar sobre o não estar em repouso do movimento para o não ser grande de alguma coisa, como se o não ser em ambos os casos fosse o mesmo tipo de não ser. E essa de fato parece ser a sua concepção. Pois quando em 257c4*ss* ele passa a explicar o que é a natureza do não ser, ele especifica (258a11*ss*) *uma* natureza que supostamente esteja envolvida em todos os casos de não ser que temos estado considerando, e isso equivale a dizer, com base na interpretação de qualquer pessoa, tanto em casos de simples não identidade como em casos do que consideraríamos como predicação negativa comum. Também fica claro a partir daí que Platão não pode pretender resolver o problema distinguindo dois sentidos de "...não é..." envolvidos tanto em "movimento não é descanso" como em "Teeteto não está voando". O problema obviamente está em como ele supõe tal coisa.

Fazemos disso uma tarefa desesperançada se pensarmos de Platão como partindo de negações de identidade para considerar a falsidade em enunciados predicativos, como faz Owen (p. 237). Para começar, o movimento em questão aqui não é o movimento para a falsidade em enunciados predicativos, mas sim o movimento intermediário para, como parece a nós, os enunciados predicativos negativos, um movimento que Owen glosa de maneira eficaz, embora também um tanto rápida (pp. 237-238). Porém, mais importante que isso, é um erro supor que Platão pense os enunciados anteriores simplesmente como negações da identidade. Se o fizesse, a tarefa seria em vão. Em vez disso, ele deve pensar que se X e Y não são idênticos e assim dizemos que X é não Y, não estamos, ao dizê-lo, negando a identidade de X e Y, mas atribuindo não ser a X. E ele deve igualmente pressupor que dizer de uma coisa pequena que ela é não grande é atribuir-lhe o mesmo não ser; é dizer dela que ele não é — neste caso, especificamente grande.

Não obstante, parece que Platão deve querer proceder aqui a alguma distinção. Considere-se o seguinte. O pequeno é diferente do grande. Portanto o pequeno não é o grande. Platão permite a si mesmo passar disso para "O pequeno não é grande" (presumivelmente se valendo do fato de isso ser a negação do "O pequeno é grande" no uso de "...é..." em que isso é verdadeiro se "O pequeno em si mesmo é grande" ou "O pequeno por sua natureza é grande" é verdadeiro). Assim temos ambos "O pequeno não é grande" e "Este (uma coisa pequena) não é grande". Parece haver uma diferença clara entre os dois enunciados. O primeiro parece negar que algo seja um certo aspecto; o segundo, que algo tenha um certo aspecto. O que significa para Platão ter de situar essa diferença?

Mesmo sem entrar nos detalhes da seção subsequente 257c4ss, já podemos observar aqui que Platão não identifica não ser com diferença, mas com uma forma ou tipo particular de diferença, com "uma parte do diferente". Portanto, ele não pode supor que "O pequeno não é o grande" ou "O pequeno não é grande" signifique, ou deva ser analisado como, "Pequeneza é diferente de grandeza". Considero que ele pensa que isso deve ser analisado como "O pequeno é diferente do que é grande". E também considero que ele pense que "Isto (uma coisa pequena) não é grande". Tem-se aí a explicação de por que ele pensa existir apenas uma abordagem para o uso de "não", que não exista ambiguidade em "grande" ou "o grande", que não haja ambiguidade em "diferença" ou em "... não é...". Mas podemos também prontamente ver como Platão pode, se o quiser, distinguir os dois tipos de casos que queremos que ele distinga. Ele pode fazê-lo distinguindo os dois usos de "...é..." em "...é grande".

Em uma terceira seção (257c4ss), então, Platão procura mostrar que o que não é ou não é ser, longe de ser nada e impensável, longe de ser um tema de discurso impossível e ilegítimo, constitui um tipo definido e especificável. Ao mesmo tempo, supostamente vemos que, dado o modo como esse tipo é constituído, o que não é tão real quanto o que é. Tome-se o que não é belo. Ele é constituído, a princípio, por diferença. A diferença é algo que é. Mas a diferença é sempre diferença de alguma coisa, assim como o conhecimento é conhecimento de alguma coisa. Assim, existe diferença do belo, isto é, do que é belo. Desencadeia uma classe de coisas, mais especificamente todas aquelas coisas, que não são belas, contra outra classe de coisas, especificamente todas aquelas coisas que são belas. Uma vez que a diferença é perfeitamente real e o belo é perfeitamente real, a diferença do belo e, portanto o ser não belo é perfeitamente real e não problemático, como real e como o belo. Assim, nesse sentido o belo se constitui uma classe não problemática de coisas, não menos do que o belo. De modo semelhante com o não ser. Ele envolve uma diferença e, mais especificamente, uma diferença do que é ou está sendo de certo modo. Não há nada misterioso acerca disso. E essa diferença específica desencadeia uma classe de cosias, quais sejam todas aquelas coisas que não são do mesmo modo, contra outra classe de coisas, quais sejam todas aquelas classes de coisas que são desse modo. Ser não sendo apenas é ser algo que é desencadeado do que é de certo modo. Nesse sentido, não ser é tão real quando ser e portanto uma natureza em si mesma.

Pode-se estar preocupado aqui com o complemento "de um certo modo", que introduzi na abordagem. Ele reflete o fato de que o ser para Platão é uma questão de ser algo ou outro. E, de modo correspondente, não ser sempre é uma questão de não ser de certa perspectiva, por aspecto, ou de certo modo. Não há tal coisa como um não ser não qualificado. Isso parece captado por Platão no resumo que segue, onde ele fala de não ser como parte do diferente que é posicionado contra um tipo particular de ser (*pros to on hekaston*, 258e1).[7] Desse modo, ser não ser é ser algo que é diferente de algo que é de certo modo, de certa perspectiva.

O que está claro agora, como resultado do debate desta seção, é algo que não esteve claro na seção precedente acerca do uso de "não", e nós, na melhor das hipóteses poderíamos ter saído daquela seção com uma interpretação prejudicial das palavras: "não" posta na frente significa uma das coisas que são outras que não o nome que a segue, ou, em vez disso, que são outras que não as coisas designadas pelo nome que lhes é aplicado e que segue da negação" (257b10-c2). O que está claro agora é que Platão compreende "não

---

[7] Tradutores tendem a construir *hekaston* com *morion*; isso de maneira equívoca, como mostra a parte precedente da sentença. A diferença é distribuída entre todas das coisas que são com referência a cada outra, ou seja, é distribuída entre coisas que não são belas com referência a coisas que são belas, entre coisas que não são grandes com referência às coisas que são grandes, etc.; os *pros to on hekaston* claramente reúnem os *pros allēla*.

ser" e "...não é..." de tal modo que cobre o caso em que algo simplesmente deixa de ser alguma coisa na qual deixa de ter certo aspecto. Está claro agora que "não ser" pretende cobrir o caso do qual chamaríamos predicação negativa comum. Tudo isso dado, não temos dificuldade em compreender o que Platão tem a dizer quando passamos à sessão seguinte, 258c7ss, na qual se tem a recapitulação do argumento. Mas essa recapitulação também é enigmática e, na verdade, deve ser confusa, se não se for capaz de ver como Platão assume os casos debatidos na primeira seção como casos de não ser precisamente no sentido em questão aqui, isto é, tratando-se de enunciados como "Teeteto não está voando". Ora em 259ass Platão explica novamente quão não problemático é dizer de alguma coisa que ela não é ou que ela não está sendo. Assumir a forma do diferente; é diferente do ser; portanto é não ser (259a6-b1). A forma do ser é diferente de todas as outras formas; portanto, também ela não é precisamente todas essas outras formas (259b1-5). De modo semelhante, cada uma das outras formas é diferente da restante; portanto cada uma das outras formas de muitos modos não é (259b5-6). Agora é verdade que isso mostra que existe um uso de "...não é..." ou "...não está sendo..." que é inócuo, mas a questão versa obre se isso irá nos ajudar se quisermos compreender como enunciados podem ser falsos. Durante todo o percurso, até o final do sumário, Platão está confiando no fato de que, se X e Y são diferentes, podemos dizer que X não é Y. E com base nisso ele pensara estar justificado ao dizer que X não é ou que X não está sendo, ou seja, Y. Ele também confiara no fato de que no caso em que Y for a forma do ser em si mesmo, ele será verdadeiro imediatamente de algo outro que não o ser que não está sendo.

Agora, se acredita-se que os enunciados negativos na primeira seção (255e8-257a12) sejam enunciados não idênticos, que eles tenham de ser analisados como enunciados de alguma forma X que é diferente de alguma forma Y, então este sumário deve mesmo estar muito confuso. Pois o sentido de "X não é Y" que necessitamos com o intuito de entender enunciados falsos claramente não é o sentido de "X é diferente de Y". Pois se é falso que algum objeto particular a seja belo, queremos dizer algo para o efeito de que "a é belo" seja falso porque a, de fato, não é belo. E a não é belo não é questão de *a* ser diferente de beleza ou do belo. Seria diferente da beleza mesmo que fosse belo pela participação na beleza. Assim, a versão de não ser o que necessitávamos por falsos enunciados tem de ser mais complexa do que uma abordagem de acordo com a qual dizer que *X* é não *Y* é apenas dizer que *X* é diferente de *Y*. Assim, se a súmula supostamente nos dá o resultado de que necessitaremos para explicar falsos enunciados, parece que ele nem mesmo chega perto de nos dar o que precisamos, enquanto nos agarrarmos ao postulado segundo o qual Platão considerou os enunciados negativos na primeira seção como enunciados não idênticos.

Isso mostra que por todo o percurso foi um erro supor que Platão considera enunciados como "O diferente não é o mesmo" como enunciados de não identidade a ser entendidos no sentido de que "O diferente é diferente do mesmo". Ele os toma atribuindo o não ser ao tema em questão no mesmo sentido em que ele toma "*a* não é belo" para atribuir não ser a *a*. Mas mesmo se se considerar a isso, deve-se conceder que é enigmático que Platão, no sumário, retorne aos casos de não ser que não pareçam preocupantes e que, em todo caso, não estamos preocupados com falsos enunciados. Talvez a explicação seja a de que Platão, no sumário, queira enfatizar novamente o caráter não problemático de falar de algo como não ser, e que falar de algo que não é não é falar de algo que nada seja.

Para nossos propósitos, podemos resumir o resultado do debate até aqui da seguinte maneira: Platão pensa existir um uso de "...não é..." no qual de *X* pode ser dito não ser *Y* se *X* é diferente do que é *Y*, onde tanto a forma *qualidade de Y* e o que quer que participe dessa forma conte como algo que é Y. De maneira correspondente ele acha não problemático afirmar que *X* é algo que não é, tomando como exemplo o não ser *Y*. Ele, de modo corresponde, introduz (256e6-7) um uso inverso de "...não é...". Se *X* não é *Y*, da *qualidade de Y* se pode dizer que não é com referência a *X*. E isso, de modo correspondente, é para dizer que a qualidade de *Y* é diferente do que é com referência a *X*. E isso novamente deve ser entendido de tal maneira que tanto a diferença como a diferença em relação à mesma coisa contam como o que é com referência à diferença, embora de diferentes modos. Isso, pensa Platão, basta para compreender o não estar envolvido em falsos enunciados.

Mas para compreender o modo pelo qual falsos enunciados envolvem o não ser, devemos ter uma melhor compreensão dos enunciados. E é por isso que o tópico a seguir versará justamente sobre os falsos enunciados.

III. Enunciados falsos

Agora o movimento crucial que Platão executa para chegar a uma compreensão mais adequada de enunciados é observar que para elaborar um enunciado temos de fazer duas coisas: (1) identificar um item sobre o qual intentamos dizer algo, e (2) especificar algo que intentamos dizer a respeito dele. Portanto, um enunciado irá minimamente consistir de duas partes, uma parte identificando um tema de discurso e outra parte por meio da qual algo é dito sobre o referido objeto. Que um enunciado consiga isolar um objeto é uma condição para se ter um enunciado no primeiro lugar. Portanto, sua verdade ou sua falsidade são uma questão do que é dito sobre esse objeto; isto é, o *locus* de verdade ou da falsidade como o que não é o enunciado como um todo, mas a parte predicativa ou enunciativa dele. Ou então, se tivermos a questão em outros termos: fazer um enunciado verdadeiro é dizer algo sobre algo que é verdadeiro daquele algo; de modo correspondente, fazer um enunciado falso é dizer algo sobre algo que é falso a respeito, que não é verdadeiro, de alguma coisa. Com isso, o problema de um falso enunciado não é ele versar sobre coisa alguma. É sobre o que quer que a expressão do objeto nomeie como objeto do enunciado. Agora o fato de algo ser verdadeiro de um dado objeto, é claro, não significa que ele seja verdadeiro de qualquer objeto. Será, pelo menos como regra, falso de alguns objetos. Inversamente, o que é falso de um dado objeto não será, pelo menos como regra, falso de todos os objetos, mas será verdadeiro de alguma coisa. Com isso, tampouco há problema sobre o que é atribuído em um falso enunciado como tal. Se há algum problema aí, tem de ser um problema sobre atribuí-lo a um objeto do que não é verdade. Se é que há um problema, tem de ser um problema relacionado a atribuir um objeto do qual não é verdadeiro. Mas isso tampouco parece problemático. Ora dizer algo falso sobre alguma coisa, isto é, dizer algo sobre alguma coisa que dela não é verdade agora parecerá apenas questão de dizer algo que é uma coisa perfeitamente boa para se dizer sobre alguma coisa, exceto que por acaso ela é diferente do que é verdadeiro sobre aquele objeto particular. Assim, se nós sabemos o que para um enunciado é ser sobre alguma coisa, se nós sabemos o que é ser verdadeiro de ou sobre alguma coisa, e se nós sabemos o que é ser diferente do que é alguma coisa, deveríamos então não ter problema para entender como podem existir falsos enunciados. Ou podemos pôr a questão da seguinte forma: Uma vez que temos visto que ser o que é não é apenas um certo modo de ser diferente, e se sabemos o que é ser um enunciado e o que é ser o que não é, deveríamos não ter problema em ver a possibilidade de falsos enunciados. Isso, em suma, parece ser a solução de Platão.

Mas vejamos mais de perto os detalhes do debate de Platão no que diz respeito a enunciados. Central a isso é a afirmação de que um enunciado tem no mínimo duas partes, um nome *(onoma)* e um verbo *(rhēma)*, tal como Platão identifica os dois tipos de partes (262c4*ss*). A função do nome é nomear, fazer referência a alguma coisa. Mas é apenas pelo acrescentar de um verbo que nós "chegamos a algum lugar", como Platão enuncia um tanto vagamente (262d4), segundo o qual de nós se pode dizer que dizemos *(legein)* alguma coisa (262d5), daí também a expressão complexa resultante é chamada um *logos* (262d5-6). Obviamente existem todos os tipos de problemas aqui acerca da identificação e caracterização de dois tipos de expressões que minimamente constituem um enunciado. Assim, se, como parece provável, "nome" (no sentido dos velhos gramáticos) e "verbo" aqui supostamente se referem às respectivas classes de palavras, nós, estritamente falando, só obtemos uma caracterização de uma subclasse irrelevante de enunciados, pois, ao que parece, Platão, de modo muito geral, tem em vista uma caracterização de enunciados simples (isto é, não moleculares), e na verdade está buscando categorias sintáticas. A caracterização semântica dos dois tipos de expressões parece inadequada (cf. 262a3-7); no entanto nós interpretamos sua classificação, seja por classe de palavras, seja por categoria sintática. Mas quaisquer que sejam as dificuldades e os problemas, parece certo — e note-se que parece constituir um avanço importante —

que enunciados simples sejam constituídos por duas partes com funções radicalmente distintas, uma parte cuja função é nomear, referir, identificar um objeto, e outra parte por meio da qual dizemos algo, enunciamos algo, predicamos algo de ou sobre o objeto.

Tendo esclarecido isso, Platão volta-se para dois aspectos de enunciados dos quais ele obviamente supõe que precisam ser mantidos estritamente à parte: (1) eles são enunciados sobre alguma coisa, e (2) eles têm, como ele assevera, uma certa qualidade, isto é, eles são verdadeiros ou falsos (262e4ss). Surpreendente volume de atenção é dado ao primeiro aspecto (cf. 262e11-263a10, 263c5-12). Fica claro que esses não apenas são dois aspectos diferentes, mas que o primeiro é independente do segundo. Com o intuito de ter um enunciado que é verdadeiro ou falso, primeiramente devemos ter uma parte do enunciado que procure especificar um objeto, e o objeto que ela especifica, pelo menos em princípio, é posicionado independentemente do que é dito sobre esse tema e, *a fortiori*, de sua verdade ou falsidade. De maneira bastante pontual, Platão deixa o estrangeiro ele ata posicionar a questão da referência para os enunciados de amostragem debatidos antes de ele se permitir seguir a considerar sua verdade ou falsidade.

Algumas das relevâncias do cuidado e do nível de detalhe com que isso é debatido se tornam aparentes, se voltarmos ao pano de fundo histórico. Conforme o observado acima, havia alguma obscuridade e confusão envolvendo o objeto do verbo "dizer" *(legein)*. Isso poderia conduzir à concepção de que um enunciado dissesse do que se tratava um enunciado. Assim, por exemplo, Eutidemo, no diálogo de mesmo nome (*Eutidemo* 283e9-284a1) questiona Ctesipo: se se diz que alguma coisa é falsa, "disse-lho dizendo a coisa de que trata o enunciado?". E Ctesipo responde na afirmativa. Disso Eutidemo infere que não pode haver tal coisa como fazer um enunciado falso. Pois o enunciado tem de ser sobre algo que é, enquanto o que é dito por um falso enunciado é algo que não é. Para esclarecer esse enigma, precisamos ter claro que aquilo de que trata um enunciado é algo independente de sua verdade ou falsidade, e o que é dito sobre esse objeto é outra coisa, e que é essa última coisa que é verdadeira ou falsa.

Existe outro enigma histórico, ou talvez mais um conjunto de enigmas, que Platão parece ter em mente aqui. Houve a concepção, que Aristóteles repetidas vezes atribuiu a Antístenes, de que não existe tal coisa como enunciados se contradizendo uns aos outros (*Metafísica* 1024b26*ss*; *Tópicos* 104b20*ss*). Na verdade, na *Metafísica* Aristóteles relaciona essa concepção com a concepção de que não pode haver falsos enunciados. A concepção de Antístenes, de acordo com o testemunho de Aristóteles na *Metafísica* (1024b32-4), foi a de que cada coisa tem seu *logos* ou enunciado único, que ela identifica ou define. Isso é algo que tem sempre lembrado estudiosos da concepção exposta no início da última seção do *Teeteto*, de acordo com a qual, pode-se fazer um enunciado de alguma coisa que seja, ele deve ser o seu próprio enunciado, um enunciado adequado e peculiar a ele (cf., por exemplo, *Teeteto* 202a6-8). E ele também nos lembra uma concepção atacada no próprio *Sofista* (251a5*ss*), de acordo com a qual a toda e qualquer coisa devemos nos dirigir apenas pelo seu próprio nome, e não pelo nome de alguma outra coisa, de modo que não deveríamos chamar, por exemplo, um objeto "branco", uma vez que "branco" é o nome de uma cor, e um objeto não é uma cor. Porém, por mais que isso possa ser, podemos ver como, se cada coisa tem o seu próprio enunciado, e se todos os enunciados devem ser enunciados de alguma coisa, a contradição será impossível, pois, de dois enunciados aparentemente contraditórios ou mesmo apenas contrários, somente um pode ser o enunciado da coisa em questão. Nesse caso, o outro enunciado já não será simplesmente um enunciado da coisa em questão, e com isso será um verdadeiro enunciado de algo mais ou simplesmente não será enunciado de coisa alguma, e, portanto também deixará de ser simplesmente falso.

No *Eutidemo*, 285d7*ss*, temos uma versão algo diferente desse argumento da *antilogia*, do qual aqui se diz ser muito comum e atribuído a partidários de Protágoras ou mesmo a dialéticos anteriores (286c2-3). Aqui se argumentou que, tendo-se duas pessoas a contradizer uma a outra, elas poderiam não estar produzindo o enunciado da mesma coisa, que seria o mesmo enunciado e, portanto não geraria qualquer discórdia (286a4-7). Tampouco haveria qualquer desacordo se nenhum deles produzisse o enunciado da coisa em questão (286a7-b3). Assim, havendo ainda que seja a aparência de um desacordo, deve ser o caso de que uma pessoa está produzindo o enunciado da coisa em questão, enquanto a outra produz um enunciado discordante, que está conflito com o primeiro enunciado. Mas nesse caso a segunda pessoa tem de estar produzindo um enunciado de algo mais, e nesse caso não haverá contradição. Ou então essa segunda pessoa simplesmente não produz enunciado de coisa alguma, e nesse caso ela não consegue dizer coisa alguma, isso para não mencionar que ela contradiz o primeiro orador (286b3-6). No que segue, Sócrates assume também isso como um argumento que diga respeito à possibilidade de falsos enunciados. Pode-se notar de passagem que tais argumentos, e argumentos semelhantes, de algum modo ganham em plausibilidade quando associados a certas concepções metafísicas, por exemplo, a negação da mudança não substancial.

Agora, uma razão pela qual se pode suspeitar que Platão, também aqui, esteja pensando em uma versão de que esse argumento é, à parte a sua relevância e seu caráter apropriado, um detalhe linguístico notável na passagem que estamos considerado: em vez de apenas usar a linguagem de "O enunciado é acerca de X *(peri)*", por exemplo, "sobre você", ele também fala de "o enunciado de X" e "o enunciado que vem de X", por exemplo, "o enunciado de você" e "seu enunciado" (cf. 262e6, e14; 263a4, a5, a9, c7), às vezes combinando ambos os tipos de discurso (cf. 263a4, a5, a9-10), sem nesses casos defender uma ordem definida que nos permitiria dizer que um modo de falar fosse suposto para elucidar o outro (cf. "sobre mim e meu" em 263a5 e "meu e sobre mim" em 263a9-10). Isso considerando, uma vez que a linguagem de "sobre" é perfeitamente clara, e uma vez que a linguagem em termos de pronomes possessivos não é nem ordinária nem natural, é difícil não vê-la em uma alusão ao modo de pensar sobre enunciados subjazendo ao argumento *antilogia* e, até mesmo, ao argumento *antilogia* em si mesmo. A questão, portanto, seria a de que aquilo sobre o que versa um enunciado e do que é dito sobre ele no enunciado são duas coisas a ser distinguidas, o que de fato pode ser, e normalmente é, diferente mesmo se o enunciado for verdadeiro. Assim, pode haver enunciados conflitantes sobre a mesma coisa, e um deles pode ser verdadeiro, enquanto o outro, falso. Mas não se segue do fato de que o que é dito pelo enunciado falso ser falso — e algo que não é, que aquilo de que o enunciado versa é algo que não é, para não dizer que não é sobre coisa alguma.

Também fica claro o que temos a dizer sobre uma concepção que é relacionada à posição de Antístenes ou à que é refletida no *Eutidemo*, mas que de certo modo difere delas de maneira significativa. A concepção de Antístenes era a de que cada coisa na melhor das hipóteses tem um enunciado. Nesse ponto, no *Sofista* já argumentamos que "Cada coisa tem muitos enunciados", para ficar com a linguagem de Antístenes e dos sofistas (cf. Aristóteles, *Metafísica* 1024b32*ss*). Mas alguém pode ainda querer se ater à concepção de que não há enunciados conflitantes ou falsos, que um enunciado aparentemente conflitante ou falso na realidade é um enunciado verdadeiro sobre um objeto diferente. Assim, se Sócrates é saudável, alguém poderá conceber que esse foi um enunciado sobre Sócrates, porém mais precisamente sobre um Sócrates saudável, e que o enunciado "Sócrates está doente" não esteve em conflito com ele, para nem mencionar sua falsidade, por versar sobre um Sócrates diferente, mais especificamente um Sócrates enfermo. Note-se que em 263c7 o estrangeiro eleata assegura a si próprio que Teeteto está para conceder que o enunciado "Teeteto está voando" é sobre ele próprio, que na verdade está sentado (cf. 263a2), e não sobre outra pessoa. Assumir tal concepção, novamente, entre outras coisas, é deixar de ver que é uma coisa para um enunciado versar sobre um certo objeto e bem outra coisa para esse objeto ter algo dito sobre o que é verdadeiro ou falso a respeito dele; é um fracasso perceber que aquilo sobre o que o enunciado versa na teoria é posicionado independentemente do que é dito a respeito dele, seja verdade ou não.

Assim, para concluir nossa concepção da discussão de Platão sobre esse fracasso de enunciados, o filósofo está bastante disposto a conceder que um enunciado não pode ser um enunciado sobre nada, que um enunciado tem de ser sobre alguma coisa (263c9-11). Mas ele resiste, como a confiar em alguma confusão sobre enunciados, a qualquer menção de argumentar que enunciados falsos como tais versam sobre o que não é, e, portanto, versam sobre nada. Tendo uma melhor compreensão de enunciados e tendo uma melhor apreensão do que é ser algo que não é, estamos agora em posição de compreender precisamente em que sentido um falso enunciado é um enunciado que enuncia algo que não é, e isso de tal modo que podemos ver que ele é de todo não problemático.

Assim, finalmente, podemos voltar à discussão do aspecto crucial, da qualidade de enunciados, de seu ser verdadeiro ou falso (cf. 263a11-e5). Para começar, um breve comentário sobre o termo "qualidade" (cf. 262e5, e9; 263a11, e2). A linguagem por si só, dependendo do contraste familiar entre o que é, ou a essência, de alguma coisa (cf. 260e4-5, 263c2) e o "como é ser tal coisa" sugere que um enunciado seja um enunciado independentemente do que é ser verdadeiro ou ser falso. Um enunciado é um enunciado por (1) tentar especificar um objeto e (2) dizer algo sobre esse objeto. Uma vez que essas duas condições forem satisfeitas, temos um enunciado, e a questão sobre se o enunciado é verdadeiro ou falso só surge — segundo Platão, fazendo uso dessa linguagem — uma vez que ambas as condições forem satisfeitas. Ademais, ele está afirmando que para compreender verdade e falsidade temos de focar no que é dito no sentido do que é dito sobre o objeto, isto é, temos de manter o foco no predicado.

Platão em primeiro lugar se volta para o enunciado verdadeiro *(ex hypothesi)* segundo o qual Teeteto está sentado, mas, de modo muito geral, considera-o um enunciado verdadeiro sobre Teeteto. O que ele parece ter em vista é uma caracterização geral de enunciados verdadeiros. Em todo caso, ele caracteriza o enunciado sobre Teeteto da seguinte forma (263b4-5): *legei ... ta onta hōs estin peri sou*. Isso, tomado por si mesmo, é ambíguo sob vários aspectos. Dada a ambiguidade de *hōs*, ele pode significar que um verdadeiro enunciado diz coisas que são *como* elas são, ou que um verdadeiro enunciado diz de coisas que são *o que* elas são. O uso paralelo de *hōs* em 263b9, 263d1 e 263d2 sugere que é o último o que se pretende dizer. Há uma ambiguidade adicional, dependendo de se *onta* se refere a predicados que sejam afirmativamente verdadeiros do objeto ou se a afirmação supostamente cobre todas as predicações, sejam elas afirmativas ou negativas. Dado que isso parece ser pretendido como caracterização de enunciados verdadeiros minimamente simples em geral, deveríamos supor que *onta* deve ser tomado no último sentido. Existe ainda uma questão adicional, qual seja se *peri sou* combina com *onta* ou *estin*. Uma comparação com 263b11 mostra que ele certamente combina com *onta*, ainda que possivelmente com ambos. Dada essa desambiguação, a afirmação parece ser a de que um enunciado verdadeiro diz do que de fato é, ou seja, sobre ou com referência ao objeto, que é. A frase "sobre ou com referência a X" obviamente é uma porção de linguagem quase técnica que demanda alguma elucidação. Nós prontamente reconhecemos algo como o uso converso de "...é...", que discutimos acima com referência a 256e6, uma passagem que o próprio Platão parece passar a referir alguma linhas depois (236b11-12) para explicar sua linguagem aqui. Contudo, eu digo "algo como" porque parece haver uma leve diferença. Se supormos que Platão está tentando explicar aqui a verdade de enunciados verdadeiros em geral, e não apenas a verdade de enunciados afirmativos, temos de supor que ele agora permite que "F" em "F é algo que é com referência a a" seja ele próprio da forma "não G". Então, é assim que parece a concepção de Platão sobre enunciados verdadeiros. A corresponder com o conjunto de enunciados simples verdadeiros acerca de a, haverá um conjunto de Fs que serão com referência a a. E um enunciado verdadeiro será um enunciado que diz de tal F que ele é com referência a a que é, ou que é com referência a a.

Considere-se "Teeteto está sentado". Para que isso seja um enunciado, em primeiro lugar ele tem de versar sobre alguma coisa, ele tem de intentar se referir a, nomear alguma coisa, e só então podemos seguir a dizer algo a respeito. É o que o enunciado faz ao referir-se a Teeteto. Ora Teeteto é algo que está ali para que se fale a respeito. Existe algo como o sentar. Pode-se dar uma abordagem coerente do que é, e (suponhamos) uma abordagem completa do mundo seria impossível sem alguma referência a sentar-se. Ademais está claro que existe tal coisa como o sentar à medida que existem coisas que são sentar, e assim também, com relação a isso, sentar é algo que é, precisamente com referência a tais coisas. Com isso, não há qualquer problema no que diz respeito ao sentar. A única questão é se o sentar é algo que é com referência a Teeteto, ou — para formular a questão de outra maneira, assemelhada — se Teeteto está sentado.

Mas tudo isso estando claro, tampouco devemos ter problemas com enunciados falsos. Tome-se "Teeteto está voando". Não existe problema quanto àquilo sobre o que o enunciado diz respeito. Ele diz respeito a Teeteto, e ele é algo que é. Tampouco há problema relativamente ao que é dito sobre o objeto, isto é, sobre voar. Existe algo como o voar. Pode-se abordá-lo. Uma descrição completa do mundo terá de fazer referência a ele. Por certo há referência a algo como o voar, uma vez que há muitas coisas que estão voando. A única questão versa sobre se voar é algo que é com referência a Teeteto. Se não for, a afirmação será falsa. Mas isso agora tampouco é um problema, considerando o que acima dissemos sobre o não ser ou sobre o que não é. Que o voar não é com referência a Teeteto significa simplesmente que voar é diferente do que é com referência a Teeteto, isto é, voar não é um dos *F*'s que são com referência ao Teeteto. Mas isso não significa que voar não seja nada. Já vimos que ele é algo que é, e isso de mais de uma maneira. Na verdade, o seu não ser no caso do Teeteto em si mesmo nada mais é que outro aspecto em que ele é algo que é, ou seja, diferente do que quer que seja com referência a Teeteto.

Mas, dado que esse é o ponto que Platão tem elaborado com tanto vagar desde 236e, passemos a considerar em detalhe como ele próprio passa a resolver a questão de enunciados falsos e como ele lida com esse exemplo particular. Ele volta ao falso enunciado em 263b7. E diz o seguinte: *ho dē pseudēs hetera tōn ontōn*. Está claro que essa sentença é elíptica e deve ser compreendida como um paralelo à correspondente cláusula "homens" sobre o verdadeiro enunciado "Teeteto está sentado" em 263b4-5. Assim compreendido, será produzido da seguinte maneira: o falso enunciado então fala de *(legei)* coisas outras que não as que são. A afirmação sobre enunciados verdadeiros têm sido a de que eles dizem daquelas coisas que elas são o que elas são. Há aqui uma pequena diferença: de enunciados verdadeiros em geral se sustenta que eles dizem daquelas coisas que elas são o que são; mas quando estamos falando de um enunciado particular, como é o caso aqui, ele, estritamente falando, só diz de uma das coisas que são o que ele é, e não, como quer Platão, das coisas que são o que elas são. Mas isso não nos deve preocupar especialmente. Platão poderia ter dito em 263b3-4 que o verdadeiro enunciado diz de alguma coisa que é o que é *(on ti hōs esti)*. Mas ele pretende uma referência à classe inteira de coisas que, relativamente a um dado objeto, interferem na caracterização do verdadeiro enunciado, como se este fosse necessário para se ter uma caracterização adequada do falso enunciado. Isso corresponde à necessidade de um quantificador universal em uma caracterização adequada, primeiramente, do uso de "...não é..." ao longo das linhas de Platão, e então de falsidade, uma necessidade na qual muitos comentadores corretamente insistiram.[8] Só assim Platão pode dizer que o falso enunciado diz, fala de, algo outro que não *quaisquer* das coisas que são, isto é, algo outro que não qualquer das coisas que estejam em relação com o dado objeto. Pois está claro que este não irá simplesmente dizer de um falso enunciado que ele fala de alguma coisa outra que não algo que é. Para ser falso, ele tem de falar de algo que não qualquer das coisas que são, especialmente se fizer referência a um dado objeto. Ademais, dado o paralelo com 263b4-5, está claro que 263b7 deve ser compreendido no seguinte sentido: o falso enunciado diz de algo outro que, o que quer que esteja em relação com aquele objeto, é — e ele é precisamente em relação com aquele objeto. Então, Platão pode prosseguir afirmando em 263b9: "Portanto ele diz do que não é que é". Obviamente, tudo o que ele faz aqui é (a) suprir o "que é" que tinha de ser compreendido com 263b7 a partir de 263b3-4, e (b) passar de "outro que não o que quer que seja" para "o que não é". Aquele outro movimento é coberto pela nossa explicação que demos acima sobre como, por exemplo, o que não é belo ou grande é apenas o que é outro que não o que quer que seja belo ou grande. De maneira correspondente, o que é outro que não o que quer que seja ser não é ser.

Agora permitimo-nos pela primeira vez no diálogo — e isso, desde que o problema surgiu — dizer que um falso enunciado enuncia, digamos, falar do *(legei)* que não é. Mas também sabemos em que sentido isso deve ser compreendido, e por que, assim compreendido, ele não representa qualquer problema. Dizer o que não é é dizer de algo outro — outro em relação ao que quer que esteja em relação com um dado objeto — que é. Para acabar com

---

[8] Cf. David Wiggins, "Sentence Meaning, Negation, and Plato's Problem of Not-Being" in *Plato*, Gregory Vlastos, editor (Garden City, N.Y., 1970), 1: p. 299; McDowell, "Falsehood and Not-being", p. 123; Bostock, "Plato on 'Is not'", p. 113.

qualquer escrúpulo residual que possamos ter, Platão, em 263b11-12 segue a explicar a frase "o que não é" tal como usada em 263b7. Aqui existe um problema textual menor que dificilmente afetará o que Platão pretende dizer. A primeira palavra em 263b11 é dada por manuscritos como *ontōs*. Se nós seguirmos a leitura transmitida, Platão estaria explicando que, muito embora um falso enunciado diga o que não é, ou fale do que não é, aquilo de que se está falando é algo que realmente *(ontōs)* é, precisamente diferente. Para ser mais preciso, ele estaria explicando que o falso enunciado diz sobre o objeto dado algo que realmente é, especialmente diferente. Isso é algo que temos de compreender no seguinte sentido: o enunciado falso diz sobre dado objeto algo que realmente é, ou seja, diferente do que quer que seja com referência a esse objeto. Mas poderíamos ter Platão dizendo algo que muito mais se aproxima disso, se, em vez do texto recebido, seguíssemos a conjectura de Cornário, adotada por todos os editores modernos, e lida *ontōn* para *ontōs*. Ainda mais perto chegaríamos se conjecturássemos *tōn ontōn*[9]. Mas qualquer que seja o texto que adotamos, a questão que Platão está tentando fazer é suficientemente clara. Dizer o que não é, é dizer algo que não é completamente nada, mas algo que é; na verdade, só pode ser chamado "não ser" à medida que é, e diga-se: diferente do que é com referência ao dado objeto. E nesse ponto (263b11-12) Platão nos lembra de nossa descoberta anterior, segundo a qual com referência a todas as coisas há muito que é e muito que não é. Levando em conta a linguagem, ele deve estar se referindo a 256e6-7. Mas isso tem se constituído um problema importante para especialistas para os quais devemos nos voltar mais atentamente.

O pensamento de Platão aqui em 263b parece ser o seguinte. Tome-se o falso enunciado segundo o qual Teeteto está voando. O enunciado diz de Teeteto algo que não é com relação a ele, ou seja, voar. Ele apresenta algo que não é, fala de algo que não é, ou seja, voar, como se estivesse em relação com Teeteto. Supõe-se que isso não seja problemático, pois vimos acima que em relação com determinada coisa existem muitas coisas que não são. E com

---

[9] Existem ainda outras possibilidades, por exemplo, *ontōs de ge onta hetera tōn ontōn peri sou*.

isso voar é apenas uma dessas coisas que não são com referência a Teeteto. E é isso que torna falso o enunciado de que Teeteto esteja voando; ele apresenta o voar como algo que é com referência a Teeteto, quando, na verdade, ele não é, e quando, na verdade, voar é diferente do que quer que seja com referência a Teeteto (cf. 263d1-2), ou, para posicionar a questão ainda de outro modo, quando, na verdade, Teeteto não estiver voando.

Mas se voltarmos à afirmação presente em 256e6-7, à qual Platão parece estar fazendo referência em 263b11-12, chegou-se a ela considerando casos em que X e Y sejam diferentes, nos quais, portanto, podemos dizer que X não é Y, e, ademais, podemos dizer, portanto, que Y não está sendo com referência a X. E, uma vez que para qualquer X existem muitas coisas X é diferente de X e, portanto não é X, somos capazes de dizer que, com referência a todas as coisas existem muitas coisas que não estão sendo com referência a ele. Mas isso, pensa-se, não será de valia aqui, uma vez que, embora seja suficientemente verdadeiro que Teeteto e voar não sejam a mesma coisa, que Teeteto seja diferente de voar e portanto que Teeteto não está voando, esse não é o sentido de que necessitamos para explicar por que é falso dizer que Teeteto está voando. Pois mesmo se fosse verdadeiro que Teeteto estivesse voando, ainda seria o caso de que Teeteto e voando não fossem a mesma coisa, e que portanto, nesse sentido, Teeteto não é voando. Portanto, isso não pode ser o que explica a falsidade de "Teeteto está voando".

Dada a sua compreensão de 256e6-7 e da seção precedente, dada, em particular, sua suposição de que nessa seção enunciados da forma "X não é Y" expressa enunciados de não identidade, também comentadores, e com razão, se veem confusos ante o motivo pelo qual Platão, aqui em 263b, não faz referência à última parte do debate do não ser, onde — pela interpretação de quem quer que seja — Platão tenta lidar com o que consideraríamos uma predicação negativa comum ou ordinária (cf. McDowell, "Falsehood and Not-being", 122*ss*; cf. Bostock, "Plato on 'Is not'", 111). Até aqui deve estar claro que a referência de Platão, remontando a 256e6-7, só faz sentido porque Platão desde o início não compreendeu os enunciados da forma "X não é Y" naquela seção como enunciados de não identidade, não os compreendeu como enunciados de diferença, mas como enunciados de não ser, e isto equivale a dizer: como enunciados de um modo particular de ser diferente. E Platão mesmo ali deve ter pensado que esse modo de ser diferente tenha sido exibido não só nos casos em que duas formas são diferentes uma da outra, mas também nos casos em que algo deixa de ter certo aspecto. Assim, já 256e6-7 tem de ser compreendido como envolvendo o uso de "...não é..." em que Platão precisa se fiar em 263b. O que acrescentou o subsequente debate, em 257b1*ss*, foi uma compreensão desse uso que permitiu ver que ele também cobria o caso da predicação negativa. Ele tomou a discussão subsequente para determinar a natureza do próprio não ser cujo ser havíamos estabelecido em 256e6-7. Foi isso que permitiu a Platão em 263b fazer referência a 256e6-7, em vez de, digamos, a 258b. Assim, muito embora existam detalhes do texto que requeiram esclarecimento adicional, e muito embora pareça que mesmo com esclarecimento adicional desejaríamos que Platão tivesse sido mais claro e mais preciso sobre certos aspectos, o esboço de seu argumento e de sua posição geral é razoavelmente claro e não parece viciado por qualquer confusão.

IV. Conclusão

Na verdade, algo de notável com relação ao *Sofista*, em comparação com os primeiros diálogos, é o seu caráter "dogmático" e sistemático. Ele se dispõe a construir cautelosamente uma série de enigmas, *aporiai*. Quanto a isso, sua primeira metade se assemelha aos primeiros diálogos ou mesmo a seu predecessor imediato, o *Teeteto*. Mas eis que ele se volta para uma resolução dessas *aporiai*. Com relação a isso, o procedimento do diálogo lembra um dos princípios metodológicos a que Aristóteles por vezes se refere — e segue —, que é o princípio segundo o qual em um dado assunto nós, primeiro de tudo, temos de ver claramente as *aporiai* envolvidas antes que possamos proceder a uma abordagem adequada da questão, o que prova a sua adequação em parte por sua capacidade tanto de abordar como de resolver as *aporiai* (cf. *De Anima* I, 2, 403b20-21; *Metafísica* B1, 995a72*ss*). E o *Sofista* se põe a resolver essas dificuldades de um modo muito sistemático, quase técnico. Por uma análise cuidadosa ele tenta isolar e estabelecer uma questão de maneira definitiva. Quanto a isso, ele se destaca entre todos os diálogos de Platão. E por causa disso, ele também se encontra mais prontamente acessível à interpretação. Se, não obstante, nós temos dificuldades com esse texto, é em boa parte porque em seu tempo Platão estava lidando com questões quase que inteiramente inexploradas, para a discussão das quais escasseavam mesmo os conceitos mais rudimentares. Vista sob essa luz, a solução platônica dessa dificuldade apresentada por enunciados falsos é um feito singular.

14 Desintegração e restauração: prazer e dor em *Filebo* e Platão

DOROTHEA FREDE

Sou grato a Richard Kraut por sua atenção e ajuda, que excedeu em muito as preocupações de um editor. Suas penetrantes questões me forçaram a esclarecer o argumento em vários de seus pontos cruciais, e a correção de meu inglês impediram que muitas frases soassem estranhas.

Cada um de nós estará tentando provar que alguma condição ou estado da alma é aquele que tornará a vida feliz para todos os seres humanos. — Você tentará provar que é o prazer; nós, que é o conhecimento.

Filebo 11d

Embora o principal tópico do *Filebo*, que é a rivalidade entre prazer e conhecimento como candidatos à dignidade do mais elevado bem na vida humana, seja questionamento familiar já desde os primeiros diálogos socráticos, para uma congregação mais ampla congregação de admiradores de Platão o referido diálogo, até os dias presentes, mantém-se, em ampla medida, como *terra incognita*. O *Filebo* é considerado um dos diálogos mais tardios e mais difíceis, uma área para o especialista que detenha a maestria sobre os emaranhados da doutrina platônica tardia que encontramos mais aludida do que explicada como se tem *Parmênides*, no *Teeteto* e no *Sofista*. O que intimida o estudante da ética de Platão e o põe afastado do pantanoso terreno é, acima de tudo, o longo "prefácio dialético-metafísico" do *Filebo* (14c-31b). Na primeira quarta parte do diálogo, o que se tem é uma discussão um tanto complexa sobre o procedimento dialético, este que lida com "o uno e o múltiplo" e com um novo tipo de classificação ontológica que, pelo menos à primeira vista, causa mais transtorno do que elucidação e pode esgotar a paciência do leitor antes que ele tenha adentrado o moroso debate sobre os diferentes tipos de prazer, que se inicia em 31b e ocupa a maior parte subsequente do diálogo.

O especialista, por outro lado, geralmente se limita à primeira parte do *Filebo*, que contém o debate sobre o "procedimento dialético" e a sugerida nova classificação ontológica; ele não está interessado na discussão, que é de fôlego e aparece logo na sequência, sobre prazer e dor e sobre suas deficiências, uma vez que ele parece não contribuir com nada para o nosso entendimento da primeira parte metafísica. Eventualmente se tem alimentado a suspeita de que, não obstante as afirmações de Platão em contrário, a parte dialético-metafísica encontra-se apenas frouxamente conectada à discussão de hedonismo *versus* intelectualismo e que ela pode ter sido usada como prefácio porque Platão viu a necessidade de pôr seus pensamentos no papel em algum lugar que fosse, sem muito se importar com sua integração no texto.[1]

Nossa situação com respeito ao diálogo, por essa razão, tende a ser paradoxal: o leitor "geral" não pode abordá-lo como um todo, enquanto o especialista não o fará. Como consequência, o *Filebo* se manteve amplamente excluído do debate da filosofia de Platão, embora se reconheça que ele possa ter contribuído de maneira significativa para a nossa compreensão das revisões possíveis do pensamento tardio do filósofo. Essa omissão é tanto mais paradoxal quando se considera que uma visão diagonal do diálogo (a que evita o cerne da questão da análise detalhada) mostra que o próprio Platão jamais perde de vista o seu objetivo. A arbitração entre conhecimento e prazer é o motivo expresso por toda parte, não só na longa discussão sobre diferentes tipos de prazer e conhecimento e em sua classificação final (31b-67b), mas também no "prefácio metafísico". Uma visão geral do diálogo como um todo, e de seu prefácio metafísico em particular, servirá, por essa razão, como

---

[1] Para um debate sobre os problemas relativos à coerência, cf. especialmente o comentário de J. C. B. Gosling, *Plato: Philebus* (Oxford, 1975), IXX-XXI, notas ad loc., e Epílogo, pp. 226-228.

introdução ao tópico central deste ensaio, que é a natureza do prazer e da dor. À medida que vai emergindo paulatinamente, o longo prefácio é de fato indispensável para uma compreensão adequada da determinação da natureza do prazer e da dor, bem como de sua avaliação na escala de bens.

Por uma questão de economia, este ensaio será basicamente expositivo, e omitirá um debate crítico sobre a posição de Platão em relação à natureza do prazer, seus inconvenientes e suas vantagens. Servirá também para que possamos nos abster de considerar muitos dos importantes problemas textuais e filosóficos presentes na extensa literatura secundária.[2]

1. A estrutura e o conteúdo do diálogo como um todo

O modo como a discussão se instaura é bastante direto. Encontramos Sócrates engajado na defesa da superioridade do conhecimento contra um grupo de hedonistas descomprometidos, que considera que só uma vida de prazeres vale a pena ser vivida (11a-12). Logo no início, Filebo, em meio à beleza daquele dia, que convidava à indolência, chama à discussão o seu seguidor e admirador Protarco, que se alinha a Sócrates por todo o curso do diálogo. Por meio de uma comparação da natureza e benefícios do prazer

---

[2] Não mais do que umas poucas referências à literatura podem ser feitas aqui: úteis são a introdução e as notas em R. G. Bury, *The Philebus of Plato* (Cambridge, 1897); R. Hackforth, *Plato's Examination of Pleasure (The Philebus)* (Cambridge, 1945); e o comentário em Gosling, *Plato: Philebus*. Para uma discussão suplementar, ver Hans-Georg Gadamer, *Platos Dialektische Ethik - Phänomenologische Interpretation zum Philebus* (Leipzig, 1931); W. D. Ross, *Plato's Theory of Ideas*, 2. ed. (Oxford, 1953); I. M. Crombie, *An Examination of Plato's Doctrines*, 2 vols. (London, 1962, 1963); R. Shiner, *Knowledge and Reality in Plato's Philebus* (Assen, 1974); J. C. B. Gosling e C. C. W. Taylor, *The Greeks on Pleasure* (Oxford, 1982); e, mais recentemente, C. Hampton, *Pleasure, Knowledge, and Being: An Analysis of Plato's Philebus* (Albany, 1990). Todos esses trabalhos contêm extensas bibliografias e debates versando sobre a literatura relevante. Para uma discussão sobre a parte dialético-metafísica, ver esp. G. Striker, *Peras und Apeiron: Das Problem der Formen in Platons Philebus, Hypomnemata* 30 (Göttingen, 1970); K. Sayre, *Plato's Late Ontology: A Riddle Resolved* (Princeton, 1983); e R. M. Dancy, "The One, The Many, and the Forms: *Philebus*, 15b1-8," *Ancient Philosophy* 4 (1984): pp. 160-193.

e conhecimento, respectivamente (31b-66d), Sócrates finalmente vence a querela e convence Protarco. O que se revela na classificação de bens é que só mesmo certos tipos de prazer, os verdadeiros e os puros, são aceitos como de algum modo bons, e mesmo eles terminam no quinto e último lugar na escala de bens, sendo claramente ultrapassados pela razão e pelo conhecimento (65a-67b).

Essa conversão do hedonista se dá por estágios. Em primeiro lugar, Sócrates, contra a resistência de seu oponente, tem de insistir entre os vários tipos de prazeres e conhecimento que só podem ser alcançados por meio de um tratamento ordenado de sua unidade e pluralidade. Essa afirmação permite a Sócrates a elaboração do método apropriado da dialética. Ele sugeriu que qualquer ciência deva começar com uma "coleção" apropriada do gênero; deve então proporcionar uma divisão completa e numericamente exata em subgênero e espécies, antes que possa finalmente admitir a multiplicidade ilimitada de instanciações individuais. Assim, o procedimento incorpora tanto o limite *(pera)* como o ilimitado *(apeiron)*: sem tal procedimento metodológico, nenhum conhecimento satisfatório, em qualquer disciplina, pode ser alcançado.[3] Se o apetite do especialista é aguçado por essa introdução ao método da dialética, que em parte alguma é elaborado como nessa passagem do *Filebo*, o que ocorre é ele ser logo frustrado. Pois Platão deixa Sócrates desmerecer o método dialético ("o dom dos deuses para a humanidade" 16c) quase tão logo o tenha introduzido, já que se revelou não ser necessário para a busca de seu tópico particular. Em vez disso, uma "memória súbita" tardiamente sobrevém a Sócrates, que lhe permite dispensar o tratamento dialético de todos os tipos de prazer

---

[3] O modelo de tal divisão é aquele da arte da escrita: Não se pode afirmar maestria até que se conheça apenas qual "letra" é o *gênero* que unifica todos os sons, mas se conheça também que todos os subgêneros (vogais e consoantes) e os subgêneros de semiconsoantes, consoantes e vogais. Outras divisões produzem a *species* das letras; ela termina com a multiplicidade ilimitada de instanciações de letras. A música é o outro exemplo discutido por Platão. Em razão da complexidade dos sistemas das escalas gregas (a música erudita ocidental não contém nada que seja comparável), será o caso de omitir a música. Cf. Gosling, *Plato: Philebus*, pp. 155-181.

e conhecimento, respectivamente (20b). De acordo com Sócrates, nem o prazer nem o conhecimento tomados em si mesmos podem dar conta do que torna a vida humana boa pela procura de nossa felicidade, uma vez que o bem tem de ser "suficientemente perfeito e digno de escolha". Nem o prazer nem o conhecimento passam nesse teste. Pois ninguém poderia desejar uma vida de prazer sem qualquer tipo de razão, nem uma vida de razão sem um bocado de prazer. Só mesmo a *vida mista*, que contém a um só tempo prazer e razão, se faz suficiente a esse respeito, e deve, por essa razão, ser superior à vida dos hedonistas, bem como à dos "intelectualistas". Assim, a tarefa de Protarco agora à questão sobre se ou prazer ou razão está mais intimamente relacionado ao que é responsável pelo bem da "vida combinada", e por esse motivo merece pelo menos o segundo prêmio na escala de bens (21d-23b).

Essa investigação sobre se é o prazer ou o conhecimento que se encontra mais afinado com o bem impele Sócrates a iniciar com uma nova distinção ou divisão de "tudo o que existe agora no universo" em quatro tipos (23c-27c): o ilimitado, o limite, seu misto e a causa do misto (23c-d). Essa nova ontologia é exemplificada por uns poucos casos que deixam claro o que ele tem em mente. Na natureza há um sem-número de coisas que são "ilimitadas" no sentido de que em si próprias não possuem grau (como diríamos). São entidades que mudam em escala contínua, como o que é mais quente e mais frio, mais rápido e mais lento, e assim por diante; não possuem natureza definida até que um "limite" ou medida definida e estável lhe seja imposta. De acordo com Platão, tal limite é atingido quando alcançam um estado estável ou harmonioso, que, por essa razão, representa um misto do ilimitado e do limite. Como exemplos de tais mistos estáveis, ele se refere ao bom tempo, à saúde, à força e à beleza (24b, 25e, 26b). Ao que tudo indica, para Platão não será o caso apenas de qualquer grau no *continuum* de opostos, mas tão-somente combinações harmoniosas e estáveis merecem o título de um "misto de limite e do ilimitado". Pois apenas tais mistos apresentam a medida apropriada. A quarta classe acrescentada é a das causas das gerações de tais mistos (26e) "mensurados" *(emmetron)*.

Essa distinção ontológica à primeira vista parece estar relacionada ao método dialético. Pois, como Sócrates afirma, ela em parte pressupõe novos dispositivos, mas, também em parte, tem-se "os mesmos que usavam antes" (23b). Ora se o especialista em metafísica platônica agora espera que a divisão ontológica de "tudo o que é", com a ajuda do conceito de limite, do ilimitado, de seu misto e da causa de tais mistos, lance alguma luz à natureza da dialética e à metafísica tardia de Platão, essa esperança, na melhor das hipóteses, será parcialmente satisfeita. Infelizmente, os "mesmos dispositivos" parecem ser os mesmos somente no nome. Pois no método dialético "limite" fizera referência à unidade do gênero e ao número de seus subgêneros e das espécies neles contidas, enquanto o "ilimitado" comprometia as inumeravelmente muitas instâncias diferentes. Agora, por contraste, os "ilimitados" são *continua* de qualidades opostas, o mais quente e o mais frio, enquanto "limite" é a proporção necessária para fazer converter o *continua* em mistos harmoniosos desses opostos. Por que Platão chega a pretender que a função de "limite" e "ilimitado nas duas passagens seja a mesma (23b-c)? Essa questão não apenas tem consideravelmente embaraçado a interpretação do *Filebo* em si mesma,[4] mas tem também desconcertado estudiosos, que veem nessa passagem o elo perdido entre a dialética tardia de Platão e a metafísica, como temos nos diálogos, e no relato sobre Platão na *Metafísica* de Aristóteles, segundo o qual "limite" e "ilimitado" são conceitos cruciais.[5] Nenhuma tentativa será feita aqui para estabelecer a questão do modo como, precisamente, essas duas passagens se relacionam entre si, até porque isso

---

[4] Cf. especialmente Striker, *Peras und Apeiron*; e Gosling, *Plato: Philebus*, pp. 185-206. A unidade do *Filebo* é debatida por O. Letwin, "Interpreting the Philebus", *Phronesis* 26 (1981): pp. 187-206. Ela é também a principal preocupação de Hampton, *Pleasure, Knowledge, and Being*.

[5] O debate acerca da conexão entre o *Filebo* e Aristóteles ainda não conheceu um consenso desde que Henry Jackson tentou estabelecê-lo pela primeira vez; ver H. Jackson, "Plato's Later Theory of Ideas". *Journal of Philology* 10 (1882): pp. 253-298. As contribuições mais recentes têm sido feitas por Sayre, *Plato's Late Ontology*, 84*ss*, 133*ss*; e também por Hampton, *Pleasure, Knowledge, and Being*, pp. 1-7, 95-101. Considerando que a terminologia de *peras* e *apeiron* não é usada em parte alguma em Platão, o *Filebo* tem de ser a obra em que essa doutrina se manifesta, contanto que Aristóteles não esteja nem se desvirtuando nem fazendo referência à fonte misteriosa do ensinamento oral de Platão, que é a "doutrina não escrita". Até aqui, tentativas de usar essas passagens para resolver o enigma da ontologia tardia de Platão não conduziram a resultados satisfatórios.

requereria uma ampla discussão do texto e de extensa literatura; ela evitaria avanços neste que é o nosso próprio tópico. A nós será preferível o foco na questão sobre qual das duas passagens contribui para o que segue no próprio diálogo, que é o esclarecimento da natureza do prazer e do conhecimento.

O que tornou aqui necessário pelo menos um breve resumo dessa divisão quadripartite é o fato de que Platão na verdade a usa na discussão subsequente, e é de maneira explícita que retorna à tal divisão em seu acordo final da arbitração entre prazer e conhecimento. Na condição de sua proposta imediata, a divisão quadripartite permite a Sócrates determinar os gêneros que contêm prazer e razão: o prazer pertence ao ilimitado (o "mais e menos"), enquanto a razão — como Sócrates estabelece por um elaborado argumento, que ilustra razão humana como descendente da razão divina cósmica — pertence à quarta classe de "tudo o que existe", à classe das causas de mistos bem-sucedidos (27e-31b).

A subsunção de prazer sob a classe do ilimitado, do mais ou menos, revela-se o primeiro passo em direção à sua "degradação". Isso permite a Sócrates incitar à concepção segundo a qual os prazeres em si mesmos encontram-se em necessidade de moderação e harmonização. Se são bons, o que neles há de bom não vem de sua própria natureza genérica, sendo condicional de algo que está além do prazer em si mesmo. "Assim, temos de buscar por algo para além de seu caráter ilimitado, que outorgaria ao prazer uma participação no bem" (28a). A natureza dessa condição se tornará gradualmente aparente uma vez que tipos diferentes de prazeres e dores tenham sido definidos, e sua origem, explicada: prazeres surgem em seres vivos que estejam em estado de harmonia, a classe *mista*. Interrompido esse estado harmonioso, a criatura experimenta a dor; quando restaurado, sucede o prazer. Assim, o bem de diferentes tipos de prazeres depende claramente dos tipos de restaurações que eles são; esse é na verdade o tópico que Sócrates busca na longa parte intermediária do diálogo, que se destina a separar prazeres "falsos e verdadeiros" (31b-55c). Mais adiante precisaremos nos voltar à crítica do hedonismo por Sócrates, com o intuito de ver o que justifica a afirmação de que o prazer e a dor podem ser "verdadeiros ou falsos".

A uniformidade na comparação de prazer e conhecimento em proximidade com o bem demanda também uma crítica à razão e ao conhecimento. Essa crítica não recebe lá muita consideração (55c-59b), mas Sócrates procura encontrar solução a isso com uma crítica construtiva: Algumas das disciplinas intelectuais são "mais verdadeiras, isto é, mais puras, do que outras; ciências puras e exatas são melhores do que ciências aplicadas — e a dialética é a mais pura de todas. Essa crítica, que é tanto de prazer como de conhecimento, permite a Sócrates retornar a seu conjunto original de questões: qual a vida mista feliz, o que é responsável pelo bem que nela há, e de que modo prazer e razão se relacionam com o que faz boa a vida boa (59b)? A resposta final, que coroa a conversão de Protarco do hedonismo a um "intelectualismo" mitigado não traz surpresas. Só mesmo uma vida mista que compromete tanto prazer quanto conhecimento pode ser vista como uma vida feliz. Mas enquanto essa vida deve compreender todas as disciplinas intelectuais — até mesmo as menos puras e exatas, já que são necessárias para uma vida bem-sucedida sob certas circunstâncias terrenas —, somente um conjunto muito restrito de prazer é aceitável para uma vida boa. Além dos prazeres verdadeiros e puros, Sócrates inclui "os prazeres de saúde e da temperança e todos aqueles que comprometem a si próprios para a virtude" (63e), isto é, os prazeres que conduzem à saúde e harmonia de alma e corpo.

Na classificação final de bens, Platão parece ser tanto mais restritivo. Uma comparação de razão e prazer com o bem tripartite, a combinação entre verdade, beleza e proporção produz a seguinte escala (66a-c): em primeiro lugar vem a medida e proporção (limite), em segundo lugar os mistos harmoniosos (o limitado), em terceiro lugar a classificação aponta para razão e inteligência (sua causa), e em quarto lugar, para "as propriedades da própria alma, o conhecimento, as artes e o juízo verdadeiro" (o limitado em uma condição menos pura); quinto e último lugar é atribuído a prazeres verdadeiros e puros (o ilimitado sancionado por limitação).[6]

---

[6] A formulação no texto (66c-d) não estabelece definitivamente a questão sobre se Platão considera essa lista de bens como estando fechada ou se existe uma sexta classe possível de prazeres menos puros e verdadeiros, como Hackforth sugere em seu comentário (*Plato's*

Não será o caso de nos debruçarmos sobre a justificação dessa classificação final. É importante notar, contudo, que Platão concluiu este projeto com a ajuda da divisão quadripartite de "todas as coisas que estão agora no universo". Se se perguntar por que razão não obtém o primeiro lugar (em especial tendo-se em vista a exaltação repetida da razão divina *[nous]* por todo o diálogo), deve-se ter em mente que essa escala de bens é adaptada à explicação da *vida humana* boa. Platão não está aqui falando sobre o bem como tal, mas nos fatores responsáveis por tornar a nossa vida boa. Isso para não dizer que o bem humano pode ser ou é tratado no *Filebo* isoladamente do bem cósmico geral; contudo, a classificação na escala dos bens humanos não deixa em aberto o que a relação e a classificação teriam em vista por proporção e por razão divina em si mesmas. O foco no bem humano também explica a separação da razão e da inteligência em relação a outros tipos de capacidades intelectuais, bem como da admissão do juízo correto *(doxa)* e dos prazeres puros.[7] E para descrever mais concretamente o conjunto de razões para a escala final: em primeiro lugar vem o ingrediente (proporção) que faz a boa via boa; em segundo lugar vem a vida harmoniosa em si mesma; em terceiro vem a causa em nós que nos permite ter por objetivo proporção e harmonia; em quarto lugar, as ciências e artes que temos para adquirir a orientação bem-sucedida de uma vida "mensurada"; por fim, os prazeres puros que enriquecem a vida humana sem prejuízo à verdade, à proporção e à beleza. Com essa classificação final Sócrates cumpriu a promessa que fizera no início da discussão, de arbitrar na disputa entre prazer e inteligência. Conforme demonstrou essa breve visão geral, Platão jamais perdeu de vista

---

Examination, 140 n. 3). Se Platão é tão restritivo quanto parece, os prazeres admitidos como necessários à vida boa seriam apenas bens *remediais* (63e, por exemplo, ginástica e exercícios dolorosos para adquirir virtude). Se essa é a solução para o problema, então nem todos os ingredientes aceitáveis da boa vida humana se encontram na lista de bens — isso porque eles não satisfazem o teste da "verdade, beleza, proporção".

[7] À questão pela qual razão e inteligência (*nous* e *prhonēsis*) formam uma classe separada de ciência, arte e juízo verdadeiro (*epistēmē, technē* e *doxa orthē* , 66b-c), só aqui se pode fazer referência: os juízos verdadeiros são habilidades adquiridas que tornam, antes de mais nada, tais aquisições possíveis. Para a importância do foco no bem humano, ver Gosling, *Plato: Philebus*, pp. 132-133, 224-226.

seu próprio projeto, mas, conforme o prometido, colocou em prática as distinções dialética e ontológicas, e fez uso delas, onde quer que isso tenha sido apropriado.

Antes que possamos lançar um olhar mais atento aos detalhes da discussão sobre a natureza do prazer e da dor, dos tipos diferentes de desintegrações e restaurações, e da crítica que emerge nessa discussão, temos de suscitar um problema que afeta a nossa avaliação do diálogo como um todo. Por que Platão vem retomar aqui a uma questão que ele mantivera amplamente intocada após a *República* — a questão da vida boa e da rivalidade entre razão e prazer? E por que ele de novo vê a necessidade de adentrar uma explicação ontológica de fôlego sobre a natureza do prazer, depois de ele aparentemente ter chegado a uma conclusão satisfatória sobre isso no Livro IX da *República*?

Em conexão com essa última questão, encontra-se também a nossa irritação com a forma do diálogo. O que perturba é o fato de parecermos ter uma discussão socrática normal diante de nós, neste que aparentemente é um dos últimos trabalhos de Platão.[8] À primeira vista o *Filebo* não parece apresentar nenhum dos traços dramáticos dos outros últimos diálogos. O próprio Sócrates está guiando a discussão. Não há homem de Eleia, como no *Parmênides*, no *Sofista* e no *Político*. Tampouco há uma apropriação pitagoriana de Sócrates, como no *Timeu*. E não nos encontramos removidos de Atenas para Creta, sob a orientação de um Estrangeiro de Atenas do qual não se sabe o nome, como nas *Leis*. Tampouco encontramos qualquer introdução elaborada, como se tem presente em alguns dos diálogos intermediários ou do início do último período, como são o *Banquete*, o *Parmênides* e o *Teeteto*. Em vez disso, estamos de volta a Atenas, imersos em uma disputa viva entre um Sócrates e interlocutores, não muito diferentes das que são usadas nos diálogos "socráticos".

---

[8] A hipótese de uma data posterior para o *Filebo* é amparada pela estilometria, bem como pelas razões da doutrina. Ver H. Thesleff, *Studies in Platonic Chronology* (Helsinki, 1982), esp. 98-200. Para uma data anterior, cf. R. A. H. Waterfiled, "The Place of the Philebus in Plato's Dialogue", *Phronesis* 25 (1980): pp. 270-305; e a introdução à sua tradução, *Plato: Philebus* (Harmondsworth, 1982).

É verdade que existem algumas diferenças, à parte as inovações doutrinais. Em parte alguma, Sócrates faz confissão de ignorância; o *elenchus* é confinado à primeira parte, onde Protarco confessa a sua redução ao emudecimento (21d), e a discussão termina com resultados positivos. Na verdade, porém, o *Filebo* compartilha esses traços com outros diálogos do período intermediário, como o *Fédon* e a *República*. Com eles também compartilha o caráter vivo da discussão, uma preocupação com o drama não encontrado nas demais obras tardias. Protarco, principal interlocutor de Sócrates, de modo algum é reduzido aos sins e nãos dos respondentes na segunda parte do *Parmênides*, do *Sofista* e do *Político*; ele desempenha papel ativo para o próprio final da discussão. Existe um antagonismo verdadeiro, humorístico — e isso inclui insinuações de caráter sexual — e uma conversão gradual.[9] Se se olhar para a forma dramática, é quase como se Platão quisesse provar ao mundo que mesmo nessa idade avançada, madura, ele fosse capaz de compor diálogos vivos, e também que Sócrates, de modo algum, pudesse ficar esquecido.

Uma vez que as especulações sobre motivos pessoais que Platão teria para a sua reversão à forma de seus diálogos socráticos tende a se manter vazia, uma explicação mais promissora pareceria residir no tópico que traz o debate sobre a natureza do prazer como concorrente da razão pela honra do mais elevado bem. Platão teria achado difícil evocar fosse um eleata fosse um pitagórico como líder de tal discussão, e haveria boas razões para deixar Sócrates aceitar o desafio. Platão, ao que parece, retornou à forma anterior de diálogos socráticos porque desejava reabrir uma questão que fora preocupação bastante séria do primeiro Sócrates platônico, qual seja o debate sobre a natureza e a avaliação do prazer. Como será mostrado por uma análise mais acurada da alentada discussão sobre o prazer no *Filebo*, na verdade existe uma profusão de duvidosas alusões intencionais

---

[9] Protarco é um hedonista consumado. Obviamente que ele é um amigo, um admirador de Filebo, e faz o possível para agradá-lo. Após um início tenso e quase hostil (ver 13b-d), Protarco, filho de Calias (19b), discípulo de Górgias (58a), revela-se um interlocutor atento e cooperativo, uma versão reformada de Cálicles (com verdadeiro conhecimento, boa vontade e franqueza; ver *Górgias* 487a). Ele muda a sua filiação sem coerção ou obsequiosidade, e acaba por se revelar mais socrático do que hedonista.

a essas discussões anteriores focadas no prazer, tal como as encontramos no *Protágoras*, no *Górgias*, no *Fédon* e na *República*. O *Filebo*, então, reverte à forma anterior de diálogos socráticos, já que Platão visualizou a questão do conceito de prazer e seu papel como um bem na vida humana em sua condição de negócio inacabado, sendo que essa continua a ser a hipótese atuante para o restante deste ensaio. Mas o que, precisamente, provocou essa reversão, em especial se se tiver em vista o fato de que algumas das afirmações de Sócrates na parte intermediária do *Filebo* parecem meras repetições do que está contido nas referidas obras de juventude? Resta considerar se de fato trata-se de repetições, ou se são aperfeiçoamentos de tendências anteriores. Para ver quais aperfeiçoamentos podem ter parecido necessários, precisamos passar em revista a primeira abordagem do prazer por Platão. Ao mesmo tempo, isso nos ajudará a esclarecer por que Platão submete o prazer a tal prolongado escrutínio no *Filebo*, com isso também lançando alguma luz à necessidade de um prefácio dialético.[10]

II. Revisão das primeiras teorias Platônicas do prazer

O primeiro tratamento extensivo do hedonismo é encontrado no *Protágoras*, e por consentimento geral esse tratamento é ao mesmo tempo o mais enigmático (351b-358a).[11] Ora Sócrates propõe — mas não comenta

---

[10] Isso só pode ser um resumo muito breve. Para mais discussões e referências, ver Gosling e Taylor, *Greeks on Pleasure*, caps. 3-6; e meu "Rumpelstilskin's Pleasures: True and False Pleasures in Plato's *Philebus*", *Phronesis* 30 (1985): pp. 151-180, esp. 151-161.
[11] Se o *Protágoras* de fato precede temporalmente o *Górgias*, não é de muita importância aqui. Isso foi pressuposto, uma vez que a instância anti-hedonista do *Górgias* encontra--se alinhada à posição no *Fédon* e na *República*. Mas uma vez que eu assumo que a posição do Protágoras como sendo meramente a exploração de uma hipótese que Platão não adotou por si mesmo (como mostra o seu desprezo por tais cálculos "vulgares" no *Fédon* 69a), ela é imaterial no instante temporal em que se a fez. Para diferentes interpretações possíveis, ver G. Vlastos, "Introduction", in *Plato, Protagoras* (Indianapolis, 1956): T. Irwin, *Plato: Gorgias* (Oxford, 1979), 121ss; D. Zeyl, "Socrates and Hedonism — *Protagoras* 351b-358d", *Phronesis* 25 (1980): pp. 250-269; e, para a mais

— a posição hedonista de que prazer é "o bem" e se confina à "intelectualização" do hedonismo, com o simples argumento de que mesmo o hedonista precisa raciocinar, pela necessidade de haver uma "arte de mensurar" prazeres e dores quando uma decisão é necessária (356d). Pelo argumento de Sócrates, pessoas que afirmam ter sido "subjugadas pela paixão" quando sucumbem à tentação de um prazer iminente ao custo de uma dor vindoura estão erradas em seu cálculo. O que efetivamente acontece é elas medirem os prazeres de maneira equívoca: consideram o prazer presente (por exemplo, um jantar faustoso) como bem maior do que a dor que se seguirá (seja de estômago seja de angústia pelo ganho de peso). Assim, não há algo como "razão sendo sobrepujada pela paixão". A razão se mantém o mestre por toda a parte; ela meramente comete um erro: cai presa de uma ilusão de ótica dizendo respeito ao tamanho relativo do prazer presente e da dor que então virá.

Muito provavelmente, Platão jamais aceitará tal hedonismo intelectual. Ele poderia ter usado qualquer outro padrão do bem e aduzido o mesmo argumento da mensuração para mostrar que a razão tem sempre de ser o árbitro supremo. Esse pode ser um dos pontos a que se objetiva no *Protágoras*, segundo o qual o sofista, que nobremente se recusa a aceitar o hedonismo não mitigado, não procura se apartar ele próprio do argumento de Sócrates. O fato mesmo de a definição de virtude como a arte de mensurar o prazer e a dor não ser alvo de exploração adicional, e de o diálogo terminar em perplexidade, deveria nos advertir de tomá-lo como definição do próprio Platão ou como a solução por ele pretendida. Mas qualquer que seja o propósito do argumento no *Protágoras*, Platão não pode ter se dado por satisfeito com ele como crítica suficiente do hedonismo segundo o qual mesmo aqui a razão se mantém suprema. Não obstante, que bens de qualquer tipo tenham de (entre outras coisas) ser mensuráveis e, por essa razão, que se abram ao controle racional, é um aspecto que Platão teve em mente durante anos, como fica claro do fato de que a questão de mensurar os prazeres reaparece no *Filebo*. A possibilidade de mensuração equivocada

---

recente discussão da questão, R. Weiss, "Hedonism in the Protagoras and the Sophist's Guarantee", *Ancient Philosophy* 10 (1990): pp. 17-39.

sobrevém como constitutiva de muitas "falsidades de prazeres" a que Sócrates dedica uma discussão de fôlego. Ao que parece, Platão, jamais esqueceu a "arte de mensurar prazer dor", introduzida no Protágoras.

O *Górgias* toma uma via de ataque já bem diferente. Cálicles é um hedonista não mitigado (o que Protágoras não é), que declara não estar aberto à intimidação socrática (cf. sua extensa fala em 482c-486c.). Ele não será adulado ao admitir qualquer diferença entre prazeres que importaria em algo como a necessidade de um governo de razão sobre eles. Ele os quer todos! Mesmo a ameaça de torpeza moral não se mostra eficaz num primeiro momento, como tampouco a demonstração de que ele será condenado a trabalhos de Sísifo de uma eterna caça da satisfação (493a-b). Mas Sócrates surpreende Cálicles ao final. Tais prazeres inadequados, como o de se arranhar ao sentir a coceira, especialmente se se pensar nos prazeres degenerados de um catamita*, ou o prazer de um covarde, que foge da batalha, são demais para um aristocrata. Sua derrota é selada quando ele concede que pode haver prazeres melhores e piores e, assim, um "homem competente" que discrimina entre eles (501a).

*Jovem, pré-adolescente ou adolescente, que estabelece relação de pederastia com um homem mais velho. (N.T.)

É interessante que nenhum apelo ao gosto moral seja feito no *Filebo*, muito embora o exemplo do prazer de coçar seja novamente retomado e suplementado com descrições tanto mais vivas ("pular, lamber, mudanças de cores, distorção de aspectos, gritar em volta feito um louco", 45d-47a). Contudo, a crítica no *Filebo* não explora nossa repulsa estética de escrúpulos morais; ali não existe argumento *ad hominem*. Em vez disso, tais prazeres são julgados de um ponto de vista científico, quase médico: eles são realmente mistos de prazer e dor, e constituem excitações desagradáveis.[12] Ainda uma

---

[12] A razão para chamá-lo de um ponto de vista "médico" será debatida com maior vagar mais adiante. Ao abster-se de misturar a questão de padrões morais com a da ontologia do prazer, Sócrates pode evitar a batalha em dois fronts que ele havia travado contra

vez, vemos que Platão não esqueceu seu tratamento anterior do prazer; ele ecoa seus velhos exemplos, mas transforma a doutrina.

Em nenhum diálogo Sócrates se mostra tão anti-hedonista quando no *Fédon* (64d-69e). O prazer aqui parece estar inteiramente confinado ao corpo. Ele é ilustrado como um dos estorvos e distúrbios que o corpo impõe à alma à medida que a alma é confinada à prisão. O filósofo de bom grado está se preparando para a morte, porque essa significa a libertação dos grilhões do corpo e das distrações dos prazeres mundanos, que permitem, na melhor das hipóteses, uma prudência vulgar na caça por mais prazeres (68e). Muito embora não seja impossível que Platão tenha pensado deixar espaço para prazeres separados da mente, uma vez que ele chama o filósofo de "amante da sabedoria" (*erastēs* 66e), aqui nada é feito de quaisquer dos mais elevados prazeres para o filósofo.

A *República* representa bem uma mudança de mentalidade pelo introduzir de uma diferenciação sistemática entre prazeres, no sentido de que existem prazeres verdadeiros, puros e bons da parte racional da alma, e pelo menos relativamente bons nas outras duas partes, contanto que sigam as regras da razão e não se submetam a prazeres tirânicos e licenciosos (580d-588a). A ideia de atribuir diferentes tipos de prazeres a cada uma das três partes da alma pode bem ter sido uma ideia adicional de Platão, já que é introduzida apenas no Livro IX, onde ele a acrescenta como um aspecto a mais em sua prova de enorme superioridade da vida daquele que é modelo de justiça, a saber, o filósofo.[13] Livre de todos os grilhões e medos tirânicos, o filósofo desfruta não só de prazeres superiores, mas também de mais prazeres do que todos os outros (na verdade ele vive 729 vezes mais prazerosamente do que o tirano! 587e).

Cálicles, forçando-o a conceder que "fendas" jamais são desejáveis enquanto ao mesmo tempo se concede que algumas são especialmente ruins.

[13] Na *República* VI 505b-c, prazer e conhecimento são ambos rejeitados como definições do bem; pressionados por maiores especificações, os campeões do conhecimento terão de ignorar a questão e recorrer ao "conhecimento do bem", enquanto o hedonista terá de admitir a existência dos maus prazeres. Nenhuma outra diferenciação de prazeres, como a da possibilidade de prazeres do conhecimento, é aqui mencionada.

A passagem constitui considerável avanço por parte de Platão, porque ela lhe permite justificar uma diferenciação sistemática entre prazeres, e permite também formular critérios gerais para a sua avaliação. Prazeres são chamados (a) "movimentos da alma" (*kinēsis*, 583e) e (b) "preencher vazios" (*plērōsis*, 585b). Essas duas abordagens não rivalizam, conforme o testemunhado pelo fato de Platão se mover livre de uma para outra, mas obviamente se supõe que elas complementem uma à outra. O que Platão tenta captar pelos dois termos parece ser o seguinte. A concepção de prazer como um "movimento" permite-lhe distinguir entre os tipos de prazer que são meras libertações da dor (movimentos de baixo) e dos verdadeiros prazeres que procedem de um estado neutro ou intermediário "ascendente" para um puro prazer (584b-e). A concepção de "preencher" ou "satisfazer" têm seu foco no conteúdo de prazeres e justifica a discriminação entre coisas das quais a pessoa se encontra preenchida: o prazer de aprender é um saciar-se com a verdade, com coisas boas e confiáveis, enquanto outras saciedades não têm nem objetos verdadeiros nem claros nem completamente reais (585a-586b).

A combinação das duas abordagens permite a Platão demonstrar a enorme superioridade dos prazeres do filósofo em relação aos de qualquer outra pessoa. Eles não envolvem nenhuma libertação da dor, mas são movimentos em direção ao verdadeiro "acima"; são saciedades com o ser real e verdadeiro. Assim, a abordagem serve à finalidade a que supostamente deve servir na *República* IX. Contudo, trata-se de uma abordagem que depende de um uso metafórico dos termos cruciais ("preenchimento", "mover realmente para cima") e de um misto de metáforas que não produz um escrutínio por demais minucioso. Não fica claro, por exemplo, se as libertações da dor de algum modo são prazeres, ou se (como o sugere epíteto "ilusório") elas são apenas semelhanças de prazeres.[14] Isso funcionaria para a metáfora do movimento com sua distinção entre três níveis (o nível superior, o médio e o inferior) e com o desfazimento do erro

---

[14] O termo *eskiagraphēmenē* (583b) significa literalmente "uma coisa pintada com sua sombra", com o intuito de produzir a ilusão de um objeto físico tridimensional. Para uma pesquisa de "pontos insatisfatórios na abordagem da *República*", ver também Gosling e Taylor, *Greeks on Pleasure*, pp. 126-128.

de tratar o estado intermediário como um prazer (583c-584a); mas isso teria por consequência que libertações da dor não são prazeres de espécie alguma. A metáfora da satisfação não permite essa distinção em três níveis, uma vez que não existe estágio intermediário discernível nesse caso, e tampouco ele explica por que tais preenchimentos são realmente "misturados com dor" sem ter meramente a dor como sua pré-condição. É claro que Platão poderia tentar afirmar que a mitigação da dor, como no caso da fome e da sede, não é uma satisfação real, mas fica claro que ele não quer ir tão longe. Em vez disso, ele se limita a extrair daí a conclusão de que tais prazeres são satisfações com o que é *menos* real, verdadeiro e puro, e ele próprio elabora um contorno ou desvio com uma série de construções que exploram o comparativo (585b-e) de modo a evitar um claro pronunciamento sobre o estatuto exato de tais prazeres. Assim, ele conclui com o contraste entre um prazer genuíno e dois prazeres bastardos para as três partes da alma (597c), deixando o leitor às voltas com o enigma sobre como, precisamente, esse estado bastardo deve ser interpretado.

Um total descrédito a recair sobre todos os prazeres, exceção feita a alguns poucos puramente verdadeiros e isentos de mescla, na verdade não serviria à finalidade de Platão na *República*, onde se propõe demonstrar a superioridade dos prazeres do filósofo sobre todos os outros. A negação da existência de prazeres reais para as duas partes inferiores da alma tenderia mais a um exagero; ela não só seria uma negação autorrefutante do fenômeno, como não haveria sentido no cálculo da superioridade dos prazeres do filósofo (587d-e); pode-se comparar e multiplicar somente o que existe e que seja, em princípio, comparável. Assim, Platão deve ter considerado a "bastardização" dos prazeres comuns como um compromisso adequado. Mas tal não é algo que ele possa ter considerado como um tratamento final e satisfatório dos conceitos de prazer e dor eles próprios, já que isso claramente nos deixa com a incerteza sobre se a libertação de dores são prazeres ou não. Se Platão considerou tal coisa como satisfatória quando escreveu a *República*, só retrocedendo muito depois, continua a ser um ponto aberto a discussão. Ele pode bem ter percebido aqui e ali que mais precisava ser dito sobre o problema.

O *Filebo*, como pretendo propor aqui, traz ordem a esse quadro difuso apresentado na *República* IX, além de aceitar sugestões de alguns dentre os primeiros diálogos, numa tarefa que explica a reaparição de Sócrates e o retorno ao método socrático de investigação.[15] Toda a problemática é uma preocupação eminentemente socrática. Mas o *Filebo* não apenas discute o prazer de modo mais ordenado. Ele o faz com base em uma nova ontologia de prazer e dor. Por esse motivo, a retomada desse antigo problema recebe de Platão, a título prefácio, a exposição do método dialético e da nova divisão de todos os seres. Embora o procedimento dialético não seja oficialmente perseguido após a sua introdução, o novo procedimento sistemático termina por conduzir a uma definição satisfatória de prazer e dor, e a critérios que são igualmente satisfatórios para uma distinção entre tipos diferentes de prazeres e conhecimento.

III. Prazer e dor em *Filebo*

Tudo isso deve ser incontroverso: a abordagem dialética, tal como esboçada em 16c-17a, demandaria uma definição de prazer como fenômeno unitário, uma subdivisão completa dos diferentes tipos de prazeres, e também incluiria uma explicação de como muitas espécies de prazeres ali estão, e de como eles diferem. O mesmo procedimento deveria ter sido aplicado ao rival do prazer, que é o conhecimento. Que Sócrates, graças a uma súbita "inspiração", depare com um modo mais fácil de decidir a questão sobre se prazer ou razão é o mais elevado bem, isso é algo que deveria instigar em vez de assentar a nossa curiosidade sobre por que ele pode dispensar o método dialético após ter tão enfaticamente afirmado que sem ele "você contará para nada e redundará em nada" (17e). A "divina assistência" lhe permite omitir essa empresa extenuante, mas tal explicação deve nos deixar menos do que satisfeitos.

---

[15] Que é a necessidade de ordenação que dita a configuração que se tem na discussão do *Filebo* é indicado pelo seguinte: Platão menciona o adiamento da discussão de certas deficiências de prazeres por não querer reunir diferentes pontos de criticismo (ver 47c-d: "Não o mencionei antes...").

Aquele que estuda as divisões *(dihairesis)* no *Sofista* (219a-232a; 264b-268d) e no *Político* (258b-268d; 274e-final) provavelmente verá esse atalho no *Filebo* com um alívio não mitigado, tendo em vista aqueles exercícios longos — e longe de estarem completos — dedicados às divisões de todas as artes. Mas não é apenas o estremecimento provocado pelo pensamento da ordenação de uma divisão completa de todos os prazeres e de todos os tipos de conhecimentos que justifica a nossa gratidão pela parcimônia de Sócrates no *Filebo*. Existem boas razões para duvidar de que uma conclusão de divisões dialéticas, terminando com duas "árvores de Natal" porfirianas com todos os prazeres, de um lado, e todas as disciplinas intelectuais, de outro, teria algum uso real. Qual seria o próximo passo de Sócrates? Uma comparação das duas árvores, ramo por ramo, para ver qual a melhor, ou uma análise quantitativa para ver qual dos dois tem o maior número de ramos melhores? Mas qual seriam os critérios para tal comparação por partes ou para um ajuste de contas geral?[16]

Se uma divisão completa fosse inadministrável e de nenhuma utilidade, estaríamos de volta ao nosso velho problema, qual seja, antes de mais nada, explicar a finalidade da introdução da dialética. Acaso Platão teria em vista um fim negativo, que seria o de evitar o possível equívoco que a longa discussão sobre prazeres e dores e sobre os diferentes tipos de conhecimento, respectivamente, são pensados para representar uma *dihairesis* adequada? É claro que pode haver algo que sugira isso. Contudo, surge uma explicação melhor se observarmos o fato de que Sócrates faz uso do método da dialética pelo menos em parte, muito embora ele não proponha uma árvore de divisões nítida, tampouco o fazendo com uma abordagem numericamente exata das

---

[16] A mesma objeção tem sido levantada por Donald Davidson, "Plato's Philosopher", *The London Review of Books* 7, n. 14 (1985): pp. 15-17. Ele extrai a conclusão segundo a qual o *Filebo* representa uma renúncia à preocupação de Platão com a dialética como sendo um interesse do filósofo. É difícil dizer se isso é realmente uma renúncia final por parte de Platão em vez de uma solução *ad hoc* para a comparação entre prazer e conhecimento. No que segue, argumentar-se-á que é da natureza mesma do prazer como preenchedor de uma lacuna o que torna uma divisão completa indesejável - quando não francamente impossível.

espécies de prazeres ou conhecimento que poderiam afirmar a completude da *dihairesis*.

Se Sócrates sugere que a sua nova distinção ontológica usa pelo menos "em parte" os "braços" proporcionados pelo método dialético por fazer uso dos termos "limite" e "ilimitado", ainda que em um sentido completamente diferente, a tendência é ter aí uma ilustração (conscientemente) desvirtuadora (23c). Não será o uso equívoco desses dois termos que justificará a afirmação de que ele usa "algo do antigo armamento", mas o fato de que na verdade ele segue algumas das prescrições da dialética. Ao estabelecer os "quatro tipos de coisas que existem agora no universo", ele procede rigorosamente de acordo com o método dialético. Ora é de maneira cautelosa que ele estabelece a unidade do gênero (25a: "pois o que quer que estiver disperso e cindido em uma multiplicidade, devemos tentar elaborar a sua natureza unificadora até onde possamos ver, se você lembrar"). A coleção e uma certa quantidade de divisões (mesmo não se tratando de divisões em todos os subgêneros e espécies últimas) são as tarefas que Sócrates persegue em sua discussão sobre os quatro tipos de seres (25d5;26d).

É óbvia vantagem imediata dessa abordagem metafísica: pelo menos o prazer pode agora encontrar seu inequívoco lugar no mapa ontológico. Ele pertence a um dos quatro tipos de *onta* (seres). Diz-se-nos que o seu gênero é o que constitui a unidade do gênero, e, portanto, o modo como o prazer difere de outros tipos de *apeira*. Todas as entidades ilimitadas consistem num fluxo continuado (24d), de modo que são movimentos. Esses movimentos terminam quando a ordem é imposta; essa imposição de um limite conduz ao estabelecimento de um ser definido, o misto bem-sucedido (*genesis eis ousian*, 26d). Prazeres são movimentos de "satisfação" que são trazidos a um fim por tal ordem imposta. À primeira vista, a realização dessa determinação preliminar de prazer como um tipo de movimento ou satisfação ilimitada pode parecer pequena. Mas na verdade é bem um passo adiante. Todos os processos restaurativos percebidos são agora processos reais; já não pode haver preocupação com semelhanças de prazeres ou com prazeres bastardos ou maus prazeres. Ademais, coisas em movimento são agora incluídas entre os *onta*, já não são mais de tais estatutos dúbios, aos quais não se pode nem mesmo fazer referência de qualquer modo definido que seja, tais como os encontramos, por exemplo, no *Teeteto*, onde objetos em movimento não podem ser apreendidos por nenhuma noção firme, e nem ao menos podem ser chamados "alguma coisa".[17]

Se a introdução de um gênero especial para coisas em fluxo representa uma mudança de pensamento por parte de Platão, de modo que mudança e coisas mutáveis possam agora ser incluídas entre as coisas que são, podendo também ser objetos do conhecimento, é claro que essa mudança foi preparada pela inclusão do movimento na lista das Formas no *Parmênides* (129d-e) e na lista dos "tipos mais importantes" no *Sofista* (254c-d). Então, o *Filebo* não é único em conceder a geração e mudança um lugar definitivo entre as coisas que são. Porém só o *Filebo* Platão dá uma explicação específica do que constitui a unidade de seu gênero, de como diferem os gêneros em relação aos outros gêneros que existem — isto é, o que constitui a unidade do gênero do ilimitado e do mais e menos, e o que o subgênero particular de todos os *apeira* é que ele contém prazer e dor. Pois essa divisão permite a Sócrates proceder a uma definição mais precisa de prazer e de dor. "Quando a combinação natural de limite e ilimitado que forma um organismo vivo é destruída, essa destruição é dor, enquanto o retorno para a sua própria natureza, a sua restauração original, é prazer" (32b).

Essa definição, tal como a vemos, é suficiente para explicar a natureza de todos os prazeres tanto da alma como do corpo, e forma a base da crítica do prazer que se segue. Outras reflexões sobre essa definição mostrarão por que o prazer não pode ser o bem como tal, mas, na melhor das hipóteses, pode ser o bem condicional. Propriamente compreendidos, todos os prazeres pressupõem uma desintegração, um distúrbio de integridade harmônica (a boa mistura). Ainda que uma restauração como tal seja bem-vinda, a

---

[17] Cf. *Teeteto* 156ss. Se Platão em algum momento concordou com tal instância heraclitiana, isso é algo que não pode ser discutido aqui; a versão anterior de sua teoria das Formas parece ter sido a responsável por uma natureza definida de objetos mutáveis somente na medida em que elas participavam das Formas. Sobre Platão e o fluxo, ver T. Irwin, "Platos Heraclieanism", *Philosophical Quarterly* 27 (1977): pp. 1-13.

liberdade a advir de tal irrupção seria claramente uma opção muito melhor. Essa é de fato a conclusão que Platão extrai de pronto: existe uma terceira condição, para além de prazer e dor, e "talvez não houvesse nada absurdo se essa vida se revelasse a que mais agrada a Deus" (33b).[18]

O terceiro estado de *integridade* substitui o estado de repouso que Platão, na *República*, havia substituído "por entre" o movimento "verdadeiramente ascendente" de prazer "genuíno" e do prazer "bastardo" de libertação da dor. Esse terceiro estado encontra-se aqui não mais como um segundo melhor, e tampouco está posicionado entre prazer e dor; ele é agora o ponto final de toda restauração, razão pela qual está acima de prazer e dor. Ele se revela o melhor de todos os estados a atingir. Se não é aqui declarado ser o vencedor na competição para o bem na vida humana, isso é porque não é possível para nós mantermo-nos permanentemente num estado de harmonia. "Nós necessariamente estamos sempre experimentando um ou o outro (isto é, prazer ou dor), como diz o homem sábio. Pois tudo está em um eterno fluxo, para cima e para baixo" (43a). A razão para a flexibilidade de Sócrates no *Filebo* em favor de uma vida que contenha algum prazer agora se torna aparente: é próprio do humano, constantemente mudando de estado que torna desejável o prazer — se não todos os prazeres, pelo menos alguns deles. O prazer é claramente um bom *remédio*; assim como um movimento para a satisfação é desejável para todos aqueles que sofrem de uma deficiência, e assim como estamos sempre todos efetivamente sujeitos a uma deficiência ou outra.

Assim, Platão descartou a problemática distinção da *República*, entre movimentos que são prazeres, mas "não são reais": todos os movimentos que

---

[18] Que a restauração do ser *(ousia)* pode na melhor das hipóteses ser o meio (como geração) para o bem é de fato a conclusão para o longo debate sobre os prazeres que se tem em 53c-55a: "Mas se o prazer efetivamente for um tipo de geração, nós corretamente o posicionaremos em uma classe diferente da do bem". Isso somente exclui que o prazer seja bom por definição, tampouco evita que alguns prazeres sejam bons; o fato de que prazeres verdadeiros e puros estejam na lista final de bens muito embora pressuponham uma lacuna não percebida mostra que os processos não são *eo ipso* excluídos do reino do bem.

são restaurações, são prazeres reais. O "argumento capcioso" da *República*, segundo o qual o prazer pode ser mera libertação da dor, e a dor, perda de prazer, já não funciona; ele fez com que Platão distinguisse entre prazeres reais, prazeres bastardos e o estado de repouso entre eles (584a-b). No *Filebo*, prazer e dor cada qual tem a sua própria realidade. Como, precisamente, eles se relacionam um ao outro, e como são por vezes confusos um em relação ao outro (bem como com o terceiro, o estado da integridade, que é livre de prazer e de dor) será debatido mais tarde, quando olharmos para diferentes pontos de crítica na avaliação por Platão de prazeres e dores.

A definição geral de prazer como restauração de integridade natural é logo modificada no *Filebo* por uma importante qualificação que parece necessária quando Sócrates tenta introduzir a subdivisão adicional entre prazeres da alma e prazeres do corpo. Estritamente falando, prazeres e dores jamais são uma questão do corpo somente, porque só mesmo aqueles distúrbios no corpo são dores, e aquelas restaurações, prazeres percebidos pela alma (33c-d; 35b)[19] Isso conduz à definição dos assim chamados prazeres do corpo como percepções. Eles devem ser distinguidos dos prazeres que a alma pode experimentar por si mesma. Esses são especificados, pelo menos num primeiro momento, como prazeres que a alma originalmente experimentou com o corpo e que se pode tornar a experimentar por si mesmo pela memória. Apenas incidentalmente Platão indica que as reminiscências podem incluir outros tipos de experiências, como as do aprendizado (cf. 34b,).

Platão então acrescenta um aspecto adicional significativo do mecanismo que se encontra no lugar mesmo no caso dos mais simples prazeres e dores. Que exista a "percepção de uma desintegração" não basta para explicar o que se passa quando experimentamos fome ou sede. Em cada caso a alma não meramente percebe a ênfase do corpo, mas deseja ao mesmo tempo o respectivo "satisfação" e assim emprega a memória. Por essa razão, o desejo de modo algum é uma questão do corpo; é uma dor da alma que o faz entrar em contato com a satisfação apropriada. E tais dores e prazeres se

---

[19] Mais adiante (43c) uma especificação adicional será acrescentada: somente mudanças *significantes* são prazeres e dores, enquanto as moderadas não terão tal efeito.

revelam necessários para a preservação de cada animal (35c-d). O fato de que a alma pode antecipar os prazeres que ela experimentou antes, com o corpo, explica então por que ela pode, em determinadas situações, experimentar uma "síndrome" um tanto complexa de prazeres e das dores. Estando com dor causa de alguma perda, ela pode antecipar a vindoura restauração e desfrutá-la na certeza dessa expectativa.[20] De maneira alternativa, ela pode perceber a desesperança de sua situação e, por isso, estar em uma "dor de caráter dual" (35e-36c).

A cuidadosa análise de Platão do mecanismo fisiológico e psicológico que subjaz até mesmo ao mais simplório prazer ou dor e que permite combinações de prazeres e dores não é um fim em si mesma. Ela prepara o solo para a crítica intensiva do prazer que se baseia no resultado de sua análise preliminar (36c: "apliquemos os resultados de nossa investigação dessas afecções..."). A crítica se prende ao conteúdo de prazeres e se volta, antes de mais nada, a prazeres que são livres dos distúrbios pelo corpo, que são os prazeres de expectativa ou antecipação. Defender que prazeres podem envolver expectativas é pavimentar o caminho para a sua avaliação; para esses prazeres de antecipação, bens futuros são os meios pelos quais Sócrates introduz a possibilidade de atribuir verdade e falsidade a prazeres e dores. É claro que uma expectativa pode sempre estar equivocada, sugere ele; por essa razão, prazeres de antecipação podem ser falsos.

Apesar dessa cautelosa preparação passo a passo de tema tão espinhoso, Sócrates encontra a resistência tenaz de Protarco, até então um parceiro cooperativo: "Como poderia haver falsos prazeres e dores?" (36c). Essa dramática mudança mostra que Platão não pretende se imiscuir em sua controversa concepção de falsos prazeres pela exploração da maleabilidade do hedonista apenas em parte convertido. Quando ele o introduz, ele o faz atraindo toda a nossa atenção para a sua natureza controversa: Protarco mantém sua resistência, obrigando Sócrates a dar uma defesa detalhada (36c-41a).

---

[20] Tal suspensão entre uma dor presente e um prazer futuro é a nova situação "em entre" (35e) que substitui o "repouso" da *República* como um estado entre o verdadeiro prazer e a libertação da dor.

IV. A falsidade de prazeres e das dores

Protarco não é o único a escapar do ceticismo em face da consideração de Sócrates, de que pode haver verdade e falsidade em prazeres e dores. Em nossos dias, muitos especialistas concordam com Protarco.[21] Uma das principais dificuldades é a de que Platão usa "verdade" e "falsidade" em diferentes sentidos ao longo da discussão que segue. Como Gosling assevera em seu comentário, "parece impossível absolver Platão da acusação de equívoco de classificação".[22] Que existe equívoco, é algo que parece de fato inegável. Nas partes diferentes da longa crítica dos prazeres "verdade" e "falsidade" são obviamente usados em sentidos diferentes. Mas um olhar atento mostrará que o equívoco não é algo que Platão queria negar ou dele ser absolvido. Ele parece um movimento de todo consciente e explícito de sua parte para usar verdade e falsidade de um modo frouxo, cujo sentido preciso depende das especificações diferentes que estejam em debate. A sua intenção geral na discussão que segue, a respeito dos falsos prazeres, é mostrar que existem muitos modos pelos quais pode haver algo errado com eles, de modo a tirar proveito de sua afirmação de que prazeres são apenas "algo bom". *Grosso modo*, existem quatro modos pelos quais prazeres e dores podem ser "falsos" nesse sentido frouxo, de senso comum, de "falsidade". Seguiremos Platão pelo curso do texto e veremos quais tipos de falsidade ele tem em mente, e se sua crítica é válida ou não. Ele discute os seguintes casos diferentes, que avaliaremos mantendo os olhos no protótipo:

---

[21] Entre os céticos estão J. C. B. Gosling, "False Pleasures: *Philebus* 35c-41b", *Phronesis* 4 (1959): pp. 44-54; a ele tem-se uma resposta em A. Kenny, "False Pleasures in the *Philebus*", *Phronesis* 5 (1960): pp. 45-92; e uma breve réplica por Gosling, "Father Kenny on False Pleasures in the Philebo", *Phronesis* 5 (1960): pp. 41-45. Ver também J. C. Dybikowski, *"False Pleasures in the Philebus"*, *Phronesis* 15 (1970): pp. 147-165; Gosling, *Plato: Philebus*, pp. 214-220; Gosling e Taylor, *Greeks on Pleasure*, Apêndice A, pp. 429-453.
[22] *Plato: Philebus*, p. 212.

1. Falsidade de prazeres e dores como atitudes proposicionais (36c-41b) — os prazeres da Leiteira;

2. Falsidade de prazeres e dores superestimados (41b-42c) — os prazeres de Esaú;

3. Falsidade na identificação de prazer com liberdade a contar da dor (42c-44d) — os prazeres do Ascético;

4. Falsidade dos prazeres intrinsicamente mesclados a dores (44d-50e) — os prazeres de Cálicles.

A definição de prazer como restauração de um estado natural de harmonia permite a Sócrates proceder a uma crítica ao prazer que se aferra a diversas deficiências possíveis, intrínsecas a tais restaurações — a exceções de (3), onde o prazer de modo algum é restauração, sendo confundido com o próprio estado de harmonia. A ideia básica nessa crítica é bastante simples: se todos os prazeres são restaurações ou "preenchimentos de uma lacuna", nossas avaliações terão de se voltar para o objeto e para as condições de diferentes restaurações, e isso vale para a questão sobre se existe de fato uma restauração. Para expressar o mesmo aspecto na linguagem mais pictórica do satisfazer "preencher", a questão é sobre se existe um preencher, com o que é o preencher e como o preencher é obtido. Existe um amplo escopo de distúrbios possíveis da alma e do corpo no sentido sugerido por Sócrates. Qualquer tipo de falta ou deficiência percebida pode ser a fonte de prazeres como reabastecimentos de tais lacunas.[23] Com o intuito de proporcionar alguma base para uma avaliação crítica da qualidade do bem dos diferentes tipos de prazeres, Sócrates tem de mostrar que diferentes tipos de deficiências podem existir. Isso explica a duração da parte intermediária do *Filebo*, a exposição (que para muitos leitores é tediosa) dos prazeres de alma e corpo.

A definição de prazer por Platão como satisfação ou restauração percebida destina-se a cobrir todos os tipos de prazer; ela exclui a identificação

---

[23] O imenso leque de distúrbios possíveis e suas restaurações em alma e corpo podem ser uma das principais razões para a relutância de Sócrates em se envolver na *diairesis* apropriada.

de prazer com um simples sentimento indistinto que meramente acompanha esses processos ou os resultados deles. Prazer para ele não é um epifenômeno no sentido de ser um tipo não específico de "brilho" que sobrevém a experiências e poderia advir de qualquer origem que fosse. Um superveniente estado de excitação ou euforia enquanto tal não estaria aberto a qualquer avaliação adicional: nesse caso, não importa de onde vem o prazer (do coçar ou da poesia); tudo o que importa é estarmos deleitados. Tal concepção epifenomênica, ao que parece, foi inicialmente pressuposta por Protarco quando ele procurou rejeitar qualquer tipo de diferenciação entre prazeres ("os prazeres vêm de diferentes fontes; mas de modo algum são opostos entre si" 12d). Se Protarco mais tarde se mostrará inquieto ante alguns pontos da crítica do prazer por Sócrates, isso demonstra que ele não está exatamente pronto para aderir à nova concepção por Sócrates da natureza do prazer ou que não se deu conta da plena extensão das implicações dessa nova concepção. Suas principais objeções são formuladas contra o primeiro tipo de falsidade de prazeres; é também a que recebeu a maior quantidade de artilharia dos críticos contemporâneos. Por essa razão, voltar-nos-emos, em primeiro lugar, para os "prazeres da Leiteira".

(1) A questão pela qual Platão pensa existirem falsos prazeres no sentido literal ou "proposicional" de falsidade tem sido alvo de intensos debates nos últimos anos.[24] Como poderiam prazeres ser falsos, exceto em um sentido um tanto metafórico de "falso", a significar precisamente que existe algo de errado com eles? Tal como mostra a elaborada análise no início da discussão sobre falsos prazeres e dores, a concepção de Platão pressupõe que nem todos os prazeres são simples condições do corpo ou a mera consciência da alma do que está se passando no corpo. É claro que eu não posso estar errado sobre a minha dor de "sentir-me esvaziado" nem sobre meu prazer real de "sentir-me satisfeito". Mas esses tipos simples de "estar satisfeito" não são o mais das vezes o que interessa a Platão. Ele está muito mais preocupado com

---

[24] A maior parte da literatura (ver nota 21) tem seu foco no sentido "proposicional" de "falso".

o papel que a mente desempenha em toda uma série de nossas experiências. O primeiro passo na atribuição de conteúdo proposicional ao prazer é a sua afirmação de que a alma por si mesma pode, graças à memória, experimentar os mesmos tipos de coisas que uma vez foram experimentadas pelo corpo; desse modo, ela pode antecipar futuros prazeres como sendo reais (36c-42c). Tais prazeres não são meras sensações; tampouco são sonhos de vigília. São estados de esperança (ou de temor) que antecipam futuros estados de coisas como fatos; por essa razão, são o que filósofos contemporâneos chamam "atitudes proposicionais" e podem ser verdadeiros ou falsos no mesmo sentido que outros de tais estados. [25]

Muito embora seja óbvio que Platão não tenha tal terminologia à sua disposição, suas elaboradas explicações destinadas a mostrar que alguns prazeres e dores são processos mentais como crenças permitem-nos imputar tal teoria a ele. Nossas experiências são *logoi* (enunciados) "escritos na alma como em um livro", frequentes vezes suplementados por imagens *(eikones)*, que possam ser realizadas pela própria alma (38e-39b). Se a alma acalenta expectativas ou visões prazerosas sobre o futuro como ilustrações precisas ou visões sobre o futuro como ilustrações precisas do futuro, então esses *logoi,* ou imagens, são verdadeiras ou falsas, como acontece no caso da Leiteira, que antecipa os prazeres de um futuro dourado que virá tendo ela vendido o seu leite a um bom preço, além de outros investimentos prudentes. Os infelizes prazeres da leiteira revelam-se antecipações falsas: um passo em falso faz com que todos os cálculos prazerosos se revelem nulos e vazios.

---

[25] Cf. Bernard Williams, "Pleasure and Belief", *Proceedings of the Aristotelian Society* (1959): pp. 57-72. Os artigos de William deram início ao longo debate sobre a justificabilidade da teoria de Platão no *Filebo*. Para uma defesa da concepção platônica dos falsos prazeres, ver T. Penner, "False Anticipatory, Pleasures", *Phronesis* 15 (1970): pp. 166-178; e meu "Rumpelstilskin's Pleasures", pp. 165-179. A objeção de Hampton (Pleasure, Truth and Being in Plato's Philebus, *Phronesis* 32 [1987]: pp. 253-262) à minha defesa de "verdade proposicional" - segundo a qual essa não faz justiça à concepção de Platão de verdade como um todo - é falha no compreender de minha observação (explicitamente limitada); não se pretendeu mais do que uma explicação sobre a *possibilidade* de tais falsos prazeres.

Para tornar aceitável a teoria de Platão de prazeres verdadeiros ou falsos, devemos concordar com duas condições: a de que existem expectativas de estados de coisas futuros (como no caso da ilustração, pela Leiteira, de um futuro dourado) e de que tais estados de coisas sejam experimentados como preenchimentos de uma lacuna. É a pobreza da Leiteira que faz com que ela acalente aquelas altas esperanças, e desfrute delas. Se ela apenas sonhasse acordada, desfrutando do mero pensamento ilustrativo sem inserir qualquer confiança no tal antecipado estado de coisas, ou se não tivesse necessidade de tais riquezas, não haveria qualquer desapontamento, nem dolorosa despedida daquelas galinhas, daqueles porquinhos, bezerros e vacas que ela um dia viria a ter.

É plausível assumir que a alma pode "se satisfazer a si mesma" com prazerosos *logoi* ou imagens? Não há razão para rejeitar tais "satisfações", uma vez que aceitamos a história de Platão sobre como a alma constitui o seu estoque de interpretações do mundo em um diálogo silencioso (38c). A existência de tal estoque de experiências na alma torna possível uma experiência semelhante no futuro, experiência de todo independente de prazeres e dores físicas reais. Se essas atualizações mentais são prazerosas antecipações do futuro, e se o futuro se revela do modo mesmo como foi imaginado, então os prazeres têm sido verdadeiros; se ele não se revelar do modo como foi imaginado, então os prazeres têm sido falsos.[26] Assim, a essência do argumento é a de que alguns prazeres são realmente *logoi* ou imagens; eles não meramente os seguem ou acompanham. Esperanças, isto é, expectativas prazerosas, são *logoi* (40a6-7), como também são as imagens correspondentes; algumas delas são claramente falsas, e tal parece ser o

---

[26] "Se observarmos que a dor ou o prazer sao equivocados quanto aquilo sobre o que se apraz ou sente dor" (37e). A mesma dificuldade observada pelos modernos críticos dos "prazeres proposicionais" em aceitar a concepção de que prazeres não estão meramente *acompanhando* nossos juízos é observada em Protágoras. E Sócrates de momento se abstém de aceitar o ponto segundo o qual prazeres e dores "acompanham" juízos. Mas a subsequente elaboração deixa claro que o prazer como um todo, seja ele proporcionado pelo diálogo interno da alma ou pelo trabalho do pintor, consiste em nada menos do que os *logoi* ou imagens na alma. Daí a retirada momentânea de Sócrates não ser uma confissão de derrota.

caso que se tem no exemplo de Sócrates do homem que frequentemente "vê a si mesmo como rico" e encara todos os prazeres que resultam dessa condição. Esses prazeres não raro se revelam esperanças vazias, como indica Platão ao acrescentar a qualificação segundo a qual somente pessoas que são amadas pelos deuses estão habitualmente certas em suas antecipações (39e-40b). Tivessem os deuses sido favoráveis à nossa pobre Leiteira, seus prazeres de antecipação teriam sido verdadeiros. Do modo como aconteceu, ela acalentou esperanças vãs, ou seja, falsos prazeres.[27]

Que Platão mantenha seu foco em antecipações verdadeiras ou falsas, não significa que somente prazeres futuros (ou dores, quando as antecipações forem de doenças futuras) possam ser verdadeiras ou falsas. Se elas estiverem no centro de sua discussão, é porque em seu caso o mais óbvio é que desfrutemos do conteúdo proposicional e não da "coisa" em questão. Se Platão tivesse se concentrado em exemplos no presente ou no passado, teria sido muito mais difícil observar que um *logos* desempenha um papel importante em nossos prazeres. O fato de existirem tais prazeres proposicionais falsos no presente ou no passado se evidencia se olharmos para alguns exemplos: a Electra de Sófocles "falsamente" se aflige com a morte do irmão; Clitemnestra "falsamente" desfruta de seu alívio. Ambas - uma se aflige e outra desfruta de alívio - fazem-no pelo *logos*, não pelo estado real das coisas, ou, mais precisamente, elas se afligem ou desfrutam de um estado de coisas sob uma dada *descrição* falsa. O que é crucial aqui é que nós frequentes vezes desfrutamos o que desfrutamos somente sob uma descrição, e não sob outra. Algumas pessoas só podem desfrutar de um presente se souberem que é caro; alguns de nossos amigos não terão prazer em nossa companhia se souberem que os estamos visitando somente porque outros planos não deram certo; em um jogo, os espectadores desfrutam de um lance empolgante se tiver sido o seu próprio time a realizá-lo, e assim por diante. Os *logoi* e as imagens que carregamos em nossa alma desempenham assim um poderoso papel

---

[27] "...segue-se que existem falsos prazeres na alma humana que são contrafações bastante ridículas dos verdadeiros, e o mesmo se aplica, de outra maneira, às dores" (40c).

em determinar se desfrutamos uma experiência, como a desfrutamos e se ela é uma coisa que deva ser desfrutada.[28]

(2) Uma vez que os prazeres podem ter conteúdo proposicional, é possível avaliar, e mesmo avaliar moralmente, os prazeres de que desfrutamos; também se faz possível comparar, mensurar e experimentar prazeres como tendo certo tamanho ou valor. Esse parece ser o conjunto de razões para se introduzir prazeres "falsos", isto é, desproporcionados, que podemos aqui chamar de prazeres de Esaú.

Se prazeres podem ser *logoi*, então faz sentido reviver a velha ideia de Sócrates no *Protágoras*, que versa sobre mensurar prazeres e dores contrapondo um ao outro. Levado pela fome (a dor do vazio e o desejo de preenchimento), Esaú foi induzido a superestimar o valor de preencher a si mesmo com um prato de lentilhas, a ponto de ter pensado que o prazer valia o preço de sua primogenitura, ou seja, a futura dor da perda da primogenitura. Platão compara essa situação com uma distorção óptica. Assim como podemos nos equivocar quanto ao julgamento do valor do que vemos de longe em comparação com o que vemos de perto, assim podemos ser desvirtuados em nossa apreciação do "tamanho" de prazeres e dores (41d). O tamanho da fome visto de perto cria enorme desejo de reabastecimento com comida; assim, Esaú teve um prazer desordenado em seu repasto, desfrutando falsamente da experiência, bem como do valor da dor futura de sua perda.

Se o prazer em si é experimentado como algo quantificável, então esse prazer enquanto desfrutado pode ser falso, e Platão está certo ao dizer que "mais é desfrutado" do que o que é de fato garantido. Assim, desfrutar algo como um "enorme prazer" seria então falso, ao passo que desfrutá-lo como

---

[28] A aparente reserva de Platão, quando ele deixa Protarco continuar com suas persistentes dúvidas sobre falsos prazeres que não chegam a enfraquecer o caso. Para Sócrates se tem em sentido deveras afirmativo: "Certamente existem, pelo menos disso estou convencido" (41b). Que Platão não raras vezes se abstém de remeter uma questão a seu princípio de maneira vigorosa, é algo que deve ser visto contra o pano de fundo de *Fedro* pp. 273-276: Ele não distribui verdades que possam ser aprendidas de cor, mas deixa que o leitor inteligível extraia suas próprias conclusões.

de tamanho médio ou como um pequeno prazer teria sido verdadeiro. Se efetivamente estamos dispostos a conceder a Platão que por vezes fazemos disso parte de nosso prazer, que é de certa magnitude (desfrutar um prazer A+ ou um B-), também haveremos de concordar com ele que para o grau em relação ao qual nossa avaliação do prazer não fosse justificada, desfrutaríamos dele por uma porção "errada" desse prazer, isto é, por mais do que está efetivamente "ali". Tal cálculo hedônico faz sentido se pudermos experimentar prazeres e dores como tendo um certo *quantum* ou valor. Experiências não precisam ser tão remotas como o caso de Esaú pode parecer a nós. É frequente não desfrutarmos de um jantar de 25 dólares que poderíamos bem ter desfrutado se o tivéssemos tido por 7,50 dólares. Assim, não só o prazer tem o seu preço, como nós o desfrutamos tendo o seu preço. E assim como se pode pagar um preço "falso" (isto é, inflacionado) por algum bem, do mesmo modo podemos desfrutar de um prazer falso ou inflacionado, isto é, desfrutá-lo como se valesse mais do que efetivamente vale.

O próprio Platão dá apenas um breve tratamento ao problema, e podemos suspeitar que a razão para de algum modo mencioná-lo é não apenas a de que tais casos ocorrem na vida cotidiana, quando nos perguntamos se alguns prazeres "valem a pena", mas pelo motivo de ele querer dar ao antigo argumento do Protágoras o seu lugar em sua discussão final e definitiva do prazer. Assim a "arte de mensurar a dor e o prazer" é reivindicada como um dos meios de selecionar prazeres e dores que valham à pena.

(3) Após os prazeres superinflacionados, Platão delibera "prazeres ainda mais falsos" (42c-44d) — prazeres tão falsos que não são prazeres de modo algum. À primeira vista surpreende que Platão mencione o estado neutro e sua distinção de prazer e dor aqui ainda uma vez, apesar do fato de antes ele ter deixado claro como o repouso difere a um só tempo do prazer e da dor (32d-33c). É claro que existe um uso coloquial de "falso" que Platão pode explorar aqui: um falso Rembrandt não é Rembrandt, e falsos amigos não são amigos. Mas existem razões mais sérias do que a existência dessa *façon de parler* para incluir uma discussão do que não é um falso prazer, mas uma falsa concepção de prazer (44a). Em primeiro lugar, Sócrates veio

antes a concordar — pelo menos tentou fazê-lo — que nos é impossível acreditar que estamos contentes quando não estamos (36e). Isso agora está devidamente corrigido: na verdade é possível confundir um estado de impassibilidade com um estado de prazer.[29] Em segundo lugar, Platão parece responder a um não nomeado Ascético que propôs tal concepção de prazer. Não é aqui lugar de especular quem pode ter sido a "pessoa difícil", cujo caráter duro fez com que ele, como Platão argumenta em rara atribuição de motivação psicológica, "tenha se recusado a reconhecer qualquer coisa de saudável no prazer, a ponto de ele ter visto o seu próprio caráter atrativo mais como feitiçaria do que como verdadeiro prazer" (44c-d).[30]

A tentação de confundir o estado de repouso com o prazer ou dor fora uma das principais preocupações na passagem na *República* discutida acima. Se ele pretende aclarar essas dificuldades no *Filebo*, tem de dar razões precisas pelas quais a satisfação não possa ser um prazer, muito embora ele próprio a tenha visto como o melhor estado possível. Não pode ser considerado um

---

[29] Essa concepção de prazer (falsa aos olhos de Platão) como paz da mente veio a ser posteriormente desenvolvida por Epicuro, que classificou os prazeres estacionários (catastemáticos) acima dos prazeres (quinéticos) dinâmicos. Cf. Diógenes Laércio, X, pp. 136-138. É claro que Platão concordaria com Epicuro, para quem a imperturbabilidade é melhor; ele discordaria quanto a chamá-la de prazer. Sobre Epicuro, ver Gosling e Taylor, *Greeks on Pleasure*, pp. 365-374; Philip Mitsis, *Epicurus' Ethical Theory* (Ithaca, N.Y., 1988), cap. 1.

[30] Para essa questão, ver M. Schofield, "Who Were *hoi dyskhereîs* em Platão, *Filebo* 44ass.?" *Museum Helveticum* 28 (1971): pp. 2-20. Ele diriciona o argumento ao sobrinho de Platão, Espeusipo, e supõe que as "dificuldades" sejam lógicas. A minha suspeita é a de que Platão aqui, de forma humorística, esteja caracterizando a sua própria atitude de um estágio anterior (em sua fase "científica"). Não só a "imperfeição" de prazeres é debatida na *República* IX, como a mesma frase é usada em passagem do *Fédon*, na qual Platão nada tem de bom a dizer sobre prazer algum *(ouden hygies oud'alêthes echēi* . Sobre Espeusipo no *Filebo*, ver também Gosling e Taylor, *Greeks on Pleasure*, pp. 231-240. Isso não exclui que a avaliação moral do conceito proporcional dos prazeres relevantes seja importante para Platão. Se aqui ele não apela a nossas intuições morais para excluir certos prazeres como equivocados, é porque a sua proposta é demonstrar primeiramente por motivos ontológicos, isto é, não morais, fundamentos pelos quais prazeres podem ser falsos. Assim, o *Filebo* contém, em termos kantianos, o trabalho preliminar à qualquer moralidade futura das emoções.

prazer porque não é a restauração de uma falta. Para ressaltar esse aspecto, é de grande importância para Platão tentar refutar o hedonismo filosófico, e essa tem de ser a razão pela qual diversas vezes ele retorna à diferença no diálogo. Por essa razão, Sócrates não concorda com aquele anônimo genioso. Ao mesmo tempo, as reclamações do Ascético contra o caráter "imperfeito" do prazer como tal servem como uma boa oportunidade para ordenar o que torna certos prazeres imperfeitos, de modo que ele usa o Ascético como um "guia". A busca dessa questão conduzirá, por fim, à determinação correta da verdade, no sentido de prazeres imaculados.

(4) Imperfeitos em sua condição de todo é o que chamo de prazeres caliclianos, tornados célebres pela fervorosa súplica de Cálicles para uma vida da busca desimpedida por excitações sempre novas. Esses são os aqui chamados prazeres do excesso (44e-50e). De acordo com Sócrates, a negação ascética de que existe algo perfeito no que as pessoas comuns chamam "prazer" é o resultado de seu foco voltado aos prazeres em sua forma mais intensa, quando nossos corpos se encontram em um estado enfermo. Uma vez que tal estado enfermo intensifica a nossa consciência de todas as mudanças psicológicas, e uma vez que nos liberta de um estado de aflição, ele é sentido com mais entusiasmo. "É fato que eles não sentem privações maiores, tampouco prazeres maiores após o seu restabelecimento" (45e). O diagnóstico pelo próprio Platão de tais prazeres "superaquecidos" difere daquele do Ascético, que lhes nega terminantemente o status de prazeres e reconhece apenas a libertação da dor como prazerosa. Para Platão tais experiências continuam a ser prazeres, mas não são verdadeiros prazeres porque são inextricavelmente mescladas à dor: "a condição agridoce que primeiro causa irritação e depois se converte em excitação selvagem" (46d). De modo que são falsas no sentido de que nós coloquialmente chamamos o ouro impuro de falso ouro.

A depender do tipo de estado de enfermidade, a dor envolvida pode ser grande ou pequena, e a libertação pode ser sentida com mais ou menos força. Se grave irritação é o estado preponderante, e a libertação é insignificante, chamamos "dor" ao estado como um todo; se houver apenas uma irritação suave que esteja totalmente excedida pela excitação selvagem de libertação, ao fenômeno como um todo chamamos "prazer". A divertida descrição desse estado inflamado já não deixa dúvidas de que esses são os prazeres afrodisíacos, sem os quais nem Cálicles nem Filebo encontram vida que valha ser vivida (47a). Nenhuma das duas condições chega a ser um verdadeiro e não mesclado prazer ou dor.

Se a descrição por Platão desses prazeres incensados de excesso nos faz lembrar fortemente da discussão dos prazeres de Cálicles sobre o homem superior no *Górgias*, há uma diferença importante na crítica de Platão no *Filebo*. Não somos instados a rejeitar os prazeres por existir algo inapropriado acerca deles — isso no modo pelo qual Sócrates forçou Cálicles a desdenhar dos prazeres do catamite, já que mesmo o impiedoso Cálicles não foi suficientemente inescrupuloso para afirmar que tal vida foi realmente a boa vida, própria a um cavalheiro. No *Filebo* isso é visto como uma crítica suficiente ao prazer, de modo que tais galhofas são necessariamente mescladas à dor, e que isso é de fato assim em um "vasto número de casos". Platão, como enunciado acima, parece ter mudado seus primeiros critérios estético-morais de avaliação para critérios médico-científicos.[31] Ele não tem de forçar um oponente recalcitrante à submissão: a imperfeição de alma e corpo tão-só é critério suficiente para o juízo de tais prazeres. A drástica ilustração dos prazeres loucos de excesso é aqui apenas um efeito colateral de caráter dramático. Se Sócrates não se abstém de uma bem intencionada punhalada na moralidade do Filebo (46b), isso não tem qualquer finalidade no argumento em si mesmo; parece mais destinar a mostrar quão longe se distanciou Protarco de sua instância hedonista anterior incondicional ("sua descrição se adéqua exatamente às pré-condições da maior parte dos homens, Sócrates", 47b).

A análise das dores e dos prazeres mistos do corpo, por divertida que possa ser a leitura a respeito, não é o fim da crítica de Platão. A subsequente

---

[31] Isso não exclui o fato de que a avaliação moral do conceito proposicional dos prazeres relevantes seja importante para Platão. Se ele não recorre às nossas intuições morais para desconsiderar certos prazeres como equivocados, é porque a sua finalidade é mostrar, antes de mais nada, com base em motivos puramente ontológicos, ou seja, não morais, quais prazeres podem ser falsos e por que motivo.

introdução dos prazeres mistos da alma parece ser em si o foco real de sua discussão de prazeres mistos, a discussão sobre as emoções e suas condições (47d-50c). E aqui Platão é realmente inovador: todas as nossas apaixonadas afecções revelam-se mistos de prazeres e dores, e os chamamos um *ou* outro porque existe uma preponderância de um ou do outro, assim como se tem nas condições do corpo. Ele insiste em que todas as nossas emoções dolorosas, tais como raiva, anseio, lamentação, amor, ciúme e inveja são privações de algum tipo ou outro que contenha uma porção de prazer. Não surpreende que Platão chegue a tal avaliação negativa das emoções: são todos os movimentos da alma, distúrbios ou restaurações da harmonia de contentamento.

Infelizmente, Platão não proporciona uma elucidação mais detalhada dos tipos de prazeres que ele vê contidos em todas essas afecções, exceção feita à raiva; aqui ele se refere a Homero como sua testemunha de que a raiva contém certa doçura, "mais doce do que o mel que escorre suavemente". A doçura em estado de fúria é mais provavelmente a doçura de vingança antecipada; e antecipação do estado oposto (47c) é também, provavelmente, a explicação para a natureza mista de todas as outras emoções. Como distúrbios ou deficiências, eles contêm um desejo pelo estado oposto, e os *logoi* ou imagens que possuímos nos farão ter em vista a sua satisfação. Todo e qualquer anseio conterá um elemento de antecipada mitigação, lamentação de consolação, amor ao êxito com o amado, ciúme e inveja de satisfação em se ver a si mesmo triunfante sobre o outro. Platão vê claramente a mesma ambiguidade emocional em funcionamento no drama, tanto na tragédia, onde existe "riso misturado com choro" (48a), como na comédia, onde o nosso riso é condicionado pelo sentimento inamistoso contra aqueles dos quais se ri.[32]

A afirmação de Platão, de que existe uma ambiguidade fundamental em ação nas emoções dizendo respeito à comédia e à tragédia parecem se referir tanto às *personae* no drama como ao público. Ele se confina a si mesmo, ainda uma vez, a um resumo por demais breve de suas concepções, mas

---

[32] Sobre o prazer na tragédia e na comédia, cf. também *República* X, 66b-c.

vale também especular quais são suas razões. A diversão cômica é muitas vezes considerada um dos prazeres mais inocentes. Pela assimilação que na verdade se baseia na inveja ou na malícia, Platão pode pretender mostrar que não há emoções inocentes. O riso na comédia, como ele observa, é um tipo de regozijo ante o infortúnio de nosso vizinho;[33] é o riso pela sua ignorância, quando ele se orgulha falsamente de sua beleza, de sua riqueza ou de sua inteligência. O postulado que subjaz em Platão é o de que sem um ressentimento inerente contra o nosso vizinho, nós não encontraríamos tal demonstração de seu divertido desatino. Assim, mesmo o divertimento cômico aparentemente inocente pressupõe uma espécie de carência ou desintegração moral: sem o sentimento inamistoso (sentimento ou necessidade negativa) nenhuma "satisfação" como o espetáculo proporcionado pela tolice alheia nos proporcionaria tal prazer. Que *Schadenfreude* não é o prazer mais puro, contrariamente ao que afirma um provérbio alemão, saberá quem quer que algum dia tenha analisado a vantagem contida em tais sensações.

Platão é certamente o primeiro a colocar em seu pleno relevo os dois lados de nossas emoções. Se ele estiver certo, todas as nossas emoções envolvem um tipo de carência moral e são o sinal de um estado imperfeito de nossa alma. Ele tem de ser uma carência ou um distúrbio, pois de outro modo estaríamos em paz com os outros e com nós mesmos. Tem de ser moral, porque tais desfrutes são prazeres com um conteúdo proposicional: desfrutamos do espetáculo de nossos vizinhos fazendo às vezes de tolo, à medida que é fraco (e fraco porque não capaz de se vingar de nós), enquanto tal demonstração de ignorância em um vizinho poderoso já nos causaria medo, porque ele é capaz de buscar uma vingança. Tendo tal conteúdo, nossas emoções estão sujeitas ao juízo moral: existe inveja injusta, como existe regozijo justo (49c-d). E, o mais importante para a teoria de Platão, em nenhum desses casos o simples fato de que estamos nos divertindo prova que tais prazeres são bons, ou que são prazeres puros, verdadeiros. Se ele estiver certo, a busca

---

[33] Isso é verdade até mesmo para "aquele que gargalha insaciavelmente" ante os deuses imortais, rindo-se da malemolência dos esforços de paz de Hefaisto, *Ilíada* I, pp. 5-6.

de excitação de prazeres ou dores de caráter cultural no drama ou na comédia deve ser vista com desconfiança, porque pode adicionalmente incensar nossas almas já por si só desarmoniosas.[34]

Seria interessante ver Platão prolongar essas observações fascinantes sobre a ambiguidade das emoções em uma nova crítica, já completamente madura, da influência educacional da tragédia e da comédia. Não é feita menção a qualquer influência positiva das artes em nossas emoções, ou de um emprego lucrativo de seus "poderes restauradores": é deveras concebível que a tão debatida teoria de Aristóteles sobre a "purificação" de nossas afecções tenha sido influenciada pelo debate sobre a impureza de nossas emoções no *Filebo*.[35]

V. Prazeres verdadeiros

Após a longa discussão relativa às múltiplas deficiências de prazeres, existe um tratamento relativamente breve dos *verdadeiros* prazeres (51b-55). A "verdade" desses prazeres é tão equívoca quanto a sua "falsidade" tinha sido. Se prazeres são para se chegar à verdade, eles devem ser isentos de qualquer mescla com a dor e devem ter tamanho apropriado; também não pode haver qualquer falsidade envolvida no objeto do prazer. Ele deve ser verdadeiro para a definição de que todo prazer é o preenchimento de uma lacuna ou a restauração de uma deficiência, e só mesmo tais preenchimentos podem ser vistos como prazeres verdadeiros, baseados em uma "falta não sentida" ("imperceptível e indolor", 51b), enquanto a restauração é perceptível e prazerosa. Dos prazeres sensoriais, só bem poucos satisfazem a essas condições, tais como os prazeres do cheiro ou das belas visões e dos belos sons. Mesmo entre esses, Platão impõe limitações rígidas no que diz respeito ao seu

---

[34] É difícil dizer, *ex silentio*, se Platão efetivamente renunciou a outros pontos de crítica contra a ficção, ou se se abstém de fazê-lo por ser a sua distorção de realidade menos relevante para a crítica do prazer do que a própria imperfeição das emoções.
[35] *Poética* 6, 1449b28. A ideia básica seria a de que nossas emoções possam ser libertas de "vantagens" injustas, bem como de toda inflação doentia.

conteúdo: somente aqueles são aceitáveis como puros prazeres cuja beleza não é relativa a nada mais e não depende de condições particulares. Tais são as puras cores das puras linhas da geometria; mas não as cores ou formas de quaisquer objetos particulares, pois sua beleza é determinada pela proposta a que o objeto serve ou pela conexão em que ele se coloca, como os belos sons em uma melodia, que podem estar fora de lugar ou no modo errado, sendo, assim, feios. Por essa razão, não surpreende ver que, dos muitos prazeres necessários de restauração, ao final apenas uns poucos têm alguma chance de adentrar a classificação exaltada de coisas que merecem ser postas na escala de bens. Em especial entre os prazeres sensoriais, as condições de pureza (dado o fato de que existem tão poucas bandagens de puro branco e tão poucos exemplos de Anaturais impecáveis) garantem que somente aquelas instâncias de prazeres que são pequenos em quantidade, grandes em pureza e não mesclados à dor possuem a correta "moderação" (52c).

Esse caráter estrito se aplica até mesmo aos prazeres do aprendizado. Eles mantêm um lugar muito mais modesto aqui do que os prazeres intelectuais tinham obtido na *República* IX; pois eles parecem ter perdido grande parte do brilho aqui atribuído aos prazeres glorificados pelo filósofo. Aqui não existe traço de cálculo que os faça aparecer exponencialmente superiores a todos os outros. A razão para o papel já bem mais apagado dos prazeres intelectuais no *Filebo* não pode residir somente na questão pela qual Platão não mantém aqui uma posição privilegiada para a "primeira parte" da alma;[36] deve também ser uma consequência do fato de que, dentre todas as atividades intelectuais, somente o aprendizado pode ser, de algum modo, prazer. Sendo verdadeiro para a sua definição de prazer como preenchimento de uma falta, Platão já não pode aceitar quaisquer outros prazeres da mente, tais como prazeres de "contemplação da realidade" (*República* 581e). O homem sábio não necessita de qualquer preenchimento, mas vive, à medida que for humanamente possível, em um estado de autossuficiência e contentamento. Platão não é muito explícito sobre essa nova limitação dos

---

[36] Isso de modo algum precisa se fazer revisão da psicologia de Platão; pode, em vez disso, estar atrelado à preocupação de Platão em manter a unidade genérica de todos os prazeres.

prazeres da mente, mas o aprendizado é o único prazer que ele menciona, e ele se esforça para garantir que esse prazer seja baseado em uma falta indolor (51e). Que ele não tenha uso para o prazer na contemplação filosófica tomada em si mesma, tal se deve ao fato de que ele não faz a distinção entre processo e atividade que permitiu a Aristóteles outorgar prazer a todas as suas atividades bem-sucedidas, em especial a do filósofo.[37]

À primeira vista, pode parecer um tanto peculiar que Platão trate alguma coisa que nós não "tenhamos" como uma falta, de modo que haja uma "falta indolor" de belos sons, visões ou cheiros quando for o caso de que não vemos, ouvimos ou sentimos o cheiro de coisa alguma. A peculiaridade se desvanece se percebermos que essa é sua última explanação do motivo pelo qual seres humanos não escolheriam — como não poderiam escolher — uma vida sem prazer, muito embora uma vida de total imperturbabilidade fosse, em princípio, "mais divina". Uma vida assim simplesmente não está aberta aos seres humanos, não lhes é possível: há muitas coisas que não temos, não sabemos, não ouvimos, não sentimos, nem vemos, e que enriquecerão nossa existência, ainda que não tenhamos delas nenhuma necessidade percebida. Nascemos como criaturas necessitadas, e, como nos faz lembrar a referência de Platão à possibilidade de uma "perda indolor" de conhecimento (52a-b), um estado de completude uma vez atingido não precisa permanecer como tal; tudo o que não é estritamente eterno necessita constante manutenção e restauração — até mesmo o conhecimento. Os seres humanos jamais vivem em permanente posse do bem, em um estado de perfeita e continuada autossuficiência perfeita (60c).[38]

---

[37] Platão parece ter concebido o pensamento como "imóvel", de modo que o conhecimento em si mesmo, bem como seus objetos, encontra-se sempre no mesmo estado (cf. *Filebo*, 55a, 59c). Para a teoria do prazer segundo Aristóteles (ver N. E. X.), ver Gosling e Taylor, *Greeks on Pleasure*, pp. 301-314; conferir também J. Urmson, "Aristotle on Pleasure", in *Aristotle*, Julius Moravcsik, editor, Garden City, N.Y., 1967), pp. 323-333; J. Annas, "Aristotle on Pleasure and Goodness", in *Essays on Aristotle's Ethics*, A. O. Rorty, editor (Berkeley, 1980), pp. 285-299.

[38] Essa questão também se deixa investigar em meu artigo "The Impossibility of Perfection", *Review of Metaphysics* 39 (1986): pp. 729-753.

Mas se o prazer é uma restauração necessária para uma vida plenificada, e a enriquece, por que — alguém pode se sentir impelido a perguntar — ele não é visto como um bem *per se*? Essa é a questão para a qual se volta Sócrates em sua conclusão à longa crítica do hedonismo. O seu cerne é puramente ontológico. Até mesmo os prazeres verdadeiros e puros se mantêm como processos que conduzem à restauração de ser *(ousia)*, mas em momento algum eles são ou têm sido em si mesmos uma natureza permanente imutável.[39] Como processos eles serão sempre inferiores ao fim que os termina, aquele "em função do qual" eles acontecem. Mesmo o melhor tipo de geração é apenas bom relativamente ao ser que é seu fim, sem ser desejável em e por si mesmo. Bons prazeres são bons em razão do estado harmonioso a que eles conduzem; esse fim impõe limite aos prazeres e justifica o seu lugar no extrato mais baixo da escala final de bens. Porém, muito embora tais prazeres de geração ou restauração sejam necessários e mesmo bons para nós, seria pueril afirmar que a busca de satisfações, mais do que o estado de satisfação em si mesmo, é o que faz a vida valer a pena ser vivida. Seria uma confusão entre fins e meios (54e).

Devemos nos abster aqui de uma análise crítica do tratamento por Platão das diferentes disciplinas do conhecimento, de sua relativa pureza e verdade, que satisfaz a promessa de Sócrates (22c) de sujeitar o conhecimento ao mesmo escrutínio crítico que o prazer. A distinção entre ciências puras e ciências aplicadas (55c-59b) mereceria um ensaio à parte, que tivesse de lidar com a difícil questão da concepção platônica da dialética como a "compreensão da verdadeira realidade" (59d), que é mais sugerida do que discutida no *Filebo*. A existência dessas sugestões parece falar contra uma interpretação "revisionista",[40] e em favor da suposição de que Platão ainda

---

[39] Para um debate mais detalhado sobre a dimensão entre ser e tornar-se, ver M. Frede, "Being and Becoming in Plato", *Oxford Studies in Ancient Philosophy*, vol. supl. (1988): pp. 37-52.

[40] "Revisionistas" se agarram à suposição de que as dificuldades para a teoria das formas, suscitada por Platão na primeira parte do *Parmênides* conduziram-nos à revisão da teoria nos últimos diálogos. Os "unitarianos" negam qualquer mudança significativa. Entre os revisionistas no que diz respeito ao *Filebo* estão Gosling, *Plato: Philebus*: Shiner, *Know-*

sustenta, em termos gerais, a mesma doutrina metafísica que encontramos nos diálogos do início do período tardio. Não há nada que venha em apoio à afirmação de que teria havido uma renúncia às Formas separadas, em especial se tivermos em vista o fato de que ele se refere ao eternamente idêntico como o objeto de real conhecimento, em contradistinção aos objetos mutáveis da crença (59a-e). O silêncio de Platão quanto à natureza precisa e à origem do limite harmonioso — a verdade, a proporção e a beleza que tornam todas as coisas boas — não nos permite ir além dessas sugestões e importar qualquer doutrina metafísica nova e de maior alcance. Não será por acidente que ele se mantém descomprometido na passagem em que resume as dificuldades da teoria das Formas (15a-c).[41]

Deixando abertos esses problemas, para um futuro debate erudito, devemos, a título de conclusão, retornar ainda uma vez a questão inicial do motivo pelo qual Platão deixa Sócrates conduzir essa investigação. Como a nossa discussão mostrou, Platão chegou a uma concepção de prazer que difere significativamente da sua concepção anterior, em que pesem as inegáveis continuidades. A distinção ontológica quadripartite parece feita sob medida para o desenvolvimento, por ele, dessa nova concepção. Com isso, pode-se perguntar por que ele ressuscitou Sócrates como protagonista

---

ledge and Reality; Shiner, "Must Philebus 59a-c Refer to Transcendent Forms?" *Journal of the History of Philosophy* 17 (1979): pp. 71-77; Henry Teloh, *The Development of Plato's Metaphysics* (University Park, Pa., 1981). Uma interpretação unitariana é o que se tem em R. Hackforth, *Plato's Examination of Pleasure (The Philebus)* (Cambridge, 1945); R. Mohr, "Philebus 55c-62a and Revisionism", in *New Essays on Plato*, F. J. Pelletier e J. King-Farlow, editores (Guelph, 1983), pp. 165-170, com uma resposta por Shiner em pp. 171-180; Waterfield, "Place of the Philebus"; e Hampton, *Pleasure, Knowledge, and Being*. Para uma revisão cuidadosa de todo o curso da controvérsia, ver W. Prior, *Unity and Development in Plato's Metaphysics* (London, 1985).

[41] A insistência na continuidade da doutrina contida no *Filebo* em relação à dos diálogos anteriores é uma virtude importante do livro de Hampton. Contudo, esse mesmo trabalho pode ser criticado por suas falhas, que são contundentes. Ao combater todas as tendências "revisionistas" por parte de intérpretes que desejam ver mudanças significativas na teoria das Formas dos últimos diálogos de Platão, a autora ignora importantes mudanças, entre *República* IX e o *Filebo*, especialmente as que dizem respeito à concepção do prazer em si mesmo, entre a *República* IX e o *Filebo*.

em uma discussão que se revela bastante distanciada do tratamento anterior de prazer, tanto em seus meios como em seus fins?

Acima tinha sido sugerida a necessidade de que o tópico, a preocupação com o prazer, que instou Platão a deixar Sócrates conduzir a discussão ainda uma vez. Mas essa não pode ser a história inteira. Há propriamente mais uma continuidade do que a nova estrutura ontológica permite suspeitar. Se o prazer é agora definido como um "vir a ser" e como algo que como tal não é nem bom nem mau, isso então constitui o desenvolvimento de ideias que haviam sido advogadas por um Sócrates anterior, ainda que ele próprio não estendesse a sua doutrina anterior para dar prazer ao seu próprio nicho ontológico. Foi o Sócrates do *Banquete* aquele que descreveu o filósofo como o "poderoso *daimon*", o filho da Pobreza e da Abundância, cujo estado necessitado e amor à sabedoria incita à busca da perfeição (*Banquete* 202e*ss*). O melhor tipo de prazer, é de se supor pela perspectiva do *Filebo*, é o tipo que consiste no processo da eterna busca pelo conhecimento a que se visa no *Banquete*. É essa necessidade de satisfação que leva a alma no *Fedro* a tatear em busca de sua deidade, e o Sócrates daquele diálogo já não é mais avesso a ver alguma coisa divina em tal esforço "frenético" da alma (*Fedro* 244*ss*).

Lidar com tais processos não é assunto e preocupação do dialético, já que ele é o homem perfeitamente sábio, cujo interesse é "ser, realidade verdadeiro e o eternamente idêntico" (58a); é do interesse daquele que busca a completude, cujo representante é o pobre, descalço, porém implacável e infatigável Sócrates retratado no *Banquete*, ou então do interesse do atribulado cantor de uma palinódia em favor do amor no *Fedro*. O progresso em direção à perfeição é o que o melhor tipo de prazer na vida humana representa, e é o motivo pelo qual uma vida humana não seria desejável sem prazer: na condição de humano, é incompleto e necessita da constante tendência e conclusão ardentemente desejadas pelo filósofo socrático (embora não o dialético platônico).

Contudo, esse não é o único elemento socrático no *Filebo*. O caráter "médico" do tratamento do prazer e da dor já antes fora ressaltado. Dificilmente será acidental que tamanha ênfase seja posta na concepção do prazer como restauração de um estado naturalmente harmonioso. Saúde e harmonia de alma e corpo tinham sido os divisores de água da concepção de bem advogada pelo Sócrates dos primeiros diálogos, como o *Górgias* e a *República*. No *Filebo* o prazer (em sua melhor forma) finalmente encontra seu lugar nesse esquema ontológico como a restauração da harmonia natural de alma e corpo. Isso demonstra jamais ter havido uma renúncia à analogia médica que justificou a crítica de Sócrates à moralidade de seus contemporâneos; ela foi reescrita em novos termos que atrelam ser e tornar-se, a imposição de limites no ilimitado. Os doutores de Sócrates, seus treinadores de cavalo e de cachorro, que se esforçam para chegar à excelência em seus campos de ação, não foram esquecidos.[42]

Críticos da frieza da concepção de amor por Platão, que parece perceber tão pouco da essência de nossos comprometimentos apaixonados, provavelmente não veem qualquer grande melhoria na revisão da concepção de prazer que se tem no *Filebo*.[43] Por acaso o novo tratamento "médico" do prazer como restauração e a questão da perfeição de nossas emoções em geral não apresentam o mesmo tipo de desrespeito perante o que consideramos essencial relativamente a nós mesmos como seres humanos? Platão, filósofo cujo esforço pela perfeição constituiu a base de seu vínculo com Sócrates, que foi de toda uma vida, não negaria que amor e prazer nos fazem humanos; ele chegou a ver o que e por que eles não podem e não devem ser erradicados, mas até mesmo merecem ser cultivados. O *Filebo* foi destinado a confirmar bem isso; nosso estado de necessidade é precisamente o que nos faz humanos, mas é também o que nos faz demasiadamente humanos. É um ingrediente necessário de nossa condição mortal.

---

[42] A alusão é feita à noção socrática de que os seres humanos necessitam cuidados que devem estar nas mãos de especialistas, de modo semelhante aos cuidados do médico para com o corpo e aos do treinador para com as "virtudes" de seus cavalos ou cães. Ver *Apologia de Sócrates* 25b, *Górgias* 464ass; Cálicles chega a perder a paciência com as analogias de Sócrates (*Górgias* 491a).

[43] Para uma crítica construtiva das deficiências nas concepções de Platão do amor, ver G. Vlastos, *The Philosophy of Socrates* (Garden City, N.Y., 1971) pp. 3-42. A questão é discutida em detalhes em M. Nussbaum, *The Fragility of Goodness* (Cambridge, 1986), capítulos 6 e 7.

15 O pensamento político tardio de Platão

Trevor J. Saunders

Teria Platão um pensamento político "tardio", distinto de seu primeiro pensamento político? Certamente é possível pensar que sim. Leia-se a *República*, e se confrontará com o sistema político mais radical que já se pode divisar. O argumento-chave de Platão é o de que governar um Estado é ou deve ser uma habilidade, com base em conhecimento preciso de certas realidades suprassensíveis, eternas e imutáveis chamadas Formas *(ideai)*, sobretudo aquelas das virtudes sociais e políticas, mas também as do restante da realidade. Relativamente à força dessa compreensão, os governantes de Calípolis (Cidade esplêndida), um quadro altamente treinado de Guardiões, ou Filósofos-Reis, exercitam controle político direto e total; e a legislação é, de acordo com isso, tratada por Platão de maneira decididamente improvisada, ao modo de uma ocupação monótona, à qual os Guardiões dedicarão pouco de seu tempo.[1]

Se agora você estiver arfando de espanto ou mesmo de indignação ante a audácia dessas propostas, você o estará com justificação; pois à primeira vista o pensamento de Platão parece quase ininteligível. Ora o que são Formas, e por que elas devem exercer tão drástico efeito sobre a política prática? A explicação, em que pesem todos os problemas filosóficos aqui não passíveis de ser explorados, pode ser enunciada em breves linhas. A Forma que seria a da virtude é a essência da virtude, o que ela realmente é, como distinta das coisas ou ações individuais de pessoas que a instanciam neste mundo; pois elas não somente compartilham a Forma da Virtude em vários graus; elas não são a Virtude em

---
[1] *República* 425a-427a; mas certamente haverá leis de algum tipo: 458c, 502b-c.

Si Mesma. Ora o mundo grego geralmente traduziu que "virtude" é de fato mais bem interpretada por "excelência" — excelência em *alguma coisa*. O tipo de excelência que interessa Platão é a excelência humana, aquele conjunto de qualidades graças às quais encontramo-nos equipados em nível de excelência para desempenhar funções humanas de maneira excelente, e com isso atingir a *eudaimonia* humana, a "felicidade", "êxito", "satisfação". Os "Filósofos-Reis", munidos como estão do conhecimento preciso da Forma da *aretē*[2] naturalmente a abraçarão e serão eles próprios supremamente virtuosos; e serão capazes de discernir de maneira infalível se e até que ponto uma dada ação ou instituição é virtuosa. Ademais, por diversos meios tomarão cuidado de transmitir seu conhecimento, ou, em vez disso, uma versão aproximada da chamada "opinião correta" para o restante do Estado,[3] que, em proporção ao seu entendimento limitado, praticará a virtude "comum" ou "demótica", desfrutando assim de limitada medida de *eudaimonia*.

A proposição central do pensamento político de Platão na *República* é, por essa razão, a de que a *eudaimonia* humana depende de se possuir *aretē*; é a de que possuir plenamente a *aretē* requer uma compreensão de sua Forma; e a de que compreender a Forma é uma atividade filosófica. A dependência da moralidade e da política é a marca distintiva da *República*.

Passemos agora às *Leis*, o último e mais longo dos diálogos de Platão, e preparemo-nos para um choque. Com a possível exceção de umas poucas páginas ao final, não há sinal da teoria das Formas em toda a obra. Após três "livros" preliminares sobre moral e teoria educacional, a obra como um todo é dedicada a uma abordagem discursiva e aplicada da formação e administração de uma "utopia prática", Magnesia. Os Filósofos-Reis esvaneceram-se sem deixar vestígio; o único vestígio da regra baseada na compreensão metafísica ou teórica de um tipo mais do que ordinário está na

---

[2] Na *República*, Platão encontra-se especialmente preocupado com justiça, esta virtude especificamente relevante para as relações sociais e políticas; mas isso não afeta essa abordagem por demais sucinta de sua posição fundamental.
[3] Isto é, Guardiões Assistentes (desprovidos de alto treinamento filosófico), e a assim chamada terceira classe (sem educação filosófica).

supremacia do Conselho Noturno, composto de cavalheiros-fazendeiros — inteligentes e educados, sim, porém dificilmente seriam filósofos. O Estado é administrado por um extenso e detalhado corpus de leis constitucionais, civis e criminais, algumas delas de vertiginosa complexidade. É muito difícil não sentir que se adentrou um mundo diferente, no qual o diferencial do pensamento político de Platão, que é a metafísica, tenha sido perdido.

As explicações mais simples que se possa dar a esse notável estado de coisas são de caráter metodológico. Poder-se-ia franca e diretamente inferir que a mera ausência de alicerce metafísico advindo de uma descrição de uma estrutura política em si não mostra que a tal fundamentação não existe. As estruturas políticas tanto da *República* como das *Leis* são, em seus termos mais gerais, hierárquicas e autoritárias; as da *República* dão a entender haver uma dependência da teoria das Formas; com isso é natural supor que o mesmo vale para a teoria das Formas se tem nas *Leis*. As *Leis* assumiriam então a forma tal como o fazem porque Platão opta por apresentar os resultados daquela dependência em uma obra prática que pretende se dar à leitura de não filósofos,[4] sem que haja uma persistência na metafísica, esta que ele pressupõe, porém ou suprime ou, na melhor das hipóteses, mantém no pano de fundo. Por isso, pode-se concluir que Platão não dispõe de uma filosofia política "posterior"; a *República* e as *Leis* são simplesmente aspectos diferentes de uma mesma roupagem.

Felizmente, contudo, estamos em posição de fazer um tanto mais do que conjecturar. Existe uma quantidade limitada de evidências para sugerir que em seus últimos anos Platão ainda estava tentando enraizar a política na *terra firma* da filosofia.[5]

O *Político* ("*Statesman*" é o título mais comum em inglês, designando aquele que se envolve na *politika*, nos assuntos de Estado, na *polis*) é

---

[4] O caráter "popular" das *Leis* é o tema de Herwig Görgemanns, *Beiträge zur Interpretation von Platons Nomoi* (Munic, 1960).
[5] Datas: *República*, provavelmente anos 380 e/ou 370; o *Político*, provavelmente em meados ou fins de 360; as *Leis*, diálogo-gigante, presumivelmente ocupou Platão, ao menos de modo intermitente, por alguns anos antes de sua morte, em 347.

ostensivamente uma busca pela definição do político ou homem de Estado e, isto equivale a dizer, a pessoa que detém o *politikē epistēmē*, conhecimento político. Essa pessoa, como se argumenta, seria autorizada a governar até mesmo sem leis, e mesmo sem o consentimento de seus súditos, pois na verdade, por definição, ela *sabe* o que é melhor para eles.[6] Até aqui, essa concepção encontra-se muito mais no espírito da *República*, que distinguiu nitidamente entre o "conhecimento" certo dos Guardiões e a mera "opinião certa" dos demais do Estado. Isso também vale para a firme distinção entre a função que a tudo abrange e a função que a tudo controla — que é a do político —, e das funções essencialmente auxiliares, que são as de todas as outras ocupações, tanto de paz como de guerra.[7] Mas é o método — aparentemente um método difícil —,[8] pelo qual o Político é separado de todas essas funções —, sendo importante o seguinte: *diairesis*, "divisão" de coisas de acordo com seus tipos reais; pois sabemos que a proposta da busca pelo Político não se dá em função de si própria, mas com o intuito de nos fazer *dialektikōteroi*, "mais dialéticos", melhores no debate filosófico", e isso no que diz respeito a todos os temas.[9] Evidentemente, uma capacidade de executar a divisão, de estabelecer uma taxonomia precisa das coisas, é uma capacidade filosófica; e isso por implicação de parte do equipamento intelectual do Político, de seu conhecimento político, de seu conhecimento e habilidade políticos.[10] E os "tipos em que

---

[6] *Político* 292b-293c; cf. 296a*ss*.
[7] *Político* 287b*ss*. W. K. C. Guthrie, *A History of Greek Philosophy*, vol. 5 (Cambridge, 1978), pp. 188-189, traz uma lista bastante útil deles. Platão concordaria com Talleyrand: "A guerra é coisa séria demais para ser deixada com os militares".
[8] *Filebo* 16b-c.
[9] *Político* 285d.
[10] É difícil ver como o Político pode executar essa tarefa de "entretecer" (*Político* 302b) sem executar muitas "divisões", notavelmente as de personagens de homens e dos ofícios que devem desempenhar (311a). Cf. a sentença final de Julius M. E. Moravcski, "The Anatomy of Plato's Divisions", in *Exegesis and Argument*, E. N. Less, Alexander P. D. Mourelatos, e R. M. Rorty, editores (Assen, 1973), pp. 324-348: "No âmbito desse contexto do pensamento de Platão, o Método da Divisão deve ser visto como uma tentativa a mais de relacionar o teórico e o prático, insistindo, com isso, que o prático possa ser resolvido de maneira bem-sucedida somente se tais soluções estiverem baseadas em uma concepção adequada do primeiro".

ele "divide" coisas aparentemente têm contrapartes suprassensíveis, que é a sua aspiração última como à compreensão. Muito embora a linguagem de Platão ao descrever essas contrapartes seja ambígua e alusiva, ela sugere fortemente as Formas.[11]

O governante ideal, nesse caso, seria um com a *politikē epistēmē* de algum modo baseada em um conhecimento de Formas relevantes. Ele estaria qualificado para prescrever o que deveria ser feito em cada situação detalhada e por cada pessoa sem o constrangimento de nenhuma lei, ainda que fosse a sua própria lei. Esse paradigma é, na melhor das hipóteses, raro.[12] A segunda melhor forma de governo, por essa razão, é um bom código de leis, "imitações de verdade", em que eles incorporam, tanto quanto possível as compreensões profundas de um Político com genuíno *politikē epistēmē*.[13] E a tarefa mais importante de tal habilidade política é a de tecer juntos, por uma variedade de maquinações sociais, os membros ativos e agressivos com o inativo e obediente, de modo que a estrutura social obtém uma firme

---

[11] Guthrie, *History of Greek Philosophy*, 5: pp. 168, 172-173, 175-180. Limitações de espaço impedem um ensaio sobre passagens cruciais, que são as do *Político* 262a-b, 285d-286b (sobre elas ver G. E. L. Owen, "Plato on the Undepictabel", in *Exegesis and Argument*, Lee, Mourelatos e Rorty, editores [Assen, 1973]: e J. B. Skemp, *Plato's Statesman*, 2. ed. [Bristol, 1987], 241*ss*), 286d8-9, 300c-e. O problema está atrelado a uma questão mais ampla e mais controversa sobre o papel - se há algum papel - que as Formas desempenham no pensamento tardio de Platão tomado de um modo geral, e não meramente em sua teoria política; ver G. E. L. Owen, "The Place of the *Timaeus* in Plato's Later Dialogues", *Classical Quarterly* 3 (1953): pp. 79-95; e a enorme literatura posterior, um resumo da qual se tem em Guthrie, *History of Greek Philosophy*, 5: 243. Sobre o estatuto ontológico das Formas pressuposto em "divisão", ver Moravcsik, "Anatomy of Plato's Divisions".

[12] *Político* 293a, 297b-c; cf. *Leis* 875c-d.

[13] *Político* 300c. Seis constituições deixam-se discernir por um homem de Estado dotado de politikē epistēmē: (I-III) *com lei*, democracia (pior), aristocracia (medianamente bom), monarquia (melhor); (IV-VI) *sem lei*, tirania (pior), oligarquia (medianamente ruim), democracia (melhor). A chave para as graduações é que a democracia é menor poderosa para o bem ou para o mal (303a), em razão da fragmentação de poder entre muitas pessoas (ações presumivelmente acordes e concertadas são difíceis de alcançar); e ao contrário disso, a regra única é mais poderosa (708e-712a, no curso de uma graduação diferente de constituições, torna explícito o ponto acerca da relação entre números e poder).

textura, nem dura demais, nem rígida demais, nem maleável demais.[14] Com esse objetivo de uma harmonia de crença e ação na *polis* o diálogo se encerra.

Assim, parece como se Platão ainda mantivesse, como um ideal teórico, um governante com uma compreensão profunda das Formas. A política é, ou deveria ser, ancorada na metafísica. Platão pode ter acreditado fervorosamente nessa proposição; mas para as proposições do *Político* ele se mantém em um obscuro segundo plano. Sai de cena o Político ideal, culto, informado e erudito, o Político ao modo de um deus; e na ribalta surge o sábio e benevolente Político com experiência prática, um ser humano legislando para seres humanos.[15] A ênfase migra do governo dos filósofos para o reino da lei boa, temperada em sua flexibilidade pelo juízo prático prudente com que é aplicada.[16]

As *Leis* exibem um padrão de evidência semelhante, porém bem mais interessante. Em todas as 327 páginas de Estéfano não há uma única passagem que indiscutivelmente se refira às Formas; porém diversas dentre elas nos proporcionam sugestões. A passagem mais explícita é a que descreve o programa de estudos mais elevados a serem realizados pelo Conselho Noturno, uma junta que Platão pretende que seja a suprema força intelectual em Magnesia, a sua "âncora".[17] Entre seus membros estarão os oficiais mais sábios e mais destacados.[18] O seu currículo inclui matemática, astronomia, teologia, lei e teoria moral.[19] De seus membros espera-se que estudem o problema do um e do muito; eles devem tentar para além das instâncias muito dessemelhantes de algo *pros mian idean*, "para uma forma única"; e devem se concentrar no modo pelo qual as virtudes são individualmente distintas e, ainda assim, "unas".[20]

---

[14] Cf. *Leis* 734e-735a.
[15] A questão envolvendo o mito do *Político* (268d-274d) é a de que na corrente era cósmica a humanidade está sozinha: homens, não deuses, administram as vidas dos homens (274d*ss*; cf. *Leis* 732e, 853c*ss*). O valor da experiência prática é reconhecido no *Político* 300b.
[16] *Político* 294a*ss*, 300c-d.
[17] *Leis*, 961c.
[18] As várias categorias de membros são dispostas, com leves discrepâncias, em 951d*ss* e 961a-b.
[19] 961c-968e descreve as funções do Conselho e o curso de estudo. Ideias gerais são apresentadas em 632c e 817-818a.
[20] 965c2*ss*. Presume-se que uma resposta preliminar é a de que virtudes são todas "um"

Esse e outros aspectos do currículo do Conselho são fortes reminiscências das discussões de Platão relativas às Formas em diálogos anteriores. Para quem quer que esteja disposto a acreditar que Platão jamais abandonou as Formas, essas passagens parecerão trazê-los para bem perto disso. Porém tais palavras são a um só tempo breves e vagas. Delas encontram-se disponíveis interpretações atenuadas; sobretudo, é impossível saber se a hierarquia das Formas, tal como elaborada na *República*, culminando na Forma do bem, é ali implicada. Certamente que a maior parte do restante do currículo do Conselho parecerá mais física do que metafísica: por exemplo, os movimentos racionais dos corpos celestes como evidência da concepção e esboço no cosmos; a prioridade da alma sobre a matéria; a natureza e funções dos deuses.[21] Contudo, nenhum desses tópicos pode ser mostrado como a evitar a crença continuada nas Formas; na verdade, tal crença pode ser implicada por uma série de passagens que revelam um entusiasmado interesse pela divisão.[22] A conclusão mais razoável é certamente a de que Platão efetivamente sustentou pelo menos alguma versão da teoria das Formas, e, para o propósito das *Leis* era prudente, já bem ao final do trabalho, onde a filosofia é apresentada como o salvador do Estado, direcionar os estudos dos membros do Conselho Nacional naquela direção, para fazer o que ele pudesse com o intuito de fundar as políticas práticas na filosofia.[23]

à medida que são todas *conhecimento*.
[21] 966c-968b; cf. 817e-818a, e na verdade a íntegra do Livro X.
[22] Ver, por exemplo, as passagens citadas na nota 28, e cf. R. F. Stalley, *An Introduction to Plato's Laws* (Oxford, 1983) p. 136, sobre 630e-631a.
[23] Discussões úteis sobre as Formas nas *Leis* podem ser encontradas em V. Brochard, "*Les Lois de Platon et La théorie des Idées*", in *Etudes de philosophie ancienne et de philosophie moderne*, V. Delbos editores (Paris, 1926), pp. 151-168; Guthrie, *History of Greek Philosophy*, 5: pp. 378-381 (ambos afirmando a sua presença); e Stalley, (*Introduction to Plato's Laws*, pp. 133-136 (cético). A passagem 967e parece se referir ao uso a ser feito da filosofia (se é isso o que "a Musa" significa: ver Saunders, "Notes on the Laws of Plato", Bulletin of the Institute of Classical Studies, supl. 28 [London, 1972], n. 10) para "chegar às práticas de caráter moral e a regras de maneira consistente". Aquele que pode fazê-lo tem mais do que "virtudes demóticas" (968a2).

Mas existe o atrito. Podemos falar levemente de "fundamentar" ou de "enraizar" políticas em filosofia ou de "baseá-la" na metafísica, ou de "conectá-la" às Formas; mas que significa tal linguagem? Suponha que você seja um Guardião ou um membro do Conselho Noturno, e, após extenuante estudo e contemplação, chegue à visão ou conhecimento da Forma de uma virtude particular (por exemplo, a coragem) ou da Virtude em geral. Qual será a sua vantagem? Que tipo de ferramenta você tem para a condução da política visando a elaborar uma constituição, ou para o esboço de leis morais? Se a Forma da Virtude pode ser expressa na forma de uma definição de Virtude, poder-se-ia simplesmente descrever alguma ação que seja candidata ao título de "virtuosa" contrapondo-a ao parâmetro da definição, e ver se se compatibilizam? São questões que primam pela incerteza: Platão é muito claro quando à existência de uma conexão, mas jamais nos diz o que ela é.[24] Ele parece simplesmente assumir que o conhecimento de uma realidade mais elevada constitui algum tipo de controle sobre o conhecimento da realidade inferior, assim como o conhecedor conhece sempre o que é virtuoso neste mundo, e age de acordo com isso. E quanto à divisão, mesmo em seu humor relativamente característico no *Filebo*, a aguda consciência que se tem de sua dificuldade e complexidade jamais o leva a concluir que divisões de coisas possam ser arbitrárias ou convencionais; as divisões devem sempre ser genuínas, refletindo a real estrutura suprassensível que de algum modo lhes reside perpassa.[25]

Por essa razão, vale enfatizar o notável fenômeno em que consistem as *Leis*.[26] Obra mais longa do filósofo, que é comumente pensado como o

---

[24] *Filebo* 62ass chega a brincar com a noção de que um homem poderia conhecer as Formas, tendo, porém, uma apreensão inadequada de suas instanciações neste mundo. Tampouco as *Leis* 967e nos dizem como a filosofia é usada para que se chegue a regras morais (cf. nota 23).

[25] *Político* 262ass, 285a-b; cf. *Fedro* 265e e nota 28.

[26] Não posso entrar nos méritos e deméritos literários. Toda vida humana aí se encontra, e pode-se talvez apreender algo do próprio Platão: a irritabilidade benevolente de 761c5-d3 (por acaso ele gostava de um banho quente, e sofria na mão de médicos incompetentes?) e o ultraje quase cômico em 918e-919b (não teria sido ele cobrado excessiva ou indevidamente por estalajadeiros?).

arqui-idealista entre os idealistas, é recheada de um montante de detalhes constitucionais, administrativos, legais, religiosos e sociais; e em parte alguma se nos diz, a não ser em termos nebulosos, como esse detalhe supostamente está relacionado a realidades metafísicas. Por isso mesmo podemos nos perguntar pelo estatuto do que estamos lendo. Platão talvez tenha sentido ter ali alcançado plena compreensão filosófica, podendo, por esse motivo, ter elaborado as instituições das *Leis* tendo plena confiança de que elas refletiriam as realidades metafísicas em um nível e aproximação apropriados às circunstâncias que vimos em Magnesia. Mas isso parece improvável, com base em simples motivos *a priori*. É muito menos provável que nas *Leis* Platão tenha formulado um conjunto de propostas de tal maneira que ele se sinta seguro, com base em uma combinação de experiência e reflexão filosófica, de que teria de formulá-las, bastando apenas que tivesse plena compreensão das Formas. As *Leis*, em se valendo dessa concepção, é uma obra escrita com base em uma compreensão incompleta. Assim, muito embora Platão seja enfático em algumas questões (na conexão estreita entre *aretē* e *eudaimonia*, por exemplo),[27] em outras ele pode se mostrar bastante indeciso.[28] As *Leis* não são obra que sugerem que seu autor seja confiante acerca de todas as coisas.[29]

Isso significa que, se desejamos compreender o que Platão está fazendo nas *Leis*, para analisar suas propostas como ele próprio o faria, e julgar por que ele prescreveu instituições *a, b, c* e não instituições *x, y, z*, temos de nós próprios fazer algum esforço por nossa conta; e é claro,

---

[27] *Leis* 660d-663d, 732e-734e, 743c; cf. a assertividade de 860dss, sobre "ninguém é mau voluntariamente" (sobre isso, ver mais adiante neste capítulo).

[28] Por exemplo, há uma reminiscente hesitação do *Político* nas dificuldades inflexíveis sobre a divisão em categorias precisas em 866d7ss. A divisão que ele acaba por adotar é "a mais próxima da verdade" (e não apenas a "mais conveniente" ou que a isso se assemelhe, 867b3). Contrastar com 861b, onde Platão está certo de que os legisladores existentes fizeram uma divisão errada. Por outro lado, ele não está de todo certo sobre como distinguir mágica de medicina, 932ess.

[29] 859b: "Estamos nos transformando em legisladores, mas ainda não o somos" - observação que (talvez) venha a ser um desencargo de consciência do status de um "verdadeiro" legislador.

aliás, é bem isso que os diálogos de Platão estão sempre exigindo de nós. Onde podemos começar?

Observe-se em primeiro lugar a estrutura hierárquica muito fortemente marcada do Estado. Na ficção das *Leis* tem-se que um Estrangeiro Ateniense (está claro tratar-se do próprio Platão), Clínias (um cretense) e Megilo (espartano) discutem planos para uma colônia (Magnesia) a ser fundada no sul de Creta. No curso do Livro IV[30] o Estrangeiro convida seus companheiros a supor que os colonos chegaram e estão esperando que alguém que alguém se dirija a eles. O que ouvem é uma edificante protréptica sobre seus vindouros deveres religiosos. E aqui se tem outra fala, que o ateniense poderia ter feito, mas não fez:

"Futuros membros de Magnesia: Este seu novo Estado pretende ser bastante bom. Será administrado não no espírito de qualquer ideologia corrente, mas de acordo com a verdade sobre o mundo. Afinal, vocês não desejariam conduzir suas vidas de maneira que não fosse baseada na verdade — ou será que o desejariam? Vocês podem não estar conscientes de que a filosofia nos tem mostrado que a verdade é expressa pelas Formas — ideias abstratas das coisas, difíceis de compreender a não ser por pessoas inteligentes que muito se esforcem em tal tarefa. Contudo, é um esforço que tem sido feito; e vocês acharão que o estado no qual estão prestes a tomar parte é conduzido em ampla medida por pessoas que chegaram a alguma compreensão dessas coisas, e, em menor grau, por pessoas que dispõem já de menor compreensão, mas aceitaram as doutrinas que lhes foram ensinadas pelos outros. Tudo é uma questão de razão: mais racional forem vocês, mais poderão compreender a verdade, e mais terão autoridade no Estado que estão para encontrar."

Portanto, assim como se elabora a via do detalhe da estrutura e da administração de Magnesia, o indivíduo se torna consciente de uma hierarquia elaborada de conhecimento, de controle e de influência. Para falar de modo abrangente, deus governa (ou em certo sentido vê de cima) seres

---

[30] 715ess.

humanos, oficiais governam não oficiais, seres humanos dirigem escravos, cidadãos governam estrangeiros, os velhos governam os novos; e o título dos que detêm os que governam para poder governar é alguma forma de conhecimento superior.[31]

À parte alguns aspectos peculiarmente platônicos (por exemplo, o Conselho Noturno e a capacidade das mulheres de exercer posições de comando), aí se tem precisamente a estrutura de poder que pode recorrer a um amplo escopo de alianças sociais e políticas. Platão, nesse exemplo, trabalha em favor da corrente: ele acha possível o uso comum de postulados gregos e de instituições gregas comuns para suas próprias finalidades, isto é, garantir que a razão e o conhecimento das Formas, ainda que indistintamente apreendidas pelo Conselho Noturno, e ainda que imperfeitamente transmitidas por eles para o restante do estado, detenham a máxima difusão possível em Magnesia.[32] Nesse sentido, o que dita a estrutura e a administração de Magnesia, é, ainda que remotamente, as Formas.

Mas Platão claramente sente que seu êxito em construir um estado de base filosófica contará com variações. Assim como o Demiurgo divino (artesão) do *Timeu*, que ao construir o mundo deve fazer o melhor do material que tem à mão, Platão tem de fazer o que pode com toda série de instituições e leis contemporâneas e com seus novos colonos, que dispõem de uma ampla variedade de postulados, expectativas e crenças políticas, sociais e religiosas.[33] Por esse motivo, o seu trabalho, como legislador-artesão, se torna complexo: demanda seleção, juízo e mesmo ingenuidade.

---

[31] Eu evito listar as dezenas de passagens nas *Leis*, as quais são necessárias para estabelecer a hierarquia em sua plena complexidade: elas equivaleriam a uma grande proporção do texto. Quanto ao conhecimento, ver esp. 690b e 875c-d, em adição à descrição do Conselho Noturno, 951c*ss*, 960*ss*.

[32] 964a*ss*.

[33] 858a-c, 707e-708e; ver Glenn R. Morrow, "The Demiurge in Politics: the Timaeus and the Laws", *Proceedings of the American Philosophical Association* 27 (1953-1954): pp. 5-23; André Laks, "Raison et plaisir: pour une characterization des *Lois* de Platon", in *La naissance de la raison en Grèce*, J. F. Mattéi, editor (Paris, 1990), pp. 291-303; e Laks, "Legislation and Demiurgy: On the Relationship between Plato's Republic and Laws", *Classical Antiquity* 9 (1990): pp. 209-229.

O seu primeiro trabalho é selecionar o seu "material" humano. Somente as pessoas que parecerem adequadas serão admitidas no novo Estado.[34] Ainda assim, Platão quer conhecer o máximo que puder de seus hábitos e opiniões: ele desconfia seriamente do sigilo que é inseparável da vida em família, e teme todo tipo de práticas indesejáveis que possam passar não detectadas. Existe alguma evidência de que ele teria estendido a pesquisa, presumivelmente a pesquisa legal e filosófica, em favor da qual ele alega (em termos que nos fazem lembrar Sócrates) no *Político*,[35] uma investigação sociológica dos personagens, das práticas e opiniões dos magnesianos. Antes que o artesão possa dar forma a um objeto, ele tem de conhecer seus materiais.[36]

Como resultado de tal investigação, Platão será capaz, com todo o realismo, de atingir algumas coisas, porém não outras. Irá o mais alto que puder, mas será cuidadoso em reter uma posição de retroação. Esse é o princípio da escala móvel. Ele surge em muitos contextos,[37] mas talvez o mais explícito seja a questão da propriedade. O ideal seria uma total comunhão das posses, que seria um desincentivo aos males associados à instituição de propriedade privada e seria também um fomento à comunidade de sentimento que Platão deseja alcançar. Mas ele sabe não se ter aí uma questão prática; assim, os magnesianos permitirão, dentro de certos limites, a posse de sua própria propriedade. E ele reconhece que em certas circunstâncias lhe será necessário relaxar padrões ainda mais.[38]

---

[34] 736a-c.
[35] *Política* 299b-e; cf. *Fedro*, sobre a necessidade do orador de "conhecer almas" (269css) e *Leis* 738e. Ver Saunders, " 'The RAND Corporation of Antiquity'? Plato's Academy and Greek Politics", in *Studies in Honour of T. B. L. Webster*, J. H. Betts, J. T. Hooker e J.R. Green, editores (Bristol, 1986), 1: pp. 207-208 e refs. Reportar-se a opinião e prática no Estado é, presume-se, uma das funções dos jovens homens promissores que são os "olhos" do Conselho Noturno (964e-965a). É claro que temos de perceber que a reunião de informação é, para Platão, não um mero exercício de sociologia acadêmica, e muito menos se tem um comprometimento com o intuito de responder ao que a "opinião pública" possa querer; sua prancheta está a serviço do controle político.
[36] Cf. as investigações topográficas do Estrangeiro sobre Magnesia no início do Livro IV.
[37] Ver, por exemplo, 841a-842a, sobre padrões sexuais mais e menos elevados, e cf. 858a.
[38] 739a-e; mas deve ser lida a sequência como um todo, de 736c a 746d.

Porém o meio óbvio de evitar ter de relaxar padrões é garantir que nenhum membro do Estado nem mesmo chegaria a desejá-lo; E Platão, de acordo com isso, proporciona um programa abrangente de persuasão e educação para garantir o máximo possível que os gostos e desgostos dos magnesianos, bem como convicções raciocinadas, se tornem o que desejam que sejam. O mero treinamento vocacional existe no sistema, mas a principal ênfase é a moral; e o Ministro da Educação proporciona um vínculo direto doutrinal/filosófico com o Conselho Nacional. O Livro VII como um todo é dedicado à educação, mas o tópico recorre constantemente por todo o livro; e as *Leis*, com efeito, é tida como o melhor texto educacional de Magnésia.[39]

Dificilmente será necessário dar um *résumé* de todas as medidas educacionais de Platão, já que boas abordagens existem por toda parte.[40] Mas vale insistir em um ponto central. O programa magnesiano para a educação é o pleitear de Platão pelos corações e mentes dos magnesianos; e ele não está preparado para tolerar rivais. Sua intenção é a de que os gostos platônicos, os valores platônicos, e a ideologia platônica devam ser plenamente aceites pelos magnesianos deum modo geral, não meramente numa preferência consciente a outros valores, mas porque outros valores simplesmente não estão ali para competir; pois a noção de que o mundo pode ser outro do que é constitui um perigo. Para dizer a verdade, ele quer que os magnesianos compreendam suas leis *gnōmēi*, "por razão, juízo"; mas só mesmo quando o homem mostrou a si mesmo estar além de uma provável atitude de corrupção, a ele é permitido viajar para o exterior e fazer comparações de princípio com instituições estrangeiras; o Conselho Noturno descuidou de tais excursões, sendo incentivado a ter horizontes mentais mais amplos.[41] Mas o povo magnesiano deve estar completamente imerso nos valores platônicos. As pressões de Platão sobre eles são intensas e incansáveis.

Lancemos um olhar a umas poucas dessas técnicas. A mais óbvia é a da estrita censura de doutrinas artísticas que, da perspectiva da doutrina, sejam

---

[39] 811c-812a.
[40] Glenn R. Morrow, *Plato's Cretan City: A Historical Interpretation of the Laws* (Princeton, 1900), pp. 297-398; Stalley, *Introduction to Plato's Laws*, pp. 123-136.
[41] 951a*ss*; cf. mais adiante neste capítulo.

indesejáveis.⁴² A mais insidiosa talvez seja o uso do prazer a ser obtido das artes para recomendar princípios doutrinariamente corretos para as sensações.⁴³ A mais conhecida é a provisão de dignificados e edificantes "preâmbulos" para o código legal em geral para as partes constituintes, designadas por um apelo combinado à sensibilidade e à razão, com o intuito de persuadir o portador de que as leis devem ser obedecidas.⁴⁴ E a mais elaborada é a refutação, que é plenamente elaborada em quase toda a extensão do Livro X, das três heresias que, na concepção de Platão, incentivam-nos a quebrar o elo entre virtude e *eudaimonia*, uma doutrina cardinal.⁴⁵ Todas essas técnicas, bem como técnicas semelhantes, redundam em uma tentativa mais determinada de garantir que os magnesianos pensem tal como ele deseja. Ele está em certo sentido cultivando o "consentimento do governado" para suas estruturas políticas, mas também é verdade dizer que ao exercer pressão ele força esse consentimento à existência.

Outro exemplo, menos longo, mas ainda mais radical, diz respeito à penologia.⁴⁶ Ele se dirige aos cidadãos magnesianos em sua capacidade de jurados. As cortes atenienses seguiram uma política em parte retributiva e em parte dissuassiva. Platão, contudo, é completamente utilitário. Ele separa a recompensa da parte danificada (que deve ser paga em cada caso) como uma medida não penal, destinada a restaurar os dois lados da amizade. A proposta de punição adequada não é fundamentalmente a de dissuadir o ofensor por um prospecto de sofrimento adicional, mas curá-lo de sua injustiça psíquica — uma "doença" que tal como a doença médica, ele não pode ter optado por contrair. Ora maus estados morais, a exemplo de maus estados físicos, são desvantajosos para seus possuidores; por essa razão, "ninguém é

---

[42] 802ass, 817a-e, 858c-e.
[43] 653b, e Livro II em geral.
[44] 718a-723d. A linguagem dos preâmbulos é algo tanto elevada, e há um uso frequente do mito colorido.
[45] Ver mais debates a respeito nas proximidades do final deste capítulo.
[46] 856e-864c, texto difícil, elucidado em Saunders, *Plato: The Laws* (Harmondsworth, 1970), pp. 361, 367-369, cf. 933e*ss*.

voluntariamente mau".[47] Ofensas são involuntárias, e com isso a punição retributiva é mal direcionada. A finalidade da punição deve ser a "cura" de opiniões equivocadas e de maus estados morais. Para chegar a isso, pode ser usada *qualquer* medida, seja ela dolorosa ou não. Com o intuito de fazer com que essa política produza efeito, Platão escreve um código penal modelo, baseado na lei ateniense, porém livremente modificado tanto em questões amplas como em inúmeros detalhes significativos.[48]

Aqui, novamente, existe uma vigorosa tentativa de persuadir os magnesianos a pensar platonicamente.[49] Uma moderna escola de direito tenta ensinar seus alunos não apenas a lei, mas a pensar como advogados; ela inculca não apenas um corpo de conhecimento, mas um moldar de pensamento. Platão aborda sua tarefa da mesma forma. Os júris magnesianos devem atuar de acordo com postulados e políticas especiais. Em vez de perguntar "o que esse criminoso condenado merece sofrer em retribuição, à luz da lesão ou ferimento que ele causou?", eles devem perguntar "o que essa lesão ou ferimento nos diz sobre o estado de sua alma, e a qual penalidade ele merece se submeter para curá-la? "Merece", *axios*, assume um sentido diferente. Assim também *timōria*, "vingança", "punição" e *dikē*, justiça, "punição". *Timōria* adquire uma conotação desacreditada: "o olhar para trás, de sofrimento retributivo, que ao ofensor não faz bem algum; *dikē* significa "punição sistematicamente calculada para reformá-lo para o futuro".[50] Vocabulário familiar é usado, mas ele adquire novo conteúdo. Não admira que o excurso penológico seja prefaciado por uma longa apologia em favor da legislação filosófica.

---

[47] 860d; cf. 734b. A formulação é uma versão do paradoxo "socrático", "ninguém erra voluntariamente". Para formulações iniciais desse paradoxo, ver *Protágoras* 345d-e e *Górgias* 509e
[48] Esse é o tema de meu *Plato's Penal Code* (Oxford, 1991). As modificações de Platão raramente são evidentes se consideradas de uma mera leitura das *Leis* isoladamente das fontes para a lei grega.
[49] Nota-se como eles são incentivados a assistir a julgamentos: 855d. A boa lei educa: ela é uma expressão da razão (957c; cf. 714a1-2, 857c-e).
[50] 728c, tal como elucidado por Saunders, "Notes on the *Laws*, n. 23"; e Saunders, "On Plato, *Laws* 728bc", *Liverpool Classical Monthly* 9 (1984): pp. 23-24. Cf. Mary Margaret Mackenzie, *Plato on Punishment* (Berkeley, 1981), p. 196.

É tempo de passar da teoria filosófica e educacional para questões mais concretas. Aquele que entra em Magnésia (visitantes não são excluídos),[51] aquele que passeia por ela, o que ele vê?

Vê-se um estado cuja riqueza vem da agricultura, não do comércio. A terra é dividida em 5.040 porções "inalienáveis" ou "lotes" (*klēroi*), uma para cada um dos 5.040 cidadãos adultos do sexo masculino;[52] 420 de tais lotes constituem o território de cada uma das doze "tribos". No caminho para a cidade central, percebe-se que cada divisão tribal tem uma vila. Como se fossem pontilhadas no entorno, estão as habitações dos fazendeiros-cidadãos; e existem várias outras edificações para finalidades legais, religiosas, educacionais e sociais. As pessoas que se encontram ali podem ser classificadas em quatro categorias sociais: cidadãos livres e suas mulheres e filhos; seus escravos; residentes estrangeiros; e estrangeiros visitantes de diversos tipos. Depois de algum tempo, dois aspectos da vida magnesiana se tornam evidentes: não há pobreza ou riqueza exagerada, e a variação de atividade econômica permitida àquela classe de cidadãos é estritamente limitada, uma vez que escravos fazem a maior parte do trabalho manual e se ocupam das trocas, e também o artesanato está em mãos dos residentes estrangeiros (metecos).[53]

Tocas essas cláusulas são as expressões práticas das bem conhecidas expressões platônicas. Riqueza, pobreza, comércio e artesanatos tendem a diminuir a virtude de um homem e incapacitá-lo para uma vida civilizada; levam-no a valorizar os interesses do corpo acima dos da alma.[54] A relação das regulações econômicas de Platão com a prática histórica é um tópico

---

[51] 952*ss*.
[52] Número conveniente para efeitos administrativos: 737e-738a.
[53] Este parágrafo extrai pontos salientes de 736c-738a, 739e-741a, 744a-745e, 778a-779d, 794a, 842b-850, 919d-920c, que devem ser lidos *in extenso*. Quanto à questão dos negócios, muito embora Magnesia não seja um Estado comercial, ela reconhece a necessidade de um mínimo de comércio interno para ela própria; ver as rigorosas regulações em 915c-922a. O lote não apenas é inalienável, mas também deve reter um mínimo de propriedade (744d-e); a propriedade abaixo desse nível não é permitida.
[54] 631b-d, 661a-e, 726e*ss*, 741e.

fascinante, mas por demais extenso para ser considerado aqui.[55] Basta observar que Platão manipula: ele dá com uma mão e retira com a outra. Sua preocupação central é controlar a vida privada.[56] Ele admite a vida privada — porém, a riqueza acima de certo patamar é sujeita a um imposto de cem por cento.[57] Ele permite famílias particulares (elas são na verdade a instituição-berço do Estado como um todo)[58] — mas pretende que todos os cidadãos e suas esposas compareçam às refeições comunais organizadas segundo o modelo espartano/cretense.[59]

Como é o Estado governado e administrado? O Estrangeiro descreve a sua constituição como um "meio caminho" entre monarquia e democracia.[60] Resumida e algo expandida, a sua explicação é como segue. Idealmente, um Estado deve ser regido por uma única pessoa de suprema virtude e sabedoria política. Essa pessoa raramente existe, ou jamais existe; e em todo caso devemos sempre ser defrontados com a demanda democrática pela igualdade puramente matemática[61] de poder político (o "um homem, um voto", na expressão moderna). Porém, os muitos são sempre menos capazes de sabedoria política;[62] assim, o melhor caminho de estruturar a constituição é combinar

---

[55] Sobre a lei da família, ver Morrow, *Plato's Cretan City*; Josef Bisinger, *Der Agrarstaat in Platons Gesetzen* (Wiesbaden, 1925); E. Klingenberg, *Platons nomoì dyskhereîs und das positive griechische Recht* (Berlin, 1976); e Walter G. Becker, *Platons Gesetze und das griechische Familienrecht* (Munich, 1932).

[56] Cf. 779-780a, 788a-c, 909d-910.

[57] 744e-745b. Há também regras estritas de legado e herança, 923a*ss*.

[58] Ver, p.e., 717b-718a, 729c, 771a-776b, 783b-785b, 841c-842a.

[59] 779d-781d. Ver Morrow, *Plato's Cretan City*, pp. 393-398 para a interpretação desta seção. A inclusão das mulheres é, como indica o Estrangeiro, uma sensacional inovação; ver, em geral, E. David. "The Spartan Sussitia and Plato's Laws", *American Journal of Philology* 99 (1978): pp. 486-495.

[60] 756e*ss*; cf. *Político* 300e*ss* e nota 13; com efeito, ele se refere a uma aristocracia. Em 708e*ss*, onde para a fundação do Estado, Platão prefere um bom governante único, ver Stalley, *Introduction to Plato's Laws*, pp. 90-92; cf. também 691b*ss* sobre constituições da história "mediana" ou "mesclada".

[61] Sobre igualdade "aritmética" em oposição à igualdade "geométrica" (*des*igualdade concedida a *des*iguais), ver também Aristóteles, *Política* III ix, xii; V i, o elucidador artigo por F. David Harvey, "Two Kinds of Equality", *Classica et Mediaevalia* 26 (1965): pp. 101-146.

[62] *Política* 292e-293a, 297b; cf. *República* 494a.

dois modos de distribuir poder: a *eleição*, que (se tivermos sorte) capacitará o Estado como um todo a designar as pessoas (moderadamente numerosas) mais bem qualificadas segundo seu caráter e inteligência para tomar a frente, e *o lote*, que garante alguma influência política para o homem comum, por rudimentar que sua virtude política possa ser. O poder político será assim difundido por todo o Estado; mas o uso do lote deve estar confinado ao menor alcance possível.

Portanto, a tarefa do Estrangeiro é injetar na estrutura constitucional vários meios de maximizar a influência desses magnesianos que são mais racionais e virtuosos do que outros. Mas a Magnésia detém a mesma seleção de aspectos constitucionais tais como habitualmente encontrados nos Estados gregos de um modo geral, e evidentemente na Atenas democrática — uma Assembleia de cidadãos adultos do sexo masculino, um Conselho e um Aparato de oficiais, para não falar de cortes com júris em grande número garantindo a participação popular na administração da lei? Pode o Estrangeiro manipular tais instituições em uma direção platônica? Na verdade ele pode, e esse método é de pleno interesse. Arrolarei como exemplos apenas quatro; uma inspeção mais acurada da letra miúda poderá revelar outros.

1. O Conselho Noturno, que obviamente pretende mediar a filosofia ao Estado no curso de sua forte influência na administração cotidiana do Estado, é composto de pessoas que chegaram a ser sócias com base tão-somente em suas qualidades pessoais. Até onde posso ver, o lote não desempenha nenhuma parte, qualquer que seja, na sequência de eventos que conduzem a seu compromisso; eles são membros ou por virtude de alguma realização evidente ou por capacidade ou por virtude de algum cargo público para o qual em algum momento foram eleitos, e não escolhidos por lote para qualquer grau que fosse.[63] Aqui, então, em tal suprema governança como

---

[63] Reconhece-se que o lote pode entrar na nomeação de sacerdotes (759b-c), e alguns sacerdotes são na verdade membros do Conselho Noturno (951d8). Mas o sacerdócio não é em si uma qualificação para a qualidade de membro: recompensas por mérito são necessárias. Essa exigência pode apontar para altos oficiais conhecidos como Controladores

a que Magnesia tem, a eleição mantém o campo e o lote não está em parte alguma. O Conselho Noturno é, com efeito, uma aristocracia intelectual e moral. No tocante à maquinaria constitucional, ele tem uma conexão apenas rarefeita com o restante do Estado; não tem de buscar aprovação para suas decisões; e muito de sua atividade e influência indubitavelmente se pretende informal, talvez oculta.[64]

2. Na eleição dos mais poderosos oficiais, os Guardiões das Leis,[65] os dez mais velhos que são membros do Conselho Noturno, o número de candidatos é reduzido, primeiro para 300, então para 100 e finalmente para 37. Eleitores que desejam votar no estágio final são obrigados a conferir solenidade a seu voto, caminhando por entre as vítimas de um sacrifício. O efeito será o de excluir do voto final e decisivo certo número de cidadãos pobres, que não podem arcar com as despesas.[66]

3. A Assembleia, a que todos os cidadãos adultos do sexo masculino pertencem simplesmente por serem detentores de tal status, e o Conselho, seleto corpo executivo de 360 membros, parecem ter, no todo, um alcance de poder mais estrito do que o que se tem em Atenas.[67] Dois detalhes são dignos de nota:

(de outros oficiais ao final de seu mandato, 946b), que em circunstâncias excepcionais podem ser eleitos por lote (946a*ss*); mas não está claro quais Controladores são sacerdotes, tampouco, sendo o caso, se eles automaticamente contam como tendo conquistado prêmios por mérito. Cf. Morrow, *Plato's Cretan City*, 503.

[64] 964e-965a; cf. 758c5-d2. Por essa razão, acho difícil aceitar a recente conclusão de Charles L. Griswold Jr. - que em todo caso entra em conflito com 756e - segundo a qual "*politike episteme* e as virtudes florescerão melhor no contexto de uma *democracia* [itálicos acrescentados] governada pela lei". Ver Griswold, "*politike episteme* in Plato's *Statesman*", em *Essays in Ancient Greek Philosophy*, vol. 3, John P. Anton e Anthony Preus, editores (Albany, 1989), p. 162.

[65] 753a*ss*. Sem dúvida que esse título se pretende uma reminiscência dos Guardiões da *República*.

[66] Cf. *República* 378a.

[67] Morrow, *Plato's Cretan City*, pp. 157-178.

a. Nas eleições para o Conselho,[68] todos os membros de quatro classes de proprietários votam para 90 membros de cada classe. O voto é obrigatório, sob pena de multa. Mas os membros da quarta classe (a mais pobre) não precisam tomar parte na eleição de Conselheiros da terceira classe, e membros da quarta e terceira classes não precisam tomar parte na eleição dos Conselheiros da quarta classe. Em ambas essas eleições haverá, assim, uma preponderância de "votos de ricos" sobre votos de pobres; pois os abastados votarão em razão da multa, e os mais pobres tenderão a não votar (sem dúvida que ficarão muito satisfeitos com poder continuar com seu trabalho). Pelas suposições-padrão[69], segundo as quais existem menos ricos do que pobres, ou então, se forem em mesmo número, haverá nesse método de votar uma pronunciada influência oligárquica na eleição de Conselheiros entre os pobres.

b. De modo semelhante, membros das duas classes mais ricas são multados se deixarem de frequentar reuniões da Assembleia, uma vez que nenhuma obrigação desse gênero é normalmente imposta aos membros das duas classes mais pobres.[70]

O desfecho de (2) e (3) é ligeiramente curioso. À sabedoria e à virtude como qualificações para poder político devemos acrescentar a riqueza. Platão talvez sinta que a associação em uma das duas classes de propriedade mais elevadas é sinal de indústria, de parcimônia e de desejos modestos. Essas são não pequenas virtudes; e uma vez que existe um limite superior, e de caráter bastante estrito, à riqueza em Magnesia, é improvável que eles degeneram em ganância. Em todo caso, a posse das riquezas em Magnesia confere algum poder político, modesto. A concessão à virtude popular é uma concessão

---

[68] 756b-e.
[69] Aristóteles, *Política*, 1281a11-28, 1318a26. Ainda com todos os membros de todas as classes eleitos compulsoriamente, uma primeira classe (rica) ainda tem 90 Conselheiros, tantos quantos uma grande quarta classe (pobre).
[70] 764a.

sagaz que passará a ir de encontro ao sentimento oligárquico que alguns magnesianos podem ter, o de que a riqueza é merecedora do poder.⁷¹

Muito embora Platão fale em termos um tanto estáticos sobre a constituição magnesiana como "meio caminho" entre monarquia e democracia, o que ele efetivamente faz é permitir pressões ou tensões contrárias para estabelecer um conflito dinâmico. Um certo equilíbrio de mudança é atingido não só entre as duas concepções de igualdade representadas pelo uso de eleição e de lote — e assim também entre rico e pobre ⁷² —mas (I) entre uma liberdade e discrição oficial, por um lado, e, por outro, o risco de acusação por má conduta durante o seu período de direito adquirido⁷³ e a necessidade de se submeter a "escrutínio" ao final dele;⁷⁴ e (II) entre a autoridade de quadros de oficiais para tomar decisões obrigatórias por si mesmos, e sua obrigação de agir de comum acordo com outros oficiais ou de enviar casos a uma autoridade superior.⁷⁵ Mas não devemos supor que essa tentativa de manter tensões opostas em equilíbrio seja ou (a) a moderna doutrina de separação de poderes, o legislativo, o executivo e o judiciário, cada qual servindo de impedimento ao outro, ou (b) um modo de fazer funcionar com harmonia uma "sociedade mista", na qual às várias ideologias de grupos étnicos se concede valor por direito próprio, mas elas devem coexistir indefinidamente. O estímulo, por Platão, de uma pressão contra a outra, toma lugar no seio da ideologia e deve servir para reforçar o que se pretende que seja uma simples ideologia, na qual os fins da sociedade não estão em disputa. Se for essa a marca de uma sociedade totalitária, então Platão é um totalitário.⁷⁶

---

⁷¹ 744a*ss*; cf. Aristóteles, *Política* 1283a16*ss*, 1301a25*ss*; cf. 1280a22-5.
⁷² Comparar o misto de classes sociais no arranjo de casamentos, 773a-3.
⁷³ 761e*ss*, 928b, 941a, 946d-e, 947e-948b, 955c-d.
⁷⁴ A manutenção do governo em Magnesia, como em Atenas, geralmente se limita a um conjunto de número de anos. Sobre o exame minucioso, *euthuna*, prática ateniense que Platão adota entusiasticamente, ver 945b*ss*.
⁷⁵ Por exemplo, 761d-e, 847b.
⁷⁶ A experiência que o mundo viveu com nazismo, fascismo e comunismo catalisaram, a partir dos anos 1930, uma série de ataques ao pensamento político de Platão com base nos fundamentos do totalitarismo. O ataque mais virulento veio de K. R. Popper,

Outro equilíbrio que ele atinge é entre fidelidade à letra da lei e discrição de sua aplicação. Magnesia é um "Estado de lei", e leis como instrumentos de governo são imperfeitas: elas não podem satisfazer as circunstâncias peculiares de cada caso, e precisam de interpretação e aplicação por pessoas que agem de acordo mais com seu espírito do que com a palavra nua e crua.[77] Portanto, muito embora Platão seja enfático em que os magnesianos devam prestar às leis incondicional obediência,[78] ele está bem consciente de que eles terão de exercitar ilustrada flexibilidade em sua aplicação cotidiana.[79] Na verdade, uma das razões pelas quais certos magnesianos selecionados são incentivados a viajar para o exterior é a de que nenhum Estado que obedeça suas leis meramente por hábito, sem apreendê-las por "entendimento", "juízo", "razão" *(gnomēi)* ao final será capaz de preservá-las intactas.[80] Os "observadores", "estendendo-se sobre terra e mar", devem, por essa razão, consultar especialistas estrangeiros e investigar leis e jurisprudência de outros países, com o intuito de fortalecer o sistema legal de Magnesia. Uma vez sendo essa uma atividade filosófica (presume-se que questões de intenção, de responsabilidade, de penologia e psicologia possam surgir), Platão está tentando garantir que Magnesia seja fundada em uma compreensão filosófica: os observadores relatam uma reunião do Conselho Nacional sem membros faltantes,[81] a qual sem dúvida procure introduzir no código legal quaisquer novas ideias e práticas, às quais eles aprovarão.[82]

The Open Society and its Enemies [A sociedade aberta e seus inimigos], vol. I (New York, 1963); a defesa mais consistente foi feita por Ronald B. Levinson, *In Defense of Plato* (Cambridge, Mass., 1953).
[77] 875d; cf. acima neste capítulo.
[78] 700a, 715b-d, "servos das leis"; cf. 957b. A lei é, na verdade, "a distribuição da razão" (714a2).
[79] 925d*ss*, e cf. sua descrição da fixação de penas, debatida acima, neste capítulo. Certamente que a descrição não é solta nem desvinculada, mas está sujeita a linhas mestras.
[80] 951a-c, e observe-se a descrição da virtude como a harmonia entre emoção e razão (653a-c; cf. 688b).
[81] 952b.
[82] O modo preciso como devem fazê-lo, no entanto, não está claro. Platão mostra-se

Platão adota boa quantidade de leis e práticas legais da Atenas contemporânea, porém o faz em um espírito decididamente crítico, e a lista de modificações é longa e variada. À parte a sua nova e radical penologia, esta que aqui já descrevemos, talvez as suas inovações mais significativas sejam (I) a instituição de um procedimento legal menos confrontacional e mais intervencionista do que o que prevalecia em Atenas, [83] e (II) o apelo, não permitido em Atenas, dos vereditos das cortes "tribais" (as contrapartes magnesianas dos tribunais atenienses regulares, os *dikastēria*) para um tribunal mais elevado.[84] Como para suas outras medidas, arrisco-me a citar novamente o esplêndido tributo de Morrow:

> O padrão de que ele dispõe no tronco principal do procedimento da lei ateniense, com sua liberdade de acusação e sua rica variedade de ações e remédios; mas podemos dizer que se trata de uma lei ateniense modificada em muitos pontos, em direções que, podemos dizer, são sugeridas pela lei em si mesma. Ao dar à presidência de magistrados poder para controlar as pleiteações e evitar a introdução de questões irrelevantes e desvirtuadoras, ao introduzir algo como a inquisição de testemunhas e diretores, ao excluir as oportunidades para o embate retórico proporcionado pelo desafio arcaico ao juramento e pelo desafio à tortura, ao ampliar o escopo de testemunhas competentes e ao forçar o direito do litigante a obrigar a sua assistência, ao eliminar o juramento de testemunhas e diretores e fazendo todos os estágios dependerem de documentos escritos, além de invocar o poder do Estado para auxiliar um litigante a executar um juízo obtido na corte — em todas

---

relutante em aceitar mudanças frequentes na lei magnesiana, uma vez que ela já é bastante boa (e provavelmente também porque tais mudanças sugerem um estado incerto de seus objetivos morais). Mas o refinamento de tais mudanças é algo que ele permite, em especial nos primeiros anos do Estado - pelo menos em algumas áreas (769b*ss*, 722a-d, 957a-b). Sem dúvida que os ajustes principais sugeridos pelo Conselho Noturno lhe seriam mais aceitáveis do que a remendagem *ad hoc*. Ver a discussão de Morrow, *Plato's Cretan City*, 500-3; cf. *Político* 299b*ss* sobre a fidelidade excessiva às leis existentes e a necessidade de *zētein*, "investigação", "pesquisa".
[83] 766d, 768a, 875e-876b, 855-856a; cf. Auguste Diès e Louis Gernet, "Introduction", *Platon: Oeuvres complètes*, vol. 2, parte 1, *Les Lois* (Paris, 1951), cxl-cxliv.
[84] 768b-c, 956c.

essas cláusulas, a lei de Platão, ainda que essencialmente prática em caráter, corporifica uma concepção do processo judicial mais ampla e mais ilustrada do que a que algum dia foi caracterizada pela prática ateniense em seus melhores momentos.[85]

Se perguntarmos especificamente quais princípios *filosóficos*, ou, em particular, conexões com as Formas, residem por trás dessa impressionante reunião de medidas, ainda uma vez será difícil dar uma resposta. Pois se trata de reformas às quais se poderiam perfeitamente chegar, por meios empíricos, quem quer que estivesse interessado nos meios mais eficientes de garantir a justiça nas cortes. Mas talvez essa noção mesma de justiça venha nos dar uma chave. Como vimos, Platão a redefine. A proposta de seu código legal não é fazer um criminoso sofrer "por justiça", isto é, por reciprocidade, mas tratá-lo de modo a que ele venha a se tornar "mais justo". Agora, os vários estados injustos dos ofensores são difíceis de diagnosticar com precisão, e existe um risco constante de que um diagnóstico falso venha resultar em prescrição de cura equivocada. Daí a atenção cerrada concedida por Platão a um procedimento legal tranquilo, prolongado, imparcial e escrupulosamente preciso.[86] Pois somente se o criminoso é feito "justo", isto é, virtuoso, pela "cura" ele terá crença ou disposição moral correta e assim chegará a alguma medida de *eudaimonia* humana. Provisões legais estão a serviço de uma penologia que depende de certa posição filosófica. Assim, se desejamos descrevê-las como "filosoficamente fundadas", tal será em algum sentido relacionado a um fim: elas são os meios mais eficientes pelos quais um homem cujas crenças morais são (involuntariamente) errôneas, ou cujos desejos são (involuntariamente) dirigidos de maneira errônea, podem ter seu estado psíquico diagnosticado e então curado. Procedimentos judiciais ruins diriam respeito a alguma coisa que não fosse o diagnóstico, e então, em última instância, a alguma coisa que não fosse a *eudaimonia* humana; daí a tão severa concepção que Platão extrai do

---

[85] Ver Saunders, *Plato: The Laws*, 31-2; Morrow, *Plato's Creta City*, pp. 295-296.
[86] 766d-768a, 855c-856a, 875e-876e, 936e-938c, 949a-b, 956d-958a.

tipo de advogar que perverte o trabalho das cortes[87] — pois ele impede a "felicidade" humana.

A mesma concepção relacionada a fins deve ser tida como a inteira estrutura constitucional e econômica de Magnesia. À medida que o Conselho Noturno chega ao conhecimento das Formas, ou às divisões "genuínas" da realidade, e ao mediá-la por uma variedade de métodos para seus cidadãos-companheiros de modo geral, sua tarefa só pode ser obstruída pela pobreza excessiva e pela riqueza excessiva,[88] ou pela indulgência no comércio varejista, ou pelas tentações postas no caminho de um homem por (digamos) o direito ilimitado concedido por algum cargo público ou pela falta de escrutínio em sua expiração. A economia e a lei constitucional dançam ao som da teoria moral.[89]

Também assim fazem a teologia e a religião, muito embora em um nível intelectual mais elevado. A maior parte do Livro X é uma teodiceia elaborada e destinada a persuadir magnesianos das seguintes proposições:

1. De que o mundo é em certo sentido uma construção racional, na qual pensamento, planejamento e cálculo são "aprioristicos" à natureza, à matéria e ao acaso.

2. Que os corpos celestes, que se movem segundo padrões regulares e racionais, são deuses.

3. Que os deuses não são indiferentes à humanidade; eles detêm uma valorosa consideração pelo virtuoso e detestam o que é maldoso.

---

[87] 937d-938c.
[88] Cf. 679b-c. Observe-se como a discussão envolvendo esses Estados em 742css está relacionada ao "ponto de partida" e "desejo" do legislador (a esse respeito ver também 770css). Aqui não existem ascetismos, não há crença de que a pobreza enobreça a alma. Cf. Benjamin Franklin: "[Inseri em meu *Almanac*] sentenças proverbiais, versando especialmente sobre a industriosidade tal como nos é inculcada e sobre a frugalidade como meios de buscar a riqueza, e ao mesmo tempo, por meio disso, assegurando a virtude; é mais difícil para um homem querer agir sempre honestamente do que, recorrendo aqui um dos provérbios, *um saco vazio parar em pé*" (*The Autobiography of Benjamin Franklin*, cap. 7; seu itálico).
[89] Ver em particular 742c-744a e 550b-771a, e cf. 802-c2-4 sobre o controle da dança etc.

Eles recompensam o primeiro e punem ao último; são eles próprios virtuosos, e não são imunes a sacrifícios e preces.

Leis estritas são baixadas para a repressão tanto das ações ímpias como das opiniões heréticas.[90] Os magnesianos devem tomar parte em uma série regular de cerimônias religiosas e acompanhar celebrações sociais; a adoração em santuários particulares é proibida,[91] já que ela pode muito facilmente reforçar a crença em que os deuses podem ser subornados para não levar em conta más ações. A razão pela qual Platão presta extraordinária atenção à crença e à prática religiosa é a sua firme convicção de que ninguém persuadido das proposições (1)-(3) anterior, e de (3) em particular, incidirá no moralmente ruim[92] na crença de que *eudaimonia* é independente de *aretē*.[93] Portanto, ele pressiona teologia e religião a serviço das ortodoxias morais, legais e constitucionais de Magnesia. O Livro X é de fato a sua tentativa mais prolongada de moldar a mente dos magnesianos na forma por ele requerida. Isso obviamente contém muita protrétipca apaixonada; mas seu raciocínio é mais do que elementar: existe uma análise de vários tipos de movimento, algum debate sobre como os corpos celestiais se impulsionam a si próprios, além de uma importante tentativa de apresentar a escatologia em termos da física cósmica.[94] Platão é também por demais consciente de que os magnesianos, e em particular os potenciais heréticos entre eles, são dotados de cérebro, bem como de sentimentos.[95]

O radicalismo de Platão no confronto e manipulação de instituições históricas é, até agora, assim espero, aparente. Mas esse passo mais radical deve ainda emergir: ele deve demandar que o legislador e o político, exercitando a *politikē epistēmē*, se ocupe da *aretē* e portanto da *eudaimonia*

---

[90] 907b-910d.
[91] 716d*ss*, 803e1-2, 816c-d, 828a-d, 909d*ss*.
[92] 885b.
[93] 905b.
[94] 903b*ss*.
[95] Ver 885c*ss*, esp. 886d, *sophoi*, "inteligente", e 908e. Sua descrição da *euētheia* "naiveté", dos primeiros homens, que acreditavam no que se lhes dizia, é um real *cri de coeur* (679c).

não meramente do cidadão adulto do sexo masculino, mas de todas as outras partes da população, quais sejam mulheres, escravos e estrangeiros. Mesmo em nossos dias de libertação da mulher, ainda não há um conhecimento disseminado de que nas *Leis* Platão permite e até mesmo incentiva as mulheres a assumir ampla participação na vida pública. Não só elas devem tomar parte no programa de treinamento atlético e militar; não só devem jantar em comunidade, assim como seus maridos, e ser educadas exatamente como são os homens nas virtudes políticas;[96] elas devem ocupar cargos públicos. É bem verdade que elas terão de esperar até os 40 para fazê-lo, presumivelmente em consideração a suas lides maternas, enquanto o homem pode assumir cargos oficiais já a partir dos 30 anos.[97] Ora Platão está simplesmente agindo de maneira consistente com os princípios da *República*: nos aspectos cruciais, a capacidade crucial de uma mulher não é inferior à de um homem, e recusar-se a usá-la é desperdiçar metade dos recursos do gênero humano.[98] De acordo com isso, na *República* haveria Rainhas-Filósofas, tanto quanto Reis-Filósofos.[99] Nas *Leis*, o princípio foi universalizado:

---

[96] 770c-d, 780a*ss*, 796c, 804d*ss*, 833c-d.

[97] 785b. Chega a ser curioso o fato de termos ouvido referência direta sobre a cláusula somente essa vez. Não se faz grandes elaborações a respeito (contrastar com os casos de refeições, educação e exército compartilhados). Mas a crítica realizada por David Cohen da evidência indireta ("The Legal Status and Political Role of Women in Plato's *Laws*", *Revue Internationale des Droits de l'Antiquité* 34 [1987]: p. 27-40) convence-me de que essa passagem deva ser levada a sério. Ainda assim, os direitos de voto que eles têm são menos claros. Acrescento ainda uma indicação de que Platão considerou a virtude feminina como não essencialmente inferior à masculina: em seu código penal, as penalidades são frequentemente graduadas em severidade com base na classe social (livres, escravos, cidadãos, estrangeiros) dos ofensores, daí o nível presumido de sua virtude, porém *jamais* em referência a seu sexo (exceção feita a um caso especial em 932b-c, com base na mesma distinção de idade que se tem em 805e). Para um comentário crítico mais detalhado da evidência tendo em vista o tratamento concedido por Platão às mulheres nas *Leis*, contando-se com uma avaliação menos favorável do que a minha, ver Susan Moller Okin, *Women in Western Political Thought* (Princeton, 1979).

[98] *Leis* 805a, 806c.

[99] A *República* 451b*ss* pode bem implicar que em Calípolis as mulheres da segunda e da terceira classes serão médicas, pertencerão às forças armadas etc., em condição de igualdade com os homens.

todas as cidadãs, independentemente de ser Filósofas-Rainhas, devem tomar parte nos negócios públicos. Pode se perguntar com que frequência elas de fato seriam eleitas, dada a probabilidade de haver preconceito por parte dos homens; talvez Platão estivesse secretamente se fiando nos resultados do uso do lote para se familiar com a prática. Para todos os efeitos, é importante perceber que Platão não é movido por alguma admiração especial pelo sexo feminino enquanto tal,[100] nem por qualquer simpatia com a ideia de que as mulheres são ou devem ser iguais aos homens em qualquer aspecto particular de cunho social e legal, e tampouco seria ele especialmente simpático a algo do tipo "libertação da mulher"; ele considera a questão puramente como de uso eficiente das capacidades disponíveis.

Platão concede ao trato com os escravos o estatuto de problema.[101] Ele admite que alguns escravos sejam figuras de excelência, que sejam boas para seus proprietários; mas ele tem plena consciência da possibilidade de insubordinação, ou mesmo de revolta. Ele recomenda que os mestres devam se abster de arrogantemente maltratar seus escravos, mas devem ser decididamente firmes com eles, castigando-os de maneira justa; jamais se deve ter com eles qualquer familiaridade, e tudo o que se lhes disser deverá ser em forma de ordem. No código legal, aos escravos se atribuía menos proteção do que aos homens livres, e algumas das penalidades que lhes foram imputadas por ofensas consideradas sérias são de horrível selvageria.[102] Em geral, Platão pensa no escravo como criatura dotada de baixo nível de razão e virtude moral, e, portanto, com menos capacidade de conduzir a vida racional e civilizada que constitui a *eudaimonia* humana. Mas ele não acredita que não tenham capacidade de *eudaimonia* de espécie alguma. Uma observação quase acidental parece indicar que, muito embora educar escravos adequadamente esteja entre os interesses fundamentais de seus mestres, também isso é do interesse dos próprios escravos, ou seja,

---

[100] Ver *Leis*, 781a-b, *República*, 455d-e.
[101] O principal debate se encontra em *Leis* 776b-778a.
[102] Sobre escravos nas Leis, a investigação clássica é de Glenn R. Morrow, *Plato's Law of Slavery in its Relation to Greek Law* (Urbana, III., 1939).

de sua *eudaimonia*.[103] De um modo cabeça-dura e calculista, Platão insere a felicidade dos escravos no seio da benevolente preocupação da ciência política.[104] E em grau já mais atenuado, ele se preocupa com a virtude dos estrangeiros, tanto os residentes como os itinerantes: os primeiros devem possuir a *sophrosunē*, "moderação", "contenção"; e ambos, assim como os escravos, são capazes de aperfeiçoamento moral como resultado de punição por ofensas.[105]

Essa preocupação com relação à confessadamente limitada *aretē* e *eudaimonia* das seções subordinadas da população suscita interessantes questões teóricas. Seria ela meramente instrumental, pretendendo-se apenas subserviente à *eudaimonia* dos cidadãos adultos do sexo masculino? Ou temos aqui o germe da noção de que o legislador deve ter alguma preocupação universal para com todos os seres humanos, independentemente de seu status político? Qualquer que seja sua motivação e finalidade, a preocupação de Platão com a *eudaimonia* do Estado como um todo em última instância existe; e ela é prenhe de possibilidades para as filosofias futuras, sobretudo o estoicismo e o cristianismo.

Após essas capciosas especulações, é tempo de retornarmos ao problema central: as *Leis* são um trabalho de filosofia ou não? Podemos considerar em primeiro lugar, princípios gerais, e, então, especificar detalhes constitucionais e sociais; em essência, o mesmo problema surge em ambos os casos.

---

[103] 777d: "(Mestres devem) treiná-los adequadamente, em observância ao respeito que se deve não só a eles (isto é, aos escravos), mas tanto mais a si próprios." O bom treinamento dos escravos conduz à *eudaimonia* dos mestres, que é diminuída se seus escravos não desfrutam da *eudaimonia* de que são capazes; e nisso eles se tornarão rebeldes. Abster-se de perpetrar maus tratos aos escravos redundará em "semear os grãos da virtude" (777e1) — em escravos? Ou em seus mestres, que por início disso evitarão conspurcar-lhe a alma?
[104] Cf. Morrow, *Plato's Law of Slavery*, pp. 43-44.
[105] 850a-d, 941e.

(1) Obviamente, Magnésia é construída com base em certos princípios — por exemplo, moderação, compromisso, a regra da lei. Mas isso não faz das *Leis* uma obra filosófica no sentido forte. Pois esses princípios são pragmáticos: não é preciso ser filósofo para excogitá-los. É claro que eles estão abertos a análise filosófica; mas não *têm* de estar baseados em qualquer crença metafísica em realidades suprassensíveis como Formas. Reconhece-se que um meio possível de conectar moderação, compromisso e outras coisas a tais realidades seria tratá-las como exemplos de medida "esperada" ou "apropriada", esta que no *Político*[106] é "dividida" a partir de medida "relativa"; pois como vimos, Platão parece pensar que "divisões" refletem alguma estrutura mais elevada de realidade. Mas a natureza dessa relação permanece obscura: a dificuldade é a de que alcançar a medida "devida" se parece a um exercício inteiramente empírico.

(2) Assim, que relação poderia existir entre o detalhe das proposições práticas concretas de Platão e sua metafísica? Considere-se o conceito da escala móvel. Existe nas *Leis* uma clara tensão entre o que Platão *gostaria* de prescrever e o que ele sente que pode alcançar em termos práticos — numa palavra, uma tensão entre ideal e real. Agora, nossa tentação imediata é supor que o ideal tenha de ser Formas: Platão traz cada instituição de Magnesia o mais próximo possível de seu exemplar perfeito. Isto é, ele mantém um olho constantemente nas Formas de (digamos) Corte, Função Governamental ou Classe Proprietária, e busca realizar "divisões" precisas de tais coisas para que sejam empregadas em Magnésia.[107] Mas se é isso que ele pensa que está fazendo, ele mantém velado o seu *modus operandi*.

(1) e (2) esboçam apenas possibilidades. O que é possível dizer com segurança é que, se a sua preocupação é de algum modo com as Formas, ela parece ser com as Formas das virtudes morais. Nesse caso, a escala móvel de instituições preferidas e menos preferidas em Magnésia simplesmente reflete um juízo pragmático sobre *condições facilitando* uma

---

[106] *Político* 283b-287b.
[107] Ver nota 10.

apreensão intelectual dessas virtudes, e, portanto, uma prática invariável dessas virtudes.[108]

Se fosse o caso de fazer o próprio Platão atentar para a questão, perguntando-lhe por que essa ou aquela instituição das *Leis* seria subserviente à sua proposta, enquanto outras não, creio que ele daria uma dupla resposta. "Em primeiro lugar, você está completamente certo ao supor que estou trabalhando em um nível puramente pragmático — no seguinte sentido: nenhum homem que seja excessivamente pobre ou rico, ou amante de dinheiro, ou mesquinho, ou ambicioso, ou beligerante pode adquirir a virtude, mesmo no modorrento nível da virtude "demótica"; por isso ele necessita segurança, ordem, cooperação racional com seus companheiros homens e lazer (não o ócio, por uma via, nem a luxúria, por outra). São esses os tipos de critérios com base nos quais eu construí Magnesia. Em segundo lugar, porém, se minhas intenções forem satisfeitas, e se os magnesianos forem bem sucedidos quando sob a orientação do Conselho Nacional para obter alguma apreensão intelectual da Virtude, certamente será improvável que o tipo de vida que eles estiverem a conduzir seja completamente diferente da que até agora conduziram — em vez disso, sua vida irá gradualmente melhorar em qualidade moral, como resultado de sua compreensão aperfeiçoada. Na verdade, é preciso que haja *alguma* relação entre virtude "comum" ou costumeira com base no entendimento perfeito induzido por mito e que tais, no nível da "opinião correta", e uma perfeita apreensão do que a Virtude em Si Mesma é, com base na razão. A vida que você conduziu quando estava no processo de aperfeiçoamento da sua compreensão da virtude será assim uma excelente preparação e fundação para a vida que se levará tendo obtido virtude.[109] Nesse sentido, as *Leis* são uma obra de filosofia — em que pese algumas pessoas quererem pensar que

---

[108] Segundo muitos aspectos, esta é também a posição de Aristóteles: a boa *polis* proporciona o ambiente material, além da estrutura social e política, nos quais a *Aretê* humana, e portanto, a *eudaimonia* humana, podem florescer.

[109] Em 967e-968a, exige-se dos membros do Conselho Noturno que tenham certas realizações "adicionalmente às virtudes demóticas": ao que tudo indica, tem-se em vista algum tipo de progresso de um nível mais baixo de virtude para um nível mais elevado.

ali abandonei meu idealismo metafísico. Essa obra é minha tentativa final de assinalar para a humanidade o caminho para a *eudaimonia*; pois, como ali afirmo claramente e suficientes vezes,[110] nenhum homem sem virtude pode ser feliz. Essa é a filosofia em que se baseiam as *Leis*."

Agora, estamos em posição de enfrentar a questão: "qual a relação entre o Estado de Magnesia e o Estado de Calípolis?"[111] Em sua forma mais bruta, minha resposta seria: não há relação, pois eles são o mesmo Estado platônico — mas posicionado em dois pontos em uma escala móvel de maturidade política. Um Estado platônico politicamente maduro é, em essência, um Estado governado por pessoas dotadas de compreensão metafísica; e a hipótese de Calípolis é a de que esse tipo de governo é passível de ser alcançado. Já a hipótese de Magnésia é a de que ele ainda não foi alcançado, e na verdade jamais o será; no entanto, a Magnésia contém, como parte integral de si mesma, um maquinário que representa uma contínua aspiração em direção a ele. É crucial para essa aspiração que a segunda e a terceira classe de Calípolis sejam fomentadas e estabilizadas em Magnesia na medida mesma em que as circunstâncias e o caráter dos habitantes o permitirem: daí as elaboradas cláusulas sociais e educacionais que ocupam tantas páginas das *Leis*. Nesse solo cuidadosamente preparado, o governo da filosofia pode fincar raízes e gradualmente crescer. Mas mesmo que a aspiração filosófica não leve a lugar algum, pelo menos um "Estado de lei" superior terá sido construído.

A teoria política de Platão, tantas vezes pensada como "de cima para baixo", é, neste importante sentido, "de baixo para cima". Mesmo na *República*, houve a preocupação de que as condições para a construção de Calípolis jamais amadurecessem;[112] e ao que tudo indica, quando Platão seleciona Estados para os quais ele estaria preparado para enviar conselheiros políticos da Academia, ele rejeita aqueles onde sentia que as condições eram impróprias.[113]

---

[110] Ele quer dizer, por exemplo, 660d-663d.
[111] Para mais discussões sobre essa importante questão, ver Laks, "Raison et plaisir", e Laks, "Legislation and Demiurgy".
[112] *República* 471c-474b; cf. 540d-541b.
[113] Por exemplo, Diógenes Laércio, III 23, e em geral Saunders, "The RAND Corporation of Antiquity?", 1: pp. 202-203 e refs. Contudo, a evidência que se tem para

Toda a proposta das *Leis* é produzir um Estado em que as condições sejam de fato bastante propícias.

Acredito que seja, de modo positivo, provido de alentos e aspirações, que as *Leis* tenham sido mais bem interpretadas; e a exemplo do próprio Platão, de seu procedimento ao final de muitos de seus trabalhos, passarei agora a contar uma história provável. Quando escreveu as *Leis*, ele já adentrava os 70 anos. Sabia que poderia não viver muito além disso. A busca pela natureza da virtude era, segundo a sua concepção, empreendimento ainda inacabado. Por esse motivo, ele dispôs, em detalhes requintados e vigorosos, um projeto para o segundo melhor Estado ideal, que fomentaria as virtudes demóticas na maior extensão possível que ele considerasse prática; e ele direcionou os membros do Conselho Noturno para investigações filosóficas adicionais, realizadas tanto por eles próprios como em consulta à Academia (há forte sugestão de que houve auxílio nesse sentido).[114] É claro, Platão dificilmente poderia esperar que uma junta como a do Conselho Noturno viesse ela própria a ter êxito, em uma investigação filosófica, ali onde a Academia havia falhado. Mas o parágrafo final das *Leis* mantém abertas as linhas de comunicação da Academia para o Conselho,[115] e assim, em última instância, da Academia para o mundo de homens ainda mais comuns. Não há nenhum turvamento de seu zelo pela *aretē* e pela *eudaimonia* da humanidade; ora em função disso, na verdade, é que a filosofia é *para*.

Se a reconstrução que se admite improvável é incorreta, então as *Leis* detêm um bom motivo para configurar o mais ambicioso dos escritos de Platão: ela proporciona um programa de trabalho prático e investigação teórica combinados para os anos que seguiriam a sua morte.

---

as intervenções da Academia na política grega é de confiabilidade incerta. Algo dela provém das *Cartas* atribuídas a Platão; porém outras são — e na verdade todas podem ser — espúrias. Mesmo assim, deve-se ler pelo menos a *Sétima* e a *Oitava Cartas*; tem-se ali diversos pontos de contato com as *Leis* (ver Glenn R. Morrow, *Plato's Epistles*, 2. ed. [Indianapolis, 1962]). Sobre a relevância, para a sua teoria política, das próprias tentativas de Platão olhos postos em uma reforma política na Sicília, ver minha tradução, *Plato: The Laws*, pp. 27-28, 545-547.

[114] *Leis* 968b.
[115] 969d.

Bibliografia

Encontram-se arroladas abaixo, sob um ou mais títulos, todas as obras citadas neste volume. Edições de textos gregos de obras individuais de Platão são classificadas juntamente com a literatura secundária sobre esses textos, pois o que se tem são obras com comentário. São usados os títulos a seguir:

I - Platão

A. Textos gregos abrangentes

B. Traduções abrangentes

C. Pano de fundo à obra de Platão: História e cultura

D. Pano de fundo à obra de Platão: Filosofia e ciência

E. Debate geral sobre o pensamento de Platão

F. Métodos de interpretação

G. Estudos cronológicos e linguísticos

H. Sócrates e os primeiros diálogos

I. Metafísica e epistemologia

J. Ética, filosofia política e psicologia moral

K. Arte e poesia

L. Eros

- M. Matemática
- N. Estudos de trabalhos individuais
    1. *Mênon*
    2. *Fédon*
    3. *Banquete*
    4. *República*
    5. *Fedro*
    6. *Parmênides*
    7. *Teeteto*
    8. *Timeu*
    9. *Sofista*
    10. *Político*
    11. *Filebo*
    12. *Leis*
    13. *Cartas*
    14. *Doutrinas orais*

II. Aristóteles e o pensamento clássico posterior
III. Platonismo depois de Platão
IV. Miscelânea

- A. Edições, transmissão e estudo de textos antigos
- B. Obras modernas e contemporâneas

I - PLATÃO

A. TEXTOS GREGOS ABRANGENTES

Uma edição comumente usada do *corpus* como um todo é:

Burnet, John, *Platonis Opera*. 5 vols. Oxford: Clarendon Press, 1900-1907. (Geralmente chamada Oxford Classical Text [O.C.T]).

Há também uma edição em 12 volumes das obras de Platão (chamada Loeb Classical Library), com texto em grego e tradução em inglês (por várias mãos) publicada em Cambridge, Mass., pela Harvard University Press e em Londres pela William Heinemann (reimpressa 1961-1984). Também existe uma edição em 14 volumes de grego-francês por várias mãos (publicada "sous le patronage de l'Association Guillaume Budé", razão pela qual é referida como Budé edition), publicada em Paris pela Société d'Édition, Les Belles Lettres, 1951-1964.

B. TRADUÇÕES ABRANGENTES

Novas traduções para o inglês, muitas delas acompanhadas de comentário, surgem quase todos os anos. Além disso, pode-se geralmente confiar em (1) traduções de obras de Platão por várias mãos, publicadas pela Penguin Books (Harmondsworth, England) e por Hackett Publishing Company (Indianapolis). Em muitos casos, também vale consultar as traduções no Loeb Classical Library e na Budé edition acima referidas. Um estudo minucioso de passagens individuais geralmente é amparado por diferentes traduções de consulta. Uma tradução de todos os diálogos (exceto os de autenticidade questionável) e cartas, feita por muitas mãos e contida em um único volume, conveniente e amplamente utilizada, pode ser encontrada em:

Hamilton, Edith, e Caines, Huntington, editores: *The Collected Dialogues of Plato*. New York: Pantheon, 1961. Princeton: Princeton University Press, 1971.

Uma tradução em vários volumes, de uso frequente há quase um século e ainda hoje de valorosa consulta é:

Jowett, Benjamin, *The Dialogues of Plato*, 3. ed. 5 vols. Oxford: Clarendon Press, 1892, 4. ed. 4 vols. Oxford: Clarendon Press, 1953.

Uma excelente tradução do corpus *inteiro por um único autor* está a caminho, começando com:

Allen, R. E. *The Dialogues of Plato*. Vol. I. New Haven: Yale University Press, 1984 (Contém *Eutífron, Apologia, Críton, Mênon, Górgias* e *Menexeno*).

A. PANO DE FUNDO À OBRA DE PLATÃO: HISTÓRIA E CULTURA

Adkins, Arthur W. H. *Merit and Responsibility: A Study in Greek Values*. Oxford: Clarendon Press, 1960.

"Homeric Values and Homeric Society." *Journal of Hellenic Studies* 91 (1971): pp. 1-14.

"Merit, Responsibility, and Thucydides." *Classical Quarterly* 25 (1975): pp. 209-220.

"Problems in Greek Popular Morality." *Classical Philology* 73 (1978): pp. 143-158.

Borgeaud, Phillipe. *The Cult of Pan in Ancient Greece*. Chicago: University of Chicago Press, 1988.

Bremmer, Jan. The Early Greek Concept of the Soul. Princeton: Princeton University Press, 1983.

Burkert, Walter. *Orphism and Bacchic Mysteries: New Evidence and Old Problems of Interpretation*. Berkeley: Center for Hermeneutical Studies in Hellenistic and Modern Culture, 1977.

Homo Necans: The Anthropology of Ancient Greek Sacrificial Ritual and Myth. Berkeley: University of California Press, 1983.

Greek Religion. Traduzido por John Raffan. Cambridge, Mass.: Harvard University Press, 1985.

Ancient Mystery Cults. Cambridge, Mass.: Harvard University Press, 1987.

Cohen, David. "Law, Society, and Homosexuality in Classical Athens." *Past and Present* 117 (1987): pp. 3-21.

Cole, Susan Guettel. "New Evidence for the Mysteries of Dionysos." *Greek, Roman and Byzantine Studies* 21 (1980): pp. 223-238.

Creed, J. L. "Moral Values in the Age of Thucydides". *Classical Quarterly* 23 (1973): pp. 213-231.

de Romilly, Jacqueline. *Magic and Rhetoric in Ancient Greece*. Cambridge, Mass.: Harvard University Press, 1975.

de Ste. Croix, G. E. M. *The Class Struggle in the Ancient Greek World from the Archaic Age to the Arab Conquests*. Ithaca, N.Y.: Cornell University Press, 1981.

Detienne, Marcel. *Dionysos Slain*. Baltimore: John Hopkins University Press, 1979.

Deubner, L. *Attische Feste*. Berlin: H. Keller, 1932.

Dodds, E. R. *The Greeks and the Irrational*. Berkeley: University of California Press, 1951.

"The Religion of the Ordinary Man in Classical Greece." In *The Ancient Concept of Progress and Other Essays on Greek Literature and Belief*, editado por E. R. Dodds, pp.140-155 Oxford: Clarendon Press, 1973.

Dover, K. J. *Greek Popular Morality in the Time of Plato and Aristotle*. Oxford: Basil Blackwell, 1974.

Greek Homosexuality. Cambridge, Mass.: Harvard University Press, 1978.

Easterling. P. E. e Muir. J. V., editores. *Greek Religion and Society*. Cambridge University Press, 1985.

Ehrenberg, Victor. *From Solon to Socrates: Greek History and Civilization during the Sixth and Fifth Century B.C*. 2. ed. London: Methuen, 1973.

Finley. M. I., editor. *The Legacy of Greece: A New Appraisal*. Oxford: Clarendon Press, 1981.

Fontenrose, Joseph. *The Delphic Oracle*. Berkeley: University of California Press, 1978.

Foucault, Michel. *L'usage des plaisirs*. Paris: Gallimard, 1984.

Graf, Fritz. *Eleusis und die orphische Dichtung Athens in vorhellenistischer Zeit*. Berlin: Walter de Gruyter, 1974.

Grote, George. *A History of Greece*. 6. ed. 10 vols. London: Dent, 1888.

Guthrie, W. K. C. *The Greeks and their Gods*. London: Methuen, 1950.

Havelock, Eric. *Preface to Plato*. Cambridge, Mass.: Harvard University Press, 1963.

Heinrichs, Albert. "Changing Dionysiac Identities." In *Jewish and Christian Self Definition*, editado por Ben F. Meyer e E. P. Sanders, vol. 3. London: SCM Press, 1982.

Hornblower, Simon. *The Greek World 479-322 BC*. London: Methuen, 1983.

Hussey, E. L. "Thucydidean History and Democritean Theory." In Crux (*Essays Presented to G.E.M. de Ste Croix*), editado por Paul Cartledge e F.D. Harvey, pp. 118-138. London: Duckwort, 1985.

Jones, A. H. M. *Athenian Democracy*. Oxford: Basil Blackwell, 1957.

Kidd, Ian. "The Case of Homicide in Plato's Euthyphro". In *Owls to Athens: Essays on Classical Subjects presented to Sir Kenneth Dover*, editado por E. M. Craik, pp. 213-22. Oxford: Clarendon Press, 1990.

Kitzinger, Rachel. "Alphabets and Writing." In *Civilization of the Ancient Mediterranean*, editado por Michael Grant e Rachel Kitzinger, 1: pp. 397-420. New York: Scribner's, 1988.

Lasserre, François. *La figure d'Eros dans la poésie Grecque*. Lausanne: Imprimeries Réunies, 1946.

Lewis, David. "The Political Background of Democritus." In *Owls to Athens: Essays on Classical Subjects presented to Sir Kenneth Dover*, editado por E. M. Craik, pp. 151-154. Oxford: Clarendon Press, 1990.

Lloyd-Jones, Hugh. *The Justice of Zeus*. 2. ed. Berkeley: University of California Press, 1983.

Long. A. A. "Morals and Values in Homer." *Journal of Hellenic Studies* 90 (1970): pp. 121-139.

MacDowell, Douglas M. *Andokides: On the Mysteries*. Oxford: Oxford University Press, 1962.

The Law in Classical Athens. London: Thames and Hudson, 1978.

Mikalson, Jon D., *Athenian Popular Religion*. Chapel Hill: University of North Carolina Press, 1983.

Mossé, Claude. *Athens in Decline 404-86 B.C.* Traduzido do francês por Jean Stewart. London: Routledge & Kegan Paul, 1973.

Mylonas, G. *Eleusis and the Eleusinian Mysteries*. Princeton: Princeton University Press, 1961.

Nilsson, Martin. *Greek Folk Religion*. New York: Columbia University Press, 1940.

Greek Piety. Oxford: Oxford University Press, 1948.

A History of Greek Religion. Oxford University Press, 1952.

Ober, Josiah. *Mass and Elite in Democratic Athens: Rhetoric, Ideology and the Power of the People*. Princeton: Princeton University Press, 1989.

Parke, H. W. *Greek Oracles*. London: Hutchinson, 1967.

The Oracles of Zeus. Cambridge: Harvard University Press, 1967.

Parke, H. W. *Festivals of the Athenians*. Ithaca, N.Y.: Cornell University Press, 1977.

Parker, Robert. "Greek Religion." In *The Oxford History of the Classical World*, editado por John Boardman, Jaspar Griffin e Oswyn Murray, pp. 254-274. Oxford: Oxford University Press, 1986.

Miasma: Pollution and Purification in Early Greek Religion. Oxford: Clarendon Press, 1983.

Powell, C. "Religion and the Sicilian Expedition". *Historia* 28 (1979): pp. 15-31.

Richardson, N. J. "Early Greek Views about Life after Death". In *Greek Religion and Society*, editado por P. E. Easterling e J. V. Muir. Cambridge: Cambridge University Press, 1985.

Roberts, J. W. *City of Sokrates: An Introduction to Classical Athens*. London: Routledge & Kegan Paul, 1984.

Samuel, Alan E. "Calendars and Time-Telling." In *Civilization of the Ancient Mediterranean,* editado por Michael Grant e Rachel Kitzinger, 1: pp. 389-395. New York: Scribner's, 1988.

Scully, Vincent. *The Earth, the Temple, and the Gods: Greek Sacred Archictecture.* New Haven: Yale University Press, 1979.

Snell, Bruno. *The Discovery of the Mind in Greek Philosophy and Literature,* New York: Dover, 1982.

Solmsen, Friedrich. *Intellectual Experiments of the Greek Enlightenment.* Princeton: Princeton University Press, 1975.

Stephens, Susan A. "Book Production." In *Civilization of the Ancient Mediterranean,* editado por Michael Grant e Rachel Kitzinger, 1: pp. 421-436. New York: Scribner's, 1988.

Taylor, C. C. W. "Popular Morality and Unpopular Philosophy." In *Owls to Athens: Essays on Classical Subjects presented to Sir Kenneth Dover,* editado por E. M. Craik, pp. 233-243. Oxford: Clarendon Press, 1990.

Walbank, F. W. "The Problem of Greek Nationality". In *Selected Papers: Studies in Greek and Roman History and Historiography,* cap. 1. New York: Cambridge University Press, 1985.

B. PANO DE FUNDO À OBRA DE PLATÃO: FILOSOFIA E CIÊNCIA

Barnes, Jonathan. *The Presocratic Philosophers,* 2 vols. London: Routledge & Kegan Paul, 1979.

Cope E. M. "The Sophists". *Journal of Philology* 1 (1854): pp. 145-188.

Cornford, Francis MacDonald. *Principium Sapientiae.* Cambridge: Cambridge University Press, 1952.

Dicks, D. R. *Early Greek Astronomy to Aristotle.* Ithaca, N.Y.: Cornell University Press, 1970.

Diels, Hermann, and Krantz, Walther, editores. *Die Fragmente der Vorsokratiker,* 6. ed. Berlin: Weidmann, 1952.

Furley, David J. "Anaxagoras in Response to Parmenides." In *New Essays on Plato and the Pre-Socratics*, editado por R. A. Shiner e J. King-Farlow. *Canadian Journal of Philosophy*, vol. supl. 2 (1976): pp. 61-85.

The Greek Cosmologists. Vol. 1, *The Formation of the Atomic Theory and its Earliest Critics*. Cambridge: Cambridge University Press, 1987.

Furth, Montgomery. "Elements of Eleatic Ontology", *Journal of the History of Philosophy* 6 (1968): pp. 111-132. Reimpresso em *The Pre-Socratics: A Collection of Critical Essays*, editado por Alexander P. D. Mourelatos, pp. 241-270. Garden City, N.Y.: Anchor Books, Doubleday, 1974.

Gerson, Lloyd. *God and Greek Philosophy*. London: Routledge, 1991.

Gillispie, Charles Coulston, editor. *Dictionary of Scientific Biography*. 16 vols. New York: Scribner's, 1970-1980.

Heath, Thomas. *A History of Greek Mathematics*. Vol. 1. Oxford: Clarendon Press, 1921.

Irwin, Terence. *Classical Thought*. Oxford: Oxford University Press, 1989.

Jaeger, Werner. *The Theology of the Early Greek Philosophers*. Oxford: Oxford University Press, 1947.

Kahn, Charles H. "Pythagorean Philosophy Before Plato." In *The Pre-Socratics: A Collection of Critical Essays*, editado por Alexander P. D. Mourelatos, pp. 161-185. Garden City, N.Y.: Anchor Books, Doubleday, 1974.

The Art and Thought of Heraclitus. Cambridge: Cambridge University Press, 1979.

Kerferd, G. B. *The Sophistic Movement*. London: Cambridge University Press, 1981.

Kirk, G. S., Raven, J. E. e Schofield, M. *The Presocratic Philosophers*. 2. ed. Cambridge: Cambridge University Press, 1983.

Lloyd, G. E. R. *The Revolutions of Wisdom: Studies in the Claims and Practice of Ancient Greek Science*. Berkeley: University of California Press, 1987.

Morrison, J. S. "Antiphon." In *The Older Sophists: A Complete Translation by Several Hands of the Fragments in Die Fragmente der Vorsokratiker*, edited by Diels-Kranz, editado por Rosamund Kent Sprague. Columbia: University of South Carolina Press, 1972.

Owen, G. E. L. "Eleatic Questions." *Classical Quarterly* 10 (1960): pp. 84-102. Reimpresso em G. E. L. Owen, *Logic, Science, and Dialectic: Collected Papers in Greek Philosophy*, editado por Martha Nussbaum, pp. 3-26. Ithaca: N.Y.: Cornell University Press, 1986.

Sidwick, Henry. "The Sophists." In *Lectures on the Philosophy of Kant Other Philosophical Lectures and Essays*. London: Macmillian, 1905.

Taylor, G. C. W. "Pleasure, Knowledge, and Sensation in Democritus." *Phronesis* 12 (1967): pp. 6-27.

Van der Waerden, B. L. *Science Awakening*. New York: Oxford University Press, 1963.

Vlastos, Gregory. "On Heraclitus." *American Journal of Philology* 76 (1955): pp. 337-368.

"Ethics and Physics in Democritus." In *Studies in Presocratic Philosophy*, editado por David J. Furley e R. E. Allen, 2: 381-408. London: Routlege & Kegan Paul, 1975.

C. DISCUSSÕES GERAIS SOBRE O PENSAMENTO DE PLATÃO

Cherniss, Harold. "The Philosophical Economy of the Theory of Ideas." *American Journal of Philology* 57 (1936): pp. 445-456. Reimpresso em *Studies in Plato's Metaphysics*, editado por R. E. Allen, pp. 1-12. London: Routledge & Kegan Paul, 1965. Reimpresso também em Harold Cherniss, *Selected Papers*, editado por Leonardo Taran, pp. 121-132. Leiden: E.J. Brill, 1977.

"Some War-Time Publications Concernig Plato." *American Journal of Philology* 68 (1947): pp. 113-146, 225-265. Reimpresso em Harold Cherniss, *Selected Papers*, editado por Leonardo Taran, pp.142-216. Leiden: E.J. Brill, 1977.

"Review of G.C. Field, Plato and his Contemporaries." *American Journal of Philology* 54 (1978): pp. 79-83. Reimpresso em Harold Cherniss, *Selected Papers*, editado por Leonardo Taran, pp. 133-137. Leiden: E.J. Brill, 1977.

Crombie, I. M. *An Examination of Plato's Doctrines*. 2 vols. London: Routledge & Kegan Paul. New York: Humanities Press, 1962, 1963.

Field, G. C. *Plato and his Contemporaries: A Study in Fourth Century Life and Thought*. London: Methuen, 1930, 3. ed., 1967.

Findlay, J. N. Plato: *The Written and Unwritten Doctrines*. New York: Humanities Press, 1974.

Friedländer, Paul. *Plato*. Traduzido por Hans Meyerhoff. 3 vols. New York: Pantheon, 1958-1969.

Gosling, J. C. B. *Plato*. London: Routledge & Kegan Paul, 1973.

Grote, George. *Plato and the Other Companions of Sokrates*. 2. ed. 3 vols. London: J. Murray, 1867.

Grube, G. M. A. *Plato's Thought*. 2. ed. Indianapolis: Hackett, 1980.

Guthrie, W. K. C. *A History of Greek Philosophy*. Vols. 1-5. Cambridge: Cambridge University Press, 1962, 1965, 1969, 1975, 1978.

Reale, Giovanni. *A History of Ancient Philosophy*. Vol. 2, *Plato and Aristotle*, editado e traduzido da quinta edição italiana por John R. Caton. Albany: State University of New York Press, 1990.

Ritter, Constantin. *Platon:* Sein Lebens, seine Schriften, seine Lehre. 2 vols. Munich: C.H. Beck, 1910.

Robinson, R. e Denniston, J. D. "Plato." In *Oxford Classical Dictionary*. 2. ed., editado por N. G. L. Hammond e H. H. Scullard, pp. 839-842. Oxford: Clarendon Press, 1970.

Ryle, Gilbert. "Plato." In *The Encyclopedia of Philosophy*, editado por Paul Edward, 6: pp. 314-333. New York: Macmillian and Free Press, 1967.

Shorey, Paul. *What Plato Said*. Chicago: University of Chicago Press, 1933. *The Unity of Plato's Thought*. Chicago: University of Chicago Press, 1960.

Taylor, A. E. *Plato the Man and his Work*. 5. ed. London: Methuen, 1948.

Vlastos, Gregory. *Platonic Studies*. 2. ed. Princeton: Princeton University Press, 1981.

Wilamowitz-Moellendorff, Ulrich von. *Platon*. 2. ed. 2 vols. Berlin: Weidmann, 1920.

D. MÉTODOS DE INTERPRETAÇÃO

Burnyeat, Myles. "Sphinx Without a Secret", *New York Review of Books* 32 (30 de maio de 1985): pp. 30-36.

Coventry, Lucinda. "The Role of the Interlocutor in Plato's Dialogues." In *Characterization and Individuality in Greek Literature*, editado por Christopher Pelling, pp. 174-196. Oxford: Clarendon Press, 1990.

Derrida, Jacques. "Plato's Pharmacy." In *Dissemination*, tradução com introdução e notas adicionais de Barbara Johnson, pp. 61-171. Chicago: University of Chicago Press, 1981.

Griswold, Charles L., Jr. Editor. *Platonic Writings, Platonic Readings*. New York: Routledge, 1988.

Shorey, Paul. *The Unity of Plato's Thought*. Chicago: University of Chicago Press, 1960.

Stokes, Michael C. *Plato's Socratic Conversations: Drama and Dialectic in Three Dialogues*. Baltimore: John Hopkins University Press, 1986.

Strauss, Leo. *Persecution and the Art of Writing*. Glencoe, III. Free Press, 1952.

Tigerstedt, E. N. *Interpreting Plato*. Uppsala: Almquist & Wiksell International, 1977.

Weingartner, Rudolf H. *The Unity of the Platonic Dialogue*. Indianapolis: Bobbs-Merrill, 1973.

E. ESTUDOS CRONOLÓGICOS E LINGUÍSTICOS

Arnim, H. von. "Sprachliche Forschungen zur Chronologie der platonischen Dialoge." *Sitzungsberichte der Kaiserlichen Akademie der Wissenschaften in Wien: Philos. Hist. Klasse* 169.1 (1912): pp. 1-210.

Baron, C. "Contributions à la chronologie des dialogues de Platon." *Revue des Etudes grecques* 10 (1897): pp. 264-278.

Billig, L. "Clausulae and Platonic Chronology". *Journal of Philology* 35 (1920): pp. 225-256.

Brandwood, Leonard. "The Dating of Plato's Works by the Stylistic Method: A Historical and Critical Survey." Tese para obtenção do grau de Ph.D, Universidade de Londres, 1958.

A Word Index to Plato. Leeds: Maney & Son, 1976.

The Chronology of Plato's Dialogues. Cambridge: Cambridge University Press, 1990.

Diaz, Tejera A. "Ensayo de un metodo linguístico para cronología de Platón." *Emerita* 29 (1961): pp. 241-286.

Dittenberger, W. "Sprachliche Kriterien für die Chronologie der platonischen Dialoge." *Hermes* 16 (1881): pp. 321-345.

Janell, G. "Quaestiones Platonicae." *Jahrbücher für classische Philologie*. Supl. 26 (1901): pp. 263-336.

Kaluscha, W. "Zur Chronologie der platonischen Dialoge." *Wiener Studien* 26 (1904): pp. 190-204.

Ledger, Gerard R. *Re-counting Plato: A Computer Analysis of Plato's Style*. Oxford: Clarendon Press, 1989.

Lutoslawski, Wincentry. *The Origin and Growth of Plato's Logic With and Account of Plato's Style and of the Chronology of his Writings*. London: Longmans, Green, 1897.

Mueller, Ian. "Joan Kung's Reading of Plato's Timaeus." In *Nature, Knowledge and Virtue: Essays in Memory of Joan Kung*, editado por Terry Penner e Richard Kraut. Edmonton, Alberta: Academic Printing and Publishing. *Apeiron* 2 (1989): pp. 1-27.

Ritter, Constantin. *Untersuchungen über Platon: Die Echtheit and Chronologie der Platonischer Schriften*. Stuttgart: Kohlhammer, 1888.

"Unterabteilungen innerhalb der zeitlich ersten Gruppe platonischer Schriften." *Hermes* 70 (1935): pp. 1-30.

Ross, W. D. *Plato's Theory of Ideas*. Oxford: Clarendon Press, 1953.

Ryle, Gilbert. *Plato's Progress*. Cambridge: Cambridge University Press, 1966.

Schanz, M. "Zur Entwicklung des planotischen Stils." *Hermes* 21 (1886): pp. 439-459.

Siebeck, Hermann. *Untersuchungen zur Philosophie der Griechen.* Halle: J. C. B. Mohr, 1888.

Thesleff, Holger. *Studies in Platonic Chronology.* In *Commentationes Humanarum Litteratum* 70 (1982). Helsinki: Societas Scientarum Fenica, 1982.

Wishart, D. e Leach, S. V. "A Multivariate Analysis of Platonic Prose Rhythm." *Computer Studies in the Humanities and Verbal Behavior* 3 (1970): pp. 90-99.

F. SÓCRATES E OS PRIMEIROS DIÁLOGOS

Allen, R. E. *Plato's "Euthyphro" and the Earlier Theory of Forms.* London: Routlegde & Kegan Paul, 1970.

Beversluis, John. "Socratic Definiton." *American Philosophical Quarterly* 11 (1974): pp. 331-336.

Bolotin, David. *Plato's Dialogue on Friendship.* Ithaca, N.Y.: Cornell University Press, 1979.

Brickhouse, Thomas C. e Smith, Nicholas D. *Socrates on Trial.* Princeton: Princeton University Press, 1989.

Dodds, E. R. *Plato: Gorgias.* Texto revisado com introdução e comentário. Oxford: Clarendon Press, 1959.

Frede, Dorothea. "The Impossibility of Perfection: Socrates' Criticism of Simonides's Poem in the *Protagoras.*" *Review of Metaphysics* 39 (1986): pp. 729-753.

Geach, P. T. "Plato's *Euthyphro*: An Analysis and Commentary." *Monist* 50 (1966): pp. 369-382.

Gentzler, Jyl. "Knowledge and Method in Plato's Early through Middle Dialogues." Tese para obtenção de grau de Ph.D. Cornell University, 1991.

Gifford, Edwin Hamilton. *The Euthydemus of Plato.* Com texto revisado, introdução, notas e índices. Oxford: Clarendon Press, 1905. Reimpressão. New York: Arno Press, 1993.

Glidden, David K. "The Lysis on Loving One's Own." *Classical Quarterly* 31 (1981): pp. 39-59.

Heidel, W. A. *Plato's Euthyphro*. Com introdução e notas. Greek Series for Colleges and Schools. New York: American Book Company, 1902.

Irwin, Terence. *Plato's Moral Theory: The Early and Middle Dialogues*. Oxford: Clarendon Press, 1977.

Plato: Gorgias. Traduzido com notas. Oxford: Clarendon Press, 1979.

"Coercion and Objectivity in Plato's Dialectic." *Revue Internationale de Philosophie* 40 (1986): pp. 49-74.

"Socrates and the Tragic Hero." In *Language and the Tragic* Hero, editado por Pietro Pucci, pp. 55-83. Atlanta: Scholars Press, 1988.

"Socrates and Athenian Democracy." *Philosophy and Public Affairs* 18 (1989): pp. 184-205.

Kahn, Charles H. "Did Plato Write Socratic Dialogues?" *Classical Quarterly* 31 (1981): pp. 305-320.

"The Beautiful and the Genuine: A discussion of Paul Woodruff, *Plato, Hippias Major*." *Oxford Studies in Ancient Philosophy* 3 (1985): pp. 261-288.

Kidd, Ian. "The Case of Homicide in Plato's Euthyphro." In *Owls to Athens: Essays on Classical Subjects Presented to Sir Kenneth Dover*, editado por E. M. Craik, pp. 213-222. Oxford: Clarendon Press, 1990.

Kraut, Richard, "Comments on Gregory Vlastos, The Socratic Elenchus." *Oxford Studies in Ancient Philosophy* I (1983): pp. 59-70. *Socrates and the State*. Princeton: Princeton University Press, 1984.

Nehamas, Alexander. "Socratic Intellectualism." In *Proceedings of the Boston Area Colloquium in Ancient Philosophy*, editado por John J. Cleary. Vol. 2. Lanham, Md.: University Press of America, 1987.

Patzer, Andreas, editor. *Der Historische Sokrates*. Darmstadt: Wissenschaftliche Buchgesellschaft, 1987.

Penner, Terry. "Socrates on Virtue and Motivation." In *Exegesis and Argument: Studies in Greek Philosophy Presented to Gregory Vlastos*, editado por E. N. Lee, Alexander P. D. Mourelatos, e R. M. Rorty, pp. 133-151. Assen, Netherlands: van Gorcum & Comp. 1973.

"The Unity of Virtue." *Philosophical Review* 82 (1973): pp. 35-68.

"Socrates on the Impossibility of Belief-Relative Sciences." In *Proceedings of the Boston Area Colloquium in Ancient Philosophy*, editado por John J. Cleary, 3: pp. 263-325. Lanham, Md.: University Press of America, 1988.

"Power and Desire in Socrates: The Argument of *Gorgias* 466a-468e that Orators ant Tyrants have no Power in the City." *Apeiron* 24 (1991): pp. 147-202.

Reeve, C. D. C. *Socrates in the Apology*, Indianapolis: Hackett, 1989.

Robinson, David B. "Plato's *Lysis*: The Structural Problem." *Illinois Classical Studies* 11 (1986): pp. 63-83.

Robinson, Richard. *Plato's Earlies Dialectic*. Oxford: Clarendon Press, 1953.

Ross, W. D. "The Problem of Socrates." *Proceedings of the Classical Association* 30 (1933): pp. 7-24. Reimpresso em *Der historische Sokrates*, editado por Andreas Patzer, pp. 225-239. Darmstadt: Wissenschaftliche Buchgesellschaft, 1987.

Santas, Gerasimos Xenophon. *Socrates: Philosophy in Plato's Early Dialogues*. London: Routledge & Kegan Paul, 1979.

Stokes, Michael C. *Plato's Socratic Conversations: Drama and Dialectic in Three Dialogues*. Baltimore: John Hopkins University Press, 1986.

Stone, I. F. *The Trial of Socrates*. Boston: Little, Brown, 1988.

Taylor, A. E. *Varia Socratica: First Series*. Oxford: James Parker, 1911. Reimpressão. New York: Garland Press, 1987.

Taylor, C. C. W. *Plato's Protagoras*. Traduzido com notas. Oxford: Clarendon Press, 1976.

Vlastos, Gregory. *Plato: Protagoras*. Editado com introdução. Indianapolis: Bobbs-Merrill, 1956.

"Introdução: The Paradox of Socrates." In *The Philosophy of Socrates: A Collection of Critical Essays*, ed. Gregory Vlastos. Garden City, N.Y.: Anchor Books, Doubleday, 1971.

Platonic Studies. 2. ed. Princeton: Princeton University Press, 1981.

"Socrates on the 'Parts on the 'Parts of Virtue'." Em *Platonic Studies*, pp. 418-423. 2. ed. Princeton: Princeton University Press, 1981.

"The Unity of the Virtues in the Protagoras." In Platonic Studies, pp. 221-269. 2. ed. Princeton: Princeton University Press, 1981.

"What did Socrates Understand by his 'What is *F*' Question?" In *Platonic Studies*, pp. 410-417. 2. ed. Princeton: Princeton University Press, 1981.

"The Socratic Elenchus." *Oxford Studies in Ancient Philosophy* I (1983): pp. 27-58.

"Socrates' Disavowal of Knowledge." *Philosophical Quarterly* 35 (1985): pp. 1-31.

"Elenchus and Mathematics." American Journal of Philology 109 (1988): pp. 362-396.

"Socrates." *Proceedings of the British Academy* 74 (1988): pp. 89-111.

Socrates: Ironist and Moral Philosopher. Cambridge: Cambridge University Press, 1991.

Vlastos, Gregory, editor. *The Philosophy of Socrates: A Collection of Critical Essays*. Garden City, N.Y.: Anchor Books, Doubleday 1971.

Weiss, Roslyn. "Hedonism in the *Protagoras* and the Sophist's Guarantee." *Ancient Philosophy* 10 (1990): pp. 17-39.

Woodruff, Paul. *Plato: Hippias Major*. Traduzido, com comentário e ensaio. Indianapolis: Hacket, 1982.

"Plato's Early Theory of Knowledge." In *Companions to Ancient Thought I: Epistemology*, editado por Stephen Everson, pp. 60-84. Cambridge: Cambridge University Press, 1990.

Zeyl, Donald. "Socrates and Hedonism — *Protagoras* 351b-358d." *Phronesis* 25 (1980): pp. 250-269.

G. METAFÍSICA E EPISTEMOLOGIA

Ackrill, John. "In Defense of Platonic Division." In *Ryle: A Collection of Critical Essays*, editado por Oscar P. Wood e George Pitcher, pp. 373-392. Garden City, N.Y.: Anchor Brooks, Doubleday, 1970.

"Gwilym Ellis Lane Owe." *Proceedings of the British Academy* 70 (1984): pp. 481-499.

Allen, R. E. "Participation and Predication in Plato's Middle Dialogues." *Philosophical Review* 69 (1960): pp. 147-164. Reimpresso em *Plato: A Collection of Critical Essays*. Vol. 1, *Metaphysics and Epistemology*, editado por Gregory Vlastos, pp. 167-183. Garden City, N.Y.: Anchor Books, Doubleday, 1970.

Allen, R. E., editor. *Studies in Plato's Metaphysics*. London: Routledge & Kegan Paul, 1965.

Burnyeat, Myles. "Conflicting Appearances." *Proceedings of the British Academy* 65 (1979): pp. 69-111.

Cherniss, Harold. *Aristotle's Criticism of Plato and the Academy*. Baltimore: John Hopkins University Press, 1944.

Fine, Gail. "The One Over Many." *Philosophical Review* 89 (1980): pp. 197-240.

"Separation." *Oxford Studies in Ancient Philosophy* 2 (1984): pp. 31-87.

"The Object of Thought Argument." *Apeiron* 21 (1988): pp. 137-142.

"Plato on Perception." *Oxford Studies in Ancient Philosophy*, vol. supl. (1988): pp. 15-28.

Frede, Michael. "Being and Becoming in Plato." *Oxford Studies in Ancient Philosophy*, vol. supl. (1988): pp. 37-52.

Gentzler, Jyl. "Knowledge and Method in Plato's Early through Middle Dialogues." Tese para obtenção de grau de Ph.D., Cornell University, 1991.

Irwin, Terence. "Plato's Heracliteanism." *Philosophical Quarterly* 27 (1977) pp. 1-13.

Krämer, Hans Joachim. *Plato and the Foundations of Metaphysics*. Editado e traduzido por John R. Caton. Albany: State University of New York.

Lloyd, A. C. "Non-Discursive Thought — An Enigma of Greek Philosophy." *Proceedings of the Aristotelian Society* 70 (1969-70): pp. 261-274.

Mohr, Richard D. "Forms as Individuals: Unity, Being and Cognition in Plato's Ideal Theory." *Illinois Classical Studies* 11 (1986): pp. 113-128.

Moravcsik, Julius M. E. "The Anatomy of Plato's Divisions." In *Exegesis and Argument: Studies in Greek Philosophy Presented to Gregory Vlastos*, editado por E. N. Lee, Alexander P. D. Mourelatos, e R. M. Rorty, pp. 324-348. Assen, Netherlands: van Gorcum & Comp., 1973.

"Understanding and Knowledge in Plato's Philosophy." *Neue Hefte für Philosophie* 15/16 (1979): pp. 53-69.

Morgan, Michel L. *Platonic Piety: Philosophy and Ritual in Forth Century Athens*. New Haven: Yale University Press, 1990.

Owen, G. E. L. "A Proof in the *Peri Ideon*." *Journal of Hellenic Studies* 77 (1857): pp. 103-111. Reimpresso em *Studies in Plato's Metaphysics*, editado por R. E. Allen, pp. 293-312. London: Routledge & Kegan Paul, 1965. Reimpresso também em G. E. L. Owen, *Logic, Science, and Dialectic: Collected Papers in Greek Philosophy*, editado por Martha Nussbaum, pp. 165-179. Ithaca, N.Y.: Cornell University Press, 1986.

Patterson, Richard. "The Eternality of Platonic Forms." *Archiv für Geschichte der Philosophie* 67 (1985): pp. 27-46.

Image and Reality in Plato's Metaphysics. Indianapolis: Hackett, 1985.

Penner, Terry. *The Ascent from Nominalism: Some Existence Arguments in Plato's Middle Dialogues*. Dordrecht: D. Reidel, 1987.

Peterson, Sandra. "The Greatest Difficulty for Plato's Theory of Forms: the Unknowability Argument of Parmenides pp. 133-134e." *Archiv für Geschichte der Philosophie* 63 (1981): pp. 1-16.

Prior, William J. *Unity and Development in Plato's Metaphysics*. London: Croom Helm, 1985.

Robinson, Richard. *Plato's Earlier Dialectic*. Oxford: Clarendon Press, 1953.

Ross, W. D. *Plato's Theory of Ideas*. Oxford: Clarendon Press, 1951, 2. ed. 1953.

Sayre, Kenneth M. *Plato's Late Ontology: A Riddle Resolved.* Princeton: Princeton University Press, 1983.

Schofield, Malcolm. "The Dénouement of the Cratylus." In *Language and Logos: Studies in Ancient Greek Philosophy Presented to G.E.L. Owen*, editado por Malcolm Schofield e Martha Nussbaum, pp. 61-81. Cambridge: Cambridge University Press, 1982.

"Editor's Notes." *Phronesis* 35 (1990): pp. 327-334.

Scott, Dominic. "Platonic Anamnesis Revisited." *Classical Quarterly* 37

(1987): pp. 346-366.

Teloh, Henry. *The Development of Plato's Metaphysics*. University Park: Pennsylvania State University Press, 1981.

Vlastos, Gregory. "Degrees of Reality in Plato." In New Essays on Plato and Aristotle, editado por Renford Bambrough. London: Routledge & Kegan Paul, 1965. Reimpresso in Gregory Vlastos, *Platonic Studies*, pp. 58-75. 2. ed. Princeton: Princeton University Press, 1981.

Vlastos, Gregory, editor. Plato: A Collection of Critical Essays. Vol. 1, *Metaphysics and Epistemology*. Garden City. N.Y.: Anchor Books, Doubleday, 1970.

Wedberg, A. "The Theory of Ideas." In *Plato: A Collection of Critical Essays*. Vol. I, *Metaphysics and Epistemology*, editado por Gregory Vlastos, pp. 28-52. Garden City, N.Y.: Anchor Books, Doubleday, 1970.

White, Nicholas P. *Plato on Knowledge and Reality*. Indianapolis: Hackett, 1976.

"Perceptual and Objective Properties in Plato." In *Nature, Knowledge and Virtue: Essays in Memory on Joan Kung*, editado por Terry Penner e Richard Kraut. Edmonton, Alberta: Academic Printing and Publishing. *Apeiron* 22 (1989): pp. 45-66.

Williams, Bernard. "Cratylus' Theory of Names and its Refutation." In *Language and Logos: Studies in Ancient Greek Philosophy Presented to G.E.L. Owen*, editado por Malcolm Schofield e Martha Nussbaum, pp. 83-94. Cambridge: Cambridge University Press, 1982.

Woodruff, Paul. "Plato's Early Theory of Knowledge." In *Companion to Ancient Thought I: Epistemology*, editado por Stephen Everson, pp. 60-84. Cambridge: Cambridge University Press, 1990.

H. ÉTICA, FILOSOFIA POLÍTICA E PSICOLOGIA MORAL

Bambrough, Renford, editor. *Plato, Popper, and Politics*. Cambridge: Cambridge University Press, 1967.

Barker, Ernest. *Greek Political Theory: Plato and His Predecessors*. London: Methuen, 1918.

Gosling, J. C. B., e Taylor, C. C. W. *The Greeks on Pleasure*. Oxford: Clarendon Press, 1982.

Griswold, Charles L. Jr. "Politike episteme in Plato's Statesman." In *Essays in Ancient Greek Philosophy*, vol. 3, editado por John P. Anton e Anthony Preus. Albany: State University of New York Press, 1989.

Harvey, F. David. "Two Kinds of Equality." *Classica et Mediaevalia* 26 (1965): pp. 101-146. Emendado em "Corrigenda." *Classica et Mediaevalia* 27 (1966): pp. 99-100.

Irwin, Terence. *Plato's Moral Theory: The Early and Middle Dialogues*. Oxford: Clarendon Press, 1977.

"Socrates and Athenian Democracy." *Philosophy and Public Affairs* 18 (1989) pp. 184-205.

Kahn, Charles H. "Plato's Theory of Desire." *Review of Metaphysics* 41 (1987): pp. 77-103

Klosko, George. *The Development of Plato's Political Theory*. New York: Methuen, 1986.

Kraut, Richard. "Review of Plato's Moral Theory, por Terence Irwin." *Philosophical Review* 88 (1979): pp. 633-639.

Levinson, Ronald B. *In Defense of Plato*. Cambridge, Mass.: Harvard University Press, 1953.

Mackenzie, Mary Margaret. *Plato on Punishment*. Berkeley: University of California Press, 1981.

Nussbaum, Martha C. *The Fragility of Goodness: Luck and Ethics in Greek Tragedy and Philosophy*. Cambridge: Cambridge University Press, 1986.

Penner, Terry. "Thought and Desire in Plato." In *Plato*, vol. 2, *Ethics,*

Politics, and Philosophy of Art and Religion, editado por Gregory Vlastos, pp. 96-118. Garden City, N.Y.: Anchor Books, Doubleday, 1971.

"Plato and Davidson: Parts of the Soul and Weakness of Will." In *Canadian Philosophers. Canadian Journal of Philosophy*, vol. supl. 16 (1990): pp. 35-74.

Popper, K. R. *The Open Society and its Ennemies*. Vol. I. *The Spell of Plato* . 4. ed. New York: Harper & Row, 1963. 5. ed. 1966.

Price, Anthony W. *Love and Friendship in Plato and Aristotle*. Oxford: Clarendon Press, 1989.

"Plato and Freud." In *The Person and the Human Mind: Issues in Ancient and Modern Philosophy*, editado por Christopher Hill, pp. 247-270. Oxford: Oxford University Press, 1990.

Sabine, George Holland. *A History of Political Theory*, 4. ed. Hinsdale, III: Dryden Press, 1973.

Saunders, T. J. "The RAND Corporation of Antiquity?" Plato's Academy and Greek Politics. In *Studies in Honour of T.B.L. Webster*, editado por J.H. Betts, J. T. Hooker e J.R. Green, 1: pp. 200-210. Bristol: Classical Press, 1986.

Smith, Nicholas D. "Plato and Aristotle on the Nature of Women". *Journal of the History of Philosophy* 21 (1983): pp. 467-478.

Strauss, Leo. *The City and Man*. Chicago: University of Chicago Press, 1964.

Vlastos, Gregory. "Socratic Knowledge and Platonic 'Pessimism'." *Review of the Development of Plato's Ethics*, by John Gould. *Philosophical Review* 66 (1957): pp. 226-238. Reimpresso em Gregory Vlastos, *Platonic Studies*, pp. 204-217. 2. ed. Princeton: Princeton University Press, 1981.

Wender, Dorothea. "Plato: Misogynist, Paedophile and Feminist." *Arethusa* 6 (1973): pp. 75-80.

I. ARTE E POESIA

Annas, Julia. "Plato on the Triviality of Literature." In *Plato on Beauty, Wisdom, and the Arts*, editado por Julius Moravcsik e Philip Temko, pp. 1-28. Totowa, N.J.: Rowman & Littlefield, 1982.

Battin, M. Pabst. "Plato on True and False Poetry." *Journal of Aesthetics and Art Criticism* 36 (1977): pp. 163-174.

Belfiore, Elizabeth. "A Theory of Imitation in Plato's *Republic*." *Transactions of the American Philological Association* 114 (1984): pp. 121-146.

Bosanquet, Bernard. *A History of Aesthetic London*: Swan Sonnenschein, 1892.

Brock, Roger. "Plato and Comedy." In *Owls to Athens: Essays on Classical Subjects Presented to Sir Kenneth Dover*, editado por E. M. Craik, pp. 39-51. Oxford: Clarendon Press, 1990.

Clay, Diskin. "The Tragic and Comic Poet of the *Symposium*." In *Essays in Ancient Greek Philosophy*, editado por John P. Auton and Anthony Press, 2: pp. 186-202. Albany: State University of New York Press, 1983.

Collingwood, R. G. "Plato's Philosophy of Art." *Mind* 34 (1925): pp. 154-172.

Ferrari, G. R. F. "Plato and Poetry." In *The Cambridge History of Literary Criticism*, editado por George A. Kennedy, pp. 92-148. Cambridge: Cambridge University Press, 1989.

Greene, W. C. "The Spirit of Comedy in Plato". *Harvard Studies in Classical Philology* 31 (1920): pp. 63-123.

Menza, V. "Poetry and the Techne Theory". Dissertação para obtenção de grau Ph. D., John Hopkins University, 1972.

Moravcsik, Julius, e Temko, Philip, editores. *Plato on Beauty, Wisdom, and the Arts*. Totowa, N.J.: Rowman & Littlefield, 1982.

Murdoch, Iris. *The Fire and the Sun: Why Plato Banished the Artists*. Oxford: Clarendon Press, 1977.

Woodruff, Paul. "What Could Go Wrong with Inspiration? Why Plato's Poets Fail." In *Plato on Beauty, Wisdom and the Arts*, editado por Julius Moravcsik e Philip Temko, pp. 137-150. Totowa, N.J.: Rowman & Littlefield, 1982.

J. EROS

Armstrong, A. H. "Platonic Eros and Christian Agape." *Downside Review* 79 (1961): pp. 105-121.

———. "Platonic Love: A Reply to Professor Verdenius." *Downside Review* 82 (1964): pp. 199-208.

Carson, Anne. *Eros the Bittersweet*. Princeton: Princeton University Press, 1986.

Cornford, Francis MacDonald. "The Doctrine of Eros in Plato's Symposium." In *Plato: A Collection of Critical Essays*. Vol. 2, *Ethics, Politics, and Philosophy of Art and Religion*, editado por Gregory Vlastos. Garden City, N.Y.: Anchor Books, Doubleday, 1971.

Gagarin, Michael. "Socrates' Hybris and Alcibiades Failure." *Phoenix* 31 (1977): pp. 22-37.

Gould, Thomas. *Platonic Love*. New York: Free Press of Glencoe, 1963.

Halperin, David. "Platonic Eros and What Men Call Love." *Ancient Philosophy* 5 (1985): pp. 161-204.

———. "Plato and Erotic Reciprocity." *Classical Antiquity* 5 (1986): pp. 60-80.

Kosman, L. A. "Platonic Love." In *Facets of Plato's Philosophy*, editado por W. H. Werkmeister, pp. 53-69. Assen, Netherlands: van Gorcum & Comp., 976.

Price, Anthony W. *Love and Friendship in Plato and Aristotle*. Oxford: Clarendon Press, 1989.

Robin, Leon. *Théorie platonicienne de l'amour*. Paris: Alcan, 1908.

Santas, Gerasimos Xenophon. *Plato and Freud: Two Theories of Love*. Oxford: Basil Blackwell, 1988.

Vlastos, Gregory. "The Individual as an Object of Love in Plato." In Gregory Vlastos, *Platonic Studies*, pp. 3-37. 2. ed. Princeton: Princeton University Press, 1981.

K. MATEMÁTICA

Burnyeat, Miles. "Platonism and Mathematics: A Prelude to Discussion." In *Mathematics and Metaphysics in Aristotle*, editado por Andreas Graeser, pp. 213-240. Bern and Stuttgart: P. Haupt, 1987.

Cherniss, Harold. "Plato as Mathematician". *Review of Metaphysics* 4 (1951): pp. 395-425. Reimpresso em Harold Cherniss, Selected Papers, editado por Leonardo Taran, 222-252. Leiden: E. J. Brill, 1977.

Cornford, Francis MacDonald. "Mathemtics and Dialectic in the *Republic* VI-VII". *Mind* 41 (1932): pp. 37-52, 173-190. Reimpresso em *Studies in Plato's Metaphysics*, editado por R. E. Allen, pp. 61-96. London: Routledge & Kegan, Paul, 1965.

Frajese, Attilio. *Platone et la matematica nel mondo antico*. Rome: Editrice Studium, 1963.

Gillspie, Charles Coulston, editor. *Dictionary of Scientific Biography*. 16 vols. New York: Scribner's 1970-1980.

Gulley, Norman. "Greek Geometrical Analysis." *Phronesis* 3 (1958): pp. 1-14.

Heath, Thomas. *A History of Greek Mathematics*. Vol. I. Oxford: Clarendon Press, 1921.

Lasserre, François. *Die Fragmente des Eudoxos von Knidos*. Editado e traduzido com comentários. Berlin: de Gruyter, 1966.

De Léodamas de Thasos à *Philippe d'Oponte*. Vol. 2, *La scuola di Platone*. Naples: Bibliopolis. 1987.

Morrow, Glenn R., tradutor. *Proclus: A Commentary on the First Book of Euclid's Elements*. Princeton: Princeton University Press, 1970.

Morrow, Glenn R., e Dillon, John M., tradutores. *Proclus' Commentary on Plato's Parmenides*. Com introdução e notas por John M. Dillon. Princeton: Princeton University Press, 1987.

Mueller, Ian. "On the Notion of a Mathematical Starting Point in Plato, Aristotle, and Euclid." In *Science and Philosophy in Classical Greece*, editado por Alan Bowen, pp. 59-97. London e New York: Garland, 1991.

L. ESTUDOS DE OBRAS INDIVIDUAIS

1. MÊNON

Bluck, R. S. *Plato's Meno*. Editado com introdução e comentário. Cambrige: Cambridge University Press, 1961.

Heitsch, Ernst. "Platons hypothetisches Verfahren im *Menon*." *Hermes* 105 (1977): pp. 257-268.

Moravcsik, Julius M. E. "Learning as Recollection". In *Plato: A Collection of Critical Essays*. Vol. 1, *Metaphysics and Epistemology*, editado por Gregory Vlastos, pp. 53-69. Garden City, N.Y.: Anchor Books, Doubleday, 1970.

Nehamas, Alexander. "Meno's Paradox and Socrates as a Teacher." *Oxford Studies in Ancient Philosophy* 3 (1985): pp. 1-30.

Sharples, R. W. *Plato, Meno*. Editado com tradução e notas. Warminster, Wiltshire; Aris & Phillips, 1985. Chicago: Bolchazy-Carducci, 1985.

Thompson, E. Seymer. *The Meno of Plato*. Com introdução, notas e excursos. London: Macmillan, 1901.

Vlastos, Gregory. "*Anamnesis* in the Meno." *Dialogue* 4 (1965): pp. 143-167.

White, Nicholas, P. "Inquiry". *Review of Metaphysics* 28 (1974): pp. 289-310.

2. FÉDON

Bostock, David. *Plato's Phaedo*. Oxford: Clarendon Press, 1986.

Brentlinger, J. "Incomplete Predicates and the Two-World Theory of the *Phaedo*." *Phronesis* 17 (1972): pp. 61-79.

Castaneda, Hector-Neri. "Plato's *Phaedo* Theory of Relations." *Journal of Philosophical Logic* 1 (1972): pp. 467-480.

Gallop, David. *Plato, Phaedo*. Traduzido com notas. Oxford: Clarendon

Press, 1975.

Hackforth, R. *Plato's Phaedo*. Traduzido com introdução e comentário. Indianapolis: Bobbs-Merrill, 1955.

Kung, Joan. "Plato's Criticism of Anaxagoras on Mind and Morality in Nature." *Proceedings of the Tenth University of Dayton Philosophy Colloquium, University of Dayton Review* 16 (1982): pp. 65-76.

Matthews, Gareth B., e Blackson, Thomas A. "Causes in the *Phaedo*." *Synthèse* 79 (1989): pp. 581-591.

Nehamas, Alexander. "Plato on the Imperfection of the Sensible World." *American Philosophical Quarterly* 12 (1975): pp. 105-117.

Plass, Paul. "Sócrates' Method of Hypothesis in the *Phaedo*." *Phronesis* 5 (1960): pp. 103-115.

Vlastos, Gregory. "Reasons and Causes in the Phaedo." *Philosophical Review* 78 (1969): pp. 291-325. Reimpresso em *Plato: A Collection of Critical Essays*. Vol. 1, *Metaphysics and Epistemology*, editado por Gregory Vlastos, pp. 132-166. Garden City, N.Y.: Anchor Books, Doubleday, 1970.

White, Nicholas P. "Forms and Sensibles, *Phaedo* 74b-c." *Philosophical Topics* 15 (1987): pp. 197-214.

3. BANQUETE

Allen R. E. "A Note on the Elenchus of Agathon: *Symposium* 99c-201c." Monist 50 (1966): pp. 460-403.

Anton, John P. "The Secret of Plato's *Symposium*." *Diotima* 2 (1974): pp. 27-47.

Bacon, Helen. "Socrates Crowned." *The Virginia Quarterly Review* 35 (1959): pp. 415-430.

Brenkman, John. "The Other and the One: *Pscyhoanalysis*, Reading, the *Symposium*." In *Literature and Psychoanalysis*, editado por Shoshana Felman, pp. 396-456. Baltimore: John Hopkins University Press, 1982.

Bury, Robert Gregg. *The Symposium of Plato*. 2. ed. Cambridge:

Cambridge University Press, 1932.

Dover, K. J. "The Date of Plato's *Symposium*." *Phronesis* 10 (1965): pp. 2-20. *Plato's Symposium*. Cambridge: Cambridge University Press, 1980.

Hackforth, R. "Immortality in Plato's *Symposium*." *Classical Review* 64 (1950): pp. 43-45.

Halperin, David. "Why is Diotima a Woman?" In *One Hundred Years of Homosexuality*, pp. 113-151. New York: Routledge, 1990.

Isenberg, Meyer W. *The Order of the Discourses in Plato's Symposium*. Edição particular. Chicago: University of Chicago Libraries, 1940.

Markus, R. A. "The Dialectic of Eros in Plato's Symposium." In *Plato: A Collection of Critical Essay*. Vol. 2, *Ethics, Politics and Philosophy of Art and Religion*, editado por Gregory Vlastos. Garden City, N.Y. Anchor Books, Doubleday, 1971.

Moravcsik, Julius M. E. "Reason and Eros in the 'Ascent'-passage of the *Symposium*." In *Essays in Ancient Greek Philosophy*, editado por John P. Anton e G. L. Kustas, 1: pp. 285-302. Albany: State University of New York Press, 1972.

Nehamas, Alexander, e Woodruff, Paul. *Plato: Symposium*. Traduzido com introdução e notas. Indianapolis: Hackett, 1989.

Neumann, Harry. "Diotima's Concept of Love." *American Journal of Philology* 86 (1965): pp. 33-59.

O'Brien, Michael J. " 'Becoming Immortal' in Plato's *Symposium*." In *Greek Poetry and Philosophy*, editado por Douglas E. Gerber, 185-206. Chico, Cal.: Scholars Press, 1984.

Plochmamnn, G. K. "Hiccups and Hangovers in the *Symposium*." *Bucknell Review* 11 (1963): pp. 1-18.

Robin, Leon. *Platon: Le Banquet*. In *Platon: Oeuvres complètes*, editado e traduzido. Vol. 4, Parte 2. Paris: Société d'Edition, Les Belles Lettres, 1966.

Rosen, Stanley. *Plato's Symposium*. 2. ed. New Haven: Yale University Press, 1987.

Stokes, Michael C. *Plato's Socratic Conversations: Drama and Dialectic in Three Dialogues*. Baltimore: John Hopkins University press, 1986.

Slezák, Thomas A. *Platon und die Schriftlichkeit der Philosophie*. Berlin: de Gruyter, 1985.

White, F. C. "Love and Beauty in Plato's Symposium." *Journal of Hellenic Studies* 109 (1989): pp. 149-157.

Wolz, H. G. "Philosophy as Drama: An Approach to Plato's *Symposium*." *Philosophy and Phenomenological Research* 30 (1969-70): pp. 323-353.

4. REPÚBLICA

Adam, James. *The Republic of Plato*. Editado com notas críticas e introdução. 2 vols. Cambridge: Cambridge University Press, 1902.

Annas, Julia. "Plato's Republic and Feminism." *Philosophy* 51 (1976): pp. 307-321.

An Introduction to Plato's Republic. Oxford: Clarendon Press, 1981.

Bloom, Allan. *The Republic of Plato*. Traduzido com notas e um ensaio interpretativo. New York: Basic Books, 1968.

Cherniss, Harold. "On Plato's *Republic* X 597." *American Journal of Philology* 53 (1932): pp. 233-242. Reimpresso em Harold Cherniss, *Selected Papers*, editado por Leonardo Taran, 27-80. Leiden: E.J. Brill, 1977.

Cooper, John M. "The Psychology of Justice in Plato." *American Philosophical Quarterly* 14 (1977): pp. 151-157.

"Plato's Theory of Human Motivation." *History of Philosophy Quarterly* 1 (1984): pp. 3-21.

Cross, R. C. e Woozely, A. D. *Plato's Republic: A Philosophical Commentary*. London: Macmillan, 1964.

Demos, Raphael. "A Fallacy in Platos *Republic*?" *The Philosophical Review* 73 (1964): pp. 395-398. Reimpresso em *Plato: A Collection of Critical Essay*. Vol. 2, *Ethics, Politics, and Philosophy of Art and Religion*, editado por Gregory Vlastos, pp. 42-46. Garden City, N.Y.: Anchor Books, Doubleday, 1971.

Fine, Gail. "Knowledge and Belief in Republic V." *Archiv für Geschichte der Philosophie* 60 (1978): pp. 121-139.

"Knowledge and Belief in *Republic* V-VII." In *Companions to Ancient Thought: Epistemology*, editado por Stephen Everson. Cambridge: Cambridge University Press, 1990.

Foster, M. B. "A Mistake of Plato's in the *Republic*." *Mind* 46 (1937): pp. 386-393.

Gosling, J. C. B. "Republic V: *ta polla kala*." *Phronesis* 5 (1960): pp. 116-128.

Joseph, Horace W. B. *Essays in Ancient and Modern Philosophy*. Freeport, N.Y.: Books for Libraries Press, 1971.

Kirwan, C. A. "Glaucon's Challenge." *Phronesis* 10 (1965): pp. 162-173.

Kraut, Richard. "Egoism, Love and Political Office in Plato." *Philosophical Review* 82 (1973): pp. 330-344.

"Reason and Justice in Plato's Republic." In *Exegesis and Argument: Studies in Greek Philosophy Presented to Gregory Vlastos*, editado por E. N. Lee, Alexander P. D. Mourelatos, e R. M. Rorty, pp. 207-224. Assen, Netherlands: van Gorcum & Comp. 1973.

Review of *Philosopher-Kings*, por C. D. C. Reeve. Political Theory 8 (1990): pp. 492-496.

"Return to the Cave: Republic pp. 519-521." In *Proceedings of the Boston Area Colloquium in Ancient Philosophy*, editado por John J. Cleary. Vol. 7. No prelo.

Laks, André. "Legislation and Demiurgy: On the Relationship between Plato's *Republic* and *Laws*." *Classical Antiquity* 9 (1990): pp. 209-229.

Mabbot, J. D. "Is Plato's *Republic* Utilitarian?" *Mind* 46 (1937): pp. 468-474. Reimpresso em *Plato*. Vol. 2, *Ethics, Politics, and Philosophy of Art and Religion*, editado por Gregory Vlastos, pp. 57-66. Garden City, N. Y.: Anchor Books, Doubleday, 1971.

Mourelatos, Alexander P. D. "Plato's Real Astronomy." *Republic* 527d-531d." In *Science and the Sciences in Plato*, editado por John P. Anton, pp. 33-73. Delmar, N.Y.: Caravan Books, 1980.

Mueller, Ian. "Ascending to Problems: Astronomy and Harmonics in *Republic* VII." *Science and the Sciences in Plato*, editado por John P. Anton, pp. 33-73. Delmar, N.Y., Caravan Books, 1980.

Murphy, N. R. *The Interpretation of Plato's Republic*. Oxford: Clarendon Press, 1951.

Nehamas, Alexander. "Plato on Imitation and Poetry in *Republic* 10." In *Plato on Beauty, Wisdom and the Arts*, editado por Julius Moravcsik and Philip Temko, pp. 47-78. Totowa, N.J.: Rowman & Littlefield, 1982.

Nettleship, Richard. *Lectures on the Republic of Plato*. 2. ed. London: Macmilliam, 1962.

Okin, Susan Moller. "Philosopher Queens and Private Wives: Plato on Women and the Familiy." *Philosophy & Public Affairs* 6 (1977): pp. 345-369.

Women in Western Political Thought. Princeton: Princeton University Press, 1979.

Reeve, C. D. C. Philosopher-Kings: *The Argument of Plato's Republic*. Princeton University Press, 1988.

Sachs, David. "A Fallacy in Plato's Republic." *Philosophical Review* 72 (1963): pp. 141-158. Reimpresso em *Plato: A Collection of Critical Essays*. Vol. 2. *Ethics, Politics and Philosophy of Art and Religion*, editado por Gregory Vlastos, pp. 35-51. Garden City, N.Y.: Anchor Books, Doubleday, 1971.

Santas, Gerasimos Xenophon. "The Form of the Good in Plato's Republic." In *Essays in Ancient Greek Philosophy*, editado por John P. Anton e Anthony Preus, 2: pp. 232-263. Albany: State University of New York Press, 1983.

"Aristotle's Criticism of Plato's Form of the Good: Ethics without Metaphysics?" *Philosophical Papers* 8 (1989): pp. 137-160.

Smith, J. A. "General Relative Clauses in Greek". *Classical Review* 31 (1917): pp. 69-71.

Sorabji, Richard. "Myths about Non-Propositional Thought." In *Language and Logos: Studies in Ancient Greek Philosophy Presented to G. E. L. Owen*, editado por Malcolm Schofield and Martha Nussbaum, pp. 295-314. Cambridge: Cambridge University Press, 1982.

Stokes, Michael C. "Adeimantus in the Republic." In *Law, Justice and Method in Plato and Aristotle*, editado por Spiro Panagiotou, pp. 67-96. Edmonton: Academic Printing & Publishing, 1985.

Vlastos, Gregoy. "Justice and Happiness in the Republic." In *Plato*. Vol. 2, *Ethics, Politics, and Philosophy of Art and Religion*, editado por Gregory

Vlastos, pp. 66-95. Garden City, N.Y.: Anchor Books, Doubleday, 1971. Reimpresso em Gregory Vlastos, *Platonic Studies*, pp. 111-139. 2. ed. Princeton: Princeton University Press, 1981.

"Was Plato a Feminist?" *Times Literary Supplement*, 17-23 de março de 1989: pp. 276, 288-289.

White, Nicholas, P. *A Companion to Plato's Republic*. Indianapolis: Hackett, 1979.

"The Classification of Goods in Plato's Republic." *Journal of the History of Philosophy* 22 (1984): pp. 393-421.

"The Ruler's Choice." *Archiv für Geschichte der Philosophie* 68 (1986): pp. 22-46.

"Happiness and External Contingencies in Plato's *Republic*." Em *Moral Philosoph*, editado por William C.Starr e Richard C. Taylor, pp. 1-21. Milwaukee: Marquette University Press, 1989.

Williams, Bernard. "The Analogy of City and Soul in Plato's Republic." In *Exegesis and Argument: Studies in Greek Philosophy Presented to Gregory Vlastos*, editado por E. N. Lee, Alexander P. D. Mourelatos, e R. M. Rorty, pp. 196-206. Assen, Netherlands: van Gorcum & Comp., 1973.

5. *Fedro*

Asmis, Elizabeth. "Psychagogia in Plato's Phaedrus." *Illinois Classical Studies* 11 (1986): pp. 3-28, 153-172.

Burger, Ronna. *Plato's Phaedrus: A Defense of a Philosophic Art of Writing*. University, Ala.: University of Alabama Press, 1980.

Burnyeat, Myles F. "The Passion of Reason in Plato's Phaedrus." Manuscrito não publicado.

Derrida, Jacques. "Plato's Pharmacy." In *Disseminaton*, traduzido com introdução e notas adicionais de Barbara Johnson, pp. 61-171. Chicago: University of Chicago Press, 1981.

de Vries, G. J. *A Commentary on the Phaedrus of Plato*. Amsterdam: Hakkert, 1969.

Dorter, Kenneth. "Imagery and Philosophy in Plato's Phaedrus." *Journal of the History of Philosophy* 9 (1971): pp. 279-288.

Ferrari, G. R. F. *Listening to the Cicadas: A Study of Plato's Phaedrus*. Cambridge: Cambridge University Press, 1987.

Griswold, Charles L. Jr. *Self Knowledge in Plato's Phaedrus*. New Haven: Yale University Press, 1986.

Hackforth, R. *Plato's Phaedrus*. Cambridge: Cambridge University Press, 1952.

Heath, Malcolm, "The Unity of Plato's *Phaedrus*." *Oxford Studies in Ancient Philosophy* 7 (1989): pp. 151-174.

Howland, R. L. "The Attack on Isocrates in the Phaedrus". *Classical Quarterly* 31 (1937): pp. 151-159.

Lebeck, Anne. "The Central Myth of Plato's Phaedrus." *Greek, Roman and Byzantine Studies* 13 (1972): pp. 267-290.

Philip, A. "Récurrences thématiques et topologie dans le *Phèdre* de Platon." *Revue de Metaphysique et de Morale* 86 (1981): pp 452-476.

Rowe, C. J. "The Argument and Structure of Plato's Phaedrus." *Proceedings of the Cambridge Philological Society* 212 (1986): pp. 106-125.

Plato: Phaedrus. Com tradução e comentário. Warminster: Aris & Phillips, 1986.

Thompson, W. H. *The Phaedrus of Plato*. Com notas e dissertações em inglês. London: Bell & Whittaker, 1868.

6. *Parmênides*

Allen, R. E. "Participation and Predication in Plato's Middle Dialogues." *Philosophical Review* 69 (1960): pp.147-164. Reimpresso em *Plato: A Collection of Critical Essays*. Vol. 1, *Metaphysics and Epistemology*, editado por Gregory Vlastos, pp. 167-183. Garden City, N.Y.: Anchor Books, Doubleday, 1970.

Plato's Parmenides, Minneapolis: University of Minnesota Press, 1983.

Code, Alan. "On the Origins of Some Aristotelian Theses about Predication." In *How Things Are: Studies in Predication and the History of Philosophy*, editado por J. Bogen e J. E. McGuire, pp. 101-131, 323-326. Dordrecht: D. Reidel, 1985.

Cohen, S. Marc. "The Logic of the Third Man." *Philosophical Review* 80 (1971): pp. 448-475.

Cornford, Francis MacDonald. *Plato and Parmenides*. Traduzido com introdução e comentário corrente. London: Routledge & Kegan Paul, 1939. Reimpressão. Indianapolis: Bobbs-Merrill, sem data.

Diès, Auguste, editor. *Platon: Oeuvres complètes*. Vol. 8. Paris: Société d'Édition, Les Belles Lettres, 1923.

Dodds, E. R. "The Parmenides of Plato and the Origin of the Neoplatonic One." *Classical Quarterly* 22 (1928): pp. 129-142.

Geach, P. T. "The Third Man Again." *Philosophical Review* 65 (1956): pp. 72-82.

Meinwald, Constance, C. *Plato's Parmenides*. Princeton: Princeton University Press, 1986.

Miller, Mitchell, Jr. *Plato's Parmenides*. Princeton: Princeton University Press.

Morrow, Glenn R., e Dillon, John M., tradutores. *Proclus' Commentary on Plato's Parmenides*. Com introdução e notas por John M. Dillon. Princeton: Princeton University Press, 1987.

Owen, G. E. L. "Notas on Ryle's Plato." In *Ryle: A Collection of Critical Essays*, editado por Oscar P. Wood e George Pitcher, pp. 341-372. Garden City, N.Y.: Anchor Books, Doubleday, 1970. Reimpresso em G. E. L. Owen. *Logic, Science, and Dialectic: Collected Papers in Greek Philosophy*, editado por Martha Nussbaum, pp. 85-103. Ithaca, N.Y.: Cornell University Press, 1986.

Peterson, Sandra. "A Reasonable Self-Predication Premise for the Third Man Argument." *Philosophical Review* 82 (1973): pp. 451-470. Emendado em "A Correction". *Philosophical Review* 84 (1975): p. 96.

Proclus. *Commentarium in Platonis Parmenidem*. In *Procli Philosophi Platonici Opera Inedita*, editado por Victor Cousin. Paris: Minerva, 1864.

Ryle, Gilbert. "Plato's *Parmenides.*" *Mind* 48 (1939): pp. 129-151, 302-325. Reimpresso em *Studies in Plato's Metaphysics*, editado por R. E. Allen, pp. 97-147. London: Routledge & Kegan Paul, 1965.

Sayre, Kenneth M. *Plato's Late Ontology: A Riddle Resolved.* Princeton: Princeton University Press, 1983.

Sellars, Wilfried. "Vlastos and the Third Man." *Philosophical Review* 64 (1955): pp. 405-437.

Strang, Colin. "Plato and the Third Man." *Proceedings of the Aristotelian Society*, vol. supl. 37 (1963): pp. 147-164. Reimpresso em *Plato: A Collection of Critical Essays*. Vol. 1, *Metaphysics and Epistemology*, editado por Gregory Vlastos, pp. 184-200. Garden City, N. Y.: Anchor Books, Doubleday, 1970.

Vlastos, Gregory. "The Third Man Argument in Plato's Parmenides." *Philosophical Review* 63 (1954): pp. 319-349. Reimpresso em *Studies in Plato's Metaphysics*, editado por R. E. Allen, pp. 231-263. London: Routledge & Kegan Paul, 1965.

"Plato's Third Man' Argument (*Parmênides* 131A1-B2): Text and Logic." *Philosophical Quarterly* 19 (1969): pp. 289-301. Reimpresso com apêndices em Gregory Vlastos, *Platonic Studies*, pp. 342-365. 2. ed. Princeton: Princeton University Press, 1981.

Wundt, Max. *Platons Parmenides.* Stuttgart: Verlag W. Kohlhammer, 1935.

7. Teeteto

Annas, Julia. "Knowledge and language: the *Theatetus* and the *Cratylus.*" In *Language and Logos: Studies in Ancient Greek Philosophy Presented to G.E.L. Owen*, editado por Malcolm Schofield e Martha Nussbaum, pp. 95-114. Cambridge: Cambridge University Press, 1982.

Bostock, David. *Plato's Theaetetus.* Oxford: Clarendon Press, 1982.

Burnyeat, Myles. "Socrates and the Jury: Paradoxes in Plato's Distinction between Knowledge and True Belief." *Proceedings of the Aristotelian Society,* vol. supl. 54 (1980): pp. 173-192.

The Theaetetus of Plato. Com tradução de M. J. Levett, revisada por Myles Burnyeat. Indianapolis: Hackett, 1990.

Fine, Gail. "False Belief in the *Theaetetus*." *Phronesis* 24 (1979): pp. 70-80.

McDowell, John. *Plato: Theaetetus*. Traduzido com notas. Oxford: Clarendon Press, 1973.

8. TIMEU

Cherniss, Harold. "The Sources of Evil According to Plato." *Proceedings of the American Philosophical Society* 9 (95): pp. 23-30. Reimpresso em *Plato*. Vol. 2, *Ethics, Politics, and Philosophy of Art and Religion*, editado por Gregory Vlastos, pp. 244-258. Garden City, N.Y.: Anchor Books, Doubleday 197. Também reimpresso em Harold Cherniss, *Selected Papers*, editado por Leonardo Taran, pp. 253-260. Leiden: E. J. Brill, 1977.

"The Relation of the *Timaeus* to Plato's Later Dialogues." *American Journal of Philology* 78 (1957): pp. 225-266. Reimpresso em *Studies in Plato's Metaphysics*, editado por R. E. Allen, pp. 339-378. London: Routledge & Kegan Paul, 1965. Reimpresso também em Harold Cherniss, *Selected Papers*, editado por Leonardo Taran, pp. 298-339. Leiden. E. J. Brill, 1977.

Cornford, Francis MadDonald. *Plato's Cosmology: The Timaeus of Plato*. Traduzido com comentário corrente. London: Kegan Paul, 1937.

Kung, Joan. "Tetrahedra, Motion, and Virtue." *Nous* 19 (1985): pp. 17-27.

"Why the receptacle is not a mirror." *Archiv für Geschichte der Philosophie* 70 (1988): pp. 167-78.

"Mathematics and Virtue in Plato's *Timaeus*." In *Essays in Ancient Greek Philosophy*, editado por John Anton e Anthony Preus, 3: pp. 309-339. Albany: State University of New York Press, 1989.

Morrow, Glenn R. "Necessity and Persuasion in Plato's Timaeus."

Philosophical Review 59 (1950): pp. 147-164. Reimpresso em *Studies in Plato's Metaphysics*, editado por R. E. Allen, pp. 421-437. London: Routledge & Kegan Paul, 1965.

"The Demiurge in Politics: The *Timaeus* and the Laws." *Proceedings of the American Philosophical Association* 27 (1953-4): pp. 5-23.

Mueller, Ian. "Joan Kung's Reading of Plato's *Timaeus*." In *Nature Knowledge and Virtue: Essays in Memory of Joan Kung*, editado por Terry Penner e Richard Kraut. Edmonton, Alberta: Academic Printing and Publishing. *Apeiron* 22 (1989): pp. 1-27.

Owen, G. E. L. "The Place of the Timaeus in Plato's Dialogues." *Classical Quarterly* 3 (1953): pp. 79-95. Reimpresso em *Studies in Plato's Metaphysics*, editado por R. E. Allen pp. 313-338. London: Routledge & Kegan Paul, 1965. Reimpresso também em G. E. L. Owen, *Logic Science and Dialectic: Collected Papers in Greek Philosophy*, editado por Martha Nussbaum, pp. 65-84. Ithaca, N.Y.: Cornell University Press, 1986.

Sorabji, Richard. *Time, Creation and the Continuum*. Ithaca, N.Y.: Cornell University Press, 1983.

Taylor, A. E. *A Commentary on Plato's Timaeus*. Oxford: Clarendon Press, 1928.

Vlastos, Gregory. "The Disorderly Motion in the Timaeus." *Classical Quarterly* 33 (1939): pp. 71-83. Reimpresso em *Studies in Plato's Metaphysics*, editado por R. E. Allen, pp. 379-420. London: Routledge & Kegan Paul, 1965.

Plato's Universe. Seattle: University of Washington Press, 1975.

"The Role of Observation in Plato's Conception of Astronomy." In *Science and the Sciences in Plato*, editado por John Anton, pp. 1-31. Albany Eidos Press, 1980.

9. SOFISTA

Ackrill, J. L. "*symplokē eidōn*" *Bulletin of the Institute of Classical Studies* 2 (1955): pp. 31-35. Reimpresso em *Plato: A Collection of Critical Essays*. Vol.

1, *Metaphysics and Epistemology*, editado por Gregory Vlastos, pp. 201-209. Garden City, N.Y.: Anchor Books, Doubleday, 1970.

"Plato and the Copula: *Sophist* pp. 251-259." *Journal of Hellenic Studies* 77 (1957): pp. 1-6. Reimpresso em Plato: A Collection of Critical Essays. Vol. 1. *Metaphysics and Epistemology*, editado por Gregory Vlastos, pp. 210-222. Garden City, N.Y.: Anchor Books, Doubleday, 1971.

Bostock, David. "Plato on 'Is Not'." *Oxford Studies in Ancient Philosophy* 2 (1984) pp. 89-119.

Cambell, Lewis. *The Sophistes and Politicus of Plato*. Com texto revisado e notas em inglês. Oxford: Clarendon Press, 1867.

Frede, Michael. *Prädikation und Existenzaussage. Hypomnemata* 18. Göttingen: Vandenhoeck & Ruprecht, 1967.

McDowell, John. "Falsehood and Not-being in Plato's *Sophist*." In *Language and Logos: Studies in Ancient Greek Philosophy Presented to G.E.L. Owen*, editado por Malcolm Schofield e Martha Nussbaum, pp. 115-134. Cambridge: Cambridge University Press, 1982.

Moravcsik, Julius M. E. "Being and Meaning in the *Sophist*." *Acta Philosophica Fennica*, Fasc. 14. Helsinki, 1962.

Owen, G. E. L. "Plato on Note-Being." In *Plato: A Collection of Critical Essays*. Vol. 1, *Metaphysics and Epistemology*, editado por Gregory Vlastos pp. 223-267. Garden City, N.Y.: Anchor Books, Doubleday, 1970. Reimpresso em G. E. L. Owen, *Logic, Science and Dialectic: Collected Papers in Greek Philosophy*, editado por Martha Nussbaum, pp. 04-37. Ithaca, N.Y.: Cornell University Press, 1986.

Roberts, Jean. "The Problem About Being in the *Sophist*." *History of Philosophy Quarterly* 3 (1986): pp. 229-243.

Vlastos, Gregory. "Am Ambiguity in the Sophist." In *Platonic Studies*, pp. 270-322. 2. ed. Princeton: Princeton University Press, 1981.

Wiggins, David. "Sentence Meaning, Negation and Plato's Problem of Non-Being." In *Plato: A Collection of Critical Essays*. Vol. I., *Metaphysics and Epistemology*, editado por Gregory Vlastos, pp. 268-303. Garden City, N.Y.: Anchor Books, Doubleday, 1970.

10. *Político*

Ackrill, John. "In Defense of Platonic Division." In *Ryle: A Collection of Critical Essays*, editado por Oscar P. Wood e George Pitcher, pp. 373-392. Garden City, N.Y.: Anchor Books, Doubleday, 1970.

Cambell, Lewis. *The Sophistes and Politicus of Plato*. Com texto revisado e notas em inglês. Oxford: Clarendon Press, 1867.

Dorter, Kenneth. "Justice and Method in the Statesman." In *Law, Justice and Method in Plato and Aristotle*, editado por Spiro Panagiotou, pp. 105-122. Edmonton: Academy Printing & Publishing, 1985.

Griswold, Charles L., Jr. "Politike episteme in Plato's Statesman." In *Essays in Ancient Greek Philosophy*, editado por John P. Anton e Anthony Preus, Vol. 3. Albany: State University of New York Press, 1989.

Miller, Mitchell H., Jr. *The Philosopher in Plato's Statesman*. The Hague: Martinus Nijhoff, 1980.

Moravcsik, Julius M. E. "The Anatomy of Plato's Divisions." In *Exegesis and Argument: Studies in Greek Philosophy Presented to Gregory Rorty*, pp. 324-348. Assen, Netherlands: van Gorcum & Comp., 1973.

Owen, G. E. L. "Plato on the Undepictable." In *Exegesis and Argument: Studies in Greek Philosophy Presented to Gregory Vlastos*, editado por E. Netherlands: van Gorcum & Comp., 1973. Reimpresso em G. E. L. Owen, *Logic, Science and Dialectic: Collectec Papers in Greek Philosophy*, editado por Martha Nussbaum, pp. 138-147. Ithaca, N.Y.: Cornell University Press, 1986.

Skemp, J. B. *Plato's Statesman*. Tradução do *Politicus* de Platão, com ensaios introdutórios e notas de rodapé. London: Routledge & Kegan Paul, 1952, 2. ed. Bristol: Bristol Classical Press, 1987.

11. *Filebo*

Bury, Robert Gregg. *The Philebus of Plato*. Editado com introdução, notas e apêndices. Cambridge: Cambridge University Press, 1897. Reimpressão. Nova York: Arno Press, 1973.

Dancy, R. M. "The One, The Many, and the Forms: *Philebus* 15b1-8." *Ancient Philosophy* 4 (1984): pp. 160-193.

Davidson, Donald. "Plato's Philosopher." *The London Review of Books* 7, n. 14 (1985): pp. 15-17.

Dybikowski, J. "False Pleasure and the *Philebus*." *Phronesis* 15 (1970): pp. 147-165.

Fred, Dorothea. "Rumpelstilskin's Pleasures: True and False Pleasures in Plato's *Philebus*." *Phronesis* 30 (1985): pp. 151-180.

Gadamer, Hans-George. *Platos Dialektische Ethik — Phänomenologische Interpretation zum Philebus*. Leipzig: Felix Meiner, 1931. Reimpresso em *Platos Dialektische Ethik and andere Studien zur platonischen Philosophie*. Hamburg: Felix Meiner, 1968.

Gosling, J. C. B. "False Pleasures: *Philebus* 35c-41b". *Phronesis* 4 (1959) pp. 44-54.

"Father Kenny on False Pleasures." *Phronesis* 5 (1960): pp. 41-45.

Plato: Philebus. Traduzido com notas e comentário. Oxford: Clarendon Press, 1975.

Hackforth, R. *Plato's Examination of Pleasure (The Philebus)*. Cambridge: Cambridge University Press, 1945. Reimpresso. Indianapolis: Bobbs-Merrill, sem data.

Hampton, Cynthia. "Pleasure, Truth and Being in Plato's *Philebus*: A Reply to Professosr Frede." *Phronesis* 32 (1987): pp. 253-262.

Pleausre, Knowledge, and Being: An Analysis of Plato's Philebus. Albany: State University of New York Press, 1990.

Jackson, H. "Plato's Later Theory of Ideas. The "Philebus and Aristotle's Metaphysics 1.6." *Journal of Philosophy* 10 (1882): pp. 253-298.

Kenny, A. "False Pleasures in the Philebus: A Reply to Mr. Gosling."

Phronesis 5 (1960): pp. 45-92.

Letwin, Oliver. "Interpreting the Philebus." *Phronesis* 26 (1981): pp. 187-206.

Mohr, Richard D. "*Philebus* 55c-62a e Revisionism". In *New Essays on Plato*, editado por F. J. Pelletier e J. King-Farlow, pp. 165-170. Guelph: Canadian Association for Publishing in Philosophy, 1983. *Canadian Journal of Philosophy*, vol. supl.

Penner, Terry. "False Anticipatory Pleasures. *Philebus* 36a3-41a6." *Phronesis* 15 (1970): pp. 166-178.

Ross, W. D. *Plato's Theory of Ideas*. Oxford: Clarendon Press, 1951, 2. ed. 1953.

Schofield, Malcolm. "Who Were *hoi dyskhereîs* in Plato, *Philebus* 44a ss.?" *Museum Helveticum* 28 (1971): pp. 2-20.

Shiner, Roger. *Knowledge and Reality in Plato's Philebus*. Assen, Netherlands: van Gorcum & Comp., 1974.

"Must *Philebus* 59a-c Refer to Transcendent Forms?" *Journal of the History of Philosophy* 17 (1979): pp. 71-77.

Striker, Gisela. *Peras und Apeion: Das Problem der Formen in Platons Philebus. Hypomnemata* 30. Göttingen: Vandenhoeck & Ruprecht, 1970.

Waterfield, Robin A. H. "The Place of the Philebus in Plato's Dialogues." *Phronesis* 25 (1980): pp. 270-305.

Plato: Philebus. Tradução com introdução e notas. Harmondsworth: Penguin Books, 1982.

12. Leis

Becker, Walter G. *Platons Gesetze und das griechische Familienrecht.* Munich: C. H. Beck, 1932.

Bisinger, Josef. *Der Agrarstaat in Platos Gesetze*. Wiesbaden: Dieterich, 1925.

Brochard, F. "Les *Lois* de Platon et la théorie des Idées." *Etudes de philosophie ancienne et de philosophie moderne*, editado por V. Delbos, pp. 151-168. New ed. Paris: J. Vrin, 1926.

Cohen, David "The Legal Status and Political Role of Women in Plato's Laws." *Revue Internationale des Droits de l'Antiquité* 34 (1987): pp. 27-40.

David, E. "The Spartan Sussitia and Plato's Laws." *American Journal of Philology* 99 (1978): pp. 486-495.

Diès, Auguste, e Gernet, Louis. "Introduction." *Platon: Oeuvres complètes*. Vol. 2, parte I, *Les Lois*, editado e traduzido por Edouard des Places. Paris: Société d'Édition, Les Belles Lettres, 1951.

Görgemanns, Herwig. *Beiträge zur Interpretation von Platons Nomoi.* Munich: C.H. Beck, 1960.

Klingenberg, E. *Platons nomoì georgikoí und das positive griechische Recht*. Berlin: Schweitzer, 1976.

Laks, André. "Raison et plaisir: pour une caractérisation des *Lois* de Platon." In *La naissance de la raison en Grèce. Actes du Congrés de Nice,* mai 1987, editado por J. F. Mattéi, pp. 291-303. Paris: Presses Universitaires de France, 1990.

Morrow, Glenn R. *Plato's Law of Slavery in its Relation to Greek Law.* Urbana, III. University of Illinois Press, 1939.

"The Demiurge in Politics: the *Timaeus* and the *Laws.*" *Proceedings of the American Philosophical Association* 27 (1953-4): pp. 5-23.

Plato's Cretan City: A Historical Interpretation of the Laws. Princeton: Princeton University Press, 1960.

Pangle, Thomas L. *The Laws of Plato*. Traduzido com notas e um ensaio interpretativo. New York: Basic Books, 1970.

Saunders, T. J. Plato: *The Laws* Traduzido com introdução. Harmondsworth: Penguin Books, 1970.

"Notes on the *Laws* of Plato." *Bulletin of the Institute of Classical Studies*, Supplement 28. London: University of London, 1972.

"Penology and Eschatology in Plato's Timaeus and Laws." *Classical Quarterly* 23 (1973): pp. 232-244.

Bibliography on Plato's Laws. 1920-1976, com citações adicionais de março de 1979. 2. ed. New York: Arno Press, 1979.

"On Plato, *Laws* 728bc." *Liverpool Classical Monthly* 9 (1984): pp. 23-24. *Plato's Penal Code*. Oxford: Clarendon Press, 1991.

Stalley, R. F. *An Introduction to Plato's Laws*. Oxford: Basil Blackwell, 1983.

13. Cartas

Edelstein, Ludwig. *Plato's Seventh Letter*. Leiden: E.J. Brill, 1966.

Gulley, Norman. "The Autenticity of Plato Epistles." In *Pseudepigrapha* 1, cap. 5 Fondation Hardt: Geneva, 1972.

Levison, M., Morton, A. Q., e Winspear, A. D. "The Seventh Letter of Plato." *Mind* 77 (1968): pp. 309-325.

Morrow, Glenn R. *Plato's Epistles*. Tradução com ensaios críticos e notas. 2. ed. Indianapolis: Bobbs-Merril, 1962.

von Fritz, Kurt. "The Philosophical Passage in the Seventh Platonic Letter." In *Essays on Ancient Greek Philosophy*, editado por John P. Anton e George L. Kustas, 1: pp. 408-447. Albany: State University of New York Press, 1971.

White, Nicholas P. *Plato on Knowledge and Reality*. Indianapolis: Hackett, 1976.

O. DOUTRINAS ORAIS

Cherniss, Harold. *The Riddle of the Early Academy*. Berkeley: University of California Press, 1945.

Findlay, J. N. *Plato: The Written and Unwritten Doctrines*. New York: Humanities Press, 1974.

Gaiser, Konrad. "Plato's Enigmatic Lecture On the Good." *Phronesis* 25 (1980): pp. 5-37.

Krämer, Hans Joachim. *Plato and the Foundations of Metaphysics*. Editado e traduzido por John R. Caton. Albany: State University of New York Press, 1990.

Sayre, Kenneth M. *Plato's Late Ontology: A Riddle Resolved.* Princeton: Princeton University Press, 1983.

Vlastos, Gregory. *Review of Arete bei Platon und Aristoteles,* por H. J. Krämer. *Gnomon* 41 (1963): pp. 641-655. Reimpresso como "On Plato's Oral Doctrine." In Gregory Vlastos, *Platonic Studies,* pp. 379-403. 2. ed. Princeton: Princeton University Press, 1981.

II. ARISTÓTELES E O PENSAMENTO CLÁSSICO TARDIO

Ackrill, J. L. "Aristotle on *Eudaimonia.*" *Proceedings of the British Academy* 60 (1974): pp. 339-359. Reimpresso em *Essays on Aristotle's Ethics,* editado por Amélie Oksenberg Rorty, pp. 15-33. Berkeley: University of California Press, 1980.

Annas, Julia. "Aristotle on Pleasure and Goodness." Em *Essays on Aristotle's Ethics,* editado por Amélie Oksenberg Rorty, pp. 185-199. Berkeley: University of California Press, 1980.

Barnes, Jonathan, editor. *The Complete Works of Aristotle.* 2 vols. Princeton: Princeton University Press, 1984.

Irwin, Terence. *Aristotle's First Principles.* Oxford: Clarendon Press, 1988.

Kung, Joan. "Aristotle on Thises, Suches, and the Third Man Argument." *Phronesis* 26 (1981): pp. 207-247.

Lynch, John Patrick. *Aristotle's School: A Study of a Greek Educational Institution.* Berkeley: University of California Press, 1972.

Mitsis, Philip. *Epicuru's Ethical Theory: The Pleasures of Invulnerability.* Ithaca, N. Y.: Cornell University Press, 1988.

Owen, G. E. L. "Aristotle on the Snares of Ontology." In *New Essays on Plato and Aristotle,* editado por Renford Bambrough, pp. 69-95. London: Routledge & Kegan Paul, 1965. Reimpresso em G.E.L. Owen, *Logic, Science, and Dialectic: Collected Papers in Greek Philosophy,* editado por Martha Nussbaum, pp. 259-278. Ithaca, N.Y.: Cornell University Press, 1986.

Urmson, J. "Aristotle on Pleasure." Em Aristotle: *A Collection of Critical*

Essays, editado por Julius M. e. Moravcsik, pp. 323-333. Garden City, N.Y.: Anchor Books, Doubleday, 1967.

Von Fritz, Kurt. *The Theory of the Mixed Constitution in Antiquity. A Critical Analysis of Polybius' Political Ideas*. New York: Columbia University Press, 1954.

Walsh, James J. *Aristotle's Conception of Moral Weakness*. New York: Columbia University Press, 1963.

III. PLATONISMO APÓS PLATÃO

Armstrong, A. H., editor. *The Cambridge History of Later Greek and Early Medieval Philosophy*. Cambridge: Cambridge University Press, 1967.

Blumenthal, H. J. e Markus. R. A., editores. *Neoplatonism and Early Christian Thought: Essays in Honour of A. H. Armstrong*. London: Variorum, 1981.

Cassirer, Ernst. *The Platonic Renaissance in England*. Edinburgh: Nelson, 1953.

Chadwick, Henry. *Early Christian Thought and the Classical Tradition*. Oxford: Clarendon Press, 1966.

Dillon, John M. *The Middle Platonists, 80 B.C. to A.D. 220*. Ithaca, N.Y.: Cornell University Press, 1977.

Dodds, E. R. "The Parmenides of Plato and the Origin of the Neoplatonic One." *Classical Quarterly* 22 (1928): pp. 129-142.

Findlay, J. N. "Appraisal of Platonism and its Influence." In *Plato: The Written and Unwritten Doctrines*, pp. 350-412. New York: Humanities Press, 1974.

Gersh, Stephen. *Middle Platonism and Neoplatonism: the Latin Tradition*. 2 vols. Notre Dame, Ind.: University of Notre Dame Press, 1986.

Hankins, James. *Plato in the Italian Renaissance*. 2 vols. Leiden: E. J. Brill, 1991.

Klibansky, Raymond. *The Continuity of the Platonic Tradition During the Middle Ages: Outlines of a Corpus Platonicum Medii Aevi.* London: Warburg Institute, 1939.

Lloyd, A. C. *The Anatomy of Neoplatonism.* Oxford: Clarendon Press, 1990.

Merlan Philip. *From Platonism to Neoplatonism.* 3. ed. The Hague: Martinus Nijhoff, 1969.

Pater, Walter. *Plato and Platonism: A Series of Lectures.* Oxford: Basil Blackwell, 1973.

Patrides, C. A., editor. *The Cambridge Platonists.* Cambridge University Press, 1969.

Reale, Giovanni. *A History of Ancient Philosophy.* Vol. 4, *The Schools of the Imperial Age*, editado e traduzido com base na quinta tradição italiana, por John R. Catan, pp. 165-449. Albany: State University of New York Press, 1990.

Rees, D. A. "Platonism and the Platonic Tradition." In *The Encyclopedia of Philosophy*, editado por Paul Edwards, 6: pp. 333-341. New York: Macmillan and Free Press, 1967.

Rist. J. M. *Plotinus: The Road to Reality.* Cambridge: Cambridge University Press, 1967.

Schmitt, Charles B., editor. *The Cambridge History of Renaissance Philosophy.* Cambridge: Cambridge University Press, 1988.

Sorabji, Richard. "Myths about Non-Propositional Thought." Em *Language and Logos: Studies in Ancient Greek Philosophy Presented to G.E.L. Owen*, editado por Malcolm Schofield e Martha Nussbaum, pp. 295-314. Cambridge: Cambridge University Press, 1982.

Turner, Frank M. *The Greek Heritage in Victorian Britain.* New Haven: Yale University Press, 1980.

Wallis, R. T. *Neoplatonism.* London: Duckworth, 1972.

IV. MISCELÂNIA

A. EDIÇÕES, TRANSMISSÕES E ESTUDO DE TEXTOS ANTIGOS

Badawi, Abdurrahman. *La transmission de La philosophie grecque au monde arabe*. 2. ed. Paris: Libraire Philosophique, J. Vrin, 1978.

Bond, Godfrey W. *Euripedes: Heracles*. Oxford: Clarendon Press, 1981.

Cousin, Victor. *Proclus: Commentarium in Platonis Parmenidem*. In *Procli Philosophi Platonici: Opera Inedita*. Paris: Minerva, 1864.

Couvreur, Paul, editor. *Hermiae Alexandrini in Platonis Phaedrum Scholia*. Hidesheim: Olms, 1971.

Creutzer, F. *Olympiodorus: In Platonis Alcibiaem Commentarii*. Frankfurt: Officina Broenneriana, 1821.

Diels, Hermann e Kranz, Walther, editores. *Die Fragmente der Vorsokratiker*. 6. ed. Berlin: Weidmann, 1952.

Dover, K. J. *Aristophanes' Clouds*. Editado com introdução e comentário. Oxford: Clarendon Press, 1968.

Lysias and the Corpus Lysiacum. Berkeley: University of California Press, 1968.

Friedlein, G. *Proclus: In Primum Euclidis Elementorum Librum Commentaria*. Leipzig: Teubner, 1873. (Tradução inglesa de Glenn Morrow. Princeton: Princeton University Press, 1970).

Gaiser, Konrad. *Philodemus: Academica*. Supplementum Platonicum, I. Stuttgart-Bad Cannstatt: Fromann-Holzboog, 1988.

Griffith, Mark. *Aeschylus: Prometheus Bound*. Cambridge: Cambridge University Press, 1983.

Heyduck, Michael. *Commentaria in Aristotelem Graeca*. Vol. 1: Alexander of Aphrodisias. *In Aristotelis Metaphysica Commentaria*. Berlin: Georgius Reimerus, 1891.

Jebb, R. C. *The Attic Orators from Antiphon to Isaeos*. 2 vols. London: Macmillan, 1893.

Kock, Theodorus, editor. *Comicorum Atticorum Fragmenta*. 3 vols.

Leipzig: Teubner, 1880-1888.

Lasserre, François. *Die Fragmente des Eudoxos von Knidos*. Editado e traduzido, com comentário. Berlin: de Gruyter, 1966.

De Léodamas de Thasos à Philippe d'Oponte. Naples: Bibliopolis, 1987.

Lobel, Edgar, e Page, Denys, editores. *Poetarum Lesbiorum fragmenta*. Oxford: Clarendon Press, 1955.

Long, H. S. *Diogenes Laertius: Vitae Philosophicorum*. 2 vols. Oxford: Clarendon Press, 1964. (Traduzido para o inglês por R. D. Hicks. *Diogenes Laertius: Lives of Eminent Philosophers*. 2 vols. Cambridge, Mass. and London: Harvard University Press and William Heinemann, 1925).

Page, Denys L. editor. *Poetae Melici Graeci*. Oxford: Clarendon Press, 1962.

Ross, W. D. *Aristotle's Metaphysics*. Texto revisado com introdução e comentário. 2 vols. Oxford: Clarendon Press, 1924.

Aristotelis Fragmenta Selecta. Oxford: Clarendon Press, 1955.

Aristotle's Prior and Posterior Analytics. Com introdução e comentário. Oxford: Clarendon Press, 1957.

Reynolds, L. D., e Wilson, N. G. *Scribes and Scholars: A Guide to the Transmission of Greek and Latin Literature*. 3. ed. Oxford: Clarendon Press, 1991.

Sandys, John Edwin. A History of Classical Scholarship. 3 vols. New York: Hafner, 1958.

Westerink, L. G. *Olympiodorus: Commentary on the First Alcibiades of Plato*. Amsterdam: North Holland, 1956.

Anonymous Prolegomena to the Philosophy of Plato. Amsterdam: Norht Holland, 1962.

B. TRABALHOS MODERNOS E CONTEMPORÂNEOS

Abrams, M. H. *The Mirror and the Lamp: Romantic Theory and the Critical Tradition*. New York: Oxford University Press, 1953.

Burnyeat, Myles. "Wittgenstein and De Magistro." *Proceedings of the*

Aristotelian Society, vol. supl. 61 (1988): pp. 1-24.

Frege, Gottlob. "On Sense and Reference." In *Translations from the Philosophical Writings of Gottlob Frege*, editado por Peter Geach e Max Black. 2 ed. Oxford: Basil Blackwell, 1960.

Geach, P. T. "Good and Evil." *Analysis* 17 (1956): pp. 33-42. Reimpresso em *Theories of Ethics*, editado por Phillipa Foot, pp. 64-73. London: Oxford University Press, 1967.

Goldman, Alvin. *Epistemology and Cognition*. Cambridge, Mass.: Harvard University Press, 1987.

Hampshire, Stuart. *Thought and Action*. London: Chatto & Windus, 1959.

Harman, Gilbert. *Change in View*. Cambridge, Mass.: Bradford Books, 1986.

Kitcher, Philip. "Positive Understatement: The Logic of Attributive Adjectives." *Journal of Philosophical Logic* 7 (1978): pp. 1-17.

Kripke, Saul. *Naming and Necessity*. Cambridge, Mass.: Harvard University Press, 1980.

Larmore, Charles. *Patterns of Moral Complexity*. Cambridge: Cambridge University Press, 1987.

Leibniz, G. W. *New Essays on Human Understanding*. Traduzido e editado por Peter Remnant e Jonathan Bennett. Cambridge: Cambridge University Press, 1981.

Philosophical Essays. Traduzido por Roger Ariew e Daniel Garber. Indianapolis: Hackett, 1989.

Locke, John. *An Essay Concerning Human Understanding*. Editado com introdução de Peter H. Nidditch. Oxford: Clarendon Press, 1975.

Putnam, Hilary. "The Meaning of 'Meaning'." In *Philosophical Papers*, 2: pp. 215-271. Cambridge: Cambridge University Press, 1975.

Russell, Bertrand. *The Problems of Philosophy*. London: H. Holt, 1912.

Smyth, Herbert Weir. *Greek Grammar*. Cambridge, Mass.: Harvard University Press, 1963.

Stich, Stephen, editor. *Innate Ideas*. Berkeley: University of California Press, 1975.

Wallace, John. "Positive, Comparative, Superlative." *Journal of Philosophy* 69 (1972): pp. 773-782.

Wheeler, Samuel. "Attributives and Their Modifiers." *Nous* 6 (1972): pp. 310-334.

Whitehead, Alfred North. *Process and Reality: An Essay in Cosmology*. Editado por D. R. Griffin e D. W. Sherburne. Edição corrigida. New York: Free Press, 1978.

Williams, Bernard. "Pleasure and Belief." *Proceedings of the Aristotelian Society* (1959): pp. 57-72.

Ziff, Paul. *Semantic Analysis*. Ithaca, N.Y.: Cornell University Press, 1960.

Índice Remissivo

Abrams, M. H., 409 n. 21.

Academia, 12, 17 n. 3, 29 n. 25, 55, 66 e n. 77, 69 n. 3, 111, 201 e n. 1, 202, 203 e n. 6 e 8, 204-207, 212 n. 23, 232 n. 45, 232 n. 45, 365, 455, 576, 576 n. 113, 577.

Ackrill, J. L., 155, 434, 435 n. 11.

Adkins, A. W. H., 81 n. 34.

agapeē, 304.

akrasia, 165.

Alcibíades, 24 n. 18, 81 e n. 36, 141, 187, 201 n. 2, 279, 296, 313, 314 e n. 54, 315, 316, 410, 411.

Allen, R. E., 30 n. 26, 32 n. 32, 45 n. 52 e 53, 46 n. 54, 47 n. 58, 85 n. 41, 202 n. 3, 230 n. 42, 300 n. 22, 434 n. 10, 438 n. 15, 466, 466 n. 34, 467, 467 n. 36.

Alexandre, o Grande, 81.

Alexandria, 17 n. 3

Amor, 7, 15, 37 n. 41, 43, 193 e n. 74, 194, 223, 233, 278 e n. 20, 286, 293 e n. 1, 294, 295-297 e n. 14, 295, 298-305 e n. 33, 306, 309-316 e n. 57, 317 e n. 59, 318, 319, 321, 322 e n. 66, 323 e n. 70, 324 e n. 71, 325; 377, 380 n. 19, 381, 383, 388, 389, 391, 395, 407, 408, 410, 424, 426-428, 468, 469, 536, 543, 544 e n. 43. ; ver também *sexo*.

Anacreonte, 294, 295, 316.

Anaxágoras, 65 n. 76, 71, 104 n. 75, 287, 445, 445 n. 21, 446, 447.

Anaximandro, 72.

Annas, Julia, 42 n. 49, 221 n. 30.

Aquiles, 81 e n. 35, 423, 459.

Ânito, 91, 92, 185 n. 63

Antíoco de Ascalão, 17.

Antístenes, 473, 490, 492.

Anton, John P., 69 n. 4, 107 n. 79, 232 n. 45, 297 n. 13, 309 n. 42, 314 n. 54, 359 n. 43, 387, 563 n. 64.

Apologia, 12, 20 n. 7 e 8, 21, 25 e n. 20, 26 n. 22, 29, 47 n. 57, 69 n. 2, 71 n. 9, 73 n. 20, 91, 93 n. 58, 96, 65, 116-119, 126, 129-131, 133, 136 n. 41, 137, 141, 144,145, 152, 155, 156 n. 14, 169 n. 35, 173 n. 41d, 175 e n. 43, 179, 184, 185 e n. 63, 187 e n. 65, 188, 237 n.1, 404, 404 n. 11, 422, 427, 544 n. 42, 559.

Aquino, Tomas de, 287.

Arcesilau, 17 n.3.

Arcesilau, 17 n.3.

aristocracia, 549 n. 13, 561 n. 60, 563.

Aristófanes, 74 n. 20, 75, 81, 86 e n. 42, 106 e n. 78, 107 e n. 79, 115, 295 n. 5, 296- 297 e n.12, 299 e n.17, 301, 313 e n. 50, 315, 406 n. 18, 410; *ver também* drama

Aristóteles, 9-13, 16 n. 2, 22 e n. 14 e n. 15, 23 n. 15, 24 e n. 17, 25 n. 20, 30 n. 26 e 27, 33 e n. 34, 44 n. 51, 51, 55, 57-59 e n. 70, 65 n. 75, 66 e n. 77, 70 e n. 5, 71, 76-77 n. 29-30, 79-80, 94 n.61, 97 n. 67, 103-104 n.73-74, 110 n. 81, 111 e n 83, 112 e n. 85, 113, 116, 133, 149, 150 e n. 4, 151 e n. 6, 152-153, 155 n. 14, 156 n. 16, 164 n.24, 165, 167, 174 n. 42, 180 e n. 55, 197, 201, 203, 207-208, 229, 243 n. 13, 245, 254 n. 28, 262 n. 40, 263 n. 41, 287, 348 n. 22, 364, 364 n. 49, 368, 374 n. 10, 381, 382 e n. 22 e 23, 383, 425, 429, 432, 443 e n. 20, 490, 492, 499, 506 e n. 5, 538, 540 e n. 37, 561 n. 61, 564 n. 69, 565 n. 71, 575 n. 108.

Aristoxeno, 44 n. 51

aritmética, 21, 155, 158, 171, 228, 231, 233, 235, 448, 449, 463, 464 e n. 33, 561 n. 61.

Armstrong, A. H., 304

Arnim, H. Von, 134 e n. 40, 136, 144 e n. 69.

Arquíloco, 401.

Arquitas, 28 n. 24, 207, 211.

Asmis, Elizabeth, 8-9, 40 n. 46, 322 n. 67, 324n. 71, 399, 428 n. 38.

Astronomia, 21, 71 n. 7, 202, 205 n. 11, 207 n. 16, 208, 232 e n.45, 233-235, 288, 550.

Atenas, 12, 17 n. 3, 18, 29 n. 25, 75, 82-83 e n. 38, 84, 87-89, 96-97, 141, 157 n. 16, 193 n. 74, 202-203 n. 8, 211, 269-272, 274, 278 e n. 20, 279-280, 289, 314, 413 n. 24, 510, 562, 563, 565 n. 74, 567.

autoconhecimento, 188, 192 b. 71.

autopredicação, 350, 431 e n. 1 e 2, 432, 444, 447, 452, 460, 462, 476.

Bacon, Helen, 314.

Bambrough, Renford, 335 n. 7, 453 n. 28, 454 n. 29.

Banquete, 330, 339, 342, 346, 347, 365 n. 50, 377 n. 15, 380 n. 19, 381 n. 20, 407 e n. 19, 408 n. 20, 409-411, 413 n. 24, 418, 420, 421 e n. 34, 424, 426-428, 510, 543.

Barker, Ernest, 42 n. 48.

Barnes, Jonathan, 30 n. 27, 44 n. 51.

Baron, C., 124 e n.24, 125 n. 25, 144 n. 69.

Battin, M. Pabst, 423 n. 36.

Becker, Walter G., 561 n. 55.

Beleza, Forma da, 37 n. 41, 278, 407.

Bekker, Immanuel, 16 n. 2.

Belfiore, Elizabeth, 415 n. 27.

Bem, Forma do, 21, 22 e n. 14, 37 n. 41, 43, 163, 382, 383 e n. 23, 384, 386, 387 n. 27, 393, 414, 551.

Billig, L., 133 e n.38, 135, 138.

Bisinger, Josef, 561 n. 55.

Blass, Friedrich, W., 125 e n. 29, 127, 129.

Bluck, R. S., 28 n. 25, 162 n. 21, 163 n. 23, 264 n. 42, 265 n. 42.

bode expiatório, 271, 413 e n. 24.

Bolotin, David, 294 n. 4

Borgeaud, Philipe, 278 n. 20,

Bosanquet, Bernard, 414 n. 25.

Bostock, David, 242 n. 9, 434, 435 n. 11, 469 n. 1, 475.

Brandwood, Leonard, 7, 9, 23n. 16, 26 n. 21, 36 n. 39 e 40, 50 n. 61,

113-116 e n.8, 120, 122, 124, 126, 128, 130, 132, 134, 136, 138, 140, 142, 144, 146, 152 n. 7 e 8, 153 n. 8 e 9, 237 n.1.

Bremmer, Jan, 281 n. 25.

Brenkman, John, 314 n. 54.

Brentlinger, J., 445 n. 22.

Brickhouse, Thomas C., 19 n. 6.

Brochard, V., 551 n. 23.

Brock, Roger, 107 n. 79.

Burger, Ronna, 293 n. 3.

Burkert, Walter, 269 n. 1, 271 n. 6 e 8, 272 n. 9, 273-274 n.14 e 17-18, 281 n. 25 e 26, 284 n. 28, 288 e n. 34, 289 e n. 38.

Burnet, John, 16 n. 2, 127 n. 32, 413 n. 24, 469 n. 2.

Burnyeat, Myles, 49 n.60, 65 n. 75, 100 n. 69, 231 n. 43, 232 n. 44, 246 n. 19, 264 n. 42, 265 n. 42, 321 n. 64, 336 n. 9.

Bury, Robert Gregg, 293 n. 2, 296 n. 10 e 12, 303 n. 28, 304 n. 31, 310 n. 45, 311 n. 47, 314 n. 53, 503 n. 2.

Cálicles, 81, 86, 91, 511 n. 9, 514, 515 n. 12, 526, 534, 535, 544 n. 42.

Campbell, L., 114 e n. 6, 117, 137, 142.

Cármides, 12, 21, 25 e n. 20, 47 n. 57, 71 n.13, 84-85, 107, 116, 119, 126, 136-137, 141, 152, 160-161, 169 , 173 n. 41d, 177, 191 n. 69, 237 n. 1, 243 n.12.

Cartas, 20 n.8, 24 n. 18, 29 n. 25, 56, 60, 69 n. 4, 577 n. 113, 577 e n. 113.

Carson, Anne, 295 n. 8, 321 n. 64.

Cassirer, Ernst, 17.

Castaneda, Hector-Neri, 341 n. 15.

causa, 72, 73, 101, 139, 144, 161 n. 21, 172, 202, 217, 227, 261, 266, 287, 311, 356, 403, 502, 505-509, 524, 534.

caverna, alegoria da, 221, 358, 377, 385 n. 25.

censura, 74, 207, 299, 316, 400, 557.

ceticismo, 10, 17 n. 3, 79, 80, 102, 103, 204, 328, 525.

Cherniss, Harold, 30 n. 26, 47 n.58, 55 n. 69, 59 n. 70, 69 n.1, 202 n. 3, 209 n. 18, 226 n.36, 264 n. 42, 358 n. 42, 417 n. 29, 433 e n. 5, 434 e n. 8.

Clay, Diskin, 107 n. 79, 297 n. 13.
Cleitofon, 24 n. 17, 141.
Cléon, 89, 94.
Code, Alan, 443 n. 20.
Cohen, David, 298 n. 16, 571 n. 97.
Cohen, S. Marc, 437 n. 13.
Cole, Susan G., 275 n. 18.
Collingwood, R. G., 419 e n. 31.
comédia, 55, 61, 106, 107 n. 79, 203, 536 e n. 32, 537, 538, 412. ; *ver* drama.
conhecimento, 21, 27 e n. 23, 30 n. 27, 37 n. 41, 49 e n. 60, 53, 27, 337, 338, 348 n. 21, 357-360, 365, 376-379, 382, 384, 389, 403, 408, 420, 421 e n. 34, 422, 425, 427, 428, 439, 447, 448 e n. 23, 449, 463, 464 e n. 33, 465, 467, 483, 501-505, 507, 508, 511 n. 9, 515 n. 13, 518, 519 e n. 16, 520, 521, 540 e n. 37, 541-543, 545, 546, 548, 549, 551 n. 20, 552, 554, 555 e n. 31, 559, 569, 571. ; *ver também* técnica, 49. ; autoconhecimento e político.
conhecimento político, 376, 548.
conselho Noturno, 290, 547, 550, 552, 555 e n. 31, 556 n. 35, 557, 562 e n. 63, 563, 567 n. 82, 569, 575 n. 109, 577.
convenção, 31 n. 29, 57, 76 e n. 27, 79-80, 85-86, 321.
Cope, E. M., 91 n. 53.
Cooper, John M., 375 n. 12, 376 n. 14, 387 n. 27, 393 n. 32.
Cornford, Francis MacDonald, 71 n. 11 e 12, 202 n. 3, 230 n. 42, 305 n. 33, 322 n. 68, 434 n. 10.
Coventry, Lucinda, 108 n. 80.
Crates, 17 n. 3,
Crátilo, 12, 19, 26 n. 21, 30 n. 27, 35 n. 38, 36 n. 39, 47 n. 57, 70 e n. 5, 71 n. 8 e 9, 77, 98, 103 n. 72, 111, 116-119, 126-128, 136-138, 141, 146, 150 e n. 4, 153 e n. 9, 184 n. 62, 237 n. 1, 284, 357 n. 41.
Creta, 82 n. 37, 88 n. 47, 10, 554, 557 n. 40, 560, 561 n. 55 e n. 59, 563 n. 63 e n. 67, 567 n. 82, 568 n. 85.
Crítias, 12, 20 n.8, 36, 46-48, 51, 85, 113-115 e n. 10, 116, 118-121, 124, 126-129 e n. 35, 131-132 e n. 37, 133-136 e n. 41, 137-141 n. 59,

142-143 e n. 63 e 66, 144-145, 173 n. 41d, 175 n. 43, 179 n. 51 e 52, 191 n. 69, 237 n. 1.

Criton, 25, 29, 47 n. 57, 119, 130-131, 133, 137, 152,154 n.12, 155

Crombie, 69 n. 3, 70 n. 5, 503 n. 2.

Cross, 368 n. 2.

Dancy, Russell M., 356 e n. 34 e 36.

David, E., 503 n. 2, 561 N. 59.

Davidson, Donald, 166 n. 29, 167 n. 32, 189 n. 66, 519 n. 16.

Definição, 49, 99, 103, 182 n.60, 198, 228, 240-241 e n. 6, 242, 243 n.13, 245 e n.19, 246 n. 19, 260, 328, 329, 349, 407, 415-417, 426, 513, 518, 521, 522 n. 18, 523, 526, 538, 539, 548, 552, 328, 329, 349, 407, 415 n. 27, 416, 417, 426, 513, 518, 521, 522 n. 18, 523, 526, 538, 539, 548, 552.

de Romilly, Jacqueline, 403 n. 9.

de Vries, G. J., 293 n. 3.

Definições, 21, 22 n. 13, 24 n.18, 25 e n.19 e 20, 99, 149, 192, 205 n. 11, 241 n. 6, 328-330, 357, 515.

Democracia, 65, 82-84 e n. 39 e 40, 85, 87 e n. 45, 88-89, 95, 549 n. 13, 561, 563 n. 64, 565.

Demócrito, 70 n. 6, 71 e n.12, 72, 73 n.17, 76, 79-80, 85 e n. 41, 97, 104 n. 75.

Demóstenes, 90 n.51

Derrida, Jacques, 413 n. 24.

Descartes, René, 328.

Detienne, Marcel, 275 n. 18.

Deubner, L., 271 n.6.

deuses, 19, 21, 71-73 e n. 17 e 20, 74 e n. 21, 75 e n. 25, 84, 169 n. 35, 183 n. 60, 269, 270 e n. 2, 271, 272, 274, 275, 279, 283, 285-292, 294, 301, 311, 341, 346, 400, 401, 407, 411, 416, 504, 530, 537 n. 33, 550 n. 15, 551, 569, 570; *ver também* inspiração e teodiceia.

dialética, 16 n. 2, 54, 95, 169 e n. 35, 170, 193, 202-203, 221, 224-229, 234, 278, 285, 427, 504, 506, 508, 510, 518, 519 e n. 16, 520, 541. 541; *ver também* forma e método socrático.

dianoia, 221, 222.
Díaz Tejera, A., 137, 138
Dicks, D. R., 207 n.16.
Diès, Auguste, 434 n. 10, 567 n. 83.
Dillon, John, 17 n. 3, 434 n. 10.
Diógenes Laércio, 19 n.7, 23 n.16, 24 n.17 e 18, 47, 69 n. 3, 70 n.6, 93 n. 56, 105 n. 76, 113, 141, 321 n. 65, 533 n. 29, 576 n. 113.
Díon, 29 n. 25.
Dioniso I, 12, 29 n. 25.
Dioniso II, 29 n. 25.
diorismoi, 205 e n. 11, 209-210 n. 20, 211-212, 216.
Diotima, 107 n. 79, 277-278 e n. 20, 279, 296-297 e n. 14, 300 e n. 20 e 21, 302-304 n. 29 e 30, 305, 309 e n. 43, 310-311 e n. 47, 312 e n. 51, 314 e n. 54, 316-318, 321, 323-324, 407-411, 420, 421, 424, 428.
Dittenberger, W., 115 e n. 9, 116-119, 142.
divisão, método de, 36 n.39, 548 n. 10, 327, 394, 451, 504 e n. 3, 505-507, 509, 518, 519 e n. 16, 521, 548 e n. 10, 549 n. 11, 551-553 e n. 28, 560.
Dodds, E. R., 25 n. 20, 28 n. 25, 72 n.16, 153 e n.10, 275 n. 19.
Dorter, Kenneth, 315 n. 55
Dover, K. J., 36 n. 39, 81 n. 34, 86 n. 42, 107 n.79, 115 n.11, 153 n.10, 293 n. 1 e 2, 298 n. 16, 299 n. 19, 303 n. 27, 309 n. 44, 315 n. 56, 319 n. 61, 408 n. 20.
drama, 29, 48-50, 61-62, 64, 67-68, 86, 96, 105-106, 108-109, 279, 289, 315 n.54, 399-401, 406, 410, 511, 536, 538.
Dybikowski, J., 525 n. 21.

Edelstein, Ludwig, 69 n. 4.
educação, 25 n.19, 27, 29, 39, 53, 80, 82, 87, 90-92, 94, 97, 148, 154, 156-157 e n.16, 165-167, 175-176, 183 e n. 60, 203, 204, 206, 208, 280, 285, 289-290, 304, 376, 377, 401, 420, 421, 546 n. 3, 557, 571 n. 97.
egoísmo, 25 n.19, 148,171, 172 n. 40, 175, 178, 180 n. 55, 181 e n. 55 e 56.
Ehrenberg, Victor, 83 n. 38.

elenchus; 26 n. 21, 191 e n. 70, 193-194 e n. 75,195, 238 n.2, 244 n. 14, 251, 253 e n. 27, 254 e n. 28, 256, 258 e n.35, 266-267, 277, 279, 300 n.22, 439, 511; *ver* método socrático.

emoções, 27, 156, 157 n. 18, 158 n. 18, 167 e n. 32, 387, 392, 402, 403, 423-425, 533, 536, 537, 538 e n. 34 e 35, 544.

Empédocles, 71 e n. 13, 104, 274, 287.

Epícrates, 203.

Epicuro, 533 n. 29.

Epínomis, 24 n.18, 142.

Epístolas, 14. ; ver Cartas.

Ésquilo, 74 e n. 21- 23, 81 n. 36, 90 n. 52, 187, 188; ver também drama.

Erística, 93 e n.57, 95, 97-98, 108 e n. 80.

Esparta, (espartano), 554, 561.

Espeusipo, 533 n. 30.

Estefano, 435, 550.

eternidade, 31 n. 28, 32 n. 32, 345.

Euclides, 205 n.13, 206, 210-211, 213, 227 n. 37.

Eudemo, 208, 211 n.23.

Eudoxo, 205 n. 12, 206-207 e n. 17, 208 e n. 17, 209.

Eueno, 185.

Eurípedes, 60, 74 n. 21, 81 n. 36, 96, 105 n. 77, 406 e n. 18; *ver também* drama.

Eutidemo, 12, 26 e n.21, 38 n. 44, 47 n. 57, 93 e n. 57, 95, 103 n. 72, 116-119, 126, 136-137, 141, 146, 152 e n. 8, 155 n. 14, 160, 163 n. 24, 169 n. 35, 176, 177 em. 48, 185, 237 n.1, 270 n. 3, 280, 489, 490, 492.

Eutífron, 12, 21, 25 e n. 20, 29, 32 n. 32, 47 n. 57, 72 n.15, 74 e n. 23, 75 e n. 24, 116, 118-119, 126, 136-137, 141, 152, 162 n. 21, 167 e n. 35, 175 n. 42, 182 n. 60, 183 n. 60, 219, 237 n. 1, 240 n. 6, 247, 270 n. 2, 327, 328.

Falsidade, 103, 157, 251, 344, 364, 471, 482, 487, 489, 492, 493, 496, 498, 514, 524-527, 538. ; *ver também* verdade

Falso, 344 n. 17, 404, 421, 448 n. 24, 469-472, 480, 485-498, 500, 507,

524, 525, 527 e n. 24, 528 e n. 25, 529, 530 n. 27, 531 e n. 28, 532, 533 n. 30, 534, 535 n. 31, 568.

Fedro, 12, 16 n. 2, 24 n. 17, 36 e n. 39, 37 n. 41, 39, 43, 47 n. 57, 52, 55-57, 61 n. 72, 64, 71 n. 9 e 13, 95 e n. 63, 96 n. 65, 110 n. 82, 114, 116-121 n. 21, 124, 126-128, 136, 137, 139, 140 e n. 52 e 58, 141 e n. 59, 142, 144, 145 e n. 71, 153 n. 9, 157 n. 17, 165 n. 27, 237 n. 1, 270 n. 2, 278 n. 20, 280-282, 284, 286-288, 293 e n. 1, 294-297 e n. 14, 298 e n. 15, 302, 304 n. 30, 305 n. 32, 312-315 e n. 57, 316 e n, 57, 317, 319, 321, 323, 324 e n. 71, 325, 332, 336, 356-358, 365 n. 50, 377 n. 15, 426-428 e n. 38 e 39, 429, 430, 531 n. 28, 543, 552 n. 25, 556 n. 35.

Felicidade, 26 n. 22, 37, 38, 42, 147, 155 n. 14, 156 n. 14, 164, 175 n. 42, 176 e n. 45, 177 e n. 48, 178, 180 e n. 53, 181 n. 56, 197, 302, 369 n. 3, 371 n. 4, 373 n. 7, 375 n. 13, 380, 381 n. 20, 505, 546, 569, 573.

Fédon, 12, 26 n. 21, 28 n. 24, 29, 30 n. 26 e 27, 32 n. 30 e 31, 34 e n. 36, 36 e n. 39, 37, 45, 49 n. 60, 52, 62, 69 n. 2, 71 n. 8, 73, 99 n. 68, 103 n. 72, 116, 118, 126, 134, 136, 137, 138, 141, 146, 153, 155, 162, 216-218, 220, 224-226, 237 n. 1, 277, 280, 282, 284, 285 e n. 29, 286, 288, 310, 314 n. 52, 324, 329, 330 e n. 2, 331, 336-338, 340, 343, 346, 349, 350, 361, 432, 458, 511, 512 e n. 11, 515, 533 n. 30.

Felipe de Opus, 24 n. 18, 113.

Ferrari, G. R. F., 7, 9, 37 n. 41, 294 e n. 3, 296, 298, 300, 302, 304, 306, 308, 310, 312, 314, 316, 318, 320, 322 e n. 66 e 67, 323 n. 69, 324 e n. 71, 415 n. 27.

Field, G. C., 69 n. 1, 77 n. 28, 104 n. 74 e 75, 142 n. 62, 203 n. 6.

Filodemo, 204, 205 n. 9, 206, 209, 212, 234,

Filosofia, 9-11, 13, 15, 16 n. 2, 17 n. 3, 18 n. 4, 19 n. 5, 20, 21 n. 11, 22 e n. 12, 23, 25 n. 19, 27, 28 n. 24, 33, 34 n. 35, 36, 38, 39, 41, 42 e n. 49, 45, 53, 54 e n. 67, 55 e n. 69, 56, 59, 60, 63, 64, 67 n. 78, 70 e n. 4, 71, 80, 81 n. 33, 85, 89, 94, 95, 97, 104, 105, 108-110 n. 82, 111, 149, 180 n. 53, 189 n. 66, 211, 215, 220, 224 n. 24, 226, 276, 280, 286, 290-292, 294, 305 e n. 33, 306 n. 35, 307, 309, 310, 312, 314, 315 n. 57, 324 n. 71, 327, 327, 342, 348, 380, 381, 389, 399, 401, 409, 427, 428, 444, 466, 467, 502, 547, 551 e n. 23, 552 e n. 24, 554, 562, 573, 575-577. ; *ver também* dialética.

Filebo, 8, 9, 12, 16 n. 2, 36, 37 n. 41, 39, 44 e n. 51, 46-48, 50, 51, 59 n. 70, 62, 71 n. 12, 73, 109, 116-121, 124, 127-129 e n. 35, 131-143 e n. 63 e 65, 144, 325 n. 48, 237, 330, 362, 377 n. 15, 381 n. 21, 387 n. 27, 434 n. 9, 451, 501-504, 506 e n. 4 e 5, 509, 510 e n. 8, 511 e n. 9, 512-514, 517, 518 e n. 15, 519 e n. 16, 521-523, 526, 528 n. 25, 533 e n. 30, 535, 538, 539, 540 n. 37, 541 e n. 40, 542 n. 41, 543, 544, 548 n. 8, 552 e n. 24.

Filósofos, reis, 571. ; *ver também* guardiões.

Fine, Gail, 6, 9, 27 n. 23, 33 n. 34, 34 n. 37, 35 n. 38, 100 n. 69, 101 n. 71, 204, 237, 238, 240, 242, 244, 248, 250, 252, 254, 256, 258, 260, 262, 264, 266, 337 n. 11, 350 n. 23.

Fluxo, 19, 30 n. 27, 76, 77 e n. 28, 78, 99, 100 e n. 69, 103 n. 72, 150, 151, 153 n. 9, 520, 521 e n. 17, 522.

Fontenrose, Joseph, 272 n. 10.

Forma diálogo, 62-64,109, 114, 144.

Formas, teoria das, 22 n. 14, 30 n. 26, 32 n. 32, 34 e n. 36, 35, 45 e n. 52, 46 e n. 55, 49 e n. 59, 50 e n. 61, 51, 52 e n. 63, 66, 103, 237 n. 1, 368, 390, 407, 417 n. 30, 432, 442, 445, 449, 467, 468, 521 n. 17, 541, 542 e n. 41, 546, 547, 551.

Foster, M.B., 369 n. 3.

Foucault, Michel, 298 n. 16.

Frajese, Attilo, 211 n. 22.

Franklin, Benjamin, 569 n. 88.

Frede, Dorothea, 8, 9, 39 n. 45, 43 n. 49, cap. 14.

Frede, Michael, 8, 10, 38 n. 43, 445 n. 21, 454.

Frege, Gottlob, 198 e n. 80.

Freud, Sigmund, 156 n. 16, 295 n. 7, 302 n. 26, 303 n. 28, 304 n. 29, 309 n. 42, 312 n. 49, 315 n. 57, 322 n. 68.

Fritz, Kurt Von, 69 n. 4.

Furley, David J., 71 n. 7, 85 n. 41, 445 n. 22.

Furth, Montgomery, 78 n. 31.

Gadamer, Hans-Georg, 503 n. 2.
Gagarin, Michael, 314 n. 54.
Gaiser, Konrad, 203 n. 5, 205 n. 9 e 11, 206 n. 14.
Gallop, David, 29 n. 26, 216 n. 26.
Gandhi, Mohandas, 178, 178 n. 50, 180.
Geach, P. T., 177 n. 48, 196 n. 78, 198 n. 80, 204 n. 5, 437 n. 13.
Gentzler, Jyl, 237, 254 n. 28.
Geometria, 21, 27, 31, 155, 158 e n. 19, 167, 202, 205-207, 210, 211, 221-223, 226, 232-235 e n. 47, 252 n. 26, 254 n. 28, 255, 258, 259, 539.
Gerson, Lloyd, 287 n. 30.
Gifford, E. H., 95 n. 63.
Glidden, David K., 294 n. 4.
Goldman, Alvin, 247 n. 20.
Görgemanns, Herwig, 547 n. 4.
Górgias, 10, 12, 25 e n. 20, 26 n. 22, 28 n. 24, 29 n. 25, 27 n. 42, 39 n. 45, 47 n. 57, 49 n. 60, 71 n. 7, 76 n. 27, 86, 87 n. 45, 90 n. 51, 91, 93 n. 59 e 60, 94 n. 62, 95 n. 63, 96 e n. 64 e 66, 107, 116, 118, 119, 126, 136, 137, 141, 151 n. 5, 152 e n. 7 e 8, 153 e n. 10, 154-156 n. 14, 157 n. 17 e 18, 158 n. 18, 162 n. 21, 163 n. 23, 166 n. 31, 169 n. 35, 172 n. 39, 175 n. 43, 179, 180 n. 52, 181 n. 56, 182 n. 60, 183, 184 e n. 62, 185, 186 n. 64, 237 n. 1, 301, 402, 403 e n. 9, 405, 406 e n. 16 e 17, 407, 409, 410, 412, 414, 422, 424, 427, 511 n. 9, 512 e n. 11, 514, 535, 544 e n. 42, 559 n. 47.
Gosling, J. C. B., 160 n. 21, 264 n. 42, 372 n. 5, 451 n. 26, 502 n. 1, 503 n. 2, 504 n. 3, 506 n. 4, 509 n. 7, 512 n. 10, 516 n. 14, 525 e n. 21, 533 n. 29 e 30, 540 n 37, 541 n. 40.
Gould, Thomas, 295 n. 5.
Greene, W. C., 107 n. 79.
Griswold, Charles L., Jr., 63 n. 73, 67 n. 78, 297 n. 3, 322 n. 66 e 67, 563 n. 64.
Grote, George, 19 n. 7, 91 n. 53, 114 e n. 5.
guardiões, 167, 545.
Guerra do Peloponeso, 12, 82, 83 e n. 38, 84, 87, 104, 272.
Gulley, Norman, 69 n. 4, 209 n. 19.

Guthrie, W. K. C., 15 n. 1, 20 n. 7, 24 n. 17 e 18, 36 n. 39, 55 n. 69, 66 n. 77, 69 n. 3, 73 n. 17, 77 n. 29, 91 n. 53, 95 n. 93, 110 n. 82, 153 n. 10, 162 n. 21, 239 n. 4, 274 n. 16, 283, 297 n. 13, 548 n. 7, 549 n. 11, 551 n. 23.

Halperin, David, 293 n. 1, 298 n. 15, 313 n. 51, 323 n. 69.
Hampshire, Stuart, 177 n. 48.
Hampton, Cynthia, 503 n. 2, 506 n. 4 e 5, 528 n. 25, 542 n. 40 e 41.
Harman, Gilbert, 247 n. 20.
Harmonia, 21, 202, 220, 232 e n. 45, 234, 289, 373, 385, 386 e n. 26, 387 n. 27, 391, 394-396, 507-509, 522, 526, 536, 543, 544, 550, 565, 566 n. 80.
Havelock, Eric, 400 n. 1.
Harvey, F. David, 85 n. 41, 561 n. 61.
Heath, Malcolm, 324 n. 71.
Heath, Thomas, 206 n. 15.
Hector-Neri, Castaneda, 341 n. 15.
Heidel, W. A. 74 n. 23.
Heitsch, Ernst, 213 n. 25.
Heráclito, 19, 30 n. 27, 71, 72, 75 n. 24, 76, 77 e n. 29 e 30, 78, 79, 99, 100 n. 69, 103, 104, 150, 270 n. 4, 287, 401.
Heródoto, 75 n. 25, 82 e n. 37, 105, 274.
Hesíodo, 270, 298 n. 15, 305, 401, 408, 410, 420, 421.
Hiato, 125 e n. 31, 126-128, 142, 143 e n. 63, 144, 145 n. 71.
Hiparco, 24 n. 18.
Hípias, 12, 21, 24 n. 18, 25, 26 e n. 21, 47 n. 57, 71 n. 8, 92, 99 n. 68, 107, 118, 119, 126, 136, 137, 141, 146, 148, 152, 160 n. 21, 170 e n. 36, 171, 172 e n. 40, 173 n. 45, 185, 197, 237 n. 1, 327.
Hípias Maior,12, 21, 24 n. 18, 26 e n. 21, 47 n. 57, 71 n. 8, 92, 99 n. 68, 107, 118, 119, 126, 137, 141, 146, 152, 160 n. 21, 172 e n. 40, 173, 176 n. 45, 197, 237 n. 1, 327, 330 e n. 2, 341, 342, 346.
Hípias Menor, 12, 25, 47 n. 57, 107, 126, 136, 137, 141, 148, 152, 170 e n. 36, 172, 176 n. 45, 237 n. 1.
Hipócrates de Quios, 205 n. 13, 206 n. 15.

hipótese, 28 n. 24 e 25, 48, 49 e n. 59, 50, 52, 67 e n. 78, 127, 153, 180, 181, 188, 208, 212-218 e n. 28, 219 e n. 29, 220-224 e n. 34, 225-228, 230 e n. 41, 233, 234, 235 n. 47, 374 n. 9, 469, 484, 492, 506, 510 n. 8, 512 e n. 11, 515, 521, 522 n. 18, 547, 549, 576.
Homero, 74, 81, 83, 98, 185, 192, 270 e n. 4, 281, 305, 399, 401, 404, 405 e n. 14, 406, 408, 410, 413 e n. 24, 416 e n. 28, 420 e n. 33, 421 e n. 34, 422, 428, 536.
homossexualidade, 299, 312.
Hornblower, Simon, 87 n. 43.
Howland, R. L., 95 n. 63
hubris, 275, 289.
Hussey, E. L., 287 n. 41.

Iâmblico, 17 n. 3, 324 n. 71.
ideias inatas, 262 n. 40.
Igualdade, 30 n. 26, 31 e n. 29, 32 e n. 30, 61 n. 72, 89 n. 49, 158 n. 19, 224, 331, 561 e n. 61, 565, 571 n. 99, 332 e n. 4, 333-336, 349, 350, 355 n. 33.
imitação, 57, 139, 45, 353, 385 n. 25, 394, 399, 409, 411, 412, 415 e n. 27, 416-419, 420 n. 32, 422-424, 508, 539. ; *ver* mimēsis, 411, 415, 416, 527.
indução, 150 n. 2.
inspiração, 322, 184, 208, 209, 404, 405, 409, 424, 427, 518.
intelectualismo socrático, 502, 508.
Íon, 12, 25, 47 n. 57, 107, 119, 122, 126, 136, 141, 152, 157 n. 17, 185 e n. 63, 186, 237 n.1, 280, 427.
Irwin, T. H., 7, 10, 16, 19 n. 5 e 6, 20 n. 8, 25 n. 20, 28 n. 24, 63, 69, 70, 72 e n. 14, 74, 76 e n. 27, 77 n. 29, 78, 80, 81 n. 34, 82 e n. 37, 84, 86, 88, 90, 92, 94, 95 n. 63, 96 e n. 65, 98, 100 e n. 69, 102, 104, 106, 108, 110 e n. 81, 112, 148 n. 1, 149 n.1, 155 n. 14, 162 n. 21, 178 n. 49, 182 n. 60, 192 n. 72, 199 n. 81, 237, 242 n. 10, 245 e n. 18, 251 n. 24, 253 n. 26 e 27, 255 n. 30, 256 n. 30, 261 n. 39, 306 n. 35, 309 n. 42, 317 n. 59, 337 n. 11, 355 n. 32, 367 n. 2, 369 n. 3, 375 n. 12, 376 n. 14, 379 n. 18, 387 n. 27, 388 n. 29, 393 n. 32, 439 n. 17, 512 n. 11, 521 n. 17.

Isenberg, Meyer, W., 297 n. 12, 301 n. 23, 313 n. 50.
Isócrates, 90 n. 52, 93 n. 60, 94, 95 n. 63, 97, 128, 129, 145 n. 71, 152 n. 8.

Jackson, Henry, 506 n. 5.
Jaeger, Werner, 287 n. 30.
Janell, G., 125 e n. 28, 126 e n. 32, 127.
Jebb, R. C., 94 n. 61.
Jones, A. H. M., 87 n. 45.
Joseph, Horace, W. B., 368 n. 2.
Jowett, Benjamin, 468 n. 37.
Justiça, 8, 20, 21, 34 e n. 36, 38 e n. 43, 66, 72, 74, 75, 85, 86, 83, 91, 97, 99, 111, 149-151 e n. 5, 158, 160 n. 21, 160 n. 21, 169 n. 35, 170 e n. 37, 172, 175, 176 e n. 47, 179 e n. 51, 182, 288, 329, 347, 375 13, 358, 367-369 e n. 3, 370-372 e n. 5, 373 e n. 7 e 8, 374 e n. 9 e 11, 375 n. 13, 376-379 e n. 18, 380 n. 19, 381 n. 20, 384-386 n. 26, 387 e n. 28, 388 e n. 29, 389-392 e n. 31, 393, 394 e n. 34, 395-397, 405, 423, 444, 445, 452, 453, 459, 468, 515, 528 n. 25, 546 n. 2, 559, 568.
Justiniano, 17 n. 3.

Kahn, Charles, 24 n. 18, 25 n. 20, 30 n. 27, 71 n. 7, 217 n. 59.
Kaluscha, 129 e n. 33.
Kant, 91 n. 53, 130-134, 138, 174, 177, 180 e n. 53 e 55, 181.
Kenny, A., 525 n. 21.
Kerferd, G. B., 90 n. 52, 91, 93 n. 57.
Kidd, I. G., 74 n. 23.
Kirk, G. S., 30 n. 27, 77 n. 28, 104 n. 73.
Kirwan, C. A., 369 n. 3.
Kitcher, Philip, 339 n. 13.
Kitzinger, Rachel, 15 n. 1, 31 n. 29, 55 n. 68.
Klingenberg, E., 561 n. 55.
Klosko, George, 42 n. 48.
Kosman, L. A., 323 n. 69.
Krämer, Hans Joachim, 44 n. 51, 55 n. 69.

Kraut, Richard, 3, 4, 7, 8, 10, 15, 16, 18, 20, 22, 23 n. 16, 24, 26, 28, 30, 32, 34, 36, 38, 40, 42, 44, 46, 48, 50, 52, 54, 56, 58, 60, 62, 64, 66, 68, 147, 148 n. 1, 149 n.1, 154 n. 11, 155 n. 14, 157 n. 16 e 18, 167 n. 33, 172 n. 40, 173, 179 n. 50 e 51, 180 n. 54 e 55, 183 n. 60, 185 n. 63, 190 n. 68, 191 n. 68, 192 n. 72, 196 e n. 79, 197-199 e n. 81, 201, 237, 244 n. 16, 245 n. 17, 293, 327, 327, 330 n. 2, 338 n. 12, 367, 388 n. 29, 393 n. 32, 431, 433 n. 6, 439 n. 17, 501.

Kripke, Saul, 261 n. 38.

Kung, Joan, 23 n. 16, 47 n. 58, 51 n. 62, 338 n. 12, 330 n. 2.

Laks, André, 555 n. 33, 576 n. 111.

Laques, 12, 21, 25 e n. 20, 47 n. 57, 107, 116, 118, 119, 126, 136, 141, 152, 160 n. 21, 161 n. 21, 162 n. 21, 163 n. 24, 169 n. 35, 172 n. 41b, 175 n. 44, 176, 181 n. 56, 188-190 n. 68 e 69, 195- 197, 198, 237 n.1, 243 n. 11, 247, 259, 329.

Larmore, Charlses ,291 n. 39.

Lassere, François, 203 n. 7, 205 n. 12, 295 n. 6.

Lei, 11, 12, 23, 24 n. 17, 28 n. 24, 36, 39, 42 n. 48, 46, 47, 48, 51, 53, 54 e n. 67, 71 n. 12 e 13, 73, 74 n. 22, 82 e n. 37, 87 n. 43, 88 n. 47, 89 n. 49, 91 n. 54, 109, 111 n. 83, 113-122, 124, 126-129 e n. 35, 130-136 e n. 41, 137, 139-143 e n. 63 e 65, 144, 155, 157 n. 16, 166 n. 30, 138, 233, 234, 237, 270 n. 3, 286, 287 e n. 32 e 33, 288 e n. 35 e 36, 289 e n. 38, 290, 294 308, 309, 369, 399, 408, 413, 428, 429, 510, 545 n. 1, 546, 547 e n. 4 e 5, 548, 549 e n. 12 e 13, 550 e n. 14, 15 e 17, 551 e n. 23, 552 e n. 24, 553 e n. 27, 554, 555 e n. 31, 556 n. 35, 557-559 e n. 48 e 49, 561 e n.55, 562, 563 e n. 78, 566 e n. 78, 567 e n. 82, 568-571 e n. 97 e 98, 572 n. 100, 101 e 102, 573-577 e n. 113 e 114.

Lebeck, Anne, 315 n. 55.

Ledger, G. R., 140 e n. 55, 141 e n. 60, 144.

Leibniz, G. W., 262, 263 n. 41.

lemas, 209-212, 214-216, 219, 234.

Leodamas, 203 n. 6, 211 e n. 21.

Letwin, Oliver, 506 n. 4.

Leucipo, 72.
Lewinson, Ronald B., 566 n. 76.
Lewis, David, 85 n. 41.
Limite (peras), 44, 275, 320, 504.
Lloyd, A. C., 229 n. 40.
Lloyd Gerson, 287 n. 30.
Lloyd-Jones, Hugh, 81 n. 34, 275 n. 18, 229 n. 40.
Locke, John, 242 n. 9.
logos (linguagem, enunciado), 8, 15, 18 n. 4, 20 n. 10, 22 n. 15, 31 n. 28, 38 n. 44 e n. 51, 46 n. 54, 57, 65, 70, 95, 98, 106, 110 n. 81, 113, 161 n. 21, 180 n. 54, 182 n. 58, 189 n. 66, 213, 223, 238, 255 n. 29, 262 n. 40, 264 n. 42, 304 n. 31; 328, 329, 349, 350 n. 23, 357 n. 41, 402-404, 407, 469 n. 1, 488, 490, 530; *ver* também definição.
Long, A. A., 81 n. 34.
lote, 289, 560 e n. 53, 562 e n. 63, 563 e n. 64, 565, 572.
Loucura, 43, 166, 278 n. 20, 281, 286, 316, 426, 427.
Licurgo, 305, 408, 420, 421.
linha divisória, analogia da, 221, 226-228 n. 38, 231-232.
Lísias, 12, 26 n. 21, 136, 139, 141, 146, 152, 169 n. 35, 175 n. 44, 315 e n. 55, 316, 324 n. 71, 428.
Lutoslawski, W., 124 e n. 22.
Lynch, John Patrick, 201 n. 1.

Mabbott, J. D., 369 n. 3, 373 n. 7.
MacDowell, Douglas M., 271 n. 5, 279 n. 21.
Mackenzie, Mary Margaret, 559 n. 50.
Markus, R. A., 301 n. 23, 304 n. 30.
Matthews, Gareth B., 329 n. 1.
McDowell, John, 250 n. 24, 469 n. 1, 496 n. 8, 498.
Meinwald, Constance C., 8, 10, 46 n. 55, 52 n. 63, 367, 431.
Menedemo, 203 e n. 7.
Menexeno, 12, 20 n. 8, 28 n. 25, 47 n. 57, 118, 119, 125 n. 26, 126, 128, 136 n. 41, 137, 141, 144-146, 152 e n. 8.

Mênon, 7, 12, 26 n. 21, 27, 28 e n. 24, 29 e n. 25, 31, 36, 45, 47 n. 57, 49 n. 58, 71 n. 11, 91, 92, 93 n. 57, 116, 118, 119, 126, 136, 137, 141, 152 e n. 8, 153, 160 n. 21, 161 n. 21, 162 n. 21, 163 n. 22, 166 n. 31, 167, 169 n. 35, 173 n. 41c e 41e, 174, 176, 181 n. 57, 182 n. 59, 185 e n. 63, 191 n. 69, 212, 213 e n. 25, 214-216, 226, 237 e n. 1, 238 e n. 2, 239 e n. 4, 241 e n. 6, 243 e n. 12, 244 n. 14, 245 e n. 17, 246 e n. 19, 247, 248 e n. 21, 248, 249 e n. 21, 250 n. 24, 251, 252 n. 26, 253, 255 e n. 29, 253 e n. 31, 257, 259, 261, 262 n. 40, 263, 264 e n. 42, 265 e n. 42, 267, 274 n. 16, 280, 282, 284, 302, 327, 327-329, 357 n. 39, 374 n. 10, 404 e n. 12, 422.

Menza, V., 415 n. 27.

Método, 7, 15 e n.1, 22 n. 11, 23, 25 n. 19, 27 e n. 23, 28 n. 24 e 25, 36 n. 39, 55 n. 69, 63 n. 73, 65 n. 75, 67, 89, 92, 93 e n. 59, 95, 98, 109, 114, 115, 124, 136, 137 e n. 45, 148, 153, 154, 169, 183, 187, 201, 203, 205-207, 209, 211-217 e n. 24, 218-220, 223, 225-227, 229, 231, 233, 235, 237 n. 1, 247, 249 n. 21, 254, 266, 286, 329, 330, 402, 504-506, 518-520, 547, 548 e n. 10, 562, 564, 569; *ver* dialética, método de divisão; e método socrático.

Método socrático, 93, 98, 148, 186, 518.

Mikalson, Jon D., 269 n. 1.

Mill, John Stuart, 181 n. 56.

Miller, Mitchell, Jr., 434 n. 10, 438.

mimēsis, 411, 415, 416, 427.

Minos, 24, 141.

Mitsis, Philp, 533.

Mohr, Richard D., 310 n. 46, 542 n. 40.

monarquia, 549, 561, 565.

Moravcsik, J. M. E., 255 n. 29, 263 n. 41, 309 n. 42, 405 n. 14, 419 n. 31, 422 n. 35, 540 n. 37, 549 n. 11.

Morgan, Michael L., 7, 10, 19 n. 5, 270, 272, 274 e n. 15, 276, 278, 280, 282 e n. 27, 284, 286, 287 n. 31, 288, 289 n. 37, 290, 292.

Morrison, J. S., 91 n. 55.

Morrow, Glenn R. 69 n. 4, 73 n. 19, 82 n. 37, 88 n. 47, 358 n. 42, 434 n.

10, 555 n. 33, 557 n. 40, 561 n. 55 e 59, 563 n. 63 e 67, 567 e n. 82, 568 n. 85, 572 n. 102, 573 n. 104, 577 n. 113.

Mossé, Claude, 87 n. 43.

Mourelatos, Alexander P. D., 71 n. 7, 78 n. 31, 171 n. 39, 232 n. 45, 359 n. 43, 388 n. 29, 548 n. 10.

mudança, 30, 33, 45-46 n. 54, 50-51, 76-78 e n. 31, 79, 83, 99, 100-101, 103, 113, 137 n. 44, 142, 145, 165, 228, 274, 281, 286, 297, 300, 305, 310, 316, 321, 345 n. 18, 346, 377, 401, 403, 406, 407, 445, 446, 491, 514, 515, 521, 523 n. 19, 524, 534, 541 n. 40, 542 n. 41, 565, 567 n. 82.

Mueller, Ian, 7, 11, 23 n. 16, 28 n. 24, 47 n. 58, 202, 204, 206, 208, 210, 212, 214, 216, 218, 220, 222, 224, 226, 228, 230, 232, 234, 330 n. 2, 367.

Murdoch, Iris, 42 n. 48, 406 n. 18.

Murphy, N. R., 165 n. 27, 368 n. 2.

Mylonas, G., 273 n. 12.

nomes, 35 e n. 38, 41, 160 n. 21, 161 n. 21, 182, 444, 459, 473, 474, 491.

natureza, 22 e n. 13, 32 n. 30, 33, 34, 38 n. 44, 43, 45, 46 n. 54, 61 n. 72, 75, 76, 80, 84-86, 98, 114, 124, 134 n. 47, 138, 149, 151, 166, 180 n. 55, 190, 197, 204, 220, 227, 240, 243, 244, 246 n. 19, 252, 259 n. 36, 261, 271, 275, 278, 280, 282, 284, 286, 301, 305, 318, 319, 327, 335, 336, 338, 349, 369 n. 3, 379, 380, 387 n. 27, 390, 396, 418, 450-452, 465, 469, 474, 476, 482-484, 499, 503, 505-507, 510, 511, 519-521 e n. 17, 524, 527, 536, 541, 542, 551, 569, 574, 577.

não ser, 38, 78, 102, 337, 338, 354, 356 n. 37, 363 n. 47, 472, 477, 484.

Nehamas, Alexander, 32 n. 30, 239 n. 3 e 4, 245 n. 16, 246 n. 19, 253 n. 26, 256 e n. 32, 260 n. 37, 309 n. 44, 336 n. 8, 419 n. 31.

Neoclides, 211.

Neoplatonista, 434 n. 10.

Nettleship, Richard, 368 n. 2

Neumann, Harry, 309 n. 43, 311 n. 47, 313 n. 51.

Nilsson, Martin, 269 n. 1.

Nussbaum, Martha C., 300 n. 22, 314 n. 54, 350 n. 23, 357 n. 41, 375 n. 13, 383 n. 23, 428 n. 39, 469 n. 1, 474 n. 5, 544 n. 43.

Ober, Josiah, 90 n. 51.
Objetividade, 184, 336, 342, 348, 355.
O'Brien, Michael, J., 301 n. 22, 304 n. 29, 305 n. 33.
opiniões orais de Platão; opiniões não escritas, 59.
Okin, Susan Moller, 42 n. 49, 571 n. 97.
oligarquia, 87, 88, 549 n. 13.
Owen, G. E. L., 45 n. 52 e 54, 46 n. 54, 47 e n. 58, 49 n. 59, 78 n. 31, 224 n. 34, 333 n. 6, 334 n. 6, 335 n. 7, 336 n. 8, 338 n. 12, 340 n. 14, 348 n. 21, 351 n. 26, 364 n. 49, 434 e n. 8 e 9, 435 n. 11, 452 n. 28, 453 n. 28, 454 n. 29, 469 n. 1, 474 n. 5, 481, 482, 549 n. 11.

paradigmas, 46 n. 54, 53, 350, 351, 393, 466.
Parke, H. W., 271 n. 6 e 7, 272 n. 10.
Parker, Robert, 74 n. 23, 269 n. 1, 247 n. 14.
Parmênides, 10, 12, 31, n. 28, 32 e n. 31, 33 n. 34, 34 n. 36, 36 e n. 39, 38, 43, 44, 45 n. 52 e 23, 46 n. 55, 47, 49 n. 61, 50 e n. 61, 51, 52 n. 63, 53 e n. 66, 71 e n. 10, 76, 72, 78 e n. 31, 79 e n. 32, 99, 100-104, 113 e n. 3, 116-119 e n. 17, 120, 124-126, 136, 137 e n. 47, 141 e n. 60, 144, 145, 153 n. 9, 154, 237 n. 1, 287, 298 n. 15, 330, 333 n. 6, 339, 341 n. 15, 350 e n. 24, 361, 362, 401, 431-434 e n. 9 e 10, 435, 436 e n. 12, 437 e n. 13, 438 e n. 15, 442 e n. 18 e 19, 443, 445 n. 22, 447, 449, 450 e n. 251, 454, 455, 459, 462, 465, 467, 468, 471, 501, 510, 511, 521, 541 n. 40.
Participação, 31 n. 28, 33 n. 34, 42 n. 48, 90, 120, 217, 218 n. 28, 219 e n. 29, 230 n. 41, 353, 394, 395, 446, 447, 455, 473, 475, 486, 507, 562, 571.
partículas gregas, uso por Platão de, 333, 349 n. 23, 418.
Patterson, Richard, 31 n. 28, 32 n. 30, 34 n. 37, 35 n. 38, 351 n. 28, 377 n. 16.
Plass, Paul, 218 n. 28.
platonismo médio, 17 n. 3, 397, 431, 432, 442, 443, 458, 459.
prazer, 8, 39 n. 45, 48, 72, 73, 85, 160 n. 21, 164, 166, 167, 174 n. 42, 175 n. 43, 175 n. 42, 180 n. 53, 182 n. 60, 188, 189, 195-197, 198 n. 81, 296 n. 9, 297 n. 14, 356, 369-371 e n. 4, 372 e n. 5, 380, 381 n. 21, 382-384, 390, 397, 399, 406, 407, 413, 416, 423, 424, 425, 501-505,

507, 508 e n. 6, 509 e n. 6, 510-514 e n. 12, 515 e n. 13, 516-518 e n. 15, 519 e n. 16, 520-522 e n. 18, 523 e n. 19, 524 e n. 20, 525-528 e n. 25, 529 e n. 26, 530 e n. 27, 531 e n. 28, 532, 533 e n. 29 e 30, 534, 535 e n. 31, 536 e n. 32, 537, 538 e n. 34, 539 e n. 36, 540 e n. 37, 541, 542 e n. 41, 543, 544, 558.

Penner, Terry, 7, 11, 20 n. 8, 22 n. 12, 23 n. 16, 25 n. 19, 30 n. 26, 147, 148, 150, 152, 154, 156, 158, 160, 162, 164, 165 n. 27, 166, 168, 170, 172, 174, 176, 178, 180, 182, 184, 186, 188, 190, 192, 194, 196, 198, 242 n. 10, 330 n. 2, 332 n. 5, 338 n. 12, 375 n. 12, 377 n. 15 e 17, 528 n. 25.

Péricles, 83, 94 n. 61, 106, 185 e n. 63.

Persas, Guerras, 82.

Peterson, Sandra, 437 n. 13.

Predicação, 52 n. 63, 72, 350, 358, 435, 450-453.

piedade, 34, 74, 75, 149, 162 n. 21, 169 n. 35, 182 e n; 60, 247. 269, 275, 276, 277, 280, 286, 288-292, 294, 296, 305, 313, 328, 402, 445.

Píndaro, 266 n. 43, 273, 282, 283.

Pirilampo, 84 n. 39.

pitagorianos, 12.

Philip, A., 315 n. 55.

Price, Anthony W., 293, 294 n. 4, 301 n. 22, 306 n. 34, 308 n. 41, 309 n. 42, 312 n. 49, 315 n. 57, 320 n. 63, 322 n. 68, 323 n. 69, 408 n. 20.

Prior, William, J., 29 n. 26, 46 n. 55, 47 n. 58, 330 n. 20, 365 n. 51, 542 n. 40.

Político; 8, 12, 18, 19 n. 5, 35 e n. 38, 36, 37 n. 42, 41, 42 n. 49, 43, 46, 47 e n. 56 e 57, 48, 51, 53, 63, 80, 83, 84 n. 40, 85, 87-90 e n. 51, 91 n. 55, 95, 96, 105, 113 e n. 2, 114-121, 124, 126, 127, 128, 129 e n. 35, 131, 132-137, 139-144, 163, 173 n. 41e, 178, 182 e n. 60, 184, 185 n. 63, 186, 192, 237 n.1, 289, 334, 376, 451, 510, 511, 519, 545-547 e n. 4, 548 e n. 6, 7, 9 e 10, 549 e n. 11, 12 e 13, 550 e n. 15 e 16, 552, n. 25, 553 n. 28, 556 n. 35, 561 e n. 60, 562, 564, 565 n. 76, 567 n. 82, 570, 573, 574 e n. 106, 576, 334, 376, 451, 510, 511, 519, 545-547 e n. 5, 548 e n. 6, 7, 9 e 10, 549 e n. 11, 12 e 13, 550 e n. 15 e 16, 552 n. 25, 553 n. 28, 556 e n. 35, 561 e n. 60, 562, 564, 565 n. 76, 567 n. 82, 570, 573, 574 e n. 106, 576.

Popper, K. R., 42 n. 48, 565 n. 76.
Porfírio, 17 n. 3.
Powell, C., 271 n.5, 279 n. 21, 280 n. 22.
Plochmann, G. K., 297 n. 13.
Plotino, 17 n. 3, 31 n. 28.
Proclo, 17 n. 3, 205 n. 13, 210, 211 e n. 21, 434 n. 10.
Pródico, 185, 329, 352 n. 31, 401, 431 n. 2, 432 n. 2, 445. 490, 512 e n. 11, 513, 514, 529 n. 26, 531, 532, 559 n. 47.
Protágoras, 12, 25, 47 n. 57, 64, 65 n. 76, 80, 85, 90-93 n. 56, 99, 102, 103 n. 72, 107, 116, 117 n. 14, 118, 119, 126, 129, 130, 133, 136, 137, 140 n. 58, 141, 150 n. 2, 152, 154, 160 n. 21, 164 n. 25, 166 e n. 29 e 31, 167 n. 32, 181 n. 57, 182 n. 59 e 60, 184 e n. 62, 189, 190, 196 n. 78, 237 n. 1, 239 n. 4, 243 n. 12, 244 n. 14, 299 n. 17, 329, 352 n. 31, 401, 431 n. 2, 432 n. 2, 445, 490, 512 e n. 11, 513, 514, 529 n. 26, 531, 532, 559 n. 47.
propriedade privada, 88, 89 n. 49, 556.
Punição, 72, 75, 78, 179 e n. 50 e 51, 288, 558, 559, 573.
Putnam, Hilary, 261 n. 38.
Plutarco, 17 n. 3, 24 n. 17, 62, 77 n. 29, 207.

Querofones, 84 n. 39.

Reale, Giovanni, 55 n. 69.
realidade, graus de, 41 n. 47, 385.
Rees, C. D. C., 17 n. 3.
refeições comunais, 561.
relações, 33, 43, 149, 152, 338 e n. 12, 340, 341 n. 15, 345, 363 n. 47, 364, 394, 395, 448 e n. 23, 449, 450, 463, 546 n. 2.
relativismo, 25 n. 19, 184, 186, 356 n. 35.
reminiscência, 27, 28, 145, 252 n. 26, 253 n. 26, 257 n. 33, 261 n. 40, 263 n. 41, 279, 282-284, 287, 357 e n. 39, 426, 432, 523, 551, 563 n. 65.
réplica, fórmulas de, 119, 134, 136, 143, 145.
República, 8, 12, 16 n. 2, 21, 22, 23 n. 15, 24 n. 17, 26, 27, 28 n. 24, 30 n.

27, 32 n. 31, 33 n. 34, 34, 35 n. 38, 36 e n. 39, 37 e n. 41, 38 e n. 43,39 e n. 45, 40 n. 46, 42 e n. 48, 43, 44 e n. 51, 45, 47 e n. 57, 48, 49, n. 60, 50 n. 61, 52, 53 e n. 66, 54 e n. 67, 62, 65, 66, 71 e n. 7 e 8, 74 e n. 22, 82 n. 37, 86, 87 n. 45, 88 n. 47, 89 n. 49, 91-93 e n. 58 e 59, 96, 99 e n. 68, 100, 101 e n. 71, 102, 106 e n. 78, 111 n. 83, 113, 116, 117, 119, 120 w n. 18, 121 e n. 21, 124, 126, 129 n. 35, 136 e n. 41, 137-140 e n. 58, 141, 144-146, 152 e n. 8, 153 n. 9, 156 n. 14, 157 e n. 17, 158-160 n. 21, 162 e n. 21, 163-165, 167, 168, 169 n. 35, 170 n. 36 e 37, 172 n. 39, 176 e n. 45, 185 e n. 63, 202 e n. 4, 203, 204, 206-208, 221-226 e n. 36, 227, 229-235, 237 n.1, 260, 267 n. 43, 270 n. 4, 271, 280, 282, 284, 285, 287, 288 e n. 36, 289 e n. 37, 294 n. 14, 305 e n. 32 e 33, 307 n. 37, 308 n. 38, 312 e n. 48, 314, 317, 318, 321 n. 65, 329, 330, 333 e n. 6, 335, 337 e n. 11, 338-343, 345, 349, 350, 354, 356, 358, 359, 363, 364 n. 49, 547 e n. 5, 548, 551, 561 n. 62, 563 n. 65 e 66, 571 e n. 99, 572 n. 100, 576 e n. 112, 329, 330, 333 e n. 6, 335, 337 e n. 11, 338-343, 345, 349, 350, 354, 356, 358, 359, 363, 364 n. 49, 365, 367 e n. 1, 368, 369 n. 3, 370, 371 e n. 4, 372, 374 n. 10, 376, 377 n. 15, 381 n. 21, 399, 409, 411 e n. 22, 413 n. 24, 414, 415 n. 26, 416 n. 28, 418, 420 n. 32, 421 n. 34, 424 n. 37, 426, 427, 432, 433, 441, 458, 510-512 e n. 11, 515 e n. 13, 516 e n. 14, 517, 522-524 n. 20, 533 e n. 30, 536 n. 32, 539, 542 n. 41, 544, 545 e n. 1, 546 e n. 2, 547 e n. 5, 548, 551, 561 n. 62, 563 n. 65 e 66, 571 e n. 99, 572 n. 100, 576 e n. 112.
Retórica, 94-96 e n. 65, 97, 98, 108 e n. 80, 125 n. 30, 133, 145 n.71, 148, 157, 158 n. 19, 180, 182 n. 68, 185, 186, 198, 204, 222 n. 33, 300, 312, 315, 324 n. 71, 405-407, 427, 428, 468.
Reynolds, L. D. 55 n. 68.
Richardson, N. J. 281 n. 26.
ritmo da prosa de Platão, 138, 140.
Ritter, Constantin, 114 n. 4, 116, 119 n. 15 e 17, 120, 121 e n. 21, 122, 124, 125, 137 n. 43, 142, 144, 145, 152.
Rivais, 24 n. 17, 89, 199 n. 81, 399, 401, 443, 557.
Roberts, J. W. 83 n. 38.
Roberts, Jean, 474 n. 4.

Robin, Leon, 306 n. 34, 312 n. 49.
Robinson, David B., 234 n. 4.
Roma, 17 n. 3, 211 n. 22, 272 n. 18, 315.
Rosen, Stanley, 293 n. 2, 296 n. 12.
Ross, W. D., 23 n. 15, 36 n. 39, 70 n. 5, 97 n. 67, 104 n. 74, 112 n. 85, 150 n. 2 e 4, 151 n. 5, 362 n. 46, 365 n. 51, 368 n. 2, 503 n. 2, 362 n. 46, 365 n. 51, 368 n. 2, 369 n. 3, 431 n. 2, 503 n. 2.
Rowe, C. J., 293 n. 3, 324 n. 71.
Russell, Bertrand, 356 e n. 34 e 36.
Ryle, Gilbert, 45 n. 52, 142 n. 62, 434 n. 9, 467.

Sabine, George, 42 n. 48, 369 n. 3, 388 n. 29.
Safo, 295.
Samuel, Alan E., 15 n. 1.
Santas, G. X., 148 n. 1, 167 n. 32, 199 n. 81, 295 n. 7, 302 n. 26, 303 n. 28, 304 n. 29, 309 n. 42, 312 n. 49, 315 n. 57, 322 n. 68, 387 n. 27.
Sandys, John Edwin, 16 n. 2.
Saunders, Trevor, 8, 11, 54 n. 67, 147, 192 n. 71, 289, 290, 545, 551 n. 23, 556 n. 35, 558 n. 46, 559 n. 50, 568 n. 85, 576 n. 113.
Sayre, Kenneth M., 46 n. 54, 59 n. 70, 434 n. 10, 438 n. 15, 448 n. 23, 503 n. 2, 506 n. 5.
Sellars, Wilfred, 437 n. 13.
ser, 38, 78, 102, 472. ; ver também não ser.
Sétima Carta, 12, 20 n. 8, 28 n. 24, 29 n. 25, 56-59, 65, 69, 70 n. 4, 84 n. 40, 88 n. 48, 110 n. 82, 168; ver também Carta VII.
sexo, 61, n. 72, 925 e n. 5, 298, 571 n. 97.
Siebeck, Hermann, 119 n. 15, 144.
Sicília, 12, 29 n. 25, 115, 138, 153, 204, 271 n. 5, 279 e n. 21, 280 n. 22, 577 n. 113.
Simônides, 117 n. 14, 402.
Simplício, 207 e n. 17, 208, 233, 234.
Síntese, 209, 212, 216, 219, 220, 222, 225.
Siracusa, 12, 28, 29, 56, 141.

Sócrates, 07, 10-12, 19 e n. 6 e 7, 20 e n. 7, 21 e n. 11, 22 e n. 11-14, 23 e n. 15, 24, 25 e n. 19 e 20, 26 n. 21 e 22, 27, 28 n. 24, 29, 31, 32 n. 32, 33 n. 34, 34 n. 36, 36 n. 39, 37 n. 42, 38, 44 e n. 51, 47 n. 58, 48, 49 e n. 59, 50 e n. 61, 51, 61 e n. 72, 62, 63 n. 73 e 74, 65 n. 76, 67 n. 78, 69 n. 2, 70 n. 5 e 6, 71 n. 9, 72, 73 n. 17 e 20, 75, 80, 81, 83 n. 38, 84 n. 39 e 40, 86 n. 42, 89, 90 n. 52, 91-95, 96 e n. 65, 97 e n. 67, 98, 99, 102, 105, 105 n. 76, 106, 107 e n. 79, 108-110 e n. 81 e 82, 111 e n. 83, 112 e n. 85, 114 n. 5, 116, 118, 119, 126, 128, 131, 136 n. 41, 137, 139, 140, 141, 144, 145, 147, 148 n. 1, 149 n. 1, 150 e n. 4, 151-154 n. 11 e 12, 155 e n. 13 e 14, 156 e n. 14 e 16, 157 e n. 16-18, 158 e n. 18, 159, 160 n. 21, 161 n. 21, 162 n. 21, 163 e n. 23, 164 e n. 23, 165, 166 e n. 29, 167 e n. 32 e 33, 168, 169 n. 35, 170 e n. 37, 171 e n. 39, 172 e n. 40, 173 n. 40, 40c e 40d, 174 e n. 42, 175 e n. 42, 176 e n. 46 e 47, 177 e n. 48, 178 e n. 50, 179 e n. 50-52, 180 e n. 53-55, 180 e n. 52-55, 181 e n. 56 e 58, 182 e n. 58 e 60, 183 e n. 60, 184 e n. 62, 185 e n. 63, 186, 187 e n. 65, 188-190 e n. 68, 191 e n. 69, 192 e n. 71 e 72, 193 e n. 73 e 74, 194, 195 e n. 78, 196 e n. 78 e 79, 197, 198e n. 81, 199 n. 81, 202 e n. 4, 204, 208, 212-217 e n. 27, 218 n. 28, 219 e n. 29, 220, 221 e n. 31 e 32, 222-224 e n. 34, 225 e n. 35, 226-228 e n. 38, 229 e n. 39, 231 e n. 43, 232 e n. 45, 233-235 e n. 47, 237 e n. 1, 238 e n. 2, 239 e n. 3, 239-242 e n. 9, 243 e n. 12, 244 e n. 16, 245, 246 e n. 19, 247 e n. 20, 248 e n. 21, 249 n. 22, 250 n. 23, 251, 252 e n. 26, 253, 254 e n. 28, 255 e n. 29 e 30, 256 n. 30, 257 e n. 34, 258, 259 e n. 36, 260-262 n. 40, 265 n. 42, 266 e n. 43, 267 e n. 43, 271, 277, 278 e n. 20, 279, 282, 284, 296, 297, 300, 301 e n. 22, 302, 303, 311-314 e n. 54, 315-319, 321, 322 n. 66, 322-324 e n. 71, 327, 328, 340, 360 n. 45, 399, 402, 404 e n. 11, 405-407, 410, 411 e n. 23, 412, 413 e n. 24, 414-416 e n. 28, 417 n. 30, 421 e n. 34, 422-430, 432, 436, 438, 439, 441, 442 e n. 19, 444, 447, 449, 458, 460, 462, 467, 473, 475, 491, 492, 503-505, 507-512 e n. 11, 513, 514 e n. 12, 515, 518-526 e n. 23, 527, 529 n. 26, 530, 531 e n. 28, 532, 534, 535, 541-544 e n. 42 e 43, 556.

Sofista, 8, 11, 12, 32 n. 32, 36, 38 e n. 44, 43, 46, 47 e n. 57, 48, 51, 77, 80, 86, 89, 90 e n. 52, 91 e n. 53 e 54, 92-94 e n. 67, 102, 103 n. 72,

104, 113-119. 121, 124, 125, 127-129, 132, 134, 136, 137, 139-144, 148, 150 n. 2, 166 n. 30, 182-186, 234, 330, 350, 356 n. 37, 357 n. 40, 362, 363 n. 47, 365, 401-406 e n. 18, 417, 420 n. 37, 427, 451, 453 n. 28, 454 e n. 29, 455, 456, 469, 470, 490, 492, 499, 501, 510, 511, 513, 519, 521.

sofistas, 60, 105 e n. 77, 273, 401-406 e n. 18, 492. ; *ver* também Antífona;

Sófocles, 60, 105 e n. 77, 273, 530. ; *ver* também drama.

Solmsen, Friedrich, 105 n. 77

Sólon, 82, 83 n. 38, 305, 408, 420, 421, 428.

Sorabji, Richard, 31 n. 28, 350 n. 23.

Schanz, M., 117 e n. 13, 118, 119, 127 n. 32, 142, 350 n. 23, 357 n. 41, 466 e n. 35, 469 n. 1, 533 n. 30.

Schmitt, Charles B., 17 n. 3.

Schofield, Malcolm, 30 n. 27, 77 n. 28, 104 n. 75.

Scott, Dominic, 236 n. 41.

Scully, Vincent, 271 n. 10.

Sharples, R W., 213 n. 25.

Shiner, Roger, 503 n. 2, 541 n. 40, 542 n. 40, 503 n. 2, 541 n. 40.

Shorey, Paul, 34 n. 35, 82 n. 37, 202 n. 3.

Smith, J. A., 34 n. 37.

Smith, Nicholas D., 19 n. 6, 43 n. 49.

Smyth, Herbert Weir, 31 n. 29.

Snell, Bruno, 295 n. 8.

Strang, Colin, 102, 270, 437 n. 13, 469, 489, 492, 510, 549, 554-556 e n. 36, 557, 560, 561 e n. 59, 562, 566, 571 e n. 97, 573.

Strauss, Leo, 61 n. 72, 65 n. 75 e 76.

Stalley. R. F., 551 n. 22 e 23, 557 n. 40, 561 n. 60.

Stephens, Susan A., 55 n. 68.

Stich Stephen, 263 n. 41.

Stokes, Michael, C., 67 n. 78, 300 n. 21, 375 n. 13.

Stone, I. F., 19 n. 6, 140.

Skemp, J. B., 549.

Szlezák, Thomas A., 304 n. 31.

Talleyrand, Charles Maurice de, 548 n. 7.

Tales, 421.

Taylor, A. E., 71 n. 11 e 13, 93 n. 57, 325 n. 47.

Taylor, C. C. W., 81 n. 34, 85 n. 41, 160, 372 n. 5, 431 n. 2, 503 n. 2.

Teeteto, 12, 25 n. 25, 36 e n. 39, 38 e n. 44, 47 e n. 57, 49 e n. 60 e 61, 50 e n. 61, 51, 53, 62, 71 n. 8, 10 e 11, 79, 80, 92, 99, 102, 103 e n. 72, 109, 113, 114, 116-120, 121 n. 21, 214, 126, 136, 137, 141 e n. 59, 155, 145, 153 n. 9, 154, 184 e n. 62, 197, 211, 237 n. 1, 250, 251 n. 24, 273, 321 n. 65, 330, 346 n. 19 e 20, 352 n. 30 e 31, 356, 358, 365, 434, 469, 471, 480, 482, 485, 490, 492, 493, 494, 495, 497, 498, 499, 501, 510, 521 e n. 17.

Teages, 24, 41.

técnica (technē) 89 n. 50, 93-94 e n. 61, 114, 125 n. 30, 134, 139 e n. 51, 155 e n. 14, 183, 404, 415 n. 27, 509 n. 7.

Teloh Henry, 542 n. 40.

Temístocles, 185 n. 63.

Tempo, 17 e n. 3, 18, 21 n. 11, 23, 26, 28 n. 24 e 25, 30 n. 27, 31 e n. 28, 38, 46 n. 54, 50 n. 61, 59, 71 n. 14, 77, 78 n. 31, 80, 81, 83, 85, 86, 97, 99, 102, 106, 107, 111 n. 84, 115, 120, 121, 125, 143, 144, 148, 149 n. 2, 152 n. 7, 172, 174 n. 42, 175, 177 n. 48, 196 n. 78, 201, 204, 205 e n. 12, 206 n. 15, 208, 211 n. 23, 212, 219, 228, 233, 238, 245, 255, 262 n. 40, 272, 273, 278, 283, 284, 298, 311, 314 n. 52, 321, 327.

teodiceia, 569.

Tigerstedt, E. N., 63 n. 73.

Timeu, 12, 20, 28 n. 24, 30 n. 27, 31 n. 28, 32 n. 32, 32 e n. m40, 38, 44, 47 e n. 57, 48, 49 n. 59 e 60, 51-53 e n. 64 e 6557, 58, 71 n. 11-13, 73 e n. 37109, 113-115 e n. 101, 116-120, 124, 126-129 n. 35, 131, 132 e n. 37, 133-136 n. 41, 137-143 e n. 63 e 66, 144, 166 n. 30, 233, 237 n.1, 287, 303 n. 36

tipos, 31 n. 29, 33, 39 e n. 45, 52 n. 63, 77 n. 28, 99, 100 n. 69, 109, 125, 126, 129, 131, 135, 136, 138, 142, 143, 160 n. 21, 188, 189 n. 66, 192, 224, 227, 244 n. 16, 245 n. 16, 292, 298, 300, 305 n. 33, 322 e n. 66, 324 n. 71, 330, 336, 345-348 e n. 21, 351, 357, 358, 360 n. 45, 369,

370, 377, 379-381, 383, 385, 386, 391, 408, 412, 426-429, 432, 433, 435, 444, 450, 451 n. 27, 455, 457, 458, 460, 473, 476, 483, 488, 491, 502, 504, 505, 507, 509, 510, 515, 516, 518-521, 523, 525-528, 536, 548, 560, 570, 575.
Thesleff, Holger, 23 n. 16, 113 n. 1, 114 n. 4, 510 n. 8.
Thompson, E. S., 93 n. 57.
Thompson, W. H., 95 n. 63, 293 n. 3.
Trasímaco, 86, 91, 375 n. 13.
Tragédia, 55, 96 e n. 65, 105 e n. 76, 106; ver drama.
Trinta Tiranos, 85.
Turner, Frank M., 17 n. 3.

unidade (unicidade), 29, 43, 44 e n. 51, 58, 111, 124, 128, 138, 144, 149 n. 1, 159, 160 n. 21, 161 n. 21, 162, 163, 190, 229, 231, 270, 299, 300, 310, 318

Van der Waerden, B. L., 231 n. 43
Vlastos, Gregory, 5, 22n. 12, 41 n. 47, 43 n. 49, 45 n. 53, 55 n. 69, 73 n. 19, 149 n. 1, 165 n. 27, 166 n. 29, 234 n. 46, 244 n. 14 e 16, 246, 255 n. 29, 301 n. 23, 308 n. 42, 322 n. 68
Verdade, 7, 15, 18 n. 4, 20 n. 10, 22 n. 11, 23, 27 n. 23, 35 n. 38, 36-37 n. 42, 38 n 44, 40 e n. 46, 44 n. 51, 46 n. 54, 56-58, 60-61 e n. 72, 62, 64, 65 n. 76, 70 n. 4 e 6,77 e n. 30, 78-79, 82, 85, 88 e n. 48, 92, 93 n. 56, 94-96 n. 65, 97-98, 100 e n. 70, 101-103,106, 107, 110,117-118, 122, 129 n. 35, 153 e n. 9, 157 n. 16 e 18, 159, 161 n. 21, 162 n. 21, 166 e n. 31, 167 e n. 32, 169, 172, 173 n. 41d, 174 n. 42, 175, 176, 180, 181 e n. 56, 182 n. 60, 184, 185 n. 63, 186-189 e n.66, 191, 192 e n. 72, 194, e 195 n. 78, 195 n. 78, 198 e n. 81, 201, 203-205, 207-211, 213-217, 219, 221, 223, 225, 227-235, 238 n. 2, 242 n. 9, 244 e n.16, 245 e n.19, 246 n. 19, 250 n. 23 e 24, 251, 252 n. 26, 254 e n. 28, 255 e n. 30, 256 e n. 30, 257 e n. 33 e 34, 258-261 e n. 38, 262-264 n. 42, 266 e n. 43, 267, 270-273, 278-280, 282-284, 290, 292, 296, 299, 302, 303, 309-313, 317, 318, 321, 324, 329, 330, 335, 336, 341 n. 16, 342-344,

347, 349, 351, 354, 356 n. 35, 358, 360-362, 371 n. 4, 374 n. 11, 375 n. 11, 378, 380, 383 e n. 23, 386, 388, 390, 393, 405, 407-409, 411, 414, 417, 418, 424, 427-430, 434, 435, 437-441, 444; 445, 447, 451, 452, 457, 458, 460-462, 465, 468-472, 475, 476, 479, 480, 485, 487-490, 492-495, 497-499, 507-509 e n. 6 e 7, 511 e n. 9, 515-517, 520, 524 e n. 20, 524, 525, 528 e n. 25, 531 n. 28, 533, 534, 537 e n. 33, 538, 541, 542, 548, 549, 551 e n. 21, 553 n. 28 e 29, 554, 557, 558, 561, 562 e n. 63, 566 e n. 77, 571, 575-577 e n. 113; ver também falsidade.

Weingartner, Rudolf, 61 n. 72
Wender, Dorothea, 43 n. 49
White, F. C., 312 n. 49
White, Nicholas P., 8, 11, 30 n. 27, 32 n. 30, 248 n. 21, 262, n. 40, 265 n. 42
Whitehead, Alfred North, 17 n. 4, 18 n. 4
Wilamowitz-Muellendorff, Ulrich von, 313 n. 51
Wishart, D., 138 e n. 50
Wolz, H. G., 314 n. 54
Woodruff, Paul, 27, 245 n. 16, 255 n. 30, 309 n. 44

Xenócrates, 17 n. 3, 66 n. 77
Xenófanes, 65 n. 76, 93 n. 58, 140 n. 58

Zenão, 71, 97 e n. 67, 102, 229 n. 39